三國史記 形成論

三國史記 形成論

2007년 4월 24일 초판1쇄 인쇄
2007년 4월 30일 초판1쇄 발행

지은이 ▪ 이강래
펴낸이 ▪ 임성렬
펴낸곳 ▪ 도서출판 신서원
서울시 종로구 교남동 47-2 협신빌딩 209호
전화 : (02)739-0222·3 팩스 : (02)739-0224
등록 : 제1-1805(1994.11.9)

ISBN ▪ 978-89-7940-049-6

신서원은 부모의 서가에서 자녀의 책꽂이로
'대물림'할 수 있기를 바라며 책을 만들고 있습니다.
잘못된 책은 연락주세요.

삼국사기 형성론

이강래 저

도서출판 신서원

책을 펴내면서

　『三國史記 典據論』을 펴낸 지 십 년이 지났다.『삼국사기 전거론』은 우리 고대사 연구의 기본 전적이라 할『삼국사기』에 대한 사료 점검을 숙제로 자임한 결과물이었다. 그러나 그와 같은 숙제거리가 얼마만 한 논의로 마무리될 것인지를 처음부터 가늠하고 있었던 것은 아니다. 사실 고려 시대에 편찬된 사서를 경유하여 삼국 시대에 들어서야 하는 연구자들로서는 누구나『삼국사기』에 담긴 정보의 '진의' 파악이 만만치 않다는 것을 경험한다. 이 소박한 주저가 일견 무미하고 빈핍한 논제에 전념하게 된 연유였음을 새삼 각성하게 된다.
　이 책에 수록한 각 장·절의 내용은『삼국사기 전거론』이 중심에 둔 문제 의식을 여전히 견지하고 있는 것들이다. 일부는『삼국사기 전거론』의 확대 혹은 심화 작업이라 할 수 있으며, 어떤 것들은『삼국사기 전거론』에 대한 비판을 염두에 둔 대답이기도 하다. 그러나 본래 개별 논문의 형태로 발표된 것들이다 보니 서로 중복된 논의가 없지 않다. 그것들은 일관되고 긴장된 논지 전개에 흠결로 비쳐진다. 다만 선행한 '전거의 추적'과 대비시켜 '형성의 과정'에 무게를 실어 본다면, 나름의 대강과 맥락이 정돈된다고 여겨 한 권으로 추려 엮게 되었다.
　서장 「『三國史記』論, 그 100년의 궤적」은 근대 역사학의『삼국사기』관련 논의의 궤적을 살핀 연구사로서 주요 분야별 연구 현황과 문제의 소재를 검토한 것이다. 1부 原典論은『삼국사기 전거론』의 보완 글들과 함께 기왕에 개별 검토가 없었던 열전의 전거 탐색을 시도한 부분이다. 2부 分註論 역시 『삼국사기 전거론』에서 다룬 신라본기에 짝하여 동일한 방법론에 따라 고구려본기와 백제본기의 분주를 분석한 것들과, 『삼국사기 전거론』에 대한 비판을 염두에 둔 반론의 글로 구성하였다. 3부 性格論에는 『삼국사기』 자체의 사서적 성격 논의에 더해, 그를 효과적으로 규명하기 위한 방편으로 『삼국유사』와 필사본 『화랑세기』와의 비교를 의도한 글들을 배치하였다. 그리고 『삼국사기』의 사학사적 위상을 정리한 글을 보론으로 첨부한 데는 영문 요약의 기능을 대신케 하려는 목적도 있다.

얼마 전 이른바 학계의 원로라 할 인문학자 한 분이 인문학 연구자들을 상대로 강연을 하던 가운데 『삼국사기』는 인문학의 적'이라고 단언하는 것을 목도하였다. 인문학은 古典을 고전이게 만드는 사유 방식이다. 고전이 고전인 이유 가운데에는 '규정할 수 없음'이 자리하고 있다. 물론 그것은 모호함 때문이 아니라 익숙함 때문이다. 무방향에서가 아니라 전방향에서 광막한 것이다. 늘 새로운 생명체이며 항상 보편적이기도 하다. 언어는 문명을 이해하는 일차적 매개물이지만, 그 언어로 이루어진 고전에는 언어의 의표를 넘어서는 사유의 지평이 담겨 있다. 요컨대 한 권의 사서가 지평을 헤아리기 힘든 인문학의 '적'으로 규정되는 의미 맥락을 수긍할 수 없다.

다시 말하거니와, 언필칭 '진리'라 함은 그것이 쉬이 특정될 수 없음에 본질이 있다고 생각한다. 하물며 『삼국사기』는 보편적 진리나 선험적 당위 어느 것과도 무관한 시대의 산물에 불과하다. 그것이 담고 있는 모순과 당착은 비판적 사유의 대상일 뿐, 어느 누구의 어떤 관점에 대해서도 배신과 음모의 동기로 간주할 필요는 없다. 1000여 년 전의 빈약한 역사물에 과장된 위상을 강요한 다음, 그를 토대로 자기 견해의 고유한 위상을 매기려 하는 저의가 차라리 건강치 못하다. 선입견과 정서적 편향보다는 실로 건조할 정도로 담담한 시선이 절실한 분야가 아마『삼국사기』에 대한 논의가 아닌가 한다. 따라서 대립적 흑백논리와 우열의 계서를 강요하는 사유야말로 인문학의 적이다.

흩어진 원고를 모아 일관된 체제를 갖추도록 다듬는 작업에 대학원의 김수미와 조한백이 큰 힘을 보태주었다. 이 자리를 빌려 고마운 마음을 전하고자 한다. 또한 이미 개별 논문들이 작성되는 과정마다 많은 동학의 배려와 조언과 귀한 비판들이 있었음을 기억한다. 심지어 동료인 임종명 교수는 내가 심상하게 일독을 요청한 보론의 영문 원고를 거의 탈태시켜 돌려주었다. 물론 이 책은 여전히 또 다른 비판과 반론을 예비하거나 기대하고 있다. 그러나 그러한 과정이란 논의를 더욱 입체화하고 심화하기 위한 도정일 뿐이라 헤아려, 상생의 한 단계로 공유할 것을 희망하는 것이다. 끝으로 난삽한 글들이 단정한 책으로 거듭나도록 심혈을 기울여 준 신서원과 그 편집진에 깊이 감사한다.

이강래

[부기]

 이 책은 지난 10여 년 동안 개별 논문의 형태로 발표했던 글 가운데 '삼국사기 형성론'의 범주로 포섭할 수 있는 것들을 추려 유기적 체제를 갖추도록 재구성한 것이다. 이를 위해 본래 발표했던 논문들의 개별 체제를 그대로 유지하면서 최소한의 가감과 표기·표현의 정리 수준에서 다듬었다. 그 때문에 부분적으로 중복된 논의를 일소하지 못했으나, 각 절마다 중심 논제의 완결을 위해서는 불가피한 측면이 있다고 판단하였다. 논문이 처음 발표된 게재지를 제시하여 참조에 부응키로 한다.

서장.『三國史記』論, 그 100년의 궤적,『강좌 한국 고대사 1』, 가락국사적개발연구원, 2003
1장.『삼국사기』원전론의 전개와 전망,『韓國古代史論叢』10, 가락국사적개발연구원, 2000
2장.『삼국사기』의 자료 환경,『金富軾과 三國史記』, 경주김씨대종친회, 2001
3장.『삼국사기』열전의 자료 계통,『韓國古代史硏究』42, 한국고대사학회, 2006
4장.『삼국사기』원전론과 관련한 '本記'와 '本紀'의 문제,『全南史學』11, 전남사학회, 1997
5장.『삼국사기』고구려본기의 분주 재론,『白山學報』67, 백산학회, 2003
6장.『삼국사기』백제본기의 분주 검토,『史學硏究』74, 한국사학회, 2004
7장.『삼국사기』의 성격,『정신문화연구』82, 한국정신문화연구원, 2001
8장. 本史와 遺事,『월운스님古稀記念 佛敎學論叢』, 東國譯經院, 1998
9장.『삼국사기』와 筆寫本『花郞世紀』,『花郞文化의 新硏究』, 경상북도·한국향토사연구전국협의회, 1995
보론. The Historiographical Status of *Samguksagi*,『International Journal of Korean History』Vol. 2, Center for Korean History, Institute of Korean Culture, 2001

목 차

책을 펴내면서 · 5

서장 - 『三國史記』論, 그 100년의 궤적

1. 논의의 범위 ·· 13
2. 판본의 문제 ·· 17
3. 사료의 가치 ·· 28
4. 편목별 성과 ·· 47
5. 기년의 이해 ·· 62
6. 원전의 추구 ·· 79
7. 찬자의 인식 ·· 106
8. 사서적 위상 ·· 126

I부 原典論

제1장 『삼국사기』 원전론의 전개와 전망

1. 논의의 소재 ·· 149
2. 외부적 검토 ·· 160
3. 내부적 검토 ·· 177
4. 사서적 위상 ·· 199
5. 제언과 전망 ·· 220

제2장 『삼국사기』의 자료 환경

1. 자료의 층위 ·· 231
2. 분주와 공유기사 ·· 236
3. 『고기』와 『구삼국사』 ·· 245
4. '문헌주의'의 양면성 ··· 254
5. 맺음말 ·· 261

제3장 『삼국사기』 열전의 자료 계통

  1. 열전 검토의 시각 ·· 265
  2. 고유 자료의 수용 ·· 276
  3. 중국 자료의 활용 ·· 290
  4. 열전 자료의 위상 ·· 303

2부 分註論

제4장 『삼국사기』 원전론과 관련한 '本記'와 '本紀'의 문제

  1. 머리말 ·· 317
  2. 『구삼국사』와 『고기』 ··· 319
  3. 김유신전의 '本記' ·· 328
  4. 진성왕 즉위년조의 '本紀' ···································· 334
  5. 맺음말 ·· 342

제5장 『삼국사기』 고구려본기의 분주 재론

  1. 논의의 맥락 ··· 345
  2. 분주의 분류 ··· 348
  3. 분주의 검토 ··· 355
  4. 분주의 인식 ··· 374
  5. 논의의 전망 ··· 391

제6장 『삼국사기』 백제본기의 분주 검토

  1. 문제의 소재 ··· 395
  2. 단순분주의 검토 ··· 400
  3. 고증분주의 인식 ··· 414
  4. 향후의 과제 ··· 431

3부 性格論

제7장 『삼국사기』의 성격

1. 정치가와 역사가 ·· 437
2. 『삼국사기』의 사서적 위상 ·· 443
3. 김부식의 역사 인식 ·· 450

제8장 本史와 遺事

1. 머리말 ·· 459
2. 『삼국유사』와 『삼국사기』 ··· 461
3. 『삼국유사』의 '本史' ·· 467
4. 『삼국유사』의 '國史' ·· 476
5. 맺음말 ·· 488

제9장 『삼국사기』와 筆寫本 『花郎世紀』

1. 머리말 ·· 491
2. 『삼국사기』의 화랑 인식 ·· 493
3. 『삼국유사』의 화랑 인식 ·· 509
4. 필사본 『화랑세기』의 위상 ·· 523
5. 맺음말 ·· 542

〔보론〕 The Historiographical Status of *Samguksagi* • 545
부록
  참고문헌 • 577
  찾아보기 • 595

삼국사기 형성론

서장

『三國史記』論, 그 100년의 궤적

I. 논의의 범위

 이 글은 『삼국사기』에 대한 20세기 100년의 논의가 어떤 궤적을 그리며 전개되어 왔는가를 살피기 위한 것이다. 다시 말해 이 글의 목적은 근대 역사학의 『삼국사기』론 점검이다.
 근대 역사학은 국권을 강탈한 일제의 연구자들과 역사 연구를 민족 해방의 방편으로 삼은 우리 연구자들의 투쟁의 양상을 띠고 전개되었다. 그러나 크게 본다면 『삼국사기』에 대한 평가, 특히 비판적 절하는 투쟁의 대상이나 투쟁 당사자들 사이에 큰 차이가 없다. 물론 비판의 맥락은 전혀 다르다. 『일본서기』의 토양에 선 이들에게 『삼국사기』는 우선 그 내용의 사실성을 수긍할 수 없는 망작의 결과물이었다. 현실의 민족국가 위상이 그 역사와 역사책에게도 강요되었던 것이다. 이와는 달리 민족사관이나 유물사관에 서서 자국사를 재구성하고 이를 통해 외세에 유린된 민족 현실을 타개하려는 이들에게 『삼국사기』가 준 가장 큰 실망감은 사대성의 문제였다. 이와 함께 일부의 사실성 문제도 심도있게 거론되었다. 연구자들은『삼국사기』의 중세적 세련보다는 그것이 손상하거나 변형시켰을 진솔한 고대적 체질에 주목하게 되었던 때문이다. 또한 해방은 분단과 함께 왔다. 남북의 연구자들은 먼저 지난 시기 식민사학의 독소를 제거하는 데 주력하였다. 그러나 각기 민족사관과 계급사관을 표방한 남북의 학계도『삼국사기』에 대한 폄하에서는 여전히 상당한 일치를 보였다. 오늘날 연구 역량이 증대되고 고고학 성과가 쌓여 가면서『삼국사기』의 사실성에 대한 의혹은 차츰 정돈되는 추세에 있으며, 각 부면의 심층적인 검토 결과들은 기왕의 평면적 이해를 폭넓게 극복해 가고 있다. 물론 논의는 끝나지 않았지만, 다양한 형태로 사료의 정확성과 사서의 신빙성이 함께 제고되는 방향을 감지하게 된다.

『삼국사기』는 한국 고대사 연구를 위한 근본 사료의 집성이다. 거칠게 말하자면『삼국사기』를 전적으로 배제한 한국 고대사 연구는 성립할 수 없다. 이와 관련하여 고대사 연구자들이 예외 없이 당면해야 할 사료의 문제는 아마 다음 세 가지 형태로 음미될 수 있다고 생각한다.

첫째는『삼국사기』와 여타 자료와의 상충 문제이다. 특히『三國志』를 비롯한 중국의 몇 사서는 삼국의 이른 시기 역사를 복원하는 데 결코 경시할 수 없는 비중을 점하고 있지만, 구체적 정보 가운데『삼국사기』를 배반하는 적소가 적지 않은바, 이에 대한 나름의 이해 방식의 정립을 연구자들은 강요받고 있는 셈이다. 이 때 고려할 요인은 편찬 시기의 선후 문제 외에도 편찬 주체의 동기와 관점, 그리고 그 인식의 적절성이 균형있게 점검되어야 할 것이다.

둘째는『삼국사기』와 같은 문헌 자료와 고고학에서 거두어진 물질 자료의 상충 문제이다. 삼국 관련 유적·유물은『삼국사기』의 정보를 지지해 주는 증좌로서 뿐만 아니라 오히려 그를 부정하거나 수정을 불가피하게 만드는 경우도 없지 않은바, 이 때 연구자들은 어떤 논리와 관점에서 양자의 상충을 용해 혹은 설명할 것인지를 탐색하지 않으면 안된다. 다만 물질 자료란 현 단계 연구자들이 우연히 확보한, 그러므로 끝내 제한된 현황에 지나지 않음을 고려해야 할 것인지라, 문헌의 정보와 양립하여 일방의 정보가 배제되어도 좋은 성격의 문제는 아니라고 본다.

셋째는 『삼국사기』 자체의 문제이다. 이것은 크게 사관의 문제와 사료의 문제로 대분될 수 있으며, 따라서 편찬 당대의 정치적·지적 환경과 편찬 대상의 역사적·자료적 토대를 아울러 살펴야 할 일이겠다. 엄밀하게 보면 한국 고대사 관련 논의는 모두 『삼국사기』의 구체적 개별 정보에 대한 비판적 검증을 대유하고 있다는 점에서, 이 문제는 사료의 문제 가운데 가장 근본 문제이기도 하다. 그러므로 이 글에서도 이 셋째 범주의 문제 의식이 주종을 이루기 마련이라고 생각한다.

이제 현 단계 성과를 염두에 두고 주요 쟁점들을 검토하면서 논의의 발전적 전개를 위한 몇 가지 제언과 전망을 시도한다. 검토 대상으로 삼고자 하는 논의들은 서술의 편의상 다음과 같이 분류할 수 있다.

첫째, 현행 『삼국사기』의 판본 관련 논의를 검토하려 한다. 여기서는 최초의 찬진 이후 開刻 및 이후의 改刻과 유통에 관한 사항들을 살피고, 교감과 역주와 색인 등의 성과를 아우르겠다.

둘째, 『삼국사기』가 제공하고 있는 정보의 사료 가치에 대한 논의를 검토하려 한다. 모든 한국 고대사 연구가 기실 이 문제에 직·간접적으로 연관되어 있는 것이지만, 여기서는 크게 보아 각 본기의 형성 과정을 포함한 사료 가치 평가를 주목하면서, 일식과 같은 천문 관련 기사군과 왜 관련 기사들에 대한 논의를 사례로 들어 살펴보는 것을 병행하겠다.

셋째, 잡지와 열전 등 각 편목 단위의 고증과 논의를 점검하려 한다. 특히 지리지 관련 성과와 열전 해석에는 국문학계의 성과가 적지 않으므로 이를 중심으로 살펴보되, 역사학계의 논의 가운데서는 주로 본기를 포함하여 각 편목별 편찬 과정에 주안한 논의를 살펴보겠다.

넷째, 삼국의 본기를 중심으로 전개된 기년 논의를 정리하려 한다. 『삼국사기』를 관통하는 칭원법의 문제를 필두로 삼국 본기에 개입되어 있는 기년의 착종과 그에 대한 수정안의 추이, 그리고 그 문제점 등을 지적하겠다.

다섯째, 원전의 추구 과정을 들여다보려 한다. 여기서는 특히 이른바 『舊三國史』와 『古記』에 대한 논의가 중심을 이룰 것이지만, 분주 관련 성과 및 중국 자료와의 대교를 겨냥한 성과도 검토에 포함하겠다.

여섯째, 金富軾과 『삼국사기』의 독특한 의미 관계를 인정하여 찬자의 인식 문제를 생각해 보려 한다. 그러므로 사론을 중심으로 형성된 논의가 주요 검토 대상이 될 것이나, 그것이 배태된 현실 공간으로서의 고려적 현재성을 놓치지 않도록 방향을 설정하겠다.

일곱째, 『삼국사기』의 사서적 위상을 가늠하려 한다. 한 사서의 종합적인 위상을 논의하고자 할 때에는 역사 연구를 위한 자료로서의 문제와 사서 편찬의 전범을 제공한 체제의 문제, 그리고 당대 환경에서 규정된 구체적 동기의 문제가 고려되어야겠다.

다시 말하거니와, 한국 고대사 관련 성과는 모두 어떤 형태의 『삼국사기』론이 아닐 수 없다. 그렇다면 근대 역사학 100년의 『삼국사기』 논의는 해당 시기 한국 고대사 연구의 주요 궤적이기도 한 것이다. 그러므로 이 글에서는 협의의 『삼국사기』론, 즉 구체적 개별 기사의 적극적 의미 부여를 통해 획득하게 된 일반 연구 성과는 제외하고, 오직 『삼국사기』 자체의 여러 부면을 직접 겨냥한 모색의 추이에 한정하여 점검해 나가기로 한다.[1]

2. 판본의 문제

현행 『삼국사기』는 대부분 세칭 '正德本'이라고 부르는 조선 中宗 7년(1512, 壬申年)에 판각한 목판에서 인출한 것을 저본으로 하고 있다. 이는 같은 시기에 판각 작업을 한 『삼국유사』 권말에 부기한 李繼福의 跋文에 의해 확인되는 사실이다. 따라서 정덕본 『삼국사기』의 연구 텍스트로서의 위상 문제는 그것이 고려 仁宗조에 찬진된 『삼국사기』의 내용을 얼마나 충실히 재현하고 있느냐에 달렸다고 할 수 있다. 이를 위해 찬진 후 판각 및 유통의 전말에 대한 논의를 점검하고자 한다.

『삼국사기』는 고려 인종 23년(1145) 12월에 찬진되었다.[2] 인종은 불과 2개월 뒤인 1146년 2월에 38세의 나이로 죽었고, 김부식은 毅宗 5년(1151) 2월에 77세의 나이로 죽었다. 우선 주의할 사항은 제출된 『삼국사기』가 초간된 시기에 있다. 애초에 인종의 명을 받아 『삼국사기』 편찬이 발단되었으므로, 전후 정황을 미루어 인종의 관심 또한 적지 않았을 것이며, 그렇다면 바로 판각을 서둘렀음직하다. 또한 고려 중기 사회는 중국의 서적을 비교적 차질 없이 수입하고 있었고, 국내의 출판 또한 자못 활발한 때였다고 평가되고 있다. 그러나 인종의 사거 일시를 고려할 때 인종조에 이 거질의 판각 작업이 완료되었을 가능

---

1) 이러한 조건에 근사한 최근의 정리로는 윤종일, 2001, 「『삼국사기』 연구사」,(『金富軾과 三國史記』, 慶州金氏大宗親會).

2) 『高麗史』, 世家17 仁宗 23년 12월: "壬戌 金富軾進所撰三國史"; 같은 책 金富軾傳: "二十三年 上所撰新羅高句麗百濟三國史 王遣內侍崔山甫 就第獎諭賜花酒"; 『東文選』 44, 表箋 「進三國史記表」.

성은 거의 없다고 하겠다. 그렇다면 이 일은 의종대에서 가늠되어야 할 것이다.

우선 李奎報는 1193년(癸丑)에 이른바 『구삼국사』를 접하고서 김부식의 『삼국사기』와 비교한 바 있다.3) 따라서 적어도 이 때까지는 『삼국사기』의 유통 구조가 갖추어졌다고 보는 데 이견이 없겠다. 또한 王應麟의 『玉海』 「異域圖書」에는 宋 淳熙 원년(고려 明宗 4, 1174) 5월 29일에 明州進士 沈忞이 『海東三國史記』 50권을 바치므로 銀幣百兩을 하사하고 秘閣에 간직했다고 하였다.4) 그렇다면 대강의 추세로 보아 의종대에는 아마 『삼국사기』 초간본이 유통되었다고 보아도 좋다고 생각한다.

한편 의종 11년(1157) 이후 멀지 않은 시기에 『編年通錄』을 진상한 金寬毅는 그의 다른 저술 『王代宗錄』에서 김부식의 『삼국사기』에 보이는 고려 왕실과 신라 왕실간의 혈연관계에 심각한 이견을 제출하였다. 의종의 정치적 목표에 부합되도록 갖가지 민간신앙 요소를 총동원하여 王建 조상의 사적을 윤색 신비화한 것으로 보이는 그의 저술은 『삼국사기』의 인식과 정면 배치되는 것이므로,5) 만약 『삼국사기』의 유통을 전제로 한다면 이는 『삼국사기』 및 그의 편찬자들에 대한 심각한 훼절일 것이다. 그러나 이 문제는 용이하게 판단할 수 없다. 의종대의 정치적 지향과 관련하여 숙고될 사안이라고 본다.

田中俊明은 일단 『삼국사기』의 최초 판각이 진상 직후에 이루어졌을 것으로 추정하였다.6) 그러나 천혜봉은 조병순 소장 『삼국사기』 零本 1책, 즉 세칭 '誠庵本' 『삼국사기』를 "지금까지 알려진 것 가운데 가장 오래된 槧本"으로 평가하고 "麗朝의 原刻本을 覆刻한 것"이라고 하

---

3) 『東國李相國集』 3. 古律詩 「東明王篇幷序」.
4) 『玉海』 16. 地理 異域圖書 淳熙三國史記: "元年五月二十九日 明州進士沈忞 上海東三國史記 五十卷 賜銀幣百 付秘閣".
5) 李基東, 1992, 「金寬毅」(『韓國史市民講座』 10), 131쪽.
6) 田中俊明, 1980, 「『三國史記』の板刻と流通」(『東洋史研究』 39-1), 85쪽.

면서 "신라의 역사가 핵심을 이루고 있는『삼국사기』가 그 고도인 경주에서 본시 開板"되었을 것이라고 추정하되, 開板의 시기는 인종이 승하한 이후에 이루어졌을 것이라고 하였다.7) 이의 근거는 고구려본기 中川王 12년조의 "魏將尉遲" 아래 붙인 분주 "名犯長陵諱"에 있거니와, '長陵'은 바로 인종의 陵號이니 인종의 諱인 '楷'자를 避諱하기 위한 표기이기 때문이라는 것이다. 뒤돌아보면 애초에 1970년대 말에 주목을 받기 시작한 '성암본'의 서지학적 평가에서 비롯된 논의에서 그 개판의 시기에 대한 검토가 부수되었던 셈이다.

곧 의문을 제기한 전중준명은『삼국사기』가 왕명에 의한 칙찬서이므로 상식적으로는 왕도 개경에서 판각되었다고 볼 수 있을 것이라고 하였다. 또한 조선조 판각의 현황을 밝힌 跋文들과 '성암본' 자체의 검토를 아울러, '성암본'을 '고려본'이라고 보는 데 동의하지 않았다.8) 그는 정덕본『삼국사기』의 권말에 '至甲戌夏四月告成'(조선 태조 3년)이라고 기록한 金居斗의 跋 및 官銜에 대해서도 慶州府의 역대 장관과 차관의 성명, 官階 및 着任 연월일 등이 기록되어 있는『慶州先生案』과의 세밀한 비교 검토를 통해, 조선 태조대에 이루어진 판각 작업 자체도 종래의 일반적 이해와는 달리 경주부에서 전담한 것이 아니라고 하였다. 이는 천혜봉의 견해에 대한 직접적인 반론이었다.

천혜봉의 대답은 우선 "『삼국사기』가 찬진된 한 달 뒤인 인종 24년 (1146) 정월 21일부터 임금은 질병으로 위독한 상태에 있다가, 다음 달인 2월 28일에 薨去하고 그의 유조를 받아 태자가 의종으로 즉위하였다. 따라서 2개월여라는 극히 짧은 재위 기간에 50권이나 되는 호한한 권질의『삼국사기』를 간행하는 일은 도저히 이루어지지 못했을 것"

---

7) 千惠鳳·黃天午, 1981,『三國史記調査報告書』, 4~7쪽.
8) 田中俊明, 1982,「誠庵古書博物館所藏『三國史記』について-「『三國史記』の板刻と流通」補正」(『韓國文化』29), 30~31쪽.

이라는 것이다. 이러한 정황 설명에 이어, 인종의 능호인 '長陵'이라는 표기가 『삼국사기』 분주에 보이는 점을 다시 환기시키는 동시에, 『삼국사기』 권말에 있는 김부식의 관함 가운데 "守太保는 의종 2년(1148) 12월에 마지막으로 加授된 직함이므로 찬진본을 초간할 때 改書 板刻했음이 틀림없을 것"이라고 하였다. 또한 전중준명이 이계복 등의 관함을 검토하기 위해 동원한 조선시대의 지리지들과 『경주선생안』의 정밀함에 회의를 표명하면서, 중종조의 "판각이 경주부에서 이루어졌다는 것은 중종조 간본이 여각판과 태조 3년판 혼입의 改刻替補板인 점에서 실증된다. 이러한 混板은 한 곳에서 이루어졌을 때만 가능한 것이다"라고 하여 다시 한 번 자신의 생각을 확인하였다.9) 아울러 '성암본'과 관련하여 그는 "『삼국사기』가 고려조의 12세기 중기 무렵 초간되어 태조 3년에 개각되기까지는 2세기 여라는 오랜" 시간이 흐른 셈이며, 따라서 "일반 책판의 평균 수명으로 미루어 보면 이것도 1세기 전후를 소급해 올라간 무렵에 한 번은 중간되어야 조선 초기로 이어질 수" 있으므로, '성암본'의 "판각 시기는 13세기 후기의 무렵으로 추정되며, 그 인출은 글자에 완결이 생긴 점으로 미루어 판각보다는 뒤에 이루어졌던 것"이라고 결론하였다.10)

사실 논의점 가운데 하나인 인종의 능호 문제는 일견 초간의 시기를 정하는 데 의미 있는 지표로 간주될 수도 있겠다.11) 그러나 전중준명은 이에 반대한다. 그는 설명하기를 魏將의 이름 '楷'는 『삼국사기』 진상시에도 이미 기록되어 있을 수 없으므로, 아마 楷자 대신 "名犯今上諱"라든가 혹은 현행본처럼 "名犯長陵諱"라는 분주를 붙였을

---

9) 千惠鳳, 1982, 「새로 발견된 古版本 三國史記에 대하여-書誌學的 側面에서 그 考證을 중심으로」, 『大東文化硏究』 15), 126~128쪽.
10) 千惠鳳, 윗논문, 175쪽.
11) 前間恭作 編, 1956, 『古鮮冊譜』第二冊(東洋文庫叢刊 11).

것이며, 능호는 반드시 왕의 훙거 후에 정해지는 것만은 아니므로, 두 가지 분주의 가능성 가운데 실제 어떠했는가는 알 수 없지만 어떤 경우라 해도 이 분주가 초간 시기를 결정하는 증거로는 될 수 없는 것이라고 한다. 또한 '수태보'의 관함과 관련해서도 이는 이미 인종 20년(1142)에 同德贊化功臣호와 함께 제수된 것이므로,12) 초간 시기를 의종대로 단정할 수 있는 적절한 논거가 되지 못한다고 논증하였다.13)

『경주선생안』에 입각한 조선 태조 3년간본의 판각지 문제는 일찍이 藤田亮策에 의해 제기된 바 있다고 하는데,14) 다소 본줄기에서 벗어난 이 논쟁 부분을 잠시 차치하고 보면, 정작 초간의 시기를 탄력있게 찬진 직후부터 의종대 어간으로 보는 데에 두 사람 모두 적극적인 반증을 의도한 것은 아니라고 해야겠다. 물론 능호의 제정 시기 문제나, '수태보' 직함의 문제에 대한 전중준명의 설명에는 수긍할 만한 대목이 있다. 즉 직함에 관하여 정구복 역시 "김부식이 守太保의 職을 처음 받은 것은 인종 20년 同德贊化功臣을 받았을 때이다. 의종 2년 기사는 『仁宗實錄』의 편찬에 참여함과 관련하여 守太保樂浪郡開國侯職을 준 것인바, 守太保職을 다시 준 것은 퇴직한 관료를 編修官에 임명했기 때문"이라고 설명하고 있는 것이다.15) 그러나 주의할 것은 논의에 개입된 연구자들은 현행 정덕본『삼국사기』가 고려조에서 찬진 초간된 그것의 내용과 체제를 충실히 전승하고 있다는 점에 일치된 평가를 하고 있다는 것이다.

'성암본'이 고려 후기 판본인가의 단정을 보류한다 해도 고려시대

---

12) 『高麗史節要』, 仁宗 20년(1142) 3월조 및 『東文選』 25, 制誥 「賜金富軾加授同德贊化功臣守太保餘並如故」・「除金富軾守太保餘並如故」.
13) 田中俊明, 1982, 「『三國史記』板刻考・再再論 – あらためて千惠鳳氏に問う」(『韓國文化』 38), 22~23쪽.
14) 藤田亮策, 1939, 「讀史閑話(一)」(『書物同好會會報』 3).
15) 鄭求福, 1986, 「解題」(趙炳舜 編)『增補修註 三國史記』(誠菴古書博物館, 保景文化社), 16쪽.

의 초간을 포함하여 조선시대까지 몇 차례의 판각 작업이 있었고,16) 정덕본을 끝으로 목판 작업은 더 이상 이루어지지 않았으며, 1677(숙종 3)에 『顯宗實錄』을 출간하기 위하여 새로이 주자한 동활자로 찍은 鑄字本이 1711년(숙종 37)에 간행된 것으로 추정한다. 이 주자본의 간행 시기는 비교적 최근에 權尙夏(1641~1721) 舊藏의 주자본 『삼국사기』에 "康熙五十年十月初五日"로 시작되는 手決이 있는 것을 통해 확인된 것이다.17) 『삼국사기』 판본에 대한 기초적인 조사 정리는 천혜봉·황천오에 의해, 그리고 1900년대 이후의 영인본·필사본·활자본 및 역주본에 대한 소개와 설명은 정구복에 의해 각각 충실하게 정리된 바 있다.18) 특히 거듭된 판각 과정에서 야기된 수많은 결획과 오각 등의 병리 현상을 구명하기 위해서는 정덕본의 정밀한 검토와 교감이 긴요하다 하겠다.

기왕의 교감 작업에서는 대체로 현종실록자본 『삼국사기』를 우선 대교 자료로 활용했으며, 정덕본 『삼국유사』·『삼국사절요』·『동국통감』·『고려사』 등의 국내 사서들을 참고하여 결락 부분과 오각을 바로잡았다. 이와 함께 중국의 『二十五史』·『冊府元龜』·『資治通鑑』·『十三經注疏』 및 문집류가 참고되어 왔다. 이와 같은 과정은 관련 자료들의 내용을 비교 추적하여 교정하는 방법에 충실한 것이라 하겠다. 다른 한편 정덕본 자체의 異體字를 분류 고증하는 작업 또한 정확한 校訂을 위해 주의해야 할 부분이라고 하겠다. 이 가운데 권44부터 권50까지, 즉 성암본의 해당 부분에 대한 文字異同對校는 정밀한 검토가 이루어졌다.

---

16) 鄭求福은 '성암본'에 대한 千惠鳳의 견해를 수용하여 네 차례의 판각이 있었던 것으로 이해하였다. 1996, 「三國史記 解題」(『譯註 三國史記』 1, 韓國精神文化硏究院), 546~556쪽.
17) 末松保和, 1986, 「三國史記(鑄字本)あとがき」(『三國史記(鑄字本)』, 學習院大學東洋文化硏究所).
18) 千惠鳳·黃天午, 1981, 앞 책 『三國史記調査報告書』; 鄭求福, 1996, 앞 논문 「三國史記 解題」, 558~565쪽.

천혜봉은 두 차례에 걸쳐 독보적인 성과를 제출했으며,19) 유부현은 이 성과를 토대로 문자이동의 근거와 내용을 밝히면서 誤字(誤寫字·誤刻字·誤校字), 脫字, 同義字, 刓缺字, 異體字(同字·本字·古字·譌字·俗字·別字·隷書體字·行草字), 通用字(假借字·同音代替字), 訛傳字, 避諱缺劃字 등으로 세분하여 유형화를 시도하였다.20) 또한 검토 대상으로 삼은 이체자의 범위를 "동일한 시기에 字意와 字音은 같으면서도 字形이 다른 것"으로 설정한 이규갑은『삼국사기』전체 분량 가운데 대략 45%에 달하는 내용 가운데서 이체자들을 추출 분석하면서 주로 그 생성 원인을 중심으로 살핀 바 있다.21) 아울러 같은 시기 동일한 조건에서 판각이 이루어졌다는 점에서 정덕본『삼국유사』의 이체자 교감 자료를 총망라한 하정룡·이근직의 성과도 이 논의에 큰 기여를 했다고 보겠다.22)

이체자의 교감과 관련하여 한 가지 유의해 두고자 하는 것은 字形이 유사할 경우 대체로 문맥에 따라 본래의 글자를 교감하는 것이 비교적 용이한 반면, 그것이 지명과 같은 고유명사에 속해 있을 경우에는 문맥을 동원한 파악이 매우 힘들다는 것이다. 예컨대 권35(지리2) 朔州 奈靈郡의 연혁을 "本百濟奈己郡"이라고 한 경우를 들 수 있다. 이 경우 판본 상태에서 '己'와 '已', 그리고 '巳'를 준별해내는 데 기여할 수 있는 문맥은 없다. 권36(지리3)에 보이는 悅己縣이나 結己郡의 경우도 다르지 않다. 따라서 독자에 따라서는 이 세 지명 모두를 '己'로 읽거나, '己'와 '巳'로 구분해 읽거나, 혹은 奈己郡의 경우 奈巳郡으로 읽기

---

19) 千惠鳳은 1981, 앞 책『三國史記調查報告書』, 11~32쪽에서 誠庵本과 中宗朝本(正德本)·顯宗實錄字本·朝鮮史學會活字本을 對校하여 총 407자의 異同表를 작성하였고, 다시 1982, 앞 논문 「새로 발견된 古版本 三國史記에 대하여」, 143~169쪽에서는 여기에 李丙燾本과 光文會本을 대교 자료에 추가하여 모두 484개 글자의 대교표를 작성하였다.
20) 柳富鉉, 1995, 「『三國史記』(卷44~50) 文字異同에 대한 一考」(『新羅文化』12).
21) 李圭甲, 1998, 「『三國史記』의 異體字 硏究」(『中國語文學論集』8).
22) 河廷龍·李根直, 1997, 「『三國遺事』의 異體字 資料-俗字·略體字·異體字」(『三國遺事 校勘 硏究』, 신서원).

도 한다.23) 그러나 정덕본 지리4 백제 주군현명에 병기되어 있는 悅 己(己)縣・結己(己)郡・奈已(己)郡은 같은 판종이라고 판단되기 때문에 그 것이 '己'이든 '己'이든 동일한 선상에서 대응한다고 볼 수 있지 않을 까 한다. 이 경우 고대 한자음을 연구한 성과들에서는 '己'로 음독하 고 그것을 백제 지명 어미에 풍부한 '只'와 같이 '城'을 뜻한다고 보는 것이 일반적이라는 점을 환기할 수 있다.24) 나아가 실제 奈靈郡 즉 지 금의 영주 일대가 한때 백제의 세력권 하에 있었다는 역사 일반의 이해가 여기에 동원될 수 있다.25) 향후 지속적으로 이와 같은 심층적 인 교감이 겨냥되어야 할 것으로 생각하며, 최근 이강로는『삼국사기』 지리지에서 자형상 문제가 될 것이라고 생각하는 글자 110여 개를 검토했는데,26) 이 또한 적절한 기초 연구라고 하겠다. 마찬가지로『삼 국사기』에 쓰인 개별 동사의 미세한 의미 차이를 추구한 송병우의 시 도도 주목해 두고자 한다.27)

연구 텍스트로 이용되는『삼국사기』 원본으로는 우선 1931년에 정 덕본을 원형 크기로 영인한 古典刊行會本을 꼽을 수 있다. 이 복사본 의 저본은 경북 月城郡 安康邑 玉山里에 있는 晦齋 李彦迪(1491~1553)의 유 택 獨樂堂에 소장되어 있는 이른바 '玉山李氏本'으로 알려져 있다. 이 고전간행회본을 축소 영인하고 교감한 성과로는 김정배・조병순・이

---

23) 井上秀雄, 1974,「『三國史記』地理志の史料批判」(『新羅史基礎硏究』, 東出版株式會社), 46쪽 : 동, 1961,『朝鮮學報』21・22 合倂特輯號 ; 兪昌均, 1980,『韓國 古代漢字音의 硏究(Ⅱ)』(啓明大 學校出版部), 219・226・266쪽 ; 李炳銑, 1982,『韓國古代國名地名硏究』(亞細亞文化社), 154쪽 : 盧重國, 1995,「『三國史記』의 百濟 地理關係 資料의 檢討」(『三國史記의 原典 檢討』, 韓國精神 文化硏究院), 169~170쪽 등.
24) 都守熙, 1977,『百濟語硏究』(亞細亞文化社), 42쪽.
25) 李康來, 1996,「新羅 '奈己郡'考」(『新羅文化』13).
26) 이강로, 1996,「문제자의 변별과 그 처리-三國史記・地理志에서」,(『東方學志』91).
27) 송병우, 1999,「이동동사 '行'의 하위말의 의미 자질에 따른 변별-『삼국사기』를 중심으로」,(『東 洋漢文學硏究』13) ; 동, 2001,「하강동사 '下'와 '降'의 하위말의 의미 자질에 따른 변별-『삼 국사기』를 중심으로」,(『東洋漢文學硏究』14).

강래의 교감서가 이용하기에 용이하다.28) 이른 시기의 활자본으로는 淺見倫太郞이 「三國史記解題」를 붙인 朝鮮古書刊行會 간본29)과 최남선이 '朝鮮叢書'의 하나로 간행한 朝鮮光文會 간본30) 등을 들 수 있다. 조선광문회본은 卷首에 "原活印本十册金敎獻寄本"이라 題했으므로 그 저본을 현종실록자본으로 추정하고 있다. 한편 일본에서도 비슷한 시기에 坪井九馬三이 「校訂三國史記叙·跋」을 가한 활자본이 출판되었다.31) 이 때의 대교 작업에 참여한 바 있는 今西龍은 다시 朝鮮史學會의 의뢰를 받아 『삼국사기』 교정을 하였고,32) 이것이 이후 널리 쓰이게 된 조선사학회 간본 『삼국사기』이다.33) 조선사학회본은 3판을 발행하면서 다시 末松保和의 교정이 더해졌는데, 여기에는 아마 정덕본을 영인한 고전간행회 간 『삼국사기』의 출간에서 보다 충실한 교정의 필요성이 대두된 때문인 듯하다.34) 또한 金澤榮이 교정한 『校正三國史記』가 중국에서 4책으로 간행되었는데, 중국인 李繼聃의 서문이 있으며 조선광문회본을 저본으로 삼았다.35) 일본에서도 고전간행회본에 따르고 말송보화가 해제를 붙여 '學東叢書'로 간행된 學習院本 『삼국사기』가 출간된 바 있고,36) 최근에는 權尙夏(1641~1721) 舊藏의 주자본 『삼국사기』가 다시 '學東叢書'(13)로 영인된 바 있다.37)

---

28) 金貞培, 1973, 『校勘三國史記』(韓國古典叢書 2, 民族文化推進會) ; 趙炳舜 編, 1986, 『增補修註 三國史記』(誠庵古書博物館, 保景文化社) ; 이강래 교감, 1998, 『原本 三國史記』(한길사).
29) 1909, 『三國史記』(朝鮮古書刊行會).
30) 1914, 『三國史記』(朝鮮光文會).
31) 1913, 『三國史記』(東京帝國大學 文科大學史誌叢書).
32) 今西龍, 1928, 「記」(『三國史記』, 朝鮮史學會).
33) 도서출판 民族社에서 1982년에 영인 반포하여 학습교재로 널리 쓰이는 활자본 『三國史記』 역시 이 조선사학회본이다.
34) 末松保和, 1941, 「三版の後に記す」(朝鮮史學會, 『三國史記』, 近澤書店).
35) 1916, 『校正三國史記』(淮南南通縣 翰墨林書局).
36) 1964, 『三國史記(學習院本)』(學習院大學 東洋文化硏究所).
37) 1986, 『三國史記(鑄字本)』(學習院大學 東洋文化硏究所).

주요 번역본으로는 우선 이병도의 성과를 꼽아야 한다. 그는 1941년 부터 고전간행회본을 저본으로 신라본기와 고구려본기 일부를 번역 출간했으며,[38] 1956년에 다시 17권까지 3책을 출간한 데 이어,[39] 1977 년에 전권의 역주를 완성하였다.[40] 원문의 교감과 국역의 주석 모두 당시로서는 가장 충실한 선본으로 간주되어 연구자들이 폭넓게 애용 하였다. 북한에서 나온『삼국사기』는 조선사학회본과 정덕본을 함께 대본으로 삼아 기초적인 교감과 함께 원문과 번역문을 같은 쪽에 실 어 참고에 편리하다.[41] 김종권의 번역본은 1960년 초판 이후 간단한 해제와 원문 및 번역문을 갖춘 것으로 여러 차례 복간과 개역을 거치 면서 널리 읽혔다.[42] 신호열은 김택영의『교정삼국사기』를 대본으로 삼 아 비교적 상세한 해제를 붙이고 원문과 번역문을 함께 실었다.[43] 또 한 이재호의 번역본이 폭넓게 유통되고 있으며,[44] 그밖에 몇 종의 발 췌 번역본들도 있으나 본격적인 연구서로는 적절치 않다.[45] 정구복· 노중국·신동하·김태식·권덕영 등이 공동 작업한 역주본[46]은 기왕의 10여 종을 감교에 동원하여 철저한 교정과 번역을 기하면서, 1995년까 지의 역사학계의 연구 성과를 수렴하여 주석을 정비한 것으로 현 단 계 학계의 역량을 아우른 성과라고 할 수 있다.[47] 비슷한 시기에 한

---

38) 李丙燾 譯註, 1943,『譯註 三國史記』Ⅱ(博文書館).
39) 李丙燾 譯註, 1956,『對譯 詳註 三國史記』Ⅰ(春潮社).
40) 李丙燾 譯註, 1977,『國譯 三國史記』·『原文 三國史記』(乙酉文化社).
41) 고전연구실, 1958,『삼국사기』상·하(과학원).
42) 金鍾權 譯·申奭鎬 監修, 1960,『完譯 三國史記』(先進文化社) ; 金鍾權 譯, 1972,『三國史記』上·下(大洋書籍) ; 金鍾權 譯, 1988,『新完譯 三國史記』上·下(明文堂).
43) 辛鎬烈 譯解, 1978,『三國史記』Ⅰ·Ⅱ(東西文化社).
44) 李載浩 譯, 1983,『三國史記』(養賢閣) ; 이재호 옮김, 1997,『삼국사기』1·2·3(솔출판사).
45) 1972,『崔致遠, 金富軾, 李仁老, 崔滋(韓國의 思想大全集 3, 同和出版公社) ; 권혁률 옮김, 1997,『한권으로 읽는 삼국사기』(녹두) ; 박광순 역해, 1997,『삼국사기』(하서출판사) ; 정구복 편, 2000,『새로 읽는 삼국사기』(동방미디어).
46) 鄭求福·盧重國·申東河·金泰植·權悳永, 1996~1998,『譯註 三國史記』1~5(韓國精神文化硏究院).

국사 사료연구소에서 펴낸 標點校勘本은 활자 교감 원문과 번역문을 병기하여 북한본과 마찬가지로 대교 독서에 편리하다.48) 가장 최근 이강래의 역주본과 교감본은 정덕본(고전간행회본)을 축쇄·교감한 것으로서 연구자들이 목판의 병리 현상을 직접 접하기 용이하게 했다.49) 일역본으로는 '學東叢書本'을 대본으로 한 井上秀雄의 역주본이 충실한 것으로 판단된다.50)

색인 관련 성과로는 무엇보다도 이홍직의 방대한 분류 색인이 최량의 업적으로 꼽히고 있다. 그는 『삼국사기』의 전체 명사를 인명·지명·직관·연호·寺名·서명·雜 등 7편으로 나누어 1164쪽에 달하는 색인 자료를 작성하였다.51) 특히 이 색인서는 정덕본을 원형대로 영인한 고전간행회본과 1928년 간 조선사학회본(초판) 『삼국사기』를 저본으로 하여 일일이 소재를 명기했을 뿐만 아니라, 본래의 권수와 紀年月日을 표시하여 『삼국사기』의 모든 刊本에 적용할 수 있도록 하였다. 한편 村上四男은 지리지 부분의 지명 색인을 만든 바 있다. 그는 이 작업에서 지리지의 지명을 망라하여 각각의 소재를 1941년 간 조선사학회본(3판) 『삼국사기』를 이용하여 명기하고, 나아가 각 지명의 옛 이름과 경덕왕대의 개명 및 고려시대의 명칭을 도해하여 일본어 음순으로 배열하였다.52) 최근에 정신문화연구원에서 작성한 색인서는 함께 간행된 번역편과 주석편의 표제어를 각각 나누어 음순으로 배열한 것으로서 현 단계 『삼국사기』 연구 현황을 망라한 특장을 높이 살 만하다.53)

---

47) 李基東, 1998, (書評)「鄭求福 外 編著, 『譯註 三國史記』 4冊」(『歷史學報』 157).
48) 한국사 사료연구소 편역, 1996, 『標點校勘本 三國史記』(한글과컴퓨터).
49) 이강래 옮김, 1998, 『삼국사기』 I·II(한길사) : 이강래 교감, 1998, 『原本 三國史記』(한길사).
50) 井上秀雄 譯注, 1980~1988, 『三國史記』 1~4(平凡社).
51) 東方學硏究所, 1955, 『三國史記索引』(延禧大學校).
52) 村上四男, 1955~1958, 「三國史記地理志索引」(『朝鮮學報』 8·10·11·12).

3. 사료의 가치

　현행본 『삼국사기』가 다수의 병리적 오류를 포함하고는 있지만, 고려 인종조 당시에 찬진되었던 내용을 비교적 충실히 반영하고 있다는 점에서 연구의 일차 자료로서의 가치에 손색이 없다고 하는 평가는 개별 기사의 사료 가치 여하와는 다른 맥락에 서 있는 것이다. 이 문제는 실로 한국 고대사의 특정 주제와 관련한 연구에서는 거의 예외없이 거론될 수밖에 없지만, 여기서는 단지 두 가지 측면에서 기왕의 논의를 고려해 검토하고자 한다. 즉 편목별 편찬 과정에 주안한 논의와 각 편목을 단위로 그 내용 분석에 주안한 논의들이 그것이다. 유념할 것은 『삼국사기』의 사료 가치 문제는 일정 기간의 연구로 전론할 수 있는 것도 아니며, 역시 연구 성과의 양적 증가가 반드시 논의의 축적과 발전을 의미하지도 않는다는 점이다. 다만 다양한 문제 제기와 개별 검토가 쌓이면서, 그동안 『삼국사기』의 사료적 가치 논의에는 적지 않은 속단과 타성적 이해가 있었다는 사실이 자각되어 가는 경향 자체에는 동의할 수 있다고 본다.
　민족사의 현실이 외세에 유린당하던 시기에 실천적 지식인으로서 신채호의 눈에 비친 『삼국사기』의 모습은 극히 부정적이었다. 그의 판단으로는 "先儒들이 말하되 3국의 문헌이 모두 병화에 없어져 김부식이 考據할 사료가 없어 부족하므로 그가 편찬한 『삼국사기』가 그렇게 소루함이라 하나, 기실은 김부식의 사대주의가 사료를 焚滅한 것"이며, 김부식의 "이상적 조선사는 1. 조선의 강토를 바싹 줄여 대동강

---

53) 鄭求福 외, 1998, 『譯註 三國史記』 5〔색인편〕(韓國精神文化硏究院).

혹 한강으로 국경을 정하고, 2. 조선의 제도·문물·풍속·습관 등을 모두 유교화하여 삼강오륜의 교육이나 받고, 3. 그런 뒤에 정치란 것은 오직 외국에 사신 다닐 만한 비열한 외교의 辭令이나 堪任할 사람을 양성하여 동방군자국의 칭호나 유지하려 함"이었다는 것이다.54) 유린된 민족 주권의 회복을 시대 과제로 삼았던 시기 외세에 대한 극렬한 적개심을 고려하여 음미할 일이다. 최남선 역시 『삼국사기』는 사실에 충실하기보다는 文辭에 치중하였고, 原相에 따른 것이 아니라 주관에 따라 개작을 서슴지 않았다고 보았으며, 『삼국유사』와 비교하여 평하기를 "만일 本史와 遺事의 兩者中에 어느 하나밖에 지니지 못할 경우가 있다 하면 대부분이 漢土의 文籍을 引入한 것이요 그 약간의 國傳이란 것은 名與實을 대개 漢化한 『삼국사기』를 내어놓고 斷落하고 錯雜하고 粗陋하고 詭誕할망정 一鬱이라도 本味를 전하는 『삼국유사』를 잡을 것이 固當하다 할지니라"라고 했던 것이다.55)

『삼국사기』를 그 성립 과정에 주안하여 종합적 시각으로 분석한 것은 津田左右吉에서 비롯되지 않았나 한다.56) 일찍이 신라본기에 대한 대강의 검토를 시도한 그는 上代의 주요 기사들에 대해 그 사료적 가치를 극히 회의적으로 판단하면서 특히 왜 관련 기사 비판에 많은 관심을 할애하였다. 그에 의하면 신라본기 기사는 우선 중국의 사적에서 빌려오거나 그에 기초하여 안출해낸 것들이 있고, 후세의 상태를 이전으로 올리거나 혹은 후대의 사적에 기초하여 구상해낸 것들로서, 이 경우는 영토 확장 관련 기사 및 대외 관계 기사들에서 현저하다 하

---

54) 申采浩, 1982, 「朝鮮歷史上 一千年來 第一大事件」(『朝鮮史研究草』) : 丹齋申采浩先生紀念事業會, 『丹齋申采浩全集』 中(螢雪出版社 改訂版), 118~119쪽.
55) 崔南善, 1971, 「三國遺事 解題」(『新訂 三國遺事』, 民衆書館 4판, 초간은 1914), 10쪽.
56) 李鍾旭이 「지난 100년 한국 고대사 통설의 문제점」(동, 1999, 『한국 고대사의 새로운 체계』, 소나무 : 동, 1999, 『韓國史研究』 105)을 반성하면서 津田左右吉에 주의하여 비판의 맥락을 설정한 것이 좋은 예증이겠다.

여, 기년은 물론 사건 자체의 실재 또한 많은 부분 수긍하지 않았다.57) 今西龍 역시 신라본기 "奈勿尼師今 경까지의 기사는 무엇에 의거해서 편성했고 무엇에 근거해서 기년한 것인지 전혀 不明"이라고 보고, 『國史』가 편찬된 진흥왕 이전의 편년 기사에 대해 강한 불신을 드러낸 바 있다.58)

백제본기에 대해서도 역시 진전좌우길은 강하게 불신했는바, 예컨대 蓋鹵王·肖古王·仇首王의 이름도 실재했던 왕들의 이름을 옛날로 소급시켜 설화시대의 국왕으로 하고 실재의 왕에는 각각 '近'자를 씌워 이들과 구별했다고 보았다. 따라서 건국연대는 물론 12대 契王까지의 왕들의 존재에 대해 신뢰를 주저하였다. 반면에 『일본서기』 등을 고려한 임나 관계 사유의 맥락에서 초고왕 곧 백제본기의 근초고왕 관련 기사들에 대해서는 긍정적인 평가를 내리고 있다.59) 이렇게 되면 당연히 근초고왕 이전의 개별 사건 기사는 물론, 그에 관련된 신라 등과의 관계 기사 역시 신빙할 수 없게 될 것이다.60) 금서룡의 백제사 연구가 거의 전적으로 『삼국지』·『晋書』·『宋書』·『일본서기』 등 인접국의 사료에 주요 입론 근거를 두고 전개된 것도 같은 이해의 맥락에서 기인하는 것이다. 즉 그는 신라의 경우와 유사하게 근초고왕 대에 高興이 『書記』를 찬술했다는 기록을 주의하는 동시에, 근초고왕 대에 이르러 비로소 그 왕명이 일본과 중국 측 사서에 나오는 것을 지표로 삼고 있는 것이다.61)

---

57) 津田左右吉, 1924, 「三國史記の新羅本紀について」(『古事記及日本書紀の研究』, 岩波書店), 505~517쪽.
58) 今西龍, 1970, 「新羅史通說」(『新羅史硏究』, 國書刊行會, 초간은 1933), 13~14쪽.
59) 津田左右吉, 1924, 「百濟に關する日本書紀の記載」(『古事記及び日本書紀の硏究』, 岩波書店), 644~647쪽 ; 동, 1921, 『滿鮮地理歷史硏究報告』 8(東京帝國大學文學部).
60) 津田左右吉, 1964, 「羅濟境界考」(『津田左右吉全集』 11, 岩波書店), 146쪽 ; 동, 1913, 『朝鮮歷史地理』 1.
61) 今西龍, 1934, 「百濟史講話」(『百濟史硏究』, 近澤書店), 63~267쪽.

진전좌우길은 고구려본기에 대해서도 애초부터 "중국 사적에서 채록하지 않은 기사들의 신뢰 여하에 대한 검토"를 목적으로 표방했듯이, 중국 사서에서 전재했던 몇 가지의 기사 이외는 연대적으로 믿을 수 있는 기사가 거의 없다는 결론에 이르고 있다. 구체적으로 그는 사건 내용이 중국 측 문헌 혹은 『삼국사기』의 다른 기재와 모순되고 있는 부분이나 『삼국사기』에 나타나는 등장 인물이 지나치게 유교적이거나 중국식의 정치 행동을 하고 있는 부분이 주로 신라시대나 고려시대의 사관에 의해서 만들어진 부분이라고 주장한다.[62] 따라서 그에게는 "반도인의 지식계급은 가련할 정도로 중국사상의 노예"[63]였던 것이다. 이후 일본 학계에서는 그의 실증주의 문헌학에 의거한 上代 기사 허구설의 영향력이 막강하게 영향을 끼치게 되었다. 예컨대 池內宏의 경우 신라 내물왕 이전의 세계와 왕통, 그리고 고구려 山上王 이전 시기 국내 전승 기록의 왕통과 기년에 대한 신뢰를 부정하였다. 한 가지 특이한 점은 그의 경우 부분적으로 조작의 주체를 『海東古記』 찬자로 지목하고 있다는 점이다.[64]

이에 대해 三品彰英은 『삼국사기』 고구려본기 원전 비판의 관점에서 고구려의 王都, 특히 丸都 및 國內城에 대한 문제를 논의하면서 다소 탄력적인 견해를 표명하였다. 즉 고구려 고유의 자료는 민간전승적인 것이므로 비록 연대를 그대로 신빙할 수는 없지만 내용 가운데 오랜 기억이 포함되어 있어서 취급하기에 따라서는 그 사료 가치를 충분히 가질 수 있는 반면, 중국 측 문헌 사료는 연대에 있어서는 매우 결정적 지식을 제공해 주고 일급의 사료가 되는 것도 포함되어 있지

---

62) 津田左右吉, 1964, 「三國史記高句麗紀の批判」(『津田左右吉全集』 12, 岩波書店) ; 1922, 『滿鮮地理歷史硏究報告』 9.
63) 津田左右吉, 윗책, 524쪽.
64) 池內宏, 1951, 「高句麗王家の上世の世次について」(『滿鮮史硏究』 上世 第1冊, 吉川弘文館), 208~235쪽 ; 동, 1940, 『東亞學』 3 ; 동, 1960, 「新羅の骨品制と王統」(『滿鮮史硏究』 上世 第2冊, 吉川弘文館), 557~561쪽 ; 동, 1941, 『東洋學報』 28-3.

만 그러나 그 때문에 내용을 그대로 맹신하거나 그 가치를 과대하게 존중해서는 안된다는 것을 지적한다. 다시 말해 중국인 특유의 합리화에 의한 가상적 기사가 생겨나는바, 고구려 측의 전승이든 중국 측 문헌이든 모두 채용할 만한 면과 가벼이 믿을 수 없는 면이 다 들어 있다는 것이다.65) 이는 『삼국사기』 기사와 중국 자료의 관련 기사 가운데 일방적으로 중국 측 원전에의 맹신 경향에 주의를 제기한 측면에서 의의를 지닌다고 할 수 있다. 그러나 그 역시 "신라본기에 보이는 것과 같은 신라왕 계보가 정비된 것은 신라 下代 즉 8세기 이후라고 생각"하여,66) 사료로 이용할 수 있는 것은 4세기 후반 내물마립간 경부터이며, 기년에 구애받지 않는다면 助賁尼師今 무렵까지는 어느 정도 이용이 가능하지만, 그 이전이 되면 전혀 전설시대라고 하였다. 또한 『일본서기』의 용례를 들어 백제본기의 초고왕 및 구수왕을 포함한 "근초고왕 이전 12대의 왕력은 훨씬 후대의 史籍에 와서 추가 정비된 것"이라는 의혹을 제기하기도 하였다.67)

사실 전통시대 중국 중심적 지적 교류를 감안할 때 『삼국사기』의 개별 정보의 원전을 탐구하는 논의에서 중국 측 사서와의 조응 관계를 주목하는 것은 우선 마땅하다고 하겠다. 그러나 삼국시대의 입체적 조망을 도외시한 채 인접 왕조의 사서가 기사의 신빙성을 가름하는 주요 지표로 설정되는 것은 한국 고대사 혹은 『삼국사기』에 대한 심각한 선입견이거나 혹은 『일본서기』를 기본 조건으로 하는 일본 고대사 연구의 환경에서 말미암은 편견일 것으로 본다.68) 이런 관점에서서 최재석은 이른 시기 일본인 연구자들의 『삼국사기』에 대한 인식

---

65) 三品彰英, 1951, 「高句麗王都考-三國史記高句麗本紀の批判を中心として」(『朝鮮學報』 1), 51쪽.
66) 三品彰英, 1962, 『日本書紀朝鮮關係記事考證』 上卷(吉川弘文館), 108쪽.
67) 三品彰英, 윗책, 105쪽.
68) 李鍾旭, 1986, 「百濟 初期史 硏究史料의 性格」(『百濟硏究』 17), 15쪽.

을 광범위하게 소개·비판했으며,69) 『삼국사기』 및 『삼국유사』의 기록을 최대한 손상하지 않은 채로 삼국의 왕위 계승에 관한 일련의 성과를 제출하여 자신의 주장을 정합적으로 입증한 바 있다.70) 최재석의 비판은 일본인 연구자들뿐만 아니라, 『삼국사기』의 왕통 계보와 기년을 위주로 구체적 정보에 대한 회의적 입장에 서 있는 국내 연구자들도 겨냥하고 있거니와, 그 비판의 적확함은 한 가지로 단정할 수 없는 것이지만 『삼국사기』의 사료 비판에 곧잘 거론되어 왔던 중국 사서의 절대성에 대한 반성은 마땅히 공유해야 할 부분이라고 생각한다.

이에 해당하는 가장 현저한 사례로 飯島忠夫의 견해를 들고자 한다. 그는 『삼국사기』에 나타난 일식 기사를 분석하되, 신라의 연대는 炤知王(478 즉위) 이후에야 비로소 믿을 수 있다는 금서룡의 견해나 신라본기의 기사는 17대 내물왕(356 즉위) 이후가 대체로 믿을 수 있으므로 그보다 이전 "上代 16왕의 世次는 전연 假構의 것"이라고 한 前間恭作의 견해71)를 수용한 위에서 출발한다. 따라서 비록 그는 赫居世 치세의 일식 기사가 모두 현대 천문학에서 그 정확성이 입증되며 당시의 신라와 백제 지역에서 관측이 가능한 현상들이었다는 것을 인정하면서도, 『詩經』과 『春秋』에 있는 일식의 연월일이 천문학상의 계산에 부합한다는 것을 유일의 근거로 하여 그에 수반된 모든 기사의 정확함을 증명하는 것으로 이해하는 梁啓超의 견해는 바르지 않다 하고, 마찬가지로 신라본기의 경우 정작 허구의 기사 사이에 개재되어 있

---

69) 崔在錫, 1985, 「『三國史記』 초기기록은 과연 造作되었는가」(『韓國學報』 38) ; 동, 1986, 「末松保和의 新羅上古史論批判」(『韓國學報』 43) ; 동, 1986, 「三品彰英의 韓國古代社會·神話論批判」(『民族文化研究』 20) ; 동, 1987, 「今西龍의 韓國古代史論批判」(『韓國學報』 46). 이상 1987, 『韓國古代社會史方法論』(一志社) 수록.
70) 崔在錫, 1983, 「新羅王室의 王位繼承」(『歷史學報』 98) ; 동, 1983, 『韓國家族制度史研究』(一志社) ; 동, 1986, 「百濟의 王位繼承」(『韓國學報』 45) ; 동, 1987, 「高句麗의 王位繼承」(『정신문화연구』 32). 이상 1987, 『韓國古代社會史研究』(一志社) 수록.
71) 前間恭作, 1925, 「新羅王の世次と其の名につきて」(『東洋學報』 15-2), 218쪽.

는 일식 기사만이 무슨 이유에서 정확한 것인가 라는 문제를 제기하게 된다는 것이다.[72] 결국 그는 『삼국사기』에 기재된 모든 일식 기사를 중국 측 정사나, 또 다른 기록에서 인용한 것이라고 결론하였다.

그러나 일식 현상의 주기성 및 중국 기록에 비해 매우 적은 『삼국사기』의 관측 기록, 그리고 수백 년의 공백 따위를 주목하여 『삼국사기』의 일식 기록이 중국 정사에서 기계적인 보입을 한 결과로 볼 수는 없다는 설득력 있는 문제 제기[73]에 이어 우리 기록에 보이지 않는 일식 기록의 세밀한 검토와 음미가 시도되면서,[74] 『삼국사기』의 일식 관련 기사는 다른 천문 현상들과 함께 고대인의 천문관을 지시하는 실질적 재료로 연구되기에 이르렀다.[75] 한 예로 박성래는 "일식이나 혜성이 정말로 그 때 있었느냐가 중요한 것이 아니라 오히려 왜 그 때에 그런 기록을 남겼는가를 밝히는 작업이 더 중요한 일"이라 한 다음, 중국의 기록을 전재할 수 없는 많은 자연현상 기록들로 미루어 당대인들 나름의 필요성과 논리에 따라 선택 기록된 것으로 판단한 바 있다.[76] 또한 이 방면에 수월한 성과를 집성한 이희덕 역시 『삼국사기』의 천재·지변 기사가 가지는 정치 사상적 의미 추구를 중국의 사례에 비기어 추구하면서도, 삼국시대의 독자적인 일식 관측 기록을 인정하고 있는 점에서는 다르지 않다.[77]

요컨대 삼국은 독자적인 관측의 전승을 지녔고, 『삼국사기』 찬자는 중국 사서를 참조하여 중국과 공유한 기록은 천체의 위치를 중국

---

72) 飯島忠夫, 1926, 「三國史記の日蝕記事について」(『東洋學報』 15-3), 126~129쪽.
73) 金容雲·金容國, 1977, 「三國史記의 日蝕記事」(『韓國數學史』, 科學과 人間社), 42쪽.
74) 玄正晙, 1979, 「韓國의 古代日食記錄에 관하여」(『東方學志』 22).
75) 李熙德, 1980, 「三國史記에 나타난 天災地變記事의 性格」(『東方學志』 23·24) ; 동, 1986, 「韓國古代의 自然觀과 儒敎政治思想」(『東方學志』 50).
76) 朴星來, 1986, 「百濟의 災異記錄」(『百濟硏究』 17).
77) 李熙德, 1999, 『韓國古代 自然觀과 王道政治』(혜안), 335쪽 ; 동, 2001, 「『三國史記』에 나타난 自然觀」(『金富軾과 三國史記』, 慶州金氏大宗親會).

식 표현으로 수정했으며, 중국 기록에 보이지 않는 자료는 원래 전승 자료의 모습 그대로 기록한 것이라고 해도 좋을 것이다.78) 같은 맥락에서 『삼국사기』의 편찬 과정에서 천문 관계 기록에 대한 일부 취사선택의 작업이 있었을 가능성을 고려하고 있는 정운용은, 삼국의 본기에 보이는 일식·혜성·유성·운석 관련 기록들을 중국 사서에서의 전재나 『삼국사기』 편찬 과정에서의 추기·보입에 의한 것이 아니라 삼국시대 이래 독자적인 관측 결과가 전승·채록된 신빙성 높은 자료라고 판단하였다.79)

다시 또 하나의 사례를 통해 『삼국사기』의 사료에 대한 이해의 시각을 검토해 본다. 신라본기의 왜 관계 기사는 일본고대사와 관련하여 일찍부터 주목을 받아왔다. 那珂通世는 神功皇后의 이른바 '親征' 시기를 내물이사금대로 조정한 위에서, 그 이전 시기의 왜인 관련 기사에 대해 기초적인 검토를 하였다.80) 또 진전좌우길은 앞에 말한 바와 같이 慈悲麻立干 이전 신라 상대 시기 왜 관련 기사들의 실재를 부정하였다.81) 물론 그가 언명한 바 "우리나라(일본)가 가야를 근거로 하여 신라에 맞섰다는 명백한 사건이 거의 나타나 있지 않은 것" 자체가 그 허구의 논거가 된다고는 볼 수 없다. 다시 말해 신라본기의 왜 관계 기사가 『일본서기』와 일치하지 않는다고 하여 이를 『삼국사기』 찬자의 조작으로 단정하고 이들 기사는 후세 해적의 신라 침입을 기초로 해서 기술된 것이라고 하는 논법은, 『일본서기』의 신라 침입 기사가 가야 지역을 주 침입로로 했다는 사실에 주안점을 두고 당시 일본열도 내에서 유일한 국가적인 실체는 大和政權 이외에는 존재하지 않는

---

78) 박창범·라대일, 1994, 「三國時代 天文현상 기록의 독자 관측 사실 검증」, 『한국과학사학회지』 16-2), 200쪽.
79) 鄭雲龍, 1999, 「『三國史記』를 통해 본 三國時代의 天文觀」, 『史學硏究』 58·59), 155쪽.
80) 那珂通世, 1910, 「新羅古記の倭人」, 『歷史地理臨時增刊 朝鮮號』, 日本歷史地理學會).
81) 津田左右吉, 1924, 앞 논문 「三國史記の新羅本紀について」, 519~521쪽.

다는 전제 하에 대화정권의 존재를 부각시킴으로써, 결국은 대화 정권의 한반도 남부 지역 지배를 사실로서 인정하려는 의도라고 하겠다.[82]

이처럼 이른바 '임나문제'에 주안하여 『삼국사기』의 사료적 가치가 판정될 경우 신라본기 상대 기사 가운데 보이는 대부분의 왜 관계 기사가 그 실재를 인정할 수 없게 되면서도,[83] 바로 그 이유에서 유독 『일본서기』와의 대교가 가능한 사료에 대해서는 적극적인 의미 부여가 가해지기도 하였다. 예컨대 패전 이전 일본 학계의 임나 관련 연구를 결산한 末松保和는 未斯欣의 渡日 기록과 관련한 왜국과 삼국의 역관계를 적극적으로 받아들여 서술하고 있는 것이다.[84] 坂元義種 역시 이를 국제적 세력 관계를 반영한, 말하자면 '복속의 표시'로 해석한 점에서는 다를 바 없다.[85] 또한 신라본기의 왜를 임나, 즉 가야 일원의 문제로 환치하여 이해하는 것은 뒷날 이들 기사에 보이는 왜의 근거지 문제를 둘러싼 비상한 논의를 예비하게 되었다고 판단한다. 일찍이 삼품창영은 신라본기 왜 관련 기사를 나누어 212년 이전은 왜인과 가야인과의 관계 기사가 혼재한 시기, 232~500년까지는 왜인 관계 기사가 보이는 시기, 504년 이후를 가야 관계 기사가 보이는 시기로 설명한 바 있는데,[86] 이는 곧 이른바 '임나일본부'가 한반도에 존재했거나 왜인 세력이 한반도에 거주했다는 것을 염두에 둔 분석이라고 할 수 있는 것이다.

---

82) 연민수, 1998, 「5세기 이전 신라의 대왜관계-『삼국사기』 왜 관계기사를 중심으로」(『고대한일관계사』, 혜안), 344쪽 ; 동, 1988·1989, 『日本學』 7·8·9.
83) 다만 李龍範은 '임나'와는 무관한 시각에 서 있으면서도 『삼국사기』의 왜 관계 기사를 포함하여 대외관계 기사의 대부분에 대해 신빙성을 인정하지 않았다. 1974, 「三國史記에 보이는 對外關係 記事-特히 北方民族에 對하여」(『震檀學報』 38).
84) 末松保和, 1949, 『任那興亡史』(吉川弘文館), 79~82쪽.
85) 坂元義種, 1978, 「古代東アジアの國際關係」(『古代東アジアの日本と朝鮮』, 吉川弘文館), 14~15쪽.
86) 三品彰英, 1962, 앞 책 『日本書紀朝鮮關係記事考證』 上卷, 167~171쪽.

아마 김석형의 '分國論'은 이 문제에 대한 최초의 비중있는 반론이 아닌가 한다. 그는 신라본기에 신라와 적대 관계로 나오는 왜를 북큐 슈의 백제 계통 왜로 보고, 出雲·吉備 등지에 있는 왜를 신라 계통의 왜로 보았다.[87] 이러한 대안은 단순히 임나를 위요한 역사 공간을 일 본열도로 이치시킨 데 그치는 것이 아니라, 『삼국사기』의 왜 관련 기 사를 한국 고대사 내부의 논리에 토대를 두고 해석한 것이라는 점에 서 향후 중요한 각성의 계기가 되었다고 평가한다. 500년까지 나타나 는 『삼국사기』의 왜는 대화정권 즉 畿內의 왜가 아니며, 對馬島·北九 州·出雲 등지의 해적적인 성격을 지닌 집단인데, 이들은 신라에 밀려 倭地로 이동한 진한계 세력이라고 한 김택균의 설명을 그 예로 들 수 있다.[88] 가장 최근에 이 문제를 정리한 최재석의 경우에서도 신라를 침범한 『삼국사기』 초기 기록의 왜와 광개토대왕비문의 왜는 동일한 왜이되, 그들은 대화왜가 아니라 "북구주 지방에 있었던 백제계의 왜 국"이라고 했던 것이다.[89]

따라서 신라본기에 개입되어 있는 왜의 실체를 우선 대화조정의 일본과 다른 것으로 단정하여 다시 그 무대를 한국 고대사의 남부 영 역으로 되돌린 井上秀雄의 논의는 크게 보아 삼품창영 등 이른 시기 연구자들의 관점에 맥이 닿아 있는 동시에 김석형에 대한 다른 형태 의 정치한 대응일 수 있다고 본다.[90] 그는 신라본기에 왜를 지시한 용어로는 왜국(왜왕)·왜인·왜병의 세 가지 표현 방법이 있으며, 그 가 운데 왜국(왜왕)의 용자법을 사용한 기사는 왜인·왜병과의 기사와 용

---

87) 김석형, 1988, 『고대한일관계사』(한마당), 368~373쪽 ; 동, 1966, 『초기조일관계사연구』(사회 과학원출판사).
88) 金澤均, 1990, 「『三國史記』 新羅의 對倭 關係 記事 分析」(『江原史學』 6), 33~34쪽.
89) 崔在錫, 2000, 「『三國史記』 초기 기록에 나타난 倭에 대하여-倭의 근거지를 중심으로」(『한 국학연구』 12), 56~61쪽.
90) 井上秀雄, 1978, 「朝鮮における古代史研究と倭について」(『任那日本府と倭』, 寧樂社 重版, 초판은 1973), 407~408쪽 ; 동, 1972, 『歷史科學』 43.

자상에서 계통을 달리 하는 사료라고 하여 복수의 원전 형성 시기와 각각의 의도를 추적하였다.[91] 또한 그는 신라본기의 왜를 가야의 별칭으로 보아 '왜=가야'설을 주장하고, 이 왜는 대화정권과 무관계할 뿐 아니라 일본열도의 주민을 가리키는 것도 아니라고 하였다. 그에 따르면 '倭'라는 문자는 중국에서 만들어져 중국 주변의 이민족 명칭으로 사용되었으며 고대의 한국 및 일본에서도 민족명·국명·지명 등으로 사용되었지만, 왜가 특정한 민족 및 국명으로만 사용된 것은 아니고 시대에 따라서 나라에 따라서 또 엄밀히 말하면 편찬자에 따라서 대상을 달리하여 사용되어 왔다는 것이다.[92] 그는 심지어 『舊唐書』 동이전 일본조의 "日本國者 倭國之別種也"의 文意를 왜국과 일본을 별개의 국가로 본 것이라고 해석하기도 한다.[93]

비록 3세기 이전 중국 자료에 보이는 왜의 거주 지역을 가라 지방으로 비정한 사료 해석에 대한 비판은 山尾幸久에 의해 곧바로 제기되었고,[94] 왜국 기사가 『삼국사기』 이전에 특별한 목적을 갖고 편찬되었다고 생각할 적극적인 증거는 없다고 한 鈴木靖民의 비판이 뒤따랐지만[95] 정상수웅의 이 견해는 오늘날까지 일본학계에서 하나의 큰 흐름을 형성하고 있다. 즉 鬼頭淸明은 정상수웅의 '왜인 한반도 거주설'을 지지·보강했는데, 신라본기의 炤知王을 끝으로 왜 관계 기사가 소멸하고 그 이후 가야 관계 기사가 출현하는 현상을 주목하여 '가야의 자립'='왜의 후퇴'로 이해하면서, 이 왜의 실체를 가야 제국을 포함한 정치세력으로 보았다.[96] 또한 木下禮仁은 『삼국사기』와 『삼국유

---

91) 井上秀雄, 1970,「日本書紀の新羅傳說記事」(『日本書紀硏究』 4, 塙書房), 257~258쪽.
92) 井上秀雄, 1972,『古代朝鮮』(日本放送出版協會), 139쪽.
93) 井上秀雄, 1987,「三國遺事와 日本關係-倭·日本의 地理的 位置를 중심으로」(『三國遺事의 綜合的 檢討』, 한국정신문화연구원), 130~131쪽.
94) 山尾幸久, 1973,「任那日本部と倭について」(『史林』 56-6).
95) 鈴木靖民, 1974,「いわゆる任那日本部および倭問題-『任那日本部と倭』評を通して」(『歷史學硏究』 405), 49쪽.

사』의 왜 관계 기사를 고증하여 정상수웅의 견해를 더욱 구체적으로 입증하였다. 그에 따르면 왜인·왜병은 낙동강 유역에서 경상남도 남해안 지대와 대마도에 이르는 지역을 포함한 일대에 거주하고 있었고, 왜국으로 표기된 경우는 대화정권 혹은 그것이 확대된 통일 정권으로서 왜인·왜병과는 다른 실체라는 것이다.97) 高寬敏 역시 정상승웅의 원전관을 토대로 하되, 경주를 급습한 왜인 집단은 전적으로 왜인이었던 것은 아니고 배후에 신라인이나 가야인이 관여하고 있었던 국제적 약탈 집단이었다고 생각하였다.98)

한편 전중준명은 기왕의 논의를 朝鮮半島說(井上秀雄·鬼頭淸明·鈴木英夫), 日本列島說(金錫亨·古田武彦·旗田巍·山尾幸久·鈴木靖民·平野邦雄), 兩在說(李鍾恒) 등 셋으로 분류하여 검토하면서, 일본열도설에 높은 개연성을 인정하면서도 적극적으로 단정하지 않은 바 있다.99) 특히 그는 기전외의 견해에 주목했는데, 기전외는 5세기 이전 신라본기의 왜 관계 기사는 신라를 침입해 온 경우를 왜인·왜병이라 표기하고, 강화하는 경우에는 왜국이라 달리 표현했을 뿐 실체는 동일하다고 보았다. 또한 4세기 말~5세기 초 왜병의 본거지를 북구주로 파악하면서, 그들은 계절풍을 이용하여 약탈을 목적으로 한 해적적 성격을 띤 집단이었으며 영토적 지배를 목적으로 침입한 것은 아니라고 하였다.100) 역시 소규모의 왜인·왜병이 영토적 지배를 의도했다고는 생각할 수 없고 국가

---

96) 鬼頭淸明, 1976, 「『任那日本部』の檢討」(『日本古代國家の形成と東アジア』, 校倉書房), 226~234쪽.
97) 木下禮仁, 1993, 「『三國史記』にみえる倭關係記事」(『日本書紀と古代朝鮮』, 塙書房) ; 동, 1982, 「五世紀以前の倭關係記事-三國史記を中心として」(森浩一 編)『倭人傳を讀む』(中公新書 665) ; 동, 1993, 「『三國遺事』にみえる倭關係記事」(『日本書紀と古代朝鮮』, 塙書房) ; 동, 1984, 「五世紀以前の倭關係記事-三國遺事を中心として」(『私學硏究論文集』, 兵庫縣私學連合會).
98) 高寬敏, 1996, 「新羅本紀の國內原典」(『『三國史記』の原典的硏究』, 雄山閣) ; 동, 1991, 「『三國史記』新羅本紀の倭關係記事」(上田正昭編)『古代の日本と東アジア』(小學館).
99) 田中俊明, 1982, 「『三國史記』にみえる「倭」關係記事について」(『歷史公論』 8-4), 67~69쪽.
100) 旗田巍, 1973, 「『三國史記』新羅本紀にあらわれた「倭」」(『日本のなかの朝鮮文化』 19), 8~13쪽.

적 세력이라 인정하기도 어렵다는 점에 대해서 동의하는 鈴木英夫는, 그러나 이 왜는 가야 제국의 일부를 구성한 종족이며 이들을 일본열도 혹은 대화정권과 관계시키는 것은 불가능하다고 결론하여, 정상수웅의 입장을 다시 지지하였다.[101] 반면 平野邦雄은 '왜'와 '왜국'은 국가 간의 외교의 경우에, '왜인'·'왜병'은 실제의 전투의 경우에 등장하는 표기이나, 이들은 모두 '왜본국'을 배후에 의식하여 사용된 것이라고 보았다.[102]

이종항의 경우는 위에 '양재설'로 분류되었듯이 "신라가 건국한 당시에 경남과 전남의 해안일대에는 왜라고 불리는 인종이 살고 있었고 그들은 남해안의 도서와 구주의 북부 일대까지를 그 세력권으로 하여 백여 개에 달하는 부족 국가를 형성하여 살고 있었"으므로 이들을 '韓人倭'로 규정하면서 "여왕 卑彌呼와 그의 宗女인 壹與 역시 한인왜의 종주국 여왕"이며 "'왜의 5왕'도 역시 한인왜의 5왕이고 대화정부와는 아무런 관계가 없다"라고 주장하였다.[103] 大和岩雄 또한 신라본기의 왜인·왜병 기사를 검토하여 이들이 일본열도뿐 아니라 한반도에도 거주했을 것이라고 보았다.[104]

김석형의 사례에서 짐작하듯이 『삼국사기』의 왜에 대한 설명에서 한국 고대사 내부의 논리에 주안할 경우 '임나'나 '대화왕권'을 매개로 할 필요가 없는 것이고, 따라서 『삼국사기』 정보의 사료 가치를 준별하는 데 일본이나 중국의 자료 현황에 지나치게 긴박되는 것은 바람직하지 않다는 반성을 획득하게 된다. 이런 사유에 충실할 때 최근 국

---

101) 鈴木英夫, 1977, 「『三國史記』新羅本紀「倭人·倭兵」記事の檢討」, 『國史學』 101), 76~77쪽.
102) 平野邦雄, 1985, 「三國史記にみえる倭の記錄」, 『大化前代政治過程の硏究』, 吉川弘文館), 31~37쪽.
103) 李鍾恒, 1976, 「三國史記에 보이는 倭의 實體에 대하여」, 『國民大學論文集』 11), 199~200쪽.
104) 大和岩雄, 1983, 「朝鮮半島南端に倭人はいたか－葛城襲津彦傳承のもつ意味」, 『東アジアの古代文化』 37).

내 학계의 설득력 있는 성과로는 연민수의 정리를 들 수 있다. 그는 왜인·왜병의 사료군과 왜국으로 표기된 사료군의 원사료가 다른 계통이라는 정상수웅의 견해에 찬성하지 않는 동시에, 원전 사료 편찬 단계에서 내용에 따라 '人'·'兵'·'國' 등을 붙인 것으로 헤아린 전중준명의 추정[105]에도 동의하지 않으면서 "공식적이건 비공식적이건 상호 교류 왕래를 통해 신라 측에서 그 실체를 분명히 알 수 있었던 경우에는 왜국으로 표기한 것으로 보이며 이 때의 왜국은 그 실체가 국가임은 말할 것도 없다. 그러나 침입 기사와 같이 그 실체가 불분명한 것은 침입의 규모를 차치하고 왜인·왜병으로 표기한 것은 아닌가" 생각하였다.[106] 나아가 그는 "5세기 이전 『삼국사기』에 보이는 왜가 전통적으로 한반도 혹은 중국과 관계를 맺고 있던 북큐슈를 중심으로 한 왜였음을 알 수 있었다. 이는 이 지역이 일본열도 내에서도 대외문물 수입의 중요한 문호였고, 따라서 이 지역을 거점화하고 있던 집단이 당시 분립 상태의 왜인 사회에 있어서 주도권을 행사할 수 있었기 때문이다"라고 결론하였다.[107] 큰 틀에서 김동춘과 이종욱 및 박옥걸의 견해도 이를 지지한다고 생각한다.[108]

일본학계를 중심으로 『일본서기』를 염두에 둔 『삼국사기』 사료 비판 시각은 기년을 포함하여 관련 역사상을 복원하는 데 기여하는 일면이 없지 않지만, 이것이 만약 "근대의 국민 의식을 전제로 일본 민족과 한민족을 1:1 관계로 간주하고 제각각 고대 이래 자기 완결적으로 민족사를 걸어왔던 것처럼"[109] 다루어지는 것이라면 바람직하지

---

105) 田中俊明, 1982, 앞 논문 「『三國史記』にみえる「倭」關係記事について」, 66쪽.
106) 연민수, 1998, 앞 책 『고대한일관계사』, 369~370쪽.
107) 연민수, 윗책, 396쪽.
108) 金東椿, 1989, 「『三國史記』「新羅本紀」에 나타난 倭의 實體에 대하여」(『忠南史學』 4), 20~22쪽 ; 李鍾旭, 1992, 「廣開土王陵碑 및 『三國史記』에 보이는 '倭兵'의 正體」(『韓國史市民講座』 11, 一潮閣), 66~68쪽 ; 朴玉杰, 1994, 「古代의 對倭關係史 硏究」(『(아주대)인문논총』 5), 363~369쪽.

않다. 이러한 전제에 동의하여 『삼국사기』와 『일본서기』가 공유하는 몇 가지 사례를 살피기로 한다.

『삼국사기』于老傳에 보이는 왜인에게 살해된 우로 관련 전승은 『일본서기』 신공황후 攝政 前紀의 分註에도 대응 기사가 인용되어 있다.110) 이 경우 대부분의 연구자들은 우로 즉 宇流助富利智干의 살해는 신공황후의 '신라 정토'와는 관계가 없는 것이며, 신공황후와 卑彌呼를 일치시켜 파악한 데서 발생한 부회라는 점을 받아들인다. 특히 丸龜金作은 석우로전의 왜왕을 伊都國王으로 파악하였다.111) 또한 그는 신라의 내물왕 이전을 전설의 시대라 하여 경시했던 학계의 경향을 재고할 필요가 있다 하고, 脫解尼師今이 우호를 맺어 교빙했다고 한 왜국을 後漢 光武帝가 金印을 하사한 奴國에 대응시켜 사료의 문면을 적극적으로 수긍하고 있다.112) 阿達羅尼師今 20년(173)에 보이는 비미호의 "遣使來聘" 기사에 대해서도 그 직전 무렵에 비미호가 邪馬臺國王에 추대되어 즉위 인사를 한 것이 아닐까 추정했으며, 이러한 연대관은 "이것이 신라의 고기록이나 구삼국사에 기록되어 있었기 때문"일 것이라고 생각하였다.113) 물론 목하예인은 그 경우 비미호의 지나친 수명의 문제와 함께 "왜인 왜병의 대 신라 침구와 왜국의 외교기사를 합리적으로 연동시켜 거기에서 실질적인 역사상을 구하려 하는 것은 상당히 무리한 것"이라고 비판했으나,114) 우로 전승은 羽鳥・翌宗・大谷・康世・伐智・德智 등을 포함하여 저명한 영웅 내지 가계 전승이 반

---

109) 이성시, 2001, 『만들어진 고대-근대 국민 국가의 동아시아 이야기』(삼인), 7쪽.
110) 『日本書紀』 9, 神功皇后 攝政前紀(仲哀天皇 9년) 12월 辛亥조 分註.
111) 丸龜金作, 1982, 「上代日本・朝鮮關係の三問題」(『日本上古史の硏究-年代を探る』, 紀伊國屋書店新潟店), 13쪽.
112) 丸龜金作, 윗논문, 3쪽.
113) 丸龜金作, 1982, 「倭の女王卑彌乎の問題」(『日本上古史の硏究-年代を探る』, 紀伊國屋書店新潟店), 43~44쪽; 동, 1974, 『新潟史學』 7.
114) 木下禮仁, 1993, 앞 논문 「『三國史記』にみえる倭關係記事」, 338쪽.

영된 사례로 짐작하였다.115) 이기동이 "우로의 이야기는 본디 동해안의 于柚村 지방에 퍼져 있던 민간전승이었을 것"이라고 지적한 것도 같은 맥락에 있는 것인데, 그는 "동해안 지방의 왜구 퇴치 설화로서의 우로 전설은 그 뒤 斯盧國에 의해서 于尸의 성읍국가를 비롯한 진한 전 세력이 정복·통합·흡수되면서" 신라의 국사 체계에 편입해 들어 왔을 것으로 보았다.116) 이것은 하나의 모범적 실증이거니와, 이처럼 왜 관계 기사에 대한 심층적 개별 성과에서는 『삼국사기』의 사료적 의미가 전향적으로 재해석될 여지가 적지 않은 것이다.

朴堤上 즉 毛麻利叱智와 그가 왜국으로부터 귀환시킨 내물이사금의 아들 未斯欣 즉 微叱許智伐旱(微叱己知波珍干岐)의 전승도 이와 다르지 않다고 생각한다. 『삼국사기』 박제상전과 대응하는 내용이 『일본서기』에는 신공황후의 신라 정벌과 연관하여 기록되었으나,117) 『삼국사기』와 비교하여 그 실제 연대를 2甲子 혹은 3갑자 인하하는 등의 편년 조정을 시도하거나118) 여기 보이는 왜국을 대화조정과는 무관한 실체로 이해하는 것 등은 크게 보아 우로 전승과 비슷하다고 할 수 있다. 물론 『일본서기』 편찬 단계에서 이들 신라계 전승 자료가 참조되었다는 점이나 『일본서기』의 삼국관에 부응하는 형태로 활용되었다는 점 등을 고찰하는 것은 궁극적인 한·일 고대 관계사를 위하여 필요한 작업이다. 그러나 앞에 예거한 말송보화나 판원의종의 경우처럼 이를 문득 신라가 왜국에 '納質'한 사례로만 주목하여 대화조정과 신라의 정치 역학 관계의 중심 논제로 삼는 것은 매우 성급하고도 거친 발상이며, 무엇보다도 신라사 내부의 맥락을 외면하는 오류를 범할 수 있는 것이다.

---

115) 木下禮仁, 윗논문, 345쪽.
116) 李基東, 1997, 「于老傳說의 世界-新羅史上의 英雄時代(『新羅社會史研究』, 一潮閣), 41쪽 ; 1985, (歷史學會 編)『韓國古代의 國家와 社會』(一潮閣).
117) 『日本書紀』 9, 神功皇后 攝政 5년 3월 己酉.
118) 木下禮仁, 1987, 「堤上傳承攷」(『三國遺事의 綜合的 檢討』, 한국정신문화연구원), 78쪽.

그보다 먼저 4세기 후반~5세기 전반의 삼국 관계가 내물이사금·實聖尼師今·訥祇麻立干 시대의 신라 정치·외교를 규정하는 기본 배경으로 살펴져야 한다.[119] 이 경우 미사흔의 '出質'은 거듭되는 왜의 침입을 저지함과 동시에 대립 관계에 있는 백제와 왜국의 동맹 체제를 견제하기 위한 전략적 수단으로 강구된 것으로 해석될 수 있다.[120] 백제의 腆支가 請兵使의 임무를 띠우고 왜국에 간 사실을 함께 염두에 둘 부분이다. 따라서 이 때의 質은 자국의 전략상 필요에 의해 보낸 結好使의 성격을 지니는 것이다.[121] 말하자면 大化 3년(647)에 도일한 金春秋가 640년대에 백제 고립을 겨냥한 일련의 국제 외교 활동의 일환으로 신라와 개신정권 사이의 협조를 모색했던 사례와 비교될 수 있다.[122]

다시 말하지만 『삼국사기』의 사료 가치는 개별 논제의 입체적 고구를 통해 검증될 사안이며, 이 문제에서 자유로운 한국 고대사 논의는 없을 줄로 안다. 따라서 위의 사례를 들어 그 논의의 맥을 점검해 보았거니와, 요컨대 『삼국사기』 자체의 논리에 우선 충실할 필요가 있다는 것을 제안하고자 한다. 인접 왕조사의 문헌 기록은 물론, 늘 우연적 성과에 불과하다고 할 수 있는 고고학적 현황이 『삼국사기』의 정보를 판정하는 절대 기준으로 상정되는 것은 옳지 못한 것이다. 사실 이른 시기 일본 연구자들의 『삼국사기』 불신의 경향은 그 방법론이나 주요 이해의 줄기에서 모두 국내 학자들에게 적지 않은 영향을 끼쳐 왔고 현 단계에서도 그것은 유효하다고 해야겠으나, 1970년대 들어서부터 학계의 연구 역량이 축적되는 것과 비례하여 개별 정보의

---

119) 申瀅植, 1981, 『三國史記 硏究』(一潮閣), 269쪽.
120) 村上四男, 1982, 「堤上傳をめぐって-新羅の建國初期における對外關係の一齣」, 『韓國文化』 4-12), 35쪽.
121) 羅幸柱, 1993, 「古代 朝·日關係에 있어서의 '質'의 意味-특히 '質'의 파견목적을 중심으로」 (『建大史學』 8), 318쪽.
122) 金鉉球, 1989, 「古代 韓(新羅)·日關係의 一考察-大化改新과 新羅·日本·唐 三國간의 협력체제 성립을 中心으로」, 『大東文化硏究』 23), 315쪽.

사료 가치가 전향적으로 제고되는 추세에 있다고 판단한다.

여기에는 실로 고고학적 지견이 기여한 바 컸는데, 특히 김원룡이 낙랑군 관련 고고학적 지표와 風納里土城 발굴의 현황을 통해 『삼국사기』 초기 기록 혹은 삼국의 건국 사정을 긍정한 성과가 크게 주목되어야 한다. 요컨대 '삼국 시대'가 언제 시작되었는가 하는 문제 의식을 지닌 그는 "『삼국사기』의 건국 부분을 불신하는 것은 그러한 시기가 魏志의 기사로 보아 아직 삼한 시대로서 남한에는 아직 진실한 왕국이 없었다고 보는 데 가장 큰 원인이 있다"고 보고, "그러나 남한에서의 삼한 시대는 『삼국사기』의 기록대로 서기 1세기경에는 소멸된 것으로 보는 것이 타당하며 삼한 시대의 주요부는 도리어 서기 전으로 올라가야만 하는 것이 아닌가 생각"하여,[123] 『삼국사기』 초기 기사를 『삼국지』의 긴박에서 과감히 분리했던 것이다. 비록 그는 뒤에 다시 "역사상으로는 삼한 시대에 해당되는" 이른바 '원삼국 시대'의 종말을 서기 300년으로 설정하여[124] 스스로의 종래 지견을 일부 포기했지만, 그의 『삼국사기』관은 이후 천관우[125]·이종욱[126]·최몽룡[127] 등 문헌 및 고고학 연구자들에게 큰 영향을 끼쳤다. 이와 관련하여 학계에서는 곧잘 긍정론·절충론·불신론으로 대분하여 논점을 점검하거니와,[128] 연구자들의 개별 연구 성과는 반드시 그러한 분류에 적합한 것만도 아니며, 점차 『삼국사기』의 사료 가치 문제에 대한 평면적 속단보다는 차분한 심층 논의의 방향을 취해가고 있다고 판단한다.

---

123) 金元龍, 1967, 「三國時代의 開始에 關한 一考察-三國史記와 樂浪郡에 대한 再檢討」, 『東亞文化』 7), 24쪽.
124) 金元龍, 1977, 『韓國考古學槪說』(一志社 개정판), 128~129쪽.
125) 千寬宇, 1976, 「三韓攷 第3部-三韓의 國家形成」, 『韓國學報』 2·3).
126) 李鍾旭, 1976, 「百濟의 國家形成」, 『大丘史學』 11).
127) 崔夢龍, 1985, 「漢城時代 百濟의 都邑地와 領域」, 『震檀學報』 60).
128) 李鍾旭, 1986, 앞 논문 「百濟 初期史 硏究史料의 性格」; 李道學, 1990, 「百濟의 起源과 國家形成에 관한 재검토」(『한국고대국가의 형성』, 민음사).

『삼국사기』의 사료 가치와 관련하여 주목해야 할 또 하나의 성과는 신형식이 진행한 일련의 편목별 검토이다. 그는 『삼국사기』 본기 내용의 통계적 분석 및 정치 기사, 천재지변 기사, 외교 기사의 개별적 검토를 진행하고 나아가 각 志와 열전의 분석을 더한 다음 『삼국사기』 자체의 성격을 정리하였다.[129] 『삼국사기』의 전면적인 내용 분석과 사학사적 연구를 병행한 이 종합 분석은 계량 사학적 방법론의 적절성과 관련하여 부분적으로 통계 처리 이전에 개별 사료의 철저한 비판이 필요했다는 아쉬움이 지적되기도 했고,[130] 『삼국사기』의 천변지이 기사가 시조부터 골고루 분포하고 있다는 점이 곧 편찬시의 수정·가필을 짐작케 하는 것이라는 시각도 있으나,[131] 『삼국사기』 자체를 논제로 설정한 점에서 중요한 연구사적 의의를 지니는 것이다. 『삼국사기』의 사료 가치 문제에 한할 경우 그의 입장은 재미슨[132]이나 고병익[133]의 시각에 공명한 것이라고 할 수 있다.

노태돈 역시 『삼국사기』의 사료 가치를 회의하는 견해들 가운데 주요한 것들에 대한 비판적 검토를 통하여 "비록 刪修되었더라도 『삼국사기』의 기사가 적어도 그 이전의 전승 기사에 입각하고 있었음을 다시 확인"하였다. 즉 그는 신라본기의 개국 연대의 경우 "당시까지도 『帝王年代曆』이 전해지고 있었고, 『구삼국사기』가 엄존하고 있었으며 예종 11년에 洪權이 '삼한 이래의 사실을 수집한' 『編年通載續編』이 있었던 상황에서, 아무리 신라정통론자라 하더라도 새로운 기년을 자의로 설정했다고 보기는 어렵다"는 것, "백제의 왕계 중 후대의 조작

---

129) 申瀅植, 1981, 앞 책 『三國史記 硏究』.
130) 河炫綱, 1982, (서평)「『三國史記 硏究』」,『韓國史硏究』 38).
131) 김현석, 2001, 「『三國史記』와 『日本書紀』의 天變地異 記事의 비교 고찰(1)-災異를 중심으로」,『日本語文學』 11), 313쪽.
132) 존·씨·재미슨, 1969, 「羅唐同盟의 瓦解-韓中記事 取捨의 比較」,『歷史學報』 44).
133) 高柄翊, 1969, 「三國史記에 있어서의 歷史敍述」,『金載元博士回甲紀念論叢』).

이라고 자주 언급되던 肖古王과 仇首王의 경우, 『新撰姓氏錄』에서 재일 백제계 사람들의 조상을 기술한 것 중에 速古王과 貴須王 외에도 近速王・近貴須王이 각각 있음을 보아, 그 실재를 부정할 수는 없다"는 것, "또한 광개토왕비문에서 전하는 초기 왕명과 광개토왕에 이르기까지의 왕대 수는 『삼국사기』 소전과 합치"된다는 점 등을 강조했던 것이다.[134] "蔚珍鳳坪碑의 발견에 의해 신라 6세기의 율령, 6부제의 문제, 관등제, 지방 통치 등이 『삼국사기』의 기사를 크게 보족할 뿐 아니라, 『삼국사기』의 사료 가치를 높이는 결과가 되었으며, 결국 『삼국사기』의 사료 가치는 향후 더욱 높게 평가될 것"이라고 전망한 鄭早苗의 견해도 참고할 일이다.[135] 아울러 최근에 거두어진 『삼국사기』에 대한 종합적 연구 성과물들 속에서도 그 사료적 가치에 대한 제고의 경향이 보다 뚜렷해지고 있는 것을 확인할 수 있다.[136] 또한 최근 풍납토성의 재발굴 성과를 둘러싼 논의 가운데서 『삼국사기』 정보들이 전향적으로 재조명되는 경향을 주목해 두고자 한다.[137]

4. 편목별 성과

앞 장에서 검토한 각 본기별 논의 역시 예외없이 편목별 연구의 성과라고 할 수 있겠으나, 여기서는 사료적 가치의 준별을 위한 논의나 구체적 역사상의 복원을 위해 『삼국사기』의 사료를 수용하거나

---

134) 盧泰敦, 1987, 「『三國史記』 上代記事의 信憑性 문제」(『아시아문화』 2), 89~92쪽.
135) 鄭早苗, 1988, 「解題」(井上秀雄 譯注 『三國史記』 4, 平凡社), 258쪽.
136) 鄭求福 외, 1995, 『三國史記의 原典 檢討』(韓國精神文化硏究院) ; 金智勇・申瀅植 외, 2001, 『金富軾과 三國史記』(慶州金氏大宗親會).
137) 김태식, 2001, 『풍납토성, 500년 백제를 깨우다』(김영사).

비판적 수정 혹은 부정한 논고를 제외하고, 잡지와 열전을 중심으로 주요 편목별 연구의 궤적을 살펴보고자 한다. 이를 위해 우선 가장 이른 시기의 관심 분야 가운데 하나인 역사 지리의 고증적 성과를 들어본다.

일찍이 삼품창영의 고구려 王都 변천 고증이나[138] 지내굉의 고구려와 毌丘儉軍의 전쟁 관련 지명 검토 및 7세기 당군과의 전쟁 관련 지명의 검토에서도 지리 고증에 대한 성과가 병행되었거니와,[139] 특히 진전좌우길의 경우는 白鳥庫吉이 주재한 滿鮮地理歷史調査室의 조사에 참여하여 고조선과 삼한을 거쳐 삼국과 후삼국을 포함한 주요 역사 지리 고증의 연구를 방대하게 진행하였다.[140] 이병도의 삼국 연구의 많은 부분 역시 개별 지명의 고증에 기초한 것들이고,[141] 양주동의 고대 가요 해독을 위한 연구,[142] 鮎貝房之進의 고대 고유명사에 보이는 借字 연구,[143] 삼품창영의 『삼국유사』 고증 연구 등에서도 유사한 방법론과 성과가 적지 않았다.[144] 우락기 또한 그의 저서 『歷史地理』에서 적지 않은 분량을 『삼국사기』의 지명 고증에 할애했는데, 대체로 위에 예거한 이른 시기의 관련 성과를 정리한 것이라고 할 수 있다.[145] 酒井改藏의 연구도 삼국의 본기에 나오는 지명을 연대순으로 나열하고 현재 지명과 대조한 점에서는 지리지를 전론한 성과는 아니었다.[146]

---

138) 三品彰英, 1951, 앞 논문 「高句麗王都考」.
139) 池內宏, 1951, 「曹魏の東方經略」(『滿鮮史研究』 上世 第一冊, 吉川弘文館) ; 동, 1928, 『滿鮮地理歷史研究報告』 12 ; 동, 1960, 「唐の高宗の高句麗討滅の役と卑列道・多谷道・海谷道の稱」(『滿鮮史研究』 上世 第二冊, 吉川弘文館) ; 동, 1927, 『東洋學報』 17-1.
140) 津田左右吉, 1964, 『津田左右吉全集 11-滿鮮歷史地理硏究 1』(岩波書店) ; 동, 1913, 『朝鮮歷史地理』 1・2(南滿洲鐵道株式會社).
141) 李丙燾, 1976, 『韓國古代史硏究』(博英社).
142) 梁柱東, 1957, 『古歌硏究』(訂補版 博文出版社).
143) 鮎貝房之進, 1955・1956, 「借字攷」 1・2・3(『朝鮮學報』 7・8・9).
144) 三品彰英, 1975~1995, 『三國遺事考證』 上・中・下(塙書房).
145) 禹樂基, 1961, 『歷史地理』(東國大學校出版部).

촌상사남의 지리지 지명 색인 작성과 때를 같이하여 나온 신태원의 연구는 『삼국사기』 지리지 정보를 하나의 검토 단위로 설정한 종합 고찰의 효시라고 하겠다. 그는 기왕의 연구들에서 흔히 나타나는 자의적 지명 독해에 대한 반성에서 출발하여 518개의 지리지 지명 각각의 음운 복원을 기도하였다.[147] "자기 연구에 맞도록 괴벽한 훈독을 하는 것은 표기법 체계의 실리적 과정을 무시한 것이어서 흔히 보는 종래의 태도는 시정되어야 한다"는 이숭녕의 지적도 동일한 맥락의 반성일 것이다.[148] 한편 김형규는 『삼국사기』 지리지 지명에서 忽・夫里・火 등을 적출・분석하여 삼국의 언어적 차이에 대한 주의를 환기시켰는데,[149] 특히 『삼국사기』 지리지 지명 표기가 총괄적으로 연구되지 아니한 마당에 그것을 단편적으로 인용하는 태도를 비판하고, 『삼국사기』 지명만을 전체적으로 총괄하여 체계적으로 연구해야 함을 지적한 최초의 주장으로서 큰 의의를 지닌다고 평가된다.

이기문은 우리 언어 계통을 크게 夫餘系와 韓系諸語로 나누면서 고구려어를 부여계 제어의 하나로 보는 한편, 고구려어는 신라어와 방언적 차이 정도가 아닌 별개의 언어였으며 오히려 일본어와 매우 가까운 관계에 있었다고 주장하였다.[150] 같은 해에 나온 박병채의 논문 역시 고구려어는 신라어와 단일 언어가 아니라는 데 동의하면서, 『삼국사기』의 지명에서 삼국의 음운 특색과 차이를 읽어내고 이에 대한 차자 용례상의 특징을 분류하였다.[151] 이기문은 다시 『삼국유사』는 신라시대의 고유명사 독법에 대해 정확한 지식을 가지고 있었기 때문

---

146) 酒井改藏, 1970, 「三國史記の地名考」(『朝鮮學報』 54).
147) 辛兌鉉, 1958, 『三國史記地理志의 硏究』(宇鍾社).
148) 李崇寧, 1955, 「新羅時代 表記法體系에 관한 試論」(『서울대논문집』 2).
149) 金亨奎, 1949, 「『三國史記』의 地名考」(『震檀學報』 16).
150) 李基文, 1968, 「高句麗의 言語와 그 特徵」(『白山學報』 4).
151) 朴炳采, 1968, 「古代三國의 地名語彙攷」(『白山學報』 5).

에 신라 독자의 詩歌인 향가를 기록할 수 있었지만, 『삼국사기』 편자의 경우는 譯讀表記 지식이 드러나 있지 않으므로 音讀表記만 이해하고 있지 않았는가 추정하고, "지리지의 삼국 지명을 엄격히 구별하여 분석해 보면, 이들 삼국이 단일 언어를 말했다고 보기 어렵다. 삼국은 親族關係에 있기는 했으나 서로 다른 언어를 말했다는 결론에 도달한다"고 하였다.[152]

그러나 고대 삼국어의 계통 및 친연 관계에 대해 이근수는 다른 견해를 제시했는데, 즉 "『삼국사기』 지리지에서 고구려 複數地名의 語尾를 분석한 결과 … 고구려·신라·백제의 삼국어는 같은 언어를 사용하는 언어권에 속해 있었다"는 것이다.[153] 신용태는 한국어[일본어]와 중국어[殷語]의 공통 조어를 어휘적인 측면에서 찾으려는 의도에서 『삼국사기』 지리지 지명을 검토하는 가운데, 역시 "삼국의 언어들은 서로 방언적 관계인 언어로 볼 수 있으며 상이한 언어가 아니라"고 결론하였다.[154] 이와 관련한 한국어의 계통론에 대해서는 김방한의 종합 논의가 있거니와, 그 역시 '忽'계 지명의 분포가 남·북한의 언어 차이를 반영한다고 보는 것은 불합리하다고 한다.[155]

도수희는 스스로 고백하듯이 30여 년을 백제어 연구에 주력했는데, 특히 고대사의 복원과 관련하여 유의할 부분은, 백제어의 기원이 신라어와 같은 한계어(마한어)였을 것이라는 통념을 교정하여 비한계어에 있었음을 역설했다는 것이다. 그에 의하면 『삼국사기』 지리지 지명이 보여주는 삼국의 판도는 고구려가 남침하여 백제의 北域을

---

152) 李基文. 1974. 「言語資料로서 본 三國史記」(『震檀學報』 38).
153) 李覲洙. 1981. 「古代 三國의 言語에 대한 考察-三國史記 地理志의 複數地名을 中心으로」(『弘大論叢』 13). 32쪽.
154) 辛容泰. 1984. 「三國史記地名의 解讀法硏究-韓國語·日本語·中國語(殷語)의 共通祖語를 探索하는 一試論」(『일본학』 4). 106쪽.
155) 金芳漢. 1983. 『韓國語의 系統』(民音社). 113쪽.

완전히 장악한 장수왕 63년(475) 이후의 최전성기를 기준으로 작성된 것이기 때문에 그 이전과 이후의 통시적 사실들이 거의 고려되어 있지 않으며, 따라서 백제어의 형성 과정을 결코 마한어의 직접 계승만으로 생각해서는 안된다는 것이다.156) 아울러 고대 일본어와의 비교 자료로는 고구려어가 아닌 백제 전기의 언어가 우선시되어야 한다고 하였다.157) 또한 이병선은 지리지의 기재 방식과 관련하여 '一云'과 '或云'은 같은 경우에 함께 쓰이고 '一作'은 전사할 때 잘못 베껴 생긴 오자를 '一作'의 이름으로 함께 등재한 것으로 생각한다고 하여, 『삼국사기』 편찬 과정의 일면에 주의하였다.158) 지리지 자료의 상정 가능한 오류들을 편찬 및 판각 과정을 포함하여 종합적으로 고려하면서 지리지의 지명을 전론한 최근의 성과로는 송하진의 것을 들 수 있다.159)

한편 고구려와 신라의 영역 관계를 살피는 가운데 지리지의 9주 체제 및 삼국에 각각 3주씩을 배당한 현상에 대해서도 그 사실성을 의심하는 시각이 제기되었거니와160) 이와 관련하여 지명의 음운적 특성을 통해서도 '본래' 고구려의 지명으로 나와 있는 3주의 자료 가운데에는 실제 신라 지명의 성격을 가지는 사례들이 들어 있다는 주장이 있다.161) 따라서 '본래'의 고구려 지명이 특정 시기 역사적 사실에 근거했다고 보는 견해162)에 근거했을 때와는 실제 복원된 삼국의 영역

---

156) 都守熙, 1977, 『百濟語研究』(亞細亞文化社) ; 동, 1987·1989·1994, 『百濟語 研究』 I·II·III(百濟文化開發研究院).
157) 都守熙, 1986, 「百濟의 言語資料」(『百濟研究』 17), 157쪽.
158) 李炳銑, 1982, 『韓國古代國名地名研究』(亞細亞文化社).
159) 송하진, 2000, 『古代 地名語 研究』(전남대학교 출판부).
160) 이인철, 2000, 『고구려의 대외정복 연구』(백산자료원), 311~318쪽.
161) 李寅泳, 1986, 「『三國史記』 地理志記載のいわゆるの高句麗地名-日本語との比較の前提」(『日本文化研究』 2) ; 동, 1995, 「『三國史記』 地理志의 高句麗地名에 관한 考察」(『日本研究』 10).
162) 鄭雲龍, 1989, 「5世紀 高句麗 勢力圈의 南限」(『史叢』 35) ; 徐榮一, 1991, 「5~6세기의 高句麗 東南境 考察」(『史學志』 24).

관이 크게 달라지게 되는 것이다. 예컨대 박현숙은 지리지의 시점은 고구려·신라의 경우 5세기대의 상황을, 백제는 6~7세기대의 상황을 서술하고 있다고 보았다.[163] 그러므로 神文王代에 등장한 9주의 지방 구획은, 물론 7세기 전쟁에서 승리한 신라 지배계급의 자신감에서 발로된 것으로서 중국적 천하관의 변용인 것이겠지만, 그리고 고구려와 백제의 옛 지명 관련 자료 자체가 신문왕대 지방제도 개혁 당시의 것이라고 생각되지만,[164] 그것이 삼국시대의 역사 공간과 무관한 것으로 단정하는 것은 더 많은 숙고가 필요하다고 본다. 물론 지리지의 前文에 9주 소관 군현수로 제시한 450은 실제의 주별 기록과는 차이가 있는 것으로, 여기 누락된 지명에 대한 추구가 있었던 것처럼[165] 일괄하여 그 사실성 여부를 판정하기는 용이하지 않을 것이다.

덧붙여 지리지 정보를 활용하여 역사 일반의 주요 문제를 복원한 모범적 성과로는 노태돈이 지리지 4의 '目錄' 검토를 통해 고구려 후기의 지방 제도를 모색한 경우를 들 수 있겠다. 즉 그는 '목록'의 기사를 667년 2월에서 9월 사이에 당군에 의해 작성된 것으로 분석하고, 여기 드러난 州와 城의 관계를 토대로 "고구려 말기 전쟁이 장기간 지속되는 상황에서 점차 광역의 지역별 방어 체제를 구축해야 할 필요성이 증대됨에 따라 耨薩의 성을 중심으로 다수의 성들을 통괄하는 보다 광역의 행정·군사 구역이 편성되는 경향"을 읽어낸 것이다.[166]

이상 지리지를 소재로 한 연구의 궤적을 일별해 보았거니와, 1981년 신라문화선양회에서는 雜志의 편목별 검토를 「신라문화제학술발

---

163) 朴賢淑, 1998, 「百濟 泗沘時代의 地方統治와 領域」(『百濟의 地方統治』, 學硏文化社), 205쪽.
164) 井上秀雄, 1974, 앞 논문 「『三國史記』 地理志의 사료비판」(초간은 1961), 96~97쪽.
165) 方東仁, 1973, 「『三國史記』 地理志의 郡縣考察-九州所管郡縣의 漏記를 中心으로」(『史學研究』 23).
166) 노태돈, 1999, 「지방제도의 형성과 그 변천」(『고구려사 연구』, 사계절) ; 동, 1996, 「5~7세기 고구려의 지방제도」(『韓國古代史論叢』 8).

표회논문집(2)」으로 정리한 바 있다. 여기에서 김완진은 지리지를 중심으로 지명에 함유된 고대 언어 자료로서의 성격을 살피면서 삼국 고유의 특징적인 지명소들을 거론하되, 比斯伐[전주]과 伏忽郡[보성]이 탈맥락적으로 백제의 고유 지명으로 나온 점을 주목하였다.167) 일찍이 김형규·박병채 등에 의해 지적된 삼국별 지명 어미의 특징에 비추어 이들의 예외적 현상은 몇 차례 주목을 받은 것이지만,168) 특히 비사벌의 경우는 지명의 음운 관련 분포 영역으로만 해결할 일이 아닐 가능성도 있으며,169) 복홀군 역시 남부 지방에 대한 고구려 혹은 報德國의 추이와 관련하여 음미될 만한 다른 사례170)도 염두에 두어 살펴져야 할 것이다. 더구나 비사벌을 전주에 적용한 것 등을 들어 『삼국사기』 편자가 "세 나라 시기의 발전 역사를 신라중심으로 만들어 놓은 또 하나의 흔적"으로 보는 것171)은 더욱 바람직하지 못하다.

악지에 대해서는 장사훈이 검토했는데,172) 같은 해에 나온 송방송의 악지 분석이 보다 적실한 성과를 거두었다. 송방송은 악지의 사료적 성격을 음악학적 견지에서 검토하여 그 사료의 신빙성을 알아보자는 문제 의식에서, 악지의 편찬 과정과 내용의 전거를 일일이 추구하고 상세한 주석을 망라하였다. 그 결과 대체로 악지의 인용문들은 원사료를 그대로 전재 또는 충실하게 인용한 문장으로 구성되었음을 실증한 것이다.173) 김기웅은 '車騎'에 대해, 이은창은 '器用'에 대해 각

---

167) 金完鎭, 1981, 「古代語 硏究資料로서의 地名-三國史記 地理志를 中心으로」, 『三國史記 志의 新硏究』, 新羅文化宣揚會), 74~76쪽.
168) 『增補文獻備考』 16, 輿地考14 ; 鮎貝房之進, 1931, 「全北全州及慶南昌寧の古名に就きて」 (『青丘學叢』 4) ; 全榮來, 1975, 「完山과 比斯伐論」(『馬韓·百濟文化』 창간호).
169) 李康來, 1987, 「百濟 '比斯伐'考」(『崔永禧先生華甲紀念韓國史學論叢』, 探求堂).
170) 李弘稙, 1971, 「高句麗遺民에 관한 一·二의 史料-高句麗僧 丘德과 高麗史 地理志의 '有疾部曲'」(『韓國古代史의 硏究』, 新丘文化社), 282~284쪽 ; 동, 1965, 『史叢』 10.
171) 전영률, 1985, 「『삼국사기』 자료 리용에서 제기되는 몇 가지 문제」(『력사과학』 2), 23쪽.
172) 張師勛, 1981, 「三國史記 樂志의 新硏究」(『三國史記 志의 新硏究』, 新羅文化宣揚會).
173) 宋芳松, 1981, 「三國史記 樂志의 音樂學的 硏究-史料의 性格을 中心으로」(『韓國音樂硏

각 충실한 고증을 가하여 신라의 여러 物名에 대한 이해를 높였다.[174] '屋舍'조는 신영훈과 김정기의 검토가 있어 왔고,[175] 옥사지의 건축 용어들을 고증한 주남철 역시 "삼국시대 신라 주택의 모습은… 7세기경 이후 주로 통일신라 때의 주택 모습이라 생각된다"고 결론하였다.[176] '色服'조는 김동욱이 고증했는데,[177] 김진구도 뒤에 보다 상세한 복식용어 고증을 한 바 있다.[178] 이기동은 직관지 내용을 골품제와의 관련에서 검토했으며,[179] 그 가운데서도 武官조의 내용은 뒤에 이문기에 의해 따로 정밀하게 검토되면서, 상당 부분이 7세기 후반 신라의 군사 조직 재편성 작업의 결과를 기록한 것으로 추론되었다.[180]

제사지에 대한 검토는 신종원에 의해 상세히 이루어졌는데, 그는 신라의 기존 「祀典」이 제사지에 전재되었을 것으로 판단하였다.[181] 서영대 역시 中祀의 하나인 청해진의 치폐 연대를 고려하여 제사지는 9세기 당시의 신라 「사전」의 내용을 전하는 일괄 자료로 보았는데,[182] 신라의 국가 제사 체계를 심도 있게 살핀 채미하는 적어도 "제사지 신라조는 연대기적 기사와 무편년 기사로 대별할 수 있으며, 이는 참고

究』 11).
174) 金基雄, 1981, 「三國史記의 車騎·新羅'條考-古墳壁畵와 出土遺物을 中心으로」, 『三國史記 志의 新硏究』, 新羅文化宣揚會) ; 李殷昌, 1981, 「新羅의 器用에 關한 硏究-祭祀容器와 奢侈容器를 中心으로」, 『三國史記 志의 新硏究』, 新羅文化宣揚會).
175) 申榮勳, 1969, 「三國史記에 보이는 '屋舍條와 民家」, 『史學志』 3) ; 金正基, 1977, 「文獻으로 본 韓國住宅史」, 『東洋學』 7) ; 동, 1981, 「三國史記 '屋舍條의 新硏究」, 『三國史記 志의 新硏究』, 新羅文化宣揚會).
176) 朱南哲, 1987, 「三國史記 屋舍條의 新硏究」, 『三佛金元龍敎授 停年退任 紀念論叢』 II, 一志社), 392쪽.
177) 金東旭, 1981, 「三國史記 色服條의 新硏究」, 『三國史記 志의 新硏究』, 新羅文化宣揚會).
178) 金鎭玖, 1997~1999, 「三國史記의 服飾用語 硏究」 I~VI(『복식문화연구』 5-1·6-2·7-2·7-3).
179) 李基東, 1981, 「新羅 官職制度의 特性」, 『三國史記 志의 新硏究』, 新羅文化宣揚會).
180) 李文基, 1990, 「『三國史記』 職官志 武官條의 史料的 檢討」, 『歷史敎育論集』 15).
181) 辛鍾遠, 1984, 「三國史記 祭祀志 硏究」, 『史學硏究』 38) ; 동, 1992, 「新羅 祀典의 成立과 意義」, 『新羅初期佛敎史硏究』, 民族社).
182) 徐永大, 1985, 「『三國史記』와 原始宗敎」, 『歷史學報』 105), 31쪽.

자료가 달랐음을 시사하는 것"이라는 의견을 제시하였다.[183] 최광식은 『三國史記』의 제사 관련 기사를 망라하여 고대 국가의 형성 및 발전 과정을 복원하는 데 활용하였다. 그에 의하면 "천신에 대한 제사는 수장사회 단계이며, 천신과 시조묘에 대한 제사가 함께 이루어지는 것은 초기국가 단계, 천신과 시조신, 지신에 대한 제사권을 모두 장악하게 될 때 정복 국가 단계"라는 것이며, "따라서 고구려와 백제는 국가형성 시기부터 정복국가 단계였으며, 신라는 소지왕대~지증왕대에 정복 국가 단계에 이른 것을 반영한 것"이라 한다.[184] 지리지를 이용한 노태돈의 성과에서처럼 제사지 역시 삼국시대사의 일반 연구 주제에 중요한 지표로 이용될 수 있음을 보여준 좋은 예증이라 하겠다.

열전의 경우는 더욱 풍부하고 생동하는 고대인의 삶과 사유를 담고 있는바, 주로 삼국의 본기 기사와 서로 보완의 위상에서 연구되었다. 역시 이른 시기의 연구 경향이 이민족의 침압에 맞서 인민을 보위해낸 영웅적 인물들에 대한 선양에 맞추어져 있었던 것은 당대 현실에서 기인한 것이었다고 하겠다. 한 예로 신채호는 을지문덕의 사적을 접하면서 발견한 웅건한 민족 영웅의 모습에 각성된바, 그의 전기를 저술하게 된 사정을 격정적으로 토로하였다.[185] 이렇듯 이 시기 삼국시대 인물에 관한 저술들은 대부분 역사학 연구의 일환으로 진행된 『삼국사기』 연구로는 간주할 수 없는 것들이다. 비로소 역사학 본연의 방법론에 입각하여 개소문전을 중국 측 자료와 비교 고증한 이홍직은 열전 기사의 원전을 염두에 둔 사료 비판에 충실하였다.[186] 그

---

183) 蔡美夏, 1998, 「『三國史記』祭祀志 新羅條의 分析-新羅 國家祭祀體系의 再檢討와 관련하여」, 『韓國古代史硏究』 13).
184) 최광식, 1994, 『고대한국의 국가와 제사』(한길사), 347~348쪽.
185) 申采浩, 1908, 「을지문덕전 서론」, 『을지문덕』, 廣學書舖), 1~3쪽; 동, 1977, 『丹齋申采浩全集 別集』(螢雪出版社).
186) 李弘稙, 1971, 「淵蓋蘇文에 대한 若干의 存疑」(『韓國古代史의 硏究』, 新丘文化社); 동, 1956, 『李丙燾博士華甲紀念論叢』.

는 이어서 열전의 고구려 인물 관련 기록을 자료 계통의 측면에서 나누어 중국 측 사료를 전재 재편한 것(乙支文德·淵蓋蘇文·男生·獻誠)과 고구려본기의 기사에서 전재 재편한 것(乙巴素·明臨答夫·倉助利) 그리고 고유하게 보이는 열전(密友·紐由·溫達) 등으로 분류하였다.[187] 그의 연구들은 원전 추구를 고려한 성과로서의 의의가 크다.

한편 이기백은 온달전을 검토하면서 왕족의 通婚圈 밖에 있었을 온달과 평강공주의 결혼을 통해 6세기 고구려의 사회적 분해 작용을 읽어낸 바 있다.[188] 그러나 진재교는 김택영이 온달전을 들어 『全國策』이나 『史記』에 넣어두더라도 거의 구별이 안 갈 정도라고 평한 데에는 "인물의 개성적 창조와 아울러 작품화에도 성공했다는 의미까지도 포함하고 있을 터"라 이해하고, 김부식의 합리적 산삭을 경유한 고려의 문학작품으로 분석하여 이기백의 관점과는 다소 다른 시각을 보이고 있다.[189]

백제인 都彌에 대해서도 그와 같은 시각의 차이를 확인할 수 있다. 예컨대 양기석은 도미전에서 5세기 蓋鹵王의 독선을 포함하여 백제사를 들여다보는 통로를 발견해 내고 있지만,[190] 정상박은 오히려 지나친 우연성에서 설화적 허구성을 감지한다 하고 편찬자가 역사적 기록이나 전기를 토대로 기술한 것이 아니라고 판단했던 것이다.[191] 마찬가지로 김기흥이 薛氏女 이야기에서 신라의 力役體系에 대한 단서를 획득하는 것과는 달리,[192] 결국 『삼국사기』 열전에서 한국 소설문

---

187) 李弘稙, 1971, 「三國史記 高句麗人傳의 檢討」(『韓國古代史의 硏究』, 新丘文化社), 258쪽 ; 동, 1959, 「史叢」 4.
188) 李基白, 1967, 「溫達傳의 檢討-高句麗 貴族社會의 身分秩序에 대한 瞥見」(『白山學報』 3).
189) 陳在敎, 1996, 「『三國史記·列傳』分析의 한 視覺-「溫達傳」의 경우」(『韓國漢文學硏究』 19), 304쪽.
190) 梁起錫, 1986, 「『三國史記』都彌列傳 小考」(『李元淳教授華甲記念史學論叢』, 教學社).
191) 정상박, 1988, 「都彌夫婦 說話 傳承考」(『(동아대)국어국문학』 8), 7~8쪽.
192) 김기흥, 1991, 『삼국 및 통일신라 세제의 연구-사회변동과 관련하여』(역사비평사), 89쪽.

학의 원형을 찾게 되는 국문학계의 관점에서는 설씨녀나 도미의 이야기는 조작적 결구마저 갖춘 문학의 초창기 형태에 지나지 않는 것이다.[193)]

사실 역사에 앞서 설화의 문맥으로 열전을 바라보는 국문학계의 관점은[194)] 역사학 연구자들의 정밀한 사료 비판에 기여할 바가 없지 않다고 생각한다. 한 예로 임형택은 『삼국사기』 열전의 문학사적 위상과 관련하여, 그것이 철저히 기존의 사료에 입각해서 쓰였다는 점을 확인하되 문학사적으로 예컨대 김유신전의 저작권은 金長淸이 아니라 그의 원 자료를 재구한 김부식에게 귀속되어야 하며, 같은 맥락에서 온달전 역시 고려 문학으로 자리매김되어야 한다고 주장하였다.[195)] 비록 열전의 문학성에 주안한 논의이지만, 고려라는 편찬 당대의 현재성을 숙고한 점에서 주목할 만하다. 이혜순 역시 열전에 나타난 여성들의 삶을 종합하여 여성과 관련된 유교적 가치관들을 점검하는 가운데, 이러한 사유를 함유한 내용과 체제를 많은 경우 '김부식의 입장'이라는 시각에서 해석하고 있다.[196)] 물론 『삼국사기』의 문면을 지나치게 김부식의 관념과 연계할 경우의 위험은 어느 정도 경계해야 할 필요가 있을 것이다.

여하튼 열전 자료는 『삼국사기』의 여타 기록과 마찬가지로 삼국시대를 복원하는 기본 자료로 다양하게 분석되어 왔으며, 그러다 보니 대부분 본기 등의 관련 기록들과 병렬하여 활용되고 있다. 비교적

---

193) 朱鍾演, 1985,「韓國敍事文學의 淵源에 對한 一考察-三國史記를 中心으로」,『(국민대)語文學論叢』4), 46~48쪽.
194) 예컨대 朴斗抱, 1964,「三國史記 列傳의 說話性-傳記說話로서의 成立에 對하여」,『靑丘工專論文集』1).
195) 林熒澤, 1989,「『三國史記·列傳』의 문학성-『金庾信傳』을 중심으로」,『韓國漢文學硏究』12), 25~26쪽.
196) 이혜순, 1996,「김부식의 여성관과 유교주의-『삼국사기』여성 열전의 분석적 고찰」,『古典文學硏究』11).

열전 기록을 중심으로 전론된 역사학의 주요 성과들을 들자면 박제상전·개소문전·석우로전·강수전·김대문전·설총전·검군전·흑치상지전 등을 꼽을 수 있겠다.197) 궁예와 견훤전은 후고구려와 후백제 연구의 1차 자료라는 위상으로 인해 여러 차례 전론되었다. 특히 견훤전의 경우는 『삼국유사』에 인용된 『고기』 기록과 대교의 차원에서 일찍부터 주목을 받아왔다. 그 가운데 주요한 것들로서는 자료간에 착종된 견훤의 출신지 문제를 점검한 김상기,198) 원전 추구의 일환으로 관련 자료를 검토한 사재동,199) 견훤 관련 문헌 기록을 종합 비판한 신호철,200) 주류를 이루고 있는 견훤의 尙州출신설에 대해 정치한 반론을 제기한 변동명201) 등의 성과를 들 수 있다.

끝으로 각 본기 및 열전이나 잡지 등 편목들의 내용 비교를 통해 편찬 과정의 일단을 짐작하고자 하는 시각을 주목하고자 한다. 사실 『삼국사기』 개별 기사 혹은 전체 내용에 대한 사료로서의 진위를 판단하기 위해서는 본래의 저본 자료를 추적하여 비교 확인하는 작업은 유효한 하나의 방법일 수 있다. 실제로 그러한 문제 의식에서 일단 중국 사서와의 대교를 겨냥한 연구들은 앞 장에서 다룬 '사료의 가치'와 관련된 이른 시기의 성과들에 널리 반영되어 있기도 하다. 그

---

197) 金龍善, 1979, 「朴堤上 小考」(『全海宗博士華甲紀念史學論叢』, 一潮閣) ; 李乃沃, 1983, 「淵蓋蘇文의 執權과 道敎」(『歷史學報』 99·100) ; 李基東, 1985, 앞 논문 「于老傳說의 世界-新羅史上의 英雄時代」 ; 李基白, 1986, 「强首와 그의 思想」(『新羅思想史硏究』, 一潮閣) ; 盧泰敦, 1989, 「淵蓋蘇文과 金春秋」(『韓國史市民講座』 5, 一潮閣) ; 李文基, 1991, 「百濟 黑齒常之 父子 墓誌銘의 檢討」(『韓國學報』 64) ; 金基興, 1992, 「『三國史記』 「儉君傳」에 보이는 7세기 초의 시대상」(『水邨朴永錫敎授華甲紀念韓國史學論叢』 上) ; 趙仁成, 1998, 「金大問의 歷史敍述-思想의 背景을 中心으로」(『韓國古代史硏究』 13) ; 南豊鉉, 2001, 「『三國史記』와 『三國遺事』에 나타난 薛聰 관련 記事의 분석」(『어문연구』 112).
198) 金庠基, 1966, 「甄萱의 家鄕에 對하여」(『가람李秉岐博士頌壽紀念論文集』).
199) 史在東, 1978, 「「甄萱傳」의 形成에 대하여」(『語文論志』 3).
200) 申虎澈, 1985, 「後百濟 甄萱 硏究(Ⅰ)-甄萱 關係 文獻의 豫備的 檢討」(『百濟論叢』 1).
201) 邊東明, 2000, 「甄萱의 出身地 再論」(『震檀學報』 90).

러나 비교적 이 문제를 정면으로 다룬 대표적 경우는 백제본기에 대한 坂元義種의 검토, 고구려본기에 대한 田中俊明의 검토, 신라본기에 대한 深津行德의 검토일 것이다.

우선 판원의종은 백제본기에 보이는 백제와 중국의 교섭 기사를 분석한 다음, 백제본기에 채용되지 않은 중국과의 교섭 기사를 추적·비교했다. 그 결과 백제본기가 중국과의 교섭을 그대로 전하기도 하나 그것은 梁 이후의 것들이며, 특히 南齊와의 교섭에서는 공통 기사가 전무한데, 이 같은 중국 사서의 불채용은 『삼국사기』 편찬의 기본 방침 즉 기존 『구삼국사』의 체계를 손상시키지 않으려는 방침과 관련이 있을 것이라고 추정하였다.[202]

그가 특기한 남제와의 문제는 곧 전중준명에 의해 본격적인 추구가 이어졌다. 그에 의하면 『南齊書』 동이전의 缺葉 발생은 남송 초 再刊 이후의 시기일 것으로 추정되고, 백제본기 東城王 23년조의 분주에 "齊書所載 不可不疑"라고 한 『齊書』는 『책부원귀』의 誤記이며, 또한 『삼국사기』의 남제 관계 기사들 역시 『남제서』 일문으로는 볼 수 없으므로, 결국 『삼국사기』 찬자는 『남제서』를 이용하지 않았다고 논증하였다.[203] 그는 곧이어 『삼국사기』에 보이는 중국 사서 인용 기사를 적출하여 검토했는데, 일단 국내 고유 사료가 존중되었으나 중국 사서 가운데에는 당시로서는 최신 자료였던 『자치통감』과 『책부원귀』가 중시되었던 것을 밝혔다. 그와 함께 잡지의 편목별로 『구당서』와 『신당서』에 대한 표기법이 분별되므로 잡지 전체로 보면 적어도 네 부분의 분절이 확인된다고 하여 參考들의 분담 작업을 추정하였다.[204] 특

---

202) 坂元義種, 1978, 「『三國史記』百濟本紀の史料批判-中國正史との交涉記事を中心に」(『百濟史の研究』, 塙書房), 81~83쪽 ; 동, 1975, 『韓』 4-2.
203) 田中俊明, 1981, 「『南齊書』東夷傳の缺葉について」(『村上四男博士和歌山大學退官記念朝鮮史論文集』, 開明書店), 235~241쪽.
204) 田中俊明, 1982, 「『三國史記』中國史書引用記事の再檢討-特にその成立の研究の基礎作業

히 그는 고구려본기에서 『자치통감』의 이용 태도를 기준으로 동천왕 20년 이전과 동천왕 20년~영양왕 25년, 그리고 영류왕 5년 이후로 3분했는데,[205] 이미 삼품창영과 武田幸男도 유사한 문제 의식에서 국내 자료와 중국 측 자료의 이용을 기준으로 하여 미천왕대를 전후한 기록의 '斷層'에 유의한 바 있었다.[206]

신라본기의 경우를 검토한 심진행덕은 대 중국 교섭 기사 가운데 신라본기의 기사가 "중국 사서에 없는 기술을 포함하는 경우"와 "중국 사료의 범위에서 기록되어 있는 경우"를 검토 대상으로 삼았다. 그는 신라본기 편자가 신라 관련 기사를 지닌 중국 사서를 다루는 태도를 적시하기를 『책부원귀』의 중시, 직접적으로 관계없는 기사의 생략, 기준이 되는 기사를 선택하여 그의 기술을 존중, 가능한 한 상세한 어구의 보충, 『고기』의 중시, 『자치통감』의 특별한 취급이라고 하였다. 특히 『책부원귀』가 고려에 들어온 것은 1092년으로서 신라본기에서는 고구려본기에서 『자치통감』이 차지하는 위치를 『책부원귀』가 차지하고 있다고 판단하였다. 결국 신라본기 편자는 중국의 여러 사료를 무작위하게 옮긴 것이 아니라 일정한 원칙 아래에서 그의 기사를 작성했으며, 예컨대 東明王紀를 서술할 때 고유명사 등의 긴요한 점은 『구삼국사』에 의해, 그리고 문장 간략화의 재료로서는 『魏書』를 사용했다고 하는 전중준명의 평가는 신라본기의 경우에도 다르지 않다고 본 것이다.[207]

다음에 『삼국사기』 내의 편목별 비교에서는, 우선 기전체 편찬 방

として」(『朝鮮學報』 104), 46~47쪽.
205) 田中俊明, 윗논문, 73쪽.
206) 三品彰影, 1953, 「三國史記高句麗本紀の原典批判」(『大谷大學硏究年報』 6) : 武田幸男, 1979, 「高句麗廣開土王紀の對外關係記事」(『三上次男博士頌壽記念 東洋史・考古學論集』, 朋友書店).
207) 深津行德, 1991, 「『三國史記』「新羅本紀」에 보이는 中國史書의 引用에 관한 小論」(『淸溪史學』 8).

식의 본래적 특성에서 유래한 것이겠지만, 삼국의 본기 간에 중복 기술된 기사들을 주목하게 된다. 즉 그것들은 물론 각 국가사의 공유하는 사건에 대한 내용들로 구성되어 있다. 따라서 이러한 기사들을 적출하여 검토하는 것은 삼국 각각에 관련된 전거 자료의 환경 및 편찬 과정을 이해하는 데 일조하는 것이다. 그러나 백제본기 기사를 거점으로 하여 고구려 및 신라본기와의 대교를 시도한 홍사준은 연대·인명·병력 수·직명 등의 차이점들을 적기하면서도, 이러한 검토에서 획득할 수 있는 의미들에 착목하지 못하고 기초적인 나열에 그치고 말았다.[208] 中尾敏朗 역시 삼국의 교섭 기사를 검토했는데, 이 경우 본기 간 불일치 기사는 『삼국사기』 편자의 부주의로 결락되었다고 보았거니와[209] 삼국간 공유 기사가 비록 4세기 말까지는 대체로 해당 본기에 모순 없이 중복 출현하고 있지만 단순한 부주의로 판단하기 어려운 적소가 적지 않다.

이에 심진행덕은 『삼국사기』 편자가 복수국에 관한 기사를 관계국 본국에 반드시 기재하는 것을 편찬 방침으로 하였다는 시각에 반대하고, 특히 백제본기 武寧王 즉위기(501) 내용과 그에 상응하는 고구려본기 文咨明王 12년(503) 기사의 연대 착종을 단서로 삼아 기년법이 서로 다른 원전의 존재를 추지해내는 동시에, 집필의 분담에 대해서도 본기 및 연표와 잡지 및 열전의 편찬, 그리고 적어도 백제본기와 고구려본기의 편찬은 따로 행해졌다는 것을 확인하였다.[210] 이강래는 여러 논증을 통해 복수의 원전과 편목별 집필의 분담에 동의하면서

---

208) 洪思俊, 1968,「百濟本紀와 麗·羅本紀와의 對校」(『百濟文化』 2) ; 동, 1972,「百濟本紀と麗·羅本紀對校」(大川淸 編, 『百濟の考古學』, 雄山閣).
209) 中尾敏朗, 1985,「『三國史記』三國相互交涉記事の檢討-原典探究のための基礎作業として」(『史境』 10).
210) 深津行德, 1992,「『三國史記』編纂作業の一齣-武寧王紀·文咨明王紀を手がかりとして」(『古代國家の歷史と傳承』, 黛弘道 編, 吉川弘文館).

도 각 본기와 잡지·열전 등에서 확보된 상호 지시·고려 기사의 존재를 매개로, "삼국의 각 본기에는 중국 기사를 인용 전재한 부분을 제외하고 고유 자료에 의거한 서술이 있으며, 특히 국가간 공유하는 사건에 대한 기술에는 일방의 자료가 기초가 되어 타방, 혹은 남은 2국의 본기에 본기간의 균형을 의도한 보입이 이루어졌다는 것"을 일반 전제로 받아들인다. 그의 검토에서 도출된 공유 사건에 대한 공유 기사의 본래 귀속은 신라→백제→고구려의 순서로 확연한 경향을 보여주었다. 아울러 무령왕 즉위기와 문자명왕 12년조 기사의 착종에 대해서도 심진행덕이 두 본기의 기년에 동시에 착오가 있었다고 본 것과는 달리 이를 백제본기만의 문제로 설명하였다.[211] 칭원법에 따른 혼란은 일찍부터 지적되어 왔거니와, 즉위기를 구성하고 있는 별도의 원전을 염두에 두고 차후 검증을 더할 부분이라고 생각한다.

5. 기년의 이해

사서는 기년을 기초로 한다. 따라서 『삼국사기』의 정보에 토대한 논의는 그 어느 것을 막론하고 기년에 대한 연구자 나름의 이해를 강요받고 있다 해도 좋을 것이다. 생각해 보면 『삼국사기』의 사료 가치, 즉 기사의 신빙성에 회의하는 거의 모든 연구자들의 입론에는 늘 기년의 문제가 중심에 있었다. 이 문제는 우선 『삼국사기』를 일관하는 기년법에 대한 부분과, 대교 가능한 인접 자료와의 차이 혹은 각 편

---

211) 李康來, 1996,「三國史記 本紀間 共有記事의 檢討」(『三國史記 典據論』, 民族社), 104~106쪽 ; 동, 1993, 『宋甲鎬敎授停年退任記念論文集』.

목별 기년의 차이에 대한 부분, 그리고 일반적으로 이르는 삼국의 초기 기사의 기년에 대한 신뢰 여부의 문제로 나누어 볼 수 있다. 다만 이 경우 '초기'의 시간 폭을 규정할 구체적인 기준은 없는데, 공세적으로 말하자면 '기년이 의심스러운 시기'라는 의미의 문맥에서 '초기'를 사용하는 연구자마저 없지 않다는 것을 환기해 두고자 한다. 그렇다면 이것은 명백히 근거 없는 예단일 수도 있겠다.

『삼국사기』 편자는 전편에 걸친 즉위년칭원법, 즉 踰月稱元法의 적용을 하나의 범례로 삼아 제시하면서, 그 타당성 혹은 예측되는 '非禮'의 비난에 대한 변명의 근거를 밝혀 놓았다. 그 경우 前王의 최종 치세년과 嗣王의 즉위년은 일치하게 되며, 해가 바뀌는 시점에서 왕위가 교체될 때는 유월칭원 자체가 踰年稱元과 같은 형태로 작용하게 된다. 그런데 이러한 배려에 주의하지 못한 경우가 바로 앞에서 언급한 무령왕 즉위기 기사이다. 일찍이 小田省吾도 이를 주목하여 "사실이 원칙 적용의 희생이 된 것"[212]이라고 했던 것이며, 심진행덕 역시 이 문제를 단서 삼아 원전의 문제에 접근했던 것을 이미 확인하였다. 이를 원전의 차이로 볼 것인지 여부는 용이하게 판정하기 어려운바, 분명한 것은 오직 무령왕은 『일본서기』의 관련 정보를 포함하여[213] 실제 502년에 즉위했다는 것이다.[214]

그런데 서로 다른 칭원법의 복수 원전을 포함하여 『삼국사기』에 적용된 칭원년이 과연 '원칙'일 뿐인지, '사실'에 충실한 것인지에 대해 잠시 주의할 여지가 있다고 본다. 정구복은 칭원법에 대한 김부식의 사론을 염두하여 "그는 즉위년칭원법이 예에 어긋난 것이지만 서술에서는 당시에 칭했던 대로 서술하고 오히려 이러한 예는 중국의

---

212) 小田省吾, 1920, 「三國史記の稱元法並に高麗以前稱元法の硏究(上)」, 『東洋學報』 10-1), 73쪽.
213) 『日本書紀』 16, 武烈天皇 4년 하4월.
214) 鏡山猛, 1937, 「日本書紀に現れたる百濟王曆に就いて」, (『史淵』 15), 94~99쪽.

고대에도 있었다고 논하여 그가 이를 그대로 서술함의 당위성을 주장"했다고 보았다.215) 한편 옥명심은 "김부식이 『삼국사기』를 편찬하면서 봉건유교적 관념에서 어긋나게 즉위년칭원법을 따랐던 것은, 그가 의거한 문헌이 바로 그렇게 되어 있었기 때문일 것"이라고 한다.216) 이것은 일찍이 고전연구실에서 낸 『삼국사기』 번역서의 해제에서도 "김부식이 즉위칭원법을 채용한 것은 이미 선행한 『고기』들에 의거하여 사실을 바르게 전하고자 하는 태도"라고 한 것을 보면 북한학계의 일반적 이해인 듯하다.217) 사실 옥명심은 이른바 『구삼국사』를 염두에 두고 있는 것인데, 고관민은 백제본기의 원전을 추구하는 가운데, 『고기』는 '越年稱元法', 즉 유년칭원법에 따른 백제왕력을 담고 있었다고 보았다.218)

이 문제는 삼국이 서로 다른 환경에 있었을 가능성까지도 고려해야 할 것인데, 근년에 확보한 陵山里寺址의 舍利龕 명문에 "百濟昌王十三季太歲在丁亥"라고 한 왕력으로 본다면 백제본기가 정해년을 威德王 14년으로 삼은 것과 1년의 차이가 발생하는 것을 환기하게 된다.219) 이에 박현숙은 백제에서는 실제 유년칭원법을 사용했을지도 모르겠다고 하면서도 적극적인 판단을 주저했다.220) 또한 광개토왕비의 永樂 원년 즉 391년(辛卯)을 지표로 고구려본기의 故國壤王 말년인 9년을 8년의 오기로 보는 것이 일반적인데, 정운용은 한 발 더 나아가 이 경우 역시 유년칭원으로서 실제 왕위 교체년이 390년이었을 가능성을 잠시 거론한 바 있다. 그는 延嘉7年銘 金銅佛像光背의 명문에 보이는 연호 延

---

215) 鄭求福, 1991, 「金富軾」(『韓國史市民講座』 9), 140쪽.
216) 옥명심, 1993, 「『삼국사기』와 구『삼국사』의 관계에 대하여」(『력사과학』 1), 49쪽.
217) 고전연구실, 1958, 앞 책 『삼국사기』 상(과학원), 4쪽.
218) 高寬敏, 1996, 「百濟本紀の國內原典」(『三國史記』の原典的研究, 雄山閣) ; 동, 1993, 「『三國史記』百濟本紀の國內原典」(『大阪經濟法科大學アジア研究所年報』 5).
219) 국립광주박물관, 1996, 『백제금동향로와 사리감』.
220) 박현숙, 1995, 『잊혀진 우리의 역사 백제이야기』(대한교과서), 153~154쪽.

嘉와 永康7年銘 金銅光背의 명문에 보이는 연호 永康을 유년칭원법으로 가정할 때, 각각 장수왕 재위 60년 즉 나이 80세 때와 재위 70년 나이 90세 때의 개원을 지시한다는 정합성에 주의한 것과 같은 맥락을 견지한 것이다.221) 따라서 그는 瑞鳳塚 출토 銀製合杆의 명문 가운데 보이는 연호 延壽와 中原郡에서 발견된 불상 광배 명문에 보이는 연호 建興에 대해서도 마찬가지로 유년칭원법에 따라 연대를 추정했다.

위의 두 논자는 『삼국사기』의 칭원법이 삼국시대 당시의 그것과 일치하는지 여부를 직접 겨냥한 것은 아니지만, 향후 구명해야 할 숙제의 단서를 살핀 셈이다. 그러므로 『삼국사기』의 편목간 연대 차이들이 대부분 1년으로 나타난다는 것은 깊이 유념할 부분이다. 예컨대 職官 上 東市典조와 신라본기, 地理 1 尙州조와 신라본기 및 연표, 지리 3 웅주 扶餘郡조와 신라본기, 祭祀 고구려의 祀禮 기사와 고구려본기 등은 모두 1년의 차이를 보이고 있는 것이다.

다시 말하지만 『삼국사기』의 사료로서의 신빙성 문제는 거의 전부 기년에 대한 논의와 관련 하에 살펴진 것들이다. 따라서 앞에 거론한 내용과 중복을 피하여 구체적으로 기년을 직접 언급한 몇 예를 통해 주요 궤적을 점검해 보고자 한다. 상대적으로 고구려본기의 경우는 기년에 대한 심각한 불신은 덜하다고 하겠지만, 지나치게 긴 초기 왕들의 수명이나 그와 관련하여 일부 왕들의 존재가 기록에 탈락되었을 가능성이 주의되었다. 예컨대 那珂通世는 태조왕의 幼年 즉위는 기실 『고기』에 수대의 왕명을 빠뜨렸음으로 인해 그의 즉위를 수십 년 전으로 치켜 올린 데 따른 것으로 간주하였다. 그의 이러한 생각은 3세기 초까지의 고구려왕들의 평균 재위 기간이 너무 길다는 점과 『위서』에 보이는 초기 고구려의 왕명과 세대 관련 표현들 가운데에는 『삼국사기』와 대응하지 않는 경우가 있다는 점을 근거로 한 것이다.222)

---

221) 정운용, 1998, 「金石文에 보이는 高句麗의 年號」 (『韓國史學報』 5), 57~68쪽.

삼품창영도 연대에 관해서는 중국 측 사서의 기록을 일방적으로 신뢰했거니와,[223] 같은 맥락에서 『삼국지』에 보이는 고구려 왕실의 교체 및 왕계 역시 『삼국사기』와 용이하게 정합시키기 힘든 적소이므로 많은 주목을 받아온 대목이다. 또한 광개토왕비에 나타난 광개토왕에 이르는 왕실의 세대수 문제와 광개토왕의 대외 경략 연대가 고구려본기의 정보와 들어맞지 않는다는 지적도 고려할 문제가 된다. 즉 『삼국사기』의 왕계상에서 광개토왕은 세대수로는 주몽왕으로부터 13대가 되고, 왕대수로는 19대가 된다. 사실 중국 사서와의 차이에 비해 광개토왕비에서 발로된 고구려본기 기년 문제는 보다 중시되어야 하겠지만, 일단 비문과 고구려본기의 동일 사건 연대에 몇 년의 상위가 나타나는 것은 큰 흐름에서 볼 때 사건의 선후 전개가 서로 대응하고 있고 비문의 경우 경략 대상 집단과의 관계가 한 조목에 집약되어 기술되었다고 보는 시각을 받아들이면, 그다지 큰 모순의 적소는 아닐 수도 있다.[224] 아울러 "사실을 일방적으로 과장 기술한 것은 『삼국사기』가 아니라 오히려 비문"이라 한 이기동의 지적에 동의하고자 한다.[225]

고구려 초기 왕계에 몰각되어 있을지 모른다고 지적된 일부 왕들의 존재는 이도학의 적극적인 복원 시도로 구체화되기도 하였다. 그는 특히 태조왕 이후의 왕계 및 연령 기록에 혐의를 두고 살폈는데, 그에 의하면 次大王은 태조왕의 아들일 것이며 新大王은 태조왕의 다른 아들의 아들 곧 손자일 것이라 하고, 신대왕과 故國川王 사이에 한 명의 왕이 고구려본기에는 탈락되었고, 산상왕은 고국천왕의 아들일

---

222) 那珂通世, 1937, 「朝鮮古史考」(『史學雜誌』 6-4).
223) 三品彰英, 1951, 앞 논문 「高句麗王都考」, 51쪽.
224) 武田幸男, 1979, 앞 논문 「高句麗廣開土王紀의 對外關係記事」, 266~274쪽.
225) 李基東, 1986, 「廣開土王陵碑文에 보이는 百濟關係 記事의 檢討」(『百濟研究』 17), 52쪽.

것이라고 한다. 이렇게 되면 태조왕부터 산상왕까지 모두 4세대가 추가되어 광개토왕비문의 세대수와 합치한다는 것이다.226) 다분히 비약이 심한 논지이나 주요 인물들의 연령들을 합리적으로 조정하기 위한 대안이라고 평가한다.

반면에 노태돈은 고구려 초기의 왕계를 성립 과정에 주안하여 살피면서, 『위서』의 莫來를 慕本王에 대응시켜 이해한 나가통세나 지내굉227)의 견해에 반대하여 大武神王으로 파악하고,228) 모본왕과 태조왕 사이의 '단층'에 동의하여 모본왕까지의 주요 기사가 小獸林王代에 정리된 것으로 추정하면서도, 『삼국사기』의 왕계를 합리적으로 수용하고자 하는 동시에 광개토왕비의 '17세손'은 세대수가 아니라 大朱留王을 기준으로 한 왕대수를 나타낸 것으로서 『삼국사기』 왕계의 왕대수와 일치한다고 하였다.229) 비문의 '17세손'을 대주류왕을 1세손으로 기산하는 왕대수로 파악한 것은 이전에 박시형에 의해 제기되었고,230) 다시 이인철도 이를 지지한 바 있다.231) 다만 유의할 것은 그의 경우 『삼국사기』에서 전하는 紀年과 王系 자체가 사실이라기보다는 그 이전 시기의 사서나 전승에서 기술되어 있던 것을 그대로 이은 것으로 보고 있다는 점에서 본래의 원전 형성 과정에서 이 문제를 추구한 것이었다.

그러나 기년의 문제는 무엇보다도 신라본기의 연대관을 어떻게 이

---

226) 李道學, 1992, 「高句麗 初期 王系의 復元을 위한 檢討」(『韓國學論集』 20), 188~191쪽.
227) 池內宏, 1951, 앞 논문 「高句麗王家の上世の世次について」(초간은 1940), 212쪽.
228) 노태돈, 1999, 「주몽설화와 계루부의 기원」(『고구려사 연구』, 사계절), 48~50쪽 ; 동, 1993, 「朱蒙의 出自傳承과 桂婁部의 起源」(『韓國古代史論叢』 5).
229) 노태돈, 1999, 「초기 왕계의 구성」(『고구려사 연구』, 사계절), 87~93쪽 ; 동, 1994, 「高句麗의 初期王系에 대한 一考察」(『李基白先生古稀紀念 韓國史學論叢』 上, 一潮閣).
230) 박시형, 1966, 『광개토왕릉비』(과학원출판사), 135~136쪽.
231) 이인철, 2000, 「영락 6년 고구려의 백제정벌」(『고구려의 대외정복 연구』, 백산자료원), 126~127쪽 ; 1996, 「廣開土好太王碑를 통해 본 고구려의 南方經營」(『高句麗研究』 2).

해할 것인가가 관건이라고 생각한다. 예컨대 진전좌우길은 삼국의 건국 연대 가운데 신라의 건국연대를 甲子年 즉 "기원전 57년으로 한 것은 기원전 37년에 시조 東明의 즉위를 배치한 고구려, 기원전 18년에 시조 溫祚의 즉위를 배치한 백제의 건국년보다도 오래된 것으로 하려고 한 의도에서 나온 것"으로 보는 것이다.[232] 말송보화 역시 『삼국사기』의 '신라제일주의'를 지적하면서 "고구려의 개국기년이 先在하여 그로부터 신라의 개국 기년이 그보다 20년 오랜 것으로 안출한 것이 아닐까" 생각하였다.[233] 물론 이러한 발상에 대해 김원룡의 설득력 있는 반론이 제기되었고 이후 『삼국사기』 기년에 입각한 성과가 속속 제출되었지만, 그 영향은 지금까지도 크게 변하지 않은 채 위력을 발휘하고 있다. 이것은 이기동의 90년대 논의에서도 "『삼국사기』의 찬자가 신라의 건국 기년을 결정함에 있어서 신라 제일주의의 입장에서 讖緯說의 지식을 응용하여 고구려의 건국기년(甲申年)이 속해 있는 干支 一運의 최초의 해로 조작했을 것이라는 혐의를 떨쳐버릴 수 없는 것이다" 하고, 나아가 주몽과 온조 등의 "父子설은 필경 백제의 건국연대를 고구려의 그것보다 20년 정도 늦춰 잡은 데서 생겨난 부회에 지나지 않는 것"이라고 하는 데서 알 수 있다.[234]

이러한 의견들은 결국 고구려 건국 연대에 상대적인 신뢰를 전제하고, 신라의 경우는 그보다 20년 앞으로 '안출' 혹은 '조작'한 것이고, 백제의 건국 연대는 그보다 20년 뒤로 '부회'한 것이라고 하는 셈이다. 물론 여기에 어떤 증거는 없다. 『삼국사기』의 연표와 『삼국유사』의 왕력을 주요 자료로 기년을 정리한 奧野彦六의 경우는 元嘉曆이 시

---

232) 津田左右吉, 1924, 앞 논문 「三國史記の新羅本紀について」, 518쪽.
233) 末松保和, 1966, 「舊三國史と三國史記」(『靑丘史草』 2, 笠井出版社), 8쪽. 초간은 『朝鮮學報』 39·40.
234) 李基東, 1996, 「百濟國의 성장과 馬韓 병합」(『百濟史硏究』, 一潮閣), 105~106쪽 ; 동, 1990, 『百濟論叢』 2.

행된 445년 이후의 『삼국사기』 기년을 수긍하는 한편, 그 이전의 간지 기년법에 의거한 기사가 나올 수는 없다고 하여235) 소지마립간 이전의 신라 기년은 믿을 수 없다고 하는데,236) 이 또한 납득할 만한 증거가 제시된 것이라고는 할 수 없다.

우선 신라본기의 기년에 대한 수정안들을 토대로 저간의 논의점들을 살펴보기로 한다. 일찍이 김철준은 박·석·김의 三姓交立의 世系를 병렬적인 것으로 환원하고, 석탈해를 사료상 그의 손자로 되어 있는 伐休와 동일 인물이라고 봄으로써 세계에서 제외하며, 역시 祇摩·逸聖·阿達羅·助賁·沾解·基臨 등의 경우는 실제로는 이사금에 피선되지 못하고 족장에 그치고 말았을 가능성이 있는 자들이라 하여 계보에서 제외하는 등 세계의 순서를 변경하거나 재위한 왕의 수를 줄임으로써 기년의 인하를 추구하였다.237) 이렇게 하여 각 족단의 대두 시기를 3세기 전반경에서 구한 것이다.

김광수는 삼성의 세계가 계기적임을 인정하지만 박씨 세계 속에 끼어 있는 탈해와 석씨 세계 속에 들어 있는 味鄒의 경우에 대해서는 세계상의 위치를 의심하여 탈해와 벌휴를 왕계에서 제외하고, 미추의 왕계상의 위치를 내물 직전으로 끌어내렸다. 아울러 실제의 활동이 보이지 않는 이사금들의 재위 기간을 제거하는 방식으로 기년의 인하를 시도하였다. 특히 그는 아달라이사금 20년조에 보이는 왜여왕 卑彌乎를 正始연간에 대방군과 교섭한 왜의 여왕 卑彌呼와 일치시켜 아달라 20년은 『삼국사기』에 전하는 173년보다 70여 년 내려와야 실제와 맞게 된다는 것을 중요한 기준점으로 채택하였다. 이렇게 하여 67년의 기간을 제거하였다.238) 일부 타성으로 교체되는 시점의 이사금 재위 기간

---

235) 奧野彦六, 1974, 「『三國史記』『三國遺事』紀年考 上」(『東アジアの古代文化』 1), 200~201쪽.
236) 奧野彦六, 1974, 「『三國史記』『三國遺事』紀年考 下」(『東アジアの古代文化』 2), 163쪽.
237) 金哲俊, 1962, 「新羅上古世系와 그 紀年」(『歷史學報』 17·18).

에는 실제로 이사금이 아니고 족장에 머물러 있던 기간을 후대 사서 편찬시 이사금의 재위 기간에 포함시켰을 것이라는 그의 가정은 노명호에 의해서도 수용되었다.

노명호는 일부 이사금을 아예 왕계에서 제외하는 방식에 동의하지 않고, 이사금들의 세계와 재위 연대에 대해서도 대체로 수긍하되, 진흥왕대의 국사 편찬시에 주요 족단들의 세계와 설화들을 종합하여 신라상고사를 구성하면서 각 이사금의 재위 기간과 족장으로서의 재임 기간을 구분하지 않았을 것이라고 하였다. 이렇게 내물마립간을 기점으로 소급하여 역산한 '삼성친족집단' 중심의 신라 상고 기년은 대체로 2세기 후반부터 출발하는 것으로 나타났다.[239] 이인철은 김광수의 70여 년 하향조정안에 동의하면서『삼국유사』신라 시조 혁거세 왕조의 분주에 제시된 '古本'의 이설을 토대로, 신라의 건국 기년을 기원후 37년으로 생각하였다.[240]

그런데 신라의 상고 시기 기년을 논의할 때는 또한 반드시 백제를 위주로 한 대외관계 기사의 연대 문제가 함께 고려되게 마련이다. 즉『삼국사기』에 보이는 1~3세기의 백제와 신라의 교전 기사를 어떻게 이해할 것인가의 문제이다. 물론 초기 연구자들은 이야말로『삼국사기』의 해당 시기 기사를 신뢰할 수 없는 주요 근거로 간주하였고, 한편 신라본기의 기년을 인하해 이해하는 연구자들의 경우는 종종 교전 기사의 연대 역시 후대로 하향 조정하려는 경향을 보여 왔다. 그러나『삼국사기』의 삼국 개시년을 믿지 못할 이유가 없다고 주장한 김원룡의 반론 이후에, 천관우를 위시한 연구자들 가운데에는 이 기년을 나름의 방식으로 수용하여 삼국 초기사 복원에 이용해 왔다.

---

238) 金光洙, 1973,「新羅上古世系의 再構成 試圖」(『東洋學』3).
239) 盧明鎬, 1978,「新羅初期 政治組織의 性格과 上古紀年」(서울대학교 석사학위논문).
240) 李仁哲, 1987,「新羅上古世系의 新解釋」(『淸溪史學』4).

천관우는 교전 기사의 연대는 긍정하나 그 한 주체인 신라를 '舊辰國=辰韓系=昔氏系'가 이동 과정에서 초기 백제와 접촉한 것으로 이해하였다.241) 이것은 곧 경주가 아닌 다른 진한 지역의 세력이 겪었던 사건들이 후대의 사서 편찬시 경주 세력의 역사 속에 함께 기록된 것으로 파악하는 방법이라고 하겠다. 신동하 역시 '住民移動論'의 입장은 아니지만 사료 속의 신라를 백제와 충돌한 진한 제국 가운데 한 세력 내지 유력 족장으로 파악하고, 원래의 충돌 세력이 뒤에 신라에 병합되면서 그 역사까지 신라사로 편입된 결과라고 보았다.242) 최병운과 박남수 등은 천관우의 '구진국=석씨계' 대신 소백산맥 일대의 재지세력이었던 '辰韓(金)系' 내지 '仇道系' 등의 金氏族'으로 간주하여, 이 세력이 백제에 의해 위축·남하하는 과정에서 발생했던 사실이 이후 신라사에 편입된 결과라고 추론하였다.243) 한편 신형식은 연대와 주체를 모두 기록에 따라 받아들이고 교전 지역의 정치·군사적 중요성과 철생산의 비중을 주목하여 파악했으며,244) 이강래는 馬韓 및 靺鞨과의 관계를 매개로 하여, 갈등 주체를 초기 백제보다 선주해 있던 남하 중의 이주민 집단일 것이라고 설명하였다.245) 서의식은 경주에서 주변 지역으로 통하는 주요 교통로를 장악하고 그 일대의 소국들은 간접적으로 통제하는 지배 방식을 상정하고, 소백산맥 주변의 교통로 확보와 장악을 둘러싼 나·제 사이의 교전으로 이해한다.246)

최근 강종훈은 기왕의 기년 논의를 총괄하여 검토하면서 과감한 조

---

241) 千寬宇, 1976, 「三韓의 國家形成(上)」(『韓國學報』 2), 31~41쪽.
242) 申東河, 1979, 「新羅 骨品制의 形成過程」(『韓國史論』 5).
243) 崔炳云, 1982, 「西紀 2世紀頃 新羅의 領域擴大」(『全北史學』 6) ; 朴南守, 1987, 「新羅上古金氏系의 起源과 登場」(『慶州史學』 6).
244) 申瀅植, 1983, 「三國時代 戰爭의 政治的 意味」(『韓國史研究』 43).
245) 李康來, 1985, 「『三國史記』에 보이는 靺鞨의 軍事活動」(『領土問題研究』 2), 51~54쪽.
246) 徐毅植, 1991, 「新羅 '上古'初期의 辰韓諸國과 領土擴張」(『李元淳停年紀念史學論叢』, 敎學社).

정안을 제출하였다. 그는 우선 『삼국사기』에 나오는 '삼성족단'의 계보를 역으로 추적하면서 계보상 등장 인물의 출생 시기를 추정해 감으로써 기년의 인상 정도를 확인하는 방식을 택하는데, 이는 노명호 등의 방법론을 상당 부분 수용한 것이다. 특히 "초기 기록의 기년이 적어도 기년에 관한 한 사료적 가치가 높은 『삼국지』 동이전의 기록과 상충을 일으켜서는 안된다"는 것을 조정의 조건으로 설정했는데, 이렇게 되면 백제와의 충돌이 시작된 탈해 시기가 250년대 이전으로 소급될 수 없게 된다.[247] 선석렬의 경우는 아예 6세기 중반부터 7세기 전반 사이의 사실로 수정해 보려는 과격한 견해를 제시하고,[248] 인근의 소국 정복 기사도 3세기 중엽에서 4세기 중엽 사이에 일어날 수 있는 역사적 사실로 보거니와,[249] 역시 "중국정사 동이전의 기록과도 서로 잘 부합되는 역사적 사실"이어야 할 것을 염두에 두고 있는 것은 강종훈과 같다.

강종훈은 다시 백제본기와 신라본기의 '낙랑'은 대부분 '진한'을 가리키는데 통일신라 시기에 전면 개필되었을 것이라고 한다.[250] 이것은 건국기 백제와 신라를 침입한 말갈을 '濊貊(穢貊)'의 개필로 이해하는 시각에서 촉발된 발상인데, 이종욱 역시 초기에 백제와 교전했던 신라의 실체를 '마한 소국'으로 추정하고 있어[251] 다소 정돈되지 않은 혼란감을 증폭시키고 있는 셈이다. 강종훈은 나아가 김씨 족단의 시조가 지금의 영주 지역에서 탄생했을 것이고, 그들의 족단은 충주 지역을

---

247) 姜鍾薰, 1991, 「新羅 上古紀年의 再檢討」(『韓國史論』 26).
248) 宣石悅, 1994, 「『三國史記』 上代 百濟關係記事의 檢討와 그 紀年」(『韓國古代史研究』 7).
249) 宣石悅, 1995, 「斯盧國의 小國征服과 그 紀年」(『新羅文化』 12), 105~106쪽.
250) 姜鍾薰, 1995, 「『三國史記』 初期記錄에 보이는 '樂浪'의 實體-진한연맹체의 공간적 범위와 관련하여」(『韓國古代史研究』 10).
251) 李鍾旭, 1996, 「百濟 初期國家로서 十濟의 形成」(『國史館論叢』 69), 54쪽 ; 동, 2002, 『신라의 역사』 1(김영사), 248쪽.

본거지로 하면서 초기 백제와의 전투를 수행했다고 주장하였다.252) 그러나 이로써 "탈해이사금 시기 백제 관계 기사의 수수께끼는 풀리게 되었다"고 자부한 강종훈의 일방적 선언은 성급한 것이었다.

이희진은 상고기 왕실 계보 정보가 옳다는 전제에서 출발한 강종훈의 조정안이 매우 취약함을 지적하고, 그러한 조정안의 완결성을 위해서는 백제와 고구려의 왕력과 기년까지 조정된 신라의 왕력과 기년에 맞추어 같이 조정해야 할 것이라고 했다.253) 강종훈은 "초기 기록에 전하는 사건들은 애초에는 그 始末이 한데 어우러진 설화의 형태로 전승되던 것이 어느 시기엔가 편년체의 형식을 빌려 재정리된 것"인데 "한 시기에 일어난 같은 사건인데도 시간 폭을 크게 하여 수년 내지 수십 년에 걸쳐 일어난 것처럼 기록할 수도 있는 것이다"고 하고, "고구려나 백제의 왕들의 재위 시기가 신라 측의 기년 조정안을 근거로 일괄적으로 조정될 필요는 없는 것"이라고 대답하였다.254) 이희진은 다시 강종훈의 입론이 이른바 '부체제설을 위한 기년 조정'이 아닌가 하는 혐의를 표명하면서, 신라 상고사 내부의 연대 관련 정합 관계를 강요할 때 백제사가 그에 희생될 가능성도 있다는 것을 환기시켰다.255)

이희진의 몇 가지 지적은 깊이 음미될 적소가 있다. 예컨대 하나의 사건이 긴 폭의 시간대에 걸쳐 분재되었을 가능성을 완벽하게 배제할 논거는 없지만, 노중국이 백제사를 복원하면서 적용한 초기 기록

---

252) 姜鍾薰, 1998, 「新羅 上古期 金氏 族團의 出自-尼師今時期 百濟關係記事와 관련하여」(『韓國史研究』 102), 109~112쪽.
253) 李熙眞, 1998, 「『三國史記』 초기기사에 대한 최근 紀年調整案의 문제점」(『歷史學報』 160), 240~241쪽.
254) 강종훈, 1999, 「『三國史記』 新羅本紀 初期記錄의 紀年問題 再論」(『歷史學報』 162), 341~246쪽.
255) 李熙眞, 1999, 「『三國史記』 초기기사에 대한 최근 기년조정 논쟁-姜鍾薰氏의 반론에 답하여」(『韓國史研究』 106), 286~290쪽.

'分解論'이란 "온조기에 집중되어 있는 정복관계 기사를 온조대의 사실로만 이해하는 것이 아니라 온조 이후에 이루어진 정복 사실이 시조의 면모를 돋보이게 하기 위해 온조대에 집중시킨 것으로 파악"하는 시각에 기초했듯이,[256] 반대로 긴 시간 폭의 사실이 하나의 사건으로 집약되었을 가능성 또한 외면되어서는 안되기 때문이다. 물론 상반된 두 시각 가운데 반드시 하나가 선택되어야 할 필요는 없는 것이며, 그럴 경우 기년의 문제를 획일화시킬 위험이 상존하는 것이지만, 요컨대 또 다른 가능성들을 고려하면서 판단에 신중할 필요가 있다는 것이다.

이 때 박대재의 설명도 유효한 대안 중의 하나로 보아야 한다. 그는 초기의 교전 기사를 각 기사의 조응 정도를 고려하면서 1세기와 2~3세기의 두 그룹으로 나누고, 제1기의 교전 주체는 소백산맥 동록의 진한 沙伐國·甘文國 세력으로, 제2기의 주체는 주요 거점의 재지세력을 활용한 신라(斯盧國)로 비정하게 되면, 굳이 『삼국사기』 초기 기사의 기년을 하향 수정하지 않아도 된다고 결론하였다.[257] 최근 김영하는 천관우의 이해에 따라 아달라왕 이전 시기 백제와 교전한 집단을 남하 이동하던 '구진국=진한계' 신라로 보고, 그 이후 시기의 교전 기록에 대해서는 백제가 소백산맥 이동으로 진출할 때 이에 저항했던 소국의 수장층이 신라의 지배층으로 편입되는 과정에서 백제와의 전쟁에 관한 전승도 함께 신라사의 편년 체계로 흡수됐을 가능성이 있다고 보았다.[258]

여하튼 강종훈은 일련의 신라 상고사 체계를 조정된 기년에 충실

---

256) 盧重國, 1988, 『百濟政治史硏究-國家形成과 支配體制의 變遷을 中心으로』(一潮閣), 27쪽 ; 동, 1990, 「目支國에 대한 一考察」(『百濟論叢』 2), 87쪽.
257) 박대재, 1999, 「『三國史記』初期記事에 보이는 新羅와 百濟의 戰爭」(『韓國史學報』 7), 35쪽.
258) 金瑛河, 2002, 『韓國古代社會의 軍事와 政治』(高麗大學校 民族文化硏究院), 110~121쪽.

한 형태로 제시하였고,259) 기년에 관한 자신의 견해를 거듭 확인하고 있다.260) 그러나 『삼국지』 등 중국 사료의 정황이 과연 『삼국사기』의 완결된 체계를 큰 폭으로 재단하는 기준으로 합당한 것인지에 대한 숙고가 지속되어야 할 것이라고 생각하며, 아울러 혁거세나 벌휴 등의 즉위 기년으로 제시된 갑자년을 어떤 의도의 소산으로 보는 방식에 대해서도 흔연히 동의하기 어렵다고 본다.261)

물론 '갑자년'에서 제기되는 의도라는 것이 반드시 검증되어야만 할 것으로 보지는 않으며, 讖緯革命思想에 기초한 辛酉·甲子 革年 등의 이유로 개원이 이루어지는 경우도 종종 있지만, 근본적으로 이러한 사고가 바탕이 되어 『삼국사기』의 주요 연대를 단정하는 것은 바람직하지 않다. 앞에서 신라의 개국년이 갑자년에 맞춰졌을 것이라는 주장에 대해 언급했는데, 백제사에서도 이러한 방식의 이해가 기년 문제와 관련하여 널리 공유되고 있다. 김철준은 백제본기에 온조의 개국이 근초고왕 즉위년보다 363년 앞이라는 데 착안하여 "이것은 360년마다 국가의 興運을 맞이한다는 漢 揚雄 찬의 『太元經』 계통 사상의 영향을 받아 개국 연대를 360년 전으로 잡았던 것"이라 하고, 이를 위해 契王의 재위 기간 3년을 제거하여 파악하였다.262) 유사한 맥락에서 근초고왕이나 혹은 그 부왕인 比流王이 백제 역사상 부여족의 남하 이동에 의한 정복왕조의 창시자가 아닐까 하는 가능성마저 타진되었다.263) 즉 비류왕의 즉위년이 갑자년인 데서 참위설에서 말하는 이른바 '甲子革命說'을 고려해 보는 것이다. 이러한 이해 방식은 『삼국사기』에 보

---

259) 강종훈, 2000, 『신라상고사연구』(서울대학교출판부).
260) 강종훈, 2001, 「『삼국사기』 초기기록의 제문제」, 『金富軾과 三國史記』, 慶州金氏大宗親會).
261) 이강래, 2001, (서평)「신라 상고사의 함의와 지평」, 『역사와 현실』 42), 267쪽.
262) 金哲埈, 1975, 「百濟社會와 그 文化」(『韓國古代社會研究』, 智識産業社), 49쪽 ; 동, 1973, 『武寧王陵 發掘調査報告書』.
263) 李基東, 1996, 앞 논문 「百濟國의 성장과 馬韓 병합」(초간은 1990), 121쪽.

이는 백제와 마한의 관계에 대한 재구성에서도 광범위하게 활용되었다.

백제본기에 의할 때 온조왕 27년 즉 9년에 마한이 멸망했다는 기사가 보이는데, 이병도는 『일본서기』 신공기 49년조에 나오는 일련의 정복 기사를 백제가 마한을 병탄한 사실의 반영으로 보고, 그 시기를 근초고왕 24년(369)의 일로 파악한 바 있다.[264] 그러므로 역시 온조왕과 근초고왕대의 己巳年 사이에 360년의 시차를 확인하게 된다. 이후 많은 연구자들에 의해 이 견해가 그대로 혹은 다른 의미에서 수용되었는데, 그 결과는 단순히 정황론적 대세에 따라 온조왕대에 유서 깊은 광역의 '마한 전역'을 아우를 수는 없으리라는 문제의식과 『진서』 등의 마한 관련 기록을 크게 고려하여 비류왕대(304~343)의 사실로 보거나[265] 290년경 責稽王代의 일로 조정하는 데[266] 그치지 않는다. 즉 전영래와 같이 백제본기의 초고왕 원년(166)과 근초고왕 원년(346)은 같은 丙午年으로서 3갑자 차이가 나므로, 적어도 초고왕·구수왕 이전은 후대 기사의 투영이라고 이해하는 방식을 예로 들 수 있다.[267] 또한 백제의 마한 정복 과정을 두 단계로 나누어 설명한 유원재가 두 번째 단계의 정복은 신공기의 기사를 근초고왕의 경략으로 대체 이해한 기존의 견해를 좇아 6갑자의 차이를 확인하는 동시에, 첫 번째 단계의 그것은 『삼국지』에 보이는 魏 正始연간의 교전과 백제본기 고이왕대의 교전을 대응시켜 온조대의 마한 정복 기사와 240년 즉 4갑자 차이가 난다는 것에 주목하는 방식의 이해도 여기에 해당한다.[268]

---

264) 震檀學會 編, 1959, 『韓國史-古代篇』(乙酉文化社), 358~362쪽 ; 李丙燾, 1976, 「近肖古王拓境考」(『韓國古代史硏究』, 博英社).
265) 全榮來, 1985, 「百濟南方境域의 變遷」(『千寬宇先生還曆紀念 韓國史學論叢』, 正音文化社), 140쪽.
266) 姜鳳龍, 1997, 「百濟의 馬韓 倂呑에 대한 新考察」(『韓國上古史學報』 26), 154쪽.
267) 全榮來, 1997, 「百濟의 興起와 帶方故地」(『百濟硏究』 28), 46쪽.
268) 兪元載, 1997, 「百濟의 馬韓征服과 支配方法」(『百濟論叢』 6), 26~28쪽.

근자에 유현용·문안식·서보경 등도 신공기 49년조에 대한 기왕의 견해를 다시 지지하였고,[269] 김영심 역시 이 기사에서 전북지역에 대한 영토적 복속과 영산강 유역에서의 교역 거점 확보의 의미를 발견했지만,[270] 백제본기 온조왕조와 신공기를 근거로 백제가 369년에 전라남도를 영유했다고 보는 데 반대 의견을 분명히 한 전중준명의 지적처럼,[271] 그런 식으로 몇 갑자씩을 올리고 내리는 방식이야말로 '자의적 조작'일지 모른다.[272] 신공기 해당 기사의 본래 의미에 대한 천착은 별도로 하더라도, 온조대의 마한 기사는 마땅히 건국 초기 백제의 대외 환경 조건 속에서 음미할 사안일 뿐이므로, 이 관념적 표기를 지표 삼아 『삼국사기』 기년의 틀을 수백 년씩 조정하는 것은 지나치게 무모한 태도라고 생각한다.[273]

덧붙여서, 『삼국사기』의 특정 실체나 세력을 일괄 다른 것으로 변개했다는 이해 방식에 대해서도 우려를 표해 두고자 한다. 즉 앞서 언급했듯이 백제본기와 신라본기의 '낙랑'은 대부분 '진한'을 가리키는데 통일신라 시기에 전면 개필되었을 것이라고 한 강종훈, 초기에 백제와 교전했던 신라의 실체를 '마한 소국'으로 추정하고 있는 이종욱, 고구려본기에 보이는 肅愼을 지목하여 숙신과 挹婁를 일체화시킨 중국인들의 관념에 따른 김부식의 개필이었을 것이라고 생각하는 전대준,[274] 3세기 전반부터 5세기 말까지의 신라본기에 보이는 왜는 가야와

---

269) 유현용, 1997, 「溫祚王代 馬韓征服記事의 재고찰」, 『史叢』 46), 25쪽 : 文安植, 2001, 「百濟의 榮山江流域 進出과 土着勢力의 推移」, 『全南史學』 16), 14~15쪽 : 徐甫京, 2002, 「『日本書紀』 神功49年條에 대한 검토」, 『百濟研究』 35).
270) 金英心, 2000, 「榮山江流域 古代社會와 百濟」, 『지방사와 지방문화』 3-1), 311쪽.
271) 田中俊明, 1997, 「熊津時代 百濟의 領域再編과 王·侯制-榮山江流域의 百濟領域化 問題와 關聯하여」, 『百濟의 中央과 地方』, 忠南大學校 百濟研究所), 261~262쪽.
272) 田中俊明, 2000, 「榮山江流域에서의 前方後圓形古墳의 性格-造墓集團의 性格을 中心으로」, 『지방사와 지방문화』 3-1), 272쪽.
273) 이강래, 2002, 「『삼국사기』의 마한 인식」, 『全南史學』 19).
274) 전대준, 1990, 「『삼국사기』와 『광개토왕릉비문』에 보이는 숙신의 정체」, 『력사과학』 2), 55~

혼동되어 기록되었을 것이라는 김택균,[275] 김부식이 『삼국사기』에서 沃沮에 관한 대부분의 기사를 말갈로 고쳐 놓았다고 추측한 채태형[276] 등을 대표적인 사례로 들 수 있겠다. 그러나 '개필'이란 크게 보아 '조작'과 다르지 않으며, 그 적실한 과정을 제시하지 못하는 한 곧 찬자의 부당한 '의도'로 혐의가 귀일하게 된다는 점에서 신중한 설명이라고 보기 힘든 것이다.

한 예로 명백히 시대를 일탈해 있는 말갈과 같은 경우를 들어본다면, 이는 통일기 중대를 지배한 '일통삼한'의 시대정신에 긴박되어 발해와 고구려의 역사적 의미 관계를 차단하도록 강요받은 신라인들의 인식을 반영하고 있다고 보아야 한다. '일통삼한'의 완결에 집착했던 것은 신라인들뿐만 아니라 건국기 고려 왕조도 마찬가지였으며, 그러한 데에는 고려의 실질적 토대가 통일기 신라의 그것을 벗어나 있지 못한 것도 한 배경이 되었을 것이다. 더구나 고구려 유민들을 용해한 신라의 조처와 논리들은 고려 왕조에 의해 발해 유민을 수용하면서 새롭게 고려되었을 것이다. 요컨대 『삼국사기』의 말갈 인식은 7세기 이후, 그리고 통일기 이후 중대 신라인들의 인식에서 출발한 것이라고 하겠다. 그리고 그 인식은 명분에 의해 사실이 희생된 또 하나의 사례였다. 따라서 중대적 명분이 크게 위축된 하대에야 명분으로부터 벗어난 실제적 인식은 기대될 수 있었다. 그러나 이른바 후삼국의 형국 및 이의 통합을 통해 새로운 왕조 질서를 겨냥했던 고려 초 지배 계급은 다시 중대적 명분의 유효함에 주목하였다. 물론 고려 건국 후 200여 년이 지난 12세기 중엽쯤이면 신라의 경우와 마찬가지로 발해 왕조의 역사적 위상과 관련한 사실들은 이를 억압해 온 명분으로

57쪽.
275) 金澤均, 1990, 앞 논문 「『三國史記』 新羅의 對倭 關係 記事 分析」, 13~14쪽.
276) 채태형, 1992, 「『삼국사기』의 말갈관계 기사에 대하여」(『력사과학』 3), 42쪽.

부터 상당히 자유로워질 수 있었겠다. 그러나 고려 전기사회의 가치 체계와 제도의 온존에 무게를 두었던『삼국사기』편찬자들은 의연히 고려 초의 전대사 인식, 즉 통일기 신라인들의 인식을 포기하지 않았 던 것이다.[277]

6. 원전의 추구

이규보는 그의「동명왕편」서문에서『구삼국사』의 존재를 지적하였 다. 문맥에 따라 가감 없이 이해한다면『구삼국사』는『삼국사기』에 선행하는 삼국 관련 역사 자료이다. 다시 말하여 '중찬'된『삼국사기』 는 이른바 '신삼국사'이며, 그에 대응하는 미지의 자료가 '구삼국사'라 고 하겠다.[278] 그러므로 '구삼국사' 자체가 특정 사서의 고유한 서명일 수는 없다. 다만 이 글을 포함하여 대부분의 연구자들은 편의상 하나 의 서명처럼『구삼국사』의 형태로 언급할 뿐이다. 여하튼 이규보의 지 적은『삼국사기』가 결코 삼국의 역사를 겨냥한 초유의 저술이 아니 라는 것을 알려주고 있다. 실제『삼국사기』는 선행하는 다양한 국내 외 자료를 토대로 하였다.[279] 그러므로 이른바『구삼국사』로 불린 자 료는 국내 자료들 가운데 비중 있는 하나로 파악하는 것이 일단 온 당하다고 본다.

아울러『구삼국사』의 실체와 대응하여 거론될 다른 문제는 김부

---

277) 李康來, 1999,「『三國史記』의 靺鞨 認識-통일기 신라인의 인식을 매개로」,『白山學報』52).
278) 李丙燾 譯註, 1977, 앞 책『國譯 三國史記』, 3쪽.
279) 末松保和, 1931,「高麗文獻小錄(一)三國史記」,(『靑丘學叢』6) ; 동, 1966,「三國史記의 經籍關 係記事」,(『靑丘史草』2, 笠井出版社).

식이「進三國史記表」에 밝혀둔『고기』에 대한 논의이다. 그 경우『고기』는 중국 측의 여러 자료들에 대한 '海東'의 고유한 자료를 총칭하고 있다. 이렇듯이『삼국사기』편자가 제시한 국내 주요 전거가『고기』였다면, 이규보는 동명왕의 일대기와 관련하여 유사한 위상에 있는 자료를『구삼국사』로 지칭했던 것이다. 그러므로 편견 없이 본다면『삼국사기』이전에 있었으며『삼국사기』에 의해 극복 대상이 되었던 국내 삼국 관련 자료의 총체로서의『고기』가운데에는『구삼국사』로 지목된 자료 역시 포함된다고 해야 옳다. 물론『삼국사기』·『구삼국사』·『고기』따위의 위상은 얼마든지 다른 각도에서 음미할 수 있다. 예컨대 손진태는『구삼국사』와『삼국사기』를 언급하면서 둘 다 사대적·귀족적인 관찬의 역사라 하는 반면, 민족적 입지에서 찬성된 것이『고기』와『삼국유사』였다고 짐작하였다.[280]

이에 더하여 560개에 달하는『삼국사기』의 분주가 또한 원전의 추구에서 고려되어야 할 사항이다. 당연한 말이지만, 분주의 정보는 해당 본문의 정보와 직접 관련을 가진다. 이것은 '分註의 前提的 媒介的 性格'과 '本文과 分註와의 一體性'을 근거로 한다.[281] 또한 분주는 해당 사항에 대한 둘 이상의 정보원의 존재를 지시하는 것이다. 따라서 분주의 빈도는 편찬 당시 확보된 관련 자료의 풍부함에 비례한다고 할 수 있다. 아울러 중국의 사서를 비롯하여 각종 기록물이 살펴져야 하나, 여기서는 주로『구삼국사』와『고기』, 그리고 분주에 대한 논의를 중심으로 정리하고자 한다.

『삼국사기』를 전제한 범용적 명칭으로서의『구삼국사』대신 그 고유한 서명을 추정해 보려는 시도는 비교적 이른 시기부터 나타났다. 荻

---

280) 孫晋泰, 1981,「三國遺事의 社會史的 考察」(『孫晋泰先生全集』6, 太學社) ; 동, 1949,『學風』2-1.
281) 坂本太郞, 1978,「日本書紀の分註について」(『日本古代史の基礎的硏究』上, 東京大學出版會 復刊), 152쪽 ;『史學雜誌』64-10.

山秀雄은 고려 神成王后에 대한 김부식의 설명은 특정한 의도, 즉 李資謙을 배척하는 당대의 분위기에서 이씨와 혈연을 가지는 왕통을 받은 顯宗의 계보를 개찬할 필요와 동시에, 김부식 자신의 가계를 분식하고 고려 왕실과 특수한 관계임을 설명하려는 의도에서 비롯된 날조라고 하면서, 그 진위는 "『삼국사기』의 저본이 되었던 『海東三國史』의 출현에 의해 즉각 판정될 것"이라고 하였다.282) 여기에서 『구삼국사』와 『해동삼국사』의 대응을 보게 되는데, 『해동삼국사』는 『大覺國師文集』에 분주 형태로 인용된 자료로서,283) 이후 종종 『구삼국사』의 실명으로 거론되었다.284) 한편 末松保和 역시 『해동삼국사』 혹은 『삼국유사』 信忠掛冠조에 언급된 『前三國史』를 『구삼국사』에 대응시켜 언급하였다.285) 이렇게 되면 『구삼국사』 『해동삼국사』 『전삼국사』가 동렬에 서게 된다. 여하튼 『삼국사기』의 원전에 대한 관심 속에는 대부분 현행 『삼국사기』가 애초 편찬 단계에 의존했을 원전을 어떻게 훼절했을 것인가 하는 혐의의 시각이 얼마간 대유되어 있다.

진전좌우길은 원전의 문제를 광범하게 논의하여 이후 일본학계에 막강한 영향을 끼쳤다. 이미 말했듯이 그는 고구려본기의 사료 비판을 중국 사적에서부터 채록하지 않은 기사들의 신뢰 여하에 대한 검토를 목적으로 하였는데, 건국 설화를 비롯한 이른바 '설화'들은 대체로 『구삼국사』의 기재를 약술한 것에 불과하다고 보았다. 특히 『삼국유사』에 인용된 「東明記」를 곧 『구삼국사』의 동명왕본기로 추정함으로써 이후 『구삼국사』의 일문을 『삼국유사』에서 찾게 되는 경향을 처음 촉

---

282) 荻山秀雄, 1920, 「三國史記新羅紀結末の疑義」(『東洋學報』 10-3).
283) 『大覺國師文集』 17, 「孤大山景福寺飛來方丈禮普德聖師影」.
284) 今西龍, 1970, 『新羅史研究』(國書刊行會, 초간은 1933), 8쪽 ; 李基白, 1976, 「三國史記論」(『文學과 知性』 26), 862쪽.
285) 末松保和, 1954, 「新羅下古諸王薨年存疑」(『新羅史の諸問題』, 東洋文庫), 429쪽 ; 동, 1933, 『靑丘學叢』 14 ; 동, 1966, 앞 논문 「舊三國史と三國史記」.

발한 것으로 본다.[286] 아울러『해동고기』나『본국고기』를 포함한 각종 『고기』류는 통일 후 신라인들의 손에 의해 작성된 것이고, 이것이 토대가 되어 고려 왕조에서『구삼국사』가 편찬되었다고 하였다. 따라서 '국초'의 일을 기록했다 한『留記』나 그를 재정비한『新集』과 같은 고구려 당대 자료가 고려시대까지 전승되었을 가능성을 일축하고, 신라인들의『고기』류와 그에 기초한 고려인들의『구삼국사』가『삼국사기』 혹은『삼국유사』편찬 때까지 유통되고 있었다고 보는 것이다. 심지어 그는 이러한 입론을 위해 '국초'란 말도 고려인이 고구려 시대를 가리키는 막연한 칭호일 수 있다고 보았는데, 즉 "그것은 고구려가 옛날의 나라였다는 생각과 고려가 고구려의 계승자였다는 사상에서 자연스럽게 생겨난 것"이라고 추측했던 것이다.[287]

이후 그가 단초를 연 시각, 곧『삼국유사』등에서『구삼국사』의 일문을 확인하려는 시각은 전간공작에 의해 수용되어 검토되었고,[288] 지내굉 역시 고구려 上世의 세계를 부정하면서 이를 진전좌우길이 주목한『해동고기』찬자가 조작한 것이라고 한 바 있다.[289] 그러나 북한 학계에서는 삼국시대에 출현한『신집』『서기』『국사』등이『구삼국사』편찬 단계에 자료 토대가 되었을 것으로 보았다.[290]

신라의 개국 관련 전승을 살피는 가운데『구삼국사』의 문제를 착목한[291] 말송보화는 이가『해동삼국사』및『전삼국사』와 異名同書라는 전제에서 "국초부터 穆宗조까지의 사이(918~1010)에 찬진된 것"으로 추정하였다. 이것은 고려에 전존하던 문헌이 현종 원년(1010) 거란의 침

---

286) 津田左右吉, 1964, 앞 논문「三國史記高句麗紀の批判」(초간은 1922), 392~393쪽.
287) 津田左右吉, 윗논문, 453~454쪽.
288) 前間恭作, 1925, 앞 논문「新羅王の世次と其の名につきて」.
289) 池内宏, 1951, 앞 논문「高句麗王家の上世の世次について」(초간은 1940), 208~235쪽.
290) 고전연구실, 1958, 앞 책『삼국사기』상, 1~2쪽.
291) 末松保和, 1965,「朝鮮古代諸國の開國傳說と國姓」(『青丘史草』1, 笠井出版社), 31쪽.

입 때 소진되었음을 고려한 것이며, 이에 따라 새로운 修史의 필요가 대두했다는 금서룡의 인식에[292] 부합하는 것이다. 그는 여기에 그치지 않고『삼국사기』중찬의 목적을 정리하되 "중국 사서의 기재를 채용하여『구삼국사』의 전승을 버린 것"을 가장 주요한 요인으로 지적하여,[293] 뒷날 많은 연구자들이 함몰되는 이른바 '잃어버린 것에 대한 편애'의 발단을 제공한 셈이다. 아울러『구삼국사』는 삼국의 본기만으로서 지류·연표·열전 그리고 사론 등은 없었던 것으로 추정하고, 이에 따라『삼국사기』는 기전체를 채용한 것에 그 중찬의 새로운 의의가 있었으리라고 보았다.

신라왕들의 卒年 관계 기사를 검증한 정상수웅은『삼국사기』편자가 중국 사서 가운데 가장 중시했던『신·구당서』보다도 신라측 사료임이 분명한『고기』를 더 중시했으며, 또한 찬자가 신라왕의 졸년을 고증하는 데『고기』와 동일한 맥락에서 언급한 '本史'가 곧『삼국사기』편찬의 기본이 되는 사서였던『구삼국사』일 것으로 추정하였다.[294] 그는 또한 말송보화의 추정을 지지하여『구삼국사』의 편찬 시기를 1010년경, 즉 거란 침입 이전으로 파악하였다.[295]

그러나 정상수웅의 원전 논의는 지리지의 정보를『삼국사기』원전론의 소재로 삼아 정밀하게 전개한 성과에 집약되었다고 하겠다. 그는 지리지 말미의 '三國有名未詳地分'을『삼국사기』편자가 관계된 원전을 정리하고 그 가운데 미상지명을 적출한 것이라고 본다. 여기에서 도출된 결론에 따르면, 백제본기 원전은 2종인데 제1원전은 간결한 편

---

292) 今西龍, 1944,「王氏高麗朝に於ける修史に就いて」(『高麗史硏究』, 國書刊行會), 154쪽 : 동, 1915,『藝文』6-7.
293) 末松保和, 1966, 앞 논문「舊三國史と三國史記」, 4~7쪽.
294) 井上秀雄, 1974,「新羅朴氏王系の成立-骨品制の再檢討」(『新羅史基礎硏究』, 東出版株式會社), 344~345쪽 : 동, 1968,『朝鮮學報』47.
295) 井上秀雄, 1980,「『三國遺事』と『三國史記』-その時代的背景と構成」(『アジア公論』9-5), 204쪽.

년체 역사서로서 신화 관계 기사가 없어서 이를 보충하기 위해 신라 사서를 차용했다는 것, 제2원전은 長文의 설화적인 역사서로서 비교적 단기간의 역사를 기록한 것은 아닐까 한다는 것이다. 그러나 백제본기의 기조를 이룬 원전은 백제본기 편찬 당시 단편적인 것밖에 남지 않았으므로 고구려·신라의 사료와 중국 사료를 부가하여 현행 백제본기가 편찬되었다고 논했다. 고구려본기 원전은 3종이 있는데 제1원전은 5~6세기에 중점을 두어 편찬된 통사풍의 것이고, 제2원전은 동명·유리·대무신을 중심으로 3세기까지에 중점을 둔 전승 설화 형식의 기전체로서 연차에 대한 관념이 결여된 것이며, 제3원전은 제1·제2원전 기사에 허술한 4세기부터 5세기 전반을 중심으로 한 것이라 한다. 이 가운데 제1원전의 성격은 고구려의 영토 확대를 주장한 왕조사로서 기술이 간략하였고 『삼국사기』 편찬자에게는 중시되지 않았던 반면에 제2원전은 『구삼국사』와 같이 전승·설화 형식의 기전체로 편찬되어, 『삼국사기』 편자도 이 원전을 존중했거니와 이 원전의 주요한 사료가 『유기』와 『신집』이 아니었을까 추측하였다. 제3원전은 편년체의 국내 기사를 중심으로 간략화한 것이라 한다. 신라본기 원전은 무려 8종이 헤아려지고 있다. 그러나 신라 전체 역사를 취급한 원전은 아니고 제1·제7원전은 9~10세기의 기사이며, 제3·제4·제5·제6원전은 7세기의 기사, 제2원전은 처음 국사가 편찬되었다고 전해지는 진흥왕 이전의 장기간에 걸친 기사이고, 제8원전은 신라가 삼국을 통일해 가는 중요한 시기였던 7세기 후반까지의 것이라 한다.[296]

판원의종은 『삼국사기』의 구성 요소를 중국 정사와 비교하여 적어도 연표와 지의 형식은 『삼국사기』의 단계에서 정비된 것이라 하여, 말송보화의 『구삼국사』 체제 추정에 일부 동의하였다.[297] 나아가 그는

---

296) 井上秀雄, 1968, 「三國史記の原典をもとめて」(『朝鮮學報』 48).
297) 坂元義種, 1975, 「三國史記と中國史書-いわゆる中國正史を中心に」(『時野谷勝教授退官

백제본기의 사료 비판을 위해 중국과의 교섭 기사를 분석하면서 『구삼국사』 백제본기의 체계를 무너뜨리지 않는 것을 『삼국사기』 편찬의 기본 방침으로 했을 것이라고 보았다. 또한 『구삼국사』는 편년체였을 가능성이 높고, 『삼국사기』가 중국 사서의 관계 기사를 적극적으로 도입했다는 말송보화의 설명에 동의하지만, 전혀 새로운 체계를 만든 것이 아니라 기존의 체계에 충실했다고 보아 찬자의 금욕적·양심적 태도는 신뢰할 만하다고 하였다.[298] 결국 그는 『삼국사기』가 중국 사서를 어떻게 취급했는가, 즉 어떤 원칙으로 중국 측 자료의 취사선택을 가했는가의 문제를 겨냥한 것인데, 『삼국사기』 편찬자는 백제본기를 편찬하는 데 선택한 중국 자료는 내용이 가장 풍부한 것이었으며 될 수 있는 한 확보하고 있던 국내 자료를 존중하는 자세를 지녔다고 본 것이다.

판원의종은 다시 『삼국사기』의 분주에 대한 최초의 정밀한 분석을 시도하였다. 그는 『삼국사기』의 분주가 편찬 당시의 原注 즉 本注인가 후인에 의한 後注인가 하는 문제 의식에서 출발하면서, 『일본서기』와 『고사기』에 대한 연구 방법의 유효성을 토대로 하고자 했으며, 『삼국유사』와 중국 사서의 인용 사례를 자료로 삼았다. 그에 의하면 현행본 『삼국사기』는 적어도 『삼국유사』 편찬 당시의 모습에 충실한 것이며, 『삼국유사』에서 이르는 바의 『삼국사기』·「국사」·「삼국사」 및 각 국의 「本記(紀)」·「삼국사열전」·「지리지」 등의 표제로 인용한 내용은 거의 전적으로 『삼국사기』를 지칭하는 것들이라고 한다.[299] 아울러 분주 가운데 소수의 후주를 추정했거니와, 예컨대 고구려본기 閔中王 4

記念 日本史論集』, 清文堂).
298) 坂元義種, 1978, 「『三國史記』百濟本紀の史料批判-中國王朝との交渉記事を中心に」(『百濟史の研究』, 塙書房), 83쪽 : 동, 1975, 『韓』 4-2.
299) 坂元義種, 1978, 「『三國史記』分注の檢討-『三國遺事』と中國史書を中心として」(『古代東アジア史論集』上, 吉川弘文館), 257~268쪽.

년조는 『후한서』의 문장을 약간 변개하여 본문을 구성한 것으로 보이는데, 그 본문과 『후한서』 사이의 미세한 차이를 지적한 분주는 본문과 『후한서』와의 상위를 깨달은 사람이 작성한 것이므로 본문과 분주의 집필자는 달랐던 것이라고 논증한 것이다.[300]

그러나 전중준명은 판원의종의 주장에 동의하지 않았다. 그는 우선 『삼국사기』 지리지에 있는 삼국유명미상지분과 『本國古記』가 전하고 있는 고구려의 관직명이 고구려본기의 동일 기사에 보이는 예를 통하여 양측의 저본 자료는 동일했을 것으로 추측하였다.[301] 이것은 고구려에 관계된 유명미상지명들에는 적어도 세 개의 원전 자료가 있었다고 하는 정상수웅의 견해에 기초한 것이다. 즉 정상수웅은 시조 동명왕과 유리왕·대무신왕을 중심으로 3세기까지에 중점을 둔 원전이 있었고, 그것은 『구삼국사』 동명왕본기와 동일한 것이되, 두 자료의 지명이 완전 일치하는 것은 아니므로, 이 원전을 『구삼국사』로 단정하기는 어렵다고 한 바 있다.[302] 이러한 토대에서 전중준명은 자료 간 공통 지명에 근거하여 『본국고기』와 『구삼국사』를 이명동서로 추정했던 것이다. 한편 민중왕 4년조와 관련하여 유의할 것은 『구삼국사』에는 이미 『후한서』가 인용되어 있었으므로 이에 더한 분주는 『삼국사기』 편찬 단계의 작문이 된다는 것이다. 아울러 그는 『구삼국사』는 본기와 열전을 모두 갖추었던 상당히 완성된 역사서였다고 보고, 『삼국유사』에서 『구삼국사』의 일문을 추구하였다.

그의 입론은 뒤에 강인숙과 홍윤식에 의해 거듭 확대 강조된 바 있다. 이들은 주로 기이편의 第二南解王조와 後百濟 甄萱조, 그리고 의해편의 圓光西學조 등에 인용된 『삼국사』를 지목하여 『삼국유사』에서

---

300) 坂元義種, 윗논문, 278~280쪽.
301) 田中俊明, 1977, 「『三國史記』撰進と『舊三國史』」(『朝鮮學報』 83), 8~11쪽.
302) 井上秀雄, 1968, 앞 논문 「三國史記の原典をもとめて」, 88~90쪽.

『구삼국사』를 인용한 증거로 제시하였다.303) 또한 이들은 서로 방불한 논증 방법을 동원하여 기이편의 樂浪國조, 흥법편의 原宗興法 猒髑滅身조와 寶藏奉老 普德移庵조, 탑상편의 前後所將舍利조와 彌勒仙花 未尸郞 眞慈師조와 臺山五萬眞身조에 인용된 『국사』를 『구삼국사』로 파악하였다. 이처럼 광범하게 『국사』 혹은 『삼국사』를 『삼국사기』가 아닌 『구삼국사』로 이해할 때, 『삼국유사』의 '本紀(記)'·'史論'·'志'·'列傳' 따위 역시 『삼국사기』가 아닌 『구삼국사』의 인용 대목으로 간주되게 마련이다.

한편 『구삼국사』와 『전삼국사』 그리고 『해동삼국사』를 동렬에서 보았던 말송보화의 견해를 토대로 가장 적극적인 추론을 제기한 이는 김석형이었다. 그는 원래 책이름에 '구'나 '전' 따위가 붙었을 리 없으므로 『전삼국사』나 『구삼국사』는 김부식의 『삼국사기』와 구별하기 위한 것일 뿐 본래의 이름은 『삼국사』였을 것이라고 주장하였다.304) 다시 말해 "『해동삼국사』의 '해동'은 고대 중국의 『삼국지』 같은 것과 구별하기 위하여 조선의 『삼국사』라는 뜻에서 임시적 표현으로 붙여진 이름"이라는 것이다. 또한 이의 편찬 시기는 大覺國師(1055~1101)의 景福寺 방문(1091) 이전 시기로 잡는 것이 안전하겠다고 하면서, 「진삼국사기표」에 언급된 『고기』 가운데에는 『구삼국사』도 포함되어 있었을 것으로 보았다. 나아가 전중준명이 『삼국유사』에서 주목한 대부분의 적소들을 『구삼국사』를 인용한 흔적으로 제시하는 동시에, 특히 『삼국사기』에도 『구삼국사』를 인용한 증거가 있는바 신라 眞聖王 즉위년조 분주에 있는 '本紀'와 김유신전에 있는 김춘추의 고구려 청병 외교 기록 분주에 있는 '本記'가 그것이라고 하였다. 짐작컨대 판원의종의 분

---

303) 강인숙, 1985, 「구『삼국사』의 본기와 지」(『력사과학』 4) ; 洪潤植, 1987, 「三國遺事에 있어 舊三國史의 諸問題」(『韓國思想史學』 1).
304) 김석형, 1981, 「구『삼국사』와 『삼국사기』」(『력사과학』 4), 55~56쪽.

주론에서 착안한 듯하나, 이 두 적소를 지시하여『삼국사기』가『구삼국사』에 전적으로 의존했으면서도 그 사실을 은폐한 증거라는 주장은『삼국사기』에 대한 북한 학계의 이해가 종전과는 크게 달라졌음을 의미한다. 옥명심의 논의는 이 문제에 대한 북한 학계의 변화된 시각을 다시 한번 종합·확인하고 있는 셈이다.305)

전중준명이『본국고기』와『구삼국사』를 同書異名이라고 이해한 맥락은 김영경에 의해 수용·변형되었다. 이 문제와 관련하여 전중준명은 뒤에『삼국사기』인용서 가운데『자치통감』의 중요성을 검증한 다른 논고에서 "『본국고기』가『구삼국사』그 자체였다는 것은 아니고 그 일부"라고 제한 추정했는데,306) 김영경은『삼국사기』와『삼국유사』에 보이는『고기』는『해동고기』를 가리킨다고 보되, 그것은 내용상 9세기 말까지 포괄하고 있으므로 고려 초, 즉 10세기 중·말경에 이루어진 기전체 사서라고 하였다.307) 또 구체적으로는 成宗 9년(990) 西京에 修書院을 두어 史籍을 抄書토록 한 조치에 주목하였다.308) 그러므로 결국『해동고기』와『구삼국사』를 일치시키는 견해에 다름 아니며, 전중준명의『본국고기』에 대한 시각과 공명한다고 하겠다. 물론 김영경은『고기』곧『해동고기』를『구삼국사』·『삼국사기』·『삼국유사』등과 맞먹는 자리를 차지한다고 하였으므로『고기』와『구삼국사』를 등치시킨 것은 아닌 것처럼 보이지만, 그러나 동시에 그가 말하는『고기』는 고대로부터 발해와 후기신라까지를 포괄하는 기전체 사서라고 했으므로 김석형이 이르는 바『구삼국사』가 포함했을 내용과 그 편찬 시기가 일

---

305) 옥명심, 1993, 앞 논문「『삼국사기』와 구『삼국사』의 관계에 대하여」, 51쪽.
306) 田中俊明, 1982, 앞 논문「『三國史記』中國史書引用記事の再檢討」, 76쪽.
307) 김영경, 1984,「『삼국사기』와『삼국유사』에 보이는『고기』에 대하여」(『력사과학』2), 28~31쪽.
308)『高麗史』, 世家3 成宗 9년 是歲 : "… 國家草創之時 羅代喪亡之餘 鳥跡玄文 燼乎原燎 龍圖瑞牒 委於泥途 累朝以來 續寫亡篇 連書闕典… 宜令所司 於西京開置修書院 令諸生抄書史籍而藏之".

치하는 데서, 서술상 일부 혼선이 빚어진 것으로 보인다.309)

사실 김영경이 강조한 『해동고기』는 이미 가디너에 의해 실제 『구삼국사』와 동일한 실체로 파악된 적이 있었다.310) 신호열 또한 "『고기』는 고려 초기에 엮어진 『구삼국사기』나 또는 『삼한고기』· 『해동고기』· 『신라고기』 등을 가리키는 것"이라고 추정하였다.311) 그러나 『삼국사기』는 "그전부터 있어 온 『구삼국사』의 개찬이며, 나아가 『구삼국사』 역시 종래의 기록을 토대로 하여 편찬된 것"이라고 말한 이기동의 의도에서 간취되는 것처럼,312) 『고기』류는 정작 『구삼국사』 이전의 원전 문제로 환원될 소지가 항존한다. 송방송이 신라의 역사를 담은 독립 사서로서의 『신라고기』를 추정하는 것도 동일한 이해 방식이라고 하겠다.313) 역시 「동명왕편」의 내용을 『삼국사기』와 축자 비교한 탁봉심의 경우 "여러 문헌들에 실리기 이전에 이미 『구삼국사』 동명왕 본기의 모태가 되었던 처음의 원화가 있었을 것"이며, 따라서 "「동명왕편」은 이규보 개인의 창작이 아니라 민간 전승으로 내려 온 설화에다 『구삼국사』 동명왕본기를 토대로 한 것"이라고 하여, 『구삼국사』 이전의 전승 자료를 염두에 두고 있다.314)

『고기』와 『구삼국사』를 보다 구체적으로 분별 이해한 것은 김정배였다. 그는 『삼국유사』 고조선조의 『고기』를 豊山 洪萬宗이 輯하고 越松 純陽子가 補한 『海東異蹟』의 기록에 근거하여 『삼한고기』로 파악하

---

309) 李康來, 1991, 「『古記』와 『舊三國史』論」(『북한의 우리 고대사 인식(Ⅰ)』, 대륙연구소 출판부), 335~337쪽.
310) K.H.J. Gardiner, 1970, "The Samguk-sagi and Its Sources"(Papers on Far Eastern History Vol 2), p.13 ; K.H.J. Gardiner, 1988 "Tradition Betrayed? Kim Pu-sik and the Founding of Koguryo"(Papers on Far Eastern History Vol 37), p.161.
311) 辛鎬烈, 1978, 「譯解」(『三國史記』Ⅰ, 東西文化社), 6쪽.
312) 李基東, 1979, 「古代國家의 歷史認識」(『韓國史論』 6), 2쪽.
313) 宋芳松, 1981, 앞 논문 「三國史記 樂志의 音樂學的 硏究」, 130쪽.
314) 卓奉心, 1984, 「『東明王篇』에 나타난 李奎報의 歷史意識」(『韓國史硏究』 44), 86쪽.

는 한편, 『帝王韻紀』에 인용된 「본기」나 「단군본기」는 비슷한 단군 관계 기사를 싣고 있지만 『고기』와는 다른 전거 즉 기전체의 『구삼국사』 등에서 인용했을 가능성이 높다고 결론하였다.315) 여하튼 대부분의 연구자들은 『고기』를 중국 사서에 대응하는 국내 원전으로 보는 데 견해의 일치를 보이고 있으며, 실제 비판적 고증의 결과 역시 중국 사서의 기록보다 더 신빙성이 있는 자료로 평가되었다.316)

오랜 동안 『삼국사기』의 원전 문제에 지속적인 관심을 견지해 온 정구복의 경우 초기 연구에서는 『해동삼국사』와 『구삼국사』를 동일시할 수 있을지 주저하면서, 어쨌든 『삼국사기』의 기본 자료가 되었을 이들을 김부식은 『고기』로 일컬었다고 하였다.317) 그 후 이른바 『구삼국사』의 본래 서명은 『삼국사』였을 것이라고 하여 김석형의 추정에 근접하면서, 이 『삼국사』의 성격을 추정함으로써 『삼국사기』와의 차별적 이해를 기했다. 예컨대 기전체의 『삼국사』에서는 고구려를 고려의 계승 왕조로 중시하여 신라보다 앞에 썼을 가능성이 있겠다는 것이다. 반면에 고구려는 장수왕 20년 전후에 국호를 고려로 개칭한 듯한데, 『삼국사기』가 관련 기사를 삭제한 것은 고려가 고구려를 계승한 왕조라는 것을 가능한 한 약화시키려는 의도에서였다고 생각하였다.318) 이러한 이해는 다시 발전하여 김부식이 연표 서두에서 고구려의 건국 기년에 대해 賈言忠의 900년설을 굳이 언급하여 비판한 것은 『삼국사』가 이를 근거로 고구려본기를 삼국 가운데 맨 앞에 기술했을 것이기 때문이라고 주장하기에 이르렀다.319)

---

315) 金貞培, 1987, 「檀君記事를 둘러싼 「古記」의 性格」(『韓國上古史의 諸問題』, 韓國精神文化研究院), 172쪽.
316) 盧泰敦, 1987, 앞 논문 「『三國史記』 上代記事의 信憑性 문제」, 92쪽.
317) 鄭求福, 1986, 앞 논문 「解題」, 3쪽.
318) 鄭求福, 1985, 「高麗時代 史學史 硏究-史論을 中心으로」(서강대학교 박사학위논문), 110~118쪽.
319) 鄭求福, 1991, 앞 논문 「金富軾」, 133쪽.

가언충의 이른바 「高句麗秘記」의 문제는 일찍이 이홍직에 의해 검토된 바가 있다. 그는 『삼국유사』에서 연개소문 관련 전승을 인용한 『고려고기』를 고구려에 관한 『고기』로 파악하고,[320] 『삼국사기』 열전의 고구려인 전기들 가운데는 이 『고려고기』가 토대가 되었을 것이라고 한 데 이어,[321] 「고구려비기」의 견해를 포함하여 고구려 멸망을 예언한 700·800·900년 따위의 참설류에 대해서는 고구려 말기 도참사상의 유행 혹은 중대의 신라에서 꾸며졌을 가능성 등을 두루 검토하면서 신뢰를 주지 않았던 것이다.[322] 강경구도 「高慈墓誌」의 708년설에 의해 『삼국사기』의 705년이라는 고구려 기년의 정확성이 입증된 반면 「고구려비기」 등의 견해는 근거가 없음을 지적한 바 있다. 아울러 그는 이홍직과 마찬가지로 『고려고기』는 신라인들의 손에 의해 정리된 것으로 보고, 고구려본기의 저본이 되었을 『해동고기』는 이보다 훨씬 이른 시기에 작성되어 사실의 왜곡이 없었다고 하였다. 특히 그는 嬰陽王代의 『신집』이 『구삼국사』의 원사료로 채택되었을 것이라고 주장하였다.[323]

『고기』가 원전 추구의 관점에서 정면으로 부상한 것은 「진삼국사기표」에 이미 기존의 국내 주요 자료 명칭으로 언급된 데서 볼 때 정당한 귀결이라고 보아야 한다. 이강래는 『삼국사기』에 24회 인용된 『고기』·『해동고기』·『삼한고기』·『신라고기』·『본국고기』 등을 종합 분석하여, 『고기』가 어느 특정 자료의 고유 서명일 수 없음은 물론, 구체적인 자료명을 가진 자료들도 포함하는 것으로서 내용적으로는 삼국에 관한 미흡한 사서이면서 중국에 대한 고려 국내의 고유 자료군에 대한 총

---

320) 李弘稙, 1971, 앞 논문 「淵蓋蘇文에 대한 若干의 存疑」(초간은 1956), 296쪽.
321) 李弘稙, 1971, 앞 논문 「三國史記 高句麗人傳의 檢討」(초간은 1959), 259쪽.
322) 李弘稙, 1971, 「高句麗秘記考-附 三國末期의 讖緯的 記事의 考察」, 『韓國古代史의 硏究』, 新丘文化社), 268~272쪽 ; 동, 1962, 『歷史學報』 17·18.
323) 강경구, 1991, 「三國史記 高句麗本紀의 成立」(『古代의 三朝鮮과 樂浪』, 기린원), 37~43쪽.

칭의 위상을 지녔음을 밝히고, 잡지 등이 구유된 체제의 삼국시대사는『삼국사기』에서 비롯된 것으로 판단하였다.[324] 또한 신라본기의 분주 100항을 재료로 하여 삼국 관련 고유 전승의 수량적 빈도를 점검한 위에서『삼국사기』의 각 편목별로 서술자가 달랐던 사실과, 그들은 대체로 중국 측 자료보다는 우리 고유의 전거에 편향된 신뢰를 보이고 있다는 점, 나아가 단일한 특정서가 편찬의 기초가 되었다고 보기 어렵다는 점을 확인하였다.[325]

특히 그는『삼국사기』의 원전 및 성격 논의에서『구삼국사』에 대한 대립각이 강요되고 있는 연구 풍토에 반대하여 전중준명·김석형·강인숙·홍윤식 등이『삼국유사』에서『구삼국사』의 일문으로 지목한 적소들을 일일이 재론하였다. 그에 의하면『삼국유사』에 보이는『국사』와『삼국사』는 물론 기전체 사서의 편목으로 보이는 내용을 인용한 경우『삼국사기』가 아닌 다른 것으로 볼 적극적 증거가 없으며, 아울러『삼국사기』역시『구삼국사』를 포함한 기존의 자료를 수용했다고 보는 것은 온당한 이해이지만 중국 사서나 혹은『고기』등의 표제가 없이 서술된 모든 내용, 심지어 사론까지를 전적으로『구삼국사』에서 인용했다고 하는 견해는 옳지 않다는 것이다.[326] 또한『삼국유사』에 적시된 14항의『고기』에 대한 용례 검토를 통해서도『삼국사기』에 인용된『고기』와의 일체성을 발견하고, 이『고기』는 물론『삼국사기』와는 다른 것이며『구삼국사』를 가리키는 것도 아니라고 하였다. 요컨대『구삼국사』는『고기』로 총칭되는 다양한 국내 자료 가운데 비중 있는 하나였을 뿐이라는 시각을 강화한 것이었다.[327] 그는 다시『구삼

---

324) 李康來, 1989,「『三國史記』와『古記』」(『龍鳳論叢』17·18).
325) 李康來, 1989,「『三國史記』分註의 性格-新羅本紀를 중심으로」(『全南史學』3).
326) 李康來, 1990,「『三國遺事』에 있어서의『舊三國史』論에 대한 批判的 檢討」(『東方學志』66).
327) 李康來, 1992,「『三國遺事』引用『古記』의 性格」(『季刊書誌學報』7).

국사』에 대한 총괄 논의를 시도하여 이른바『구삼국사』의 정황적 실재
가『삼국사기』에 대한 균형된 이해를 방해하는 장치가 되어서는 안
된다고 하면서, 구체적으로『대각국사문집』의『해동삼국사』와『삼국
유사』에 언급된『전삼국사』를 이규보가 지적한『구삼국사』와 일치시킬
수 없음을 논증하였다.[328]

　심진행덕도『삼국사기』편찬 단계에 이미 중국 사료를 인용했을 가
능성이 있는『고기』가 존재했으며, 이『고기』가운데『삼국사기』의 편
찬에 가장 중요하게 취급된 것이『구삼국사』일 것이라고 하였다.[329]
그는 이어서『삼국사기』의 연월 표기 방식을 점검하면서 다시『고기』
로 불린 자료군에는『구삼국사』의 일문이 포함되어 있다는 것을 확인
하고, 적어도 연표가 포함된 현행『삼국사기』의 체제는『삼국사기』편
찬 단계에서 처음 작성된 것이라는 점을 밝혔다.[330] 그러나 지리지 정
보를 토대로 원전을 추적한 정상수웅의 성과를 더욱 세밀하게 비판·
계승한 고관민은 백제본기의 원전은『삼한고기』곧『구삼국사』이고,
신라본기의 원전은 진흥왕대의『국사』와『구삼국사』및 후기신라의 실
록류였으며, 고구려본기의 원전은『신집』곧『해동고기』와『구삼국사』
라고 하였다. 즉 전중준명이『본국고기』가 곧『구삼국사』라 한 데 동의
하지 않으면서, 더 세분된 대안을 제시한 셈이다.[331]

　그 후『삼국사기』의 사료적 전거에 대한 이강래의 일련의 논의와
는 별도로 학계의 관련 역량을 집결한 종합적 연구가 시도되었다.[332]

---

328) 李康來, 1992,「『舊三國史』論에 대한 諸問題 - 특히『三國史記』와 관련하여」,『韓國古代史研究』5).
329) 深津行德, 1991, 앞 논문「『三國史記』「新羅本紀」에 보이는 中國史書의 引用에 관한 小論」, 73쪽.
330) 深津行德, 1991, 앞 논문「『三國史記』編纂作業の一齣」, 86쪽.
331) 高寬敏, 1991,「『三國史記』の國內原典について」(『朝鮮學報』139) ; 동, 1993,「『三國史記』高句麗本紀の國內原典」(『朝鮮學報』146).
332) 鄭求福·文明大·申東河·盧重國·南豊鉉·金泰植·權悳永·金英云·金知見·金都鍊, 1995,『三

여기에는 모두 10명의 연구자가 참여하여 『삼국사기』의 세부를 분담·고찰했는데, 자료의 논점에 주안하여 대강의 주장들을 소개하면 다음과 같다. 우선 정구복은「三國史記의 原典 檢討」에서『고기』는 고려초에 편찬된『삼국사』즉 이규보의 이른바『구삼국사』이며, 그것은『삼국유사』에도『삼국사』라는 이름으로 인용되었다고 보았다. 또한 그는『구삼국사』에는 현행『삼국사기』의 일부 열전까지도 이미 있었다고 생각하였고, 김부식은 고구려의 국호 개정 사실을 은폐하거나『구삼국사』의 본기 순서를 바꾸어 신라본기를 앞에 두는 등 신라 중심적으로 변개했다는 기왕의 주장을 다시 거론하였다.

신동하는「三國史記 高句麗本紀의 引用資料에 관한 一考」에서『본국고기』혹은『해동고기』를『구삼국사』의 실체로 지목하는 데 반대하였고,『해동고기』를『신집』으로 본 고관민의 견해에 대해서도 설득력 있게 부정하였다. 또한「동명왕편」의 작성에는『삼국사기』도 참조되었을 것이며,『삼국사기』동명왕조 역시『위서』와『구삼국사』외에 다른 자료가 동원되었을 것으로 보았다.

남풍현은「國語史 史料로서의 三國史記에 대한 檢討」에서 "어원을 알 수 있는 신라어의 대부분은 중세국어에 맥락이 이어진다. 그러나 고구려의 어형은 중세국어와의 공통성을 찾을 수 없다" 하고, '一作'·'一云'·'或作'·'或云' 등으로 제시된 분주 내용을 검토하여, 고유명사의 경우 문자상의 와전이나 같은 어형에 대한 異表記를 보여주는 것으로 판단하였다.

권덕영은「『三國史記』新羅本紀 遣唐使 記事의 몇 가지 問題」에서 신라본기의 사료적 성격을 살펴보는 방법으로 140건에 달하는 견당사 기사를 주목했는데, 견당사 일행의 소요 일정을 산정하여 '견당'과 '입

國史記의 原典 檢討』(韓國精神文化研究院).

당'을 동일시한 93건의 기사는 "나당간의 여정을 감안하여 모두 3개월 정도 앞으로 이치시켜야만 정확한 서술이 되리라"는 점을 지적했다.

김지견은 「三國史記의 高僧資料 檢討」에서 크게 두 가지 문제를 언급하였다. 우선 義相의 법휘와 관련한 논의에서는 "『삼국사기』가 비록 麗朝에 들어와 편찬된 것이라 하더라도『삼국사기』의 전신이라고 할『구삼국사』나 그것이 의거했을 羅代의 史草, 기타의 사료가 역시 '相' 자로 표기되었다고 할 것"이라 하여, 『삼국사기』 찬자의 기록 존중과 그들이 자의적으로 윤색 개서하지 않았던 점을 주목했으며, 元曉의 가계와 관련한 논의에서는 "신라의 금석문인 誓幢和尙(元曉碑) 비편과 일본의『續日本紀』등의 기사 내용이 일치함을 확인할 수 있다는 것은 『삼국사기』의 사서로서의 권위를 높여 주는 일"이라고 하였다.

문명대는 「三國史記 美術史 史料의 檢討」에서 김부식의 기술 태도를 살펴 그의 불교관과 불교미술관이 상당히 긍정적이었다는 것을 지적하면서 "『삼국사기』는 직접적이든 간접적이든 삼국 내지 통일신라 미술사 연구에 기본적 사료이며 더구나 고려의 문인 사대부들의 미술관까지도 이해할 수 있는 귀중한 저서"라고 결론하였다.

노중국은 「『三國史記』의 百濟 地理關係 記事 檢討」에서 "백제본기의 편찬자와 지리지의 편찬자가 달랐고, 또 이들이 참고한 자료도 달랐"을 것으로 추측하였다. 특히 지리4에 인용된 『古典記』는 『삼국유사』 찬자도 南扶餘 前百濟조에서 이를 직접 인용했는데, 그 인용 내용을 근거로 하여 백제본기의 저본 자료와 『고전기』는 동일한 것이 아니라고 주장하였다.

김태식은 「『三國史記』 地理志 新羅條의 史料的 檢討」에서 "신라지의 '今'의 시기는 인종 14년(1136)부터 同 21년(1143)까지, 좀더 무리하면 同 16년(1138)까지의 시기라고 제한할 수 있다"고 했으며, "신라지의 원전이 고려 초기에 한 차례 정비된 적이 있었는가의 여부를 염두에 두고 있었으나 그런 증거는 찾을 수가 없었고, 오히려 거의 모든 정황은 고려 인종대 당시에 신라지 원전을 포함한 몇몇 사료들을 토대로 '편찬'되었다는 것만을 확인할 수 있었다. 적어도 지리지의 문제에서는 『구삼국사』의 존재를 상정할 수 없지 않을까"라고 피력하였다. 뒤에 그는 다시 지리지를 전론하여 「고구려지」와 「백제지」에 나오는 고지명의 대부분은 신문왕대에 새로이 정리한 것들임을 검증하였다.[333]

김영운은 「三國史記 음악 기사의 재검토」에서 "『삼국사기』의 제사·음악 관련 志의 편집 체제가 『신당서』와 가장 유사"하다 하고, "『삼국사기』는 그 편찬 과정에서 속설이나 전승보다는 문헌적 근거를 중시하여 편찬되었음을 알 수 있다"는 것, 그리고 "『삼국사기』의 편찬자들이 무비판적으로 중국 측 문헌을 인용하지는 않았음을" 지적하여 송방송의 견해에 부합하였다.

끝으로 김도련은 「三國史記의 文藝的 성과와 史料的 가치」에서 『구삼국사』와 『삼국사기』의 관계에 대해서 "『구삼국사』의 소멸은 김부식이 『구삼국사』와 체제가 유사한 『삼국사기』를 쓴 데 있다고 본다. 『삼국사기』의 문장이 워낙 유창하고 내용도 소상곡진하고 보니 『구삼국사』는 더 이상 존재할 가치가 없어진 것이다. 『구삼국사』의 소멸은 결국 修辭의 蕪雜에 기인한 것이지 결코 天災도 人災도 아닌 것이다"라고 논단하였다. 나아가 "『구삼국사』의 존재를 인정하는 것이 김부식이 『삼국사기』를 찬술한 공을 폄하하는 결과로 이어질 수는 없다"고 결론하였다.

비슷한 시기에 고관민도 삼국의 본기별 원전의 문제를 세분하여 살폈는데, 실로 정상수웅과 그에 기반한 전중준명의 성과를 일면 계승하고 일면 비판하면서 과감한 추론을 제시하였다. 우선 백제본기의 국내 원전으로는 『구삼국사』가 기본이었고 『삼국유사』 후백제 견훤조에

---

333) 金泰植, 1997, 「『三國史記』 地理志 高句麗條의 史料的 檢討」(『歷史學報』 154).

인용되어 있는 『삼국사』가 바로 『구삼국사』의 일문이라고 생각하는 한편, 무령왕 즉위년조 및 2년조에 개재된 착종을 근거로 또 다른 보조 원전을 추지할 수 있는바, 이것이 바로 『고기』라고 하였다.334) 그러나 그는 뒤에 지리지의 『고전기』를 『구삼국사』로 추정했던 생각을 수정하여 『삼국사기』 편자가 『구삼국사』와 『고기』를 이용하여 백제의 건국과 천도 기사를 정리한 일종의 초고본이었다고 판단했는데, 이렇게 하여 노중국과 마찬가지로 『삼국유사』 남부여 전백제조에 인용된 『고전기』 역시 일연이 『삼국사기』에서 재인용한 것이 아니라 『고전기』 자체를 직접 보았던 것이라고 하였다.335)

신라본기의 국내 원전과 관련하여 그는, 첫째 기본 원전에서 지명을 적기하는 것은 법흥왕대에서 일단 종료된다, 둘째 진흥왕대부터 문무왕대까지는 두 가지 원전에서 지명을 원전별로 기록했는데, 후반의 원전은 『구삼국사』이고 전반의 원전은 국가의 실록적 사료라고 추측된다, 셋째 『구삼국사』는 시조왕 본기부터 문무왕 본기까지 일관되게 보조 원전의 위치에 머물렀다고 판단한다. 따라서 법흥왕본기까지의 신라본기 기본 원전은 일단 진흥왕 6년(545)에 편찬된 『국사』와 관계가 있겠지만, 이 『국사』는 7세기에 실록풍으로 간략하게 개정되었을 것인바, 고구려에서 광개토왕 때 편찬된 『유기』를 간략하게 하여 영양왕 때 『신집』을 편찬한 사정과도 통한다고 보았다. 아울러 부분적으로 이용된 신라의 소국 통합 과정을 기록한 보조 원전의 존재를 논증하였다. 그런데 고관민은 개정된 『국사』에는 고구려의 영역 지배와 관련하여 왜곡이 저질러졌다고 하면서, 신라본기의 왜국 관련 기사를 여기에 연계하여 설명하였다. 즉 『국사』는 399년 왜군의 침입과 400년 고구려의 구원 사건을 전혀 기록하지 않고, 그 뒤에도 대 고구려 종

---

334) 高寬敏, 1993, 「『三國史記』百濟本紀の國內原典」(『大阪經濟法科大學アジア研究所年報』 5).
335) 高寬敏, 1996, 「百濟本紀の國內原典」(『『三國史記』の原典的研究』, 雄山閣), 31~32쪽.

속관계를 완전히 무시했으며, 고구려의 영남 북부 점령에 관해서는 일부의 기사를 조작하면서 그것을 부정했는데, 그와는 대조적으로 신라본기에 왜의 침입 관계 기사가 많은 것은 그렇게 함으로써 고구려에의 종속 관계를 은폐하려 했다고 생각된다는 것이다.[336]

고관민은 고구려본기의 경우 '미상지분'의 배열 및 관련 기사의 취사 문제와 함께 고구려왕의 諡·諱·葬地 등에 나타난 계열성과 분주를 보조 원전의 존재와 연계하여 심도있게 분석하였다. 예컨대 고국양왕까지는 기본적으로 장지가 명기되어 있으며, 광개토왕 이후는 그것이 하나도 없다는 것은 고국양왕까지의 역대왕 장지가 광개토왕대에 정리·기록되었다는 것을 의미한다는 것이다. 그러나 광개토왕대에 기록된 고국양왕까지의 본문 시호는 평양 천도 이후의 현실을 반영하고 있으므로, 분주의 시호가 광개토왕대의 표현일 것으로 보게 된다. 즉 시호와 휘는 본문과 분주가 각각 하나의 계통 사료에 있었는데, 분주 계열은 광개토왕대에 완성된 체계적인 기록이고, 본문 계열은 분주 계열을 참고하여 평양 천도 후에 그것을 중국식 표현으로 고친 체계적인 기록이었다는 것이다. 고관민은 본문 계열 사서를 기본 원전으로서의 『新書』라 하고 그에 대응하는 분주 계열 사서를 보조 원전으로서의 『古書』라 하여 구분하였다. 나아가 『해동고기』는 곧 『고서』를 개정하여 간략히 한 『신서』이므로 『유기』를 간략하게 하여 편찬된 『신집』에 대응하는 것인데, 직관지에서는 이를 『본국고기』로 언급했다는 것이다. 따라서 광개토왕 이후의 고구려본기 국내 기사의 원전은 『신집』이 아니라 일부 『유기』를 계승한 『구삼국사』 고구려본기였다고 한다.[337] 즉 『구삼국사』 편찬 당시에는 광개토왕대 이후의 고구려 사료

---

336) 高寬敏, 1996, 「新羅本紀の國內原典」(『『三國史記』の原典的硏究』, 雄山閣) ; 동, 1991, 「『三國史記』新羅本紀の倭關係記事」(上田正昭 編) 『古代の日本と東アジア』(小學館, 1991) ; 동, 1994, 「『三國史記』新羅本紀の國內原典」(『古代文化』 46-9·10).

는 전혀 없었다는 것이다. 덧붙여 그는 이른바 『金庾信行錄』 또한 신라 본기와 그밖에 열전의 주요 원전 가운데 하나로 언급하였다.338)

고관민은 특히 신동하의 반론에 대해 상세히 반응하였다. 즉 신동하에 의하면 직관지 하에 인용된 『본국고기』에 보이는 관명들이 미천왕 이전에 한정하여 나온다는 점에서 『본국고기』는 영양왕대에 편찬된 『신집』이 아니라 고려 전기에 편찬된 사서라고 했으므로, 그의 생각으로는 『본국고기』는 미천왕대까지를 서술한 사서라는 것이 되는데, 그렇다면 고려 전기에 왜 미천왕대까지의 사서를 편찬했는지, 또 어떻게 그것이 가능한 것인지가 문제가 된다는 것이다. 그리고 무엇보다도 중요한 것은 王諱의 기본 원전이 영양왕 이하는 그 이전과 다르다고 하는 것인데, 이러한 문제들에 대해서 신동하는 침묵하고 있다고 항의하였다. 그는 이에 덧붙여 설명하기를 『본국고기』 인용 관명이 미천왕본기 이전에 한하여 나오는 이유는 광개토왕 이후의 고구려 사료가 전혀 없었을 뿐 아니라 『삼국사기』 편자가 요동지방에 관한 많은 『신집』 기사를 채용하지 않았던 데 있다고 하였다. 그리고 소수림왕 3년(373)의 율령 반포를 전후하여 옛 관제가 혁신되고 그 결과 『본국고기』에 보이는 左輔·右輔·國相 등이 폐지되었던 때문이라고 했다. 요컨대 『본국고기』 인용 관명이 미천왕본기 이전에 한하여 보인다고 하는 것은 그 기본 원전이 미천왕대까지로 끝나는 사서라는 의미는 결코 아니라는 것이다. 또 신동하는 장지명이 고국양왕까지 일관되게 기록되어 있고 광개토왕 이후에는 일체 없다는 점을 가지고, 돌연 고려 전기에 편찬된 사서를 언급하고 있으나, 장지명 기록의 유

---

337) 高寬敏, 1996, 「高句麗本紀の國內原典」(『三國史記』の原典的硏究』, 雄山閣) ; 동, 1993, 「『三國史記』高句麗本紀の國內原典」(『朝鮮學報』 146).
338) 高寬敏, 1996, 「『三國史記』の一原典としての『金庾信行錄』」(『三國史記』の原典的硏究』, 雄山閣).

무에 의하면 광개토왕대에 사서가 편찬되었다는 것은 의심의 여지가 없고 그것은 『유기』였으며, 이 『유기』가 간략화되면서도 전해졌던 때문에 고국양왕대까지의 기사가 비교적 풍부했던 것이라고 대답하였다. 아울러 신동하는 광개토왕대가 '국초'는 아니기 때문에 그것은 『유기』가 될 수 없다고 하나, '국초'를 글자 뜻대로 건국 초기의 의미로 해석한다면, 그러한 때에 『유기』 100권이 편찬되었다고 하는 매우 부자연스러운 견해가 되고 만다고 반론하였다.[339]

고관민의 반박에 대한 정확한 대답은 아니지만, 신동하는 최근 고구려본기의 분주를 다시 검토하면서 중천왕 12년 魏의 장수 尉遲楷에 대하여 "名犯長陵諱"라고 한 분주를 제외하면 어느 것 하나 後註일 가능성이 발견되지 않는다 하여 고관민의 일부 견해에 근접하고 있다.[340]

즉 이강래는 『삼국사기』 편찬 과정을 살피면서 분주 가운데는 본문 집필자가 아닌 사람에 의한 분주가 있었다는 점을 확인하고 이를 '후주'의 범주에서 파악했는데, 반면 고관민은 이 경우 역시 광의의 편찬에 포함된다는 시각에서 보면 찬진 당시의 '원주'라고 하여 반대했던 것이다. 분주의 문제는 단순한 시기의 선후 문제에 그치는 것이 아니라 자료의 취사와 편찬의 환경을 이해하는 데 긴요한 재료가 되는 것이므로 신중한 논의가 필요하다고 본다.[341]

80년대 북한의 김석형과 강인숙의 이른바 『삼국사』 관련 논의는 뒷날 거의 대부분 정구복에 의해 수용되었으며, 그는 또한 『구삼국사』에 대한 말송보화·전중준명의 이해를 여러 글에서 반복하였다. 특히 그는 『삼국사기』 분주에 두 차례 보이는 '본기'를 『삼국사기』가 『구삼국사』에 전적으로 의존했으면서도 그 사실을 은폐한 증거라고 주장

---

339) 高寬敏, 1996, 『『三國史記』の原典的研究』(雄山閣), 146~148쪽의 補註.
340) 申東河, 1995, 「『三國史記』 高句麗本紀 分註의 연구」(『同大史學』 1), 46~47쪽.
341) 李康來, 1998, 「『三國史記』 原典論을 위하여」(『韓國史學報』 3·4).

한 김석형의 착안을 발전시켰는데, 김유신전의 '本記'에 대해서 "『삼국사』에서 오기된 것을 비판하지 못한 채 그대로 전재함으로써 결과된 실수"라고 했으며, 진성왕조의 '本紀'에 대해서는 "『삼국사기』 편찬에서 『삼국사』의 실체를 노출시키지 않으려 한 방침에도 불구하고 이를 이용했음을 실수로 노출시킨 또 하나의 실례"라고 하였다.[342] 나아가 그는 "『삼국유사』에서 『국사』나 『삼국사』로 인용된 내용이 단편적이고 『삼국사기』의 내용과 크게 다르지 않다고 하여 『삼국사』가 이용된 점을 무시할 수는 없다"고 하면서, 그 이유로 "『삼국사기』의 거의 대부분의 내용은 『삼국사』로부터 전재된 것이기 때문"이라고 하였다.[343] 요컨대 『구삼국사』가 『삼국사기』 편찬에 이용된 주요 원전 가운데 하나였다는 것에 그치지 않고, 『삼국사기』 편찬자들은 그 사실을 은폐하려 했다는 데 강조점이 있다고 판단한다.

따라서 이강래는 거론된 분주의 '本記'와 '本紀'가 『삼국사기』 신라본기에 지나지 않는다는 것을 논증한 다음, 일부 연구자들 가운데 『삼국사기』가 『구삼국사』를 거의 전재했으리라고 하면서도 특정 대목에서는 김부식 등 편찬자들이 『구삼국사』의 원형을 은폐하려 한 증거가 있다고 하는 착종된 인식이 있음을 비판하였다. 다시 말해 '전재'를 강조하는 경우는 김부식의 자료 취합에 대한 불성실과 창의적 수사가 아니라는 것을 부각시키려는 것이며, '은폐'를 강조하는 경우는 학자적 양심이 없다거나 학문 외적인 목적, 그리고 자기 이익을 위한 자의적 사실 왜곡을 암시하고자 하는 태도가 아닌가 하는 혐의를 발견한다는 것이다.[344]

---

342) 鄭求福, 1993, 「高麗 初期의 『三國史』 編纂에 대한 一考」(『國史館論叢』 45), 172~174쪽.
343) 鄭求福, 윗논문, 175쪽.
344) 李康來, 1997, 「『三國史記』 原典論과 관련한 '本記'와 '本紀'의 문제」(『全南史學』 11) : 본서 4장에 재수록.

한편 정구복은 『삼국유사』를 통해 『구삼국사』의 편린을 추적·복원하고자 하는 대세에 충실하면서도, 부분적으로는 기존의 흐름에서 크게 달라진 이해를 제출하였다. 즉 『삼국유사』에 인용된 『국사』는 『삼국사기』가 아닌 동시에 『구삼국사』도 아니며, 『구삼국사』와 『삼국사기』를 종합하여 편찬된 책일 가능성이 있다고 하면서, 忠烈王 12년(1286)에 吳良遇 등이 원 나라에 바치기 위해 편찬한 『국사』를 주목하였다.345) 또한 이 『국사』에는 단군부터 고려까지의 역사가 서술되었을 것이고, 그 편찬 연대가 일연의 죽음(1289)에 앞서기 때문에 『삼국유사』에서 이를 인용할 수 있었을 것이라고 한다.346)

그러나 이강래는 정구복이 주요 근거로 삼았던바 仙桃聖母隨喜佛事조의 사론이 『삼국사기』가 아니라 『국사』에서 유래했을 것이라는 주장에 대해 반론하면서, 『삼국사기』에 익숙했고 이를 '국사'로 간주했던 이규보의 경우와 마찬가지로 '본사'로서의 『삼국사기』를 전제하여 '유사'를 자처한 일연이 『삼국사기』를 『국사』로 이른 것일 뿐이라고 하였다.347)

강경구는 한자를 이용한 어휘 표기 과정을 분석하여 6세기를 전후한 두 시기의 층차를 확인하고, 신라의 경우 이른바 '제후전승'이 중대의 『국사』 체계에 편입되었으며, 4세기까지의 고구려본기의 토대였을 『유기』가 『신집』을 경유하여 신라에 전해진 것으로 보았다. 백제본기의 경우 역시 근초고왕대 박사 고흥의 작업을 환기시켜 준다고 하며, 특히 『고기』에 대해서는 복수의 자료에 대한 총칭으로 보는 이강래의 견해에 동의하였다.348)

---

345) 『高麗史節要』 21, 忠烈王 12년(1286) 11월 : "命直史館吳良遇等 撰國史 將以進于元也" 및 『高麗史』, 世家30 忠烈王 12년 11월 丁丑.
346) 鄭求福, 1993, 앞 논문 「高麗 初期의 『三國史』 編纂에 대한 一考」, 175~180쪽.
347) 李康來, 1998, 「本史와 遺事」(『월운스님古稀記念 佛敎學論叢』, 東國譯經院) : 본서 8장에 재수록.

차자표기에서 확인되는 층위를 통해 신라 중대에 신라본기 상대 기사의 저본이 되는 원전이 집성되었음을 지적한 그의 견해는 주목되어야 한다. 『삼국사기』의 원전은 크게 보아 결국 전쟁에서 승리한 신라인들의 손을 경유한 것이고, 따라서 통일기 신라인들의 삼국 시기 역사의 정리 작업에는 7세기 전쟁에서 승리한 그들의 관점이 필연적으로 투영되었을 것임을 간과할 수 없기 때문이다.[349] 또한 사관제도를 통해 신문왕 이후 당대사 편찬의 가능성을 검증한 성과도 고려하고자 한다.[350] 이와 함께 『삼국유사』를 중심으로 한 『구삼국사』의 복원이라는 방법론은 그 타당성을 정밀하게 재고해야 할 것이다. 다만 박대재의 경우처럼 단군 관련 전승의 원전을 추구하는 가운데, 『삼국사기』와 『삼국유사』에 인용된 『魏書』가 북송 이전의 古本일 것인지 아니면 북송의 校勘本일 것인지 구분하여 고찰하는 방법은 치밀하고도 타당한 문제 제기라고 하겠다.[351]

사실 『삼국유사』에서 고대인의 진솔한 사유를 재발견하고 크게 고무되었던 최남선조차도 "이른바 『구삼국사기』의 면목은 이제 揣摩할 길이 없으나 동명왕에 관하여 『삼국유사』 권제1 북부여조에 '古記云'이라고 揭出한 文이 대강 이규보의 「동명왕편」과 합함으로써 보건대 그것이 震域의 고문헌에 잡출하는 이른바 『고기』류의 一物에 속하고, 이규보가 '동명왕본기'라는 侈語를 썼어도 실상은 體例整嚴한 일부 史籍이 아니었을지 모를 것이다"[352] 하였듯이, 『구삼국사』는 총칭으로서의 『고기』 가운데 주요한 하나일 뿐 『삼국사기』가 특정 의도에서 이

---

348) 姜敻求, 1997, 『三國史記 原典硏究-借字表記體系的 檢討』(學硏文化社).
349) 趙仁成, 1985, 「三國 및 統一新羅時代의 歷史敍述」(『韓國史學史의 硏究』, 乙酉文化社) ; 申瀅植, 1990, 「新羅의 歷史敍述과 國史編纂」(『統一新羅史硏究』, 三知院).
350) 申瀅植, 1987, 「新羅人의 歷史認識과 그 編纂」(『白山學報』 34), 131~132쪽 ; 吳恒寧, 1997, 「史官制度 成立史의 제문제」(『泰東古典硏究』 14).
351) 朴大在, 2001, 「『三國遺事』 古朝鮮條 인용 『魏書』論」(『韓國史硏究』 112).
352) 崔南善, 1971, 「東明王篇 解題」(『新訂 三國遺事』 附錄, 民衆書館 4판), 43쪽.

를 은폐 혹은 훼절한 것이 아니며, 더군다나 『삼국유사』 찬자에게 본 사로서의 『삼국사기』를 외면할 수 있었던 근원으로 역할하지도 않았던 것이다. 그러므로 김수태가 "『삼국사기』에서 언급되는 '고기'는 『삼국사』를 중심으로 국내 측 자료를 총괄하는 용어로 이해해도 좋을 것 같다"고 판단한 것도 그다지 새삼스러울 게 없는 것이다.[353]

그럼에도 불구하고 최근까지도 『삼국사기』와 『삼국유사』의 내용을 짜맞추면 두 책의 원초적 자료라고 할 『구삼국사』의 틀과 내용을 복원할 수 있다고 하거나,[354] 말송보화의 견해를 다시 지지하여 『삼국유사』에서 언급한 『전삼국사』야말로 『구삼국사』일 것이라고 재론한 경우가 있는바,[355] 이러한 편향이 『삼국사기』의 원전 논의는 물론 그 사서적 위상에까지도 뜻하지 않은 난맥을 초래할까 우려한다. 아울러 『구삼국사』에 삼국의 본기와 열전 그리고 지와 사론은 물론 연표까지 갖추어졌으며 『삼국사기』가 이를 그대로 이용했다고 한다면,[356] 『삼국사기』의 원전 추구는 돌연 그 의의를 상실하면서 오직 『구삼국사』를 어떻게 훼절했는가 하는 부정적 탐색만이 남게 될 것이다.

『삼국사기』는 12세기 편찬 당대에 확보가 용이했던 고려의 국내외 자료들을 토대로 편찬된 삼국시대 역사서이다. 크게 보아 당대의 지식 관료들은 김부식이 인종의 견해를 빌어 지적한 중국 측 정보의 한계와 국내 기존 자료의 결함에 공감했다고 생각한다. 물론 김부식을 위시한 편찬자들이 관련 자료를 확보하는 데에 과연 마땅한 정도의 노력을 기울였는지는 얼른 판단하기 어렵다. 다만 그들이 확보한

---

353) 金壽泰, 1996, 「『三國史記』의 編纂動機」(『忠南史學』 8), 12쪽.
354) 정호완, 1997, 「삼국유사의 내용과 체재 연구」(『人文科學藝術文化硏究』 16), 61~62쪽.
355) 李鐘文, 1998, 「『三國遺事』「信忠掛冠」條의 '前三國史'에 對하여」(『韓國古代史硏究』 14), 453쪽.
356) 鄭求福, 2001, 「『三國史記』의 史學史的 意義」(『金富軾과 三國史記』, 慶州金氏大宗親會), 130~133쪽.

자료의 폭은 고려 사회에 축적된 지적 토대, 특히 역사서 편찬의 경험이나 역량에 비추어 크게 불균형을 이룬 것은 아니라고 생각한다. 열전의 내용이 신라에 편중된 것도 "편찬자의 기호나 오중의 감정에서 연유된 것이라기보다는 사료의 결핍에서 그 원인을 찾는 것이 바람직"한 것은 물론이다.357) 더구나 확보된 주요 자료들은 이미 삼국 당대 및 통일기 신라의 자기중심적 관점을 경유한 것들이었다. 결국 『삼국사기』는 기존 자료에 대한 적절한 재구성을 거쳐 '本史'로서의 지위를 획득했으며, 향후 모든 삼국시대사 편찬 작업의 출발점이자 그 자체 근본 자료의 역할을 했던 것이다.358)

무엇보다도 『삼국사기』의 원전 층위가 매우 다양하다는 것을 주지할 필요가 있다. 정도의 차이는 있을지라도 삼국은 모두 자국사를 정리한 경험이 있고, 그것들은 직접 혹은 간접 경로를 경유하여 『삼국사기』에 용해되었다. 특히 그 속에서 통일기 신라시대 및 이를 계승한 고려 전기의 전대사 인식을 유의하여 적출해내야 한다. 이 겹겹의 변형된 층위들은 연구자들이 삼국시대의 역사상을 복원하기 위해 『삼국사기』에서 걷어내야 할 다중의 창문과 같은 것이다.

또한 학계의 연구 성과가 축적되면서 차츰 해결될 문제이겠지만, 『삼국사기』 편찬에 김부식의 '은폐'된 - 대부분 떳떳치 못한 - 의도를 전제하고, 간혹 일관성에서 벗어나는 몇 대목을 일러 그 의도가 '폭로' 되었다는 논리는, 이러한 작업을 통해 설득력을 잃을 것으로 믿는다. 이와 관련하여 연구자들은 특히 『삼국사기』의 원전 자료에 관심을 가져야 하는 이유를 스스로 점검해 볼 필요가 있다. 그것은 종국적으로 『삼국사기』를 우리 고대사 연구 자료로 활용하는 데 있어 유효한 지

---

357) 高敬植, 2001, 「金富軾의 文學的 考察」(『金富軾과 三國史記』, 慶州金氏大宗親會), 116~117쪽.
358) 이강래, 2001, 「『삼국사기』의 자료 환경」(『金富軾과 三國史記』, 慶州金氏大宗親會) : 본서 3장에 재수록.

침을 획득하고자 하는 것이다. 경직된 고구려 정통론적 관점에서 『삼국사기』와 그 편찬을 주도한 김부식을 비판 혹은 매도하는 것은 그 논거의 편협함은 물론 구체적 연구 과정에서도 기여할 바가 없다고 생각한다.[359]

7. 찬자의 인식

『삼국사기』와 그 편찬을 주도한 김부식은 마치 서로의 대명사처럼 쓰여 왔다. 이 점은 『삼국사기』 자체의 성격 혹은 개별 정보의 이해에서 종종 김부식의 정치적 처지나 개인적 취향 따위가 개입되어 온 근거이기도 하다. 이를 원전론 관련 논의에 적용해 본다면, 편찬 당대의 자료 환경 및 그들을 대하는 편찬 주체 혹은 당대 지식인들 사이에 공유된 경향이 뜻하지 않게 문득 김부식 개인의 호·불호 문제로 치부되고 마는 결과를 초래하기도 한다. 물론 『삼국사기』의 역사 인식이란 넓게는 고려 중기 12세기의 유교적·합리적 세계관에 입각한 것이었으며, 좁게는 찬자 김부식의 삶과 정치적 역정이 그 가운데 투영되어 있는 것이다. 그러나 만약 『삼국사기』 편찬자로서의 김부식과 고려 중기 정치가로서의 김부식을 준별해야 할 필요에 동의한다면, 『삼국사기』의 개별 정보들의 사료적 위상 및 그 원전 관련 논의는, 김부식이 한 지식인으로서 전대 역사 기록물들에서 어떤 맥락의 어떤 의미를 발견했는가 하는 점과는 마땅히 구별되어야 할 것이다. 다시 말해 『삼국사기』에는 삼국의 역사 기록과 그에 대한 찬자의 의미 부여

---

[359] 이강래, 2000, 『『삼국사기』 원전론의 전개와 전망』(『韓國古代史論叢』 10) : 본서 1장에 재수록.

라는 상이한 두 마당이 담겨 있다고 본다. 이 두 영역을 '사실'과 '사론'으로 부르고자 한다.

사론은 '역사가가 사서를 편찬할 때 기사의 내용과 구별하여 자신의 적극적인 가치 평가를 부여한 글'이다. 따라서 김부식의 역사 인식을 추구하는 데 있어서 반드시 사론에만 제한할 일은 아니다. 다만 사론과 여타 서술과의 본질적 차이는 거기에 필자의 적극적인 가치 판단이 개입되었는가의 여부에 있다 할 것이다. 그러나 당연한 말이지만 '적극적인 가치 판단'은 '자의적인 사실 변조'와는 다르다.『삼국사기』에 대한 일부 부정적 평가는 김부식에 대한 의혹의 시각에 의지하는 바 큰 것이 사실이다. 즉『삼국사기』를 불신하는 근거로는 적지 않은 개별 편년 기사 자체의 괴리뿐만 아니라 김부식의 사론을 통해서도 지적되었다. 만약 사론이 서술자의 자유로운 가치 개입이 보장된 영역이라 하여 사실의 변개 혹은 그에 입각한 자의적 평가가 날조된다면, '적극적인 가치 판단'은 기실 여하한 긍정적 의미도 가지지 못할 것이다.

사론에서의 사실 조작 문제는 무엇보다도 신라본기 敬順王 9년 경순왕의 귀부에 부친 신라사 전체에 대한 史評의 후반 일부와 관련하여 제기되었다. 즉『삼국사기』가 찬진된 직후, 이미 의종대 김관의의『왕대종록』은 고려 왕실의 세계에 대한 인식에서『삼국사기』사론의 인식을 부인하였다.『삼국유사』金傅大王조에서 찬자는『삼국사기』신라본기에 근거하여 신라 경순왕의 귀부와 그의 백부 億廉의 딸이 태조와 혼인하여 신성왕후가 되었다는 사실을 서술한 뒤, 분주를 통해『왕대종록』을 인용하여 신성왕후는 慶州大尉 李正言의 딸이라는 견해를 소개했던 것이다. 신성왕후의 소생 安宗은 고려 현종 大良院君 詢의 아버지이다. 그러므로 신성왕후의 성씨와 관련하여 현종 이후 왕들의 외가 혈통이 문제되는 셈인데, 이 상반된 두 견해는 뒷날 김부식의 사실 왜곡 사례로 흔히 거론되었다. 荻山秀雄이 바로 이 대목을 들어 김부식의 '날조'라 한 것은 앞에서 지적한 바와 같다. 말송보화도 적산수웅의 견해를 들어 이가 곧 "『삼국사기』의 감추어진 편집 목적"이 아닐까 혐의를 두고 있다.[360]

이에 대해 하현강은 입론의 근거가 된 『왕대종록』 일문의 사료적 가치에 대해 극히 회의하고 있다. 우선 지명 '俠州'가 시기상으로 잘못이고, 신성왕후를 '俠州君'이라 한 것도 전례가 없으며, 태조의 비를 '25 妃主'라 한 것도 사실과 다르다는 것이다. 아울러 俠州人 李元의 딸인 後大良院夫人 李氏와 혼동했을 가능성을 제기하였다.[361] 한편 정구복은 김부식이 형식적으로는 삼국을 대등하게 다룬 것 같지만, 그의 역사관에는 신라를 중심으로 다루려 한 의지를 강하게 가지고 있었다는 증거로 이 문제를 거론하였다.[362] 나아가 그는 이 사론에서 김부식이 신라 왕족, 예컨대 무열계의 후손이었음을 확인할 수 있다고 하였다.[363] 심지어 문경현은 "『삼국사기』 편찬의 가장 큰 목적이 현종 왕가를 신라 외손의 혈통으로 만드는 것"이라고 단정하였다.[364]

우선 이와 관련하여 그의 가계에 대한 이견을 환기해 두고자 한다. 김부식의 증조부 金魏英이 慶州州長으로 임명되는 것을 보면 그의 가계가 신라에서 적지 않은 비중을 점했을 것은 분명하나, 신형식은 그의 손 金君綏의 시 「東部客館」에 나타난 '武烈王孫'이란 시구에 따라 무열왕계로 파악하던 종래의 견해에[365] 회의하고, 작시의 배경과 김군

---

360) 末松保和, 1966, 앞 논문 「舊三國史と三國史記」, 9쪽.
361) 河炫綱, 1976, 「高麗時代의 歷史繼承意識」(『韓國의 歷史認識』 上, 創作과 批評社), 195~196쪽 : 동, 1975, 『梨花史學研究』 8.
362) 鄭求福, 1991, 앞 논문 「金富軾」, 136쪽.
363) 정구복, 2001, 「김부식의 생애와 업적」(『정신문화연구』 82), 4쪽.
364) 文暻鉉, 1997, 「『三國史記』의 正統論」(『于松趙東杰先生停年紀念論叢 Ⅰ-韓國史學史研究』, 나남출판), 121쪽.
365) 金連玉, 1982, 「高麗時代 慶州金氏家系」(『淑大史論』 11·12).

수의 활동 시기를 고려하면서 경순왕계로 추측하였다.[366]

한편 이강래는 고려시대의 李齊賢은 문제가 된 김부식의 사론을 인용한 뒤 김관의·任景肅·閔漬의 이씨설이 어디에 근거한 것인지 모르겠다고 하였다는 것,[367] 일연 또한 이를 부정했다는 것, 김관의의 다른 저서인『편년통록』역시 의종의 정치적 목표에 부합되도록 갖가지 민간신앙 요소를 총동원하여 왕건 조상의 사적을 윤색 신비화한 것으로 평가된다는 것, 그리고 설화적 역사 기술이라는 점에서 이제현으로부터 비판받은 것은 민지의 경우도 마찬가지였다는 점[368] 등을 들어 '김부식의 날조'설은 충분한 근거가 없다고 반박하였다.[369] 또한 그는 적산수응이 경주계 김씨인 金鳳毛의 墓誌에도 신라와 고려 왕실 간의 혈연에 대한 사항은 전혀 없다고 지적한 데[370] 대해서도 재고할 것을 제안하여, 묘지는 김씨의 시조 설화와 경순왕의 귀부 관련 사론을『삼국사기』내용대로 약간의 첨삭을 가하면서 전재하고 있으며 특히 "(경순왕은) 국가에 큰공을 세웠고 인민에 음덕이 있었으니 그 후손들이 반드시 이 나라에서 작록을 누렸다"[371]라고 한 대목을 주목한다면, 묘지를 쓴 이는 전반적으로『삼국사기』의 견해에 동조했다는 것을 확인할 뿐이라고 주장하였다.

대개 문헌 정보의 왜곡과 변개를 지적할 때는 그 동기 혹은 목적이 헤아려지는 게 일반적이다.『삼국사기』의 경우 왜곡의 대상으로는 우선『구삼국사』를 주목한다. 그러므로『고려사』의 묘청전에도 김부식의 조작이 들어 있을 것이라고 본 신채호가 유학 체계의 비민주적 요

---

366) 申瀅植, 2001,「金富軾의 生涯와 思想(『金富軾과 三國史記』, 慶州金氏大宗親會), 5~11쪽.
367)『高麗史節要』1, 太祖 18년 및『東國通鑑』20, 敬順王 9년.
368) 閔賢九, 1987,「閔漬와 李齊賢-李齊賢 所撰「閔漬墓誌銘」의 紹介 檢討를 중심으로」(『斗溪李丙燾博士九旬紀念韓國史學論叢』, 知識産業社), 349쪽.
369) 李康來, 1994,「『三國史記』史論의 再認識」(『歷史學硏究』13).
370) 荻山秀雄, 1920, 앞 논문, 97쪽.
371) 許興植 編著, 1984,「金鳳毛墓誌」(『韓國金石全文』中世 下, 亞細亞文化社), 943~944쪽.

소를 주목하여 그의 사대주의가 본래의 사적을 인멸했다고 하였듯이, 『구삼국사』 등의 일실 자료와 『삼국사기』의 대척을 강요하는 현황에서는 마땅한 반증 또한 용이하게 제출할 수 없는 것도 사실이다. 또한 이처럼 김부식과 묘청의 대립에 주안하게 될 때 김부식의 『삼국사기』 편찬은 서경 세력에 대한 사상적 제압 의도로 파악되기도 할 것이다.[372] 나아가 묘청 등 서경 세력이 표방한 제반 정책 대안에서 일반적으로 고구려 중심적 역사 인식을 추정함에 따라 김부식의 그것은 그의 출신과 관련하여 신라 정통의 성격을 지닌 것으로 대비되었다.[373] 물론 김부식이 신라계 지식인이라는 점을 들어 『삼국사기』의 성격을 규정하는 것은 지나치게 평면적이고도 자의적인 사유이므로 적의한 판단이라고 할 수는 없겠다.

그러나 이처럼 김부식의 사대성과 신라계라는 출신의 문제는 『삼국사기』 찬진의 이유와 목적을 설명하는 데 줄곧 고려되었다. 말송보화는 『구삼국사』가 있었음에도 불구하고 『삼국사기』가 중찬된 이유는 중국 사서의 정보를 적극적으로 도입하려는 목적과 『구삼국사』의 고구려제일주의를 신라제일주의로 바꾸려는 목적이 있었을 것이라고 정리하였다.[374] 정상수웅도 대체로 말송보화의 견해에 동의하면서, 말송보화가 전체 구성에서 신라 제일주의를 지적한 것에 대해 역사 시대의 사료 내용에서 그것을 읽어낼 수 있다고 하였다. 즉 『삼국사기』에는 편자의 유교적 합리주의에 모순되지 않는 한 중국 사료와 신라 사료를 함께 기재했으나, 그 내용에 있어서는 분주에 의해 찬자의 주장을 밝히고 있는데 신라 사료를 우선하여 중국 사료에 그것이 다르게 나타나는 것은 잘못이라고 하였다는 것이다.[375]

---

372) 稻葉岩吉, 1931, 「三國史記の批判」(『朝鮮』 192, 朝鮮總督府).
373) 成元慶, 1964, 「國文學上으로 본 金富軾 硏究」(『文湖』 3), 85쪽.
374) 末松保和, 1966, 앞 논문 「舊三國史と三國史記」, 6~8쪽.

반면에 고병익은 전통적인 유교식 역사 서술에서 사료를 취급하는 맥락과 찬자 자신의 개서와 산삭의 폭에 유의하면서, 이 신라 중심의 서술 문제를 본격적으로 겨냥하여 객관적인 자료 사정에서 유래한 것으로 파악했다. 아울러 『구삼국사』가 있음에도 불구하고 다시 중찬을 해야 했던 필요성에 대해서는 "『구삼국사』가 본기뿐인 편년체로서 지·표·열전 등이 없었던 것을 『삼국사기』는 이들을 보입하고 논찬을 붙여 기전체로 만들어 정사의 체재를 갖추게 한 것"이라고 보았다.376) 『삼국사기』에서 발견되는 신라 본위의 서술을 기존의 원전 자료 문제로 파악한 데 대해서는 여러 연구자들이 공감하였다.377) 특히 고병익은 논찬 부분에 대한 분석이야말로 김부식의 사상이나 편집 태도를 이해할 수 있는 수단이라고 보고, 그의 논찬은 포폄을 목적으로 한 유교 윤리적 평가와 중국 중심의 예론으로 시종하고 있다고 지적하였다. 또한 이러한 김부식의 논찬보다 후세 유학자들의 명분론이나 예절론이 훨씬 형식주의적인 요소가 강했다는 점을 강조하고, 『삼국사기』에 대한 전통시대 및 현대의 비난들은 대부분 편찬 당시의 사상적 환경을 무시하고 사료의 객관적 제약을 홀시한 데서 나온 부당한 것이라고 하였다.

그러나 김철준은 이에 동의하지 않고, 김부식의 『삼국사기』 편찬은 "지극히 정치적인 의도를 가지고 진행되었던 것"이라고 반박하였다. 그에 의하면 김부식은 고구려를 정통으로 삼은 기존의 전승과 자료를 삭제하는 동시에 "한국의 삼국시대가 가진 고대 문화에 대한 가치 평가를 낮추고 사료의 고대적 성격을 말살하든가 애매케 하는 것을

---

375) 井上秀雄, 1974, 앞 논문 「新羅朴氏王系의 成立」(초간은 1968), 342~343쪽.
376) 高柄翊, 1976, 「三國史記에 있어서의 歷史敍述」(『韓國의 歷史認識』上, 創作과 批評社), 48~50쪽 ; 동, 1969, 『金載元博士回甲紀念論叢』.
377) 1974, "제2회 韓國古典研究 Symposium-三國史記에 對한 綜合的 檢討" 討論 速記錄의 邊太燮, 李基東, 李丙燾 등의 발언(『震檀學報』 38).

목적으로 하여 『구삼국사기』를 제쳐놓고 『삼국사기』를 중찬했다"고 하였다.378) 이우성 역시 『삼국사기』의 신라본위적 성격을 김부식의 출신 문제로 단순화시키는 것에 대해서는 반대하면서도, 고구려 정통론적 인식에서 출발했던 고려 사회가 중기에 와서 변질되었다고 논증하였다.379) 그는 『구삼국사』의 체제 문제에 있어서도 이미 기전체의 형태를 갖추었을 것으로 추측하였다.380) 사실 「동명왕편」에 지시한 '동명왕본기'라는 표현에 유의할 때 『구삼국사』의 체재를 기전체로 보는 것은 일면 자연스러운 이해이기도 하다.381) 이와 같은 맥락에서 보면 「동명왕편」은 물론 『삼국유사』도 『삼국사기』의 합리주의적 사관에 대한 반발의 위상을 지니게 된다.382) 물론 이에 대해 일연은 김부식의 유교적 정치사관을 긍정적으로 받아들였고 『삼국사기』를 정사로 인식했으므로, "『삼국유사』의 1차적인 찬술 동기는 『삼국사기』에 대한 보족적인 의도에 있었다"는 반론이 뒤따르기도 하였다.383)

하현강은 고려의 역사 계승 의식을 검토하여, 대외적 문제에서는 고구려 계승국을 자처하면서도 대내적 영역에서는 실질적으로 신라의 토대에 충실한, 말하자면 이원적인 형태로 파악하면서, 이를 단순히 김부식의 곡필로 추단하는 것은 옳지 않다고 주장하였다.384) 이기백은 『삼국사기』의 주요한 전거를 『구삼국사』로 보면서도 "일정한 주관을 가지고 역사를 편찬하는 경우에 그에 맞는 사료를 선택하고 또 그에 맞도록 개필을 한다는 것은 당연한 일"이라고 하여 대체로 고

---

378) 金哲埈, 1975, 「高麗中期의 文化意識과 史學의 性格」(『韓國古代社會研究』, 知識産業社), 422~427쪽 : 동, 1973, 『韓國史研究』 9.
379) 李佑成, 1974, 「『三國史記』의 構成과 高麗王朝의 正統意識」(『震檀學報』 38), 206쪽.
380) 李基白 外, 1976, 『(韓國史 大討論) 우리 역사를 어떻게 볼 것인가』(三星文化文庫 88), 45쪽.
381) 金貞培, 1987, 앞 논문, 168쪽 : 김석형, 1981, 앞 논문, 56쪽.
382) 李基白, 1973, 「三國遺事의 史學史的 意義」(『震檀學報』 36).
383) 金相鉉, 1978, 「『三國遺事』에 나타난 一然의 佛教史觀」(『韓國史研究』 20).
384) 河炫綱, 1976, 앞 논문 「高麗時代의 歷史繼承意識」.

병익의 견해에 동의하고 있다. 그러한 한편 『삼국사기』의 신라 전통 강조 문제는 고려의 북진정책이 좌절되고 그에 따라 정치적인 고구려 계승 의식이 현실적 힘을 상실하면서 문화적인 측면에서 신라의 계승자라는 인식이 설득력을 얻게 되었을 것이라고 하여 이우성의 생각을 수긍하였다.[385] 요컨대 그는 『삼국사기』를 유교적 도덕주의 사관으로 서술된 선구적인 업적이라고 파악해서 『삼국사기』의 성격을 오직 정치적 사건과의 인과관계에서 설명하는 단순한 시각에서 한 걸음 더 나아가 당시의 사관의 발전이라는 시각에서 온당한 평가를 내렸던 것이다.

전중준명은 이자겸의 난과 묘청의 난을 계기로 적대 세력을 일소한 김부식이 그 정치적 우위를 사서 가운데 근거지우려고 찬수한 것이 『삼국사기』라고 설명하면서도, 그것은 형식적으로나 내용적으로 『구삼국사』를 답습 혹은 기저로 하였으되 김부식은 『구삼국사』가 존재했던 사실을 은폐했다고 한다.[386] 김석형도 『구삼국사』가 그 체제와 역사적 사실의 기본 내용에 있어서는 『삼국사기』와 비슷했겠으나 분량도 훨씬 많고 신라중심주의적 편견이 희박했으며 사대주의적인 내용을 찾아보기 어려운 책이었을 것이라고 추측하였다.[387] 송방송은 중국 사서의 고구려 음악 관련 기사를 『삼국사기』에 채택하지 않은 점을 지적하는 가운데 "신라 왕족의 후손인 김부식과 그 추종자들이 신라의 전통을 강조함으로써 신라의 문화를 고려의 전통 문화에 주입시키려는 편찬 의도에서 생긴 결과가 아닐까" 하는 견해를 피력하였다.[388] 마찬가지로 사론에 주안하여 김부식의 역사 인식을 살핀 정구

---

385) 李基白, 1976, 앞 논문 「三國史記論」, 865~869쪽.
386) 田中俊明, 1977, 앞 논문 「『三國史記』撰進と『舊三國史』」, 40~41쪽.
387) 김석형, 1981, 앞 논문 「구『삼국사』와 『삼국사기』」, 60쪽.
388) 宋芳松, 1981, 앞 논문 「三國史記 樂志의 音樂學的 硏究」, 137쪽.

복은 "고려가 고구려를 계승했다는 당시의 역사 의식을 약화시킴으로써 북진파들의 북진 운동에 제동을 걸기 위한 목적에서, 그리고 고려 당시의 현실적 상황을 강조하려는 목적에서" 신라 전통의 계승을 강조했다고 주장하였다.[389]

그러나 『삼국사기』에 대해 가장 본격적이고도 전반적인 분석을 시도한 신형식은 비록 그 내용이 유교에 입각한 사대적 입장을 갖고 있다 하더라도 정작 김부식의 사관은 중국 문화의 위압 속에서도 꾸준히 지켜 온 자기 발견과 현실 비판의 자세를 견지하고 있었다는 점을 강조했다. 따라서 "김부식 개인에게 너무 많은 주문과 책임을 지워서는 안될 것"이라고 지적하고, "『삼국사기』의 편찬은 개인의 저술이기에 앞서 당시 고려 사회의 시대적 소산으로 평가되어야 할 것이며 충실한 '자료의 보존'에 적극적인 가치를 주어야 할 것"이라고 결론하게 된다.[390] 실제로 『삼국사기』가 기존의 『구삼국사』를 개찬한 것이듯이, 『구삼국사』 역시 종래의 기록을 토대로 한 것이라는 매우 온당한 지적을 유념할 필요가 있다.[391] 다시 말해 자료의 측면에서 말할 때, 『삼국사기』의 개별 기사들은 적어도 그 이전의 전승 기사에 입각한 것인 동시에, 그 전승들이 모두 사실성을 지닌 것이라고 단정할 수도 없다는 점을 염두에 두어야 할 것이다.[392] 아마 "문학과 역사가 공존하는 기존 자료에서 역사만을 떼어냄으로써 삼국사를 재정비코자 했던 김부식의 행위는 하나의 발전된 사관과 역사서술 일지언정 『구삼국사』의 일실로 인해 많은 설화와 그 원형이 상실된 책임을 그에게 물을 하등의 이유는 없다"[393] 한 지적도 크게 보면 유사한 맥락에 있다

---

389) 鄭求福, 1985, 앞 논문 「高麗時代 史學史 硏究」, 158쪽.
390) 申瀅植, 1981, 앞 책 『三國史記 硏究』, 368쪽.
391) 李基東, 1979, 앞 논문 「古代國家의 歷史認識」, 2쪽.
392) 盧泰敦, 1987, 앞 논문 「『三國史記』 上代記事의 信憑性 문제」, 90쪽.
393) 朱鍾演, 1985, 앞 논문 「韓國敍事文學의 淵源에 對한 一考察」, 36쪽.

고 본다.

　한편 서영대는 김부식의 관념과 지향을 편찬 당시의 지적 경향 속에 용해하여 파악해야 한다는 점에 동의하지 않는 것은 아니지만, 유교 사관에 입각한 편찬자들의 원시종교에 대한 태도는 부정적이었다고 한다. 그는 우선 고려 초 유학자들은 원시종교를 부정적인 시각에서 보았고, 『삼국사기』 편찬을 전후하여 이단사상 내지 신앙을 배척하는 분위기가 더욱 고조되었으며, 『삼국사기』에서 한국 고대의 고유한 습속들이 비판과 공격의 대상이 되고 있다고 했다. 그는 특히 "『삼국사기』 편찬자들이 유교사관에 입각하여 원시종교를 부인되고 극복되어야 할 문화 전통으로 인식했던 까닭에 원시종교에 관한 자료와 사실들을 제대로 수집하지 않았거나, 또 수집된 자료에 보이는 것이라고 하더라도 이를 기사화하지 않고 삭제 내지 간과"해 버렸던 것이므로, 이를 단순히 관련 자료의 부족으로 설명할 것은 아니겠다고 하였다.394) 정무용도 유사한 이해에 있는데, 그에 따르면 유교적 세계관에 주안할 때 편찬 당대의 고려 현실은 유교를 장려했던 前漢의 양상과 일치하며, 유리왕이 지은 黃鳥歌의 연모대상은 표면상으로는 雉姬지만 그 내면상으로는 유교국인 漢室과의 친밀한 유대였다고 해석한 다음, 결국 김부식은 중국을 섬기고 본받아야 국가와 민족이 발전할 수 있다고 보았던 것이라고 짐작하였다.395)

　鄭早苗의 요약에 따르면 김부식에 대한 기왕의 비판은 중국중심의 역사관, 유교적 입장 강조, 자기 입장을 우위에 두기 위한 기사의 조작 등 세 가지 면으로 나뉜다. 정조묘는 중국 중심의 혐의에 대해 우선 삼국의 원전 사료에 일관성 있는 사서가 없었다는 게 크게 작용했을 것이며, 더구나 근대 서양 문명이 들어오기까지 동아시아에서

---

394) 徐永大, 1985, 앞 논문 「『三國史記』와 原始宗教」, 5~8쪽.
395) 鄭武龍, 1986, 「黃鳥歌 연구(Ⅱ)」(『(동아대)국어국문학』 7), 60~61쪽.

학문을 주도한 것은 중국이었고 고려 왕조시대는 특히 중국의 영향이 강력했음이 당연히 상정되기 때문에, 김부식이 의도적으로 중국을 중심으로 한 사관에 입각했다고도 생각지 않는다고 하였다. 유교적 입장에 대해서도 당시의 정치 타개책으로서 지배계급의 중추부에 들어 있던 사람들의 가치관을 반영한 것이라고 보는 것도 가능할 것이라 하였으나, 마지막 사항 즉 김부식이 자신의 정치적 입장을 우위에 두려고 했다는 점에 대해서는 전중준명의 견해처럼 논의의 여지가 남아 있는 문제라고 유보하였다. 다만 그는 설사 『구삼국사』에 논찬이 있었다고 해도 중찬된 『삼국사기』의 논찬과는 이질적인 것이었다고 생각하였다.[396]

고병익과 마찬가지로 『삼국사기』의 사론에 주의한 슐츠는 김부식과 그를 도와 『삼국사기』를 편찬한 사람들과 그들의 업적은 다른 시대의 기준에 맞추기보다 12세기 고려의 기준에 의하여 평가해야 한다고 전제하고, 『삼국사기』의 많은 부분 특히 논찬들에서 중국의 고전을 인용하여 중국의 역사적 주제와 사건들에 대해 언급하고 있는 것은 고려의 지배세력들이 살았던 세계의 국제주의적인 면을 보여주는 것이라고 하였다. 또한 역사를 서술함에 있어 김부식은 자료들이 괴이한 면을 보여주더라도 이를 채택하고 있으며, 나아가 역사적인 정확성을 지키기 위하여 기사의 조작을 하지 않았던바, 후대의 역사가들에게 이것은 쓸데없는 중화주의로 해석될지 모르나 김부식과 그의 동료들에게 있어 그러한 비판은 당혹스러운 것이 될 것이라고 설명했다. 요컨대 『삼국사기』의 서술 목적은 과거를 파헤치는 것만이 아니라 왕권의 통치권을 확고히 계승할 보다 강력한 국가를 세우는 것이었고, 이자겸·묘청과 국제 문제로 더럽혀진 고려 지배 세력의 정통

---

396) 鄭早苗, 1988, 앞 논문 「解題」, 252~256쪽.

성을 재확인하려고 저술한 것이었다고 결론하였다.397)

이동근은 고병익이 『삼국사기』의 논찬이 전반적으로는 포폄이라는 유교적 윤리 평가로 일관하고 있다는 지적을 수긍하면서도 이를 세분하여 逸事·襃貶·得失·奇異·感慨·成敗·誣妄·因果·文獻 등으로 유형화했다. 아울러 그는 논찬 문장의 문학성에 주안하여 "논찬은 그 입론의 근거를 중국의 고사·인명·경전에 두고 과거 중국에서 있었던 동종의 역사적 사실을 절대적 기준으로 삼아 논의를 전개하고 있는데, 이러한 과정에서 자기의 의견을 주장해야 할 논찬이 중국 문헌에 대한 자신의 해박함이나 문장력 과시에 그쳐버린 것을 종종 볼 수 있다" 하고, "문자·문학·사상적 배경 등을 중국에 전적으로 의지하고 있었던 시대적 특수성으로 볼 때 중국 고사를 인용하여 환골탈태한 문장을 만들기에는 시기상조"였다고 평가하였다.398) 박정심도 "김부식은 열전의 인물들을 통하여 위국충절과 국민적 단합을 강조하고 반역과 분열의 결과를 예시함으로써, 역사적 교훈을 삼고자 한 것"이며, 이러한 역사 인식은 김부식 당시 사회상의 반영으로도 볼 수 있다고 하여, 고려 당대의 현실을 염두에 둘 것을 지적한 슐츠의 제안에 공명하고 있다.399)

정구복은 김부식의 신라 중심적 역사 인식을 여러 차례 강조했는데, 특히 그 현저한 사례로 장수왕대 이후 고구려의 국호 개칭이 『삼국사기』에 반영되지 않은 점을 주목했다. 그는 말하기를 "김부식이 고려라는 국호를 개서하고 그 개칭을 숨기려 한 것은 고려 왕조가 고구려의 국호를 그대로 계승한 것임을 은폐시키려는 목적에서 나온 것"이

---

397) Edward J. Shultz, 1991, 「金富軾과 『三國史記』」(『韓國史研究』 73), 4·19~20쪽.
398) 李東根, 1989, 「『三國史記』 論贊部의 文學的 檢討」(『語文學』 50), 182~184쪽.
399) 朴正心, 1991, 「新羅 中古期의 倫理思想에 關한 硏究-『三國史記』 「列傳」을 中心으로」(성균관대학교 석사학위논문), 13쪽.

며, "왕건의 고려를 신라의 계승국가로 보려 한 김부식의 역사 의식의 편린을 보여 주는 것"이라고 하였다.[400] 다만 정구복은 『삼국사기』의 일부 사론이 『삼국사』 즉 『구삼국사』에 쓰인 사론에 『삼국사기』 찬자가 약간 첨가하여 쓴 것일 가능성을 염두에 두고 있으므로,[401] 그 경우 사론을 통한 찬자의 인식 도출은 용이하지 않다고 보겠다. 여하튼 그는 『구삼국사』에서는 "고구려를 후기 국호에 따라 고려본기로 썼을 가능성이 높고 이 책의 순서도 고려본기·신라본기·백제본기로 편찬한 것을 『삼국사기』에서는 신라본기를 앞에 서술하였을 가능성이 높다"고 한다. 아울러 김부식의 편찬 의도는 "역사를 통하여 정치적 교훈을 유교의 견지에서 주려는 것", "역사를 고문체로 쓰려는 것", 그리고 "고려왕조가 고구려를 계승했다는 서술을 신라의 계승 국가였음으로 바꿔 쓰려는 것"이었다고 했다.[402] 『구삼국사』와 『삼국사기』의 대비를 고구려 중심과 신라 중심으로 파악한 것은 김택균의 경우도 동일하였다.[403]

이 문제에 대한 옥명심의 견해는 북한학계의 시각을 잘 반영하고 있다. 특히 『구삼국사』 관련 논의에서 거의 김석형의 설명을 답습한 그는, 이른바 김부식의 '목적'을 간추려 제시하였다. 그에 따르면 김부식은 『삼국사기』를 편찬함에 있어서 거의 전적으로 『구삼국사』의 서술 체계와 방식 및 내용에 의존하면서도 다음 두 가지 주요한 목적을 추구하였다. 그 첫째는 "고구려를 중심으로 발전하여 온 세 나라의 역사적 사실을 객관적 입장에서 서술했던 『구삼국사』의 진보적 경향을 거세하고 신라를 내세우려는 것"이었고, 둘째는 "『구삼국사』

---

400) 鄭求福, 1992, 「高句麗의 '高麗' 國號에 대한 一考—三國史記의 기록과 관련하여」, (『何山鄭起燉敎授 停年紀念論叢—湖西史學』 19·20), 64~66쪽.
401) 鄭求福, 1993, 앞 논문 「高麗 初期의 『三國史』 編纂에 대한 一考」, 182쪽.
402) 鄭求福, 1996, 앞 논문 「三國史記 解題」, 541~543쪽.
403) 金澤均, 1993, 「史料集으로서의 三國史記」(『江原大學校 論文集—人文學研究』 31), 193쪽.

가 지향했던 민족자주적인 경향을 제거하고 봉건 유교적이며 사대주의적인 사상을 주입하려는 것"이었다.[404]

한편 이강래는 『삼국사기』의 개별 기사와 그것이 함유하고 있는 사료 가치의 문제는 편자 김부식의 구체적인 정치 현장에서의 행태 및 그의 사론에 반영된 현실 인식과 세심하게 구분할 것을 강조하였다. 물론 사실과 마찬가지로 사론에도 선행한 중국 사서의 사론을 토대로 한 것들이 적지 않지만, 그러한 사례는 우선 사론의 대상 사건이 가지는 유사함에 기인하는 것이며, 그와 함께 중국 중심적 유교주의 교양으로 무장한 고려 지식인들의 한계이기도 할 것이라 한다. 다시 말해 어떠한 역사 기록도 기술자의 현재적 제약에서 완전히 자유로울 수는 없다는 점에서는 사론도 예외가 아니기 때문에, 김부식의 정치적 현실과 그의 사론에 나타난 주요 관점 사이에는 긴밀한 유기적 관계가 개입되어 있게 마련이라고 판단하였다. 구체적으로 그는 『삼국사기』의 사론을 제도 관련 사론과 인물 관련 사론으로 대분하고, 전자에서는 凡例的 성격을, 그리고 후자에서는 忠孝的 포폄을 분석해냈다. 즉 신라본기에는 제도 관련 사론이 집중되어 있는데 그것은 『삼국사기』에 미비된 범례적 기능을 하고 있었고, 또한 김부식은 대부분의 고유 제도에 대하여 유교적 가치 기준에 따라 그 非禮를 지적하면서도 상당한 탄력을 허용하여 변호하고자 하였는데, 이 같은 제도 관련 사항들이 신라본기에 집중하여 있는 점을 들어 김부식의 역사 인식을 신라 중심적 혹은 신라 계승적이라고 하기는 어려운 측면이 있다는 것이다. 그런가 하면 인물과 구체적 사건에 대한 포폄의 기준은 두말할 나위없이 유교적 충효 논리였던바, 그로 인해 포폄의 대상이 되는 사건의 역사성이 주목되지 못하거나, 원칙의 지나친 경직성으로

---

404) 옥명심, 1993, 앞 논문 「『삼국사기』와 구『삼국사』의 관계에 대하여」, 48쪽.

말미암아 의도하지 못한 채 사실이 희생된 사례마저 발생했음을 논증하였다. 동시에 이러한 엄격성은 역시 김부식 자신의 정치 역정에서 유래한 자기 변호의 성격을 지닌다고 판단하였다.[405]

佐藤將之는 정치 사상의 측면에서『삼국사기』를 분석했는데, 그에 의하면『삼국사기』의 가치를 통괄하는 핵심 개념은 예론도 아니고 더구나 사대주의도 아니며, 그것은 바로 맹자 사상에서 깊은 영향을 받은 '仁義'라고 한다. 김부식에 있어서 '인의'의 실천은『삼국사기』기술의 기본 태도였을 뿐만 아니라 행동 규범으로서, 그는 서경 평정전에서 시종일관 '인의'의 실천에 관심을 기울였다고 보았다. 또한『삼국사기』의 서술 전체에 영향을 끼친 또 하나의 사상이 곧 도참설인데, 바로『구삼국사』가 도참설로 사상적 통일을 이룩하고 있었던 책이었을 것으로 추측하였다. 그렇다면『삼국사기』에 혼입되어 있는 정치사상의 층위는 첫째『삼국사기』를 구성하는 단편적인 각 국의 연대 기록과 설화에 포함되어 있는 사상, 둘째『구삼국사』가 편찬되었을 때 그 편찬의 사상적 밑받침이 된 도참설, 셋째 현존『삼국사기』가 편찬되었을 때 그 편찬을 지탱했던 인의사상으로 정리되는 것이다. 따라서 그는『삼국사기』편집의 중요한 목적이 "도참설로 통괄된『구삼국사』를 인의사상에 의해 재구성하는 것"에 있다고 하여, 기존의 연구자들이『삼국사기』의 가장 중요한 편찬 이유를 '김부식 자신의 신라계 문벌귀족으로서의 정치적 입장의 강화'에 있었다고 한 견해를 반박하였다.[406]

정천구는 독서층을 유념할 때『삼국사기』는 왕이나 상층 지배 계층에게 말하는 방식을 취하고 있다는 점을 발견하였다. 즉 "논찬을 통해 찬자는 왕에게 치세의 모범을 보여줄 것과 국가와 인민을 다스림

---

405) 李康來, 1994, 앞 논문「『三國史記』史論의 再認識」.
406) 佐藤將之, 1995,「『三國史記』政治思想의 硏究」(서울대학교 석사학위논문), 161~162쪽.

에 있어 지켜야 할 것들, 신하된 자들이 갖추어야 할 덕목들을 중점적으로 논의"하였고, "왕과 사대부에게 정치적 윤리를 제시하는 방식으로 서술한다는 것은 찬자가 왕을 비롯한 지배 계층에게 말하는 방식을 취하고 있음을 의미하는 것"이라고 주장하였다.[407] 김부식의 문장은 김택영의 포양 이전에 이미 이제현이 '東國四詠'의 하나로 꼽은 데에서,[408] 그리고 東坡 蘇軾을 모델로 작명한 그의 아버지 金覲의 여망대로 당대에 문명을 드날린 데에서 알 수 있듯이, 탄탄한 문학성을 획득하는 데 성공했을 뿐만 아니라, 현실 인식과 대안을 담아내는 데에서도 정곡을 잃지 않았던 것이다. "역사 발전에서 인간의 노력을 강조했다는 점"을 김부식의 역사관의 특징으로 설명한 정구복의 이해에는 그와 같은 현실 인식과 표현 방식의 적실함이 기저를 이룬다고 보아도 좋을 것이다.[409]

고경식도 김부식의 경우 시가 지니는 미적 구조나 예술성보다는 풍간이나 교화 등 인식 구조나 효용성을 중요시하고 있다 하고, 이러한 점은 문인이자 정치가로서 현실에 직접적으로 참여했던 그의 삶과도 맥이 닿아 있다고 보았다. 또한 韓愈를 중심으로 한 중국의 古文運動을 적극 수용하여 새로운 산문 정신을 구축하고자 했으며, 그 대표적인 성과가 『삼국사기』의 경우 「진삼국사기표」와 열전이었다고 했다.[410] 이종문은 이와 관련하여 "김부식의 『삼국사기』가 고려 전기 유교적 윤리관과 교훈주의 사관의 산문적 구현이라면" "김부식의 시들은 『삼국사기』에 상응하는 유교적 윤리관과 교훈주의의 시적 구현에 해당하

---

407) 丁天求, 1996, 「三國遺事 글쓰기 방식의 특성 연구-殊異伝·三國史記·海東高僧傳과의 비교를 통해」(서울대학교 석사학위논문), 111~113쪽.
408) 成範重, 1996, 「金富軾 古事의 詩的 變容과 傳承-「東國四詠」 연구의 일환으로」(『울산어문논집』 11).
409) 鄭求福, 1997, 「中世史學의 性格」(『于松趙東杰先生停年紀念論叢Ⅰ-韓國史學史研究』, 나남출판), 107쪽.
410) 高敬植, 2001, 앞 논문 「金富軾의 文學的 考察」, 112~116쪽.

는 것"이라 했다. 아울러 그는 김부식의 시들에서 "문화의 이상적 典範을 중국에서 구함으로써 이 시대에 이미 심화되어 있었던 모화적 세계관에 근거한 用夏變夷의 문화 의식을 드러내고 있음"을 분석하고, "중국 문화를 바탕으로 고려 문화를 선진 문화로 개혁하려는 것은 김부식이 지녔던 문화 의식의 매우 중요한 국면이었음이 분명하다"라고 결론하였다.411)

이처럼 『삼국사기』에서 읽어낼 수 있는 찬자의 인식에 있어서도 다양한 분석의 시각이 동원되면서 성과가 축적되는 가운데 비교적 편찬 당대의 조건과 인식 범주를 중시하려는 온당한 경향이 짙어지고 있는 것을 알 수 있다. 예컨대 조이옥은 김부식의 모화주의는 사대적 발상에서 비롯된 것이라고 보기는 어려우며, 당시 시대 상황에서 모화주의는 문화의 유교화를 통해 문화적 자긍심을 고취할 수 있는 방안이었다고 하였다. 따라서 "삼국 문화의 유교화는 중국에 사대하기 위한 것이 아니라, 문화의 유교화를 통해 국가 권위의 확립과 문화의 자긍심을 고취하기 위한 하나의 방편이었던 것"이라고 말하고 있는 것이다.412) 최치원을 예로 든다면, 문화 의식에 있어서 중국 중심적 사유에 경도되었으면서도 신라 고유의 역사 인식을 견지하고 있는 것을 보거니와,413) 12세기 고려를 진단함에도 역시 전통시대 지적 교류와 수용의 추이를 헤아려 경직된 평가에 고착되는 것을 경계해야 할 것이다.

마찬가지로 김부식을 주목한다 할 때에도 그의 이른바 유교사관에 한정하지 않고 구체적인 삶의 굴곡과 다양한 지적 환경을 함께 고려해야 균형 있는 이해를 획득할 수 있다는 생각도 크게 공감을

---

411) 李鍾文, 2001, 「金富軾의 詩 世界」(『정신문화연구』 82), 65~79쪽.
412) 조이옥, 1998, 「『三國史記』에 나타난 金富軾의 國家意識」(『東洋古典硏究』 11), 235~236쪽.
413) 김엽, 1997, 「『崔文昌侯全集』에 보이는 歷史認識과 史料의 價値」(『세명논총』 6).

얻어왔다고 평가할 수 있겠다. 이러한 시각은 최병헌의 제안 속에 간명하게 요약되어 있다. 그는 기왕의 논의가 김부식의 사학이 유교사관이라는 전제 하에서 그 성격 문제에 국한된 논란으로 시종하여 구체적인 내용 검토의 노력보다는 가치 평가에 급급했음을 지적한다. 그러므로 "김부식의 사관과 역사 서술 방법은 그의 정치가이자 관료, 한문학자이자 유학자, 시인이자 문장가로서의 입장이나 의식 세계와 무관할 수 없는 것임을 유의할 필요가 있다" 하고, "김부식의 학문과 사상에 대한 문사철 통합의 인문학으로서 접근이 이루어져야 할 것"을 주장하였다.414) 구체적인 실례로서 김부식과 윤언이의 대립은 그들이 찬술한 靈通寺의 「大覺國師碑文」과 雲門寺의 「圓應國師碑文」을 분석해 볼 때, 불교에 대한 입장의 차이에서 기인하였음을 읽어낼 수 있다는 것이다.415)

물론 근자에도 초기의 연구자들에게서 발견되는바 현재적 관점의 평면적 강요에서 말미암은 편견이 일소되지는 않았으므로, 이 문제를 전일하여 논정하는 것은 아직 이르다고 하겠다. 예컨대 문경현은 "『삼국사기』는 정식으로 史館에서 史官들에 의해 편찬된 사관제도하의 편찬인 관찬 사서가 아니다. 이것은 인종의 명을 받아 김부식 개인이 찬수한 사찬서이다"고 극언하면서,416) 고구려에서 고려로 이어지는 정통을 부인하는 것은 물론 신라의 정통을 강조하기 위해 사실의 조작과 『구삼국사』의 인멸을 기도했다고 한다. 이희진 역시 고구려와 백제사의 주요 사실의 은폐와 함께 신라의 행동을 정당화하려는 의도가 구체적인 기사 가운데 반영되어 있다고 보았다.417) 또한 두 사람은

---

414) 崔柄憲, 2000, 「문학·사학·철학 통합의 방법과 사학연구(上)-金富軾의 史學과 人文學 傳統의 재인식」(『(서울대)인문논총』 43), 225~226쪽.
415) 崔柄憲, 윗논문, 237~239쪽.
416) 文暻鉉, 1997, 앞 논문 「『三國史記』의 正統論」, 131~132쪽.
417) 李熙眞, 1997, 「『三國史記』의 신라편향적 성향과 기사서술-百濟-新羅 관계기사를 중심

모두 고구려의 국호 개정 사실을 김부식이 삭제 혹은 은폐했다 하여 정구복의 견해에 동의하였다. 정구복은 백제본기에서 광개토왕을 일러 '高句麗王談德'이라 한 것에 대해서까지 "김부식은 이름 뒤에 오는 '왕'자를 생략하여 비하하는 명칭으로 인식하고 기록했다고 생각"하는 것처럼[418] 시종 김부식 개인의 출신과 정치적 입장을 유의한다. 현명호의 말을 빌면 김부식은 "옛 고구려를 동경하며 그 옛 영토를 회복하고 그와 같은 강대한 나라로 발전할 것을 바라는 인민들의 민족적 염원을 금나라에 대한 사대의 입장에서 무참히 짓밟은 자"였고, "김부식이 우리나라 역사에서 발해사를 배제한 데는 그가 신라왕실의 후손의 한 사람이었다는 사정이 또한 크게 작용한 것"이라 한다.[419] 그러나『삼국사기』의 제반 문제가 김부식 개인의 그것으로 전락하여, 그 때문에 "신라 편향적으로 역사를 서술하고 사대 사상을 고무 찬양하는 행위야말로 민족을 배반하는 반민족적 행위"[420]라는 식의 위험하고도 미숙한 이해가 그치지 않는다면, 깊이 우려하지 않을 수 없는 일이라고 생각한다.

사실 독자들은『삼국사기』의 질과 양에서 모두 신라 관련 내용의 우월함을 발견하는 데 어려움을 갖지 않는다. 문제는 그것이 김부식의 개인적 호·불호나 정치적 의도 혹은 부당한 사실 왜곡에서 연유한 것인가 아닌가에 있을 뿐이다. 그러므로 김부식이 고구려와 백제와는 달리 신라의 국가제사에 天地祭祀가 없음을 적기한 이유를 "삼국 중에서 신라만이 중국에 대한 제후국으로서의 예의 규범을 잘 지켰음을 강조하려는 의도"로 추정하는 채미하의 이해 방식도 숙고할

으로」(『韓國古代史硏究』12).
418) 정구복 편, 2000, 앞 책『새로 읽는 삼국사기』, 121쪽.
419) 현명호, 1992,「발해를 배제한『신라에 의한 삼국통일론』이『삼국사기』에 정착된 경위」(『력사과학』2), 54~55쪽.
420) 趙萬洙, 2002,「三國史記 史論 硏究」(전북대학교 석사학위논문), 38쪽.

대상이다.[421] 즉 이것이 특정 의도에 걸맞게 관련 자료를 훼절할 정도의 폭력적 조작인가, 자료 현황과 당대의 가치관에 충실한 위에서 귀일하게 된 보편적 의미 부여의 일단인가를 준별해야 옳다고 믿는다. 견훤의 출신지 문제를 검토하면서『삼국사기』에 상주출신설만이 채택된 배경을 헤아리는 가운데 "후삼국의 쟁패 과정에서 궁극적으로 왕건이 승리할 수밖에 없다는 사실을, 자신의 윤리적 합리주의 사관으로써 입증할 필요성이 김부식에게 있었으리라"고 한 변동명의 판단도 다르지 않을 것이다.[422] 다시 말해 그는 김부식이 "태봉과 후백제는 그처럼 신라인으로서 신라에 반역한 궁예와 견훤에 의해 세워진 반역자의 나라이기 때문에, 패망할 수밖에 없는 운명임을" 강조했다고 보고 있는바, 이것은 찬자가 두 나라의 멸망에서 그와 같은 의미 부여의 적실함을 발견한 것이라고 보아야 할 것이므로, 역으로 그와 같은 의미 부여를 의도한 사료의 훼절과는 구별해야 옳다고 생각하는 것이다.

요컨대 찬자의 인식 문제 역시 오직『삼국사기』를 매개로 하는 논의 범위를 벗어날 수 없는 것이라는 조건 혹은 한계를 직시할 필요가 있다. 이를 인정한다면 일부 연구자들이『구삼국사』에 상대적 신뢰를 보내는 것은 다시 말하거니와 '잃어버린 것에 대한 편애'에 지나지 않는다. 적어도 현단계 연구 조건에서『삼국사기』에 대한 절제된 사료 검토 의욕을 방해하는 피난처가『구삼국사』의 정황적 실재가 되는 상황은 소망스럽지 못한 것이다.

이 문제는『삼국유사』에도 해당된다. 즉 외양으로만 볼 경우『삼국유사』는 그 서술의 양에서『삼국사기』보다도 훨씬 더 신라 편향적인 것처럼 보인다. 그렇지만 신라의 전통과 신라인들의 인식 및 그들에

---

421) 蔡美夏, 1998, 앞 논문「『三國史記』祭祀志 新羅條의 分析」, 193~196쪽.
422) 邊東明, 2000, 앞 논문「甄萱의 出身地 再論」, 53~54쪽.

의해 작성되고 변형된 자료를 토대로 할 경우,『삼국사기』이든『삼국유사』이든 심지어『구삼국사』나 그를 포함한 다종의『고기』이든 자연스럽게 신라 위주의 내용이 되고 말 것이다. 다시 말하여 편찬 과정에 확보된 자료들은 상당 부분 이미 신라적 편향에서 자유롭지 못한 것들이었다. 그러므로 이러한 경향을 찬자들의 의도로 규정하는 것은 바람직하지 않다. 이 문제와 관련하여 적지 않은 이들이『삼국사기』를 쓴 김부식이 경주 출신 지식인이라는 데에 혐의를 두고 있기도 하지만, 그렇다면 경주부 장산군 출신의 一然 역시 이러한 혐의에서 벗어날 수 없을 것이다. 그러나 그러한 논리는 우리 고대 역사와 문화의 보고를 이루는 두 책에 대한 진지한 성찰이 결여된 것이며, 혹시 이러한 성급한 이해가 경박한 현재주의에 의해 오염된 오류는 아닌가 우려하는 것이다.[423]

8. 사서적 위상

『삼국사기』는 삼국의 역사를 겨냥한 것이지만, 그것은 12세기 고려 지식인들의 지적 환경의 산물이기도 하다. 그 때문에 편찬을 총괄한 김부식의 관점을 읽어낼 필요도 널리 공감되었던 것이 사실이다. 이런 자각을 토대로 그 편찬의 배경에 대한 논의를 점검하고 사학사적 위상을 가늠해 보고자 한다. 다만 역사서라는 본질을 전제로 하는 이상 그 자료로서의 측면에 주안할 수밖에 없겠다. 다시 말해 이규보가 "김부식이 국사를 중찬할 때 자못 그 일을 간략히 한 것은 그는 국

---

423) 이강래, 1998,「『삼국사기』의 정당한 이해를 위하여」(『삼국사기』I, 한길사), 43~44쪽.

사란 세상을 바로잡는 책이므로 지나치게 기이한 일을 후세에 보이는 것은 옳지 않다고 생각하여 생략했던 것이겠다"라고 한 것은 비록 동명왕 관련 전승에 한정한 지적이지만,『삼국사기』의 자료로서의 한계로 비쳐질 수 있다. 즉『삼국사기』에 익숙했던 이규보가『구삼국사』를 접하고 동명왕에 대한 서사시를 짓고자 고무되었다면, 그것은 적어도 동명왕과 같은 민족 영웅담에 있어서『삼국사기』가 설득력과 감동을 전하는 데 얼마간 결함이 있다는 것을 인정해야 할 부분이다. 마찬가지로『삼국사기』를 삼국의 '본사'로 존중했던 일연이 이민족의 폭압 아래 크게 왜곡된 민족사의 현실에서 체득한 각성이『삼국유사』에 스며있다면, 그것은 '유사'라는 표제처럼 단순한 겸양만은 아닐 수도 있는 것이다.

크게 보아 조선시대 지식인들의『삼국사기』관 역시 원전으로서의 비중을 인정하는 것과는 별개로 그다지 우호적이지 않았다. 특히 그들은『삼국사기』의 '사실'보다는 김부식의 '사론'에 더욱 가혹한 질타를 서슴지 않았다. 다만 그것은 고려와 조선의 왕조 환경 차이에서 비롯된 것들이 대부분이라는 점에서 본질을 잠시 비켜난 것이기도 하다. 예를 들어 유교적 예의범주를 일탈했다거나 모화의식이 크게 부족하다거나, 혹은 비현실적 내용을 절제 없이 수록했다거나 하는 비난이 김부식과『삼국사기』에 쏟아졌다. 실제 김부식의 의도가 스며든 사론의 현실 대안은 고려라는 시대 환경을 떠난 순간 거의 모든 범위에서 현실성과 설득력을 상실하고 말았던 것이다. 여기에 더하여 자료 수집의 부실이 함께 지적되었다. 크게 보면 李克墩의『東國通鑑』서문, 徐居正의「進東國通鑑箋」, 吳澐의『東史纂要』, 安鼎福의「東史問答序」등에 담긴 비판들이 이러한 기조에서 벗어나지 않는다고 하겠다.

아울러『삼국사기』편찬자들은 삼국간의 형식적 균형을 고려한 나머지 각 본기 및 편목별로 중복된 서술을 한 경우가 적지 않은바, 조선 초 지식인들에게는 이 점 역시 비판의 대상이 되었다. 다시 말해 편년체 통사를 주로 편찬하던 조선 초 식자들의 눈에는 『삼국사기』의 번다하기만 한 형식적 체제가 우선 비판의 과녁이 되었던 것이다. 예컨대 권근은 "고려조에 와서 김부식이 凡例는 馬史에서 모범을 취했으나 大義는 간혹 麟經에 어그러지는 점이 있게 되었으며, 더구나 한 가지 일의 시말을 그대로 다시 여기저기에 쓴데다가, 方言과 세속의 말들이 서로 섞이고, 훌륭한 정치와 아름다운 정책들은 전하는 것이 드물며, 나라별로 책을 만들다보니 사람들이 참고하기 어렵게 되었다"고 하였다.424)

자국사에 대한 자각에 눈뜨고 중화주의적 세계관을 극복하게 된 실학자들 또한 당연히 『삼국사기』에 만족할 수 없었다. 그 곳에는 민족사에 대한 자존 의식도 없었고, 단군의 자취도 발해의 역사도 없었던 것이다. 이처럼 『삼국사기』는 오직 삼국을 대상으로 한 역사이다. 이 때문에 고조선을 필두로 삼국 이전의 민족사는 배제되었다. 통일기 신라시대 민족사의 또 다른 줄기를 담당한 발해 역시 고려되지 않았다. 또한 가야의 사적도 정당한 대우를 받지 못했다. 그러므로 고려 이전의 민족사 체계가 제대로 파악되었다고 할 수는 없다. 이런 맥락에서 柳得恭은 삼국의 역사와는 별도로 통일기 신라와 발해가 병존했던 '남북국사'를 편찬하지 않은 고려 사람들의 책임 문제를 제기하였다.425) 이는 뒷날 박시형과 이우성에 의해 깊이 검토되었다.426)

이렇게 살피다 보면 근대 역사학 이전에 이미 『삼국사기』의 사서적 위상과 관련한 논의의 소재가 대강 드러났다고 생각된다. 즉 자료

---

424) 『東文選』 44, 表箋 「進三國史略箋」.
425) 柳得恭, 『渤海考』 序文.
426) 박시형, 1962, 「발해사 연구를 위하여」(『력사과학』 1) ; 李佑成, 1975, 「南北國時代와 崔致遠」(『創作과 批評』 10-4).

의 문제와 체제의 문제, 그리고 인식의 문제가 그것이다. 그리고 주의할 것은, 이들 문제는 모두 12세기라는 편찬 시기의 제반 조건을 배경으로 음미되어야 한다는 것이다. 그렇다면 편찬 당시 참고할 수 있는 문헌이 주로 신라인의 손을 경유한 것들이었으며, 고구려와 백제의 경우에 중국 사서의 기록들을 轉寫하는 일이 적지 않았던 것도 두 나라의 관련 사료가 "거의 인멸 산일된 조건에서 그 많은 공백을 채우기 위하여 불가피한 일"이었다고 생각하는 것은 일단 자료의 측면에서 온건한 견해이다.[427] 또한 리상호가 이른바 중국 정사와 『삼국사기』 기록과의 모순은 김부식의 책임이 아니라 삼국시대 사가들의 자국사 편집 방향에서 기인한 것이라 한 지적도 이의 연장에 있다.[428]

그러나 체제의 문제는 『구삼국사』의 그것을 어떻게 보느냐에 따라 논의가 비상히 번지는 것을 이미 확인했듯이 단순치 않다. 즉 말송보화나 고병익 등이 주안한 바 기전체에 입각한 정비라는 의의는 전중준명이나 김석형·정구복 등에게 수긍되지 못하고 있는 것이다. 다만 역사서 편찬의 방식이 관찬에서 사찬으로 이행했다고 하는 역사적 추세에 주목한 정상수웅의 견해는 다소 특이하다. 그에 따르면 『삼국사기』가 형식적으로는 관찬인데도 실질적으로는 편찬보조에 최하급의 관인이 그를 보좌했을 뿐이었고, 편집의 전책임은 김부식 한 사람에게 맡겨져 있었다는 것이다.[429] 대부분의 연구자들이 김부식의 역할을 전체 편찬의 대강과 원칙을 세우고, 사론 및 그에 준하는 부분을 집필하는 데 그쳤을 것이라고 보는 것과는 판이한 것으로서, 문경현이 『삼국사기』는 "김부식 혼자서 편찬한 것이다"라고 단언하고 있는 것과 상통한다.[430]

---

427) 고전연구실, 1958, 앞 책 『삼국사기』 상, 3쪽.
428) 리상호, 1966, 「진국사연구에서 제기되는 몇 가지 문제」(『력사과학』 6), 15쪽.
429) 井上秀雄, 1980, 『高麗時代の歷史書編纂』(日本文化研究所 研究報告 16).

어느 경우라 해도 사론은 김부식의 역사 인식을 지시하는 1차 재료로 간주해도 좋을 것이다. 그런 의미에서 개별 기사의 원전으로도 중시된 『자치통감』을 계기로 중국에서도 사론이 성황을 이루고 고대사 연구가 유행한 점은 주목해야 하겠다.[430] 대체로 『자치통감』은 『삼국사기』 찬진 이전에 고려에 입수되어 있었을 것으로 보고 있다.[432] 그렇다면 당시 고려에 들어와 있던 중국의 사서들은 『삼국사기』의 편찬 및 그 체제와 지향의 설정에 영향을 주었을 것이나, 동시에 이러한 과정에서 완정된 형태의 독자적인 사서 편찬의 필요성과 의욕이 발로되기도 했다고 보아야겠다. 예컨대 재미슨은 7세기 나·당전쟁 기사를 비교 검토하면서, 신라가 唐世界의 일원이 되겠다는 결정은 신라의 자주적인 결의에 기초했다는 것, 뿐만 아니라 이것은 김부식의 자주적인 편사적 태도를 또한 증명한다는 것을 지적하였다. 즉 그는 "김부식은 중국 사서를 비판하여 '詳內略外'라 했으니 이 경우를 통하여 그는 이 결함을 훌륭하게 교정하여 준 것이다"라고 결론하였던 것이다.[433]

　김부식은 숙종 초년에 과거에 급제하여 입사하였다. 숙종은 李資義의 난을 딛고 즉위하여 외척의 발호에 의해 약화된 왕권을 강화하기 위해 일련의 조치를 취했다. 따라서 남인국은 김부식 형제가 중앙 정계로 진출할 수 있었던 배경으로서 "중앙에 이미 자신들의 지위를 구축하고 있던 인물들을 견제하면서 왕권을 강화해가려는 숙종의 정치적인 의도에서 비롯된 것"으로 보았다.[434] 이것은 김부식의 정치적 역정과 그의 현실 인식의 조응을 염두에 두어 주시되어야 할 것이다.

---

430) 文暻鉉, 1997, 앞 논문, 132쪽.
431) 李啓明, 1998, 「『資治通鑑』 硏究」(『全南史學』 12).
432) 權重達, 1979, 「資治通鑑의 東傳에 대하여」(『(중앙대)文理大學報』 38).
433) 존·씨·재미슨, 1969, 앞 논문 「羅唐同盟의 瓦解」, 10쪽.
434) 南仁國, 1983, 「高麗 肅宗의 卽位過程과 王權强化」(『歷史敎育論集』 5), 139쪽.

탁봉심도 개인의 사상을 시대의 지향과 조류 속에서 점검하는 방식에 충실하였다. 그는 「동명왕편」이나 『삼국유사』가 『삼국사기』의 역사 인식에 대한 반발에서 출현했다고 한 김철준의 이해를 겨냥하여[435] "『삼국사기』의 편찬 목적 가운데 자기 역사를 재인식시키고 역사 사실의 기록에서 권계를 찾으려고 했던 점은 이규보의 역사의식과 상통"하며, "그러므로 이규보의 「동명왕편」을 『삼국사기』적 역사 인식에 대한 반발에서 나왔다고 하기보다는 김부식이 찬술했던 인종대와 명종 말기의 시대적 배경의 차이에서 비롯된 역사 의식의 상이점에서 파악해야" 옳다는 생각을 피력하였다.[436]

물론 동시기에도 상이한 사상적 조류가 갈등하면서 공존할 수 있다. 김남규의 지적처럼 인종대의 서경천도운동을 주도한 이들은 풍수지리·도참설의 신봉자들로서, 단순히 정치적 의도에서 그러한 사상을 이용한 데 그치는 것이 아니었으므로,[437] 그러한 신비주의적 사고는 당대에 만연했던 거대한 지적 조류의 하나라고 해야 옳은 것이다. 그렇다고 하여 칭제건원론과 금국정벌론 등 그들의 정책 대안이 실천 의지와 실현 가능성을 대유한 것이었다고 볼 수는 없다.[438] 마찬가지로 인종대의 정치 현상에서 유교적 관료 체제를 토대로 한 왕권 강화의 입장에 서서 활동하는 세력과 전통적인 제 사상 경향을 수용하는 귀족들과의 갈등을 진단하고 있는 김용곤은, 이 두 세력을 유교적 실천성에 중심을 둔 측과 실천성의 심성적 추구라는 점에서 불·도교화의 융화적인 성향을 지닌 측으로 규정하였다. 다만 그가 두 세력의 대표자로 지목한 김부식과 윤언이의 대립 축은 인종대 정치 현상

---

435) 金哲埈, 1976, 앞 논문 「高麗中期의 文化意識과 史學의 性格」(초간은 1973), 64~65쪽.
436) 卓奉心, 1984, 「「東明王篇」에 나타난 李奎報의 歷史意識」(『韓國史硏究』 44), 102쪽.
437) 金南奎, 1985, 「高麗 仁宗代의 西京遷都運動과 西京叛亂에 대한 一考察」(『慶大史論』 창간호), 9쪽.
438) 南仁國, 1990, 「高麗 仁宗代 政治支配勢力의 性分과 動向」(『歷史敎育論集』 15).

을 이해하는 데 포괄적 유효함이 논증되기도 했지만,[439] 두 사람의 갈등을 불교 입장의 차이로 설명한 최병헌의 시각을 고려하여 숙고할 문제이다.[440] 여하튼 김용곤이 김부식의 입장을 일러 "유교적 관인층이 마땅히 지녀야 할 본연의 자세에 충실하려는 것으로서 이른바 국왕에 충성하려는 관료로서의 자세 그것"이라 한 점은 『삼국사기』의 당대 위상을 이해하는 데 하나의 유력한 시각을 제공하였다.[441]

임형택은 『삼국사기』에 대한 혹평의 착종을 예리하게 지적하였다. 예컨대 權近 같은 유학자는 '方言俚語를 전부 뜯어고치지 않았다'는 점을 들어 비난을 퍼부었으며, 順庵 安鼎福 같은 실학파 역사가도 신이한 사적을 많이 수용하고 있기 때문에 '荒雜'하다고 못마땅하게 여겼거니와 "근래 일부 역사학자 및 민속학자들로부터 『삼국사기』는 보다 俚俗하지 못한 것으로 타박을 받고 있다"는 것이다. 이것은 명백히 평가자의 현재적 조건의 부당한 강요일 것이다. 따라서 '方言俚語'를 그대로 쓴 것은 '失實'을 범하지 않으려는 '記實'의 태도이며, 반면 '漢化'가 생활상의 진실을 왜곡시킨 방향 즉 '失實'을 범한 쪽이라면 그것은 옳지 않지만, 그러나 한자 문화권에 있어서의 보편성을 취득한 것이라면 그것은 역사적으로 긍정되어야 마땅하다고 본다. 그는 이처럼 "『삼국사기』에 대한 봉건학자들의 평가는 몰주체적 편견에서 나온 것이고 근대 학자들의 평가는 국수적 편견에서 나온 것이다"라고 파악하면서 "『삼국사기』는 기왕의 들쭉날쭉한 기록들을 기전체라는 보편적 양식에 맞추어 주조한 것이다. 말하자면 개성적 내용과 보편적 형식의 결합인 것이다"라고 결론하였다.[442]

---

439) 金秉仁, 1995, 「金富軾과 尹彦頤」(『全南史學』 9).
440) 崔柄憲, 2000, 앞 논문, 230쪽.
441) 金鎔坤, 1989, 「高麗時代 儒教官人層의 思想動向-文宗~忠肅王期를 中心으로」(『國史館論叢』 6), 80쪽.
442) 林熒澤, 1989, 앞 논문 「『三國史記·列傳』의 문학성」, 22~24쪽.

이기백은 일찍이 관찬 사서를 중심으로 유교의 도덕적 합리주의 사관이 풍미하게 된 풍조에 대항하여 출현한 것이 『삼국유사』라고 했으므로[443] 일견 김철준의 이해를 선구한 것이 되겠으나, 기왕의 전거를 무시하고 편찬자들이 사실을 날조하여 기록해 넣는 따위의 일은 결코 없었을 것이라고 한 점에서는[444] 고병익의 판단에 동의하고 있는 셈이다. 김철준은 경주계 김부식 일파에 반발하는 묘청난이 일으켜 온 정치사회의 파동과 사상적 갈등을 정리하려는 목적에서 편찬된 것이 『삼국사기』였다고 보았다.[445] 정구복은 『삼국사기』가 설화나 전설적인 내용이 역사로 기술되던 것을 배격했으며, "이러한 서술 방법의 진전은 초인적인 신비의 힘이 역사에 작용한다고 보던 고대적인 역사관으로부터 민간 중심적·현실 중심적 중세 사학의 역사관으로의 변화를 가져왔음을 뜻한다"라고 정리한 점에서는 사관의 발전이라는 측면에서 이기백의 견해를 강화한 셈이다.[446]

사실 『삼국사기』가 단순한 하나의 사료집이 아닌 이상 『삼국사기』 편찬 주체들의 일정한 역사 인식의 개입과 그에 따른 사료의 취사선택 과정은 적어도 편찬 기술의 문제에서 반드시 비난의 대상이 된다고는 볼 수 없으며, 오히려 필요한 작업이기도 할 것이다. 신형식이 견지하고 있는 바는, 『삼국사기』에는 역사를 국민의 교화와 계몽의 수단으로 이해하는 위에 강렬한 국가 의식과 자아 의식이 강조되어 있으며, 김부식이 강조한 유교적인 예법과 덕치주의에 입각한 명분론도 당시 국제 정세 속에서 고려의 생존과 자립을 위한 투철한 자각을 해치는 것으로 보지 않는다는 것이다. 따라서 그의 경우 『삼국사기』는

---

443) 李基白, 1973, 앞 논문 「三國遺事의 史學史的 意義」.
444) 李基白, 1976, 앞 논문 「三國史記論」.
445) 金哲埈, 1985, 「李奎報 '東明王篇'의 史學史的 考察-舊三國史記 資料의 分析을 중심으로」 (『東方學志』 46·47·48), 70쪽.
446) 鄭求福, 1991, 앞 논문 「金富軾」, 132쪽.

군주의 도리와 정치사상으로서 유교 덕목과 가치 규범을 제시했던바, 그것은 덕과 인을 바탕으로 하고 덕치주의와 충과 의를 기본으로 하는 충의사상이었다.[447]

"『삼국사기』의 편수 목적은 '鑑古戒今'에 있다"라고 한 최영성은 '鑑戒'에 목적을 두게 되는 유교사관에서는 垂訓的 기능이 없는 역사 서술은 생명력을 상실한 것이라 한다. 따라서 "유교사관에서는 일정한 주관에 따라 史實을 비판적으로 인식하고, 또 어떠한 목적 의식에 따라 사료를 취사선택하여 연대순으로 배열하는 것 그 자체가 바로 역사 서술의 성격을 갖는 것"이라고 하였다.[448] 아울러 "전통 사학의 경우, 국사 편찬은 유교적 정치 이념의 구현 수단으로서, 지배자 철학이며 국가 우선의 정치 규범이기 때문에, 기층 사회의 문화와 입장이 반드시 반영되는 것만은 아니다"는 점을 확인한다. 또한 그럼에도 불구하고 『삼국사기』에는 다소 의외일 정도로 不可信的인 것의 원형이 남아 있다고 하면서, 이를 통해 "김부식이 유교사관에 입각하면서도 극단적인 내세 관념이나 귀신, 신비주의 성향을 띤 것을 제외하고는 될 수 있는 대로 채록하려고 노력했음을 짐작"할 수 있으므로 "그가 그만큼 우리의 오랜 전승에 애착심을 갖고 있었다고 보는 편이 타당할 것이다"라고 하였다. 그에 따르면 '『삼국사기』는 고려 전반기를 대표하는 기념비적인 사서'로서 "단순히 질적·양적으로 이전 사서들의 한계를 극복한 것이 아니라, 유교사관에 입각하여 유교적인 역사 서술을 우리나라 전통 사학의 주류로 정착시킴과 동시에, 사학 발전의 방향을 제시함으로써 鮮初 이후『고려사』등 대표적인 역사서에 선구적인 역할을 다한 사서인 것"이다.[449]

---

447) 申瀅植, 2001, 앞 논문「金富軾의 生涯와 思想」, 26~34쪽.
448) 최영성, 1991,「三國史記의 歷史觀과 儒學史的 意義」(『韓國哲學論集』1), 12~14쪽.
449) 최영성, 윗논문, 31쪽.

좌등장지는 『삼국사기』의 문헌적 구성이 『春秋左傳』의 그것과 유사함을 구명하고, 김부식의 사대관은 『좌전』과 『맹자』의 혼합으로 파악되나 군주에 대한 충성의 문제에서 보이는 『삼국사기』의 경직성에 대해서는 '서로 적국이었던 각 국을 遊說할 수 있었던 맹자시대의 사회 환경'과 '묘청의 난이라고 하는 국가 분열의 위기를 해결한 지 얼마 안되는 상황에서 국가에 대한 충성이 강력히 요구되었던 당시 고려의 사회 환경'의 차이를 고려할 수 있겠다고 하였다.[450] 나아가 그는 "『구삼국사』가 도참설에 의해 사상적 조화가 유지되고 있는 것도 사실은 고려시대까지만 해도 당시의 위정자에 있어서 '天意의 法則性'이 여전히 중요했기 때문이라고 생각할 수 있다. 이러한 사상적 분위기에 대해 '仁義'라고 하는 덕목의 법칙성을 내세워서 고려 통치층에게 유가적 가치의 중요성을 제기한 사람이 바로 김부식이었다"고 선언한다. 특히 김유신전에서 김유신의 발언을 빈 김부식 자신 사상의 토로를 직감하는 그는 이를 "묘청을 비롯한 도참설 신봉자들에 대한 仁義의 수호자 김부식의 '사상적 승리 선언'이었다고 해석"함으로써 앞에 정리한 바와 같이 『구삼국사』와 『삼국사기』의 대비쌍을 도참사상과 인의사상으로 제시했던 것이다.[451] 또한 그가 "김부식은 자신이 겪은 '묘청의 반란'이라고 하는 역사 사건의 귀추도 『삼국사기』 서술을 통괄하는 '仁政의 유무→국가흥망의 成否'의 법칙성에 해당된다고 믿고 있었다"라고 한 이해는 "김부식에게 있어 묘청은 고려에서 그것을 따랐다면 화가 미치고 고구려와 같이 나라가 멸망되었을 정책을 주장한 죄인이었다"라고 한 슐츠와 공명하는 대목으로서 주목할 일이다.[452]

이처럼 좌등장지가 '반역에 의한 국가 위기'라는 당대 상황을 들

---

450) 佐藤將之, 1995, 앞 논문 「『三國史記』政治思想의 研究」, 84쪽.
451) 佐藤將之, 윗논문, 155~157쪽.
452) Edward J. Shultz, 1991, 앞 논문 「金富軾과 『三國史記』」, 15쪽.

어 『삼국사기』에 보이는 군주에 대한 충성의 경직성을 지적한 것은 일견 김용곤이 김부식의 입장을 '국왕에 충성하려는 관료로서의 자세'라고 단언한 것과 동궤에 서는 것으로, 김부식과 그의 인식이 스며 있는 『삼국사기』의 사상성을 이해하는 데 범상히 넘길 수 없다. 그러나 이혜순이 발견한 김부식의 유교관은 이와 다르다. 그는 "김부식 역시 진정한 효는 부모에게 불의가 돌아가지 않도록 하는 것이지만, 여의하지 않을 때에도 극단적인 행동의 자제를 중시한 점에서 그는 확실히 공자의 충실한 후계자"였으며, "충도 효와 마찬가지로 김부식은 이것을 일방적이고 절대적인 이데올로기로 간주하지 않았다. 충 윤리는 임금과 신하 사이에 전적으로 신하에게 부과된 것이기는 하나 역시 국왕의 올바른 태도에 의해서만 실현되는 것이다"라고 하여, 김부식의 역사 의식이 확실히 이성적이고 합리적인 사고에 바탕을 두고 있다 하였다. 특히 "김부식이 여성 열전에서 강조한 신의는 단순한 열 윤리의 강조는 아니라는 점에서, 특히 신의를 통해 부도덕하고 식언하는 상층에 대한 강력한 경고를 하고 있다는 점에서, 이것은 왕과 신하간의 신의를 중시하는 문벌 귀족 자신들의 입장을 대변하는 것"이라는 지적은 깊이 유의해야 한다. 이리하여 이혜순은 "『삼국사기』의 저술은 김부식이 이자겸의 문제, 묘청 토벌, 윤언이·정지상 등과의 갈등으로 점철되었던 생애의 만년에, 과거와는 달리 화해와 협력을 중시하는 보다 성숙된 국가관·인간관 위에 기술된 것이다"라고 하고, 김부식의 유교정신은 관념적이고 편협된 것이기보다 실천적이고 합리적이었다고 결론하였다.[453]

실천성과 합리성은 김부식의 문학을 논의하는 데에서도 공유되고 있는 성향이었다. 고경식은 김부식의 "작품 전반에 걸쳐 지나친 수사

---

453) 이혜순, 1996, 앞 논문 「김부식의 여성관과 유교주의」, 9~12쪽.

의식이 완전히 배제됨으로써 조탁의 흔적이 보이지 않는 질박한 표현으로 일관"되고 있으며, "김부식이 본받고자 했던 중국의 고문 운동은 문학을 經世濟民의 수단으로 생각하는 문학관을 가지고 있었으며, 이른바 문학을 道를 실현하는 수단으로 보는 公理主義의 성격을 짙게 가지고 있었다"라고 지적한다.454) 따라서 그의 시문에 대한 고려 및 조선시대의 평가는 대체로 정지상과 대비시켜 寫實主義的 문풍으로 거론되어 왔던 것이며,455) 이종문 역시 "김부식의 시가 지닌 가장 큰 특징의 하나는 그가 지닌 현실주의적이고 효용주의적 세계관으로 인하여 어떤 측면에서건 실용성을 띠는 경우가 매우 많다는 점"이라고 하고, 아울러 "김부식의 개인적 기질이나 사관, 세계관을 이루는 사상이나 문화 의식 등 제반 요소들이 주제적 측면이건 미학적 측면이건 그의 시 세계와 놀라울 정도의 일치를 이루고 있다"고 하였다.456)

김부식의 작품에서 발견하게 되는 현실 경험과의 조응 관계는『삼국사기』의 사서적 위상을 겨냥할 때 유효한 시사점을 제공한다. 김부식은 송의 神宗과 王安石의 대화를 사론에 인용하였다. 당시 고려에 미쳐 온 왕안석의 新法 파문으로 말미암아 왕안석과 그의 개혁 정책에 대한 관료들 사이의 이해와 논의는 일반적이었을 것이므로, 이 문제를 고려 중기 개혁사상의 배경과 관련하여 주목하는 정수아의 시각은 매우 타당하다.457) 한편 왕조 내부적으로는 애초에 李資義 등 주요 문벌 귀족에 대한 경계심의 고조를 배경으로 숙종의 비상한 왕위 계승은 받아들여졌고,458) 그에 따라 왕위의 정통성 인허를 목적으로

---

454) 高敏植, 2001, 앞 논문, 118~119쪽.
455) 金智勇, 2001,「金富軾의 詩·文에 대한 고찰-관조의 세계와 표현의 기교를 중심으로」,(『金富軾과 三國史記』, 慶州金氏大宗親會).
456) 李鍾文, 2001, 앞 논문「金富軾의 詩 世界」, 72~80쪽.
457) 鄭修芽, 1992,「高麗中期 改革思想과 그 思想의 背景-北宋'新法'의 수용에 관한 一試論」(『水邨朴永錫敎授華甲紀念韓國史學論叢』上).
458) 朴樂勳, 1987,「高麗 肅宗의 卽位過程에 관한 硏究」,(『考古歷史學志』3), 36~40쪽.

尹瓘의 외교적 역할이 있었다고 판단되므로,459) 숙종대 일련의 개혁적 시책도 그 연장선에서 파생된 조처로 보아야 할 것이다. 여하튼 숙종과 윤관에 의해 주도된 개혁 정책이 왕안석의 신법 개혁을 염두에 둔 것이라 할 때, 왕안석에 대한 집요한 반론의 영수 司馬光이 김부식에 의해 주목되는 현상은 적지 않은 의미를 가진다. 왕안석의 신법 개혁에 대한 격렬한 비판과 함께 자신의 충정이 받아들여지지 않는 데 대한 좌절감을 담은 사마광의 「遺表」를 인종에게 강론한 김부식은, 숙명적으로 왕안석과 대립한 사마광이 '姦黨'이 아님을 토로하였다.

이를 토대로 이강래는 김부식이 사론의 작성을 위하여 참조한 자료 가운데 『좌전』과 『신당서』에 의거한 빈도가 가장 높은 데 주목하여, 『신당서』의 경우는 고문으로 개찬되었다는 점에서 『구당서』와 구분되며, 대의명분을 제일로 삼는 『춘추』의 경문과는 달리 『좌전』은 사실주의에 입각했다는 측면을 주목해야 한다고 주장했다. 아울러 『좌전』의 비중은 『자치통감』을 매개로 한 것이라고 보았다. 나아가 사마광과 그의 『자치통감』은 현실 정치에 대한 인식과 그에 대한 대안의 맥락에서 김부식과 그의 『삼국사기』에 대응한다고 결론하였다. 즉 『자치통감』의 편찬 시기는 신법의 강행 시기와 거의 일치하므로, 사마광의 신법에 대한 불신이 『자치통감』에 어떤 형태로든 반영되었을 것은 자명하며,460) 그러므로 아마 김부식은 『삼국사기』 편찬과 특히 그 사론을 통해 말하고자 했던 바, 그리고 그 방법에서도 사마광의 『자치통감』을 하나의 典範으로 삼았다고 판단했던 것이다.461)

따라서 김부식 당대는 북송 성리학이 도입되면서 재래의 훈고・사

---

459) 鄭修芽, 1988, 「尹瓘勢力의 形成 - 尹瓘의 女眞征伐과 관련된 몇 가지 問題의 檢討를 중심으로」, (『震檀學報』 66), 2~3쪽.
460) 三浦國雄, 1985, 「資治通鑑의 性格」(『中國의 歷史認識』 上, 創作과 批評社), 340쪽 : 동, 1971, 『日本中國學會報』 23.
461) 李康來, 1994, 앞 논문 「『三國史記』 史論의 再認識」.

장 유학으로부터 벗어나기 시작하던 시기로서, 『삼국사기』와 『자치통감』의 교감을 염두에 둘 때 과연 사마광이 성리학자로 간주될 수 있을 것인가 하는 윤사순의 질문은 중요하다. 즉 윤사순은 "왕안석이 '天命'은 두려워할 것 없고 '祖宗'은 본받을 것이 못된다고 생각했던 데 반해, '天'을 전지전능하다고 절대시해 천명 시행자로서의 '왕권' 또한 절대화한 학자가 사마광이다. 그가 舊法을 수호한 이면에는 '天道는 불변'이라는 신념이 있었다. '순환을 전제한 불변'을 주장한 것이 사마광 역사관의 사상적 기반이다"라고 하였다. 그러나 윤사순은 곧 "김부식이 『삼국사기』를 인종의 지시에 의해 저술한 사실 자체가 다른 민족과 비교되는 주체 의식의 발로"임을 지적하고, 신라시대 이래 축적되어 온 내재적 역사 의식의 진전을 주목하여 스스로 이 문제에 대한 해소의 단서를 제시하였다.[462] 나아가 그는 "유학의 개념들을 주로 정치적인 각도로 사용한 『삼국사기』에는 성리학적 실학의 이상을 더 적극적으로 실현하려고 하던 당시 사조의 영향이 배어 있음이 분명하다. 한국 유학사에서 차지하는 『삼국사기』의 위상은 고려 중기의 북송 성리학에 대한 인지 역량을 토대로, 훈고·사장 유학을 벗어나게 함은 물론이고 더 세련된 여말 朱熹 성리학의 윤리 정치 사상을 용이하게 받아들일 수 있게 하는 '과도기'에 처한 일종의 '가교적 위상'이라고 판단"하였다.[463]

그러나 사마광은 왕권을 절대화한 학자였다는 윤사순의 지적은 사마광과 김부식의 비교 맥락에서 여전히 문제를 남기는 대목이다. 이와 관련하여 김당택의 경우 김부식이 明臨答夫와 倉助利의 전기를 『삼국사기』에 수록한 것은 "폭군이나 무능한 군주는 폐위되어야 한다는 것을 일깨우기 위함이 아니었나 생각된다. 요컨대 김부식은 국왕을 절

---

462) 윤사순, 2001, 「한국 유학의 흐름과 『삼국사기』」(『정신문화연구』 82), 47~49쪽.
463) 윤사순, 윗논문, 55쪽.

대적인 존재라고 생각하지는 않았던 것이다"라고 지적한 것을 상기한다.[464] 이것은 앞에 예거한 이혜순의 시각에 근접하는 면이 있다. 김당택에 따르면 "이자겸의 난으로 인해 자신의 권위에 커다란 상처를 입은 인종으로서는 문신들과의 관계에서 기선을 장악하기 위해 강력한 왕권을 희망했고, 이에 인종의 측근들은 서경천도·칭제건원·금국정벌론을 제기했다"라고 하므로, "금국정벌·칭제건원·서경천도론을 둘러싼 정치세력간의 갈등은 결국 왕권을 강화하여 이를 통해 정치권력을 유지하려는 자들과 왕권을 견제하려는 문신들과의 정치적 대립의 결과였던 것"이다. 또한 "『삼국사기』의 편찬에 참여한 사람들은 모두 김부식의 측근으로서, 그와 사관을 같이한 인물"이었으므로, "『삼국사기』는 인종의 명에 따른 것이라기보다는 김부식의 의도 아래 편찬된 것으로" 생각하였다.[465] 그러므로 김부식은 인종대 전개되었던 서경천도·금국정벌·칭제건원론은 부당하다는 점을 강조하기 위해 『삼국사기』를 편찬했던 것이라고 결론하였다.

다시 말하거니와, 12세기 고려의 지적 토대와 편사의 경험은 북송의 그것을 온전히 내재화할 만한 수준에 이르지는 못했다고 보는 것이 온당하다. 그렇다면 사마광과 김부식이든, 혹은 왕안석과 윤언이든 간에 그 대비쌍에서 각자의 처한 사회 가운데 기능하는 역할과 위상 이상의 것을 직결시킬 수 없음은 자명하다. 그럼에도 불구하고 두 왕조가 선후하여 경험하거나 공유한 제반 현상과 지표들의 비교는 그것대로 유효하다고 생각하는 것이다. 말하자면 12세기의 고려에서도 왕안석의 개혁 이념이 설득력을 지닐 만한 토대가 조성되어 있었으며, 그에 반하는 사마광의 논리가 수용될 만한 축적이 있었다고 보는

---

464) 金塘澤, 2001, 「高麗 仁宗朝의 西京遷都·稱帝建元·金國征伐論과 金富軾의 『三國史記』 편찬」(『歷史學報』 170), 21쪽.
465) 金塘澤, 윗논문, 14~16쪽.

것이다. 12세기 전반의 고려 지식인들에게는 왕조 내부에 번져가는 퇴영의 그림자를 어떻게 떨쳐버릴 것인가와 좁혀 들어오는 파국의 전조에 어떻게 대처할 것인가가 과제로 부상되었다. 왕위 계승권을 염두에 둔 왕제들의 거듭된 살륙을 포함하여[466] 현실 모순에 대한 다양한 대안은 크게 두 가지로 압축된다. 그 하나를 제도개혁론이라고 한다면, 다른 한편에서는 정치 제도의 개혁보다는 훼절된 제도 본연의 정신을 회복해 운영하는 것이 중요하다고 보았을 뿐이다. 아마 묘청 등이 추진한 서경으로의 천도 주장은 제도개혁론의 극단적 표출이었을 것이며, 도참사상에 근거한 그들의 주장은 당대의 강력한 사조의 하나로서, 종국적으로는 현실의 정치 이데올로기인 유교적 세계관에 대한 부정을 의미한다. 그리고 김부식은 이를 진압할 총책으로 지목되었다.

그는 『삼국사기』에서 정상적인 왕위 계승의 관철에 집착했고, 신라를 비롯한 고유 문화와 전통을 중시했으며, 신비주의적 현실 인식을 비판하고, 자민족에 대한 애정과 중국 중심적 필법에 대한 비판을 드러내고 있었다. 특히 군신 관계에 있어서 그의 주안점은 깊이 유의해야 한다. 그는 고구려의 명재상 乙巴素를 을파소이게 만든 것은 유능한 인재에 대해 결연한 신임을 견지한 고국천왕의 명철함이라고 보았다. 김유신에 관한 사론이 그의 구체적 공업보다는 대부분 신라 왕실에서 보여준 의심하지 않는 신뢰로 채워져 있는 것도 같은 맥락에 있다.[467] 그러나 묘청 등의 정책 대안은 전기 귀족 사회의 제반 모순이 점증되어 가는 토대 위에서 발로된 것으로서, 이 광범하고도 집요한 사조에 당하여 인종의 신임은 서경 세력을 정토해야 할 김부식에게 중대한 요건이 되었다. 따라서 김부식의 의도는 명백하다. 고국천왕이

---

466) 南仁國, 1990,「高麗 睿宗代 支配勢力의 構成과 動向」(『歷史教育論集』13·14), 397쪽.
467) 여진 정벌(1108)에 성과를 거둔 윤관의 경우 오히려 김유신의 武威를 강조한 것은 김부식과 좋은 대조를 이룬다.『高麗史』 96, 列傳9 尹瓘.

나 신라 왕실에서 을파소와 김유신을 대하는 태도의 정당함은 인종과 김부식 자신의 관계에도 적용되는 것이어야 한다고 생각했던 것이다.

그러나 왕과 귀족 관료들은 서경 전역의 충격을 빠르게 회복했다. 서경의 사단은 필연적으로 다가올 대파국의 미세한 표출에 불과했던 것이며, 김부식의 역할은 그를 미봉했거나 천연시킨 데 지나지 않았던 것이다. 서경 전역의 연루자들은 속속 복권되었고, 그에 따라 김부식의 정치력은 훼손되었다. 김부식은 인종에 대한 史贊에서 인종의 유일한 오점으로 서경천도설에 경도되어 전란을 자초한 일을 지적했다.[468] 무엇보다도 군신간의 질서를 강조하고 이자겸에 대한 왕의 특례 조처를 강경하게 반대했던 그는 오히려 이자겸이나 척준경에 대한 인종의 유화적 처리 방식을 긍정하면서도 유독 서경 관련 사항에 대해서만은 냉정한 비판을 포기하지 않았던 것이다.

이러한 배경에서 그는 백제 동성왕을 빌어 인종에게 항의하였다. 동성왕은 諫臣들의 항소에 대답하지 않았으며, 결국 신하에게 피살되고 말았다. 동성왕은 강퍅하고 교만했던 것이다. 김부식은 사마광이 왕안석을 비판한 맥락을 동성왕에 적용하였다. 이 절제된 항의는 신하의 군주에 대한 일방적인 충성을 강조한 여타의 예들에 비추어 매우 특이한 위상을 가지거니와, 이야말로 김부식의 좌절의 깊이를 반영하고 있다. 정치가 김부식의 현실 인식과 대안은 이처럼 『삼국사기』라는 역사 속에서 다시 변명의 마당을 확보하게 되었다. 다시 말하거니와 김부식이 주목한 것은 김유신의 위대함이 아니라, 그에 대한 신라 왕실의 흔들리지 않는 신뢰였다. 김유신을 김유신이게 한 것은 인군다운 인군의 태도에 있었던 것이다. 이 점에서 『삼국사기』는 삼국시대를

---

468) 『高麗史』 17, 世家 仁宗 24년: "史臣金富軾贊曰… 惜乎 惑妙淸遷都之說 馴致西人之叛 興師連年 僅乃克之 此其爲盛德之累也".

설명하는 '본사'인 동시에, 12세기 중엽 고려 왕조의 위기에 대해 김부식이 제안한 하나의 '대안'이었다.

요컨대 김부식은 고려의 사마광을 자처했다. 왕안석의 신법이 강행되자 퇴관을 자청한 사마광은 15년여 동안 낙양에 은거해『자치통감』의 편찬에 몰두했으며,[469] 김부식은 개혁론자 윤언이의 복권에 즈음하여 퇴관을 자청하고 물러나 3년 뒤『삼국사기』찬진을 마쳤다. 물론 김부식이 사마광을 스스로의 모범으로 삼았다 하여『삼국사기』가『자치통감』을 겨냥했다는 의미는 아니다. 무엇보다도 고려 사회에 축적된 지적 토대가『자치통감』의 세계를 충분히 내재화할 만큼 성숙하지는 못했던 것이다. 김부식은 다만 정치가 사마광의 현실 인식 및 대안에 동의했던 것이며, 역사가 사마광이『자치통감』편찬을 통해 토로하고자 했던 바에 공감했던 것이다. 여기에서『삼국사기』가 사서이면서도 하나의 현실 대안의 위상을 지니게 된다고 생각한다.[470]

이와 함께『삼국사기』의 사서로서의 위상을 가늠하기 위해 그의「진삼국사기표」에 나타난 논리를 환기하고자 한다.[471] 김부식이 간명하게 제시한『삼국사기』의 지향은 세 가지로 정리할 수 있다. 첫째는 문장에서 고문의 회복이요, 둘째 관련 기록의 충실한 보입, 그리고 현실에 대한 권계에 합당할 것 등이 그것이다. 이는『구당서』를 비판하면서『신당서』편찬의 당위성을 토로한 曾公亮의 논리와 비슷하다.[472] 아마『신당서』의『구당서』에 대한 불만은 고문주의의 맥락에서 본다면 김부식도 공감했을 법한 것이다. 김부식이『삼국사기』를 쓰면서, 특히 사론의 경우『신당서』를 가장 많이 채용한 반면『구당서』인용은 전

---

469) 田中謙二, 1985,「資治通鑑의 理解」(閔斗基 編)『中國의 歷史認識』上(創作과 批評社), 322쪽 : 동, 1964,『資治通監』(朝日新聞社).
470) 이강래, 2000, 앞 논문「『삼국사기』원전론의 전개와 전망」: 본서 1장에 재수록.
471)『東人之文四六』10 및『東文選』44, 表箋「進三國史記表」.
472)『新唐書』,「進唐書表」.

무했던 것은 여기에도 이유가 있을 것이다. 결국 『삼국사기』는 『구당서』에 대한 『신당서』의 위상을 겨냥했다고 생각한다.

물론 중국의 『구당서』와는 달리, 우리의 경우 『구삼국사』가 온전히 전하지 않기 때문에 속단은 경계해야 한다. 오히려 『삼국사기』의 허다한 오류와 모순에도 불구하고 우리 고대사를 복원하는 데 『삼국사기』를 대신할 어떤 대안도 없다는 현실을 먼저 수긍해야 한다. 또한 무엇보다도 이른바 『구삼국사』가 『구당서』를 모델로 했다고 볼 근거는 제시할 수 없다. 그러나 당왕조에 대한 기존의 정사 『구당서』가 있음에도 불구하고 歐陽修 등 송의 지식인들이 다시 『신당서』를 편찬하면서 동원한 논리는, 마찬가지로 삼국에 관한 기존 사서였던 『구삼국사』가 있음에도 불구하고 『삼국사기』 편찬을 주도했던 김부식이 틀림없이 주목하고 활용했으리라고 믿는다.

따라서 김부식이 인종의 견해를 빌어 분석한 『고기』, 즉 『구삼국사』를 포함한 국내 고유 자료들의 한계를 사실로 받아들이고자 한다. 물론 그 한계는 일단 12세기 고려 지식 관료의 판단일 뿐이다. 과연 기존 자료들의 어느 일면이나 특징이 극복되어야 할 한계인지는 시대와 관점에 따라 무한히 유동적일 수밖에 없다. 예컨대 동명왕의 사적이 '황당기궤한 일'인지 '신성한 자취'인지는 수용자의 자각에 달렸을 뿐이다.[473]

한편 김부식이 『삼국사기』를 통해 겨냥한 세 가지 지향점 가운데 효용성의 문제, 즉 현실에 대한 권계에 합당한 역사이어야겠다는 제안은 사실의 영역에서 검증될 사안이 아니다. 아마 김부식에게 '사실' 자체는 그다지 중요하지 않았을지도 모른다. 『삼국사기』에 허다한 오류와 모순, 시대를 일탈한 정보와 자료 취사 기준의 혼란 등은 그러한

---

473) 배병삼, 1999, 「통일 이후를 위한 '만파식적'의 정치학적 독해」,(『창작과 비평』 104), 393쪽 ;
李佑成, 1962, 「高麗中期의 民族敍事詩－東明王篇과 帝王韻紀의 硏究」,(『成均館大學校論文集』 7).

의혹을 증폭시킨다. 물론 김부식은 기존의 기록을 존중했다. 그러나 이른바 '기록 존중' 혹은 '문헌주의'의 태도는 긍정과 부정의 양면성을 함께 지닌다. 역사를 서술하면서 스스로 비록 믿을 수 없지만 채택해 서술한다는 것은 적지 않은 절제를 요구하는 사항이다. 바로 그 절제를 가능하게 만든 것이야말로 기록 존중의 정신이었다. 반면에 이 기록 존중이 최소한의 고증마저 포기한 맹목적 경향으로 치우칠 때 초래되는 폐해 또한 만만치 않다. 기존 자료에 대한 무비판적 맹신은 많은 혼선과 오해를 야기할 수 있기 때문이다.

여하튼 『삼국사기』 편찬은 기존 역사 자료들의 한계를 극복하고 삼국시대사에 대한 새로운 종합을 의도한 것이었다. 이를 위해 『구삼국사』로 지칭된 자료를 위시로 한 『고기』류나 금석문, 그리고 새로 입수한 중국의 사서 및 경서·문집이 활용되었다. 여기에 12세기 유교적 지식인의 관점에 충실한 의미 부여를 적절히 안배하는 작업이 아울러졌다. 이렇게 하여 『삼국사기』는 당대 사회의 역량으로 도달한 합리적인 '本史'의 지위를 획득하였다. 엄밀하게 말해 전통시대 이래의 『삼국사기』에 대한 비판은, 그 어떠한 논거도 『삼국사기』의 '본사'로서의 위상 자체를 부정하는 것은 아니다. 일연은 『삼국사기』를 삼국에 관한 '本史' 즉 근본 역사서로, 그리고 『삼국유사』를 그에 대한 '遺事'로 파악했으며, 이러한 시각은 두 책을 공유하던 전통 시대 지식인들에게 이견이 없었다는 것을 유념해야겠다. 1512년에 두 책을 광범하게 보각한 뒤 발문을 작성한 李繼福은 두 책을 '본사'와 '유사'로 지칭하고, 각각 '천하의 치란과 흥망' 및 '온갖 신이한 사적'에 관한 근본 문헌으로 이해했던 것이다. 조선 건국의 주체였던 성리학자들도 여러 가지 편사 형식이나 역사 인식의 측면에서는 『삼국사기』를 비판하면서도, 그 '본사'로서의 위상을 수긍하였다. 조선 초의 대표적 사서들인 『동국사략』·『삼국사절요』·『동국통감』 등 역시 삼국시대의 서술에서 『삼국사기』를 벗어나지 않았다. 이 점에서『삼국사기』는 기존의 것에 대한 극복과 종합인 동시에, 모든 새로운 삼국사 인식의 근원이자 출발점이었던 것이다.[474]

---

474) 이강래, 2001,「『삼국사기』의 성격」(『정신문화연구』82) : 본서 7장에 재수록.

1부　原典論

148 三國史記 形成論

제1장

『삼국사기』 원전론의 전개와 전망

1. 논의의 소재

　『삼국사기』는 1145년 김부식 등의 주도 하에 찬진된 기전체 관찬 정사이다. 그러므로『삼국사기』는 12세기 중엽 고려사회를 그 배경으로 한다. 다시 말해 역사가의 세계 인식과 그의 역사 서술이 가지는 긴밀한 의미 관계는 해당 사회의 지적 토대로부터 자유로울 수 없다. 여러 층위의 토대 가운데 편찬에 동원된 자료들에 관한 논의를 이른바 '원전론' 혹은 '전거론'이라고 부를 수 있겠다. 이 글은 현존하는 최고의 관찬 정사이며, 향후 전통 시대 우리 역사서들의 삼국시대 인식의 원형을 제시했던『삼국사기』의 원전 관련 논의에 대한 점검과 몇 가지 전망을 의도하고 있다.
　우리 고대사, 특히 삼국시대 및 통일기 신라를 연구 복원하는 데 있어서『삼국사기』를 우회하여 도달할 방법은 없다. 이것은 엄밀히 말해『삼국사기』가 서술 대상 시기 역사를 위해 얼마나 충실하고 객관적인 연구 재료인가에 대한 판단과는 별개의 문제이다.『삼국사기』

가 제공하는 개별 정보는 물론, 그것들에 투영되어 있을 원래 작성자의 의도 및 그들을 편찬한 주체들의 안목에 대해서는 헤아릴 수 없을 정도로 많은 의혹과 논란이 너무도 명백한 때문이다. 그럼에도 불구하고 현 단계 연구 조건에서 어느 누구도 『삼국사기』를 배제한 채 한국 고대사를 들여다 볼 유효한 창을 확보할 수 없다는 데 유의해야 한다는 것이다.

『삼국사기』가 찬진된 고려 중기 사회는 『삼국사기』가 감당해야 할 하나의 환경이 된다. 그러므로 『삼국사기』는 먼저 고려 중기사회의 인식을 경유하여 삼국 및 통일기 신라시대로 들어설 것을 요구하고 있는 것이다. 『삼국사기』에 스며있는 또 하나의 시대 환경은 통일기 신라사회이다. 통일기 신라인들은 전대 삼국의 역사를 일관된 관점에서 정리한 장본인들이다. 그리고 고려 중기 편찬자들은 그들의 인식을 답습하였다. 같은 맥락에서 『삼국사기』는 다시 삼국시대 각 국의 자국사에 대한 스스로의 인식을 담고 있다. 이렇게 보면 『삼국사기』에 함유되어 있는 겹겹의 창들에는 각기 독특한 현실 조건과 시대의 층차 및 인식 주체의 관점들이 종횡으로 가로놓여 있는 셈이다.

이와 같은 중층적 관점과 상이한 인식 주체들의 혼효에 동의할 때, 『삼국사기』의 원전 관련 논의 또한 그에 합당한 층위를 전제해야 할 필요가 있다. 예컨대 고구려 관련 사료에 있어서는 『留記』 단계에 이어 『新集』 단계의 인식 및 그 변화 요인과 차이점에 유의할 필요가 있다. 뿐만 아니라 7세기 전쟁에서 승리한 신라인들의 고구려사 인식에 다시 섬세한 주의를 기울여야 할 것이고, 궁극적으로는 이들에 기반한 고려 중기 지식인들의 고구려사 인식과 자료 취급 태도를 점검하지 않으면 안될 것이다. 아울러 각 논의 단계마다 해당 시기의 당대 현실이 어떤 자료 환경에 처해 있었으며, 편찬자들은 어떤 맥락에서 그들 자료와 교감했을 것인지 따위가 살펴져야 한다. 그러므로 이른바 '원전론'이라 함은 『삼국사기』의 편찬 시기 및 편찬 주체에 한정할 논의가 아니다. 그러나 부정할 수 없는 다른 사실은 『삼국사기』의 원전 관련 논의조차도 거의 전적으로 『삼국사기』 자체에 의존할 수밖에 없다는 점이다.[1]

한편 『삼국사기』와 그 편찬을 주도한 김부식은 마치 서로의 대명사처럼 쓰여 왔다. 이 점은 『삼국사기』 자체의 성격 혹은 개별 정보의 이해에서 종종 김부식의 정치적 처지나 개인적 취향 따위가 개입되는 근거이기도 하다. 이 점을 원전론 관련 논의에 적용해 본다면, 편찬 당대의 자료 환경 및 그들을 대하는 편찬 주체 혹은 당대 지식인들 사이에 공유된 경향이 뜻하지 않게 문득 김부식 개인의 호·불호 문제로 치부되고 마는 결과를 초래하기도 한다. 물론 『삼국사기』의 역사 인식이란 넓게는 고려 중기 12세기의 유교적·합리적 세계관에 입각한 것이었으며, 좁게는 찬자 김부식의 삶과 정치적 역정이 그 가운데 투영되어 있는 것이다. 그러나 만약 『삼국사기』 편찬자로서의 김부식과 고려 중기 정치가로서의 김부식을 준별해야 할 필요에 동의한다면, 『삼국사기』의 개별 정보들의 사료적 위상 및 그 원전 관련 논의는, 김부식이 한 지식인으로서 전대 역사 기록물들에서 어떤 맥락의 어떤 의미를 발견했는가 하는 점과는 마땅히 구별되어야 할 것이다. 다시 말해 『삼국사기』에는 삼국의 역사 기록과 그에 대한 찬자의 의미 부여라는 상이한 두 마당이 담겨 있다고 본다. 이 두 영역을 '사실'과 '사론'으로 부르고자 한다.

이를 염두에 두고 기왕에 『삼국사기』를 향해 제기된 몇 가지 지적

---

[1] 현행 정덕본 『삼국사기』의 판각과 유통에 대해서는 다음을 참조.
田中俊明, 1980, 「『三國史記』の板刻と流通」(『東洋史研究』 39-1); 동, 1982, 「誠庵古書博物館 所藏 『三國史記』について-『三國史記』の板刻と流通」補正」(『韓國文化』 29); 千惠鳳, 1982, 「새로 발견된 古板本 三國史記에 대하여-書誌學的 側面에서 그 考證을 중심으로」, (『大東文化研究』 15); 鄭求福, 1986, 「解題」 『增補修訂 三國史記』(趙炳舜 編, 誠庵古書博物館).

들을 추려보면서 논의의 소재를 좁히고자 한다.

『삼국사기』가 찬진된 직후, 이미 의종대 金寬毅의『王代宗錄』은 고려 왕실의 世系에 대한 인식에서『삼국사기』정보를 부인하였다.『삼국유사』金傅大王조에서 찬자는『삼국사기』신라본기에 근거하여 신라 경순왕의 귀부와 그의 백부 億廉의 딸이 태조와 혼인하여 神成王后가 되었다는 사실을 서술한 뒤, 분주를 통해 이렇게 말했다.

> 本朝의 登仕郎 金寬毅가 지은『王代宗錄』에는 "神成王后 李氏는 본래 慶州 大尉 李正言이 俠州守로 있을 때 태조께서 그 고을에 갔다가 妃로 맞이하였다.… 아들 하나를 낳으니 安宗이다"라고 하였다. 그밖에도 25妃主 가운데 金氏의 일은 실려 있지 않으니 자세히 알 수 없다. 그러나 史臣의 論評〔史臣之論〕에도 역시 安宗을 신라의 외손이라고 했으니, 마땅히 史傳이 옳다고 해야 할 것이다.(『삼국유사』, 기이2 金傅大王)

安宗은 고려 현종 大良院君 詢의 아버지이다.『삼국사기』신라본기에 따르면 신라 경순왕이 태조에게 귀부해 왔을 때 태조는 신라 종실과의 혼인을 희망하였고, 이에 경순왕은 知大耶郡事로 있던 자신의 백부 억렴의 딸을 천거했던바, 그녀의 소생 安宗 郁이 곧 현종의 아버지라 했다.2) 현종은 즉위 후 그의 조모를 신성왕태후로 추봉했다.3) 그러나 인용문에서 보듯이『삼국유사』찬자는『삼국사기』의 관련 내용을 모두 인용한 뒤에, 분주를 가해 김관의의『왕대종록』에는 신성왕후가 경주 대위 李正言의 딸이라 하였다는 사실을 지적했다. 그러면서도『삼국유사』찬자는『삼국사기』의 견해를 존중하였다. 그러나 이 상반된 두 견해는 뒷날 김부식의 사실 왜곡 사례로 흔히 거론되었다.

이어서 李奎報의 「동명왕편」과 일연의『삼국유사』는 보다 근원적

---

2) 『三國史記』, 新羅本紀12 敬順王 9년.
3) 『高麗史』88, 后妃傳 神成王太后金氏.

인 문제를 제기하였다. 그 하나는 『삼국사기』 이전에 존재했던 이른바 『구삼국사』의 실체와 관련하여 『삼국사기』의 내용·체제에 대한 논의가 될 것이다. 나아가 이를 토대로 하여 김부식의 修史家로서의 객관성·자주성에 대한 논의가 다른 한 부분을 이루고 있다. 이는 또한 이른바 '유교사관'과 '신이사관'으로 대별되는 사관의 논의를 예비한 것이기도 하였다.[4]

세상에서는 東明王의 神異한 일이 많이들 이야기되고 있어서, 비록 어리석은 남녀조차도 자못 그 일을 말할 수 있을 정도이다. 나는 언젠가 그 이야기를 듣고 웃으며 "先師 仲尼께서는 '怪力亂神'을 말씀하지 않으셨거니와, 이야말로 황당하고 기궤한 일인지라 우리들이 말할 바가 못된다"라고 말한 적이 있다.… 계축년 4월에 『舊三國史』를 얻어 東明王本紀를 보니 그 신이한 자취는 세상에서 얘기되는 정도보다 더했다. 그러나 역시 처음에는 믿을 수 없어 鬼幻스럽게 여겼는데, 다시 여러 번 탐미하여 차츰 그 근원을 밟아가 보니 이는 '幻'이 아니라 '聖'이요 '鬼'가 아니라 '神'이었다. 하물며 國史는 直筆하는 책이니 어찌 함부로 전한 것이겠는가! 김부식이 國史를 重撰할 때 자못 그 일을 간략히 한 것은 …(『東國李相國全集』 3, 「東明王篇幷序」)

대저 옛 성인들이 禮樂으로 나라를 일으키고 仁義로 가르침을 베풀었으니 '怪力亂神'과 같은 것은 말하지 아니하였다. 그러나 帝王이 장차 일어날 때에는 符命에 응하여 圖籙을 받게 되니, 반드시 보통 사람과는 다름이 있는지라. 그러한 다음에 크나큰 변화를 타고 大器를 잡아 大業을 이루는 것이다. 그러므로 河水에서 그림이 나오고 洛水에서 글이 나와 聖人이 일어났다. 무지개가 神母의 몸을 두르더니 伏羲가 탄생하였고, 용이 女登에게 감응하여 炎帝를 낳았으며, 皇娥가 窮桑의 들에서 놀 때 웬 神童이 스스로 白帝의 아들을 일컫더니 그녀와 교통하여 小昊를 낳았다. 簡狄은 알을 삼키고 契을 낳았고, 姜嫄은 발자국을 밟고 弃를 낳았다. 잉태한 지 14

---

4) 이러한 논의는 진단학회의 제1회 고전 심포지움(1973) 토론석상에서 잘 대비되어 토로되었다. 震檀學會 編, 1980, 『韓國古典심포지움』 제1집(一潮閣), 24~34쪽.

개월 만에 堯를 낳았고, 용이 大澤에서 교접하여 沛公을 낳았다. 이후의 일을 어찌 다 기록하랴. 그러므로 삼국의 始祖가 모두 神異한 데서 나왔다는 것이 무슨 괴이할 게 있으리오. 이 기이편을 책 첫머리에 싣는 뜻이 여기에 있다.(『삼국유사』, 紀異 제1 敍)

인용문에서 보듯이 동명왕의 사적이 '괴력난신'에서 '신이'로 변하기 위해서는 단지 이규보 자신의 자각이 요구될 뿐이었다.5) '鬼幻'과 '神聖'의 차이는 객관적으로 검증될 사항이 아닌 것이다. 『삼국유사』 찬자 역시 '괴력난신'을 언급하지 않아야 한다는 식자들의 논리를 숙지하고 있었다. 그러면서도 거리낌 없이 '괴력난신'의 기록에서 출발하고 있다. 사실 '신이'란 '괴력난신'에 대한 긍정적 자각을 통해 도달한 동의어일 뿐이다. 또한 이규보의 '자각'이 마침내 황당하고 기궤한 이야기들을 사실로 받아들이게 된 것을 의미하지는 않는 것처럼, 『삼국유사』 찬자 역시 스스로 천명한 '신이'를 역사적 사실로 수용한 것은 아니었다.6) 그에게 중요한 것은 무엇보다도 불교의 홍포요, 종교적 감동이었다. 결국 '괴력난신'과 '신이'는 수용자의 자각 여하에 따라 귀결될 사항이겠다. 특히 『삼국사기』와 대부분의 중심 내용을 같이하고 있는 「동명왕편」은 바로 이러한 자각과 개안에서 성취된 한 사례일 것이다.

여하튼 『삼국사기』에 익숙했던 이규보가 『구삼국사』를 접하고 동명왕에 대한 서사시를 짓고자 고무되었다면, 그것은 적어도 동명왕과 같은 민족 영웅담에 있어서 『삼국사기』가 설득력과 감동을 전하는 데 얼마간 결함이 있다는 것을 인정해야 할 부분이다.7) 마찬가지로 『삼

---

5) 배병삼, 1999, 「통일 이후를 위한 '만파식적'의 정치학적 독해」(『창작과 비평』 104), 393쪽.
6) 金相鉉, 1978, 「『三國遺事』에 나타난 一然의 佛敎史觀」(『韓國史硏究』 20).
7) 李佑成, 1976, 「高麗中期의 民族敍事詩-東明王篇과 帝王韻紀의 硏究」(『韓國의 歷史認識』 上, 創作과 批評社) : 동, 1962, 『成均館大學校論文集』 7.

국사기』를 삼국의 '本史'로 존중했던 일연이 이민족의 폭압 아래 크게 왜곡된 민족사의 현실에서 체득한 각성이 『삼국유사』에 스며 있다면, 그것은 '遺事'라는 표제처럼 단순한 겸양만은 아닐 수도 있는 것이다.

　나아가 '사관'의 문제는 원전론과 관련하여 또 다른 문제를 촉발하였다. 즉 뒷날 연구자들 가운데는 이를 근거로 『삼국사기』는 김부식의 특정 의도에 충실하게 '중찬'되면서 기존의 자료를 축약·변개 혹은 개악했을 것이라고 이해하게 되었다. 특히 고려 고유의 원전 관련 논의는 필연적으로, 이른바 이규보가 지적한 『구삼국사』를 중심으로 전개될 수밖에 없었다. 그러므로 이 글에서 논의해야 할 가장 큰 문제 역시 바로 이 『구삼국사』의 구체적 실체 및 『삼국사기』와의 차별성 따위에 관련한 부분이 될 것이다.

　크게 보아 조선시대 지식인들의 『삼국사기』관 역시 원전으로서의 비중을 인정하는 것과는 별개로 그다지 우호적이지 않았다. 특히 그들은 『삼국사기』의 '사실'보다는 김부식의 '사론'에 더욱 가혹한 질타를 서슴지 않았다. 다만 그것은 고려와 조선의 왕조 환경 차이에서 비롯된 것들이 대부분이라는 점에서 본질을 잠시 비켜난 것이기도 하다. 예를 들어 유교적 예의 범주를 일탈했다거나 모화 의식이 크게 부족하다거나, 혹은 비현실적 내용을 절제 없이 수록했다거나 하는 비난이 김부식과 『삼국사기』에 쏟아졌다. 실제 김부식의 의도가 스며든 사론의 현실 대안은 고려라는 시대 환경을 떠난 순간 거의 모든 범위에서 현실성과 설득력을 상실하고 말았던 것이다. 아울러 『삼국사기』 편찬자들은 삼국간의 형식적 균형을 고려한 나머지 각 본기 및 편목별로 중복된 서술을 한 경우가 적지 않은바, 조선 초 지식인들에게는 이 점 역시 비판의 대상이 되었다. 다시 말해 편년체 통사를 주로 편찬하던 조선 초 식자들의 눈에는 『삼국사기』의 번다하기만 한 형식적 체제가 우선 비판의 과녁이 되었던 것이다.

고려조에 와서 김부식이 凡例는 馬史에서 모범을 취했으나 大義는 간혹 麟經에 어그러지는 점이 있게 되었으며, 더구나 한 가지 일의 시말을 그대로 다시 여기저기에 쓴 데다가, 方言과 세속의 말들이 서로 섞이고, 훌륭한 정치와 아름다운 정책들은 전하는 것이 드물며, 나라별로 책을 만들다보니 사람들이 참고하기 어렵게 되었습니다.(『東文選』 44, 表箋「進三國史略箋」)

이처럼 '한 가지 일의 시말을 그대로 다시 여기저기에 쓴' 번거로움은 『삼국사기』가 가지는 폐단의 정확한 지적이다. 그러나 『삼국사기』의 저본이 되었을 여러 자료의 영세함을 염두에 둘 일이며, 특히 중국 측 자료에 관련 기사가 영세한 부분에 있어서는 각 본기를 균형있게 구성하기 위해 중복 서술이 불가피한 측면도 있었음을 고려해야 한다. 동시에 각 '본기'나 '열전', 혹은 '지'들에서 확인되는 특정 경향의 인용 방법 및 용어의 특징 등을 통해 여러 서술자들이 작업을 분담했던 정황을 확인할 수도 있다.[8]

자국사에 대한 자각에 눈뜨고 중화주의적 세계관을 극복하게 된 실학자들 또한 당연히 『삼국사기』에 만족할 수 없었다. 그 곳에는 민족사에 대한 자존 의식도 없었고, 단군의 자취도 발해의 역사도 없던 것이다. 『삼국사기』는 오직 삼국을 대상으로 한 역사이다. 이 때문에 고조선을 필두로 삼국 이전의 민족사는 배제되었다. 통일기 신라시대 민족사의 또 다른 줄기를 담당한 발해 역시 고려되지 않았다. 또한 가야의 사적도 정당한 대우를 받지 못했다. 그러므로 고려 이전의 민족사 체계가 제대로 파악되었다고 할 수는 없다. 이것은 서술 대상의 불균형이다. 그러나 동시에 『삼국사기』가 삼국 이외의 왕조사를 포괄할 때 그것은 『삼국사기』일 수 없음 또한 자명하다. 그렇다면 우

---

8) 李康來, 1993, 「『三國史記』 本紀間 共有記事의 檢討」,(『宋甲鎬敎授停年退任記念論文集』) : 동, 1996, 『三國史記 典據論』(民族社).

리 고대의 역사 전부를 아우를 수 있는 서술이 못된다는 지적은 『삼국사기』가 감당할 사항이 아닐지도 모른다.

특히 조선 후기 柳得恭은 삼국의 역사와는 별도로 통일기 신라와 발해가 병존했던 '남북국사'를 편찬하지 않은 고려 사람들의 책임 문제를 제기하였다.9) 발해사에 대한 숙고에서 비롯한 그의 관점은 건강하다. 고려시대 지식인들의 민족사 인식 체계와 당시에 도달해 있던 역사 편찬의 경험이나 수준에서 반성은 출발해야 하기 때문이다. 따라서 책임의 소재는 『삼국사기』와 그 편찬자들에 한정되지 않는다. 특히 발해가 외면된 것은 전쟁에서 승리한 신라인들의 현실적 필요를 배경으로 한다. 그들은 고대 동북아시아를 단위로 한 세계전쟁이라고 할 수 있는 7세기 전쟁의 명분을 '一統三韓'으로 설정하였다. 그러나 발해는 고구려를 온전하게 계승한 나라, 혹은 고구려가 부활한 나라임을 자처하였다. 발해의 존재는 이제 신라의 지배 집단이 표방한 전쟁 의의를 기저에서 훼절하는 도전이 되고 만다. 이와 같은 맥락에서 고려의 지식인들은 신라인들의 발해 인식을 옳게 극복하지 못했던 것이다.

근대 역사학은 국권을 강탈한 일제 연구자들과 역사 연구를 민족 해방의 방편으로 삼은 우리 연구자들의 투쟁의 양상을 띠고 전개되었다. 그러나 『삼국사기』에 대한 평가 절하는 투쟁의 대상이나 투쟁 당사자들 사이에 큰 차이가 없다. 물론 비판의 맥락은 전혀 달랐다. 『일본서기』의 토양에 선 이들에게 『삼국사기』는 우선 그 내용의 사실성을 수긍할 수 없는 책이었다. 현실의 민족국가 위상이 그 역사와 역사책에게도 강요되었던 것이다. 이와는 달리 민족사관이나 유물사관에 서서 자국사를 재구성하고 이를 통해 유린된 민족 현실을 타개

---

9) 柳得恭, 『渤海考』 序文 : 박시형, 1962, 「발해사 연구를 위하여」(『력사과학』 1) : 李佑成, 1975, 「南北國時代와 崔致遠」(『創作과 批評』 10-4).

하려는 이들에게 『삼국사기』가 준 가장 큰 실망감은 사대성의 문제였다. 이와 함께 일부의 사실성 문제도 심도 있게 거론되었다. 연구자들은 『삼국사기』의 중세적 세련보다는 그것이 손상하거나 변형시켰을 진솔한 고대적 체질에 주목하게 되었던 때문이다. 한 예로『삼국유사』의 가치를 재발견한 최남선은 "만일 『삼국사기』와 『삼국유사』 가운데 어느 하나만을 지녀야 할 경우가 있다고 한다면 마땅히 『삼국유사』를 선택하겠다"라고 말하기까지 했던 것이다.10) 특히 신채호의 지적은 민족사의 현실이 외세에 유린당하던 시기에 실천적 지식인들의 눈에 비친 『삼국사기』의 모습을 극명하게 보여주고 있다.

> 先儒들이 말하되 3국의 문헌이 모두 병화에 없어져 김부식이 考據할 사료가 없어 부족하므로 그가 편찬한 『삼국사기』가 그렇게 소루함이라 하나, 기실은 김부식의 사대주의가 사료를 焚滅한 것이다.… 부식의 이상적 조선사는 1. 조선의 강토를 바싹 줄여 대동강 혹 한강으로 국경을 정하고, 2. 조선의 제도·문물·풍속·습관 등을 모두 유교화하여 三綱五倫의 교육이나 받고, 3. 그런 뒤에 정치란 것은 오직 외국에 사신 다닐 만한 비열한 외교의 辭令이나 堪任할 사람을 양성하여 東方君子國의 칭호나 유지하려 함이다.11)

해방은 분단과 함께 왔다. 남북의 연구자들은 먼저 지난 시기 식민사학의 독소를 제거하는 데 주력하였다. 그러나 각기 민족사관과 계급사관을 표방한 남북의 학계도 『삼국사기』에 대한 폄하에서는 여전히 상당한 일치를 보였다. 물론 오늘날 연구 역량이 증대되고 고고학 성과가 쌓여 가면서 『삼국사기』의 사실성에 대한 의혹은 차츰 정돈되는 추세에 있으며, 연구 성과가 깊어질수록 『삼국사기』에 대한 자기

---

10) 崔南善, 1971, 「三國遺事 解題」(『新訂 三國遺事』 4판, 民衆書館), 10쪽.
11) 申采浩, 「朝鮮歷史上 一千年來 第一大事件」(『朝鮮史硏究草』) ; 丹齋申采浩先生紀念事業會, 1982, 『丹齋申采浩全集』 中(改訂版 螢雪出版社), 118~119쪽.

중심적·일방적 평가는 상당히 극복되어 갔다고 생각한다.

그러나 모든 연구자들이 『삼국사기』의 정보를 공유하면서도 대부분 서로 다른 역사상의 복원에 도달하고야 말듯이, 원전 관련 논의 역시 반드시 축적적인 궤적을 보여 온 것은 아니었다. 개별 사료에 대한 의미 부여와 마찬가지로 여전히 논의는 끝나지 않은 것이다. 이제 현 단계 성과를 염두에 두고 주요 쟁점들을 검토하면서 논의의 발전적 전개를 위한 몇 가지 제언과 전망을 시도하려 한다. 검토 대상으로 삼고자 하는 논의들은 서술의 편의상 다음과 같이 분류할 수 있다.

첫째, 무엇보다도 중심 전거 자료라고 할 수 있는 이른바 『구삼국사』 관련 사항들을 살피겠다. 『구삼국사』의 문제는 그것이 단순히 『삼국사기』 이전의 삼국 관련 역사 자료라는 것을 확인하는 데 그치지 않는다. 『구삼국사』의 성격·체제·역사 인식 등과 함께, 『구삼국사』와 『삼국사기』와의 관계 여하 및 차별성 따위가 겨냥될 것이다. 다만 먼저 『삼국유사』를 비롯한 다른 자료들의 내용을 토대로 전개된 『구삼국사』 관련 논의를 살펴보고자 한다. 이 부분은 '외부적 검토'라고 부를 수 있겠다.

둘째, 『삼국사기』 자체 내의 정보를 통해 그 원전 자료들의 성격과 『삼국사기』 편찬 당대의 자료 환경 따위를 점검해 보고자 한다. 따라서 그 위상이 『구삼국사』와 용이하게 대응되는 이른바 『고기』를 비롯하여 국내 원전 자료의 형성 배경 등이 지적될 것이다. 아울러 『삼국사기』의 정보 가운데 『구삼국사』가 직접 노출된 적소로 지적되어 온 사례들에 대해 비판적 검토를 시도하고자 한다. 이 부분은 '내부적 검토'라고 불러도 좋겠다.

셋째, 12세기 당대의 지적 전통에 유의하여 『삼국사기』의 사서적 위상을 가늠해 보고자 한다. 여기서는 근대적 역사 연구 방법론에 입각한 연구자들의 『삼국사기』에 대한 평가와 그 논거들, 그리고 특히 혐의가 집중되어 있는 김부식의 '의도' 문제도 정리하려 한다. 물론 이 경우에서도 논의는 『구삼국사』를 염두에 두고 진행될 것이다. 『구삼국사』는 『삼국사기』에 의해 극복된 자료인 동시에, 여전히 『삼국사기』의 위상을 규정하는 주요 요소로 기능하고 있기 때문이다.

2. 외부적 검토

앞에 말한 바와 같이 이규보는 그의 「동명왕편」 서문에서 『구삼국사』의 존재를 지적하였다. 문맥에 따라 가감 없이 이해한다면 『구삼국사』는 『삼국사기』에 선행하는 삼국 관련 역사 자료이다. 다시 말하여 '중찬'된 『삼국사기』는 이른바 '신삼국사'이며, 그에 대응하는 미지의 자료가 '구삼국사'라고 하겠다. 그러므로 '구삼국사' 자체가 특정 사서의 고유한 서명일 수는 없다. 다만 이 글을 포함하여 대부분의 연구자들은 편의상 하나의 서명처럼 『구삼국사』의 형태로 언급할 뿐이다. 그러나 이러한 관행이 은연중 『구삼국사』를 체제와 분량 등의 측면에서 『삼국사기』에 못지않은, 혹은 『삼국사기』를 능가하는 특정 사서로 간주하게 만들기도 했다고 생각한다. 더욱 중요한 것은 그 경우 『구삼국사』의 『삼국사기』에 대한 차별성은 단순히 선행 사서라는 데 그치지 않고 『삼국사기』의 특정한 의도 때문에 배제되거나 멸실된 『구삼국사』의 '진실'에 있다고 믿게 되는 점이다. 그러나 이러한 경향에는 기실 여하한 설득력 있는 근거도 확보되어 있지 않다. 요컨대 이러한 현상은 고대사 연구에서 흔히 볼 수 있는 '잃어버린 것에 대한 편애'의 하나일 뿐이다.

여하튼 이규보의 지적은 『삼국사기』가 결코 삼국의 역사를 겨냥한 초유의 저술이 아니라는 것을 알려주고 있다. 실제『삼국사기』는 선행하는 다양한 국내외 자료를 토대로 하였다.12) 그러므로 이른바『구삼국사』로 불린 자료는 국내 자료들 가운데 비중 있는 하나로 파악하는 것이 일단 온당하다고 본다. 아울러『구삼국사』의 실체와 대응하여 거론될 다른 문제는 김부식이「進三國史記表」에 밝혀둔『고기』에 대한 논의이다. 그 경우『고기』는 중국 측의 여러 자료들에 대한 '海東'의 고유한 자료를 총칭하고 있다. 이렇듯이『삼국사기』편자가 제시한 국내 주요 전거가『고기』였다면, 이규보는 동명왕의 일대기와 관련하여 유사한 위상에 있는 자료를『구삼국사』로 지칭했던 것이다. 그러므로 편견 없이 본다면『삼국사기』이전에 있었으며『삼국사기』에 의해 극복 대상이 되었던 국내 삼국 관련 자료의 총체로서의『고기』가운데에는『구삼국사』로 지목된 자료 역시 포함된다고 해야 옳다. 물론『삼국사기』·『구삼국사』·『고기』따위의 위상은 얼마든지 다른 각도에서 음미할 수 있다.

> 당시 동방민족의 正史로서『구삼국사』와 김부식의『삼국사기』가 있었으나 이것들은 모두 사대주의적이요 귀족적인 관찬의 것이었다. 몽고민족 여진민족 등 북방 외민족의 압박에 대하여 '三韓人民'이라는 민족 의식이 팽창했던 고려 당시에 있어 민간 학자들이 비민족적인 그러한 관찬 역사에만 만족할 리는 없었다. 사대적 귀족적인 관찬 역사에 대하여 비록 같은 귀족적인 사상에서이지만은 민족적 입지로서 찬성된 것이 소위『고기』와 一然師의『삼국유사』였던 모양이다.13)

이처럼「동명왕편」을 매개로『구삼국사』를 주목할 경우『구삼국사』

---

12) 末松保和, 1931,「高麗文獻小錄(一)三國史記」(『靑丘學叢』6) ; 동, 1966,「三國史記의 經籍關係記事」(『靑丘史草』2, 笠井出版社).
13) 孫晋泰, 1949,「三國遺事의 社會史的 考察」(『學風』2-1) ; 동, 1981,『孫晋泰先生全集』6(太學社).

와『삼국사기』의 차이에 깊은 인상을 받는 이들이 있는 한편, 단군의 조선을 전하고 있는『고기』및 그에 입각하여 단군을 위시로 한 민족사의 체계화를 시도했던『삼국유사』에 주목할 경우『삼국사기』와『구삼국사』는 결국 동질적이기도 한 것이다. 그럼에도 불구하고 편찬 당대부터 예외 없이 비판의 과녁이 되어 왔던『삼국사기』는 주로『구삼국사』에 대한 대척적 위상을 강요받아 왔던 것이다.

『삼국사기』를 전제한 범용적 명칭으로서의『구삼국사』대신 그 고유한 서명을 추정해 보려는 시도는 비교적 이른 시기부터 나타났다. 앞에 소개한 김관의의 지적이 야기한 荻山秀雄의 설명을 한 예로 들 수 있겠다. 그는 신성왕후에 대한 김부식의 설명은 특정한 의도에서 비롯했다고 본다. 즉 그것은 이자겸을 배척하는 당대의 분위기에서 이씨와 혈연을 가지는 왕통을 받은 현종의 계보를 개찬할 필요와 동시에, 김부식 자신의 가계를 분식하고 고려 왕실과 특수한 관계임을 설명하려는 의도에서 비롯된 날조라는 것이다. 그러나 그는 이어서 "우리의 억설은『삼국사기』의 저본이 되었던『海東三國史』의 출현에 의해 즉각 판정될 것이다. 그러나 아무리 수단을 다해 찾아도 그 출현을 예기하는 것은 절망에 가까운 것이다"라고 고백했다.14) 이『해동삼국사』는『大覺國師文集』에 분주 형태로 인용된 자료인데,15) 이후 종종『구삼국사』의 실명으로 거론되었다.16)

한편 末松保和 역시『해동삼국사』, 혹은『삼국유사』信忠掛冠조에 언급된『前三國史』를『구삼국사』에 대응시켜 언급하였다.17) 이렇게 되

---

14) 荻山秀雄, 1920,「三國史記新羅紀結末の疑義」(『東洋學報』10-3).
15)『大覺國師文集』17,「孤大山景福寺飛來方丈禮普德聖師影」.
16) 今西龍, 1970,「新羅史硏究」(國書刊行會, 초간은 1933), 8쪽 및 李基白, 1976,「三國史記論」(『文學과 知性』26), 862쪽.
17) 末松保和, 1954,「新羅下古諸王薨年存疑」(『新羅史の諸問題』, 東洋文庫), 429쪽 ; 동, 1933,「靑丘學叢」14 ; 동, 1966,「舊三國史と三國史記」(『朝鮮學報』39·40) ; 동, 1966,『靑丘史草』2 (笠井出版社).

면 『구삼국사』・『해동삼국사』・『전삼국사』가 동렬에 서게 된다. 이 문제에 관해 가장 적극적인 추론을 제기한 이는 김석형일 것이다. 그는 원래 책이름에 '구'나 '전' 따위가 붙었을 리 없으므로 『전삼국사』나 『구삼국사』는 김부식의 『삼국사기』와 구별하기 위한 것일 뿐 본래의 이름은 『삼국사』였을 것이라고 주장하였다.[18] 다시 말해 "『해동삼국사』의 '해동'은 고대 중국의 『삼국지』 같은 것과 구별하기 위하여 조선의 『삼국사』라는 뜻에서 임시적 표현으로 붙여진 이름"이라는 것이다. 물론 '海東'이란 '三韓'과 함께 중국에 대한 우리 삼국, 혹은 당대 고려를 지칭하는 관형적 표현에 불과한 것이었다. 중국에서 『삼국사기』를 지칭하여 『해동삼국사기』라고 한 것이 그 좋은 예이다.[19]

그러나 바로 그 이유에서 『대각국사문집』에 언급된 『해동삼국사』가 『삼국사기』 자체를 가리킬 수도 있는 한편, 그 원래 고유 서명이 반드시 『삼국사』였을 것이라고 볼 적극적인 증거 또한 확보될 수 없는 것이다. 게다가 『삼국유사』 寶藏奉老 普德移庵조에서는 『대각국사문집』의 해당 대목을 인용하면서 『해동삼국사』 부분을 『국사』로 약칭하였다. 그러므로 이른바 『구삼국사』의 본래 고유 서명을 『삼국사』로 단정하는 견해는 재고되어야 할 것이다. 특히 김부식이 찬한 「靈通寺碑銘」의 내용을 고려할 때,[20] 현행본 『대각국사문집』의 해당 분주가 반드시 대각국사 자신의 분주 모습을 간직한 것인지 확인할 바 없다. 『대각국사문집』은 최소한 첫째 대각국사 생존시 그의 문인들이 書刻했으나 대각국사가 분훼한 것, 둘째 김부식이 비문에서 밝힌 비명 찬술

---

18) 김석형, 1981, 「구『삼국사』와 『삼국사기』」(『력사과학』 4), 55~56쪽.
19) 『玉海』 16, 地理 異域圖書 淳熙三國史記: "元年(高麗 明宗 4, 1174) 五月 二十九日 明州進士 沈忞上海東三國史記五十卷 賜銀幣百 付秘閣" 및 三國史記書目.
20) 『大覺國師文集』, 外集 12 「高麗國五冠山大華嚴靈通寺贈諡大覺國師碑銘幷序」: "門人集所著詩文殘篇斷藁存者無幾 紬次爲二十卷 此皆率爾落筆 非將以貽後也 故於生前 有以其文寫而刻之者 取其板 焚之".

시 있었던 20권 체제의 문집, 셋째 의천의 문인 慧觀에 의해 外集이 첨가된 23권 체제의 현행본 등을 지적할 수 있다.21) 이와 같은 상황은 결국 이『대각국사문집』의 분주를 일괄하여 대각국사 자신의 분주로 단정하기 힘들게 하는 것이다.22) 실제 대각국사 자신의 분주가 아닌 것으로 검증되는 사례들이 다수 확인되고 있으며, 이른바 '본문과 분주와의 일체성'23) 에서 뚜렷한 경우들과는 다른 성격의 분주들이 없지 않다.

특히『대각국사문집』에는『宋高僧傳』24)을 인용하면서『고승전』이라고 한 반면,25) 신라 고승에 관한 서술에서 인용한『海東僧傳』26)은 중국의『고승전』이 아니라 '(우리 고유의) 고승전'이라는 용례일 것이며, 그 경우 대각국사 이전의 것으로 아직까지는 김대문의『고승전』밖에 달리 지목할 바가 없다. 이처럼『해동승전』과『고승전』의 차별적 용례는『해동삼국사』를『삼국사기』와 관련지어 생각할 또 하나의 근거를 제공한다.

나아가『삼국사기』에는 이른바『해동삼국사』에서 인용한 내용이

---

21) 崔凡述, 1974,「解題(二)」『大覺國師文集』(建國大學校出版部), 19~20쪽 ; 崔柄憲, 1989,「解題」(『國譯 大覺國師文集』, 韓國精神文化研究院), 32~33쪽 참조.
22) 대각국사는 숙종 6년(1101)에 입적하였고, 김부식의 찬문은 인종 4년(1126)에 이루어진 것이며, 같은『大覺國師文集』의 林存 撰「僊鳳寺碑銘」은 인종 10년(1132)에 작성되었다. 그렇다면 두 비명이 附載되어 있는 현존 慧觀 筆의『大覺國師文集』은 적어도 인종 10년 이후의 것으로 보는 것이 온당할 것이다. 崔柄憲, 1989, 앞 책『國譯 大覺國師文集』, 33쪽.
23) 坂本太郎은『日本書紀』의 분주를 논하여 특정 분주가 본문 작성시 원주임을 보여주는 기준으로서 '分註의 前提的 媒介의 性格'과 '本文과 分註와의 一體性'을 들고 있다. 坂本太郎, 1978,『日本古代史의 基礎的 研究』上(東京大學出版會 復刊), 152쪽.
24)『宋高僧傳』3, 譯經篇: "懿乎東漢始譯四十二章經 復加之爲繡也 繡也者 如繡錦綺背面俱花 但其花有左右不同耳 由是翻譯二名行焉".
25)『大覺國師文集』20,「庚辰六月四日國淸寺講徹天台妙玄之後言之示徒」의 분주: "高僧傳云 繡也者 如繡錦綺 但花有左右耳 故云錦繡".
26)『大覺國師文集』16,「祭金山寺寂法師文」: "求法沙門某 … 祭于新羅大法師故金山寺寂公之靈曰 余曾讀海東僧傳 備見法師之道之德之行之願 (이하 결략)".

모두 확인되고 있다. 물론 대각국사가 인용한『해동삼국사』가『삼국사기』의 저본이 된 이른바『구삼국사』와 같은 자료이고, 그 때문에 두 곳의 서술이 동일하였을 것이라고 말할 수 없는 것은 아니다. 그러나 그것은 적극적 논거가 될 수 없다. 다시 말하여 연구자들 가운데에는 『구삼국사』의 내용으로 추정하는 대목들이『삼국사기』와 어떻게 다른가 하는 시각을 유효한 기준으로 삼으면서도, 경우에 따라서는『삼국사기』는『구삼국사』에 근거했으므로 결국 둘은 같을 수밖에 없을 것이라는 편의적 설명에 의지하려는 유혹에서 자유로울 수 없는 것 같다.

또한 정작『구삼국사』를 지시한 이규보의 경우조차도 普德에 관한 서술에서 이른바『해동삼국사』의 정보를 취하지 않았다. 이규보는 「南行月日記」에서 보덕의 景福寺 飛來方丈에 관한 내용을 회고하는 가운데, 그 자세한 경위를 최치원의『普德傳』에 미루었다.[27] 실제로 회고의 변에 등장하는 '盤龍山延福寺'·'全州高達山'·'馬嶺'·'乾封 2년(보장왕 26) 정묘 3월 3일' 등의 고유명사나 사건 연월일을 주요 기준으로 삼아볼 때, 이규보는 보덕의 移庵에 관한 사적을 그가 밝혀 둔 최치원이 지은 보덕의 전기에 주로 의존한 것이라고 볼 수 있을 것이다.[28] 즉『삼국사기』고구려본기와『대각국사문집』인용『해동삼국사』의 정보가 동궤에 있는 반면에 정작『구삼국사』를 지적한 이규보는 최치원의『보덕전』에 충실했던 것이다.[29]

특히 주목할 것은 대각국사는 이규보의「남행월일기」에 참고된 것과 동일한 계통의 자료에 입각한 시를 함께 남기고 있다는 점이다.[30]

---

27) 『東國李相國集』 23, 「南行月日記」: "崔致遠作傳備詳 故於此略之".
28) 『東國李相國集』 10, 古律詩 '是月八日游景福寺明日訪飛來方丈始謁普德聖人眞容板上有宗聆首座李內翰仁老所題詩堂頭老宿乞詩依韻書于末云'의 경우도「南行月日記」와 동일하다.
29) 이『보덕전』은『삼국유사』寶藏奉老 普德移庵조에도『本傳』의 이름으로 언급된 바 있다.
30) 『大覺國師文集』 19, 「到盤龍山延福寺禮普德聖師飛房舊址」.

	전거 소재			고유명사			연·월·일
1	『大覺國師文集』17	海東三國史	盤龍寺		百濟孤大山	馬嶺	寶藏王代
2	『三國史記』	高句麗本紀	盤龍寺		完山孤大山	馬嶺	寶藏王 9(650)·13년
3	『三國遺事』	高麗本記	盤龍寺		完山州孤大山		永徽 1(650)년
4	『大覺國師文集』19	到盤龍山…	盤龍山	延福寺			
5	『東國李相國集』23	南行月日記	盤龍山	延福寺	全州高達山		乾封 2(667)년 3월 3일
6	『東國李相國集』10	是月八日…	盤龍山	延福寺	新羅完山高達山		
7	『三國遺事』	本(普德)傳					乾封 2년 3월 3일

　표를 통해 볼 때 크게 1·2·3 및 4·5·6·7의 두 자료군으로 그 계통을 분류할 수 있다. 그런데 서로 다른 계통에 속하는 1번과 4번은 모두 『대각국사문집』의 사례이다. 따라서 1번, 즉 『해동삼국사』를 포함한 분주는 대각국사 자신의 본주가 아닐 가능성을 배제하지 못한다.

　아울러 김부식이 보덕에 관한 전기를 저술했다는 사실을 환기하고자 한다.31) 대각국사의 비명을 찬술하고 당시 행세하던 『대각국사문집』에 정통하고 있던 그가 보덕의 전기를 지었다는 것은 『해동삼국사』 인용 분주의 보덕 관련 내용을 고찰하는 데 범상히 넘길 일이 아니다. 요컨대 대각국사가 이미 '반룡산 연복사'를 포함하는 더 자세한 자료에 의거하여 작시한 것이 분명한 이상(표의 4번), 그리고 그것은 분주의 『해동삼국사』 인용 내용과는 상이한 것이었던 이상, 『해동삼국사』를 인용한 분주를 대각국사 자신의 분주로 단정하는 것은 선뜻 동의하기 어려운 측면이 있는 것이다. 이와 같은 논의를 통해 『해동

---

31) 『三國遺事』, 寶藏奉老 普德移庵: "文烈公(金富軾)著(普德)傳行世".

삼국사』와 이규보가 언급한 『구삼국사』를 동일시하는 것은 좀더 신중한 모색을 기다려야 할 필요가 있다 하겠다.32)

末松保和 등에 의해 『구삼국사』를 지시하는 또 다른 사례로 거론된 『전삼국사』의 경우도 사정이 크게 다르지 않다. 우선 『전삼국사』의 용례는 『삼국유사』 信忠掛冠조가 유일하다. 여기에는 효성왕과 경덕왕대의 사건을 서술한 뒤 『別記』를 인용하고서 "(『별기』)와 전삼국사의 실린 바가 다르다. 둘 다 실어 의심을 덜고자 한다"라고 하였다. 이것은 『별기』와 '바로 앞에 서술한 『삼국사』'의 내용이 서로 다르다는 지적에 다름 아니다. 물론 『전삼국사』를 『구삼국사』와 동일한 용례로 파악하고자 하는 견해는, 뒤에 인용할 것처럼, 경덕왕 22년에 신충이 斷俗寺를 세웠다고 하는 내용이 『삼국사기』 해당년조에서 일치하지 않는 점에 근거하고 있다. 그러나 이 점은 『삼국사기』를 인용하는 과정에서 오류가 개입되었을 가능성이 크다고 보며,33) 설사 그렇지 않다 해도 이것을 '『삼국사기』 이전의 『삼국사』'로 보아야 할 하등의 적극적 증거는 없다.

『삼국유사』 신충괘관조는 경덕왕 22년을 들어 기록한 내용 다음에 『별기』를 인용하고서, "與前三國史所載不同"이라 하여 『별기』 인용 이전 부분을 모두 『삼국사』 혹은 『전삼국사』로 간주하기 용이하나, 실제 『별기』 앞에는 일연 자신의 생각이 들어가 있다. 일연의 작문 부분을 제외한 『삼국사』 인용 대목과 『삼국사기』의 관련 부분을 대조해 보면 아래와 같다.

○景德王二十二年癸卯 (信)忠與二友相約 掛冠入南岳 再徵不就 落髮爲沙門 爲王創

---

32) 李康來, 1992, 「『舊三國史』論에 대한 諸問題-특히 『三國史記』와 관련하여」(『韓國古代史研究』 5).
33) 李基白, 1974, 「景德王과 斷俗寺・怨歌」(『新羅政治社會史研究』) ; 동, 1962, 『韓國思想』 5.

斷俗寺居焉 願終身丘壑 以奉福大王…(『삼국유사』)
ㅇ景德王二十二年 上大等信忠侍中金邕**免**大奈麻李純爲王寵臣 忽一旦 避世入山 累徵不就 削髮爲僧 爲王創立斷俗寺居之…(『삼국사기』)

일찍이 梁柱東은 여기의 『(전)삼국사』를 『삼국사기』로 보는 동시에, 일연이 '免'자를 "간과한 듯하다" 했고, "혹은 信忠·金邕免·李純 3인으로 誤讀한 듯하다"고 판단하였다.34) 실제로 위의 두 인용문에서 만약 『삼국사기』의 '免'자를 간과하거나, 그것을 '金邕免'이라는 이름으로 보거나, 혹은 '與'자로 오독하거나 했을 경우, ① 사건발생년-경덕왕 22년, ② 단속사 창건 주체 및 그 인물 수효-신충 외 2인, ③ 단속사 창건 목적-경덕왕(의 奉福)을 위함, ④ 沙門이 되어 다시 나가지 않은 점 등 주요한 내용이 완전히 일치한다. 그러므로 일연이 언급한 '앞에 인용한 『삼국사』'는 『삼국사기』가 될 것이다.

최근 李鐘文은 『전삼국사』가 이규보의 이른바 『구삼국사』와 같은 책일 가능성이 매우 높다는 末松保和의 견해를 다시 지지하였다. 그는 일연의 오독이나 오인의 가능성을 인정하기 어렵다고 보았다. 그러므로 일연은 『전삼국사』, 즉 『구삼국사』를 인용한 다음, 『별기』와의 비교를 시도했다는 것이다.35) 그러나 『삼국유사』에서 『삼국사기』를 인용한 증거로서 '완벽한 同文'을 기준으로 설정하는 것은 지나친 태도라고 생각한다. 만약 그와 같이 경직된 기준을 존중한다면 『삼국사기』의 고구려본기 동명왕 관련 서술은 이규보가 지적한 『구삼국사』와는 아무 상관없이 별도의 자료에서 인용된 것임에 틀림없다고 해야 할 정도이다. 양자의 차이는 표현과 내용의 질량은 물론 서술 대상으로 등장하는 고유 지명이나 실체들에서까지 현격한 차이를 보인다. 그러나

---

34) 梁柱東, 1957, 『古歌硏究』(訂補版 博文出版社), 610~611쪽.
35) 李鐘文, 1998, 「『三國遺事』「信忠掛冠」條의 '前三國史'에 對하여」(『韓國古代史硏究』 14).

학계에서 어느 누구도 이규보의 지적을 의심하는 사람은 없다. 『삼국사기』 동명왕 관련 서술의 주요 전거는 「동명왕편」에서 지적한 『구삼국사』인 것이다. 따라서 일연의 『삼국사기』 인용에서도 그만한 탄력은 허용될 수 있다고 본다.

결국 문제는 『삼국사기』 경덕왕 22년조의 신충과 김옹의 면직 기사에서 '免'자를 '與'자로 오독하거나 간과할 여지가 있느냐 없느냐에 있다. 이 문제를 위해 한 가지 사례를 검토하고자 한다. 936년 고려 태조는 一善郡 전투의 선발대로 太子 武와 장군 (朴)述希에게 군사를 거느리고 天安府를 향해 나가도록 하였다. 이 사건은 『삼국사기』 견훤전과 『삼국유사』 後百濟甄萱조에서 함께 확인된다. 그런데 일연은 『삼국사기』를 인용하면서 오독을 하고, 다시 불필요한 첨가를 했으며, 그리고 그로 말미암아 이해불능의 서술을 하였다.

ㅇ先遣太子武將軍述希 領步騎一萬 趣天安府 (『삼국사기』, 甄萱傳)
ㅇ先遣太子及武將軍述希 領步騎十萬 趣天安府 (『삼국유사』, 後百濟 甄萱)
ㅇ先遣正胤武將軍述希 領步騎一萬 趣天安府 (『고려사』 2, 世家 太祖 19년 6월)

두 인용문을 편견없이 보면 어느 누구라도 일연의 『삼국사기』 오인을 부정하지 못한다. 즉 일연은 『삼국사기』를 인용하면서 마치 '太子'와 '武將軍述希'처럼 되어버리는 불필요한 첨자(及)를 했으며, 또 1만을 10만으로 기술하고 있다. 이러한 상위점은 『고려사』를 또 다른 하나의 기준으로 삼아 비교해 볼 때 명백히 『삼국유사』의 오류인 것이다. 또한 그 오류의 원인은 물론 '전거의 차이'가 아니라 '인용의 불철저성'이었음도 분명한 것이다. 그런데도 이러한 차이점을 들어 이를 『삼국사기』가 아닌 미지의 다른 자료, 혹은 『구삼국사』 인용의 결과로 본다면 더 이상의 '원전론'은 의미를 잃게 될 것이다.

더구나 『삼국유사』 찬자가 유사한 내용을 인용하면서 『삼국사기』

를 배제한 채 이른바 『구삼국사』에 의존했다고는 생각되지 않는다. 다시 말해 위에서 확인한 바와 같이 『삼국유사』에는 잘못된 인용의 예가 허다한 반면, 일연은 『삼국사기』를 '삼국의 本史', 즉 근본 사서로 존중하기도 했다.36) 신충괘관조 서술의 분위기에서 말하자면 일연 역시 단속사 창건 주체를 신충으로 보는 데는 회의적이었다. 그런데도 그 자료를 버리지 않은 이유는 그것이 '삼국본사'에서 인용한 것이기 때문이었다. 이 점은 일연의 『삼국사기』에 대한 인식에서 중시되어야 할 대목이다.

한편 이종문은 신충괘관조의 『전삼국사』가 『구삼국사』를 이른다는 논의에 한정했으므로 『삼국유사』에 『삼국사』의 이름으로 인용된 사례들을 모두 『구삼국사』, 혹은 『전삼국사』에서 유래한 것이라고 보는지에 대해서는 명료치 않다. 그러나 『구삼국사』이든 『전삼국사』이든 그것이 『삼국사기』 이전의 『삼국사』를 의미하는 한에서는 『삼국유사』의 『삼국사』에 대한 포괄적 논의가 수반되어야 할 것으로 본다. 이를 위해서는 『삼국사』는 물론 『국사』나 『삼국사기』・『삼국본사』를 필두로 하여 『삼국유사』에서 인용한 자료들 가운데 기전체 사서의 편목으로 간주되는 것들 모두를 『삼국사기』로 이해한 坂元義種의 지적을 고려할 필요가 있다.37)

그러나 『삼국유사』의 『삼국사』를 『구삼국사』와 관련하여 이해한 구체적 성과들 역시 적지 않다. 田中俊明・강인숙・洪潤植 등은 주로 기이편의 第二南解王조와 후백제 견훤조, 그리고 義解篇의 圓光西學조 등을 지목하여 『삼국유사』에서 『구삼국사』를 인용한 증거로 제시했다.38)

---

36) 본서 3부 8장의 「本史와 遺事」 참조.
37) 坂元義種, 1978, 「『三國史記』分注の檢討-『三國遺事』と中國史書を中心として」(『古代東アジア史論集』上, 吉川弘文館), 257~268쪽.
38) 田中俊明, 1977, 「『三國史記』撰進と『舊三國史』」(『朝鮮學報』 83) : 강인숙, 1985, 「구『삼국사』의 본기와 지」(『력사과학』 4) : 洪潤植, 1987, 「三國遺事에 있어 舊三國史의 諸問題」(『韓國思

이들은 또한 서로 방불한 논증 방법을 동원하여 기이편의 樂浪國조, 興法篇의 原宗興法 猒髑滅身조와 寶藏奉老 普德移庵조, 塔像篇의 前後所將舍利조와 彌勒仙花 未尸郞 眞慈師조와 臺山五萬眞身조에 인용된 『국사』를 『구삼국사』로 파악하였다. 이처럼 광범하게 『국사』 혹은 『삼국사』를 『삼국사기』가 아닌 『구삼국사』로 이해할 때 『삼국유사』의 '本紀(記)'·'史論'·'志'·'列傳' 따위 역시 『삼국사기』가 아닌, 『구삼국사』의 인용 대목으로 간주되게 마련이다.

그러나 대부분의 '논증'들은 이미 지적한 바와 같이 지나치게 엄격한 '同文'을 요구하는 경직된 기준에 입각한 것이거나, 혹은 지시한 서명으로 인용된 범위를 잘못 파악한 것이거나, 일연의 명백한 오인조차도 인용문에 충실한 것으로 간주한 것 등으로서 공감을 얻기에 충분치 못하다. 각도를 달리해 보면 위에 적시한 대목들은 거의 모두 『삼국사기』의 관련 내용과 일치하는 정보들을 담고 있으며, 『삼국사기』의 내용에 첨입하거나 그것을 약술한 것, 혹은 오인한 정도의 차이를 보이고 있을 뿐이다. 그러므로 『삼국유사』에 인용된 『삼국사』나 『국사』, 그리고 그밖에 기전체 사서의 편목 등은 『삼국사기』를 지시한다고 보는 것이 자연스럽다.[39]

이와는 달리 鄭求福은 『구삼국사』로서의 『삼국사』에 대한 포괄적 논의를 다시 하면서 『삼국유사』에 인용된 『삼국사』를 고려 초기, 구체적으로 광종대에 편찬된 역사책이라고 주장하였다. 그는 이 『삼국사』가 곧 『대각국사문집』의 『해동삼국사』이며 이규보가 지적한 『구삼국사』, 그리고 신충괘관조의 『전삼국사』라고 하였다.[40] 특히 『(구)삼국사』에는 고구려가 고려로 국호를 개칭했던 사실이 기재되어 있었을 것

想史學』 1).
39) 李康來, 1990, 「『三國遺事』에 있어서의 「舊三國史」論에 대한 비판적 검토」(『東方學志』 66).
40) 鄭求福, 1991, 「金富軾」(『韓國史市民講座』 9), 132쪽.

인데, 『삼국사기』에서 이를 의도적으로 삭제했다고 강조하였다.[41] 또한 그는 "『삼국유사』에서 국사나 삼국사로 인용된 내용이 단편적이고 『삼국사기』의 내용과 크게 다르지 않다고 하여 『삼국사』가 이용된 점을 무시할 수는 없다"라고 하면서, 그 이유로 "『삼국사기』의 거의 대부분의 내용은 『삼국사』로부터 전재된 것이기 때문"이라고 했다.[42] 『삼국사기』든 『삼국유사』든 이른바 『(구)삼국사』를 같은 재료로 서술한 이상 서로 방불한 내용이 될 수밖에 없다는 논리이다. 결국 이 경우 『구삼국사』에 대한 논의의 의미는 그 자체의 '실재' 여부가 아니라, 앞에서 말한 바와 같이 『삼국사기』에 의해 훼절된 '진실'에 있는 것이다.

이 '진실'의 문제는 뒤에 다시 살피기로 하고, 우선 『삼국유사』 등의 자료 내용을 『삼국사기』와 비교하여 그 계통성 여부를 판단하는 방법에 관해 생각해 보고자 한다.

『삼국유사』 靺鞨渤海조에는 『삼국사』를 인용하여 "百濟末年 渤海靺鞨新羅分百濟地"라고 했다. 이 기사는 『삼국사기』 백제본기의 최후 기사인 "武后又以其孫敬襲王 而其地已爲新羅渤海靺鞨所分 國系遂絶"이라고 한 대목에 대응한다. 그런데 『신당서』 백제전 말미에는 역시 "武后又以其孫敬襲王 而其地已爲新羅渤海靺鞨所分 百濟遂絶"이라 했다. 『신당서』와 『삼국사기』의 표현 가운데 '백제'와 '국계'의 차이를 제외하면 완연한 동문인 것을 부정할 수 없다. 『신당서』는 북송 인종 嘉祐 5년(1060)에 진상되었다. 이제 이 세 기사의 관계에 대해 가능한 해석 방법은 다음 세 가지가 된다.

첫째, 『삼국유사』에 인용된 『삼국사』를 『구삼국사』로 보고, 애초에 『구삼국사』에 있던 기사가 『신당서』에 채택되었다가 다시 『삼국사기』

---

41) 鄭求福, 1992, 「高句麗의 '高麗' 國號에 대한 一考−三國史記의 기록과 관련하여」, 『何山鄭起燉敎授 停年紀念論叢−湖西史學』 19·20).
42) 鄭求福, 1993, 「高麗 初期의 『三國史』 編纂에 대한 一考」, 『國史館論叢』 45), 175쪽.

에 의해 재인용된 것으로 보는 방법이 있다. 이것은 『구삼국사』의 편찬 연대를 목종조 이전으로 추정하는 末松保和의 추정을 고려한 것이다.43) 물론 『신당서』와 『삼국사기』의 일치도나 그들이 『삼국사』 인용문에 비해 훨씬 구체적이기 때문에 큰 설득력은 없으나 반드시 부정될 까닭도 없다.

둘째, 『구삼국사』와 『신당서』의 기록은 우연히 유사한 것이지 꼭 『신당서』가 『구삼국사』를 참고한 것은 아니며, 『삼국사기』는 『구삼국사』의 기사를 외면하고 『신당서』 기사를 충실히 보입한 결과로 해석할 수 있다. 반면에 일연은 『신당서』 혹은 그것을 충실히 인용한 『삼국사기』의 본기 기사를 외면하고 『구삼국사』를 중시하여 『삼국사』의 이름으로 인용했다고 볼 수도 있다.

셋째, 『구삼국사』에 관련 내용이 있었는지는 알 수 없지만 『삼국사기』의 기사는 『신당서』를 인용한 것이고, 『삼국유사』의 『삼국사』 인용문은 『삼국사기』 기사를 면밀하지 못하게 인용한 것으로 보는 방법이다. 이것은 필자의 생각이다.44) 편찬 순서에 따라 주요 대목을 나열해 본다.

○ 土地盡沒於新羅靺鞨 夫餘氏君長遂絶 (『通典』 185, 邊防 東夷 上)
○ 其地爲新羅靺鞨所分 百濟之種遂絶 (『唐會要』 95, 百濟)
○ 其地自此爲新羅及渤海靺鞨所分 百濟之種遂絶 (『舊唐書』 199上, 列傳149 東夷 百濟)
○ 其地已爲新羅渤海靺鞨所分 百濟遂絶 (『新唐書』 220, 東夷列傳145 百濟)
○ 其地已爲新羅渤海靺鞨所分 國系遂絶 (『삼국사기』)
○ 百濟末年 渤海靺鞨新羅分百濟地 (『삼국유사』 인용 『三國史』)

---

43) 宋基豪, 1988, 「발해에 대한 신라의 양면적 인식과 그 배경」(『韓國史論』 19), 76쪽.
44) 본조의 『삼국사』는 『삼국사기』를 지칭하는 것이며, 그러므로 『삼국사』와 구별되어 인용된 『東明記』가 곧 『구삼국사』 동명왕본기라고 보는 견해도 있지만, 여기서는 논외로 한다. 津田左右吉, 1964, 「三國史記高句麗紀の批判」(『津田左右吉全集』 12, 岩波書店), 398쪽 ; 동, 1922, 『滿鮮地理歷史硏究報告』 9.

물론 이상 세 가지 이해 방법 가운데 어느 일방이 나머지 두 가능성을 완전히 배제할 수 있는 증거는 없다. 다시 말해 이른바 『구삼국사』로 불린 자료에 관련 기사가 있었을 가능성마저 부정할 방법은 없다. 다만 『삼국사기』와 『삼국유사』에서 자료를 이용하는 태도에 나타난 의미 있는 차이점을 함께 고려해야 한다. 즉 두 책에는 모두 중국 측 사서와 우리 고유의 자료, 특히 그 정체를 특정 사서로만 단정할 수는 없는 『고기』라는 자료가 중요하게 인용되고 있으며, 두 책의 편자들은 몇 군데에서 중국 자료과 고유 자료의 상위점에 대한 고증과 논평을 가했다. 그 경우 두드러진 상이점은 『삼국사기』 편자들이 거의 예외 없이 중국 측 자료와 『고기』의 상위에 대해 일방적으로 『고기』를 존중한 데 반해, 『삼국유사』에서는 중국 측 사서를 근거로 『고기』의 오류를 비판하고 있다는 것이다. 물론 『고기』가 가지고 있는 분명한 오류가 없는 것은 아니다. 그러나 두 책의 편자들의 고유 자료에 대한 인식을 추구하고자 할 때, 동일한 사건에 대한 상이한 자료 간의 이설에 대해 이처럼 뚜렷이 상반되는 태도를 고려하지 않을 수 없다.

　한편 정구복은 『삼국유사』를 통해 『구삼국사』의 편린을 추적 복원하고자 하는 대세에 충실하면서도, 부분적으로는 기존의 흐름에서 크게 달라진 이해를 제출하였다. 즉 『삼국유사』에 인용된 『국사』는 『삼국사기』가 아닌 동시에 『구삼국사』도 아니라는 것이다. 그에 따르면 첫째, 『삼국유사』 武王조에는 각각 『국사』와 『삼국사』에 근거한 분주가 병렬하고 있으므로 인용자가 두 자료를 구분한 것이다. 둘째, 이른바 『구삼국사』에도 사론이 있었고 그 일부는 『삼국사기』에 재인용되었을 것이며, 仙桃聖母隨喜佛事조에 인용된 '國史史臣曰' 이하의 내용은 『삼국사기』 신라본기 경순왕 9년조의 사론과는 일부 첨입 부분이 다르므로, 『국사』 편찬자가 이를 인용하면서 자신의 견해를 약간 덧붙여 사론을 다시 쓴 것으로 생각된다. 셋째, '國史高麗本記'를 인용한 高句麗조에 '始祖 東明聖帝'라는 표현이 있는데『삼국사기』에는 '東明聖王'이라고 했으므로『국사』는『삼국사기』이후에 편찬된 책이라고 판단한다. 넷째,『국사』는 무신집권기 이후, 그리고 일연이『삼국유사』를 편찬하기 전 어느 시기에 이른바『구삼국사』와『삼국사기』를 종합하여 편찬된 책일 가능성이 있다. 그러므로 충렬왕 12년(1286)에 吳良遇 등이 원 나라에 바치기 위해 편찬한『국사』를 주목한다.45) 또한 그렇다면 이『국사』에는 단군부터 고려까지의 역사가 서술되었을 것이고, 그 편찬 연대가 일연의 죽음(1289)에 앞서기 때문에『삼국유사』에서 이를 인용할 수 있었을 것이다.46)

여기서 주목하고자 하는 중심 논지는 김부식의 이름이 직접 거론된『삼국유사』의 사론이『삼국사기』의 사론이 아니라 그에 의거한『국사』의 새로운 사론이라는 것이다. 그러나『삼국사기』에 익숙했던 이규보가 이를 '국사'로 간주했던 것처럼 일연 역시『삼국사기』를 삼국의 '본사'로 존중했으며, 이 경우『삼국사기』는『삼국사』나『국사』로 약칭되기도 했다는 기존의 이해를 다시 지지하고자 한다. 그러므로『삼국유사』의 이른바 '史臣'은『삼국사기』 편찬을 주도한 김부식이며, '사론' 역시『삼국사기』에 있는 김부식의 논평을 가리킨다. 특히『국사』는 이규보 등의 언급에서처럼『삼국사기』의 '本史的' 위상을 고려한 명칭일 뿐, 그 자체가 별개의 다른 사서일 가능성은 극히 적다고 판단한다.47) 여기서는 仙桃聖母隨喜佛事조에 인용된 '國史史臣曰'의 내용 가운데 일부를 검토하는 데 그치고자 한다.『삼국사기』와『삼국유사』의

---

45)『高麗史節要』21, 忠烈王 12년(1286) 11월조에 "命直史館吳良遇等 撰國史 將以進于元也"라고 했으며,『高麗史』, 世家30 忠烈王 12년 11월 丁丑조에도 동일한 내용이 있다.
46) 鄭求福, 1993, 앞 논문「高麗 初期의『三國史』編纂에 대한 一考」, 175~180쪽.
47) 본서 3부 8장의「本史와 遺事」.

해당 대목을 제시하면 아래와 같다.

○ 臣又見大宋國信使王襄祭東神聖母文 有娠賢肇邦之句 (『삼국사기』)
○ 又大宋國使王襄到我朝 祭東神聖母女 有娠賢肇邦之句 (『삼국유사』)

두 인용문 사이의 차이는 『삼국유사』측에 '臣'과 '見'자가 없고, '國信使'가 '國使'로 약칭되었으며, '到我朝'가 첨가되었고, 『삼국사기』의 '文'자가 '女'자로 된 점이다.48) 우선 사론 작성자를 지시하는 '臣'자가 빠진 것은 『삼국사기』의 본 사론에 '臣富軾'이라 한 것을 『삼국유사』에서 그냥 '軾'이라고 한 것과 같은 맥락에서이므로 논의를 위한 의미 있는 지표가 되지 못한다. 오히려 『삼국유사』 찬자가 『삼국사기』를 인용하면서 일관되게 '臣'자를 뺀 점을 확인할 뿐이다. 다음에 '見'자의 유무를 음미할 때, 『삼국사기』의 경우는 사론 작성자인 김부식이 祭文을 본 주체임이 분명한 반면, 『삼국유사』의 문장은 그 주체가 불명료하다. 물론 이를 인용문으로 보지 않고 『국사』라는 또 다른 책의 사론 작성자가 직접 서술한 부분으로 판단하는 논리에 선다면 다른 문맥이 될 수도 있겠다. 혹은 여기에 덧붙여 『삼국유사』의 문장에 새로 첨가된 부분, 즉 '到我朝'를 주목했을 수도 있다.

그러나 김부식은 중국에서의 東神聖母와 관련된 견문뿐 아니라 왕양 일행의 「祭東神聖母文」을 직접 보았던 것이다. 주지하듯이 김부식은 政和 6년(예종 11년, 1116)에 李資諒을 정사로 한 사행에 동행하였다. 그는 이 때 王黼와 같은 송나라의 문인들과 교유하면서 仙桃山聖母에 대한 견문을 가졌을 것이다. 고려의 사행과 관반학사 왕보와의 교유는 『고려사』에서도 확인된다. 즉 이자량의 사행에는 鄭沆도 있었는데, 왕보

---

48) 『晩松文庫本 三國遺事』(旿晟社, 1983) 및 河廷龍·李根直, 1997, 『三國遺事 校勘研究』(新書苑)를 이용하였다.

가 정항이 지은 표장을 보고 칭찬하고 감탄했다는 것이다.49) 또 송의 사신 왕양 일행이 고려에 온 것은 1110년의 일이었다.50) 김부식은 이 경험을 토대로 왕양의 「祭東神聖母文」을 지적했다. 실제 徐兢의 『高麗圖經』에 의하면 개경에 있는 東神祠에는 東神聖母之堂이 있었고, 사신들이 그에 제사하는 관례가 있었다 한다.51)

이렇게 볼 때 위에 인용한 김부식의 말은 왕양의 「제동신성모문」에 있는 '娠賢肇邦'이라는 구절을 직접 보았다는 것이고, 『삼국유사』의 인용문은 왕양이 와서 동신성모에게 제사했는데 그 글 가운데 '娠賢肇邦'이라는 구절이 있었다는 것이다. 이 경우 물론 '文'과 '女'자의 변화는 『삼국유사』 측의 오기, 혹은 오각으로 보아야 하는 것은 두말할 나위가 없다. 따라서 이상의 차이점을 들어 굳이 『국사』라는 또 다른 책이 있었고, 그 책의 사론 작성자가 독자적으로 작문했기 때문에 생긴 변화라고 고집할 필요는 없을 것이다.

3. 내부적 검토

『삼국사기』를 올리면서 밝힌 기존 삼국 관련 역사 기록물에 대한 총칭으로서의 『고기』는 그 수사 재료로서의 위상에서 이규보가 지적한 『구삼국사』와 대응하는 위치에 있다. 일찍이 末松保和는 신라본기에 있는 왕들의 薨年을 검토하는 가운데 중국 측 기록과의 상위를 확

---

49) 『高麗史』 97, 列傳10 鄭沆.
50) 『高麗史』 13, 世家13 睿宗 5년 6월 辛巳.
51) 『高麗圖經』 17, 祠宇.

인하면서 국내 고유의 '古傳'에 주의한 바 있다.52) 즉 『고기』를 『구삼
국사』에 대응하는 자료로 이해할 때, 『구삼국사』를 주요 전거로 편찬
했을 『삼국사기』에 다시 『고기』가 인용되고 있는 부자연스러움에 대
한 하나의 단서를 발견하게 된다. 다시 말하여 『고기』는 『삼국사기』에
모두 24회 인용되고 있거니와, 많은 경우 그 내용은 중국 측 사서와
상충하는 연대관을 지니고 있는 것들이었다. 그러므로 『고기』의 가장
큰 범주는 중국 측 사서에 대한 우리 측 기록물의 총칭이었던 셈이다.

井上秀雄 역시 기전체 채용에 『삼국사기』 重撰의 의미를 추정한 末
松保和의 견해를 수긍하면서, 『삼국사기』 찬자는 중국 사서 가운데 가
장 중시한 『신·구당서』보다 『고기』를 중시했음을 논증하였다. 그러나
그는 정작 '本史'를 『구삼국사』에 대응시켜 이해하였다.53) 『삼국유사』
에 인용된 '본사', 즉 관찬 정사로서의 『삼국사기』가 편찬된 이후의 '본
사'는 『삼국사기』를 가리키는 데에 이견이 없는 줄로 안다. 그러나 『삼
국사기』 자체의 서술 가운데 언급된 '본사'의 용례에는 논의의 여지
가 있다. 『삼국사기』 신라본기에는 신라왕의 졸년과 관련한 고증에서
두 차례 '본사'를 언급하였다.

○善德王 16년(647) 봄 정월… 8일에 왕이 죽었다.… [『唐書』에는 "貞觀 21년(647)
에 죽었다" 하고 『通鑑』에는 "25년에 죽었다"라고 했으나 本史로써 고증
한다면 『통감』이 잘못이다.]54)

---

52) 末松保和, 1954, 「新羅下古諸王薨年存疑」(『新羅史の諸問題』, 東洋文庫), 433쪽 ; 동, 1933, 『靑丘學叢』 14.
53) 井上秀雄, 1968, 「新羅朴氏王系の成立-骨品制の再檢討」(『朝鮮學報』 47) ; 동, 1974, 『新羅史 基礎研究』(東出版株式會社), 342~345쪽.
54) 여기에 이른 『당서』는 『구당서』와 『신당서』 신라전을 이르는 것으로 본다. 『구당서』 태종 본기에는 '정관 22년'으로 기록했기 때문이다. 『冊府元龜』 역시 '정관 22년'으로 기록하였다. 특히 『資治通鑑』 198, 唐紀14 태종 下之上 정관 22년 정월에 "신라 왕 김선덕이 죽었으므로 선덕의 누이 진덕을 柱國으로 삼아 낙랑군왕을 봉하고 사신을 보내 책명하였다"라고 했으므로, 『삼국사기』 서술자는 『자치통감』의 '22년'을 '25년'으로 誤引했을 수 있다. 그러나 그보

○元聖王 14년(798) 겨울 12월 29일에 왕이 죽었다.…〔『唐書』에는 "貞元 14년 (798)에 敬信이 죽었다" 하였고, 『通鑑』에는 "정원 16년에 敬信이 죽었다"라고 했는데, 本史로 고증하건대 『통감』이 잘못이다.〕55)

두 왕의 죽음에 관한 신라본기 및 연표의 서술은 분주에 밝힌 것처럼 『당서』의 연대관과 일치한다. '본사'는 『자치통감』의 신라 왕 졸년 기록이 잘못이라는 것을 증거하는 기준으로 기대되고, 또 기능하고 있다. 한편 신라본기에는 왕의 졸년에 관계된 분주가 여섯 곳에 있거니와 그 가운데서 진평왕·효소왕·경덕왕·헌덕왕의 경우는 『고기』에 근거한 고증이었고, 선덕왕과 원성왕의 경우는 '본사'에 근거한 것이었다. 분주를 가한 이의 의도는 주로 『자치통감』이나 『당서』 등의 오류를 지적하기 위한 것이었다. 따라서 자연 중국 사서와 대비되는 『고기』나 '본사'를 들어 판정을 가했던 것이고, 그렇다면 국내 자료에 대한 분주자의 신뢰가 현저한 예라 할 것이다.

다시 말하거니와 주목할 문제는 과연 신라본기에 언급된 '본사'의 실체가 어떤 것인가에 있다. 외양으로 보아 '본사'는 『고기』와 동일한 위상에 서 있다. 양자는 서로 중복하여 논급되지 않는 원칙에서 궁극적으로 동일한 역할을 하고 있다. 그러므로 『고기』가 『삼국사기』 편찬시 확보된 전거 자료의 하나였듯이, '본사' 역시 『삼국사기』 이전의 특정 사료로 간주될 여지가 적지 않은 것이다. 게다가 위에 인용한 두 왕의 경우는 훙거한 일자까지 제시되고 있는 희소한 사례이기도 하다. 나아가 이와 같은 이해에 서고 보면 井上秀雄처럼 '본사'를 곧 이른바 『구삼국사』로 단정하는 견해를 가질 수도 있겠다. 혹은 앞에 말

다는 현행 정덕본 『삼국사기』의 '五'는 '二'의 誤刻일 것이다.
55) 『資治通鑑』 235, 唐紀51 德宗 10 貞元 16년 4월에 "신라왕 敬則이 죽었으므로, 그 적손 俊邕에게 책명을 내려 신라왕으로 했다"라고 하여, 『삼국사기』보다 2년 늦게 기록되어 있다. 한편 최치원이 찬한 「崇福寺碑」에는 '貞元 戊寅年(798) 겨울'로 기록되어 있다.

한 것처럼 『고기』와 '본사'의 기능적 유사성에 경도된다면 『고기』가 곧 『구삼국사』라는 이해에 도달하게 될지도 모른다.

그러나 우선 『고기』 자체가 『구삼국사』만을 지칭하는 것은 아니다. 따라서 『고기』를 매개로 한 '본사'=『구삼국사』와 같은 이해는 설득력이 충분치 못하다. 아울러 신라왕의 졸년에 관한 『자치통감』 등의 오류를 지적한 여섯 왕의 예 가운데 『고기』가 논거로 된 경우에는 구체적인 『고기』의 내용이 제시되어 있고, 동시에 『고기』의 내용과 신라본기 본문에 서술된 내용이 월·일에서는 반드시 일치하지 않기도 하여 본문 서술의 근거 자료와 『고기』로 지칭된 그것이 서로 다른 계통이었던 것을 알 수 있다. 반면에 선덕왕과 원성왕의 경우는 중국 측 사서의 오류를 판단하는 기준으로 '본사'를 들면서도 정작 '본사'가 담고 있는 구체적인 내용이 제시되고 있지는 않다. 따라서 '본사'는 『삼국사기』 자체일 수도 있다. 그렇다면 위에 인용한 두 왕의 졸년 관계 분주는 後註的 성격을 가지는 것이다.[56]

『삼국사기』에는 전편에 걸쳐 560여 개의 분주가 있다. 포괄적으로 말한다면, 『삼국사기』의 분주는 그 분주가 가해지게 되는 대상 본문에 대한 분주자의 판단을 보여주는 것이다. 그런데 대부분의 분주는 『삼국사기』 편찬 당시의 本註라고 생각된다. 물론 이것은 주로는 本註가 아닌, 즉 後註라고 볼 적극적 증좌가 불비한 때문일 따름에서이다. 다시 말해 분명한 本註的 성격이 입증되는 예도 그리 많지는 않다. 일찍이 『삼국사기』의 분주를 검토한 坂元義種에 따르면 '分注의 前提的 성격'이나 '本文과 分注와의 一體性'을 들어 분명한 본주적 성격이 드러나는 경우도 있는 반면, 몇 군데의 사례에서 후주의 존재 가능성을 인정할 수 있다고 하였다.[57]

---

56) 李康來, 1989, 「三國史記와 古記」(『龍鳳論叢』 17·18).
57) 坂元義種, 1978, 앞 논문 「『三國史記』分注의 檢討-『三國遺事』와 中國史書를 中心으로서」, 27

이 경우 '후'의 시점을 확정하는 것은 현재로서는 거의 불가능하다. 다만 해당 본문을 서술하는 시점에서 작성된 분주, 그리고 본문을 서술한 당사자의 분주가 아닌 것이라는 제약된 의미에서의 후주를 이를 뿐이다. 즉 분주 대상이 되는 본문의 서술 시점에서 동시에 분주된 것이냐의 여부와, 분주 대상이 되는 본문의 서술자가 곧 분주자였느냐의 여하에서 한 가지 조건이라도 충족시키지 못한다면 후주로 판단하는 것이다. 이를 위해 한 예를 들어본다.

○冬十月 蠶友落部大家戴升等一萬餘家 詣樂浪投漢 (『삼국사기』 14, 고구려본기2, 閔中王 4년)
○後漢書云 大加戴升等萬餘口 (위 기사의 분주)
○冬 句驪蠶支落大加戴升等萬餘口 詣樂浪內屬 (『後漢書』 85, 句驪, 建武 23년)

인용문을 보면 『삼국사기』 본문은 『후한서』의 내용과는 약간의 출입이 있지만 서로 무관한 서술이라고는 생각되지 않는다. 그렇다면 『후한서』를 인용하여 본문을 서술하면서, 다시 『후한서』와의 상이점에 대해 의문을 제기한 분주는 적어도 본문 서술자의 작성은 아닐 것이다. 坂元義種은 바로 이 점을 지적하면서 본문과 분주의 서술자는 별개의 인물이었고, 이를 후주로 볼 수 있다고 하였다. 물론 田中俊明의 지적처럼 이 경우의 본문은 『삼국사기』 이전의 것, 즉 예컨대 『구삼국사』로부터 轉引된 것이고, 따라서 본래 『구삼국사』 단계에서부터 『후한서』가 오인된 것을 그대로 『삼국사기』 편찬 과정에서 답습한 다음, 다시 『후한서』의 내용을 근거로 분주되었을 가능성이 없는 것은 아니다.58) 그러나 『삼국사기』 편찬 당시의 『후한서』 오인이 후주적 분주 과정에서 다시 『후한서』를 근거한 지적으로 나타났을 수도 있다. 이 제한된

6~280쪽.
58) 田中俊明, 1977, 앞 논문 「『三國史記』撰進と『舊三國史』」, 11~12쪽.

의미의 후주를 깊이 고려하는 이유는 그것이『삼국사기』자체 내에서『구삼국사』의 실체를 지시하는 적소를 가리는 논의에 중요한 단서를 제공하기 때문이다.

분주를 통한『삼국사기』원전론 가운데에는 분주에 보이는 '本記', 혹은 '本紀'가 곧『구삼국사』의 본기이며, 이야말로『삼국사기』가『구삼국사』를 인용하면서도 그 사실을 은폐한 증거라고 보는 견해가 있다. '本記'의 사례는 김유신전(상) 善德王 11년(642)에 백제와 벌인 大梁州 전투의 전말 및 그로 인한 金春秋의 고구려에 대한 청병 외교 실패가 서술된 다음, 말미에 붙인 분주에 보인다. '本紀'의 경우는 신라 본기 眞聖王 즉위년조에 진성왕의 이름이 '曼'이라고 소개한 뒤에 최치원의 두 글을 재료로 작성된 분주 가운데 나타난다. 일찍이 이 두 적소를 지시하여『삼국사기』가『구삼국사』에 전적으로 의존했으면서도 그 사실을 은폐한 증거라고 주장한 이는 김석형이었다.[59] 그의 견해는 김영경에 의해 반복되었고,[60] 다시 정구복이 지지하였다. 특히『구삼국사』의 '정식 명칭'은『삼국사』였다고 보고 있는 정구복은 김유신전의 '本記'에 대해서 "『삼국사』에서 오기된 것을 비판하지 못한 채 그대로 전재함으로써 결과된 실수"라고 했으며, 진성왕조의 '本紀'에 대해서는 "『삼국사기』편찬에서『삼국사』의 실체를 노출시키지 않으려 한 방침에도 불구하고 이를 이용했음을 실수로 노출시킨 또 하나의 실례"라고 하였다.[61] 요컨대『구삼국사』가『삼국사기』편찬에 이용된 주요 원전 가운데 하나였다는 것에 그치지 않고,『삼국사기』편찬자들은 그 사실을 은폐하려 했다는 데 강조점이 있다. 이제 두 사례에 대한 대강의 검토를 시도하고자 한다.

---

59) 김석형, 1981, 앞 논문「구『삼국사』와『삼국사기』」, 56~57쪽.
60) 김영경, 1984,「『삼국사기』와『삼국유사』에 보이는「고기」에 대하여」(『력사과학』2).
61) 鄭求福, 1993, 앞 논문「高麗 初期의『三國史』編纂에 대한 一考」, 172쪽.

이 내용은 '본기(本記)'의 진평왕 12년조에 실려 있는 것과 한 가지 일이로되 조금 다르다. 모두 『고기』에 전하는 것들이므로 둘 다 그대로 적어 둔다. (김유신전 상)

우선 정덕본의 해당 부분은 '本記' 부분이 '本言'이라고 각자되어 있으나, '言'자가 지나치게 왼편으로 치우쳐 부자연스럽게 판각되어 있으므로, '記'자의 缺刻으로 판단한다. 그 경우 '本記'는 '本紀', 즉 신라본기를 가리키는 것으로 보는 것이 온당할 것이다. 그러나 너무나 당연한 말이지만, 신라본기에는 진평왕 12년이 아니라 김유신전 본문에 명기한 대로 선덕왕 11년에 같은 내용의 기사가 있다. 그러므로 이 분주에는 누군가의 오류가 저질러진 것이다. 그 오류의 주체와 과정을 어떻게 이해할 것인가에 따라 논의는 비상하게 확대될 수 있다.

연구자들 가운데 분주의 '本記'를 『구삼국사』의 신라본기라고 보는 첫째 근거는 '本紀'가 아니라 '本記'로 쓰였다는 점이다. 말하자면 이것은 김부식 등 편찬자들이 기존 자료, 즉 아마도 『구삼국사』에 '本記'로 표현된 것을 '本紀'로 고치는 가운데 미처 고치지 못한 부분이리라는 것이다. 이 '本記'의 문제는 마치 김부식이 고구려 후기의 국호 '高麗'를 특정한 의도, 다시 말해 고려의 고구려계승의식을 은폐하려는 정치적 목적에서 '高句麗'로 고치다가 '편찬상의 실수로' 몇 군데 빠뜨려 버린 것과 같다는 것이다.62) 나아가 둘째 근거로는 『삼국사기』 편자가 『삼국사기』 신라본기와 대조했다면 선덕왕 11년 기사를 진평왕 12년 기사로 오기했을 가능성은 희박하다는 것이다.

이러한 주장은 일면 그러므로 『구삼국사』에는 '本紀'가 아니라 '本記'라는 표현으로 쓰였으리라는 것이다. 그러나 『삼국유사』에는 『삼국사기』나 『당서』의 '本紀'를 가리키는 용어로 '本記'와 '本紀'가 혼용되고

---

62) 鄭求福, 1992, 앞 논문 「高句麗의 '高麗' 國號에 대한 一考-三國史記의 기록과 관련하여」; 동, 1996, 「三國史記 解題」(『譯註 三國史記』 1, 韓國精神文化研究院), 541쪽.

있고, 이규보는 「동명왕편」 서문에서 『구삼국사』의 '東明王本紀'를 보았다고 했으며, 반면 시에서 이를 인용하는 대목에서는 '本記'의 표기를 사용하였다. 이승휴의 『제왕운기』에도 '東明本紀'가 인용되고 있는데, 그 내용은 이규보의 「동명왕편」 분주에 인용된 '本記'의 내용과 일치하는 것이었다. 각훈의 『海東高僧傳』 釋安含조에도 분명한 『삼국사기』 신라본기 기사를 인용하면서 '新羅本記'라고 하였다. 『해동고승전』의 '국사'나 '신라본기'가 『삼국사기』를 지칭하는 것임은 이미 검증된 바 있다.63) 이처럼 '本紀'와 '本記'는 얼마든지 서로 혼용될 수 있는 것이지, 여기에 특별한 의미를 부여할 필요는 없다. 그러므로 김유신전의 '本記'-그 자체도 완전한 자획이 갖추어지지 않은 결획의 상태로 판각되어 있지만-를 『구삼국사』의 '본기'라고 보아야 할 아무런 증거도 없는 것이다.

다음 둘째 논의점 즉 김유신전의 분주자가 『삼국사기』의 신라본기와 대조했다면 '선덕왕 11년'을 '진평왕 12년'으로 오기했을 가능성은 과연 희박한 것인지에 대해 생각해 본다. 우선 열전에서 신라본기나 고구려본기와 비교를 시도한 예들은 물론, 삼국 가운데 어느 한 본기에서 다른 본기를 고려하거나 지시하면서 작성한 사례를 얼마든지 용이하게 발견할 수 있으므로 김유신전 편자가 신라본기 기사를 염두에 두고 분주를 작성하는 것은 전혀 놀라운 일이 아니다.

이제 다시 방향을 달리하여 '선덕왕 11년'이 '진평왕 12년'으로 '오기'된 과정에 대해 생각해 본다. 이 '오기'가 『삼국사기』 편찬 과정에서 야기된 것이 아니라 『구삼국사』에서 비롯된 '오기'가 비판적 검증을 거치지 못한 채 『삼국사기』에 그대로 전재되었다고 볼 수도 있겠다. 다시 말해 문제된 김유신전의 분주가 『구삼국사』 김유신전에도 동일한 모습으로 있었다고 가정해 본다. 그렇다면 이것은 『구삼국사』의

---

63) 金相鉉, 1984, 「『海東高僧傳』의 史學史的 性格」(『藍史鄭在覺博士古稀記念東洋學論叢』).

열전 찬자가 『구삼국사』 신라본기와 대조한 예가 될 것이다. 그러므로 이제 『구삼국사』 편자들에게는 가능한 '대조'와 '오기'가 왜 『삼국사기』 편자들에게는 그 가능성이 희박한 것인지에 대해 납득할 만한 이유가 제시되어야 한다. 따라서 『구삼국사』 편자에게 가능했던 '오기'가 『삼국사기』 편자에게는 일어날 리 없다는 확신이 없는 한, 이 분주의 '오기'가 반드시 『구삼국사』의 존재를 '폭로'하는 증거로 주목될 수는 없다.

여러 번 양보하여 문제의 분주를 가한 『삼국사기』 열전 편자가 『구삼국사』의 신라본기를 재료로 그러한 지적을 한 것이라고 생각할 수도 있다. 다시 말해 『구삼국사』에는 김유신전의 해당 내용은 없었고, 그것은 오직 신라본기 진평왕 12년조에 있었다고 가정해 보는 것이다. 그렇다면 우리는 왜 『삼국사기』 신라본기에는 관련 기사에 『구삼국사』와의 심각한 괴리를 지적한 분주가 없는가라는 새로운 질문에 대답해야 한다.

나아가 이 분주의 내용은 선덕왕 11년의 연대를 명기하여 백제의 신라 大耶城 공함 사건을 서술한 뒤, 이 사건이 신라본기의 진평왕 12년조에 실려 있는 내용과 한 가지 일이로되 조금 다르다고 하였다. '진평왕 12년'이 '선덕왕 11년'의 오기인 것은 이미 말한 바와 같다. 김유신전의 이 사건은 실제 신라본기 선덕왕 11년의 기사와 '한 가지 일'이로되 조금 다르다. 김유신은 진평왕 17년(595)에 태어났으므로 사실 처음부터 진평왕 12년 시기에 김유신의 군사 활동이란 있을 수가 없다. 분주는 이어서 '모두 『고기』에 전하는 것들'이므로 둘 다 기록해 둔다고 하였다. 이 분주의 지적을 세심하게 고려하면 신라본기의 선덕왕 11년 기사가 근거한 자료나, 그와는 '조금 다른' 열전의 자료는 모두 『고기』로 지칭되고 있는 것이다. 편찬자에 따르면 김유신전은 그의 후손인 金長淸에 의해 찬술된 김유신의 '行錄'에 의존하여 작성되었다 한다. 그러므로 『삼국사기』 편찬자는 『김유신행록』 혹은 『흥무대왕행록』을 『고기』라고 지칭했던 것이다. 『삼국사기』의 본기 기사들이 상당 부분 이른바 『구삼국사』에 의존했을 것이라는 일반적 이해를 고려하고, 김부식이 인종에게 『삼국사기』를 진헌할 때 쓴 표문에서 우리 고유의 삼국 관련 역사 자료로서 『고기』의 미흡함과 그를 극복해야 할 당위성을 밝힌 점을 염두에 둔다면, 결국 『구삼국사』 역시 『고기』라는 넓은 범위의 명칭 속에 포함시킬 수 있겠다.

이상과 같이 이 분주에서 우리는 신라본기의 저본 자료와 김유신전의 재료, 즉 『김유신행록』 사이에 미세한 차이가 있다는 점, 그러므로 『구삼국사』와 같은 단일한 전거에 의해 『삼국사기』 전편이 편찬된 것이 아니라는 점 등을 확인할 뿐이다. 다시 말해 이 분주가 『구삼국사』에 있었던 것이라거나, 『삼국사기』 찬자가 『구삼국사』의 존재를 은폐하려다가 실수로 노출시킨 적소라거나, 『구삼국사』에는 '本紀'가 아니라 '本記'로 표기되었을 것이라는 등의 논거로 기능할 수는 없다는 것이다. 이 분주에서 저질러진 '실수'는 '은폐 의도의 노출'이 아니라, 그야말로 단순한 '오기'에 불과하다.64)

이제 진성왕 즉위년조의 '本紀'에 대해 생각해 본다.

『崔致遠文集』 제2권의 「謝追贈表」에는 "신 坦은 아룁니다. 엎드려 칙지를 받자오니 저의 죽은 아비 凝을 추증해 太師로 삼고, 죽은 형 晸을 太傅로 삼았습니다"라고 하였고, 또 「納旌節表」에는 "저의 맏형 국왕 정이 지난 光啓 3년(887) 7월 5일에 갑자기 성대를 버리고, 저의 조카 嶢는 태어나 아직 돌도 되지 못했는지라, 저의 둘째 형 晃이 임시로 나라를 다스리던 바, 또 1년을 넘기지 못하고 멀리 세상을 떠났습니다"라고 하였다. 이로써 말하자면 경문왕의 이름은 '凝'인데 本紀에는 '膺廉'이라 하였고, 진성왕의 이름은 '坦'인데 본기에는 '曼'이라 했으며, 또 정강왕 晃은 '광계 3년'에 죽었는

---

64) 본서 2부 4장의 「『삼국사기』 원전론과 관련한 '本記'와 '本紀'의 문제」.

데 본기에는 '2년'에 죽었다 하니, 모두 어떤 것이 옳은지 모르겠다.

분주 찬자는 최치원의 두 표문 내용과 '本紀'의 편년 기사를 비교해 경문왕의 이름, 정강왕의 졸년, 진성왕의 이름 등의 차이를 환기시키고 있다. 이를 분절하여 이해하면 아래와 같이 정리된다.

1. 최치원의 「사추증표」를 인용하여 경문왕의 이름은 '凝'이며, 진성왕의 이름은 '坦'이라는 것을 확인함.
2. 최치원의 「납정절표」를 인용하여 헌강왕 晸은 광계 3년 7월 5일에 죽었음을 확인함.
3. 역시 「납정절표」에 의하면 헌강왕을 계승한 정강왕 晃은 '未經朞月', 즉 1년을 넘기지 못하고 죽었음을 확인함.
4. 그런데 '本紀'에는 경문왕의 이름을 '膺廉'이라 하였고, 진성왕의 이름을 '曼'이라고 했으며, 정강왕은 광계 3년에 죽었는데 '本紀'에는 2년에 죽었다고 함.
5. 어떤 것이 옳은지 판단을 유보함.

크게 보면 『최치원문집』의 정보와 '本紀'의 정보가 다르다는 논지이다. 구체적으로 그 '다른' 사항은 4항의 내용, 즉 경문왕과 진성왕의 이름, 그리고 정강왕의 졸년 등이다. 이처럼 최치원의 글과 다른 정보를 가지고 있는 '本紀'의 실체가 문제이다. 우선 경문왕의 이름을 '膺廉'이라 하고 진성왕의 이름을 '曼'이라고 한 '本紀'에 대해서 말하자면, 『삼국사기』 신라본기의 내용이 실제 그렇게 되어 있으므로, 이 '本紀'가 『삼국사기』 신라본기가 아닌 다른 것이라고 하기 위해서는 또 다른 근거가 제시되어야 할 것이다. 즉 '本紀'의 남은 한 가지 문제인 정강왕이 '2년에 죽었다'는 기록이 어떤 의미인가가 분명해져야 한다.

『삼국사기』 신라본기에 의하면 헌강왕은 광계 2년(886) 7월 5일에 죽었고, 정강왕은 광계 3년(887) 7월 5일에 죽었다. 따라서 최치원의 「납정절표」에 헌강왕이 광계 3년에 죽었다고 한 것은 신라본기와는 다르며, 다른 자료들을 통해 볼 때 헌강왕이 기실 광계 2년에 죽은 것은 크게 의심할 여지가 없다.65) 그런데 분주의 의문 제기는 정강왕에 대해서만 이루어졌다. 그러므로 우선 여기에서 헌강왕의 졸년에 대해 아무 언급이 없다는 점을 의아한 사항으로 환기해둔다.

다음에 정강왕의 졸년을 둘러싼 혼선의 이유는 생각건대 '未經朞月'에 있다. 분주자는 최치원의 「납정절표」를 이해함에 있어, 헌강왕이 광계 3년에 죽고 그를 계승한 정강왕은 '未經朞月', 즉 '1년을 못 넘기고' 죽었다 했으므로, 역시 정강왕도 광계 3년, 다시 말해 같은 해, 그리고 즉위한 해에 죽은 것으로 파악하였다. 이러한 이해를 근거로 그는, 그런데 왜 '本紀'에는 '재위 2년'에 죽었다고 하는지에 대해 의문을 가지고 있는 것이다. 즉 분주자는 '未經朞月'을 문면 그대로 '1년을 못넘기고'라고만 해석한 것이다.

그러나 정강왕의 죽음을 이르는 그 대목의 뜻은 '만 1년을 채우지도 못하고', 그러므로 최소한 8월에야 즉위한 정강왕이 다음해 7월 5일에 죽은 사실을 염두한 것이다. 이것은 재위기간으로는 11개월이며 햇수로는 2년이 된다. 이렇게 정리하고 보면 정강왕이 광계 3년에 죽었는데 본기에는 2년에 죽었다고 했다 한 대목의 '2년'은 '광계 2년'이 아니라 '재위 2년'을 의미하는 것을 납득할 수 있다.

다음으로 일부에서는 「납정절표」에 헌강왕의 죽음을 광계 3년 7월 5일이라 한 대목의 '3년'이 '2년'의 오각일 것이라고 주장한다. 그리고 정강왕의 죽음에 대한 '本紀'의 '2년'도 '광계 2년'이라고 주장한다. 나아가 이 '本紀'가 『구삼국사』 신라본기라고 하므로, 그에 따르면 『구삼국사』 신라본기에는 헌강왕의 죽음이 광계 2년으로, 그리고 정강

---

65) 「大崇福寺碑銘」: "慶曆 景午年(丙午年, 886) 春 (獻康大王)顧謂下臣曰… 誰知隊月摧峰 俄興永恨 旋遇定康大王 功成遺磧…"(1972, 『崔文昌侯全集』, 成均館大學校 大東文化研究院).

왕의 죽음도 광계 2년으로 되어 있었다는 말이 된다. 그러나 그렇게 보면『구삼국사』의 정강왕 관련 내용은 그 자체가 성립할 수 없는 궁색한 모습이 되고 만다. 더구나 정강왕의 죽음이 광계 2년의 일이라면, 당시의 유월칭원법 즉 즉위년칭원법에 따라 진성왕도『구삼국사』에는 광계 2년에 즉위한 것으로 되어 있어야 옳다. 그러나 믿을 만한 모든 자료에 의하면 정강왕이 죽은 해, 곧 진성왕이 즉위한 해는 광계 3년으로서 의심의 여지가 없다.66) 따라서 오히려『최치원문집』의 「납정절표」 자체에서 헌강왕이 죽은 해와 관련한 오류가 빚어졌다고 판단하는 편이 옳다고 본다. 즉『삼국사기』의 '오각'이 아니라 「납정절표」의 '오류'라고 보는 것이다.

요컨대 진성왕 즉위년조의 분주자는 헌강왕의 죽음을 광계 3년으로 한 「납정절표」를 근거로 하고, 다시 정강왕이 '未經朞月', 즉 1년을 못 넘기고 헌강왕과 같이 광계 3년에 죽은 것으로 파악했기 때문에, 재위 2년이 되는『삼국사기』신라본기의 서술과 비교하여 그 차이점을 지적한 것이다.

한편 이렇게 이해할 때, 이 대목을 작성한 찬자가 같은 신라본기의 인접한 기사를 언급하여 '本紀'라고 인용해 쓰는 것은 퍽 자연스럽지 못하다는 의혹을 예상하게 된다. 그러나『삼국사기』의 각 본기에는 서로 다른 본기 기사를 지시·고려하여 서술하거나 분주를 가한 예들이 허다하며, 같은 본기 내에서 어느 기사가 다른 기사를 지시·인용한 예, 그리고 심지어 같은 해의 바로 앞 기사를 고려하여 분주를 가한 예도 있다. 그러므로 가까운 앞의 서술이라 하여 분주의 근거가 될 수 없다는 논리는 성립하지 않는다.

특히 지금 문제가 된 분주는 신라본기의 분주들 가운데 특이한 위

---

66)「眞監禪師碑銘」 말미에는 "光啓三年 七月 日建 僧奐榮刻字"라 했거니와 비명에서 定康王은 '今上'으로 지칭되고 있다. (1972,『崔文昌侯全集』, 成均館大學校 大東文化硏究院)

상을 가지고 있다. 신라본기에는 모두 99개의 분주가 있고, 각각은 분주 대상이 되는 본문 서술에 대해 한 가지의 관련 사실을 지적한 것들이다. 여기에서 유일한 예외가 문제의 본 분주다. 이것은 두 왕의 諱와 한 왕의 卒年에 관한 복합적 문제 제기로 이루어졌다. 신라본기의 다른 예를 미루어 적용한다면 두 왕의 휘에 관한 분주는 각각 그 왕의 휘가 처음 등장하는 곳에 위치해야 하고, 정강왕의 죽은 해에 관한 분주도 다른 모든 왕의 졸년 관계 분주가 왕의 사망 기사에 이어 등장하는 것처럼, 진성왕 즉위년조가 아니라 정강왕의 죽음에 이어 자리했어야 할 것이다. 이와 같이 신라본기의 모든 분주에 대한 미시적 검토를 토대로 하고 보면, 본 분주는 분주의 위치와 분주의 관련 내용에 있어 매우 특이한 위상에 있는 것이다. 이와 같은 몇 가지 일탈적 특징을 고려할 때, 본 분주가 해당 부분을 직접 집필한 자의 '자주'가 아니라 신라본기 자체의 서술이 완료된 후, 또 다른 이에 의해 첨입된 일종의 제한된 의미의 '후주'일 가능성도 열어두고자 한다. 다시 말하거니와 이 경우 '후주'의 기준은 관련 사항을 다룬 본문 작성자가 아닌 사람이, 관련된 본문 서술이 이루어진 뒤 가까운 시점에서, 본문 작성자가 의존한 자료 외의 전거를 동원해 그 차이점을 논의하고 있다는 데 있다.67)

『삼국사기』 내부의 정보에 입각한 원전론의 또 다른 줄기로는 지리지의 지명을 지표로 삼은 견해들을 들 수 있겠다. 井上秀雄은 지리지의 '三國有名未詳地分'에 대해 『삼국사기』 편찬 과정에 확보된 원전들 가운데 실제 서술에 채용하지 않은 원전에서 유래한 것으로 이해했다. 특히 고구려의 지명을 통해 시조 동명왕과 유리왕, 그리고 대무신왕을 중심으로 3세기까지에 중점을 둔 하나의 원전이 있었고, 그것은 『구삼국사』 동명왕본기와 동일한 것이되, 두 자료의 지명이 완

---

67) 李康來, 1989, 「『三國史記』 分註의 性格―新羅本紀를 중심으로」(『全南史學』 3).

전 일치하는 것은 아니므로, 이 원전을 『구삼국사』로 단정하기는 어렵다고 하였다.68) 이에 기반하여 田中俊明은 『삼국사기』 지리지에 있는 '삼국유명미상지분'과 직관지에 인용된 『본국고기』가 전하고 있는 고구려의 관직명이 고구려본기의 동일 기사에 보이는 예를 통하여 양측의 저본 자료는 동일했을 것으로 추측하였다.69) 다시 말해 『본국고기』와 『구삼국사』는 같은 책의 다른 이름이라고 보았다.70) 이것은 『본국고기』의 '본국'을 '고려'로 파악하는 경우라고 하겠다.

이에 대해 다음과 같은 문제점을 지적하고자 한다.

첫째, 『본국고기』가 전하는 고구려의 관직명들은 실제로 고구려본기 대무신왕 8년(25)에서 미천왕 원년(300)까지에 분포해 있고, 그것이 '미상지명'과 동일 기사에 보이는 예도 태조대왕 80년(132)에서 미천왕 원년까지에 한정해 있다. 그러나 그러한 논리에서 『본국고기』를 곧 『구삼국사』라고 한다면 『구삼국사』가 포함하는 내용이 3세기를 벗어날 수 없게 되므로 적절한 설명이 되지 않는다. 물론 田中俊明은 뒤에 "『본국고기』가 『구삼국사』 그 자체라는 것은 아니고 그 일부"라고 수정·제한한 바 있다.71) 그렇다면 이제 역으로 『구삼국사』로 지칭되는 전거 자료는 단일한 실체가 될 수 없다. 즉 그것은 특정 시기에 특정 의도와 체계에 입각한 단일한 사서의 성격을 가질 수는 없다.

둘째, 직관지의 「본국고기」 내용 가운데 고구려에 관한 사항에 한정한 논지는 충분치 않다. 백제의 경우는 左輔·右輔·左將·上佐平의 관

---

68) 井上秀雄, 1968, 「三國史記の原典をもとめて」(『朝鮮學報』 48), 88~90쪽.
69) 田中俊明, 1977, 앞 논문 「『三國史記』 撰進と『舊三國史』」, 8~12쪽.
70) 특히 그는 末松保和(1966, 앞 논문 「舊三國史と三國史記」, 3~4쪽)의 견해를 좇아 『구삼국사』는 고려 초, 구체적으로는 고려 개국 이후 穆宗朝 사이(918~1010)에 찬진되었을 것이라 하였다. 井上秀雄도 『(구)삼국사』의 편찬 시기를 1010년 거란 침입 이전으로 파악하는 점은 같다. 井上秀雄, 1980, 「『三國遺事』と『三國史記』-その時代的背景と構成」(『アジア公論』 9-5), 204쪽.
71) 田中俊明, 1982, 「『三國史記』中國史書引用記事の再檢討」(『朝鮮學報』 104), 76쪽.

직명이 온조왕대부터 의자왕대까지 걸쳐 있으며, 또한 '미상지명'과의 혼합 기사가 없는 것은 아니나 그것은 여하한 규칙성이나 지표도 제공하지 못한다. 게다가 北門頭라는 관직명은 본기 기사에서 확인되지 않는다. 이러한 양상은 각각 고구려와 백제에 관련하여 언급한 『본국고기』가 동일한 분석 대상이 될 수 없다는 것을 의미한다. 요컨대 '삼국 미상지명' 가운데 일부를 『구삼국사』에서 유래한 것으로 비약한 이해가 적절치 못했던 것이며, 그 결과 『본국고기』와 '미상지명' 사이의 공통 기사 해석에 무리가 따랐다고 본다.

셋째, 직관지에서는 『본국고기』가 『고기』로 약칭되었다. 그렇다면 각 본기와 여타 잡지에서 인용된 『고기』의 다양한 용례들과 연계한 이해가 병행되어야 할 것이다. 그 경우 『해동고기』니 『삼한고기』·『신라고기』 등 이른바 '諸古記'를 염두에 둔다면, 『삼국사기』가 주요 원전으로 지적한 『고기』를 어느 특정의 단일서로 생각할 수는 없다. 또한 『고기』에 보이는 지명 '卒本'은 「동명왕편」의 『구삼국사』 인용 분주에서 확인되지 않는다. 반면에 『해동고기』나 『고기』를 이용한 백제 건국년조 서술과 『삼국유사』 北扶餘조에는 '卒本'의 지명이 나타난다. 이 점 역시 『고기』와 『구삼국사』를 동일하게 이해할 수 없게 한다.

결국 『본국고기』는 크게 보아 『고기』의 범주에 포함되는 것이었다. 따라서 『고기』에 대한 김영경의 추론도 받아들이기 어렵다. 그는 『삼국사기』와 『삼국유사』에 보이는 『고기』는 『해동고기』를 가리키는바, 내용상 9세기 말까지 포괄하고 있으므로 고려 초, 즉 10세기 중·말경에 이루어진 기전체 사서라고 하였다.[72] 또 구체적으로는 성종 9년(990) 서경에 修書院을 두어 史籍을 抄書토록 한 조치에 주목하였다.[73] 물론

---

72) 김영경, 1984, 앞 논문 「『삼국사기』와 『삼국유사』에 보이는 『고기』에 대하여」, 28~31쪽.
73) 『高麗史』, 世家3 成宗 9년 是歲: "… 國家草創之時 羅代喪亡之餘 鳥跡玄文 爛乎原燎 龍圖瑞牒 委於泥途 累朝以來 續寫亡篇 連書闕典… 宜令所司 於西京開置修書院 令諸生抄書史籍而藏之".

김영경은 『고기』를 『제고기』・『산중고기』・『고려고기』・『단군고기』 등과는 구별되는 독자적인 책, 즉 『해동고기』였다 하고, 또한 그것은 『구삼국사』・『삼국사기』・『삼국유사』 등과 맞먹는 자리를 차지한다고 했으므로, 반드시 『고기』를 『구삼국사』와 등치시킨 것은 아니다. 그러나 동시에 그가 말하는 『고기』는 고대로부터 발해와 '후기신라'까지를 포괄하는 기전체 사서라고 했으므로, 『구삼국사』가 포함했을 내용과 그 편찬 시기가 일치하는 데서 빚어지는 혼선을 피할 수 없다. 또한 김영경이 강조한 『해동고기』는 이미 가디너(Gardiner)에 의해 실제 『구삼국사』와 동일한 실체로 파악된 적이 있었다.74)

한편 최근 高寬敏은 田中俊明처럼 井上秀雄의 지리지 소재 '삼국미상지명' 분석 틀을 좇아 또 다른 견해를 낸 바 있다. 그는 백제본기의 원전은 『구삼국사』와 『고기』이고, 신라본기의 원전은 진흥왕대의 『국사』와 『구삼국사』 및 '후기신라'의 실록류였으며, 고구려본기의 원전은 영양왕대에 편찬된 『신집』, 곧 『해동고기』와 『구삼국사』라 하였다. 따라서 그는 田中俊明이 『본국고기』가 곧 『구삼국사』라 한 점을 비판하여 더 세분된 대안을 제시한 셈이다.75) 반면에 申東河는 고구려본기의 국내 원전을 검토하면서 『본국고기』와 『해동고기』를 같은 책으로 보는 동시에 그것들은 또한 『구삼국사』, 혹은 『유기』나 『신집』 등과는 다른 것이라고 주장했다.76) 정구복은 『본국고기』・『해동고기』에다가 『삼한고기』 또한 고려 초에 편찬된 『삼국사』, 즉 『구삼국사』와 동렬에서 이해

---

74) K.H.J. Gardiner, 「The Samguk-sagi and Its Sources」(『Papers on Far Eastern History』 2, September 1970), p.13 ; 동, 「Tradition Betrayed? Kim Pu-sik and the Founding of Koguryo」(『Papers on Far Eastern History』 37, March 1988), p.161.
75) 高寬敏, 1991, 「『三國史記』の國內原典について」(『朝鮮學報』 139) ; 동, 1993, 「『三國史記』高句麗本紀の國內原典」(『朝鮮學報』 146). 그의 일련의 원전론은 『『三國史記』の原典的硏究』(1996, 雄山閣)에 종합 정리되었다.
76) 申東河, 1995, 「三國史記 高句麗本紀의 引用資料에 관한 一考」(『三國史記의 原典 檢討』, 韓國精神文化研究院).

하였다.77) 이처럼 지리지의 지명에서 출발한 국내 원전에 관한 논의는 직관지나 제사지, 혹은 그 곳에 보이는 다른 『고기』류를 매개로 삼국의 본기 서술이 근거한 원전에 대한 영역으로 확대되어 왔다. 그러나 연구자들의 논의는 축적적인 것은 아니었으며, 논거가 충분히 제시되었다고 보기도 어렵다.

　이제 다시 말하거니와 『고기』는 김부식이 『삼국사기』를 올리는 표문에서 『삼국사기』를 새로 편찬해야 할 당위성을 제기하기 위해 지적한 자료의 이름이다. 그에 의하면 『고기』는 삼국사에 관한 미흡한 기존 자료이며, 중국 측 사료에 대한 고려 국내의 고유 자료를 가리킨다. 『삼국사기』 전편에 언급된 24개 항의 『고기』류 가운데에는 특정의 고유한 명칭을 가지고 있는 자료를 포함하여 '기존의 옛 기록'을 이르는 일반적 명칭으로서의 『고기』와, 『신라고기』처럼 국명을 관칭한 각 국별 『고기』 즉 이른바 『본국고기』, 그리고 중국 사서와의 대교의 측면을 부각시키기 위해 우리 고유 자료의 총칭으로서 일컬은 『고기』 즉 『해동고기』나 『삼한고기』 등 세 단계의 누층적 용례가 있다. 『고기』는 또한 왕의 이름이나 졸년 등 왕실 관계 정보에 충분한 인식을 담고 있었고, 『고기』를 인용한 찬자는 『고기』에 깊이 경도되었다. 잡지, 특히 제사지와 지리지에 인용된 『고기』의 용례는 삼국에 대한 균형된 분류사적 서술이 『삼국사기』 편찬 당시에야 비롯된 것이었음을 지시하고 있다. 요컨대 『고기』는 단일한 서명도 아니었으며, 기전체 사서였을 충분한 증거도 없다.

　『삼국사기』 지리지 정보와 관련한 원전론 가운데에서 지리지 원전의 편찬 시기를 고려한 金泰植의 견해도 주목해야 하겠다. 그는 신라 관계 지리지 즉 '新羅志'의 정보를 분석하면서 "신라지의 원전이 고

---

77) 鄭求福, 1995, 「三國史記의 原典 資料」(『三國史記의 原典 檢討』, 韓國精神文化硏究院), 16~17쪽.

려 초기에 한 차례 정비된 적이 있었는가의 여부를 염두에 두고 있었으나 그런 증거는 찾을 수가 없었고, 오히려 거의 모든 정황은 고려 인종대 당시에 신라지 원전을 포함한 몇몇 사료들을 토대로 '편찬'되었다는 것만을 확인할 수 있었다. 적어도 지리지의 문제에서는 '구삼국사'의 존재를 상정할 수 없지 않을까 하며, 이는 그 책의 성격을 논하는 데 앞으로 참고사항이 될 수 있을 것이다"라고 결론하였다.[78] 아울러 지리지의 '今'지명 적용 시점을 추정하여 "新羅志의 '今'의 시기는 인종 14년(1136)부터 동 21년(1143)까지, 좀더 무리하면 동 16년(1138)까지의 시기라고 제한할 수 있다"라고 하여 田中俊明의 추정을 구체화했다.[79] 이러한 정황은 관부명에서도 타당성이 입증될 수 있다. 예컨대 弓裔는 904년(효공왕 8) 국호를 摩震으로 고치고 여러 관부를 정비했는데, 궁예전에는 이들 각 관부마다 '今'의 분주를 가했다. 이 경우 역시 모두 인종대의 사실에서 어긋남이 없다. 즉 지리지를 제외했을 때, 『삼국사기』에는 궁예 정권 당시의 관부명 15개를 포함하여 모두 39사항에 '今'의 정보가 확인되거니와, 이들이 모두 인종대의 상황에서 일탈하지 않는다는 점을 유념할 일이다.

백제 관계 지리 정보를 검토한 盧重國 역시 "백제본기의 편찬자와 지리지의 편찬자가 달랐고, 또 이들이 참고한 자료도 달랐"다는 점을 실증하여 원전론 및 『삼국사기』 편찬 과정의 일단을 확인해 주었다. 다시 말해 각 본기의 편자와 지리지의 편자, 그리고 각각의 편자가 의존한 전거가 결코 『구삼국사』, 혹은 특정의 『고기』에 한정하지 않았다는 점을 검증했다고 할 수 있겠다. 반면에 노중국은 특히 백제 지리

---

78) 金泰植, 1995, 「『三國史記』 地理志 新羅條의 史料的 檢討-原典 편찬 시기를 중심으로」, 『三國史記의 原典 檢討』, 235쪽.
79) 田中俊明, 1977, 앞 논문 「『三國史記』撰進と『舊三國史』」: 동, 1988, 「『三國史記』の成立(上)」 (『東アジアの古代文化』 57), 186쪽 ; 金泰植, 1995, 앞 논문 「『三國史記』 地理志 新羅條의 史料的 檢討-原典 편찬 시기를 중심으로」, 205쪽.

관계 기사의 총론부에 인용된 『古典記』에 대해 그것이 『삼국유사』 남부여 전백제조에도 인용되었다는 점을 중시하고, "유사의 찬자는 고전기를 인용할 때 『삼국사기』에서 그대로 옮긴 것이 아니라 『삼국사기』 찬자가 저본으로 한 고전기를 보고 옮겼을 가능성이 크다"라고 하면서, 『삼국유사』의 인용 내용을 근거로 하여 백제본기의 저본자료와 『고전기』가 동일한 것이 아니라고 주장하였다.[80] 이 『고전기』에 대해서는 高寬敏 역시 같은 견해를 표명한 바 있다.[81]

그러나 두 책의 『고전기』 내용만에 한정하여 그 곳에 개재되어 있는 표현의 차이, 혹은 『삼국유사』측의 명백한 오류까지를 근거삼아 『고전기』의 위상을 단정하는 것에는 동의하기 힘든 면이 있다. 이를 위해 『삼국사기』 지리지 백제 총론부와 『삼국유사』의 남부여 전백제조의 지리 관련 서술 구조를 비교할 필요가 있다.

삼국사기	地理志 總論部	後漢書云	北史云	通典云	舊唐書云	新唐書云		按古典記
삼국유사	百濟地理志曰	後漢書曰	北史云	通典云	舊唐書云	新唐書云	史本記云	按古典記云

위의 표에서 알 수 있는 것처럼 『삼국유사』는 '백제지리지왈' 이하 서술을 완벽하게 『삼국사기』 지리지 백제 총론부의 순서대로 인용하고 있다. 그러므로 이른바 '백제지리지'는 『삼국사기』(37)의 백제 지리

---

80) 盧重國, 1995, 「『三國史記』의 百濟 地理關係 資料의 檢討」,(『三國史記의 原典 檢討』, 韓國精神文化研究院), 163~170쪽.
81) 高寬敏은 그의 舊考 「『三國史記』百濟本紀の國內原典」(1993, 『大阪經濟法科大學アジア研究所年報』 5)에서는 『고전기』를 '구삼국사'에 대응시켜 이해했으나, 앞 책(1996, 『三國史記』の 原典的研究』)에서 "'구삼국사'와 '고기'를 이용하여 백제의 건국과 천도 기사를 정리한 일종의 초고본"이며, 일연은 『삼국사기』와는 무관하게 이 자료를 직접 참고한 것이라고 정정했다.

총론부를 의미한다. 물론 『삼국유사』측의 '史本記'는 백제의 건국 과정에 주안하여 『삼국사기』 백제본기를 인용한 것이다. 문제는 『삼국사기』와 『삼국유사』에서 『고전기』의 내용으로 제시한 사항에 어떤 차이가 있는가가 될 것이다. 의미 있는 차이는 다음 두 가지이다.

	삼 국 사 기	삼 국 유 사
1	前漢鴻嘉三年癸卯	前漢鴻佳三年癸酉
2	至三十一世義慈王 歷年一百二十二	三十一世義慈王 歷一百二十年

위 표의 1번은 백제의 건국 연대를 서로 다르게 서술한 부분이다. 즉 동일한 『고전기』를 인용하면서 '癸卯'와 '癸酉'의 차이가 나타났다. 그러나 우선 鴻嘉(佳) 3년은 '癸卯'가 옳다. 물론 『삼국사기』이든 『삼국유사』이든 백제의 건국년으로 제시한 연대는 기본적으로 기원전 18년 계묘년이다. 그러므로 『삼국유사』 본조에서 홍가 3년을 '癸酉'라고 한 것은 오류라고 하겠다. 만약 이러한 차이가 『삼국유사』 찬자가 『삼국사기』 지리지를 재인용한 것이 아니고 직접 『고전기』를 인용한 때문에 생긴 결과로 본다면, 다음의 두 가지 가능성을 생각하여 볼 수 있겠다.

우선 본래 『고전기』에 '홍가 3년 계묘'라고 되어 있었다면 일연이 『고전기』를 오인한 것이다. 다음 『고전기』에 '계유'라고 되어 있었다면 일연은 잘못된 『고전기』의 오류를 충실히 인용한 반면, 『삼국사기』 지리지 편자들은 그 오류를 고증하여 수정한 것이 된다. 특히 이 경우에 일연은 『삼국사기』 지리지의 백제 총론부를 전적으로 전재하면서도 굳이 잘못된 연대를 가지고 있는 『고전기』만을, 『삼국사기』의 수정과는 관계없이, 혹은 그 수정안을 무시하면서, 직접 충실히 인용한 것이 된다. 어느 경우의 가능성을 중시해 보아도 1번의 차이점이 『삼국유사』찬자가『삼국사기』지리지를 외면하고『고전기』를 직접 인용했다고 볼 수 있는 적극적 증거가 되지 못한다.

표의 2번은 성왕이 所夫里(夫餘)에 천도한 뒤 顯慶 5년(660)까지 경과한 햇수의 차이다.『삼국사기』는 122년이라 한 반면『삼국유사』는 120년이라 하였다. 물론『고전기』자체에는 성왕대에 천도한 정확한 연대가 제시되지 않았다. 한편『삼국사기』백제본기에는 성왕 16년(538)에 천도하였다 한다. 반면에『삼국유사』는 본조 첫머리에서 "按三國史記 百濟聖王二十六年戊午春 移都於泗沘 國號南扶餘"라 하여 성왕 26년(548)에 천도했다고 서술하였다. 그러나 이것은『삼국유사』의 허다한 오인 가운데 하나일 뿐이다. 즉『삼국사기』를 인용하면서 16년을 26년으로 오인한 것에 다름 아니다.82) 따라서 부여에 도읍한 역년을 제시한 이 경우도 물론『삼국사기』의 계산이 옳다. 그러므로『삼국유사』찬자가『고전기』를 직접 인용한 까닭에 이러한 차이점이 생긴 것으로 본다면 그 가능성과 관련해서는 역시 1번과 똑같이 설득력 없는 추론이 나올 것이다.

더구나 2번의 경우는 이에 더하여『삼국사기』인용『고전기』에 위례성 도읍 389년, 한성 도읍 105년, 웅천 도읍 63년이라 하였고,『삼국유사』의『고전기』인용에서도 하북위례성과 하남위례성 도읍 389년, 북한성 도읍 105년, 웅천 도읍 63년이 같으므로, 유독 사비 도읍년 계산에서만 차이가 생겼다는 것은 백제의 국가 존속 기간을 고려해 보아도『삼국유사』측의 오인인 것이 분명하다. 다시 말하여『삼국유사』의 120년 설을 취할 경우 백제사에 대한 전체 서술에서부터 자체 모순이 자리하는 것이다.83)

---

82) 『삼국유사』에서『삼국사기』라고 온전하게 언급한 사례는 이 곳이 유일하지만, 이것조차 "오각으로 인하여 '기'자가 첨가된 것"으로 보아『삼국사』인용처로 판단하는 견해가 있다. 鄭求福, 1993, 앞 논문「高麗 初期의『三國史』編纂에 대한 一考」, 183쪽. 아마 연대의 차이를 주목한 때문이라고 생각한다.

4. 사서적 위상

『삼국사기』의 편찬 원전과 관련한 외부적, 그리고 내부적 검토에서 상론한 바와 같이 논의의 핵심은 어떤 형태로든『삼국사기』편찬의 주요 국내 원전 및 그 원전에 대신하여『삼국사기』를 새로 편찬한 까닭, 혹은 의도와 유리될 수 없을 것이라고 판단한다. 연구자들에 따라『구삼국사』의 구체적 실체와 성격이 서로 다르게 파악되고 있고, 다시『고기』와의 일체성이나 차별성 문제에서도 난맥상이 정돈되지 않고 있다. 물론『고기』자체의 성격 문제도 다르지 않다. 그러나『구삼국사』이든『고기』이든, 또 그것이 어떤 성격과 어떤 관계에 있든, 결국 새로 편찬된『삼국사기』에 의해 극복 대상으로 간주되었다는 점만은 동의할 줄로 믿는다.

아울러「동명왕편」에 남아 있는 편린을 통해 확인할 수 있듯이 비록『구삼국사』로 불린 특정 자료가『삼국사기』의 가장 주요한 자료적 토대였다 하더라도, 그것에다가『삼국사기』와 비등한 가중치를 인정하기는 어렵다고 생각하는 것이 온당할 것이다. 예컨대 일반적으로 분주란 본문 서술에 채택된 전거와는 다른 이설을 전하는 자료의 존재를 확인시켜 주는 것이다. 다시 말해『삼국사기』에는 다양한『고기』를 포함한 분주가 있거니와, 그 내용에 본문과는 다른 서술이 있다는 것은 곧 본문의 주요 전거와『고기』로 불린 자료와의 이질성을 의미한다. 따라서 적어도『삼국사기』의 주전거 자료가『구삼국사』라고 한다면, 그와는 다른 정보를 가지는『고기』, 혹은 여타 전거들은『구

---

83) 李康來, 1996,「新羅 '奈己郡考」(『新羅文化』13).

삼국사』 자체일 수가 없는 것이다. 이제 『삼국사기』 '중찬'의 의미를 논의하고자 할 때, 『구삼국사』 역시 광의의 『고기』 가운데 하나일 뿐이라는 인식을 공유할 필요가 있겠다.

> 이른바 『구삼국사기』의 면목은 이제 揣摩할 길이 없으나 동명왕에 관하여 『삼국유사』 권제1 북부여조에 '古記云'이라고 揭出한 文이 대강 이규보의 「동명왕편」과 합함으로써 보건대 그것이 震域의 고문헌에 잡출하는 이른바 『고기』류의 一物에 속하고, 이규보가 '동명왕본기'라는 侈語를 썼어도 실상은 體例整嚴한 일부 史籍이 아니었을지 모를 것이다.[84]

전근대 역사학에서 이루어진 『삼국사기』에 대한 다양한 논거에서의 비판적 지적들을 점검해 보았거니와, 이제 원전론에서 파생한 논의의 하나로서 그 편찬 의도를 중심으로 『삼국사기』의 사학사적 위상을 가늠해 보고자 한다. 荻山秀雄의 경우처럼 "현종은 신라 왕실과 아무런 관계도 없다"[85]는 견해에서 본다면 『삼국사기』는 김부식의 협애한 동기에서 조작된 자료일 것이다. 혹은 『구삼국사』에서 고무되었다고 고백한 이규보의 「동명왕편」을 매개로 하고, 여기에 다시 『삼국사기』 찬술 당시 고려의 현실과 그 편찬을 주도한 김부식의 정치 역정을 고려할 때, 용이하게 『삼국사기』의 신라제일주의적·신라중심주의적 성격 규정에 이를 수도 있겠다.[86] 또한 그러한 연구자들은 대체로 『삼국사기』와 이른바 『구삼국사』의 위상을 대척적으로 파악하려는 경향에 익숙한 나머지 『구삼국사』의 고구려제일주의적·고구려중심주의적 성격을 추론해내기도 하였다.

---

84) 崔南善, 1971(4판), 「東明王篇 解題」(『新訂 三國遺事』 附錄, 民衆書館), 43쪽.
85) 荻山秀雄, 1920, 앞 논문 「三國史記新羅紀結末の疑義」, 98쪽.
86) 末松保和, 1966, 앞 논문 「舊三國史と三國史記」, 8쪽 ; 井上秀雄, 1968, 앞 논문 「新羅朴氏王系の成立-骨品制の再檢討」, 342쪽 ; K.H.J. Gardiner, 1970, 앞 논문 「The Samguk-sagi and Its Sources」, 11~12쪽.

반면에 高柄翊은 전통적인 유교식 역사 서술에서 사료를 취급하는 맥락과 찬자 자신의 개서와 산삭의 폭에 유의하면서, 이 문제를 본격적으로 겨냥하여 객관적인 자료 사정에서 유래한 것으로 파악하였다. 아울러 『구삼국사』가 있음에도 불구하고 다시 중찬을 해야 했던 필요성에 대해서는 "『구삼국사』가 본기뿐인 편년체로서 지·표·열전 등이 없었던 것을 『삼국사기』는 이들을 보입하고 논찬을 붙여 기전체로 만들어 정사의 체재를 갖추게 한 것"이라고 보았다.[87] 특히 『삼국사기』에서 발견되는 신라 본위의 서술을 기존의 원전 자료 문제로 파악한 데 대해서는 여러 연구자들이 공감하였다.[88] 이와 관련하여 차자표기에서 확인되는 층위를 통해 신라 중대에 신라본기의 저본이 되는 원전이 집성되었음을 지적한 姜恨求의 견해는 크게 주목되어야겠다.[89] 또한 사관제도를 통해 신문왕 이후 당대사 편찬의 가능성을 검증한 성과도 고려하고자 한다.[90] 아울러 통일기 신라인들의 삼국 시기 역사의 정리 작업에는 7세기 전쟁에서 승리한 그들의 관점이 필연적으로 투영되었을 것임을 간과할 수 없다.[91] 『구삼국사』의 체제에 대한 이해 부분도 坂元義種의 백제본기를 소재로 한 검토 결과에 의해 지지받았다.[92]

그러나 金哲埈은 이에 동의하지 않고 김부식의 『삼국사기』 편찬은 "지극히 정치적인 의도를 가지고 진행되었던 것"이라고 반박했다. 그

---

87) 高柄翊, 1969, 「三國史記에 있어서의 歷史敍述」(『金載元博士回甲紀念論叢』) ; 동, 1975, 『韓國의 歷史認識』 上(創作과 批評社), 48~50쪽.
88) "第2回 韓國古典硏究 Symposium-三國史記에 對한 綜合的 檢討" 討論 速記錄의 邊太燮, 李基東, 李丙燾 등의 발언. 1974, 『震檀學報』 38.
89) 姜恨求, 1997, 『三國史記 原典硏究-借字表記體系的 檢討』(學硏文化社).
90) 吳恒寧, 1997, 「史官制度 成立史의 제문제」(『泰東古典硏究』 14).
91) 趙仁成, 1985, 「三國 및 統一新羅時代의 歷史敍述」(『韓國史學史의 硏究』, 韓國史硏究會 편, 乙酉文化社) 및 申瀅植, 1990, 「新羅의 歷史敍述과 國史編纂」(『統一新羅史硏究』, 三知院).
92) 坂元義種, 1978, 「『三國史記』百濟本紀의 史料批判-中國王朝との交渉記事を中心に」(『百濟史の硏究』, 塙書房), 83쪽 ; 동, 1975, 『韓』 4-2.

에 의하면 김부식은 고구려를 정통으로 삼은 기존의 전승과 자료를 삭제하는 동시에, "한국의 삼국시대가 가진 고대문화에 대한 가치평가를 낮추고 사료의 고대적 성격을 말살하든가 애매케 하는 것을 목적으로 하여 『구삼국사기』를 제쳐놓고 『삼국사기』를 중찬했다"라고 하였다.[93] 李佑成 역시 『삼국사기』의 신라 본위적 성격을 김부식의 출신 문제로 단순화시키는 것에 대해서는 반대하면서도, 고구려 정통론적 인식에서 출발했던 고려 사회가 중기에 와서 변질되었다고 논증했다.[94] 『구삼국사』의 체제 문제에 있어서도 이미 기전체의 형태를 갖추었을 것으로 추측하였다.[95] 사실 「동명왕편」에 지시한 '동명왕본기'라는 표현에 유의할 때 『구삼국사』의 체재를 기전체로 보는 것은 일면 자연스러운 이해이기도 하다.[96]

이와 같은 맥락에서 보면 「동명왕편」은 물론 『삼국유사』도 『삼국사기』의 합리주의적 사관에 대한 반발의 위상을 지니게 된다.[97] 이에 대해 일연은 김부식의 유교적 정치사관을 긍정적으로 받아들였고 『삼국사기』를 정사로 인식했으므로 "『삼국유사』의 1차적인 찬술동기는 『삼국사기』에 대한 보족적인 의도에 있었다"는 반론이 뒤따르기도 하였다.[98] 이 문제는 원전론의 줄기에서 다소 벗어난 논의 사항이기는 하지만, '보완'은 이미 '비판'의 한 형태임을 확인해 두고자 한다. 그와 함께 일연은 『삼국사기』를 삼국에 관한 '本史' 즉 근본 역사서로, 그리

---

93) 金哲埈, 1973, 「高麗中期의 文化意識과 史學의 性格」(『韓國史研究』 9) ; 동, 1975, 『韓國古代社會硏究』(知識産業社), 422~427쪽 ; 동, 1985, 「李奎報 『東明王篇』의 史學史的 考察-舊三國史記 資料의 分析을 중심으로」(『東方學志』 46·47·48).
94) 李佑成, 1974, 「『三國史記』의 構成과 高麗王朝의 正統意識」(『震檀學報』 38), 206쪽.
95) 李基白 外, 1976, 『(韓國史 大討論) 우리 역사를 어떻게 볼 것인가』(三星文化文庫 88), 45쪽.
96) 金貞培, 1987, 「檀君記事를 둘러싼 「古記」의 性格」(『韓國上古史의 諸問題』, 韓國精神文化研究院), 168쪽 및 김석형, 1981, 앞 논문 「구 『삼국사』와 『삼국사기』」, 56쪽.
97) 李基白, 1973, 「三國遺事의 史學史的 意義」(『震檀學報』 36).
98) 金相鉉, 1978, 앞 논문 「『三國遺事』에 나타난 一然의 佛敎史觀」.

고 『삼국유사』를 그에 대한 '遺事'로 파악했으며, 이러한 시각은 두 책을 공유하던 전통 시대 지식인들에게 이견이 없었다는 것을 유념해야겠다. 1512년에 두 책을 광범하게 보각한 뒤 발문을 작성한 李繼福의 인식이 그 한 예증이 되겠다. 이계복 등은 두 책을 '본사'와 '유사'로 지칭하고, 각각 '천하의 치란과 흥망' 및 '온갖 신이한 사적'에 관한 근본 문헌으로 이해했던 것이다.

한편 河炫綱은 고려의 역사계승의식을 검토하여, 대외적 문제에서는 고구려 계승국을 자처하면서도 대내적 영역에서는 실질적으로 신라의 토대에 충실한, 말하자면 이원적인 형태로 파악하면서, 이를 단순히 김부식의 곡필로 추단하는 것은 옳지 않다고 주장했다.[99] 李基白은 『삼국사기』의 주요한 전거를 『구삼국사』로 보면서도 "일정한 주관을 가지고 역사를 편찬하는 경우에 그에 맞는 사료를 선택하고 또 그에 맞도록 개필을 한다는 것은 당연한 일"이라고 하여 대체로 고병익의 견해에 동의하고 있다. 그러한 한편 『삼국사기』의 신라 전통 강조 문제는 고려의 북진정책이 좌절되고 그에 따라 정치적인 고구려 계승 의식이 현실적 힘을 상실하면서 문화적인 측면에서 신라의 계승자라는 인식이 설득력을 얻게 되었을 것이라고 하여 이우성의 생각을 수긍하였다.[100]

『삼국사기』에 대한 본격적이고도 전반적인 분석을 시도한 申瀅植은 "김부식 개인에게 너무 많은 주문과 책임을 지워서는 안될 것"이라고 지적하고, "『삼국사기』의 편찬은 개인의 저술이기에 앞서 당시 고려 사회의 시대적 소산으로 평가되어야 할 것이며 충실한 '자료의 보존'에 적극적인 가치를 주어야 할 것"이라고 결론하였다.[101] 실제로 『삼

---

99) 河炫綱, 1976, 「高麗時代의 歷史繼承意識」(『韓國의 歷史認識』上, 創作과 批評社) ; 동, 1975, 『梨花史學硏究』 8.
100) 李基白, 1976, 「三國史記論」(『文學과 知性』 26), 865~869쪽.
101) 申瀅植, 1981, 『三國史記 硏究』(一潮閣), 368쪽.

국사기』가 기존의 『구삼국사』를 개찬한 것이듯이, 『구삼국사』 역시 종래의 기록을 토대로 한 것이라는 매우 온당한 지적을 유념할 필요가 있다.[102] 다시 말해 자료의 측면에서 말할 때, 『삼국사기』의 개별 기사들은 적어도 그 이전의 전승 기사에 입각한 것인 동시에, 그 전승들이 모두 사실성을 지닌 것이라고 단정할 수도 없다는 점을 염두에 두어야 할 것이다.[103] 따라서 "김부식과 그를 도와 『삼국사기』를 편찬한 사람들은 다른 시대의 기준에 맞추기보다 그들의 업적은 12세기 고려의 기준에 의하여 평가해야 한다"[104]는 슐츠(Shultz)의 제안에 동의하고자 한다.

그러나 사론에 주안하여 김부식의 역사인식을 살핀 정구복은 "고려가 고구려를 계승했다는 당시의 역사의식을 약화시킴으로써 북진파들의 북진운동에 제동을 걸기 위한 목적에서, 그리고 고려 당시의 현실적 상황을 강조하려는 목적에서" 신라 전통의 계승을 강조했다고 주장하였다.[105] 그는 다시 일련의 논고를 통해 『구삼국사』는 광종대 편찬된 기전체 사서로서 고조선사를 포함했을 것이며, 삼국 가운데 고구려본기가 가장 앞에 서술되었을 것이고, 신라를 중심으로 하고 고구려와 고려 왕조의 직접적인 연결성을 차단하려 한 김부식의 의도에 따라 고구려의 국호 개정 기사마저 삭제되었다고 거듭 주장했다.[106] 『구삼국사』를 『삼국사기』에 버금하는 기전체 관찬서로 파악하는 견해는 일찍이 김석형의 논의를 토대로 강인숙과 홍윤식에 의해 서로 방불한 논거를 통해 구체화된 바 있었다.

---

102) 李基東, 1979, 「古代國家의 歷史認識」(『韓國史論』 6), 2쪽.
103) 盧泰敦, 1987, 「『三國史記』 上代記事의 信憑性 문제」(『아시아문화』 2), 90쪽.
104) Edward J. Shultz, 1991, 「金富軾과 『三國史記』」(『韓國史研究』 73), 4쪽.
105) 鄭求福, 1985, 「高麗時代 史學史 研究-史論을 중심으로」(서강대학교 박사학위논문), 158쪽.
106) 鄭求福, 1991, 「金富軾」(『韓國史市民講座』 9), 133~137쪽 ; 동, 1992, 앞 논문 「高句麗의 '高麗' 國號에 대한 一考-三國史記의 기록과 관련하여」 ; 동, 1993, 앞 논문 「高麗 初期의 『三國史』 編纂에 대한 一考」.

또한 『삼국사기』에 보이는 '본사'와 '본기' 등이 기전체 『구삼국사』를 지칭한다는 주장에 대해서는 이미 상세하게 비판한 바 있거니와, 옥명심 역시 그러한 견해를 공유하면서 김부식의 '목적'을 간추려 제시하였다. 즉 김부식은 『삼국사기』를 편찬함에 있어서 거의 전적으로 『구삼국사』의 서술 체계와 방식 및 내용에 의존하면서도 다음 두 가지 주요한 목적을 추구했다고 하였다. 그 첫째는 "고구려를 중심으로 발전하여 온 세 나라의 역사적 사실을 객관적 입장에서 서술했던 『구삼국사』의 진보적 경향을 거세하고 신라를 내세우려는 것"이었고, 둘째는 "『구삼국사』가 지향했던 민족자주적인 경향을 제거하고 봉건 유교적이며 사대주의적인 사상을 주입하려는 것"이었다고 하였다.[107]

　文暻鉉은 정통론의 관점에서 정구복 등의 논의에 광범하게 동조하였다. 즉 "『삼국사기』 편찬의 가장 큰 목적이 현종 왕가를 신라 외손의 혈통으로 만드는 것"이었고, 그러므로 김부식은 고구려를 정통으로 하고 고구려에서 고려로 계승하는 정통을 수사의 원칙으로 한 『구삼국사』를 역사상에서 인멸시키려 했다고 주장하였다. 또한 "개경의 부패한 사대적 문벌귀족 정권을 타도하고 서경파에 의한 자주적 개혁 정치를 단행하려는 서경천도 운동은 실패"하였고 "고구려-고려라는 정통 승계사상은 신라-고려라는 정통 승계로 수정"되었으며 "이와 같은 왕조의 거대한 이데올로기의 변혁 전환이 『삼국사기』의 편찬으로 마무리되었고, 이념적 뒷받침이 되었다"라고 하였다.[108] 李熙眞 역시 '신라계 인물' 김부식의 의도에 따라 삭제되거나 변개된 기사들을 제시하면서, "고려 초기에 편찬된 『삼국사』와는 달리 고구려의 국호가 고려로 개칭된 사실이 개서되어 있고 고구려의 연호도 삭제되어 있다"거나

---

107) 옥명심, 1993, 「『삼국사기』와 구『삼국사』의 관계에 대하여」(『력사과학』 1), 48쪽.
108) 文暻鉉, 1997, 「『三國史記』의 正統論」(『于松趙東杰先生停年紀念論叢Ⅰ-韓國史學史硏究』, 나남출판).

"고려가 고구려를 계승했다는 고려 초기의 역사인식을 신라계승으로 바꾸려는 정치적 목적이 있었다"는 주장에 동의하였다.[109]

이제 일련의 논의들 가운데 몇 가지 사항에 대한 타당성을 검토하고자 한다. 우선 고구려의 후기 국호 '고려'의 존재가 『삼국사기』에서 의도적으로 배제되었다고 한 주장에 대해 생각해 본다. 위에 제시한 것처럼 일부 연구자들은 『구삼국사』 자료에는 아마 장수왕 20년(432) 전후에 '고려'로 국호를 개칭한 기사가 있었을 것인데, 『삼국사기』 찬자들이 이를 삭제했을 것이라고 한다. 그리고 그것은 당대 현실의 고려가 고구려를 계승한 왕조라는 것을 가능한 한 약화시키려는 의도에서였다고 한다.

그러나 고구려가 국호를 '고려'로 개칭했다는 서술은 어디에서도 찾아볼 수 없다. 물론 그 가능성을 완전히 부정할 논거 역시 없다. 그렇지만 일부 논자의 주장처럼, 김부식이 고려 초에 이루어진 기전체 관찬 사서인 『구삼국사』에서 표방된 고구려 계승 의식과 고구려제일주의를 신라 계승 그리고 신라제일주의로 바꾸려는 '정치적 목적'에서 개칭 기록을 삭제하고, 개칭된 국호로 서술된 부분 역시 '고구려'로 고쳤다고 하는 것은, 개칭의 가능성을 우호적으로 고려해 보는 것과는 완전히 별개의 문제이다. 특히 『삼국사기』에는 '고려'라는 이름으로 오직 '고구려'를 의미하는 서술이 본기와 지와 열전 모두에 다 있다. 그러므로 대부분의 연구자들은 '高麗'와 '句麗'를 '高句麗'의 약칭으로 생각한다. 또한 『삼국유사』에 쓰인 '句麗' 역시 '高句麗'의 약칭인 것은 의심할 여지가 없다.[110] 그렇다면 유독 '高麗'만이 '高句麗'의 약칭이 아니어야 할 까닭도 없을 것이다. 더구나 고구려가 실제로 후기에 국호를

---

109) 李熙眞, 1997, 「『三國史記』의 신라편향적 성향과 기사서술-百濟-新羅 관계기사를 중심으로」, 『韓國古代史研究』 12), 336쪽.
110) 『三國遺事』, 紀異 제1 太宗春秋公.

'고려'로 개칭했다고 할 때, 그것을 은폐한다고 하여 고구려와 고려왕조와의 국호상의 연계성이 일소되는 것은 아닐 것이다. 따라서 우리는 오히려 현실적인 의미에서 김부식이 당대 왕조인 고려를 의식하여, 기존의 중국 측의 책봉 기사를 인용할 때 '고려'로 약칭된 부분을 '고구려'로 정확히 복원·표기했다고 보고자 한다.

물론 중국 사서에 '고려'와 '고구려'가 혼용되는 가운데, 시대가 내려감에 따라 '고려'의 표기례가 많아지는 것은 부정할 수 없다. 그러나 정구복에 의해 국호 개정을 반영한 구체적 사례로 간주되는 『위서』(4上, 世祖) 太延 원년(435)조 기사와는 달리, 같은 『위서』(100)의 열전에는 모두 '고구려'라 하였고, 백제 개로왕의 상표문에도 '고구려'라고 한 점을 놓칠 수 없다. 또 당나라 초기의 사서들 가운데도 『주서』와 『수서』는 '고려전'을 두었지만 『남사』와 『북사』 및 『통전』은 '고구려전'을 설정하고 있다는 점을 간과해서는 안될 것이다. 최근 소개된 文咨王代의 「後魏孝文帝與高句麗王雲詔一首」 및 그와 관련된 『위서』·『자치통감』의 기사도 모두 '고구려왕'이라 하고 있다.[111]

요컨대 국호의 개변 가능성 자체를 완전 부정할 수는 없지만, 그 검증 불가능한 추정을 근거로 하여 김부식의 삼국시대관을 일괄 재단하는 것은 성급한 감이 없지 않다고 생각한다. 사실 '고구려'와 '고려'를 혼용하고 있는 것은 일연도 마찬가지다. 또한 「동명왕편」에도 '고구려'로 일관하였고, 『제왕운기』 역시 '高禮'와 '高句麗'를 함께 쓰고 있다. 중국 측 자료들이나 우리 측 자료 모두가 '고구려'와 '고려'를 혼용하고 있다는 점을 주의한다면, '고려'라는 표현을 지표로 삼아 관련 내용을 모두 『삼국사기』가 아닌 『구삼국사』에서 인용한 것이라거나, 나아가 김부식의 정치적 목적이 개입된 의도적 개변이나 은폐에 연결시키는 것은 지나친 무리이다.

---

111) 朱甫暾, 1992, 「『文館詞林』에 보이는 韓國古代史 관련 外交文書」(『慶北史學』 15), 167~169쪽.

한편 일부 연구자들은 김부식과 정치적으로 대립한 尹彦頤, 혹은 그의 父인 尹瓘을 이해함에 있어 종종 고구려 중심적 역사인식 등을 거론한다. 이와 관련하여 생각해 볼 대목으로 『고려사』 윤관전을 들고자 한다. 여기에는 윤관이 1108년 여진 정벌에 공을 세우고 스스로를 김유신에 비교하면서 그 공적을 자부하여 林彦에게 작문케 한 기념문이 있다.[112] 그 가운데 예종의 말과 윤관의 말이 인용되어 있는데 모두 '고구려'를 의미하는 말로 '句高麗'를 사용했다. '구고려'가 '고구려' 아닌 다른 것을 이를 가능성은 없다. 그러나 고구려의 고토 회복을 언급한 윤관과 그가 중심이 된 당대의 정계에서 어느 누구도 '고구려' 혹은 '구고려'와 '고려'의 차별성을 암시하는 지적은 발견되지 않는다.

사실 고구려 고토 회복이라는 말도 지극히 관념적 표현이라 하지 않을 수 없다. 즉 윤관은 자신의 여진정벌을 과장하여 고구려 고토 회복을 연상케 하고자 했으나, 기실 그 자신의 무공을 신라의 김유신에 비기고 있음도 놓칠 수 없다. 한편 1117년 3월 고려는 遼의 來遠·抱州 2성을 장악하여 압록강을 경계로 關防을 설치하였다. 이에 백관은 '雞林故壤', 즉 '신라의 옛 땅'을 회복한 데 대한 賀表를 올렸다.[113] 따라서 고려의 전시기를 막론하고 북쪽 강역의 확보에 문득 고구려 계승의식만을 부회하는 것 자체를 재고해야 한다.

요컨대 몇 가지 표현의 통일이나 개서, 즉 '고려'라는 표현이 있는 중국 측 기록을 인용하면서 '고구려'로만 일관하여 표현한 것 같은 경우는 여러 사람의 공동 작업에 필요한 범례적 원칙으로 지켜졌을 것이다. 이를 확대하여 『구삼국사』에 반하는 역사인식의 변화 기도라는 해석은 지나친 편견이라고 판단한다.

다음, 『구삼국사』에 있었을 고구려의 연호가 『삼국사기』 편찬자들

---

112) 『高麗史』 96, 列傳9 尹瓘.
113) 『高麗史』, 世家14 睿宗 12년 3월 甲午.

에 의해 삭제되었다는 이희진의 의견에 대해 생각해 본다.[114] 이 문제는 『삼국사기』에 신라의 연호가 충실하게 제시되어 있는 점에서도 곧잘 혐의의 대상이 되는 것 같다. 이를 위해 앞에서도 언급한 바 있는 윤언이의 주장을 음미할 필요가 있다. 주지하듯이 김부식은 서경 세력을 진압하였고 윤언이를 서경의 당여로 지목했다. 이 때문에 그는 일시 정치적으로 곤경에 처했던 경험이 있으며, 김부식과 곧잘 대비되어 거론되어 왔던 인물이다. 뒷날 그는 일부 서경 세력의 복권과 김부식 등의 퇴조를 배경으로 중앙 정계에 복귀하면서 왕의 조처에 대한 사례와 함께 자신의 무고함을 설파하였다.

> (신이) 建元하자고 청함은 우리 임금을 높이는 정성에 근본함이니 我朝에서는 태조와 광종의 옛 일이 있고, 그 왕첩을 상고하건대 비록 신라와 발해가 그러했으나 대국이 일찍이 그 군사를 내지 않았으며 소국이 감히 그 과실이라고 의논하지 않았거늘, 어찌하여 성세에는 도리어 참람한 행동이라고 하겠습니까. 신이 일찍이 이 의논을 발했으니 이것으로 죄라 하면 죄이오나 저 (정지상과) 결탁하여 죽기로 黨을 삼아 大金을 격노케 했다 함과 같은 것은 말은 비록 심히 크나 본말이 서로 맞지 않습니다. (『高麗史』 96, 尹瓘傳 附 尹彦頤傳 및 『東文選』 35, 表箋 「廣州謝上表」)

윤언이는 건원론에 동조한 사실을 시인하되, 그 명분을 '尊王'에서 찾고 있다. 또 정작 고려 초 태조와 광종의 건원 사례를 거론함으로써 매우 효과적으로 자기 변호에 성공하고 있다. 특히 이 대목은 『삼국사기』 신라본기에서 신라의 연호 사용을 얼마간 비판적으로 언급한 김부식의 사론과도 좋은 대조를 이룬다. 김부식은 법흥왕 이래 한동안 독

---

114) 李熙眞은 이 의견을 鄭求福의 글 1993, 「三國史記의 原典 資料 및 列傳 資料의 검토」(『三國史記의 史料的 檢討』, 韓國精神文化硏究院), 11쪽에서 획득한 것으로 보인다. 그러나 鄭求福은 이 기존 논문을 토대로 작성한 글 1995, 「三國史記의 原典 資料」(『三國史記의 原典 檢討』), 20쪽에서 "1993년 발표원고에서는 고구려의 연호도 삭제되었을 것으로 서술했으나 이강래 씨의 반론을 받아들여 이를 수정한다"라고 하였다.

자적 연호를 사용한 신라의 처사를 비판하면서도 정작 고려 초의 전례를 언급하지 않았다. 그러나 조선 초 성리학자들은 고려의 '非禮'를 결코 간과하지 않았다. 즉 "비록 고려의 태조가 明達하다 하나 나라를 연 초기에 이 폐단을 승습하여 '天授'의 연호를 세운 것은 법흥이 열어 준 것이라 하지 않을 수 없다"는 것이다.115) 이처럼 태조의 '비례'를 통렬하게 지적한 것이야말로 고려와 조선 왕조간의 시대적 간극을 반영한 것이겠다.

그러나 윤언이는 고려의 창업주 태조의 사례를 통해 자기 변호의 설득력을 높이고 있다. 그로서는 자칫 태조에 대한 불경으로 비쳐질 수도 있는 언설조차도 주저하지 않아야 할 정도로 건원론과 관련된 자신의 정당함을 확인해 둘 필요가 있었던 것이다. 그가 만약 오늘날 우리가 파악하고 있는 고구려의 연호들에 대한 정보가 있었다면 또한 그것을 놓치지 않았을 것이다. 다시 말해 서경 세력의 建元論을 둘러싼 논의에서 建元을 주장하던 윤언이의 경우 신라와 발해가 연호를 사용했던 사실을 지적하면서도, 정작 고구려의 예는 말하지 않았다. 이것은 김부식을 포함한 당시의 지식인들이 그 정치적 입장이 어떠한가와는 무관하게 모두 고구려의 연호 예를 알지 못했다는 것을 의미한다. 따라서 오늘날 고구려의 각양 연호가 금석문을 통하여 증가하고 있기는 하지만,『삼국사기』에 그 자취가 없는 점은 자료의 한계로 이해해야 옳으며 의도적인 탈락으로 보아서는 안된다.

다시 말하거니와 오늘날 우리는 금석문 자료를 통하여 고구려의 연호 예들을 확보하였다. 제한된『삼국사기』의 정보량을 고려한다면 이와 유사한 새로운 사료의 발굴은 앞으로도 계속될 것이며, 그것은 고구려에 한정될 사항도 아니다. 따라서『삼국사기』가 갖추어 전하지 못한 부분을 곧『구삼국사』에 대한 김부식의 의도적 삭제로 연결할 수

---

115)『東國通鑑』5, 梁 大同 2년, 신라 法興王 23년 '臣等按'.

없다.

주지하듯이 우리 학계에서 이른바『구삼국사』로 불리는 자료의 존재 자체는 이미 재론할 필요가 없이 공유하고 있는 인식이다. 따라서 그 '실재'에 대한 더 이상의 논의는 낭비다. 다만 문제는『구삼국사』로 불리는 자료의 존재를 확대 해석함으로써 현재『삼국사기』에 입각한 우리 고대사 연구 환경에 미치는 역기능적인 측면이 될 것이다. 즉『삼국사기』의 허다한 모순과 오류를 문득『구삼국사』에 대한 개악 정도로 치부하거나, 김부식 등의 공정치 못한 편찬 태도로 떠넘기는 것은 어떠한 일반 주제의 연구에도 도움이 되지 않는다.[116]『삼국사기』는 철저한 비판과 고증의 대상이 될 수는 있을지언정,『구삼국사』라는 미지의 내용을 자의적으로 추정하는 데 그 근거 자료로 오용되는 것은 옳지 않다.

다음으로 荻山秀雄의 문제 제기 이래 문경현 등에 이르기까지 여러 연구자들의 의혹의 대상이 되어 왔고, 심지어 "『삼국사기』편찬의 가장 큰 목적이 현종 왕가를 신라 외손의 혈통으로 만드는 것"이라고까지 지목되어 온 문제를 생각해 본다. 문제의 발단은 김관의의『왕대종록』일문의 사료였다. 일부 연구자들은 이 문제에 대한 하현강의 설득력있는 반론에 만족하지 않는 것 같다. 하현강은『왕대종록』일문의 사료적 가치에 대해 극히 회의하고 있다. 우선 지명 '俠州'가 시기상으로 잘못이고, 신성왕후를 '俠州君'이라 한 것도 전례가 없으며, 태조의 비를 '25妃主'라 한 것도 사실과 다르다는 것이다. 아울러 俠州人 李元의 딸인 後大良院夫人 李氏와 혼동했을 가능성을 제기했다.[117] 여기에 더하여 다음과 같은 점을 함께 고려하고자 한다.

---

116) 金都鍊, 1995,「三國史記의 文藝的 성과와 史料的 가치」(『三國史記의 原典 檢討』, 韓國精神文化硏究院), 279·285쪽.
117) 河炫綱, 1976, 앞 논문「高麗時代의 歷史繼承意識」, 194~196쪽.

첫째, 李齊賢은 김부식의 사론을 인용한 뒤 金寬毅·任景肅·閔漬의 李氏說이 어디에 근거한 것인지 모르겠다고 했다.[118] 당대의 사가 이제현이 회의했던 김관의의 설은 사실 일연에게서도 부정되었다. 시대 환경과 지적 배경이 서로 다른 양인이 모두 김부식의 견해를 좇고 있다는 것은 우리로 하여금 김관의의 주장을 믿기 힘들게 한다. 또 김관의의 다른 저서인 『編年通錄』 역시 의종의 정치적 목표에 부합되도록 갖가지 민간신앙 요소를 총동원하여 왕건 조상의 사적을 윤색 신비화한 것으로 평가되는 점을 고려해야 한다.[119] 설화적 역사 기술이라는 점에서 이제현으로부터 비판받은 것은 민지의 경우도 마찬가지였다.[120] 따라서 '김부식의 날조'설은 충분한 근거가 없다.

둘째, 경주계 김씨인 金鳳毛의 墓誌에도 신라와 고려 왕실 사이의 혈연에 대한 사항은 전혀 없다는 지적[121]에 대해서도 재고할 필요가 있다. 묘지명에는 김씨의 시조 설화와 경순왕의 귀부 관련 사론을 『삼국사기』 내용대로 약간의 첨삭을 가하면서 전재하고 있다. 특히 "(경순왕은) 국가에 큰공을 세웠고 인민에 음덕이 있었으니 그 후손들이 반드시 이 나라에서 작록을 누렸다"[122]라고 한 대목을 주목한다. 즉 우리는 묘지명을 쓴 이는 전반적으로 『삼국사기』의 견해에 동조했다는 것을 확인할 뿐이다.

한편 주지하듯이 『삼국사기』는 우리 상고사의 주요 왕조 단위들에 대한 서술을 고르게 배려하지 못했다. 또한 연구 성과가 축적되어 가면서 『삼국사기』의 사료 가치가 제고되는 경우도 있겠지만, 반면에

---

118) 『高麗史節要』 1, 太祖 18년 및 『東國通鑑』 20, 敬順王 9년.
119) 李基東, 1992, 「金寬毅」(『韓國史市民講座』 10), 131쪽.
120) 閔賢九, 1987, 「閔漬와 李齊賢-李齊賢 所撰 「閔漬墓誌銘」의 紹介 檢討를 중심으로」(『斗溪李丙燾博士九旬紀念韓國史學論叢』, 知識産業社), 349쪽.
121) 荻山秀雄, 1920, 앞 논문 「三國史記新羅紀結末의 疑義」, 97쪽.
122) 金鳳毛는 『高麗史』(121)에 立傳된 金台瑞의 아버지로서 神宗·熙宗대에 주로 활동하다 희종 5년에 죽었다. 1984, 「金鳳毛墓誌」(『韓國金石全文』 中世 下, 亞細亞文化社), 943~944쪽 참조.

『삼국사기』의 인식이 심각하게 회의되는 사례도 확인되고 있다. 크게 보면 이 문제 역시 『삼국사기』 찬자, 특히 김부식의 '정치적 의도'로 간주하는 견해와 '자료 환경의 문제'로 받아들이는 시각으로 구분할 수 있겠다. 예컨대 무엇보다도 발해사에 대한 배려가 완전히 배제된 것은 『삼국사기』, 혹은 이를 편찬한 고려 왕조의 역사 인식의 주요 한계로 지적되었던 것이다. 그러나 발해사의 배제를 강도 높게 비판하는 연구자들은 대체로 고조선이나 가야 등 유사한 위상의 단위체들에 대한 것과는 달리 이 문제를 고구려 계승의식이나 고구려 중심적 정통의식과 관련해서 파악하고 있다. 다시 말해 고구려에서 고려로 이어지는 계통 속에서 둘 사이를 매개하는 존재로 발해를 주목한다는 것이다. 그와 같이 고구려-발해-고려를 잇는 역사 계승 의식을 전제로 할 때는 물론 신라가 자리할 자리는 없을지 모른다. 그러나 바로 그러한 역사 인식을 『삼국사기』의 정당한 모습이어야 한다고 생각한다면, 그 또한 또 하나의 기형적 삼국사 인식이라고 하지 않을 수 없을 것이다.

다시 말하거니와 『삼국사기』 편찬과 관련된 사항들을 살필 때는 그 당시의 자료 환경에 세심한 주의를 기울여야 한다. 이 문제와 관련해서 『삼국사기』는 서로 배반되는 것처럼 보이는 특징을 드러내고 있다. 그 가운데 하나는 편찬자들이 기존의 기록물들을 크게 '존중'했다는 것이다. 그들은 신라의 박씨·석씨·김씨 시조들이 출현하는 대목들을 믿지 못하면서도 고유의 전승 그대로 소개하였다.[123] 중국 측 정보에 대해서도 사정은 다르지 않다. 백제의 시조를 東明으로 단정하면서도 '믿을 수 없다'고 판단한 『수서』 계통의 '仇台'시조설을 소개하였다.[124] 만파식적의 유래 또한 '괴이쩍어 믿을 수 없다'고 하면서도

---

123) 『三國史記』, 新羅本紀 敬順王 末年 사론.
124) 『三國史記』, 祭祀志 백제조 분주.

서술을 회피하지 않았다.[125] 물론 대부분의 경우 그것들은 본래의 원형을 충실히 반영한 것은 아닌 것으로 판단한다. 그러나 균형 있는 서술 분량을 염두에 둔 절삭은 부수적 문제일 뿐, 기록 존중의 태도를 부정할 정도는 아니다.

다른 하나는 그들이 기존의 기록물들을 '맹종'했다는 것이다. 한 예로 백제본기에 따르면 온조왕대에 이미 마한은 '멸망'하였다. 그러나 이것이 편찬자들의 '의도'나 '방침'은 아니었다는 점을 주목해야 한다. 그들은 고구려 태조대왕이 마한을 동원하여 현도성 및 요동을 공격한 사실을 기록하면서 당혹해 하고 있다. 결국 "마한은 백제 온조왕 27년(9)에 멸망했는데, 지금 고구려왕과 함께 군사 행동을 하고 있으니 혹시 멸망했다가 다시 일어난 것인지" 의아해 하였다. 태조대왕의 마한 동원 기록은 중국 측 인식에 근거한 것이지만,[126] 편찬자들이 그 정보에 대해 판단을 주저하고 있다는 것은, 적어도 백제본기에 등장한 마한의 소멸 기사가 편찬자들의 작위는 아니라는 증거이기도 하다.

이렇듯 이른바 '기록존중' 혹은 '문헌주의'의 태도는 긍정과 부정의 양면성을 함께 지닌다. 편찬자들은 때때로 스스로 믿을 수 없는 내용이라 할지라도 그것이 오랫동안 보존되어 온 전승이기 때문에 기록한다고 고백하였다. 이것은 고대적 체질을 적나라하게 간직한 내용들이 우리 앞에 모습을 보일 수 있었던 연유이겠다. 또한 현실적으로 우리는『삼국사기』라는 창을 통한 간접 경로에서 비로소 고대인의 사유를 접할 수 있을 따름이라는 점을 생각한다면, 그 긍정적 의미가 적지 않다. 반면에 '기록존중'이 최소한의 고증마저 포기한 채 맹목적 경향으로 치우칠 때 초래되는 폐해 또한 만만치 않다. 일반적으로 사료에 대한 비판정신이 결여된 개별 자료의 나열은 독자의 역사 인식

---

125)『三國史記』, 樂志 三竹.
126)『後漢書』5, 孝安帝紀 建光 원년(121)과 延光 원년(122).

에 불필요한 혼선과 오해를 야기한다.

　중국 사서에서 기원후 6세기 후반에야 그 모습을 드러낸 말갈이 『삼국사기』에는 기원전부터 백제와 신라의 주요한 외압으로 등장하고 있는 점도 이와 무관하지 않다고 본다. 즉 문제는 이것이 단순히 편찬자들의 '경직된 기록존중'에서 초래된 귀결인지 특정한 '정치적 목적'에서 빚어진 왜곡인지의 여부에 있다고 하겠다. 다시 말해 연구자들이 일반적으로 생각하듯이 『삼국사기』 초기 기록에 보이는 말갈이 6세기 후반에 출현하는 중국 사서의 말갈과 이질적인 실체라고 한다면, 그들을 말갈로 지칭하고 있는 『삼국사기』의 정보는 과연 12세기 편찬자들의 소행인지, 아니면 그들의 편찬 태도에서 짐작할 수 있는 '기록에 대한 맹종'에서 비롯된 현상인지가 관건인 셈이다. 특히 『삼국사기』 편찬자들은 마한보다 훨씬 잦게 등장하는 말갈에 대해 어떠한 고증이나 의문도 표하지 않았다. 『동국통감』을 비롯하여[127] 후대 연구자들이 문제제기를 거듭한 태도와는 너무도 판이한 것이다. 또한 그들이 백제 및 신라사의 초기에 주요 침구 세력으로 등장하는 말갈의 구체적 행위를 고안해낸다거나, 말갈 아닌 외압을 말갈로 강변해야 할 어떤 동기를 가졌다고도 생각하기 어렵다. 따라서 그들은 마한과는 달리 말갈 관련 기록에 대해서는 의문을 갖지 않았거나, 아니면 의문 제기를 회피 혹은 포기했을 가능성이 높다.

　앞에서 『삼국사기』가 발해를 배제한 연유를 생각할 때, 통일기 신라인들의 '일통삼한' 의식에 대한 집착을 언급한 바 있거니와, 말갈의 문제 역시 신라인들의 발해 인식에서 연유한다고 생각한다. 통일기 중대를 지배한 '일통삼한'의 시대정신은 발해와 고구려의 역사적 의미 관계를 차단하도록 강요했다. 고구려는 이미 소멸되었거나 혹은 신라 속에 용해된 것이며, 발해는 말갈로 설정되었다. 물론 말갈은 고구려

---

127) 『東國通鑑』, 鴻嘉 4년 甲辰조 '臣等按'.

의 주변이거나 부용으로 간주되었다. 그 결과 중요한 것은 이제 발해의 존재가 '일통삼한'의 완결을 방해할 수 없다는 것이다. 물론 이것은 현실의 신라인들이 누구보다도 정확하게 발해 왕조의 고구려적 토대를 인지하고 있었을 것이라는 혐의를 부정하는 것은 아니다.[128] 오히려 고구려와 발해의 의미 맥락에 대한 그들의 의식이야말로 그들로 하여금 '일통삼한'의 완결에 집착하게 만든 요인이었다고 본다.

건국기 고려 왕조는 7세기 이후 통일기 신라의 '일통삼한' 의식을 다시 재현하였다. 아울러 고려의 실질적 토대는 통일기 신라의 그것을 벗어나 있지 못한 것이기도 하였다. 물론 발해사는 고려 지식인들에게 신라사와 함께 고려 왕조의 전대 역사로 받아들여졌다. 그러나 중대 신라의 경우와 마찬가지로 '일통삼한'의 완결을 위해 발해는 다시 배제되기에 이르렀다. 더구나 고구려 유민들을 용해한 신라의 조처와 논리들은 고려 왕조에 의해 발해 유민을 수용하면서 새롭게 고려되었을 것이다.

『삼국사기』의 말갈 인식 역시 7세기 이후, 그리고 통일기 이후 중대 신라인들의 인식에서 출발한 것이라고 하겠다. 그리고 그 인식은 명분에 의해 사실이 희생된 또 하나의 사례였다. 따라서 중대적 명분이 크게 위축된 하대에야 명분으로부터 벗어난 실제적 인식은 기대될 수 있었다. 그러나 이른바 후삼국의 형국 및 이의 통합을 통해 새로운 왕조 질서를 겨냥했던 고려 초 지배 계급은 다시 중대적 명분의 유효함에 주목하였다. 물론 고려 건국 후 200여 년이 지난 12세기 중엽쯤이면 신라의 경우와 마찬가지로 발해 왕조의 역사적 위상과 관련한 사실들은 이를 억압해 온 명분으로부터 상당히 자유로워질 수 있었겠다. 그러나 고려 전기사회의 가치 체계와 제도의 온존에 무게

---

128) 현명호, 1992, 「발해를 배제한 『신라에 의한 삼국통일론』이 『삼국사기』에 정착된 경위」, (『력사과학』 2), 51쪽.

를 두었던『삼국사기』편찬자들은 의연히 고려 초의 전대사 인식, 즉 통일기 신라인들의 인식을 포기하지 않았던 것이다. 그러나 이것은 고려 중기 지식인들의 한계인 동시에 고려 사회의 현실에 충실한 이해이기도 한 것이다.[129]

『삼국사기』와『삼국유사』는 삼국시대에 대한 인식의 측면에서도 곧잘 비교되어 왔다. 특히 원전론과 관련해 볼 때,『삼국유사』가『구삼국사』를 직접 인용했다고 한다면, 그것은『삼국유사』찬자가『삼국사기』와『구삼국사』의 역사 인식의 차별성에 주의했다는 것으로 받아들일 수 있을 것이다. 그러나 다 아는 바와 같이『삼국유사』의 고구려 건국에 관한 서술은『삼국사기』나「동명왕편」에 크게 미치지 못한다. 정구복은 이를 의식하여 일연이 본『구삼국사』는 완질본이 아니었을 것이라고 하였다. 아울러『구삼국사』에는 '高麗本紀'가 가장 앞에 있었을 것이라고 추정하였다. 또한 그는『구삼국사』에서는 궁예와 견훤을 열전으로 다루지 않고 각각 고구려본기와 백제본기의 말미에 서술했을 것이라고 하였다. 그 이유는 "견훤과 궁예를 반역자로 쓴 김부식의 서술 태도와『삼국사』편찬자들의 관점은 분명히 달랐을 것"이기 때문이라 하였다. 즉 김부식처럼 궁예를 반역자로 다루게 되면 고려 태조는 반역자의 신하가 되는데, 고려왕조가 고구려를 계승했다는『삼국사』의 의식을 염두에 둘 때, 후고려의 궁예를 반역자로 다루지만은 않았을 것이라는 설명이다.[130]

이러한 주장을 다르게 표현한다면 아마『구삼국사』에서는 궁예가 반역자로 취급되지 않았을 것이며, 그의 고구려 계승의식을 긍정했을 것이라고 할 수 있다. 그렇다면 고려 태조는 이제 반역자의 신하가 아니라 고구려 계승을 표방한, 그러므로 고려 왕조의 초기 국계의식을

---

129) 李康來, 1999,「『三國史記』의 鞨鞨 認識-통일기 신라인의 인식을 매개로」(『白山學報』52).
130) 鄭求福, 1993, 앞 논문「高麗 初期의『三國史』編纂에 대한 一考」, 180~189쪽.

상징한 자에 대한 반역자가 된다. 그러나 사실 이러한 논법은 무의미하다. 고려 태조는 궁예를 적극적으로 부정한 자다. 물론 궁예가 표방한 후고려 자체를 부정한 것은 아니라고 하더라도, 궁예가 부정한 신라 왕조의 권위를 오히려 존숭함으로써 궁예를 부정하였다. 태조는 심지어 신라의 三寶에 대한 비합리적인 관심을 표명하여 훗날 비난의 빌미를 제공했고, 특히 황룡사 구층탑이 가지는 '일통삼한' 의식과의 인과관계를 신봉하여 새로운 三韓一家의 염원을 구층탑과 칠층탑의 조영에 담아내려고 하였다.[131]

물론 맥락은 다르지만 유사한 논법은 이미 『동국통감』 등 조선 초기 사서에서부터 나타났었다. 즉 궁예의 泰封은 신라의 叛賊이요, 고려 태조는 반적 태봉의 신하에 불과하다 하였다.[132] 그러나 김부식은 오히려 궁예와 견훤은 '태조를 위하여 백성을 몰아다 준 자'에 불과하다고 했다. 고려의 권신으로서 고려 태조를 궁예나 견훤과 구분한 것은 일면 당연하다 하겠다. 그러므로 이른바 『구삼국사』가 비록 고려 초, 혹은 광종대에 이루어졌고, 그것이 고구려 계승 의식을 강렬하게 표방했을 것이라고 해도, 광종의 부이며 건국 태조인 왕건을 궁예에 대한 반역자로 서술할 리는 없다. 다시 말하여 태조가 취한 태도, 즉 신라 왕조의 권위를 온전히 승습하고자 했던 일련의 과정은 태조를 신라에 대한 반역자로 하여 궁예와 동렬에 놓을 수 없게 만드는 것이다. 그러므로 궁예는 고려 초에 있어서도 긍정적으로 서술되었을 리 없다.

『구삼국사』의 본기별 순서나 완질본 여부에 대한 설명 부분 또한, 우선 그 가능성에 회의해야 할 까닭은 없다. 그러나 문제는 그러한 설명이 『삼국사기』를 연구 자료로 바르게 이용하는 데 어떤 맥락에서

---

131) 『高麗史』 92, 列傳5 崔凝.
132) 『東國通鑑』 12, 高麗 太祖 18년, '臣等按'.

긍정적 의미를 가지는 것인지가 명료하지 않다. 만약 한 가지 추정을 허락한다면, 일연이 참조한 『구삼국사』가 완질본이 아니라고 하면서, 『삼국유사』의 고구려 관련 기사 내용이 상대적으로 『구삼국사』에서 의거함이 분명한 「동명왕편」 내용에 크게 미치지 못하는 점을 해명하려 한 것처럼, 『구삼국사』의 본기 순서를 '고려본기'부터로 추정하는 이유 역시 건국 연대에 따라 『삼국사기』와 같은 순서를 상정할 경우 신라본기와 백제본기 사이에 위치해야 할 고구려본기가 결락된다는 부자연스러움을 의식한 것이 아닌가 한다.

　원전론을 전개해 온 연구자들 가운데는 『삼국사기』가 『구삼국사』를 거의 전재했으리라고 하면서도, 특정 대목에서는 김부식 등 편찬자들이 『구삼국사』의 원형을 은폐하려 한 증거가 있다고 하는 등 다소 혼선을 빚는 것을 발견한다. '전재'를 강조하는 경우는 김부식의 자료 취합에 대한 불성실과 창의적 수사가 아니라는 것을 부각시키려는 것이며, '은폐'를 강조하는 경우는 학자적 양심이 없다거나 학문 외적인 목적, 그리고 자기 이익을 위한 자의적 사실 왜곡을 암시하고자 하는 태도로 비쳐진다. 그러나 '전재'는 기록 존중의 결과이며, 그에 따라 몇 가지 분명한 '오류와 모순'은 무책임할 정도로 주관적 고증을 시도하지 않은 증거로 해석되어야 옳을지도 모른다.

　사실 『삼국사기』의 정보가 완벽하리라고 기대하는 연구자는 별로 없는 줄로 안다. 동시에 바로 그 점이야말로 연구자들이 개별 사료에 대해 가능한 한 합리적인 재해석의 대상으로 삼아 활용하도록 노력해야 할 이유일 것이다. 현 단계 우리의 연구 수준에서 단정해버린 결론들은 향후 얼마든지 달라질 수 있겠지만, 『삼국사기』 자체의 정보는 변하지 않을 것이다. 그러므로 각각의 사료에 대한 정밀한 재해석을 방해하는 장치로 『구삼국사』가 이용되는 것은 옳지 않다. 『구삼국사』의 존재 자체는 이미 공지의 사실이지만, 그것이 『삼국사기』에 입각한 연구 의욕을 무산시키는 피난처가 되어서는 안된다.

5. 제언과 전망

　　김부식의 '정치적 목적'이나 '은폐된 의도'에 주의하기보다 앞서야 할 일이 있다. 무엇보다도 그 자신이 천명한 『삼국사기』 편찬의 변을 가감 없이 이해하는 것이 우선되어야 한다. 김부식은 인종에게 올린 「進三國史記表」에서 이렇게 말했다.

　　엎드려 헤아려 보건대, 성상 폐하께서는 堯임금의 文思를 타고나시고 禹임금의 근검을 본받으사 새벽에 일어나 밤늦게까지 정사를 돌보시는 사이에도 널리 옛 일을 섭렵하시어 신에게 이르셨나이다. "오늘날 학사들과 대부들이 五經이나 諸子의 서책과 진·한 시대 이래의 역대 중국 사서에는 간혹 넓게 통달해 자세히 말하는 이가 있지만, 우리나라의 일에 이르러서는 갑자기 망연해져서 그 시말을 알지 못하니 매우 한탄할 일이다. 하물며 저 신라와 고구려와 백제는 나라의 기업을 열고 솥의 세 발처럼 서서 예로써 중국과 교통할 수 있었기 때문에 范曄의 『한서』와 宋祁의 『당서』에는 모두 삼국의 열전이 실려 있는 것이다. 그러나 그 경우 중국의 일은 자세히 하고 외국의 일은 간략히 하여, 삼국의 사실이 다 갖추어 실리지 못했다. 또한 『고기』는 문자가 거칠고 졸렬하며 史蹟이 빠지고 없어져서, 君后의 善惡과 신하의 忠邪와 나라의 安危와 인민의 治亂을 다 드러내어 勸戒로 드리우지 못한다. 이제 마땅히 박식하고 뛰어난 재사를 얻어 一家의 역사를 이루어 만세에 전해 해와 별처럼 밝게 할 일이다."(『東人之文四六』 10, 및 『東文選』 44, 表箋 「진삼국사기표」)

　　이 말은 그러므로 인종의 견해이다. 그러나 동시에 인종의 견해를 빈 김부식의 견해이기도 하며, 김부식이 표방한『삼국사기』편찬의 당위론이기도 하다.『고기』는 중국 사서에 대응하는 우리 측의 고유 자료에 대한 명칭으로 쓰였다. 그는『고기』의 미흡함은 문체와 내용과 효용성 모두에 걸쳐 있다고 판단하였다. 실제『삼국사기』에 인용된『고기』류는 대부분 중국 사서와 다른 정보를 전하고 있는 경우들로서, 그 진위와 시비를 가리는 고증을 위해 활용되었다. 그러므로 따로 지시하지 않은 채로도 많은 부분에서『고기』는 인용되었음에 틀림없다.

150여 년 뒤늦은『삼국유사』에도『고기』는 인용되었다.『고기』는 단군조선에 관한 서술을 비롯하여『삼국유사』전편에 걸쳐『고기』·『고려고기』·『백제고기』·『신라고기』등의 형태로 14군데에서 확인할 수 있다. 또한 두 책에 인용된『고기』가운데는 실제 고유한 이름을 가지고 있는 자료를 지칭한 경우도 있다. 그러므로『고기』는 고려 중기 이전에 작성된 다양한 국내 원전에 대한 총칭이기도 한 것이다.[133]『삼국사기』는 개인의 창작물이 아님은 물론, 근대 역사서처럼 개인의 가치 부여가 폭넓게 허용될 수 없는 전통시대의 사서이므로, 편찬에 동원된 다양한 국내 원전 자료들을『고기』로 총칭한 것은 문제될 사항이 아니다. 그러나『삼국사기』가 인용한 중국 측 자료 가운데 지금은 전하지 않는 것들이 있는 것처럼,『고기』의 구체적 '실체'를 지목하기 어려운 데 난점이 있을 뿐이다.

한편 이규보는 고구려 동명왕의 신이한 출생과 건국을 노래한 「동명왕편」 서문에서 이른바『구삼국사』의 존재를 지적하였다. 아울러 김부식의『삼국사기』를 일러 국사를 중찬한 것이라고 하였다. 그러므로 『구삼국사』로 불린 자료는『삼국사기』이전에 있었던 삼국에 관한 역사서인 셈이다. 또 이규보는 동명왕에 관한 내용에 한정하여 이『구삼국사』를 충실하게 인용하였다. 실제 그의 인용문과『삼국사기』의 해

---

133) 李康來, 1992,「『三國遺事』引用 古記의 性格」(『季刊書誌學報』7).

당 내용을 비교하면, 『삼국사기』측이 『구삼국사』 내용을 간략히 하면서 윤문한 것을 발견할 수 있다. 그러나 이를 곧 원자료에 대한 자의적 손상과 훼절, 혹은 변개와 날조로 속단하는 것은 매우 옳지 않다. 이미 말한 바와 같이 『고기』의 미흡함은 아마 『구삼국사』에서 발견한 미흡함과 다르지 않을 것이다. 다시 말하여 『구삼국사』 또한 김부식이 총칭한 『고기』의 하나임에 틀림없다.

이 문제를 위해서는 『신당서』를 편찬한 찬자들이 『구당서』를 비판한 맥락과 비교하는 것이 유용한 방법이겠다. 曾公亮은 『신당서』를 올리는 「進唐書表」에서 이렇게 말했다.

> 『구당서』는 서술의 순서에 원칙이 없고 자세하고 간략한 것에도 적합함을 잃었으며, 문장이 명료하지 않을 뿐만 아니라 사실 자체가 많이 결락되었습니다.… 말세의 선비들이 기력이 쇠약해지매 말은 조잡하고 생각은 비루하여 본연의 문장을 일으킬 수 없었으니, 밝은 군주와 어진 신하의 걸출한 공적과 성대한 위업, 그리고 뭇 혼미하고 포학한 통치자와 亂臣賊子의 禍亂의 뿌리와 죄악의 발단 따위에서 모두 그 선악을 드러내어 사람들의 이목을 격동케 할 수 없었던바, 진실로 후세에 권계를 드리워 장구하게 보일 만한 것이 못되는지라 매우 애석하다 하겠습니다. (『新唐書』, 「進唐書表」)

김부식이 『고기』에 대해 언급한 것과 마찬가지로 증공량은 『구당서』의 문체와 내용과 효용성에 문제를 제기하고 있다. 사실 「진삼국사기표」는 이 「진당서표」를 모델로 작성된 것이다. 그러므로 일견 『삼국사기』와 『구삼국사』의 관계는 『신당서』와 『구당서』의 관계에 비유할 수 있다. 『신당서』의 『구당서』에 대한 불만은 고문주의의 맥락에서 본다면 김부식도 공감했을 법한 것이다. 그러나 『삼국사기』가 사료 인용이나 저술 단계에서 『신당서』를 맹종한 것은 아니다. 송에서는 『신당서』 편찬 직후부터 이에 대한 비판이 있었고, 『구당서』와 『신당서』 사이에 우열론이 발생하였다. 논의의 가장 첨예한 부분은 사료 선택에 있었다. 증공량은「진당서표」에서 "사실은 이전 책보다 늘어났고 문장은 옛 책보다 간략하게 되었다"라고 자부했으나, 다른 한편에서는 "첨가해야 할 것을 첨가하지 못하고 생략해야 할 것을 생략하지 못했다"는 비판이 뒤따랐던 것이다.[134]

『삼국사기』와 이른바『구삼국사』를 둘러싸고 진행되는 우리 사학계의 논의도 그와 크게 다르지 않다. 다만『구당서』와는 달리 우리의 경우『구삼국사』의 모습이 전하지 않기 때문에 속단은 경계해야 한다. 우선 김부식이 인종의 견해를 빌어 분석한『고기』, 즉『구삼국사』를 포함한 국내 고유 자료들의 한계를 사실로 받아들이고자 한다. 그렇다면『삼국사기』는『구삼국사』로 지칭된 자료를 위시로 하여 많은『고기』류나 금석문들, 그리고 새로 입수한 중국의 사서 및 경서·문집들을 활용하여 보충·윤문·수정을 가하면서 '재편'한 것으로 볼 수 있다. 여기에 12세기 유교적 지식인의 관점에 충실한 의미 부여를 적절히 안배하는 작업이 아울러졌을 것이다.

결국 역사학의 연구 재료로서의『삼국사기』는『구당서』에 대한『신당서』의 위상을 겨냥하고 있다고 생각한다.[135] 김부식이 간명하게 제시한『삼국사기』의 지향은 세 가지로 나타난다. 첫째는 문장에 있어서 古文의 회복이요, 둘째 관련 기록의 충실한 보입, 그리고 현실에 대한 권계에 합당할 것 등이 그것이다. 이러한 지표는『구당서』를 비판하면서『신당서』편찬의 당위성을 토로한 증공량의 논리와 방불하다. 따라서『삼국사기』이전에 있었던『구삼국사』의 한계는『신당서』찬자들이 분석한『구당서』의 결함과 다르지 않을 것이다.[136] 다만『삼국사

---

134) 吳縝은『新唐書糾謬』를 저술하여『신당서』의 오류를 지적하였고, 司馬光 역시『자치통감』편찬에서『신당서』측에 우호적이지 않았다.
135)『삼국사기』志의 편집 체제에서도『신당서』와의 유사성이 지적된 바 있다. 金英云, 1995,「三國史記 음악 기사의 재검토」(『三國史記의 原典 檢討』, 韓國精神文化研究院), 259쪽.

기』가 얼마나 정당한 과정을 거쳐 올바르게 『구삼국사』를 극복했을 것인지 하는 문제는 지금 확인할 수 있는 『구삼국사』의 면모가 희소한 조건에서 섣불리 속단할 수 없다. 반면에 연구자들은 『삼국사기』의 허다한 오류와 모순에도 불구하고 우리 고대사를 복원하는 데 『삼국사기』를 대신할 어떤 대안도 없다는 현실을 먼저 수긍해야 한다.

특히 『삼국사기』의 개별 기사와 그것이 함유하고 있는 사료 가치의 문제는 편자 김부식의 구체적인 정치 현장에서의 행태 및 그의 사론에 반영된 현실 인식과 세심하게 구분할 것을 다시 강조하고자 한다. 사론은 특정 사실에 대하여 찬자 자신의 적극적인 가치 평가를 부여한 글이다. 그러므로 사론은 김부식 자신의 의미 부여를 필요한 조건으로 한다. 그러나 사실과 마찬가지로 사론에도 선행한 중국 사서의 사론을 토대로 한 것들이 적지 않다. 그러한 사례는 우선 사론의 대상 사건이 가지는 유사함에 기인한다. 그와 함께 중국 중심적 유교주의 교양으로 무장한 고려 지식인들의 한계이기도 할 것이다. 여하튼 사론은 절제된 서술 과정에서 찬자들의 주관적 평가가 개입된 부분이다. 그러므로 사론은 그에 반영된 찬자의 역사 인식을 추출하는 일차적 재료로 기능한다. 물론 어떠한 역사 기록도 기술자의 현재적 제약에서 완전히 자유로울 수는 없다는 점에서는 사론도 예외가 아니다. 따라서 김부식의 정치적 현실과 그의 사론에 나타난 주요 관점 사이에는 긴밀한 유기적 관계가 개입되어 있게 마련이다.[137]

김부식은 사론의 작성을 위해 수많은 자료를 참고하였다. 그 가운데서도 『좌전』과 『신당서』에 의거한 빈도가 높았다. 일차적으로 이것은 김부식의 시대 배경 및 정치 환경과 관련된 사항이겠지만, 『신당서』의 경우는 고문으로 개찬되었다는 점에서 『구당서』와 구분되며, 대

---

136) 李康來, 1998, 「삼국사기의 정당한 이해를 위하여」(『삼국사기』 I, 한길사).
137) 李康來, 1994, 「『三國史記』 史論의 再認識」(『歷史學研究』 13).

의명분을 제일로 삼는 『춘추』의 경문과는 달리 『좌전』은 사실주의에 입각했다는 측면을 주목해야 하겠다. 특히 『좌전』의 비중을 보면 『자치통감』에서 받은 영향이 컸을지도 모르겠다.138) 『자치통감』의 영향과 관련하여 주목하고자 하는 것은 김부식의 생애에서 사마광의 정치적 부침과 유사한 행로를 발견할 수 있다는 것이다. 김부식은 12세기 고려사회가 당면한 현실 타개의 대안 모색에서 윤언이 등으로 대표되는 제도적 개혁론에 맞서 있다. 김부식 등은 개혁론자들의 이른바 '新法'을 비판하여, '지켜 잃지 않아야 할 것'으로 '祖宗之法'의 고수를 주장했다. 사실 묘청 등의 서경천도론 역시 '신법론'의 범주에 드는 하나의 실천 대안이었다. 뒷날 서경 세력에 동조했던 것을 시인한 신법론자 윤언이는 1133년 인종에게 「萬言書」를 올린 바 있다.139) 주지하듯이 「만언서」는 북송의 王安石이 그의 개혁 이념을 담아 1058년 송의 인종에게 올린 글이다. 이렇듯 고려 중기의 제도개혁론은 왕안석의 신법을 모델로 삼았던 것이었다.140) 이후 송에서는 왕안석의 신법 개혁이 추진되면서 이른바 '舊法'의 영수 사마광과 운명적 대결을 거듭하게 되었다. 두 사람의 명암은 그 지지자들에게 대를 이어 재연되었다. 왕안석의 신법이 강행되자 퇴관을 자청한 사마광은 洛陽에 은거하여 『자치통감』의 편찬에 몰두하였다.141)

그러므로 신법론자 윤언이의 복권에 당하여 스스로 퇴출을 결정한 김부식과 뒤이은 『삼국사기』 편찬은 사마광과 그의 『자치통감』을 모델로 했다고 판단한다. 실제 김부식은 인종에게 사마광의 「遺表」를

---

138) 李啓明, 1998, 「『資治通鑑』 硏究」(『全南史學』 12), 137쪽.
139) 「尹彦頤墓誌」, 許興植 編 『韓國金石全文』 中世 上(亞細亞文化社), 1984.
140) 鄭修芽, 1992, 「高麗中期 改革思想과 그 思想의 背景-北宋 '新法'의 수용에 관한 一試論」 (『水邨朴永錫敎授華甲紀念韓國史學論叢』 上).
141) 田中謙二, 1985, 「資治通鑑의 理解」(『中國의 歷史認識』 上, 創作과 批評社), 314쪽 ; 동, 1964, 『資治通監』(朝日新聞社).

강의하면서 그를 변호하였다.[142] 사마광의「유표」는 元豊 5년(1082) 그 자신의 사후 신종에게 올릴 의도에서 작성되었다.[143]「유표」에는 왕안석의 신법 개혁에 대한 격렬한 비판과 함께 자신의 충정이 받아들여지지 않는 데 대한 좌절감이 담겨 있다.『자치통감』은 1084년 신종의 죽음에 4개월 앞서 봉정되었다. 사마광의 좌절감과 신법에 대한 불신감이『자치통감』에 어떤 형태로든 반영되었을 것은 자명하다.[144] 요컨대 김부식은『삼국사기』의 편찬과 특히 그 사론을 통하여 말하고자 했던 바, 그리고 그 방법에 있어서까지 사마광의『자치통감』을 하나의 전범으로 삼고 있었다고 판단한다.[145] 공교롭게도 인종 역시『삼국사기』가 진상된 뒤 두 달 만에 승하하였다.

인종대 고려 사회는 묘청 등이 주도한 서경 천도 문제로 격렬한 갈등에 휩싸인 바 있다. 이 사건에서 차지하는 김부식의 비중은 묘청의 그것에 모자라지 않는다. 또한 이 사건은 고려 왕조는 물론 민족사 전체의 전개 과정이나 그에 수반하는 의미에서도 절대적이다. 그러나 김부식 사후 의종은 묘청 사건 관련자에 대한 완전한 사면 조치를 단행하였다. 이제 고려는 서경 전역의 상처를 극복한 듯했다. 그러나 판단은 용이하지 않다. 불과 10여 년 뒤 고려에는 무신정권이 수립되었기 때문이다. 이 무신정권 100년의 무게는 우리 역사에서 달리 비할 바가 없다.

그러므로 12세기 중엽은 고려의 역사를 변질시키는 획선이 될 수 있다. 건국 후 얼마간의 시행착오를 경험하면서 귀족 중심의 유교주

---

142)『高麗史』17, 仁宗 17년 3월 乙巳 ; 같은 책 98, 金富軾傳 ;『高麗史節要』10, 仁宗 17년 3월.
143)『傳家集』17.
144) 三浦國雄, 1985,「資治通鑑의 性格」(『中國의 歷史認識』上, 創作과 批評社), 340쪽 ; 동, 1971,『日本中國學會報』23.
145)『자치통감』은『삼국사기』찬진 이전에 고려에 입수되어 있었을 것이다. 權重達, 1979,「資治通鑑의 東傳에 대하여」(『(중앙대)文理大學報』38).

의적 통치이념으로 출발한 고려 전기 사회는 일견 11세기 후반 문종 대까지 순조로운 행보를 보였다. 12세기는 외척의 왕권 도전과 이를 빌미로 숙종이 조카 헌종을 폐위시키고 즉위하는 등 불안한 변칙을 요구하면서 출발하였다.146) 숙종·예종·인종의 3대 50년 동안의 고려 사회에서는 그 이전 시기 번영의 퇴조와 예측하기 어려운 위기의 도래가 함께 감지되고 있다. 여기에다가 요·금의 교체 및 북송의 남천 등 12세기 국제 관계의 변화도 고려 왕권의 추락을 강요하였다. 따라서 문제는 번져 가는 퇴영의 그림자를 어떻게 떨쳐버릴 것인가와 좁혀 들어오는 파국의 전조에 어떻게 대응할 것인가에 있다.

물론 12세기 전반 지식인들의 촉수는 현실 왕조의 모순을 포착하는 데 둔감하지 않았다. 다만 대안의 차이가 있을 뿐이었다. 그러나 상이한 대안의 충돌은 시대 모순을 해결하는 데 그리 큰 도움이 되지는 못했다. 대개 하나의 대안이 득세할 때 반대편의 견해는 잠복해 있을 뿐 완전히 포기되지는 않았다. 주요 대안의 하나를 제도개혁론이라고 한다면, 다른 한편에서는 정치제도의 개혁보다는 훼절된 제도 본연의 정신을 회복하여 운영하는 것이 중요하다고 보았다.147) 김부식은 그 가운데 후자의 축을 형성하고 있었다. 어떤 대안이 현실에 대한 과학적 분석과 이를 극복하기 위한 실천력을 담지했는가 하는 질문은 매우 어려운 숙제로 남겨졌다. 이 모색의 시기를 주도했던 당사자들이 다 무대에서 사라진 뒤 무신정권의 수립과 함께 고려 후기는 시작되었기 때문이다.

물론 여러 연구자들이 혐의를 두고 있는 문제로서, 김부식의 집안은 신라의 지배적 가문이었다. 아버지 金覲은 과거에 합격하여 출사

---

146) 南仁國, 1983, 「高麗 肅宗의 卽位過程과 王權强化」(『歷史敎育論集』 5).
147) 사마광 역시 왕안석 등의 신법론에 대하여 "정치제도의 변화보다는 기존의 제도를 더욱 잘 운영되도록 하는 것이 중요하다"라고 보았다. 劉子健, 1991, (李範鶴 譯)『왕안석과 개혁정책』(지식산업사), 51쪽.

했으며, 문종대에 朴寅亮과 함께 입송한 경험이 있다. 이 때 두 사람의 시문은 송나라 사람들의 칭예를 받아『小華集』이라는 이름으로 간행되었다. 당시 송의 문장가였던 蘇軾과 蘇轍 형제를 모방하여 김부식과 김부철 형제의 이름을 짓게 된 유래는 이 경험에서 비롯되었을 것이다. 東坡 蘇軾의 아버지 蘇洵은 수레의 앞 가로막이 나무를 이르는 '軾'을 '있으나 마나 한 존재 같이 보이지만 없어서는 안되는 것'으로 파악하였다. 그러면서 그는 아들이 겉치레에 급급한 세속에 부합하지 못할까 걱정하였다.[148]

송대의 대문호로 꼽히는 소씨 3부자를 동경했음직한 김근의 의도는 크게 빗나가지 않은 듯하다. 특히 김부식과 김부철은 아버지 김근의 여망대로 송나라에까지 문명을 날렸다. 그러나 소순의 우려처럼 뒷날 소식은 왕안석의 '신법' 개혁을 반대하다가 유배되었고, 김부식 역시 고려의 신법론자 윤언이에 밀려 퇴출을 강요받았다. 이미 송에서 전개된 신법의 파동을 목도한 김근으로서는 심정적으로 이른바 '구법'에 동조했을지도 모르겠으며, 그렇다면 김부식의 정치 행로는 김근의 연장선상에 있게 된다.

요컨대 시대와 유리된 개인의 삶을 상상할 수 없는 한편, 저자의 개성으로부터 완전히 독립된 저술 또한 찾을 수 없다는 점은 여전히 유효하다.『삼국사기』와 김부식의 의미 관계는 편찬 당시 고려 사회의 현실 인식과 그에 따른 대안의 한 형태로 파악되어야 한다. 동시에 고려의 지적 전통은 유사한 문제 의식과 대안의 충돌을 경험했던 송조의 전범을 고려하여 살펴져야 옳다. 따라서『삼국사기』의 원전론과 관련하여 다음 몇 가지 측면에서의 전망과 제안을 제기하고자 한다.

첫째, 사서로서의『삼국사기』의 위상은『신당서』의 그것을 토대로 할 필요가 있다.『구삼국사』는 마찬가지로『구당서』에 비견될 것이다.

---

148) 蘇洵, 1979,「名二子說」(『詳說古文眞寶大全』, 景文社).

『구삼국사』로 지칭되는 기존 자료의 실재 자체는 더 이상 논란의 대상이 될 수 없다. 중요한 것은 『구삼국사』의 극복을 겨냥한 『삼국사기』의 논리는 『구당서』에 대한 『신당서』의 논리와 다르지 않을 것이라는 점이다. 따라서 『구당서』와 『신당서』의 편찬 과정과 그에 수반된 논리, 그리고 서로의 차별성 등을 『삼국사기』의 사학사적 위상을 이해하는 데 적극적으로 원용해야겠다.

둘째, 현실 정치가이며 관찬 정사의 편찬 책임자로서의 김부식은 사마광을 모델로 음미되어야 할 필요가 있다. 주지하듯이 김부식은 역사가 이전에 정치가였다. 내부적으로 무신정권을 예비하고 요·금의 교체를 비롯한 국제정세의 격동기에 대내외적 주요 사안에 개입하여 있던 한 정치가는 정치 일선에서 물러나 삼국의 역사를 편찬하면서 자신의 현실정치에서의 좌절과 변명을 그 가운데 용해해 넣었다. 비유하자면 사마광이 왕안석의 신법이 강행되자 정치 일선에서 소외된 상태에서 『자치통감』을 저술하였고, 그 가운데 자신의 울분과 현실에 대한 비판 및 대안을 담았던 것과 같다.

셋째, 『삼국사기』의 원전과 그 수용의 적합성 여부를 살피기 위해서는 12세기 고려 사회의 지적 역량 및 그를 반영한 한 형태로서의 자료 환경을 감안할 필요가 있다. 비록 김부식과 사마광이 유사한 현실 인식과 정치 행로를 걸었고 공감했다고 하더라도, 고려의 역사 편찬 관련 토대와 김부식 자신의 역사 인식 수준은 『자치통감』을 충분히 내재화할 정도에 이르지 못했다. 그 때문에 『삼국사기』는 개별 기사들에 수많은 모순과 오류를 걸러내지 못하고 있다. 그러나 분명한 모순과 오류들이야말로 편찬자들의 건조한 작업 과정과 무비판적 기록 존중을 웅변하고 있는 것이다.

넷째, 『삼국사기』의 원전 층위가 매우 다양하다는 것을 주지할 필요가 있다. 정도의 차이는 있을지라도 삼국은 모두 자국사를 정리한 경험이 있고, 그것들은 직접, 혹은 간접 경로를 경유하여 『삼국사기』에 용해되었다. 특히 통일기 신라 시대 및 이를 계승한 고려 전기의 전대사 인식을 유의하여 적출해내야 한다. 이 겹겹의 변형된 층위들은 연구자들이 삼국시대의 역사상을 복원하기 위해 『삼국사기』에서 걷어내야 할 다중의 창문과 같은 것이다. 또한 학계의 연구 성과가 축적되면서 차츰 해결될 문제이겠지만, 『삼국사기』 편찬에 김부식의 '은폐'된-대부분 떳떳치 못한-의도를 전제하고, 간혹 일관성에서 벗어나는 몇 대목을 일러 그 의도가 '폭로'되었다는 논리는, 이러한 작업을 통해 설득력을 잃을 것으로 믿는다.

다섯째, 연구자들은 『삼국사기』의 원전 자료에 관심을 가져야 하는 이유를 스스로 점검해 볼 필요가 있다. 그것은 종국적으로 『삼국사기』를 우리 고대사 연구 자료로 활용하는 데 있어 유효한 도움을 받고자 하는 것이다. 경직된 고구려 정통론적 관점에서 『삼국사기』와 그 편찬을 주도한 김부식을 비판 혹은 매도하는 것은 그 논거의 편협함은 물론 구체적 연구 과정에서도 기여할 바가 없다.

제2장

『삼국사기』의 자료 환경

1. 자료의 층위

　『삼국사기』 편찬에는 당시까지 확보 가능한 국내외 자료들이 동원되었을 것이다. 그 가운데는 중국 측 자료를 중심으로 지금 확인할 수 있는 것들도 있지만, 대부분의 국내 고유 자료들은 이미 일실되어 확인이 불가능하다. 사실 인용 자료의 이름을 제시하여 서술한 부분은 그리 많지 않다. 중국 측 자료에 의존한 서술이든 국내 고유 자료를 출전으로 삼았음이 틀림없는 내용이든, 절대적 분량의 기사들은 인용 전거를 지시하지 않았다. 이러한 조건에서 편찬의 주요 원전이 되었을 국내 고유 자료에 대한 논의는 『삼국사기』의 사학사적 위상과도 불가분의 관련을 가지게 된다.

　주지하듯이 『삼국사기』는 고구려·백제·신라 세 왕조의 역사를 서술 대상으로 한다. 이들 세 왕조는 각기 자국의 역사를 스스로 정리한 경험을 가지고 있다. 고구려에서는 『留記』와 『新集』을 편찬한 바 있고, 백제에서는 『書記』를, 그리고 신라에서는 진흥왕대에 『國史』를 만들었다.[1] 물론 각 왕조의 자국사 인식은 왕계나 시기에 따라 이미 상당한 편차를 보였을 여지를 부정할 수 없다. 또한 삼국 당대의 기록과 인식이 어떤 경로를 통해 얼마나 온전하게 『삼국사기』에 스며들어 있는 것인지 판단하기가 용이하지 않다. 그러나 여하튼 자국에 대한 삼국민의 기록은 『삼국사기』의 가장 근원적 자료 환경이 될 것이요, 본 논의에서 고려되어야 할 첫째 층위라고 하겠다.

삼국 가운데 고구려와 백제는 7세기 전쟁에서 소멸되었다. 신라는 전쟁의 의의와 중대 왕권의 정통성을 '一統三韓'에서 구했다. 자못 유효했던 이 명분은 삼국시대 역사를 재정리하는 데도 적용되었을 것이다. 다시 말해 삼국이 지나온 자취는 자연스레 승리한 신라 왕조가 천명한 '일통삼한'에로 귀일하도록 설정되었겠다. 삼국의 역사는 이제 신라인들의 자기중심적 해석을 경유하지 않으면 안되었던 것이다. 이것이 『삼국사기』의 자료 환경과 관련한 두 번째 층위가 된다.

고려의 등장은 경쟁 국가들의 소멸과 그들을 통합하는 과정, 그리고 그에 동원된 명분 등에서 7세기의 신라와 완연 방불하다. 그러나 이른바 후삼국의 세 나라는 그 鼎峙 기간이 짧았을 뿐 아니라, 후고구려와 후백제 모두 신라의 토대에서 분기한 지방 정권으로서의 한계 때문에 삼국시대의 고구려와 백제에 직접 비견될 수는 없다. 특히 승리한 고려는 유서 깊은 신라의 전통을 승습하기에 매우 적극적이었으며, 실제 고려 왕조의 토대는 통일기 신라의 그것을 크게 벗어나는 것이 아니었다. 따라서 통일기 신라인들의 삼국사 인식이 고려 왕조의 등장으로 현저하게 달라질 까닭이 없다.

세 번째 층위는 그러므로 편찬 당대인 12세기 중엽을 배경으로 모

---

[1] 李基東, 1981, 「古代國家의 歷史認識」(『韓國史論』 6, 國編) ; 趙仁成, 1985, 「三國 및 統一新羅의 歷史敍述」(『韓國史學史의 硏究』, 乙酉文化社) ; 申瀅植, 1987, 「新羅人의 歷史認識과 그 編纂」(『白山學報』 34).

색되어야 한다. 특히 김부식을 위시한 편찬 실무자들은 자료들을 가장 직접적으로 취사하였고, 동시에 그에 대한 비판과 평가를 시도한 장본인들이었다. 물론 다행히도 그들은 주관의 개입을 스스로 경계했으므로, 고려적 현실이 삼국의 역사 기록물을 크게 변형시켰을 가능성은 적다. 더구나 12세기 고려 지식인들에게 삼국 시대의 사실들이란 이미 충분히 객관화되어 있었고, 통일기 신라에 관한 자료들에도 편찬자들의 편견이 틈입할 여지는 그다지 많지 않았다. 그러나 대개의 지적 활동들이 당대 사회의 지적 토대로부터 완전히 자유로울 수는 없는 것처럼, 『삼국사기』 역시 고려 중기의 현재적 관점을 말끔히 탈피하지 못한 대목을 가지고 있다.

이것은 또한 자료에 대한 취급자의 관점 문제에 그치지 않는다. 김부식을 포함한 편찬자들의 당대 경험과 전문, 혹은 비판적 고증이나 판단 따위가 편찬 과정에 종종 새로 개입되었기 때문이다. 예컨대 김부식은 신라본기 경덕왕 15년(756)조 서술에서, 고려 인종 2년(1124)에 송나라에 간 金富儀의 경험을 소개하고 아울러 그에 대한 자신의 소회를 피력하였다. 色服志에도 송나라에서의 김부식의 경험이 생생한 대화체로 서술되어 있다. 열전에서는 숙종대에 송나라에 갔던 洪灌의 경험이 소개되었는가 하면, 최치원과 고려 태조와의 관계와 현종이 최치원에게 內史令과 文昌侯의 시호를 추증한 사실이 기록되었다.

요컨대 삼국 시대의 일을 기록함에 있어 그 근원적인 자료란 삼국 당대에 있었던 다양한 형태의 기록물 혹은 전승이겠거니와, 그리고 그것들조차 이미 당대 3국민 스스로의 현재적 목적에 따라 굴절되었을 가능성을 완전히 배제할 수 없는 것들이지만, 이것이 마침내 『삼국사기』에 정착되기 위해서는 적어도 통일기 신라인들의 자기 중심적 재해석 혹은 재편 과정과 고려 중기 지식인들의 여과 및 수용 단계를 경유해야만 했던 것이다. 따라서 『삼국사기』의 정보들에서 삼국의 현장을 만나기 위해서는 후대에 중층적으로 개입되었을지도 모르는 미세한 변용에 세심하게 유의해야 할 것이다.

　삼국 당시로부터의 전승과 기록물들을 국내의 고유 자료군이라고 한다면, 또 다른 영역으로 중국의 經・子・史류에서 유래한 기록들을 지적해야 한다. 특히 당대의 세계사를 겨냥한 중국의 정사류는 삼국 등 우리 왕조들에 일정한 배려를 했거니와,『삼국사기』 편찬자들은 국내 고유 자료가 빈한한 부분에서는 이들 중국 측 정보에 크게 의지하지 않을 수 없었다.[2] 중국 측 자료들의 경우에서도『삼국사기』 편찬 단계에 있을 수 있는 변용의 가능성을 염두에 두어야 할 것임은 물론, 그에 앞서 중국 사서 자체에 채록되면서 발생했을 문제들에 대해서도 비판적 관심을 견지해야 한다.

　크게 보아 중국 측 자료에서 인용한 내용의 경우, 충분한 정도까지는 이르지 못했지만, 그 원전의 확인이 그다지 어려운 것은 아니다. 우선 많은 경우 외양으로 서명이 드러난 인용 자료들은 추적이 용이하다.[3] 삼국의 본기 기사와 중국 사서의 관련 기사를 비교한 坂元義種・田中俊明・深津行德의 실증적 성과들은 그 대표적 예가 된다.[4]

　반면 우리의 고유한 전거 자료에 대한 접근은 추론의 단계를 벗어나지 못했다. 종래『삼국사기』의 국내 원전에 대한 본격적인 논의들에는 이규보가 지적한『舊三國史』의 문제가 주류를 이루고, 이어 김부식이「進三國史記表」에서 언급한『古記』가 더해졌다.『구삼국사』 관

---

[2] 특히 고려에서는『삼국사기』 찬진이 있기 얼마 전인 文宗 이후로 經・子・史・集의 문헌이 크게 정비되었다. 千惠鳳, 1989,『羅麗印刷術의 研究』(景仁文化社), 138~144쪽.
[3] 末松保和, 1931,「高麗文獻小錄(一)-三國史記」(『靑丘學叢』6) ; 동, 1966,「三國史記의 經籍關係記事」,(『靑丘史草』2, 笠井出版社).
[4] 田中俊明, 1982,「『三國史記』中國史書引用記事の再檢討-特にその成立の硏究の基礎作業として」(『朝鮮學報』104) ; 坂元義種, 1975,「『三國史記』百濟本紀の史料批判-中國諸王朝との交渉記事を中心に」(『韓』4-2) ; 동, 1978,『百濟史の硏究』(塙書房) ; 深津行德, 1991,「『三國史記』「新羅本紀」에 보이는 中國史書의 引用에 관한 小論」(『淸溪史學』8).

련 논의 가운데 현저한 것으로는 末松保和·Gardiner·전중준명·井上秀雄·김석형·강인숙·김철준·홍윤식·정구복 등의 성과를 들 수 있다.[5] 여기에 김영경과 김정배는 『고기』에 주목한 원전 관련 견해를 제시한 바 있다.[6] 덧붙여 삼국의 본기간 공통 기사를 대비한 홍사준과 中尾敏郞의 작업도 관련 논의를 풍부하게 해주었다.[7] 특히 『삼국사기』의 원전을 추구하는 데 分註들과 지리지의 三國有名未詳地分이 가지고 있는 유효함에 대한 판원의종과 정상수웅의 지적은 이후 연구에 중요한 단서로 작용하였다.[8] 이러한 성과를 토대로 하여 일련의 종합적 논의가 가능했던 것이다.[9]

이제 여기서는 『삼국사기』의 자료 환경을 이해함에 있어, 무엇보다도 관련 자료에 내재한 시대적 층위와 함께 이들이 편찬 과정에서 실제 어떻게 활용되었는지를 염두에 두고자 한다. 특히 『삼국사기』에 의해 극복 종합된 주요 고유 자료의 성격을 생각해 보려 한다. 아울러 이들 자료를 대하는 편찬자들의 태도를 함께 살펴야겠다. 이러한 논의는 『삼국사기』의 사학사적 위상을 이해하는 데 도움을 줄 것이다. 이

---

5) 末松保和, 1966, 「舊三國史と三國史記」(『朝鮮學報』 39·40) ; 동, 1966, 『青丘史草』 2(笠井出版社) ; K.H.J. Gardiner, 1970, 「The Samguk-sagi and Its Sources」(『Papers on Far Eastern History』 2) ; 田中俊明, 1977, 「『三國史記』撰進と『舊三國史』」(『朝鮮學報』 83) ; 井上秀雄, 1980, 「『三國遺事』と『三國史記』-その時代的背景と構成」(『アジア公論』 9-5) ; 김석형, 1981, 「구 『삼국사』와 『삼국사기』」(『력사과학』 4) ; 강인숙, 1985, 「구 『삼국사』의 본기와 지」(『력사과학』 4) ; 金哲埈, 1985, 「李奎報 「東明王篇」의 史學史的 考察」(『東方學志』 46·47·48) ; 洪潤植, 1987, 「三國遺事에 있어 舊三國史의 諸問題」(『韓國思想史學』 1, 思社硏) ; 鄭求福, 1993, 「高麗初期의 『三國史』 編纂에 대한 一考」(『國史館論叢』 45).
6) 김영경, 1984, 「『삼국사기』와 『삼국유사』에 보이는 『고기』에 대하여」(『력사과학』 2) ; 金貞培, 1987, 「檀君記事와 관련된 「古記」의 性格」(『韓國上古史의 諸問題』, 한국정신문화연구원).
7) 洪思俊, 1972, 「百濟本紀と麗·羅本紀對校」(大川清 編, 『百濟の考古學』, 雄山閣) ; 中尾敏郞, 1985, 「『三國史記』三國相互交涉記事의 檢討-原典探究のための基礎作業として」(『史境』 10).
8) 井上秀雄, 1968, 「三國史記의 原典をもとめて」(『朝鮮學報』 48) ; 동, 1974, 『新羅史基礎研究』 (東出版社) ; 坂元義種, 1978, 「『三國史記』分注의 檢討」(『古代東アジア史論集』 上, 吉川弘文館).
9) 李康來, 1996, 『三國史記 典據論』(民族社) ; 高寬敏, 1996, 『『三國史記』의 原典的 硏究』(雄山閣) ; 姜玟求, 1997, 『三國史記 原典硏究』(學硏文化社). 한국정신문화연구원에서 집성한 『三國史記의 原典 檢討』(1995) 또한 연구자들의 논의를 종합한 성과물이다.

를 위해 『삼국사기』의 분주에서 논의를 출발하기로 한다.

2. 분주와 공유기사

『삼국사기』에는 모두 560개의 분주가 있다. 당연한 말이지만, 분주의 정보는 해당 본문의 정보와 직접 관련을 가진다. 또한 분주는 해당 사항에 대한 둘 이상의 정보원의 존재를 지시하는 것이다. 따라서 분주의 빈도는 편찬 당시 확보된 관련 자료의 풍부함에 비례한다고 할 수 있다. 물론 지리지와 직관지를 필두로 하여 잡지에 집중되어 있는 330여 개의 분주는 절대다수가 '一云'[作] '或云'의 형태로 시작하여 단순한 이표기나 이칭을 보충한 경우이므로, 분주의 수가 곧바로 자료의 다양함을 반영하는 것으로 이해하기에는 난점이 없을 수 없다. 단순화하여 말한다면, 본문 내용의 주요 자료와 비교할 수 있는 보조 자료가 비록 한두 가지에 불과하다 해도 그 보조 자료들이 포괄하고 있는 정보의 범위에 따라서는 얼마든지 본문에 대한 분주의 전거가 될 수 있기 때문이다. 200여 개에 달하는 지리지의 분주들이 여기에 해당한다.10)

편목	신라본기	고구려본기	백제본기	연표	잡지	열전
분주의 수	99 (49/50)	51	28	1	333	48

그러나 삼국의 본기에 있는 분주들은 그 다양한 내용의 성격상 잡

---

10) 송하진, 2000, 『古代 地名語 硏究』(전남대학교 출판부), 40~42쪽.

지의 경우와는 다르다. 먼저 신라본기에는 모두 99개의 분주가 있거니와, 만약 기원전 57년의 시조 즉위년을 기점으로 하여 경순왕 9년(935)까지의 분주당 평균 연대를 계산해 보면 대략 10년 꼴로 1회의 분주가 이루어진 셈이 된다. 물론 상고의 연대기를 그대로 믿을 수는 없다. 그러나 이러한 수치는 고구려·백제의 경우와 비교해 볼 때 일정한 의미를 가질 수 있다. 즉 고구려본기의 경우 총 51개의 분주가 확인되므로 그 평균 간격은 약 14년이 된다. 백제의 경우는 678년 동안 28개의 분주가 확인되므로 무려 24년의 평균 연수가 나온다. 한편 신라의 경우도 문무왕이 즉위하기 전까지의 수치는 49개로 평균 약 15년의 간격이 된다. 따라서 고구려·백제 양국의 역사가 종결되는 7세기 중엽까지 만을 놓고 볼 때, 고구려와 신라의 분주 근거 자료의 양은 대체로 비슷하였고 백제 관련 자료는 이에 미치지 못했다고 보아도 좋을 것이다.

또한 신라의 경우 진흥왕대에 『국사』를 수찬한 경험이 있거니와, 추측컨대 이후 신라에서는 당대사를 기록하는 전통이 자리잡았을 것이다. 실제로 진흥왕대 이후 시기의 분주는 그 이전 시기와 비교하여 돌연 현저히 높은 빈도를 보인다. 이러한 사실에서, 분주의 빈도는 그 근거가 되는 관계 자료의 풍부함을 어느 정도 반영한다고 이해하고자 한다.

한편 신라본기 분주의 분포를 미시적으로 보면 7세기에만 30%가 집중되어 있다. 따라서 단순히 시대가 내려가면서, 그리고 당대사를 기록하는 관행이 뿌리내리면서 반드시 분주가 많아진다고는 할 수 없겠다. 오히려 7세기 통일전쟁에 관한 서술에는 중국 측의 기록이 아닌 신라 고유의 전거가 다수 채택되었음을 환기할 필요가 있다. 이미 이 점을 살펴 신라의 '자주적 결의', 나아가 김부식의 '자주적 편사 태도'를 지적한 성과가 있듯이,[11] 통일 전쟁기 및 대당 전쟁기라는 특수한 시대 상황을 염두에 둘 때 다양한 관련 자료의 존재를 짐작할 수 있겠다. 이미 7세기 초부터 자료의 풍부함에 있어 신라의 고유한 정보는 『신·구당서』의 관련 기록을 크게 능가했거니와, 대당 전쟁이 진행되면서부터는 이제 양적인 증대뿐만 아니라 그 내용에서도 신라 중심적 관점이 명백하게 드러나고 있는 것이다.12)

요컨대 통일기 신라사에서는 이제 더 이상 중국 사서의 기록이 큰 의미를 가질 수 없다. 연구자에 따라서는 김대문과 같은 사찬의 역사류 저술가로 미루어 이미 관찬 사서의 존재마저 추지할 수 있다고 주장한다.13) 이와 관련하여 최치원이 작성한 「謝恩表」에 언급된 『實錄』이나14) 「崇福寺碑銘」에 보이는 『鄕史』15) 등을 주의할 수 있다. 또한 고려 초의 「廣照寺眞澈大師寶月乘空塔碑」에는 『국사』가 지적되었는데,16) 이 역시 통일기 신라 당대의 편사 환경을 짐작하게 하는 단서가 된다.

한편 『삼국사기』의 분주들은 분주를 가한 사람의 적극적인 판단이 개입되었는가의 여부를 기준으로 삼아 크게 둘로 나눌 수 있다. 즉 분주의 내용이 본문 내용에 대한 범상한 이칭이나 이설을 소개하는 경우는 '단순분주'라 하고, 분주의 내용에 분주자의 판단이 개입된 경우를 '고증분주'라고 부른다. '단순분주'는 다시 분주 대상이 된 본문 서술 내용과 분주의 내용이 서로 모순이 되지 않는 경우와, 서로 매우 상이한 내용을 가진 경우의 두 형태로 나뉜다. 전자의 경우는 본문 서

---

11) J.C. 재미슨, 1969, 「羅唐同盟의 瓦解-韓中記事 取捨의 比較」(『歷史學報』 44), 446쪽.
12) 李康來, 1998, 「7世紀 以後 中國 史書에 나타난 韓國古代史像」(『韓國古代史研究』 14).
13) 李基白, 1978, 「金大問과 그의 史學」(『歷史學報』 77) ; 동, 1988, 「金大問과 金長淸」(『韓國史 市民講座』 1) ; 申瀅植 1987, 앞 논문 「新羅人의 歷史認識과 그 編纂」 ; 동, 1990, 『統一新羅史 研究』(三知院).
14) 『崔文昌侯全集』(1972, 성균관대 대동문화연구원 影印本), 「謝恩表」: "故昔遠祖政明 仰求禮記 玄宗聖帝 別賜孝經 灼見化成 著於實錄".
15) 『崔文昌侯全集』, 「大嵩福寺碑銘」: "今讀鄕史 宛是聖朝大王事蹟".
16) 『韓國金石全文』 中世 上(許興植 編, 1984, 亞細亞文化社), 「廣照寺眞澈大師寶月乘空塔碑」: "大師 法諱利嚴 俗姓金氏 其先雞林人也 考其國史 實星漢之苗".

술의 보강을 위한 것으로 '병렬형 단순분주'라 하고, 후자의 경우는 상이한 정보의 대립이므로 '대립형 단순분주'라고 한다. 마찬가지로 '고증분주' 역시, 분주 대상 내용과 분주 자료와의 관련성에 대한 분주자의 단순한 판단을 포함하고 있거나 그 판단에 근거한 의문 제기를 하면서도 적극적인 판정은 보류하고 있는 경우들과, 반면에 분주자의 고증을 통해 상이한 자료들 중에서 어느 하나를 선택하는 적극적 판단 개입의 유형에 속하는 경우들로 나눌 수 있다. 전자를 '보족형 고증분주'로, 후자를 '선택형 고증분주'로 부른다. 이 분류에 따라 신라본기의 분주들을 분류하면 다음과 같다.

단순분주	병렬형 단순분주	58
	대립형 단순분주	10
고증분주	보족형 고증분주	22
	선택형 고증분주	9

표에 드러난 분포 경향은 고구려본기나 백제본기의 경우에도 적용된다. 즉 단순분주가 절대 주류인 동시에 또한 병렬형 단순분주가 대부분을 차지한다. 이러한 경향은 잡지를 포함하여 『삼국사기』 전체를 대상으로 할 때는 더욱 현저해진다. 따라서 분주를 가한 사람의 적극적 판단 및 그 근거와 논증 방식을 살필 수 있는 사례, 즉 선택형 고증분주는 극히 드문 것이다.

한편 분주의 내용을 보면 인명을 위시한 고유명사에 관한 것이 76개로 절대 주류를 차지하며, 또한 왕실 관련 분주가 62개에 달한다. 따라서 분주 근거 자료의 풍부함이란 결국 왕실 관계 기사, 좀 더 구체적으로는 왕실 인물의 이름, 출자, 그리고 왕의 졸년 등에 관한 풍부함에 다름 아니다. 이와 같은 특징 역시 삼국의 본기 모두에 해당한다. 그러므로 각 본기별 분주 전거 자료들의 성격도 크게 다르지 않았다고 생각한다. 다만 관련 자료의 풍부한 정도는 차이가 있는바, 신라→고구려→백제의 순서로 추정할 수 있겠다.

요컨대 고구려본기와 백제본기는 전체 기사의 분량에 있어서도 현저한 불균형을 이루고 있으며, 분주를 통해 추정할 때 관련 자료의 정보도 백제 측이 훨씬 적었던 것 같다. 특히 고구려의 경우는 백제에 비해 이른 시기부터 중국 사서에 관련 기사가 나온다는 점을 고려해야겠고, 더구나 백제의 경우는 7세기 전쟁에서의 피해가 특히 컸을 것으로 짐작된다. 물론 삼국은 모두 다소 시점과 질적인 문제에서 차이를 가지긴 해도 이미 수사의 관행이 정착해 있었다. 그러므로 각국의 고유 자료가, 아니면 그것이 일차적으로 재구성된 기록들이 『삼국사기』 분주 작업에 토대가 되었고, 그 결과적 반영으로 나타난 분주의 수치가 삼국간 자료의 소·밀을 결정한다고 이해한다.

이처럼 분주를 통해 국가별 편차와 관련 자료들의 특징을 어느 정도 파악할 수 있었거니와, 이제 좀더 구체적으로 이들 자료가 편찬 과정에서 어떻게 활용되고 있었는지를 헤아려 보고자 한다. 이와 관련하여 주목할 사항은 『삼국사기』 전편에 걸쳐 수많은 단계의 상호 고려 기사들이 검증된다는 것이다. 예컨대 신라본기 문무왕 14년조에는 "安勝을 報德王으로 봉했다"라고 한 다음에 "10년에 안승을 고구려왕으로 봉했는데 지금 다시 봉한 것이다. '報德'이라는 말이 '歸命'과 같은 것인지, 아니면 지명인지 알 수 없다"라고 한 분주가 있다. 이것은 실제 신라본기 문무왕 10년 7월조에 안승을 고구려 왕으로 봉한 기사를 고려한 것이다. 또 백제본기 毗有王 4년조에도 같은 백제본기의 腆支王 12년조 기사를 지시한 분주가 있다. 이들 사례는 같은 본기 내의 다른 편년 기사를 지시하거나 고려한 경우이다.

한편 별도의 본기 서술 과정에 서로 다른 본기의 내용을 고려하기도 하였다. 우선 고구려본기에서 백제본기를 고려한 예로는 태조왕 70년조가 있다. 즉 고구려본기에는 "왕이 마한·예맥과 함께 요동을 침략했다"라 하고, 그에 분주하여 "마한은 백제 온조왕 27년에 멸망했는데 지금 고구려왕과 함께 군사 행동을 하는 것은 아마 멸망 후 다시 부흥한 것인가?"라 하였다. 이것은 백제본기 온조왕 27년조를 고려한 것이다. 고구려본기에서 신라본기를 고려한 예도 있다. 고구려본기 보장왕 27년조 말미에는 보장왕의 외손 '安舜'에 대해 신라본기에는 '安勝'이라고 했다는 분주가 있다. 이에 대응하는 신라본기 내용은 앞에 언급한 문무왕 10년조에서 확인된다.

본기별 상호 고려의 흔적은 본문 가운데서도 수처에서 확인할 수 있다. 신라본기 진평왕 33년조에는 수 양제의 거병 사실을 언급하면서 "그 일이 '高句麗紀'에 실려 있다"라고 하였다. 실제 수와 고구려의 전쟁 과정은 고구려본기 영양왕 22년에서 23년조에 걸쳐 서술되어 있다. 또 백제본기 말미에는 665년 문무왕과 웅진도독 扶餘隆, 그리고 劉仁願 등이 웅진 就利山에서 회맹한 사실을 기록하면서 "맹세의 글은 '新羅紀' 속에 보인다"라고 하여 劉仁軌가 지은 맹문을 반복하여 싣지 않고 신라본기 문무왕 5년조를 참고하도록 지시하였다.

본기와 열전 사이에서도 유사한 서술 방식을 발견한다. 먼저 본문 형태의 상호 고려 기사로는, 개소문전에서 태종이 645년 고구려 공격에 나선 일을 적기한 뒤 "그 일이 '句麗本紀'에 갖추어져 있다"라 하여 구체적인 시말을 생략한 사례가 있다. 이것은 고구려본기 보장왕 4년조를 참조하도록 지시한 대목이다. 또 김유신전에는 선덕왕대 대량주 공함 사건과 관련하여 "이것은 '본기' 진평왕 12년에 쓰인 바와 한가지 일이로되 약간 다르다. 모두 고기가 전하는 내용이므로 둘 다 싣는다"라고 한 분주가 있다.[17] 이 또한 열전 찬자가 신라본기를 고려

---

17) 이 분주에 대한 논의는 본서 2부 4장을 참조할 것.

한 사례이다. 장보고전에서 장보고의 이름에 대해 "'羅紀'에는 弓福이라 하였다"라고 분주한 경우도 마찬가지이다.

이와 같이 『삼국사기』에는 동일 본기 내에 다른 편년 기사를 고려한 대목이 있고, 각 본기 간에 서로를 고려하여 지시하거나 생략한 대목도 있으며, 열전에서 본기의 기사를 지적하여 상호 비교 혹은 생략한 과정이 포함되어 있다. 크게 보아 이러한 기술상 편의주의는 기전체 사서가 가지는 번다한 중복 서술이라는 폐단을 부분적이나마 해소하는 효과를 가진다.

그러한 한편 삼국의 각 본기를 균형 있게 구성하기 위해서는 중복 서술이 불가피한 측면도 있었음을 고려해야 한다. 특히 신라와 고구려, 혹은 신라와 백제 및 백제와 고구려간 공유 사건에 대한 각 본기의 중복 기사는 어느 일방이 기초가 되어 삼국 사이의 균형 있는 서술을 시도했던 것이다. 이러한 문제 의식을 염두에 두고, 인명이나 지명 같은 고유 명사의 유무나 정보량의 다과 등 몇 가지 지표를 설정하여, 삼국 가운데 서로 공유하거나 중복된 기사의 본래 출처가 어느 쪽이었는가를 추정할 수 있다. 가장 현저한 공유 사건은 국가간의 교전과 사신의 파견, 그리고 개인이나 집단의 망명 따위를 들 수 있겠다. 중국 사서에서 확보할 수 없는 고유 정보 가운데 삼국의 각 본기에 중복 기재된 기사들의 출처는 다음 표와 같이 정리할 수 있다.[18]

이처럼 『삼국사기』의 본기 간 중복 기사들에는 신라본기가 기초가 되어 고구려본기와 백제본기에 동일한 서술이 보입된 예가 가장 많았고, 다음으로 백제본기 측의 비중이 높았으며, 고구려 측 자료가 저본으로 활용되었을 예는 극히 희소하였다. 물론 이것은 하나의 경향에 불과하다. 그러나 이러한 경향은 곧 삼국 각각의 고유 자료가 어떠

---

[18] 李康來, 1996, 「三國史記 本記間 共有記事의 檢討」(『三國史記 典據論』, 民族社).

신라본기와 고구려본기 간의 중복 기사 17개	신라 측의 정보가 기초 자료인 경우	10
	고구려 측 정보가 기초 자료인 경우	2
	본기별로 별도 자료가 활용된 경우	1
	판단 보류 기사	4
고구려본기와 백제본기 간의 중복 기사 24개	고구려 측 정보가 기초 자료인 경우	0
	백제 측의 정보가 기초 자료인 경우	12
	본기별로 별도 자료가 활용된 경우	3
	판단 보류 기사	9
신라본기와 백제본기 간의 중복 기사 58개	신라 측의 정보가 기초 자료인 경우	21
	백제 측의 정보가 기초 자료인 경우	4
	본기별로 별도 자료가 활용된 경우	7
	판단 보류 기사	26

한 환경에 있었는지를 가늠할 수 있는 지표가 된다. 삼국의 본기에 모두 공유되어 있는 기사들의 경우에서도 같은 경향을 확인할 수 있다.

한편 국가간의 교전·교빙·망입 사건이므로 마땅히 관련 왕조의 본기에 중복 기재되어야 할 사항인데도 어느 한 편의 본기에만 기재된 기사들이 있다. 이들도 각 본기 구성에 이용된 자료 환경의 대강을 짐작할 수 있게 해준다. 이 경우 우선 고구려본기에만 있는 공유 사건에 관한 기사는 없다. 특히 신라와 고구려 사이의 사례는 전적으로 신라본기에만 해당 기사가 있다. 4세기 말에서 6세기 전반까지 백제와 관련되는 공유 사건 기사는 백제 측 자료의 비중이 적지 않다. 그러나 7세기 중반 이후의 공유 사건 기사는 모두 신라 측에만 있다. 이것은 향후의 통일전쟁 결과와 무관하지 않다고 생각한다. 결국 국가별 고유 자료의 귀속 빈도는 신라→백제→고구려의 순서로 나타났다.

이러한 결과는 각 본기의 분주 빈도를 근거로 할 때, 각 국의 자료량이 신라→고구려→백제의 순서로 추정되었던 것과 다르다. 분주의 빈도로 추정한 결과는 중국과 국내 고유의 자료들을 아우른 지표이기 때문이다. 그러나 삼국의 공유 기사들은 그 출전이 국내 고유의 전거로 한정될 수밖에 없는 것이다. 그러므로 공유 사건에 대한 귀속의 판정에서 백제 측이 고구려보다 높게 나타난 것 자체가 곧 백제 측 관련 자료의 풍부함을 뜻하는 것은 아니다. 백제의 경우 신라와의 관련 기사가 많은 반면, 고구려의 경우는 중국과의 관계 기사 비중이 상대적으로 높았다는 점을 유념해야 한다.

아울러 염두할 사항은 각 본기의 서술자는 서로 달랐을 가능성이 높다는 것이다. 한 예로 많은 중복 기사를 포함하여 각 본기에서 '거느리다'는 의미로 쓰인 率·領·將·引·帥·擁·統·摠·勒·伴 등 10종의 글자 용례를 비교해 보면 신라본기에는 '率'이, 고구려본기에는 '將'이, 백제본기에는 '帥'가 각각 절반 가량의 비중을 가진 것으로 드러난다. 이것은 본기별 편찬자들의 서로 다른 개성이 반영된 때문이라고 생각한다. 물론 잡지와 열전 등도 여러 사람의 손에 분장되었다고 판단한다. 심지어 같은 지리지 가운데서도 서술자의 차이를 암시하는 특징적 필치를 발견할 수 있다. 예컨대 지리1(34) 신라 지리 총론부에서 서술자는 『구당서』와 『신당서』를 『唐書』와 『新書』로 구분했으며, 두 책을 다 부를 경우에는 『신·구당서』라고 하였다. 반면에 지리4(37) 고구려 지리 총론에서는 두 군데에서 『당서』라 하여 『신당서』를 지시하였고, 백제 지리 총론에서는 『구당서』·『신당서』의 형태로 인용하고 있는 것이다.[19]

3. 『고기』와 『구삼국사』

『삼국사기』는 고구려·백제·신라의 세 왕조를 대상으로 한 기전체 역사책이다. 이의 편찬을 위해 당시 유통되던 국내외 자료들이 동원되었다. 그러나 엄격하게 말한다면 자료 확보 작업을 주도면밀하게 한 흔적을 발견하지는 못한다. 당시 몇 가지 중국의 사서들은 대체로 20여 년의 시차를 넘기지 않고 입수되었다. 그러므로 국내 자료가 영세한 상고 시기일수록 중국 사서에 대한 의존이 두드러지게 되었다. 또 중국의 경서류나 문집류도 다양하게 활용되었다. 문제는 국내 자료, 즉 삼국 및 고려 왕조에서 작성하거나 정리한 고유 자료의 환경에 있다.

> 오늘날 학사들과 대부들이 五經이나 諸子의 서책과 진·한 시대 이래의 역대 중국 사서에는 간혹 넓게 통달해 자세히 말하는 이가 있지만, 우리나라의 일에 이르러서는 갑자기 망연해져서 그 시말을 알지 못하니 매우 한탄할 일이다. 하물며 저 신라와 고구려와 백제는 나라의 기업을 열고 솥의 세 발처럼 서서 예로써 중국과 교통할 수 있었기 때문에, 范曄의 『한서』와 宋祁의 『당서』에는 모두 삼국의 열전이 실려 있는 것이다. 그러나 그 경우 중국의 일은 자세히 하고 외국의 일은 간략히 하여, 삼국의 사실이 다 갖추어 실리지 못했다. 또한 『고기』는 문자가 거칠고 졸렬하며 史蹟이 빠지고 없어져서, 임금의 선악과 신하의 忠邪와 나라의 安危와 인민의 治亂을 다 드러내 勸戒로 드리우지 못한다. 이제 마땅히 박식하고 뛰어난 재사를 얻어 일가의 역사를 이루어 만세에 전해 해와 별처럼 밝게 할 일이다.[20]

이는 김부식이 「진삼국사기표」에서 밝힌 인종의 말이다. 그러나 동

---

19) 지리지의 인용서에 대한 분석은 李康來, 1996, 「新羅 '奈己郡考'」(『新羅文化』 13) 참조.
20) 『東人之文四六』 10 및 『東文選』 44, 表箋 「進三國史記表」.

시에 인종의 명을 빈 김부식의 견해이기도 하며, 김부식이 표방한『삼국사기』편찬의 당위론이기도 하다.『고기』는 중국 사서에 대응하는 우리 측 고유 자료에 대한 총칭이다. 김부식은『고기』의 미흡함은 문체와 내용과 효용성 모두에 걸쳐 있다고 판단하였다. 이 저명한 고유 자료는『삼국사기』에『고기』·『해동고기』·『삼한고기』·『본국고기』·『신라고기』등의 형태로 24군데에서 인용되었다. 대부분 중국 사서와 다른 정보를 전하고 있는 경우들로서 그 진위와 시비를 가리는 고증을 위해 활용되었다. 그러므로 따로 지시하지 않은 채로도 많은 부분에서『고기』는 인용되었음에 틀림없다.

편 목		『고기』의 유형		인용형태	내 용
본기	신라	古記	5	분주	졸년(3), 기년(1), 왕휘(1)
		諸古記	1	〃	졸년
	고구려	海東古記	1	〃	졸년
	백제	三韓古記	1	〃	왕휘
		古記	1	본문	수사(修史)
잡지	제사	古記	3	〃	고구려와 백제의 제사
		海東古記	1	분주	백제의 건국 시조
	악	新羅古記	2	본문	玄琴樂, 加耶琴樂
		古記	2	〃	萬波息笛, 樂器와 歌舞
	지리	古記	2	〃	고구려의 지명
	직관	古記	1	〃	고구려와 백제의 직관
		本國古記	2	〃	고구려와 백제의 직관
열전		古記	1	분주	전거
		新羅古記	1	본문	문장가

표에 제시한 것처럼 본기에 인용된『고기』는 하나의 예외를 제외하고 모두 분주 형태를 취하고 있다. 반대로 잡지에서는 하나의 예외

를 제외하고는 모두 본문으로 인용되어 있다. 열전에는 본문과 분주 형태가 각각 하나씩 보인다. 앞에 말한 바와 같이, 분주란 본래 그 분주를 가하게 되는 대상을 가지게 마련이다. 즉 분주 대상과 분주의 내용은 상호 긴밀한 관계에 있는 것들이다. 따라서 본문 인용과 분주 인용의 인용 형태상 차이는 전거 자료의 많고 적음에서 기인한다. 말하자면 분주 형식으로 인용된 『고기』 내용은 분주 대상이 되는 본문의 내용과 공유하는 바가 있을 수도, 또는 없을 수도 있지만, 여하튼 양자는 별개의 전거에 입각한 것이다. 그러나 본문에 인용된 경우는 해당 사항에 대해 『고기』 외의 다른 어떤 전거 자료도 확보하지 못한 것이겠다.

본기에 인용된 『고기』의 내용을 보면 9개 모두가 전 왕의 졸년 혹은 새 왕의 즉위년에 언급되었으며, 그 가운데 역사 편찬에 관한 하나의 예외를 제외하면 8개가 모두 왕 개인에 관련된 정보이다. 그런데 이 하나의 예외가 곧 본문 형태로 인용된 경우이다. 분주 형식을 띤 인용 예가 모두 신·구왕의 교체년에 집중되어 있다는 사실에서, 기존 전거 자료의 다양함이란 곧 왕실 관계 기록에서 두드러졌다는 것을 알 수 있다. 다시 말해 『삼국사기』 편찬에 고려된 왕실 관계 전거들은 일반 재위년 사건 기록에 비해 상대적으로 풍부했던 것이며, 이는 『고기』를 인용한 경우만이 아니라, 삼국의 본기에 있는 분주의 분포에서도 확인되었던 경향이다.

또한 왕의 졸년에 관한 항목들은 모두 『고기』와 중국 사서 기록 간의 비교가 시도된 것들이다. 그리고 그 결과는 전부 『자치통감』 등 중국 사서의 잘못으로 판정되고 있다. 이것은 찬자의 『고기』에 대한 인식 태도를 가늠할 수 있는 지표가 된다. 즉 찬자는 우리의 고유 자료와 중국 사서간 이설에 대해 『자치통감』 등 중국 사서 기록을 불신하고 있거니와, 그 기준은 결국 『고기』에서 찾아지는 것들이었다. 물론『고기』의 정보가 신라본기 본문의 서술과 반드시 일치하는 것은 아니다. 신라본기 서술에는 이미 왕의 졸년에 관한『고기』이외의 전거 자료가 동원되었던 것이다.

잡지의 경우 제사·지리·직관지의 아홉 예는 모두 고구려와 백제에 관한 내용임에 반해 악지의 네 예는 모두 신라에 관한 것들이다. 주지하듯이『삼국사기』의 잡지 내용은 한결같이 현저한 신라 위주이다. 여덟 가지의 분류사를 담은 잡지 아홉 권 가운데 지리4(37)를 제외한 모두가 신라에 관련된 내용이거나 신라의 내용이 절대 위주로 다루어져 있다. 그런데 신라에 관한 서술에서는 모두 특별히 인용서명을 밝히지 않은 미지의 전거 자료가 절대 주종의 비중을 차지하고 있다. 즉 신라에 관한 서술에 한정한다면, 서명이 알려진 기존 자료를 인용한 내용은 전체 서술 분량에 비추어 매우 미미하다. 반면에 고구려와 백제에 관한 내용은 모든 항목이 여러 중국 사서 및『고기』류에 의존하여 서술되고 있다. 또 일부나마 미지의 전거 자료에 의거한 서술 부분도 지리4를 제외하면 없다. 이것 역시 삼국간 기존 자료의 소밀이 반영된 결과이다.

각 본기에서와는 달리 제사·지리·직관지에서『고기』와 중국 측 자료의 관계는 대립적인 것이 아니라 상호 보족적 입장에 있다. 이를 통해『고기』와 중국 사서의 기록에 의거한 고구려·백제의 잡지 내용은 전적으로『삼국사기』편찬 당시의 새로운 서술이었다는 것을 추론할 수 있다. 즉 양국에 관한 한 분류사적 인식의 전통이 없었던 것이다. 반면에 본기의 경우는 신라는 물론 고구려와 백제에 관한 기존의 정리된 인식이 존재해 있었기 때문에 그를 근거로 중국 사서에 대한 비판적 지적이 가능했을 것이다.

이 점은『삼국사기』주요 저본 자료의 성격에 시사하는 바 있다. 일반적으로『삼국사기』의 주요 저본 자료를『구삼국사』로 이해함에 있어서 그 체제를 본기만의 것으로 보아『삼국사기』는 기전체를 채용하는 것에 '重撰'의 새로운 의의를 가졌던 것으로 보고 있다. 그와는 달리『구삼국사』도 이미 본기·열전·지 등의 체제를 지닌 기전체 사서라는 견해도 있다. 그러나 전거 유형으로 보아 적어도 잡지에 해당하는 분류사적 정리는『삼국사기』편찬 단계에 와서 시도된 것으로 생각하는 것이 옳다.

이 문제를 위한 또 다른 논증은『삼국사기』에 '今'의 시점을 들어 서술한 대목들에서 발견될 수 있다. 우선 지리지(권 34~37)에는 내용의 특성상 지명의 연혁을 설명하면서 '今某縣(郡·州)', '今因之', '今未詳'류의 서술이 헤아릴 수 없이 많다. 이들의 경우 '今'의 시기는 대체로 인종 14년(1136)에서 21년(1143)까지로 제한할 수 있다.[21] 지명 외에 주요한 '今'의 지시 내용은 관부의 연혁을 들 수 있거니와, 역시 모두 인종대의 사실에서 어긋남이 없다. 특히 중요한 것은 본기와 열전에 보이는 '금' 관련 서술의 유형이다. 전체 25개 대목 가운데 본기에서는 본문 유형과 분주 유형의 사례가 각각 5개와 4개인 반면에 열전 가운데서는 둘을 제외한 14개가 모두 본문의 형태로 서술되었다.

분주는 본문으로 채택되어 서술된 자료에 대한 편향된 비중 부여를 전제로 하는 것이다. 다시 말해 분주의 유형으로 '今'의 사정이 더해진 경우는 본문을 구성하는 데 의존한 주요 자료의 존재를 짐작하게 하는 한편, 본문 형태의 그것은 서술자의 자유로운 판단의 여지가 보다 넓었다는 것을 알 수 있는 것이다. 그렇다면 열전에서 현저한 본문 유형의 비중은 열전의 대부분이 본기와는 달리 일정한 형태의 기존 정리 자료를 전재한 것이라기보다는 서술자의 자유로운 재구성으

---

21) 田中俊明, 1988,「『三國史記』の成立(上)」(『東アジアの古代文化』57), 186쪽 ; 金泰植, 1995,「『三國史記』地理志 新羅條의 史料的 檢討-原典 편찬 시기를 중심으로」(『三國史記의 原典 檢討』, 韓國精神文化研究院), 205쪽.

로 이루어졌다는 것을 의미한다. 열전의 분주 형태 2개 항은 김유신과 궁예전에 보이는 것인데, 이들의 전기는 기존의 정리된 자료에 크게 의존한 서술이었던 점에서 각 본기의 편찬 과정과 유사한 측면을 가진다. 요컨대 『삼국사기』 편찬에 동원된 주요 원전들은 잡지와 같은 분류사는 물론, 열전 부분 또한 갖추지 못한 것이었다고 판단한다.

사실 『삼국사기』는 개인의 창작물이 아님은 물론, 근대 역사서처럼 개인의 가치 부여가 폭넓게 허용될 수 없는 전통시대의 사서이므로, 편찬에 동원된 다양한 국내 원전 자료들을 『고기』로 총칭한 것 자체는 문제될 사안이 아니다. 그러나 『삼국사기』가 인용한 중국 측 자료 가운데 지금은 전하지 않는 것들이 있는 것처럼, 『고기』의 구체적 '실체'를 지목하기 어려운 데 난점이 있을 뿐이다.

한편 이규보는 고구려 동명왕의 신이한 출생과 건국을 노래한 「東明王篇」 서문에서 이른바 『구삼국사』의 존재를 지적했다. 따라서 연구자들은 『삼국사기』의 주요 원전의 하나로 이 『구삼국사』를 꼽는 데 주저하지 않는다. 나아가 일부 연구자들은 이른바 『구삼국사』의 본래 명칭은 『삼국사』였을 것이라고 주장한다. 이것은 아마 이규보의 「동명왕편」 서문에 언급된 이 『구삼국사』라는 자료가 義天의 『大覺國師文集』에 인용된 『海東三國史』[22]나 『삼국유사』에 인용된 『前三國史』[23]와 동렬의 위상에 있다고 보는 데서 연유한 듯하다. 즉 그러한 서명들을 '옛 삼국사'·'해동의 삼국사'·'앞의 삼국사' 따위로 파악할 때 『삼국사』라는 공통 인자를 쉽게 발견하는 것이다.

그러나 이규보가 말한 『구삼국사』라는 표현은 『삼국사기』를 의식한 용어일 뿐이다. 그는 『삼국사기』를 일러 '국사를 중찬한 것'이라고 하였다. 그러므로 『구삼국사』로 불린 자료는 『삼국사기』 이전에 있었

---

22) 『大覺國師文集』 17, 「孤大山景福寺飛來方丈禮普德聖師影」.
23) 『三國遺事』 5, 避隱 8 信忠掛冠.

던 삼국에 관한 역사서인 셈이다. 이규보는 동명왕에 관한 신이한 전승을 비롯하여 삼국의 역사를 담고 있는 어떤 자료를 접했고, 『삼국사기』 곧 '신삼국사'에 대응하는 위상을 그에 부여하여 '구삼국사'라고 지칭했던 것이다.

  『삼국사기』 ⟺ 『신삼국사』
  □   ⟺ 『구삼국사』

또 이규보는 동명왕에 관한 내용에 한정하여 이 『구삼국사』를 충실하게 이용했다. 실제 그의 인용문과 『삼국사기』의 해당 내용을 비교하면, 『삼국사기』 측이 『구삼국사』 내용을 간략히 하면서 윤문한 것을 발견할 수 있다. 물론 『삼국사기』 내용에는 이른바 『구삼국사』 이외의 다른 자료들도 함께 용해되어 있다. 따라서 김부식이 『삼국사기』 편찬을 위해 참고하고 염두에 둔 우리 측의 기존 '삼국사' 관련 자료를 『고기』로 칭했던 것처럼, 이른바 『구삼국사』도 이렇듯 넓은 의미에서 보면 『고기』라고 할 수 있을 것이다. 그러나 정확히 말하자면 이규보가 인용한 『구삼국사』는 여러 『고기』 가운데 하나일 뿐이다. 이 문제를 위해서는 『신당서』를 편찬한 찬자들이 『구당서』를 비판한 맥락과 비교하는 것이 유용한 방법이겠다. 曾公亮은 「進唐書表」에서 이렇게 말한다.

『구당서』는 서술의 순서에 원칙이 없고 자세하고 간략한 것에도 적합함을 잃었으며, 문장이 명료하지 않을 뿐만 아니라 사실 자체가 많이 결락되었습니다.… 말세의 선비들이 기력이 쇠약해지매 말은 조잡하고 생각은 비루하여 본연의 문장을 일으킬 수 없었으니, 밝은 군주와 어진 신하의 걸출한 공적과 성대한 위업, 그리고 뭇 혼미하고 포학한 통치자와 亂臣賊子의 禍亂의 뿌리와 죄악의 발단 따위에서 모두 그 선악을 드러내어 사람

들의 이목을 격동케 할 수 없었던바, 진실로 후세에 권계를 드리워 장구하
게 보일 만한 것이 못되는지라 매우 애석하다 하겠습니다.

김부식이 『고기』에 대해 언급한 것과 마찬가지로 증공량은 『구당
서』의 문체와 내용과 효용성에 문제를 제기하고 있다. 김부식의 「진
삼국사기표」는 「진당서표」를 모델로 작성된 것이다. 그러므로 일견
『삼국사기』와 『구삼국사』의 관계는 『신당서』와 『구당서』의 관계에 비
유할 수 있다. 이미 말한 바와 같이 「진삼국사기표」에서 제시한 『고기』
의 미흡함은 이른바 『구삼국사』의 미흡함과 다르지 않을 것이다.[24]

물론 김부식이 절삭해버린 이른바 『구삼국사』의 내용이 과연 절삭
하여 마땅한 것인가의 판단은 용이하지 않다. 예컨대 『삼국사기』에 익
숙했던 이규보가 『구삼국사』를 접하고 동명왕에 대한 서사시를 짓고
자 고무되었다면, 그것은 적어도 동명왕과 같은 민족 영웅담에 있어
서 『삼국사기』가 설득력과 감동을 전하는 데 얼마간 결함이 있다는 것
을 인정해야 할 부분이다. 송에서도 『신당서』 편찬 직후부터 다시 이
에 대한 비판이 있었다. 『삼국사기』와 이른바 『구삼국사』를 둘러싸고
진행되는 우리 사학계의 논의도 그와 크게 다르지 않다. 다만 『구당
서』와는 달리 우리의 경우 『구삼국사』의 모습이 전하지 않기 때문에 속
단은 경계해야 한다.

일단 김부식이 인종의 견해를 빌어 분석한 『고기』, 즉 『구삼국사』를
포함한 국내 고유 자료들의 한계를 부인할 근거는 없다. 그렇다면 『삼
국사기』는 『구삼국사』로 지칭된 자료를 위시로 하여 많은 『고기』류나
금석문들, 그리고 새로 입수한 중국의 사서 및 경서·문집들을 활용하여
'보충'·'윤문'·'수정'을 가하면서 '재편'한 것으로 볼 수 있다. 물론 『삼
국사기』는 질과 양에서 현저히 신라 위주인 것은 부정하기 힘들다. 그

---

24) 본서 1부 1장의 「『삼국사기』 원전론의 전개와 전망」.

러나 이는 『삼국사기』가 근거했을 당시의 자료가 이미 신라인들의 관점에서 재정리되었거나, 또는 그것을 토대로 고려에서 재정리한 것이기 때문이다. 발해가 말갈로 간주되고, 삼국시대사 체계에서 배제된 연유를 예로 들면 좋겠다.

『삼국사기』에 이른 시기부터 신라와 백제에 대한 침구 세력으로 등장하는 말갈은 실제 6세기 이후에야 중국 사서에 모습을 드러내고 있다. 그러므로 말갈이 기원전부터 삼국의 성장에 깊숙이 개입될 수는 없다. 또한 고려 중기에는 이미 그러한 종족 명칭은 사라진 지 오래였다. 말갈은 통일 이후 신라시기에 가장 잘 들어맞는 존재였을 따름이다. 『삼국사기』가 삼국을 주요 서술 대상으로 설정하면서도, 그 과정에서 통일기 신라인들의 관점을 경유한 자료에 깊이 의존한 까닭은, 고구려와 백제가 소멸되는 7세기 전쟁의 귀결에 있다. 이전 시기 삼국의 역사는 승리한 신라의 현재에 충실한 형태로 재편되었다. 통일기 중대를 지배한 '일통삼한'의 시대정신은 발해와 고구려의 역사적 의미 관계를 차단하도록 강요하였다. 고구려는 이미 소멸되었거나 혹은 신라 속에 용해된 것이며, 발해는 말갈로 설정되었다. 물론 말갈은 고구려의 주변이거나 부용으로 간주되었다. 그 결과 중요한 것은 이제 발해의 존재가 '일통삼한'의 완결을 방해할 수 없다는 것이다.

건국기 고려 왕조는 7세기 이후 통일기 신라의 '일통삼한' 의식을 다시 재현하였다. 아울러 고려의 실질적 토대는 통일기 신라의 그것을 벗어나 있지 못한 것이기도 하였다. 물론 발해사는 고려 지식인들에게 신라사와 함께 고려 왕조의 전대 역사로 받아들여졌다. 그러나 중대 신라의 경우와 마찬가지로 '일통삼한'의 완결을 위해 발해는 다시 배제되기에 이르렀다. 더구나 고구려 유민들을 용해한 신라의 조처와 논리들은 고려 왕조에 의해 발해 유민을 수용하면서 새롭게 고려되었을 것이다. 즉 『삼국사기』가 편찬되기까지의 고려 사회가 파악하고 있었던 자국사의 위상과, 통일기 신라인들이 규정했던 자국사의 위상은 '일통삼한'이라는 정치 이데올로기적 의의에서 공명하고 있다.

결국 『삼국사기』의 말갈 인식은 7세기 이후, 그리고 통일기 이후 중대 신라인들의 인식에서 출발한 것이다. 요컨대 통일기 신라인들은 발해의 실체를 말갈로 규정하여 '일통삼한'의 훼절을 경계하였다. 그러므로 그들의 관점에서 재정리된 삼국시대사는 오직 7세기를 전후한 시기의 '삼국'에게만 유효한 것이었으며, 북방으로부터의 침구 세력은 말갈로 부회되었다. '일통삼한' 의식은 후삼국의 통합을 겨냥한 고려 초에 다시 한번 고양되었고, 신라인들의 논리와 인식이 답습되었다. 나아가 고려 전기 사회의 가치 체계와 제도의 온존에 무게를 두었던 『삼국사기』 편찬자들은 의연히 고려 초의 전대사 인식, 즉 통일기 신라인들의 인식을 포기하지 않았던 것이다.[25]

4. '문헌주의'의 양면성

앞에서 살펴본 '말갈'은 신라적 관점이 여과없이 반복된 대표적인 사례이다. 중국 사서에서 기원후 6세기 후반에야 그 모습을 드러내는 말갈이 기원전부터 백제와 신라의 주요 외압으로 등장할 수는 없는 것이다. 이처럼 『삼국사기』에는 크고 작은 오류와 모순이 허다하다. 그 오류와 모순은 대부분 편찬자들의 무신경을 의미한다. 그리고 이를 바로잡는 것은 당연히 연구자들의 몫이다. 『삼국사기』 편찬자들에게 물어야 할 것은 오류와 모순에 대한 질책보다는 차라리 기존의 기록에

---

25) 李康來, 1999, 「『三國史記』의 靺鞨 認識-통일기 신라인의 인식을 매개로」, 『白山學報』 52).

대한 무비판적 맹신에 대한 부분일 것이다. 즉 편찬자들의 '문헌주의'는 기존 기록물들을 '맹종'한 측면도 함께 지닌다.

한 예로 백제본기에 따르면 온조왕대에 이미 마한은 멸망했다. 물론 이것은 편찬자들의 '의도'나 '방침'은 아니었다. 본래의 저본 자료에 있는 정보를 비판적 검토없이 맹종한 것이 틀림없다. 그러므로 그들은 고구려 태조대왕이 마한을 동원하여 현도성 및 요동을 공격한 사실을 기록하면서 당혹해하고 있다. 결국 "마한은 백제 온조왕 27년에 멸망했는데, 지금 고구려왕과 함께 군사 행동을 하고 있으니 혹시 멸망했다가 다시 일어난 것인지" 의아해 하였다. 태조대왕의 마한 동원 기록은 중국 측 인식에 근거한 것이지만,[26] 편찬자들이 그 정보에 대해 판단을 주저하고 있다는 것은, 적어도 백제본기에 등장한 마한의 소멸 기사가 편찬자들의 작위는 아니라는 증거이기도 하다.

이렇듯 이른바 '기록존중' 혹은 '문헌주의'의 태도는 긍정과 부정의 양면성을 함께 지닌다. 편찬자들은 때때로 스스로 믿을 수 없는 내용이라 할지라도 그것이 오랫동안 보존되어 온 전승이기 때문에 기록한다고 고백하였다. 이것이 곧 고대적 체질을 적나라하게 간직한 내용들이 우리 앞에 모습을 보일 수 있었던 연유이다. 또한 현실적으로 우리는 『삼국사기』라는 창을 통한 간접 경로에서 비로소 고대인의 사유를 접할 수 있을 따름이라는 점을 생각한다면, 그 긍정적 의미가 적지 않다. 반면에 '기록존중'이 최소한의 고증마저 포기한 채 맹목적 경향으로 치우칠 때 초래되는 폐해 또한 만만치 않다. 일반적으로 사료에 대한 비판정신이 결여된 채 여러 자료의 정보를 나열하는 것은 독자의 역사 인식에 혼선과 오해를 야기한다.

따라서 편찬자들이 중국 측 사서, 그리고 『구삼국사』로 지목된 자료를 포함하여 『고기』로 총칭되었던 주요 원전의 정보를 취급하는 태

---

26) 『後漢書』 5. 孝安帝紀 建光 원년(121)과 延光 원년(122).

도가 어떠한가 하는 문제는 편찬에 동원 가능한 자료 환경 못지않게 중요하다. 이미 지적한 바와 같이『삼국사기』편찬을 통해 이른바『구삼국사』등 기존 사서의 한계를 극복하고자 한 의도와 그 방법이 얼마나 정당하고 충실한 것이었는가는 쉽게 판단할 수 없다. 다만『삼국사기』는 당대까지의 역량을 토대로 한 종합을 겨냥한 것이며, 향후 새로운 삼국시대 역사 인식의 대안 없는 출발점이라는 점을 주의할 뿐이다. 이를 염두에 둘 때 사론에 나타난 김부식의 태도는 인상적이다. 사론은 관련 사실을 대상으로 하며, 사실은 사론 주체의 인식이 어떤가와는 별도로 그를 위한 객관적 재료의 위치에 있다.

사론들은『삼국사기』편자들의 기록 중시와 直書主義를 반영하고 있다. 특히 중국 자료보다는 삼국의 고유 사실에 관한 논의에서 그것은 두드러졌다. 조선시대 이후에도 여러 차례 반복 지적되어 온 사항 중에, 남해차차웅 즉위년조에 붙인 즉위년칭원에 관한 사론과 지증마립간 즉위년조에 붙인 '마립간' 등 신라 고유 왕칭에 대한 사론이 그 좋은 예가 된다. 김부식은 신라의 踰月稱元 즉 즉위년칭원이『춘추』의 전범에 어긋난다고 하면서도 太甲의 전례를 빌어 최소한의 타당성을 확보하려 하였다. 그리고 이것은『삼국사기』전체에 일관된 원칙으로 지켜졌다.[27] 마찬가지로 김부식은『좌전』과『한서』에 凶奴語와 楚語가 있는 것을 지적하면서, 거서간·차차웅·이사금·마립간 등의 고유 왕칭을 채택한 당위성을 변호하였다. 이러한 대목들은 기존 자료에 대한 그의 존중을 보여준다.

만약 반대로 유교적 명분을 직서주의보다 중시할 경우 김부식의 관점은 비판을 면할 수 없을 것이다. 예컨대 조선 초의 權近 등은 김부식

---

27)『삼국사기』의 踰月稱元에 따른 문제는 小田省吾, 1920,「三國史記の稱元法竝に高麗以前稱元法の研究(上)」(『東洋學報』10-1) 참조. 그는 이러한 문제에 대해 "사실이 원칙 적용의 희생이 된 것"(73쪽)이라고 지적하였다. 특히 무녕왕의 경우는 鏡山猛, 1937,「日本書紀に現れたる百濟王曆に就いて」(『史淵』15), 94~99쪽 참조.

의 즉위년칭원을 비판하고 유년칭원법을 채택했으며, 신라 고유의 왕
칭이 아니라 최치원의 예를 따라 시조 이하를 모두 왕이라고 하였다.28)
물론 조선 초의 사가들도 김부식의 문헌주의를 인지하고 있었다. 그
럼에도 불구하고 그들은 '『춘추』의 뜻을 잃지 않기 위하여', 혹은 '명호
를 높이고자', '舊史'의 변개를 감행하였다.

신라본기 진덕왕 4년에 중국의 연호를 처음으로 채택 사용하게 된
데 대한 사론에서도 김부식의 사실 존중은 확인된다. 중국에 신속한
편방소국 신라가 법흥왕 이후 사사로이 독자적인 연호 제정을 해온 점
을 김부식은 미혹된 일이며 허물을 승습하였다 하여 비판했다. 이 경
우 그의 연호관이 얼마나 자주적이냐 하는 논의는 무의미하다. 오히려
우리는 그의 중국 중심적 연호관에도 불구하고 『삼국사기』에 신라의
독자적인 연호 제정과 변모가 사실대로 서술되었다는 점을 중시해야
한다.

한편 오늘날 금석문 자료를 통해 『삼국사기』에는 보이지 않는 고
구려의 연호가 다수 발굴되었다. 이것은 보기에 따라서 김부식의 직
서주의·기록 존중의 태도를 의구하게 만든다. 그러나 역시 그것은 자
료의 일실에 의한 것일 따름이다. 다시 말해 김부식을 포함한 당시의
지식인들이 그 정치적 입장이 어떠한가와는 무관하게 모두 고구려의
연호 예를 알지 못했던 것이다. 또 신라와는 달리 고구려와 백제의 경
우 본래의 고유 왕호가 『삼국사기』에 남지 않은 것 역시, 『동국통감』 찬
자의 지적처럼 자료의 문제일 뿐이다.29)

따라서 『삼국사기』의 개별 기사 가운데 사실과 부합하지 않는 내용
이 있다는 것 자체로는 김부식의 의도적 변개를 단정할 수 없다. 기존
자료의 모순이나 불합리에 대한 엄정한 고증 판단을 하지 않았다는

---

28) 『東國通鑑』 1. 漢 元始 4년 신라 시조 원년 및 시조 61년·南解王 원년의 사론.
29) 『東國通鑑』, 漢 鴻嘉 3년 백제 시조 온조왕 원년, '臣等按조.

점에서 사료 취사의 철저함이 부족했다는 지적은 있을 수 있으나, 그 것은 오히려 기존 기록에 대한 경직될 정도의 맹종이 빚은 결과이므로 변개와는 거리가 먼 측면인 것이다.

　김부식의 기록 존중은 그로 하여금 지극히 사실로 보기에 어려운 신비적 설화나 전문까지도 종종 수용하게 하였다. 그는 경순왕 9년조의 사론에서 "신라의 박씨와 석씨는 모두 알에서 태어났으며, 김씨는 하늘로부터 금궤에 든 채로 내려왔다거나 혹은 금수레를 타고 왔다고 하거니와, 이는 더욱 괴이해 믿을 수 없다"라고 하였다. 그러나 신라본기에는 그러한 사실이 모두 상세한 기록으로 남아 있다. 역시 같은 사론에서 仙桃山神聖의 아들이 해동의 첫 임금이 되었다는 송나라 사람의 말을 정작 자신은 회의하면서도 소개하고 있다. 또한 의자왕 20년조의 사론에서도 "신라의 옛 사적에는 하늘이 금궤를 내렸으므로 성을 김씨라 했다 하는데, 그 말은 괴이해 믿을 수가 없다. 그러나 내가 역사를 수찬함에 있어 그 전한 바가 오래인지라 그 말을 깎아 없애지 못했다"라고 고백하였다.

　이처럼 그 스스로는 비록 믿을 수 없는 내용이지만 채택하여 서술한다는 것은 적지 않은 절제를 요구하는 사항이다. 바로 그 절제를 가능하게 만드는 것이야말로 기록 존중의 정신이었던 것이다. 물론 그것들은 본래의 원형을 충실히 반영한 것은 아닐 것으로 판단한다. 유교적 지식인으로서 비현실적이고 초자연적인 내용을 무제한 수용할 수는 없었겠기 때문이다.

　예컨대 찬자는 악지에서 말하기를 "『고기』에는 이르기를 '신문왕 때 동해 가운데 홀연히 웬 작은 산이 하나 나타났는데 모습이 거북이 머리 같았으며, 그 위에 대나무 하나가 있어 낮에는 둘로 나뉘어졌다가 밤에는 하나로 합해졌다. 왕이 사람을 시켜 대나무를 잘라 피리를 만들게 하고 萬波息이라고 이름했다'라고 하였다. 비록 이와 같은 말이 있기는 하나 괴이하여 믿을 수 없다"라고 하였다.30) 역시 찬자 스스로 믿을 수 없는 전문을 서술하고 있다. 그러나 이를『삼국유사』만파식적조와 비교해 보면, 악지의『고기』정보는『삼국유사』내용 가운데 몇 대목만이 초록되어 있는 데 불과하여 매우 현저한 축약인 것을 알 수 있다. 더구나『삼국유사』에는 이를 開耀 2년 임오(682), 즉 신문왕 2년의 일이라고도 하였다. 따라서 악지의 축약은 '괴이하여 믿을 수 없다'고 한 찬자의 인식에서 비롯한 것이며, 나아가 바로 그 때문에 신라본기에도 서술되지 않았을 것이다. 그러나 크게 보면, 균형 있는 서술 분량을 염두에 둔 절삭은 부수적 문제일 뿐, 기록 존중의 태도를 부정할 정도는 아니라고 판단한다.

중국 측 정보에 대해서도 사정은 그다지 다르지 않다. 백제의 시조를 東明으로 단정하면서도 '믿을 수 없다'고 판단한『수서』계통의 '仇台' 시조설을 소개하였다.31) 더구나 국내 고유 자료에 해당 정보가 없는 경우 중국 사서에 대한 의존은 불가피한 것이다. 50여 명이 넘는 인물들의 전기를 다룬 열전 열 권 가운데 김유신은 홀로 세 권을 차지하고 있거니와, 이 파격적 배려는 물론 김유신의 비중 때문이기도 하겠지만 그보다는 찬자가 밝혀 둔 바와 같이 김유신의 후손 金長淸이 작성한 김유신의『行錄』이 전하고 있었기 때문에 가능하였다. 따라서 "비록 을지문덕의 지략과 장보고의 義勇이 있다 할지라도, 중국의 기록이 아니었던들 모두 없어져서 알지 못했을 것이다"라고 한 찬자의 지적을 주목할 필요가 있다.

그러나 국내 고유 자료와 중국 자료가 서로 상충할 때 찬자는 거의 예외없이『고기』등 국내 자료를 따랐다. 찬자들은 신라왕의 졸년에 관한 여섯 사례의 논의에서 모두『자치통감』등 중국 측 자료가 잘못이

---

30)『三國史記』32, 樂 三竹조.
31)『三國史記』32, 제사 백제조 분주.

라고 단정하였다. 고구려 태조왕이 죽은 해와 나이 역시『해동고기』를 따라『후한서』기록을 회의하였다. 또『삼한고기』에 백제왕 牟都의 존재가 확인되지 않기 때문에 중국 사서에 보이는 南齊와 백제 사이의 외교 기사를 취하지 않았다. 이러한 찬자의 태도는 깊이 주목해야 할 것이다.

한편『삼국사기』에는 모두 31개의 사론이 작성되어 있다. 김부식은 사론의 작성을 위해 수많은 자료를 참고하였다. 특히 절대적 주류를 이루는 24종의 중국 측 자료는 모두 63회 인용되거나 고려되었다.

經·子類	左傳(9) 公羊傳(4) 尙書(4) 孟子(4) 周易(4) 禮記(4) 論語(2) 孝經(2) 楊子法言(2) 孔子家語(1) 大戴禮(1) 莊子(1)
正史類	新唐書(7) 史記(5) 漢書(4) 後漢書(1) 晋書(1) 魏書(1) 陳書(1) 新五代史(1)
其他	柳公權의 小說舊聞記, 杜牧의 張保皐鄭年傳, 韓愈의 三器論, 蘇軾의 表忠觀碑

표에 보이는 것처럼 사론을 위한 인용 자료로서는 유교 경전이 절대 다수를 차지한다. 정작 사서류는 그에 훨씬 못 미치는 인용 빈도를 보여주고 있다. 경전 가운데서는『좌전』이, 사서 가운데는『신당서』가 가장 중요한 전거로 채택되었다. 그러나 많은 경우의『좌전』인용은『신당서』등 기존 중국 사서에서 이루어진 사론을 고려하여 언급되었다. 역사 사건이나 현상에 대한 비판적 포폄의 기준은 물론 유교적 윤리였으며, 이 또한 종종『신당서』의 관점을 충실하게 수용하였다.

그러나 유교적 역사 인식의 공유와는 별개로 중국 사서에 있는 삼국 관련 내용 자체의 객관성에 대해서는 자못 비판적이었다. 이를 위해 고구려본기 보장왕 8년 4월조에 당 태종이 죽으면서 요동의 전역을 파하라는 遺詔를 남긴 것에 대한 사론을 본다. 김부식은 우선『신당서』위징전과 방현령전을 인용하고,[32] 태종본기의 사론마저 일부 채용한 다음33) 柳公權의 『소설』34)을 끝으로 중국 측 기록 가운데 당 태종의 고구려 침략에 관한 인용을 마무리했다. 인용은 주로 당 태종의 패배와 후회, 죽어서야 그치게 된 끝없는 과욕과 무절제, 공명에 매인 군사행동, 대 고구려전에서 보인 위축 등 모두 부정적인 대목들이다. 더구나 그는 『신·구당서』와 『자치통감』에 당 태종의 패색과 위구함이 기록되지 않은 사실을 비판적으로 지적하였다. 실로 『신당서』는 사서적 위상에 있어 『삼국사기』의 모델이었으며, 『자치통감』의 저자 사마광은 김부식이 자임한 현실 정치의 역할에서 공명하던 대상이었다. 그럼에도 불구하고 두 중국 사서의 고구려 관련 기사에 대해서는 그 객관성과 관련한 비판을 포기하지 않았던 것이다.

요컨대 「진삼국사기표」에서 언급한 중국 사서의 우리 삼국에 관한 기록의 한계 가운데는 이와 같은 부당한 필법도 고려되었을 것이다. 그리고 물론 이러한 지적은 김부식의 자기 역사를 향한 애정에서 비롯한 것이다.

5. 맺음말

『삼국사기』는 12세기 편찬 당대에 확보가 용이했던 고려의 국내

---

32) 『新唐書』 96, 列傳21 房玄齡傳 및 같은 책 97, 列傳22 魏徵傳.
33) 『新唐書』 2, 太宗本紀 貞觀 23년: "甚矣 至治之君不世出也… 至其牽於多愛 復立浮圖 好大喜功 勤兵於遠 此中材庸主之所常爲".
34) 그의 『小說』로서 확인 가능한 현존 자료로는 『說郛』에 그 일부가 실려 있는 『小說舊聞記』외에는 없다. 『說郛三種』(明 陶宗儀 等編, 上海古籍出版社), 787~789쪽 및 2060~2061쪽 참조. 그러나 문제가 된 당 태종과 고구려의 전쟁에 관련한 내용은 그 가운데서 확인되지 않는다. 따라서 김부식이 보았던 柳公權의 『小說』은 지금 그 원래 모습을 대조할 수 없다.

외 자료들을 토대로 편찬된 삼국시대 역사서이다. 크게 보아 당대의 지식 관료들은 김부식이 인종의 견해를 빌어 지적한 중국 측 정보의 한계와 국내 기존 자료의 결함에 공감했다고 생각한다. 물론 김부식을 위시한 편찬자들이 관련 자료를 확보하는 데에 과연 마땅한 정도의 노력을 기울였는지는 얼른 판단하기 어렵다. 다만 그들이 확보한 자료의 폭은 고려 사회에 축적된 지적 토대, 특히 역사서 편찬의 경험이나 역량에 비추어 크게 불균형을 이룬 것은 아니라고 생각한다. 더구나 주요 자료들은 이미 삼국 당대 및 통일기 신라의 자기중심적 관점을 경유한 것들이었다. 이리하여『삼국사기』는 기존 자료에 대한 적절한 재구성을 거쳐 '本史'로서의 지위를 획득했으며, 향후 모든 삼국시대사 편찬 작업의 출발점이자 그 자체 근본 자료의 역할을 하였다.

분주는『삼국사기』편찬에 동원된 자료 환경과, 그에 대한 인용자의 판단을 보여주는 가장 광범한 기초 자료이다. 삼국 본기별 분주의 수와 빈도는 관련 자료의 풍부한 정도를 반영하며, 특히 삼국은 공히 왕실 계보를 중심으로 한 자료가 다른 정보에 비해 상대적으로 다양했다고 판단한다. 분주를 통해 볼 때 편찬자들이 복수의 고유 자료들을 대하는 태도는 뚜렷이 중립적이었다. 그러나 중국 측 자료와 고유 자료의 정보가 상충할 때는 고유 전거에 명백한 신뢰를 보였다. 또한 분주는『삼국사기』편찬 과정, 즉 확보된 자료들이 어떻게 각 편목에 활용되었는지를 짐작케 해준다.『삼국사기』편찬 과정은 삼국이 공유하는 사건에 대한 본기별 기사들이나 열전과 각 지 등에서 상호 지시하거나 고려하고 있는 서술의 사례에서도 유추할 수 있다. 주지하듯이『삼국사기』는 영세한 기존 자료를 이용하여 형식적이나마 삼국의 균형 있는 서술을 의도한 것이었으며, 그것은 각 본기뿐만 아니라 분류사라 할 수 있는 잡지에서도 예외가 아니었다.

『고기』는 삼국사에 관한 미흡한 기존 자료에 대한 총칭이며, 중국 측 사료에 대한 고려 국내의 고유 자료들을 가리킨다.『고기』를 인용한 서술자는『고기』에 깊이 경도되었다. 잡지에 인용된『고기』의 용례는 삼국에 대한 균형된 분류사적 서술이『삼국사기』편찬 당시에야 비롯된 것이었음을 알려준다. 이른바『구삼국사』는『삼국사기』이전에 있었던 가장 주요한 삼국사 관련 자료이되, 역시『삼국사기』편찬에 동원되고 용해된 하나의『고기』였던 셈이다. 또 이『구삼국사』와『삼국사기』의 관계는『구당서』와『신당서』의 관계에 대응한다고 판단한다. 여기에는 편찬자의 의도에 따라 비중 있는 특정 자료를 배제할 만한 자료의 양적 여유도, 그리고 그것을 왜곡해야 할 현실적 동기도, 나아가 그러한 작위를 은폐하는 데 필요한 세심한 대안도 없었다.

김부식 자신의 편사 태도와 관련하여 가장 직접적으로 논의되어야 할 부분은 사론에 집중되어 있다. 사론에도 여러 전거가 분방하게 동원되었다. 새로 작문을 하기보다는 중국 측의 전거를 토대로 하여 논찬의 대상에 적의한 변용을 가한 경우가 매우 많다. 특히 고문으로 개찬된『신당서』와 사실주의에 입각한『좌전』이 가장 높은 빈도로 인용되었다. 김부식은 또한 사론에서도 기존 고유 자료의 영세함과 중국 측 사서의 소략함, 혹은 부당한 필법을 환기시키고 있다. 반면에 찬자의 유교적 가치 평가와는 별개로 고유 기록에 대해서는 거의 무비판적으로 수용하였다. 이 기록존중 혹은 문헌주의의 태도는 긍정과 부정의 양면성을 함께 지니는 것이지만, 무엇보다도 편찬자들의 주관이 절제되었다는 점을 주목하고자 한다. 따라서『삼국사기』의 분명한 오류와 모순은 그 서술의 기초가 된 다종의 전거와 거기에 관류하는 통일기 이후 신라인들의 인식에서부터 논의가 비롯되어야 옳다.

제3장

『삼국사기』 열전의 자료 계통

1. 열전 검토의 시각

　기전체 사서로서의『삼국사기』는 체재의 특성상 동일 사건이 중복 서술되는 것을 피할 수 없다. 특히 삼국의 각 본기에는 국가 사이에 공유하는 사건이 반복 서술되었으되, 간혹 본기별로 고유한 전거에 입각하여 서술상의 차이가 노정되기도 한다. 이러한 정황들은『삼국사기』 편찬 과정에 동원된 다양한 원전의 존재를 짐작케 하는 재료가 된다.
　열전의 경우에도 다르지 않다. 열전에 포괄된 정보들은 많은 경우 본기와 잡지 등의 다른 편목 내용과 비교 가능하며, 종종 편찬 자료의 현황을 헤아리는 데 지표를 제공한다. 이 글에서는 그러한 문제의식에 입각하여 열전의 자료 환경을 이해하고자 한다. 이를 위해 간명한 예를 들어본다.

　　張保皐〔羅紀에는 '弓福'으로 썼다.〕 (열전4. 장보고·정년전)

장보고·정년전의 서술자는 '張保皐'의 이름에 대해 '羅紀'에는 '弓福'이라고 했다 한다. 이 분주에서 이르는 바의 '羅紀'는 '(新)羅(本)紀'임에 틀림없다. 신라본기에는 분주의 지적처럼 같은 인물이 '궁복'으로만 표기되었다. 그렇다면 '장보고'의 인명을 적용한 열전의 원전은 신라본기가 근거한 전거와 다른 계통이었음을 짐작케 한다. 물론 신라본기의 '궁복' 관련 주요 전거가 무엇인지에 대해서는 분명히 말할 수 없다. 그러나 적어도 '궁복'과 '장보고'의 인명 표기 차이는 복수의 관련 원전을 지시하는 주요 지표가 되고 있는 것이다. 장보고·정년전 찬자는 말미에 분주하여 이렇게 말한다.

> 이것은 新羅傳記와는 자못 다른데 杜牧이 지은 전기인 까닭에 둘 다 보존해 둔다.

이제 장보고·정년전 서술의 주요 원전이 당나라 문인 두목의 작품이었음을 알게 된다. 열전 찬자는 두목의 「장보고정년전」을 이용하여 본문을 서술한 다음, 그 내용이 '신라전기'와 다르다는 점을 환기시키고 있다. '신라전기'는 '신라의 (장보고·정년 관련) 전기' 혹은 '신라의 전승 기록' 어느 것이든 상관없다. 그것은 우선 중국 측 문인의 전기와 신라 측 고유 전승 사이의 차이를 지적하는 데 본의가 있을 뿐이다. 따라서 '궁복'의 이름을 적용한 신라본기의 전거는 필시 열전 찬자가 이름한 '신라전기'였다고 보는 것이 온당하다. 다시 말해 논리상 '羅紀'는 '(新)羅(本)紀'이되, 또한 그것은 '(新)羅(傳)記'와도 다를 바 없다. 『삼국사기』 편찬 주체들은 신라본기에는 '신라전기'를 활용한 서술을 하면서, 열전에서는 두목의 「장보고정년전」을 충실히 인용 소개한 셈이다. 같은 인물의 두 가지 주요 전승을 편목을 달리하여 제시함으로써 단순한 중복 서술을 지양하는 한편, 다양한 자료 제시에 유념한 것이다.

사실 동일한 내용을 본기와 열전에 중복 서술한다는 것은 무의미한 형식 고수에 지나지 않을 것이다.

> … 이에 당 태종이 크게 군사를 일으켜 직접 고구려를 정벌했는데, 그 일은 고구려본기에 갖추어 실려 있다[事具句麗本紀]. (열전9. 蓋蘇文傳)

개소문전 찬자는 개소문의 집권과 탐학, 그로 말미암은 당조의 견제와 탐색, 그리고 그에 대한 개소문의 대결 자세 등을 언급한 끝에 당 태종이 개소문의 唐使 蔣儼 구금을 빌미로 하여 645년 고구려 親征에 나선 일을 적기한 뒤에 위에 인용한 바와 같이 전쟁의 상세한 시말에 대해서는 고구려본기로 미루었다. '句麗本紀'는 신라본기를 '羅紀'라 한 것과 같은 필법일 뿐이다. 즉 고구려본기(9) 보장왕 4년조의 참조를 지시한 대목이다. 이미 고구려본기에 상세한 전말이 기재되어 있는 터에, 새삼 열전에서 같은 내용을 장황하게 중복 서술할 필요는 없는 것이다. 이러한 기술상 편의주의는 기전체 사서가 가지는 번다한 중복 서술이라는 폐단을 부분적이나마 해소시켜 주는 효과를 가진다.

그렇다고 하여 반드시 열전과 본기의 내용이 서로 상보적 관계에 충실한 것은 아니었다. 용이하게 짐작하듯이, 본기와 열전의 전거가 단일한 경우라면 상당한 중복이 불가피하기도 했다고 보아야 한다. 이것은 일견 편목간 상응의 정도에 대한 고려가 미진한 경우라고도 할 수 있지만, 열전이 특정 인물 중심의 재구성인 데 반해 본기는 왕조사의 편년화 과정에서 해당 인물 관련 정보를 연대에 따라 넓게 산재시킬 수밖에 없기 때문에 발생하는 현상이기도 하다. 그러므로 각 본기 간에 해당 왕조별로 완결된 왕조사 서술을 위해 공유 사건에 대한 중복 서술이 빈발했던 것처럼, 왕조사와 인물사 사이에도 유사한 조건이 개재해 있었던 것이겠다. 『삼국사기』의 체재상 결함으로 지적한 권근의 말, 즉 "한 가지 일의 시종을 그대로 다시 여기저기에 쓰는 번거로움"[1]은 각 본기들의 관계에서만이 아니라, 필연적으로 열전과 관련 본기 사이에서도 완벽하게 피할 수는 없었던 것이다.

하나의 예를 들어 이 점을 짚어둔다.

고구려본기에 의하면 명림답부는 차대왕 20년(165) 10월 왕을 시해하고 신대왕을 옹립했다. 신대왕은 이듬해에 명림답부를 국상으로 임명하였다. 명림답부는 신대왕 8년(172) 11월 한나라의 대군이 침습해 왔을 때 출격하여 접전할 것을 주장하는 중론과는 달리 수성전을 건의하여 결과적으로 군공을 세웠다. 그 후 그는 신대왕 15년(179) 9월에 113세의 나이로 죽었다. 한편 열전의 명림답부전에는 고구려본기의 내용이 거의 그대로 전재되고 있다. 다만 고구려본기의 신대왕 8년 전쟁 내용을 현도태수 耿臨의 침입 때 일로 기록하고 있는바, 실제 경림의 침입은 고구려본기에 신대왕 4년(168)조에 기록되어 있으며, 『삼국지』를 비롯한 중국의 사서들에는 모두 靈帝 建寧 2년(169)의 일로 기록되었다. 고구려본기와 중국 측 기록의 내용이 완연 동일한 것으로 미루어 아마 고구려본기 찬자는 중국 측 편년을 오인한 것으로 생각한다. 특히 경림의 침입 때 고구려는 패했으므로, 명림답부의 군공을 경림의 침입 때 사실로 설정한 열전의 서술은 매우 그릇된 것이다. 만약 열전 찬자가 본기 기사 자체를 서술 재료로 삼았다고 한다면, 이러한 정황은 그가 고구려본기의 명림답부 관련 기록을 취합하여 인물사를 서술하면서 저지른 오독의 결과라고 해야겠다.

그러나 고구려본기 찬자와 열전 찬자가 명림답부 관련 전승을 공유하되 독자적으로 이를 활용한 것이라면, 반드시 열전의 서술 재료

---

[1] 『東文選』 44, 表箋 「進三國史略箋」: "… 逮至高麗 有臣富軾 凡例取法於馬史 大義或乖於麟經 且一事之始終 率再書於彼此 方言俚語之相雜 善政嘉謨之罕傳 國別爲書 人難參究…".

를 본기의 기술 내용에 한정시킬 필요는 없을지도 모른다. 다시 말해 명림답부의 전승 기록은 오직 『삼국사기』에서만 확인되는 것이므로, 그 원전은 고구려 측의 고유 전승이었다고 보아야 하며, 그렇다면 신대왕 8년의 고구려 침입 주체를 경림이라 한 열전의 정보 또한 고구려본기의 오독이 아니라 고구려 관련 고유 전승 자료의 인식을 토대로 한 것일지도 모르는 것이다. 현전하는 중국 측 기록에서는 고구려본기에 보이는 신대왕 8년의 전투 기록을 찾을 수 없기 때문이다. 따라서 열전에 보이는 고구려 인물들인 을파소·밀우와 유유·창조리 등의 약전이 대체로 고구려본기의 관련 기사를 적절하게 윤문하면서 재구성한 것으로 보는 일반적 이해2)에 전면 반대할 논거는 충분치 않으나, 본기와 열전 찬자가 공유하고 있던 자료원이 별개의 서술자에 의해 별도로 활용되었을 가능성도 배제하지 않아야겠다.

다른 한편 열전의 기록이 오히려 관련 전거의 실상을 가장 충실하게 반영하는 경우도 있다. 즉 『삼국사기』 편찬 과정에 확보된 자료군 가운데에는 이미 편년 체계에 맞추어 정리된 경우가 있는 한편, 인물 중심의 별전 형태 또한 적지 않았을 것이다. 예컨대 일찍이 金澤榮이 『삼국사기』의 문장을 겨냥하여 특히 백미로 꼽은 바 있는 온달전의 경우3) 그 내용이 고구려본기에서 전혀 확인되지 않는다는 점을 주의한다. 이 점에서 이미 온달전은 '고려문학'의 위상을 지니고 있는 것이다.4) 이렇게 본다면, 『삼국사기』에 고구려인으로 입전된 인물들 가운데 오직 온달의 전기만이 '새롭게 창작'한 것이므로, 찬자 김부식이 온달전을 통해 고문운동을 당시의 문단에 정착시키고자 했다는 점

---

2) 李弘稙, 1971, 「三國史記 高句麗人傳의 檢討」(『韓國古代史의 硏究』, 新丘文化社) ; 동, 1959, 『史叢』 4.
3) 金都鍊, 1993, 「『三國史記』의 文藝的 成果와 史料的 가치」(『韓國學論叢』 16), 116쪽.
4) 林熒澤, 1989, 「『三國史記·列傳』의 문학성-「金庾信傳」을 중심으로」(『韓國漢文學硏究』 12), 26쪽.

에 주의해야 한다는 지적을 환기하게 된다.5)

구체적으로 말하자면, 일단 온달전은 사건의 시대 배경으로 '平岡王' 때를 설정하였다. 그런데 고구려본기에는 平原王에 대해 "혹은 平崗上好王이라고도 한다"라고 분주하였다. 이것은 그의 부왕인 陽原王에 대해 "혹은 陽崗上好王이라고도 한다"라고 한 분주와 동궤에 있는 것으로서 이른바 이 '분주 계열' 계통 사료는 '본문 계열'의 그것과 구분되는 것으로 이해되고 있다.6) 따라서 온달전에 분주 계열 왕호가 채택되어 있다는 것은 고구려본기의 본문 작성을 위한 기본 원전과 온달전의 전거가 달랐던 것을 의미한다고 보아도 좋다. 고구려본기와 거의 전문을 공유하고 있는 을파소전에 당시 왕을 '國川王'이라 한 것은 본기의 '고국천왕'에 대한 분주 '國襄王'에 대응시킬 수 있는 것으로서, 아마 명림답부전과 마찬가지로 을파소를 중심으로 한 전승물의 존재를 수긍할 만하다고 생각한다. 더구나 온달전에는 평강왕의 뒤에 양강왕이 계위하는 것으로 되어 있어 고구려본기의 왕계 서차와 전도된 결과를 빚었다. 평강왕이 평원왕이라면 같은 맥락에서 양강왕은 양원왕이어야 할 것이나, 양원왕은 정작 평원왕의 부왕이었기 때문이다.

또한 온달전에 이른바 '後周 武帝'와의 요동 전투 및 이 전투에서 거둔 온달의 군공 역시 고구려본기의 문맥에 비추어 그 진위를 짐작하기 어렵다. '후주'는 실제 556년부터 581년까지 존속했던 북조 왕조의 하나로 北周를 이르는 것이나, 고구려 평원왕 때(559~590)는 영주 武帝의 치세(560~578)로 東魏를 찬탈한 北齊와의 사투에서 승리해 바야흐로 화북 땅에 군림할 시기였다. 그러므로 평강왕 역시 재위 19년에 북주에 조공을 한 바 있었던 것이다. 따라서 양강왕을 평원왕의 장자인

---

5) 高敬植, 2001, 「金富軾의 文學的 考察」(『金富軾과 三國史記』, 慶州金氏大宗親會刊行), 117쪽.
6) 高寬敏, 1996, 「高句麗本紀의 國內原典」(『三國史記』の原典的研究』, 雄山閣) ; 동, 1993, 「『三國史記』高句麗本紀の國內原典」(『朝鮮學報』 146).

영양왕의 잘못일 것으로 보고,[7] 그에 입각하여 온달전에서 왕족의 通婚圈 밖에 있었을 온달과 평강공주의 결혼을 통하여 6세기 고구려의 사회적 분해 작용을 읽어내려는 시도가 있었던 것이다.[8] 반면에 온달전을 김부식의 합리적 산삭을 경유한 오직 고려의 문학 작품으로 분석하는 시각은 그러한 시도와는 다른 이해 방식에 입각하여 있는 셈이다.[9]

따라서 설사 '양강왕'이 '영양왕' 혹은 영양왕의 분주 계열 표기인 '平陽王'의 '誤記'일 가능성에 동의한다 해도, 아마 논란은 종식되지 않는다고 보아야 옳을 것이다. 즉 그렇다면, 그 '오기'의 주체가 『삼국사기』 열전 서술자인가, 아니면 그가 근거한 재래의 기성 전승 자료 작성자였든가로 논의의 본질이 전이되는 데 지나지 않는 것이다. 다시 말해 온달과 평강공주의 이야기를 여전히 "민중의 상상력의 소산임을 보여주는 한 예"로 보는 시각에서는 『삼국사기』 편찬자들이 "전래의 이야기에 충실하려는 의도에서 그대로 轉載한 것이지 그들의 착오로 왕명이 뒤바뀐 것으로 보지 않는다" 하며, 바로 이와 같은 점이야말로 "본기와 열전에 대한 사관의 상이한 인식을 보여주는 한 증거"라고 파악하는 것이다.[10] 다만 온달전에서 6세기 고구려를 탐색하는 경우에도 '허구적 설화'와 '역사적 사실'의 조합으로 이해하는 신중함이 전제되었듯이,[11] 이를 '고구려 문학'으로 이해할 경우에는 "실화와 설화의 공교한 합성 또는 역사와 문학의 융화적 결정체"라는 규

---

7) 李丙燾, 1977, 『國譯 三國史記』(乙酉文化社), 673쪽.
8) 李基白, 1967, 「溫達傳의 檢討-高句麗 貴族社會의 身分秩序에 대한 瞥見」(『白山學報』 3) : 박인호, 2004, 「溫達을 통해 본 6世紀 高句麗 貴族社會」(『韓國古代史研究』 36).
9) 陳在敎, 1996, 「『三國史記·列傳』 分析의 한 視覺-「溫達傳」의 경우」(『韓國漢文學研究』 19), 304쪽.
10) 이혜순, 1996, 「김부식의 여성관과 유교주의-『삼국사기』 여성 열전의 분석적 고찰」(『古典文學研究』 11), 14쪽.
11) 李基白, 1967, 앞 논문 「溫達傳의 檢討-高句麗 貴族社會의 身分秩序에 대한 瞥見」, 147~148쪽 : 임기환, 1993, 「온달·서동 설화와 6세기 사회」(『역사비평』 22), 120쪽.

정에 도달하고 있어12) 접점의 여지가 발생한다는 데 유의할 뿐이다.
　그와 같은 시각의 차이는 백제인 도미에 대해서도 동일하게 확인할 수 있다. 예컨대 역사적 맥락에 주의하는 연구자는 도미 부부의 시대 배경으로 제시된 '蓋婁王'을 2세기 초의 4대 개루왕이 아니라 '近蓋婁'로도 불린 5세기 후반의 '蓋鹵王'으로 수정 이해하고, 그 위에서 蓋鹵王의 독선을 포함하여 백제사를 들여다보는 통로를 발견해낸다.13) 반면, 그와는 달리 도미전의 지나친 우연성에서 오히려 설화적 허구성을 감지하게 되는 연구자의 경우는, 필경 열전 편찬자가 역사적 기록이나 전기를 토대로 기술한 것이 아니라고 판단했던 것이다.14) 마찬가지로 신라 薛氏女 이야기에서 신라 왕조의 力役體系에 대한 단서를 획득하는 시각15)과는 달리, 결국 『삼국사기』 열전에서 한국 소설문학의 원형을 찾게 되는 국문학계의 관점에서는 설씨녀나 도미의 이야기야말로 조작적 결구마저 갖춘 문학의 초창기 형태에 지나지 않는 것이었다.16) 이러한 편향에 서고 보면, 김부식은 "설화문학을 정착시킨 문학가"17)로 규정되고 만다.
　물론 열전의 내용이 고대의 역사를 복원하는 매개물로 다루어진다 하여 그 귀결이 단일할 리는 없겠다. 예컨대 劍君의 죽음에서 공동체 이래의 전통적 가치관과 한학을 매개로 한 새로운 가치관이 혼재하면서 갈등하던 7세기 신라 사회상을 진단하는 시각과,18) 귀족들의 사

---

12) 김창룡, 2002, 「바보 온달과 평강 공주」(『고구려 문학을 찾아서』, 박이정), 24쪽.
13) 梁起錫, 1986, 「『三國史記』 都彌列傳 小考」(『李元淳敎授華甲記念史學論叢』, 敎學社).
14) 정상박, 1988, 「都彌夫婦 說話 傳承考」(『(동아대)국어국문학』 8), 7~8쪽.
15) 김기흥, 1991, 『삼국 및 통일신라 세제의 연구-사회변동과 관련하여』(역사비평사), 89쪽.
16) 朱鍾演, 1985, 「韓國敍事文學의 淵源에 對한 一考察-三國史記를 中心으로」(『(국민대)語文學論叢』 4), 46~48쪽.
17) 成元慶, 1964, 「〈國文學上으로 본〉 金富軾 硏究」(『文湖』 3), 87쪽.
18) 김기흥, 1992, 「『三國史記』 「劍君傳」에 보이는 7세기 초의 시대상」(『水邨朴永錫敎授華甲紀念 韓國史學論叢 上』), 324~326쪽.

적 가신 집단이 국가의 공적 관료로 전화하는 맥락에 주의할 것을 제안19)하는 관점을 환기할 수 있다. 다만 학제 간에 빈발하는 단층이란 열전 가운데서도 비교적 삼국의 본기에 서술된 내용과 공유대가 크지 않은 대상들에 집중되는 경향을 보이고 있다는 점을 유념해 두고자 한다.

한편 본기와 열전의 추정 전거 사이에 그와 같이 현저한 격절은 발견되지 않으나 열전에 채택된 인물 중심 전승이 본기 정보를 온전히 포괄하는 유형의 사례들에도 관심을 배려해야겠다.

A. 眞興王 12년(551): ① 三月 王巡守次娘城 聞于勒及其弟子尼文知音樂 特喚之王駐河臨宮 令奏其樂 二人各製新歌奏之 ② 先是 加耶國嘉悉王製十二弦琴 以象十二月之律 乃命于勒製其曲 及其國亂 操樂器投我 其樂名加耶琴 ③ 王命居柒夫等 侵高句麗 乘勝取十郡 (신라본기4)

B. 陽原王 7년: ① 夏五月 遣使入北齊朝貢 ② 秋九月 突厥來圍新城 不克 移攻白巖城 王遣將軍高紇領兵一萬 拒克之 殺獲一千餘級 ③ 新羅來攻取十城 (고구려본기7)

C. (眞興王)十二年辛未 王命居柒夫及仇珍大角湌・比台角湌・耽知迊湌・非西迊湌・奴夫波珍湌・西力夫波珍湌・比次夫大阿湌・未珍夫阿湌等八將軍與百濟侵高句麗 百濟人先攻破平壤 居柒夫等乘勝 取竹嶺以外高峴以內十郡 (열전4. 居柒夫傳)

위 인용문들은 백제 성왕과 신라 진흥왕이 나제동맹의 일환으로 고구려의 한수 유역을 탈취한 사건에 대한 기사이다. 우선 신라본기(A)와 고구려본기(B)를 비교해 보면 각 ③항이 대응되거니와, 정보의 양을 미루어 고구려본기의 경우는 신라본기에 기초했을 것임을 쉽게 알 수 있다. 그러나 신라본기의 구조는 ①항에서 3월 진흥왕의 娘城 순행과 于勒 등의 조우를 언급하고 ②항에서 우륵과 가야금의 유래에

---

19) 田美姬, 1993,「新羅 眞平王代 家臣集團의 官僚化와 그 限界-《三國史記》48. 實兮・劍君 傳에 보이는 舍人에 대한 檢討를 中心으로」,『國史館論叢』48).

대한 설명을 가한 뒤에 ③항에서 구체적 시점이 제시되지 않은 채 居柒夫 등의 10군 공취 기사가 이어지고 있다. 고구려본기의 경우도 마찬가지로서 ①항 5월 北齊와의 외교, ②항 9월 突厥과의 교전에 이어 ③항에 문득 月次없이 신라의 10성 공취 사건이 자리하여 있다. 따라서 두 본기 공히 10성 공취 사건의 구체적인 월차를 언급하지 않고 있는 것이다. 한편 거칠부전(C)을 보면 월등 상세한 관련 내용이 있는데, 여기에도 역시 진흥왕 12년의 연대 외에는 다른 시점이 제시되어 있지 않다.

이상을 염두에 놓고 편록 과정을 추정해 본다. 우선 신라본기는 열전 찬자가 의존한 고유 전승 자료에 기초하여 본 사건을 기입하였으나, 그 월차가 분명치 않은 까닭으로 해당년조 말미에 편의 배치했을 것이다. 신라본기의 동일년 기사에 의거하여 보입한 고구려본기의 기사 역시 불투명한 월차 때문에 가장 말미에 적기했을 것이다. 그리고 그 근본 재료는 거칠부전 혹은 거칠부전의 서술 토대가 된 전승물이었을 것이다. 요컨대 열전과 본기 간의 공유기사 가운데는, 서로를 고려한 분주를 통하여 상호 관계를 짐작할 수 있었거니와, 열전 작성자가 직접 근거한 풍부한 원천 자료를 토대로 하여 각 본기의 편년 기사가 보입된 경우도 있었다고 생각한다.

이러한 정황은 특정 사건을 언급한 열전의 근거 자료를 포함하여 삼국의 본기 기사 혹은 더 나아가 『삼국유사』 등에서 동일한 사건을 다룬 대목의 근거 자료 등이 다양하게 존재했던 것을 암시한다. 다시 말해 동일 사건에 대한 각양의 현전 문헌별·편목별 정보들은 본래 동일한 전거에서 부분적으로 분절 인용되었던 경우와, 각각 별개의 전거들을 편향적으로 선택 수용한 경우들로 나누어 볼 수 있는 것이다. 대개 그러한 분류의 실상을 가늠할 수 있는 유효한 방법으로는 인명 등의 고유 명사 표기 예를 주의하거나, 사건 관련 연대의 차이를 주목하는 것이 용이할 것이다. 하나의 사례를 들어본다.

① (奈解尼師今 12년 정월) 拜王子利音〔或云奈音〕爲伊伐湌 兼知內外兵馬事
② (奈解尼師今 14년 7월) 太子인 于老와 伊伐湌 利音이 浦上八國을 격퇴함
③ (儒禮尼師今 즉위년) 母朴氏 葛文王奈音之女 (이상 신라본기2)
④ (勿稽子傳) 奈解尼師今代에 王孫 㮈音이 八浦上國을 격퇴함 (열전8)
⑤ (勿稽子조) 奈解王 17년에 太子 㮈音이 保羅國 등 8국을 격퇴함 (『삼국유사』, 避隱)

　　나해이사금 12년에 왕자 '利音'을 이벌찬으로 삼았다(①). 이음은 2년 뒤 태자 우로와 함께 포상팔국을 격퇴했다(②). 그런데 물계자전에 의하면 팔포상국을 격퇴시킨 이를 왕손 '㮈音'이라고 하였다(④). 『삼국유사』 물계자조에는 태자 '㮈音'이라 하면서 사건의 연대를 나해이사금 17년으로 기록하였다(⑤). 일단 신라본기의 '利音', 열전의 '㮈音', 『삼국유사』의 '㮈音'은 '8국'에 대한 행위 주체로서 동일한 위상에 있다.[20] 이들이 동일 인물이라는 것은 왕자 '利音'에 대해 "혹은 奈音이라고도 한다"는 신라본기의 분주에서(①) 추정 가능하다. 이 분주의 정보는 유례이사금의 어머니를 '奈音' 갈문왕의 딸이라고 한 즉위년조 즉위전 기사(③)의 전거 자료에서 유래한 것이었다. 유의할 점은, 위 세 가지 계통의 자료는 '利(奈·㮈)音'의 인명 표기는 물론, 그들이 伊伐湌·王孫·太子로 각각 다르게 지목되어 있다는 것이다. 동일 사건임이 분명한데도 그 주역의 이름과 직위와 사건 발생년이 다른 것이다. 따라서 『삼국사기』 신라본기 물계자전, 『삼국유사』 물계자조는 각각 근거한 원자료가 같지 않았던 것을 알게 된다.
　　또한 분주가 가해진 나해이사금 12년조 외에 同王 13년, 19년, 25

---
20) 李基東, 1985, 「于老傳說의 世界-新羅史上의 英雄時代」『韓國古代의 國家와 社會』, 一潮閣), 185~186쪽.

년조 등 편년 기사에는 '利音'으로 일관되게 표기하는 반면에 유례니사금 즉위년조에서만 갈문왕 '奈音'을 언급한 것은, 각 즉위년조의 즉위전 기사 작성이 왕대력과 같은 별도 사료에 충실히 근거한 때문이었을 가능성이 크다. 즉 왕위 계승과 왕실 계보에 대한 자료는 일반 사건 기록과는 달리 상대적으로 다양한 계통이 있었다고 본다.21) 이처럼 다종의 전거가 『삼국사기』 편찬에는 수용되고 있었으므로, 열전의 자료 계통을 탐색하는 데도 그러한 자료 환경을 숙고해 둘 필요가 있겠다.

2. 고유 자료의 수용

주지하듯이 『삼국사기』는 삼국에 관한 정리된 역사서로서 초유의 위상을 지니는 것이 아니다. 이규보가 이른 바의 『구삼국사』는 『삼국사기』 이전의 삼국 관련 역사서를 지칭하는 것으로서, 두 책은 모두 고려 왕조에서 '國史'로 간주되었다. 따라서 『삼국사기』 편찬의 주요 원전의 하나로 국내 고유 자료로서의 『구삼국사』를 환기하는 것은 온당한 태도라고 하겠다. 다만 『삼국사기』가 전적으로 『구삼국사』의 축약이라거나 보완에 그치는 것이라면, '신삼국사'로서의 『삼국사기』 편찬 의의는 실종되고 말 것이다. 『삼국사기』 찬자는 새로운 삼국 관련 사서의 편찬 당위를 일러 '사실의 보완', '문체의 개선', 그리고 '현실 정치에의 효용성 기대'를 거론하였다.22) 이를 위한 자료의 확충과 그를

---

21) 이강래, 2005, 「『삼국사기』와 『삼국유사』의 왕대력 비교 연구」(『韓國史學報』 21).
22) 본서 3부 7장 「『삼국사기』의 성격」 참조.

수용하는 방식의 측면에서 『삼국사기』는 기왕의 삼국 관련 국내 자료의 한계를 극복하는 것이지 않으면 안될 것이다. 열전의 작성 과정 역시 다르지 않았다고 생각한다.

앞에서 고구려본기와의 대교 결과, 온달전의 서술 근거가 본기와 공유되지 않는 것임을 말했다. 온달전의 원천 자료는 물론 기왕의 삼국 관련 자료군 가운데 위치하는 것이나, 이처럼 적어도 고구려본기 서술의 주요 전거와는 다른 맥락에서 파악되어야 한다고 할 때, 다음 대목은 이와 관련하여 심중한 단서를 제공한다.

o 고구려에서는 항상 봄철 3월 3일이면 낙랑의 언덕에 모여 사냥해서, 그 때 잡은 돼지와 사슴으로 하늘과 산천의 귀신에 제사하였다. (열전5. 溫達傳)
o 『고기』에는 이르기를 "동명왕 14년 가을 8월에 왕의 어머니 柳花가 동부여에서 죽자 그 나라 왕 金蛙가 태후의 예를 갖추어 장사지내고 마침내 神廟를 세웠다. 태조왕 69년 겨울 10월에 왕이 부여에 행차하여 太后廟에 제사를 지냈다. 신대왕 4년 가을 9월에 왕이 졸본으로 가서 始祖廟에 제사를 지냈다. 고국천왕 원년 가을 9월과 동천왕 2년 봄 2월과 중천왕 13년 가을 9월과 고국원왕 2년 봄 2월과 안장왕 3년 여름 4월과 평원왕 2년 봄 2월과 建武王 2년 여름 4월에도 모두 위와 같이 제사를 지냈다. 고국양왕 9년 봄 3월에는 國社를 세웠다"라고 하였다. 또 이르기를〔又云〕 "고구려는 늘 3월 3일에 낙랑의 언덕에 모여 사냥해서 돼지와 사슴을 잡아 하늘과 산천에 제사를 지낸다"라고 하였다. (잡지1. 祭祀志)

온달전에 의하면 고구려에서는 매년 3월 3일에 낙랑의 언덕에서 사냥하여 산천에 제사를 지낸다 했다. 같은 내용이 제사지 가운데 고구려의 제사를 설명하는 대목에서 확인된다. 제사지의 문장 구조를 유의할 때, '又云'으로 이끌어진 이 사항은 『고기』를 인용 표제로 삼은 서술 말미에 배치되었다. 따라서 가능성은 두 가지일 것이다. 하나는 '又云'을 기준으로 전후의 근거 자료를 구분하여 앞부분만을 『고기』 인용 내용으로 파악하고 '又云' 이하는 별도의 자료, 예컨대 문제가 된 온달전 혹은 그 서술의 근거 자료에서 발췌한 것으로 보는 방식이다. 다른 하나는 이 모두를 『고기』에서 인용한 것으로 보는 방식이다. 온달전과 제사지의 해당 대목은 완연한 동문으로서 일단 전자의 가능성을 일소할 수는 없을 것이다.

해당 대목을 다시 본다.

○高句麗 常以春三月三日 會獵樂浪之丘 以所獲猪鹿 祭天及山川神 (온달전)
○高句麗 常以三月三日 會獵樂浪之丘 獲猪鹿 祭天及山川 (제사지)

제사지의 서술은 온달전과 비교하여 '春'·'以所'·'神'자가 결락된 것이나, 문의 파악에 장애가 되지 않는다. 물론 이것만으로 제사지 찬자가 『고기』로 불린 자료 외에 별도로 온달전의 전거 자료를 동원하여 고구려 관계 제사 항목을 서술했다고 단정하기에는 이르다. 『삼국사기』 찬자는 다종의 복수 자료들을 아울러 『고기』로 지칭했으며, 따라서 『고기』는 중국 측 자료에 대한 고유 자료의 총칭에 불과했기 때문이다. 다시 말해 설사 '又云' 이하 3월 3일 사냥을 언급한 제사지 서술이 그에 앞서 기술된 특정 『고기』의 인용문 밖에 있다 하더라도, 온달전의 내용을 매개로 추정할 수 있는 전거 또한 넓은 의미의 『고기』의 범주에 포괄될 수 있다고 생각한다. 아마 그러한 맥락에서 제사지 서술자는 『고기』의 표제 하에 두 가지 별전의 정보를 한데 아울렀을 것이다. 요컨대 온달전의 저본 자료조차 『삼국사기』 찬자가 이른바 『고기』 가운데 하나의 위상을 지닌다고 할 수 있다고 본다.

『고기』의 명칭이 다양한 실체를 아우른 총칭이라는 데는 일단 큰 이견이 없을 줄로 안다. 제사지의 전체 구조를 살펴 이 문제를 보완하고자 한다. 제사지 서술자는 신라의 제사 관련 정보를 마무리한 다음, "고구려와 백제의 제사 예법은 분명하지 않으므로 여기서는 다만 『고기』와 중국 사서에 실린 것들만을 상고해 기록해 둔다"라고 하였다. 이와 같은 전제 하에 고구려의 경우는 『후한서』·『북사』·『양서』·『당서』를 열거한 뒤 위에 인용한 바와 같이 『고기』를 들어 제사 관계 내용을 제시했다. 백제의 경우도 『책부원귀』 내용을 소개한 뒤 그에 대한 이설로서 『해동고기』 내용을 분주 형식으로 더하고, 이어 마찬가지로 『고기』를 들어 백제 제사 관련 내용을 제시하였다.

그런데 고구려본기의 기록과 비교할 때, 신대왕의 경우는 본기보다 1년 늦게, 고국천왕의 경우는 본기보다 1년 이르게 되어 있다. 물론 이것만으로 본기와 제사지가 근거한 『고기』를 서로 다른 것으로 보기에는 충분치 않다. 예컨대 고구려본기 서술자와 제사지 서술자가 동일한 『고기』를 공유했다고 가정한다면, 두 서술자 모두 혹은 적어도 그 가운데 하나는 『고기』의 정보를 오인한 것일 수 있기 때문이다. 게다가 실제 고구려본기의 왕대력은 『고기』로 약칭되기도 한 『해동고기』에 충실한 것이었다.[23] 또한 제사지 인용 『고기』에는 영류왕을 '建武王'이라고 했음도 주목한다. 고구려본기에 따르면 영류왕의 이름은 '建武'라 하면서 혹은 '建成'이라 한다는 분주가 부기되었다. 또 그의 뒤를 이은 보장왕에 대해 '建武王의 아우 大陽王의 아들'이라고 하였다. 그러므로 '건무왕'을 지표삼아 고구려본기의 왕대력 관련 왕명과 제사지 인용 『고기』의 왕명은 일치한다고 할 수 있다. 여전히 본기와 제사지가 근거한 『고기』의 동일성이 손상되지 않는 것이다.

그러나 『삼국유사』에 인용된 『高麗古記』에 영류왕을 '武陽王'이라고 한 점을 다시 유념하고자 한다. 『고려고기』를 인용한 찬자는 이에 대해 난감해 하였다.

---

23) 李康來, 1996, 「三國史記와 古記」(『三國史記 典據論』, 民族社), 132~134쪽.

國史에는 영류왕의 이름을 建武라 하면서 혹은 建成이라고도 한다 했는데, 여기서는 武陽이라고 했으니 잘 알 수 없다. (흥법, 寶藏奉老普德移庵)

인용문의 '국사'는 그러므로 『삼국사기』를 이른다. 문제는 『고려고기』에는 영류왕 혹은 건무왕을 '무양왕'이라고 했다는 데 있다. 따라서 『고려고기』는 고구려본기나 제사지가 근거한 『고기』 혹은 『해동고기』와 구별되어야 한다. 온달전의 배경이 평강왕 즉 평원왕대로 설정되었던 만큼, 평원왕의 뒤를 이은 왕을 온달전에서는 양강왕이라 했음은 잘못이며, 양강왕은 영양왕 혹은 평양왕의 오기로 보는 이해가 대세라는 것은 앞에 말한 바와 같다. 그런데 '영양왕' 혹은 '평양왕', 그의 아우인 '건무왕' 혹은 '무양왕', 그리고 보장왕의 아버지이자 건무왕의 아우인 '대양왕'은 모두 평원왕의 아들들이다. 이들의 왕호에 '陽'자가 공유되어 있는 것은 이들이 형제인 데서 말미암았을 것이다. 또한 '대양'이 휘이므로 '평양'과 '무양' 역시 휘일 것이라는 데 동의할 때,[24] 온달전 서술에서 영류왕 즉 평양왕을 양강왕이라 한 데에는 양강왕 즉 양원왕의 휘가 '平成'인 데서 빚어진 착오일 것으로 생각한다.

이처럼 『해동고기』와 『고려고기』의 예로 미루어 『고기』류 전거의 다양함을 다시 환기하거니와, 제사지에 보이는 '又云' 이하 내용이 온달전의 전거와 상통하는 별도 자료에 기반한 것이라고 해도 그것은 크게 보아 『고기』의 하나로 보는 데 무리가 없을 것이다. 다시 말해 온달전 자체의 원전 역시 『고기』의 일물로 판단해 두고자 한다.

도미전은 고구려 인물 전기 가운데 온달전이 차지하는 것과 유사한 위상에 있는 백제 인물 전기거니와, 사건 당시의 왕으로 기록된 蓋婁王을 개로왕 즉 근개루왕으로 파악해야 한다는 설득력 있는 파악에 동의할 경우,[25] 이 또한 『고기』의 한 편린으로 보아도 좋겠다. 즉

---

24) 高寬敏, 1996, 앞 논문 「高句麗本紀の國內原典」.

공식 왕칭 '개로왕'에 대한 분주 정보 '근개루왕'은 고구려본기 분주 계열 왕칭의 경우를 미루어 역시 이종의 출전을 지시하는 단서이므로, 도미전의 서술 재료가 '개로왕'을 '(근)개루왕'으로 표기했다면, 그것은 온달전의 전거와 마찬가지로 열전 찬자 앞에 독립된 전승물의 형태로 확보되어 있었다고 보고자 한다. 아울러 개로왕 관련 사화가 비교적 다양했을 것은, 백제본기에 보이는 분주 계열 왕칭이 실제 서술에 적용된 유일한 사례가 바로 '근개루왕'이었던 데에서도 지지를 얻는다. 즉 백제본기 개로왕 21년조는 고구려의 한성 공함 및 개로왕의 피살을 서술한 다음, 고구려 첩자 道琳의 암약 및 그로 인한 '근개루왕'의 실정과 패멸의 과정이 완결된 형태의 에피소드로 부연되었다. 따라서 이 부연된 대목에 등장하는 '근개루왕'은 필시 도미전의 서술 재료에 적용된 '(근)개루왕'과 조응하는 것이겠다. 도미전 관련 지명의 검토를 통하여 도미전의 사건 발생 시기를 개로왕 말기로 짐작한 견해도 유의할 일이다.[26]

한편 열전 가운데 구체적인 자료명이 제시되지 않은 서술의 많은 부분을 『삼국사기』 찬자가 이른바 『고기』로 총칭되는 자료군에 포함시켜 이해하는 방식의 타당성은, 김유신전에서도 유효한 방증의 정황을 찾을 수 있다. 김유신전에는 선덕왕 11년(642)에 백제와 벌인 大梁州 전투의 전말 및 그로 인해 추동된 김춘추의 고구려에 대한 청병 외교의 실패가 서술된 다음, 말미에 다음과 같은 분주가 있다.

> 이 내용은 本記의 진평왕 12년에 실려 있는 것과 한 가지 일이로되 조금 다르다. 모두 『고기』에 전하는 것들이므로 둘 다 그대로 적어 둔다. (열전1, 김유신전 상)

---

25) 梁起錫, 1986, 앞 논문 「『三國史記』 都彌列傳 小考」, 4~6쪽.
26) 都守熙, 1994,「百濟의 都彌傳에 관한 몇 문제」(『百濟語 硏究(Ⅲ)-王名·國號 등의 語彙論을 中心으로』, 百濟文化開發硏究院), 95~96쪽.

우선 정덕본『삼국사기』에는 '本記' 부분이 '本言'이라고 각자되어 있으나, '言'자가 지나치게 왼편으로 치우쳐서 부자연스럽게 판각되어 있으므로, '記'자의 缺刻으로 판단한다. 그 경우 '本記'는 '本紀', 즉 신라본기를 가리키는 것으로 보는 것이 온당할 것이다. 그러나 너무나 당연한 말이지만, 신라본기에는 진평왕 12년이 아니라 김유신전 본문에 명기한 대로 선덕왕 11년에 같은 내용의 기사가 있다. 그러므로 이 분주에는 누군가의 오류가 저질러진 것이다. 그 오류의 주체와 과정을 어떻게 이해할 것인가에 따라 논의는 비상하게 확대될 수 있다.

예컨대 일부 연구자들은 인용한 분주의 '本記'는『구삼국사』의 신라본기라고 한다. 그들은 그 첫째 근거로서 '本紀'가 아니라 '本記'로 쓴 점을 들고 있다. 말하자면 이것은 김부식 등 편찬자들이 기존 자료, 즉 아마도『구삼국사』에 '本記'로 표현된 것을 '本紀'로 고치는 가운데 미처 고치지 못한 부분이리라는 것이다. 이 '本記'의 문제는 마치 김부식이 고구려 후기의 국호 '高麗'를 특정한 의도, 다시 말하여 고려의 고구려 계승 의식을 은폐하려는 정치적 목적에서 '高句麗'로 고치다가 몇 군데 빠뜨려버린 것과 같다는 것이다. 나아가 둘째 근거로는『삼국사기』편자가『삼국사기』신라본기와 대조했다면 선덕왕 11년 기사를 진평왕 12년 기사로 오기했을 가능성은 희박하다는 것이다. 그러므로 오히려『구삼국사』에서부터 이미 오기된 것을 비판하지 못하고 그대로 전재한 데서 결과된 실수로 이해하는 것이 합리적이라고 한다.

여기서는 이러한 주장에 대한 시비를 재론할 여유가 없다.[27] 주의할 사항은 김유신전 찬자가 선덕왕 11년의 연대를 명기하여 백제의 신라 大耶城 공함 사건을 서술한 뒤, 이 사건이 신라본기의 진평왕 12년 조에 실려 있는 내용과 '한 가지 일'이로되 조금 다르다고 분주한 데

---

27) 이 문제에 대해서는 본서 2부 4장 참조.

있다. 김유신전에 소개된 사건은 실제 신라본기 선덕왕 11년조 기사와 '한 가지 일'이로되 조금 다르다. 김유신은 진평왕 17년(595)에 태어났으므로 사실 처음부터 진평왕 12년 당시 김유신의 군사활동이란 있을 수가 없다. 분주는 이어서 '모두 『고기』에 전하는 것들'이므로 둘 다 기록해 둔다고 했다. 이 분주의 지적을 세심하게 고려하면, 신라본기 선덕왕 11년 기사가 근거한 자료나, 그와는 '조금 다른' 열전의 자료는 모두 『고기』로 지칭되고 있는 것이다.

주지하듯이 김유신전은 그의 후손인 金長淸에 의해 찬술된 김유신의 '行錄'에 토대를 두었다. 그러므로 『삼국사기』 편찬자는 '김유신행록', 혹은 '흥무대왕행록'을 『고기』라고 지칭하였던 것이다. 『삼국사기』의 본기 기사들이 상당 부분 이른바 『구삼국사』에 의존하였을 것이라는 일반적인 이해를 고려하고, 김부식이 인종에게 『삼국사기』를 진헌할 때 쓴 표문에서 우리 고유의 삼국 관련의 역사 자료로서 『고기』의 미흡함과 그를 극복해야 할 당위성을 밝힌 점을 염두에 둔다면, 결국 『구삼국사』 역시 『고기』라는 넓은 범위의 명칭 속에 포함시킬 수 있겠다.

열전 편찬을 위한 국내 자료의 수용을 음미할 때, 이 같은 『고기』의 자료 폭은 유념할 사안이다. 삼국의 본기에서 각각 왕대력 설정의 근간을 이루고 있었던 『제왕연대력』·『해동고기』·『삼한고기』 등이나, 고구려와 백제의 직관 정보를 제공한 『본국고기』 따위가 모두 그 기능상 광의의 『고기』 범주에 드는 한편, 이들이 단일한 실체일 수 없다는 것은 두말할 필요가 없을 줄로 안다. 실로 열전 편찬 과정에 수용된 국내 고유 자료란 각 본기 서술의 경우와 마찬가지로 「진삼국사기표」에서 이른 『고기』를 중심으로 파악해도 무리가 없을 것이다. 따라서 『고기』가 지니는 삼국 관련 역사 자료로서의 특징과 그 한계 역시 본기와 열전의 편찬 과정에서 다를 리 없다고 보아야겠다.

『新羅古記』에는 이르기를 "문장으로는 强首·帝文·守眞·良圖·風訓·骨沓이었다"라고 했으나, 제문 이하는 그 사적이 전하지 않아 전기를 만들 수 없다. (열전6, 강수전)

강수전의 말미에 자리한 열전 찬자의 고백이다.『신라고기』찬자는 강수 이하 6인을 당대의 문장가로 동렬에서 평가했다. 그러나『신라고기』에는 그러한 평가를 증명할 만한 개별 '사적'을 수록하지 않았다. 강수전 자체도 그 전거가 반드시『신라고기』였다고 단정할 근거는 없다. 김부식이 진단한 '『고기』의 미흡함'이란 바로 이러한 정황을 염두에 둔 것이겠다.

그러므로『고기』로 불린 김유신의 '행록' 정보 역시 찬자의 비판적 시각에서 자유로울 수 없었던 것이다. 예컨대 찬자는 필시 '행록'에 보였을 김유신의 아버지 '舒玄'에 대해 "庾信碑를 보면 '아버지는 소판 金逍衍'이라 했으니, '서현'은 혹시 고친 이름인지, 아니면 '소연'이 字인지 알 수 없어 의문이 있으므로 둘 다 기록해 둔다"라고 했다. 마찬가지로 김유신비는 김유신의 시조 출자를 '軒轅의 후예요 少昊의 자손'이라 한 근거였으며, 아마 '행록'에는 이와는 달리『駕洛國記』혹은『駕洛國古記』[28]에 보이는 '六卵天降'의 형태로 기록되었을 것이다.[29]『고기』즉 '행록'에 대한 찬자의 이와 같은 인식에서 "자못 만들어 넣은 말이 많으므로 그런 부분은 깎아버리고 적어 둘 만한 내용을" 취하는 수용 방침은 불가피했던 것이다. 이 점에서 김유신전의 "저작권은 김부식으로 돌아가는 것"[30]이라는 지적은 일단의 설득력을 지닌다.

또한 열전 찬자는『신라고기』의 평가를 소개하면서도 그에 부응하

---

28)『新增東國輿地勝覽』29, 高靈縣 建置沿革.
29) 李文基, 2004,「金官加耶系의 始祖 出自傳承과 稱姓의 變化」(『『삼국사기』「열전」을 통해 본 신라의 인물』, 신라문화제학술논문집 25), 47~48쪽.
30) 林熒澤, 1989, 앞 논문「『三國史記·列傳』의 문학성-『金庾信傳』을 중심으로」, 26쪽.

는 입전의 노력을 다하지 않았다. 예컨대 김양도는 태종 무열왕 때 대백제전에 공로를 세워 김유신, 김인문과 동렬의 비중을 점했던 바 있고, 고구려 격멸 작전에 참여했을 뿐 아니라, 전후 처리 문제로 빚어진 갈등을 수습하기 위해 김흠순과 함께 입당하여 끝내 당에서 순국한 인물이었다. 풍훈 역시 태종 무열왕 때 병부령을 지냈고, 문무왕의 고구려 원정에 大幢將軍으로 참전했던 金眞珠의 아들이었다. 풍훈이야 문무왕 15년(675)에 반역의 흠결을 남겼다 하나, 김양도의 경우 열전 찬자의 의지에 따라서는 충분히 입전할 만한 사적을 확보하기 어렵지 않았다. 그러나 찬자는 김인문전 말미에 일곱 번 입당했던 김인문에 비겨 "良圖 海飡의 경우 여섯 번 당에 들어갔다가 西京에서 죽었는데, 그의 행적의 전말은 전하지 않는다"라고 할 뿐, 더 이상의 배려를 방기하고 말았다.

명림답부의 열전 정보가 고구려본기와 미세한 차이가 있었던 점을 지적해 두었거니와, 신라본기에 있는 김양도 관련 정보들이 열전의 서술 재료로 활용되지 않은 정황은 각 본기의 관련 내용 서술의 유무가 입전 여하의 충분 조건은 아니었음을 의미한다. 이와 관련하여 김양도가 입전되지 않은 이유는 그의 불교에 대한 독실한 태도 때문이었으리라는 추측은 일견 개연성이 높은 설명이다.[31] 이것은 또한 『삼국사기』 찬자가 김대문의 저작을 두루 활용하면서도 정작 그의 독립 전기를 세우지 않은 것은 그를 강수·최치원·설총과 병립할 만한 유학자로 보지 않은 때문이었다는 지적과 방불한 파악 방식이다.[32] 나아가 『삼국사기』 열전에 고승의 생애나 불교 관련 전승이 온전히 배제된 현황은 입전의 범주에 대한 의미 있는 지표이기도 하다.

---

31) 金福順, 2004, 「신라의 유학자-『삼국사기』 유학자전을 중심으로」(『『삼국사기』 「열전」을 통해 본 신라의 인물』, 신라문화제학술논문집 25), 235쪽.
32) 李基白, 1987, 「金大問과 金長淸」(『韓國史市民講座』 1), 98~99쪽.

사실 장르의 특성상 열전은 찬자 자신의 역사관을 예증할 수 있는 용이한 마당이었으므로, 입전된 인물들은 찬자의 기준을 경유하여 '선별'되었을 것이라는 혐의는 일단 타당하다.33) 그러나 김대문 역시 열전 찬자에 의해 유학자로 파악되었으며 독립 전기와 附傳의 기준은 '인물들의 비중'이었다는 이해34) 역시 간과할 일이 아니다. 또한 이미 불교와 무관하게 신라본기에 전존된 김양도의 행적은 열전에 오른 7세기 신라인들에 견주어 질과 양에서 결코 뒤지지 않는다는 점도 주의해야겠다. 따라서 김양도의 경우 명림답부나 을파소의 경우처럼 독립된 형태의 인물 중심 기성 전기물이 없었을 가능성을 헤아려 본다.

이 점은 신라본기의 서술 정보와 긴밀한 조응을 보이고 있는 석우로전과 이사부전에 신라본기의 정보 범위를 넘어서는 내용이 적지 않은 데에서도 지지를 얻는다. 석우로전의 경우 조분왕대 우로의 행적은 신라본기와 용이하게 대응하나, 첨해왕대의 행적과 미추왕대에 있었던 우로 처의 보복담은 신라본기에서 확인할 수 없다. 특히 석우로전에는 첨해왕 7년 계유(253)에 우로의 죽음이 기록되었으나 신라본기에는 첨해이사금 3년(249)의 일로 기록되었다. 게다가 신라본기 편년상 310년부터 356년까지 재위한 흘해이사금을 우로의 아들이라 한 신라본기와 열전의 인식은, 비상하게 길어진 우로의 수명으로 인해 종래 그 실제가 회의되어 왔던 것이다. 결국 "우로의 이야기는 본디 동해안의 于柚村 지방에 퍼져 있던 민간전승이었을 것"으로 진단하고, 초기 신라의 성장 과정 속에서 합리적 수긍의 맥락을 모색했던 것은35) 모범적 사료 비판의 사례로서 자연스러운 귀결이었다고 생각한다.

---

33) 佐藤將之, 1995, 「『三國史記』 政治思想의 硏究」(서울대학교 석사학위논문), 166쪽.
34) 趙仁成, 1998, 「金大問의 歷史敍述-思想的 背景을 中心으로」(『韓國古代史硏究』 13), 291~294쪽.
35) 李基東, 1997, 「于老傳說의 世界-新羅史上의 英雄時代」(『新羅社會史硏究』, 一潮閣), 41쪽 ; 동, 1985, 『韓國古代의 國家와 社會』(一潮閣).

그러나 첨해왕대에 우로가 沙梁伐國을 멸망시켰다고 한 열전의 정보는 신라본기의 지지가 없다 하여 간과해도 좋은 것은 아니다. 지리지(1) 찬자는 尙州에 대해 "沾解王 때 沙伐國을 빼앗아 州로 만든 곳이다"라고 했기 때문이다. 물론 사벌주는 신라본기에 첨해이사금이 아니라 그 뒤 정작 유례이사금대에 와서야 나타나고 있다. 즉 유례이사금 10년에 "沙道城을 개축하고 사벌주의 호민 80여 가를 옮겼다" 한다. 그런데 이 사도성의 개축은 바로 3년 전 왜병의 공격을 받아 함락되었던 것을 수복한 데서 비롯한 것이었다.36) 그렇다면 사벌주의 주민들은 유례이사금 대에는 이미 안정적인 신라민이 되어 있었다고 보아야겠다. 요컨대 사벌주의 전신인 사벌국을 신라가 병합한 시기로 지리지에 제시된 첨해이사금 때는 유례이사금이 그 호민들을 개축한 방어성의 충실을 목적으로 사민시켰던 때로부터 약 50여 년 이전이 된다는 점을 중시하고자 한다. 따라서 첨해이사금대에 사벌국을 병합했다고 한 지리지의 기사를 신뢰할 만하다고 판단하는 동시에, 우로전의 정보 역시 '역사적 실제'를 반영한다고 보아야겠다.

물론 '역사적 실제'란 그야말로 『삼국사기』 편찬자들, 혹은 그들이 수용한 고유 자료 작성 주체의 인식 범위에 국한한 것일지도 모른다. 다시 말해 '인식된 역사'와 그 이전 '사실로서의 역사'는 일치하지 않을 수 있겠다. 그러나 이 신중한 제한적 의미부여 자체가, 석우로전의 전거 자료에는 신라본기에 드러난 정보 범위 이외의 전승이 포함되어 있었으리라는 판단을 저해하는 것 또한 아니다. 유사한 논리로, 이사부전의 내용 가운데 가야국을 기습한 사건이나 고구려군의 금현성 수복 시도를 물리친 사건 등은 비록 신라본기 등에서 확인할 수 없는 내용이지만, 별전의 전거에 입각하여 서술한 것으로 보아 그 사료

---

36) 『三國史記』, 新羅本紀2 儒禮尼師今 7년(290): "倭兵攻陷沙道城 命一吉湌大谷 領兵救完之"; 같은 책, 같은 왕 10년(293) 2월: "改築沙道城 移沙伐州豪民八十餘家".

적 가치를 외면하지 않고자 한다.

무엇보다 이사부전만의 정보로 드러난 부분의 왕칭에 주의할 필요가 있다. 그에 의하면 이사부는 '智度路王' 때 변방의 관리가 되어 가야국을 병탄했다고 한다. 이사부전의 '지도로왕'은 신라본기에 보이는 지증마립간의 이칭이다. 신라본기 찬자는 지증마립간의 휘 智大路에 대해 "혹은 智度路라고 하며, 智哲老라고도 한다"라고 분주하였다. 그런데 분주에 보이는 왕휘를 이용한 왕칭은 『삼국사기』 전편에 걸쳐 오직 악지와 이사부전에만 적용되었다. 신라본기는 물론 제사지·지리지·직관지에도 '지증왕'으로만 쓰였으며, 열전 내에서도 김후직전의 경우에는 '지증왕'이라고 표기할 뿐이었다.

특히 악지의 경우 신라 음악 관련 서술은 중국 측 전거와 신라 측 고유 전거를 대비시켜 구성하고 있으므로, 신라 고유 왕칭에 대해 유효한 단서를 획득할 수 있을 것으로 기대한다. 악지의 전거 자료 및 구조를 도해하면 다음과 같다.

왕조	항목분류		중국전거	고유전거	비고(왕칭의 사례)
신라	三絃	玄琴	琴操·風俗通	新羅古記	
		加耶琴	風俗通·釋名·箏賦	羅古記	嘉實王·眞興王
		琵琶	風俗通·釋名	미상자료	
	三竹	三竹	風俗通	미상자료	
		萬波息笛		古記	神文王
	歌舞	會樂 …		미상자료	奈密王·智大路王·眞興王 …
				古記	政明王
		崔致遠 鄕樂雜詠五首			
고구려			通典·冊府元龜	없음	
백제			通典·北史	없음	

위에 도시한 바와 같이 고구려와 백제의 음악 관련 정보는 모두 중국 측 자료에만 의존했다.37) 신라의 경우만이 훨씬 풍부한 고유 전거에 입각하여 서술되었으며, 전체 잡지 가운데 신라 관련 서술에 『고기』류를 인용 자료물로 드러내 동원된 것 또한 오직 악지뿐이었다. 이러한 정황은 신라의 정돈된 음악 관련 기성 자료의 존재를 암시한다. 고유 전거는 『신라고기』·『라고기』·『고기』, 그리고 자료명을 밝히지 않은 단락들로 드러났다. 『라고기』가 『(신)라고기』일 것은 동의하기 어렵지 않다. 또한 그것들은 넓은 의미의 『고기』류 가운데 포함시켜도 무방하다고 생각한다. 그러나 『고기』 인용문 가운데 드러난 '신문왕'과 '정명왕'의 표기 차이는 주의해야 할 사안이다. 정명은 신문왕의 휘였거니와, 아마 『고기』로 통칭되었던 자료물들은 단일한 형태의 전승물은 아니었을 것이다. 그러한 논리에서라면 전거 자료명을 지시하지 않은 부분의 서술 토대 역시 『고기』류로 보아도 좋을 듯하다.

한편 신라 음악 관련 정보를 전하는 이들 『고기』류 가운데에는 김대문의 『樂本』이 큰 비중을 차지했을 것으로 추정되어 왔다.38) 이 온건한 추정을 염두에 두고 '지대로왕'의 왕칭을 매개로 생각할 때, 이사부전의 일부 정보를 신라본기 근거 자료와 구별되는 별전의 『고기』류 정보로 볼 여지를 발견한다. 악지 가운데 '지대로왕'의 출처와 같은 자료에 있었던 '奈密王'의 용례 역시 열전의 사다함전과 김흠운전에 다시 보인다. 그들은 화랑이었으며 낭도였다. 열전의 화랑 관련 서술 전거가 김대문의 『화랑세기』였을 것이라는 데에는 아마 이견이 없을 줄 안다. 아울러 그의 『계림잡전』 인용문 역시 신라본기의 공식 왕칭인 炤知麻立干이 아니라 毗處王이라고 하였음을 환기한다.39)

---

37) 고구려의 경우는 『通典』 146, 樂6 四方樂 高麗樂조와 『冊府元龜』 959, 外臣部 土風1 高句麗조를, 백제의 경우는 『通典』 146, 樂6 四方樂 百濟樂 및 같은 책 권 185, 邊防1 百濟조와 『北史』 94, 百濟傳을 활용하였다.
38) 李基白, 1978, 「金大問과 그의 史學」(『歷史學報』 77), 7~8쪽.

요컨대 열전에 수용된 고유 자료들은 본기 서술의 재료와 본질적으로 구별되는 것은 아니나, 입전 대상 인물에 집중하여 적의한 윤문과 가감이 이루어졌다고 생각한다. 다만 김장청의 김유신 '행록'이나 김대문의 저작물들과 같이 그 자료적 토대를 궁구할 수 있는 경우는 그다지 많지 않다. 결국 「진삼국사기표」에서 『삼국사기』 편찬의 당위와 관련하여 한계가 지적된 삼국 관련 고유 자료에 대한 총칭으로서의 『고기』가 열전 편찬을 위한 광의의 자료원으로 지목될 뿐이다. 즉 강수전에서 편린을 비친 『신라고기』나 김유신전에서 언급되었고 온달전에서 추적된 『고기』 따위가 열전 편찬을 위한 고유 자료를 지시하는 명칭이 되고 말았다. 다만 그것들은 이미 개별 인물 중심 형태로 전승되고 있었을 가능성이 매우 높았으며, 따라서 개개 전기들은 적어도 삼국의 본기에 산재한 내용을 단순 조합하거나 전재한 것은 아니었다고 생각한다.

3. 중국 자료의 활용

고유 자료를 수용한 예에 비해 중국 자료를 활용한 대목은 비교적 용이하게 그 원전을 추적할 수 있다. 예컨대 흑치상지전과 개소문전에 부수된 男生과 獻誠의 약전은 『신당서』에 입전된 두 사람의 전기 기록을 재료로 하면서, 입당 후의 행적을 크게 생략하거나 백제 혹

---

39) 『三國史記』, 新羅本紀4 法興王 15년. 따라서 도미 전승 또한 김대문의 『漢山記』에 수록되었을 것이라고 생각하는 견해는, 도미전의 '개루왕'이 '개로왕'의 분주 표기일 것이라는 추정과 관련하여 시사하는 바가 없지 않다. 김윤우, 2004, 「都彌史話에 관한 역사지리적 고찰」(『京畿鄕土史學』 8), 331~346쪽.

은 고구려 중심의 표현으로 고쳐 입전의 취지에 부응케 하였다.40) 유의할 것은 백제와 고구려의 본기에 보이는 위 3인의 관련 행적이 열전 찬술에 주의 깊게 살펴지지 않았다는 점이다.

이를 위해 백제본기 가운데 백제 부흥군이 663년 백강 전투에서 궤멸되고 부여풍이 고구려로 탈출한 정황이 소개된 후, 劉仁軌에게 투신한 흑치상지가 임존성의 遲受信을 평정한 사실이 기록되어 있는 대목을 주의해 본다. 이 대목은 일부『자치통감』의 정보를 포함하여 대부분『신·구당서』유인궤전에 의존한 것으로 판단되거니와,41) 열전의 흑치상지전에는 전혀 반영되지 않았다. 마찬가지로 고구려본기의 천남생 관련 서술은 주로『자치통감』과『신당서』고려전을 재료로 한 것인 반면, 열전의 남생과 헌성 관련 내용은 전적으로『신당서』의 諸夷藩將傳을 벗어나지 않고 있다. 다만 고구려 중심적 기술에 충실하기 위해 당 측 자료의 표현을 개서하는 동시에 당 중심 내용 일부를 탈락시키고 있을 뿐이었다.42)

특히 고구려본기에는 남생이 당에 투신한 이듬해 즉 보장왕 26년 (乾封 2, 667) 9월에, 설인귀가 고구려군 5만 명을 살육하고 "南蘇와 木氐와 蒼巖의 세 성을 함락시켰으며, 泉男生의 병력과 합했다"라고 하였다. 이것은『자치통감』을 인용한 부분이다.43) 그런데『신당서』의 천남생전이나 이를 답습한『삼국사기』의 열전에는 남생이 "哥勿·南蘇·倉巖 등의 성을 들어 (당에) 항복했다"라고 기록하였다. 동일한 사건이

---

40) 『新唐書』 110, 列傳35 諸夷藩將 黑齒常之傳 및 泉男生傳(附 獻誠傳)
41) 『資治通鑑』 201, 唐紀17 高宗 龍朔 3년 9월 戊午 ;『舊唐書』 84, 列傳34 ;『新唐書』 108, 列傳33 劉仁軌傳.
42) 열전의 내용과 중국 자료와의 대교 성과는 黃亭柱, 2001,「『三國史記·列傳』撰述過程의 研究-資料의 源泉의 探究」(성균관대학교 박사학위논문)에서 많은 지침을 얻었다.
43) 『資治通鑑』 201, 唐紀17 乾封 2년 9월. 그러나 같은 내용이『신당서』에는 건봉 3년조에 기록되었고 설인귀가 회합한 군대 역시 李勣의 것으로 되어 있다.『新唐書』 220, 列傳145 東夷 高麗 (乾封) 3년 2월.『신당서』측의 오류이다.

분명한 반면, 목저성과 가물성의 차이는 물론 세 성의 귀추를 남생의 투항에서 비롯된 것으로 볼 것인가 설인귀의 공략에서 초래된 것으로 이해할 것인가의 차이가 발생한다는 점을 유념할 일이다. 결국 이 현저한 차이점을 미루어『삼국사기』열전 찬자는 오직『신당서』열전의 내용에 의존했을 뿐, 고구려본기 혹은 그 원전이라 할『자치통감』등의 관련 정보를 배려하지 않았음이 드러났다. 따라서 고구려본기 찬자와 남생전 찬자가 동일 사건을 서술하는 데 있어서 상호 내용상 호응의 맥락에 크게 유의하지 않은 것이며, 그렇다면 이러한 단층은 각 편목 서술자의 실체 문제에 그치지 않고 각각 근거한 원전에까지 미치는 문제였던 것이다.

국내 고유 자료의 수용에서도 본기와 열전의 서술이 어느 일방의 내용을 온전한 재료로 하여 타방에서 재구성된 것으로 속단할 수 없는 정황을 지적했지만, 특히 중국 자료 활용에 있어서는 이처럼 본기와 열전 서술에서 유기적 고려가 충분치 못했다. 물론 명림답부전에서 확인된 연차의 착종만으로 고구려본기 내용이 열전 서술의 재료가 아니라고 판정하는 것은 그 논거가 미진함을 이미 고백한 바 있다. 그러나 고구려 고유 전승에서 비롯했음이 명백한 밀우·유유전 가운데 보이는 동천왕의 행적은 오히려 고구려본기의 관련 내용보다 실상에 가깝다고 판단되었다.[44]

○ 王欲奔南沃沮 至于竹嶺 … 王間行轉輾 至南沃沮 (열전5. 密友·紐由傳)
○ 王奔南沃沮 至于竹嶺 … 王間行轉輾 至南沃沮 (고구려본기5)

경직되게 해석할 경우, '欲'의 유무에 따라 죽령의 위치가 고구려의 수도에서 남옥저에 이르는 노정 가운데 있거나(열전), 혹은 남옥저

---

44) 李弘稙, 1971, 앞 논문「三國史記 高句麗人傳의 檢討」, 255쪽.

로 지칭된 공간 범위 내부에 있게 되는(본기) 차이가 발생한다. 물론 열전 찬자가 본기 내용을 적의하게 활용하는 가운데 스스로 파악한 문의에 충실하여 '欲'을 부기할 가능성을 배제하지는 못한다. 그러나 이어지는 사건의 전개에 비추어 죽령은 남옥저에 이르기 전의 경유지로 보는 것이 자연스러우므로, 공유되어 있던 원전의 활용 과정에서 고구려본기 작성자 측의 부주의로 '欲'의 탈락이 야기된 것으로 이해하고자 한다.

요컨대 명림답부전과 밀우·유유전에서 간취된 본기 내용과의 미세한 차이점은 서술 과정의 긴밀한 유기성을 지지하지는 않는 것이지만, 양측 서술자가 의존한 원전의 일체성을 전적으로 해칠 만한 것도 아니었다. 또한 온달전과 도미전이 각각 고구려와 백제의 인물 전기로서 소속 왕조의 본기에 반영되지 않은 독립된 전승물의 형태로 이해되었으나, 그 자체가 각 본기의 내용과 양립할 수 없는 것이 아니었음은 물론이다. 반면에 흑치상지·천남생 등 중국 자료를 활용한 경우에서는 상대적으로 본기와 열전 사이의 내용상 괴리의 폭이 심대한 셈이다. 그들의 약전이 『신당서』에 입전되어 있는 조건에서, 열전 찬자는 본기의 관련 행적을 크게 주의하지는 않았던 것이다.

장보고·정년전에서 이 점을 더욱 명료히 확인하게 된다. 이미 말한 바와 같이 『삼국사기』의 장보고·정년전은 두목의 전기를 본래 원전으로 밝혀 두었다. 그러나 실제로는 『신당서』에서 활용한 두목의 장보고·정년전 문면을 함께 참고하면서 두 선행 서술의 특장을 아우른 것이었다.[45] 애초에 두목의 전기는 장보고가 국난을 수습한 공로로 중앙에 들어가 재상이 되었다는 데서 그의 약전이 마무리된 다음, 안녹산의 반란을 평정한 郭汾陽이 정적 李臨淮를 포용한 사례를 들어 정년에

---

45) 尹在云, 2004, 「『三國史記』 列傳에 보이는 張保皐像」(『『삼국사기』 열전을 통해 본 신라의 인물』, 신라문화제학술논문집 25).

대한 장보고의 태도를 높이 포양한 찬자의 평의가 이어지는 구조였다.46) 『신당서』찬자 宋祁도 두목의 장보고·정년전 전반부를 적의하게 수용한 다음, '贊曰'의 형태로 두목의 평의를 소개하고 일부 자신의 소견을 첨부하는 방식으로 서술한 바 있다.47) 『삼국사기』는 위 두 선행 작문을 다시 취사하되, 장보고의 행적부와 그에 대한 평의 부분을 각각 장보고의 생애와 그에 대한 자신의 사론으로 대신하였다. 다만 『삼국사기』 열전 찬자는 선행 사서의 단순한 취합에 그치지 않고 신라 측 고유 전승을 염두에 두고 있었음을 주목해야겠다.

ㅇ…願得鎭淸海〔新羅海路之要〕 使賊不得掠人西去… (杜牧)
ㅇ…願得鎭淸海 使賊不得掠人西去 淸海海路之要也… (宋祁)
ㅇ…願得鎭淸海 使賊不得掠人西去 淸海新羅海路之要 今之莞島… (『삼국사기』, 장보고·정년전)

우선 두목의 글에 보이는 '청해'에 대한 설명 즉 '新羅海路之要'라는 분주의 내용은 송기의 작문에서 본문 형태로 언급되었다.48) 『삼국사기』 열전 찬자 역시 이를 답습하면서 '지금의 완도'라는 추가 설명을 부기하였다. 이것은 명백히 열전 찬자의 부기이므로 그 자신의 지리정보에 입각한 설명이라고 해야겠다. 문제는 이러한 지리 인식이 신라본기에도 보이되, 그 경우 분주 형태로 되어 있다는 점이다.

淸海大使弓福 姓張氏〔一名保臯〕… 鎭淸海〔淸海今之莞島〕 (신라본기10 흥덕왕 3년 4월)

---

46) 杜牧, 『樊川文集』 6, 「張保皐鄭年傳」.
47) 『新唐書』 220, 列傳145 東夷 新羅.
48) 두목의 작문 당시부터 이것이 분주 형태로 기입되었는지 여부에 대해서는 논의의 여지가 있겠다. 예컨대 臺灣大通書局印行 『欽定全唐文』 권756에 수록된 「張保皐鄭年傳」에는 아예 이 분주가 없고, 臺灣商務印書館刊 『欽定四庫全書』에 수록된 『樊川集』 권3과 『文苑英華』 권795, 그리고 송대의 刊本을 명대에 飜刻한 『四部叢刊·樊川文集』(上海商務印書館 영인)에는 인용문과 같은 분주가 있다.

청해를 완도로 적시하게 된 과정의 선후를 신라본기와 열전 사이에 확정할 방법은 없다. 그러나 신라본기 찬자는 '張弓福'에 대해 "一名保皐"라고 하였다. 반면에, 앞에 말한 바와 같이 열전 찬자는 '張保皐'에 대해 "羅紀作弓福"이라 했다. 이와 같은 '보고'와 '궁복'의 상호 반대 방향 분주의 존재는 신라본기와 열전의 찬자들이 의존한 주요 전거, 즉 '두목의 전기'와 '신라의 전기' 문면을 암시하는 동시에, 서로 타방의 전거를 고려한 증거로 간주해도 좋다. 다시 말해 두목의 전기 전반부를 인용한 다음, "이것은 신라전기와는 자못 다른데[頗異] 杜牧이 지은 전기인 까닭에 둘 다 보존해 둔다[兩存之]"라고 한 찬자의 지적은, 김유신전 찬자가 "이것은 (신라)본기의 진평왕 12년에 실려 있는 것과 한 가지 일이로되 조금 다른데[小異], 모두 『고기』에 전하는 것들이므로 둘 다 그대로 적어둔다[兩存之]"라고 언급한 바와 완연 동일한 취지에서 연유한 것이다.

고유 자료들 가운데 확보된 이종의 전승을 '兩存'한 것처럼, 중국자료와 국내 자료 사이의 이견 역시 '兩存'한 셈이다. 그러나 김유신전의 그것이 신라본기와 조금 다른[小異] 것과는 달리, 두목의 「장보고정년전」은 신라전기 즉 신라본기의 원전과 크게 달랐다[頗異]. 그럼에도 불구하고 찬자는 이에 대한 여하한 논증도 포기하였다. 기성의 인물 전기 자료가 확보된 이상, 그러한 전기 자료의 원형을 손상하지 않으려는 배려로 판단한다.

반면에 국내외의 기존 전기 자료를 확보하지 못한 경우는 관련 인물의 족적을 다종의 기록물에서 취합하여 입전하는 방식을 택했다. 예컨대 을지문덕 관련 고구려본기의 내용은 거의 완벽하게 『자치통감』의 문면을 전재한 반면,[49] 을지문덕전은 비록 『자치통감』을 위주로 하면서도 훨씬 세심하게 고구려 중심 그리고 을지문덕 중심의 개서

---

49) 『資治通鑑』 181, 隋紀 煬帝 大業 8년.

가 이루어졌으며, 본기에서 고려하지 않은 『수서』의 우중문전과 우문술전을 적절하게 활용 배치하였다.50) 그에 따라 을지문덕이 우중문에게 보낸 시를 제외하고는, 전반적으로 관련 사건의 상세함에 있어 열전은 본기에 미치지 못하고 있다.

이처럼 을지문덕전의 검토에서도 열전 찬자가 고구려본기의 관련 내용을 토대로 하기보다는 을지문덕 관련 원전들을 직접 재료로 작문했던 정황을 확인할 수 있다. 사실 을지문덕전은 그 서부에 보이는 "수 開皇연간에 煬帝가 조서를 내려 고구려를 쳤다"라고 한 대목에서부터 고구려본기의 문면을 일탈하고 있었다. 이 대목은 딱히 중국 자료에 의지하지 않은 채 찬자가 작문한 도입부에 해당하는데, '개황'은 양제의 부 문제의 연호이므로 그 자체 심각한 오인이었다. 고구려본기에 기록된 양제의 大業연간 고구려 침공 내용 서술에는 『자치통감』과 함께 『수서』 양제본기 정보도 유효하게 활용되었으므로, 열전의 연호 적용 오류는 본기 찬자와의 괴리와 함께 중국 자료의 활용 과정이 두 편찬자 사이에 공유되지 않았음을 의미한다.

본기와 열전 사이의 이와 같은 격절은 개소문전에서 그의 소속부를 '東部'라 한 점에서도 효과적으로 확인이 된다. 열전에 의하면 개소문은 '東部大人'이었던 아버지의 지위를 승계했다 하였다. 이 서술은 『신당서』 고려전 혹은 『자치통감』을 전거로 한다.51) 한편 개소문전 찬자는 '東部'에 대해 "혹은 西部라고 한다"라고 분주했다. 『구당서』 역시 개소문을 '西部大人'이라 한 바 있다.52) 그러나 또한 고구려본기에는 영류왕이 "서부대인 개소문에게 명해 장성 쌓는 공사를 감독하게 했다"라고 하였다.53) 이 장성 축조는 영류왕 14년에 발단되어 16년이

---

50) 『隋書』 60 列傳25, 于仲文 및 같은 책 61, 列傳26 宇文述.
51) 『新唐書』 220, 列傳145 東夷 高麗 및 『資治通鑑』 196, 唐紀12 貞觀 16년 11월 丁巳.
52) 『舊唐書』 199, 列傳149 東夷 高麗.

소요된 대역사였거니와, 개소문이 이 공역을 감독하게 된 사실은 중국 측 사서에서는 확인할 수 없다. 따라서 장성 축조 감독과 관련한 개소문의 소속부 '西部'는 고구려 측 고유 자료의 정보였을 가능성이 크다. 같은 논리에서 개소문전의 분주 "或云 西部" 역시 『구당서』가 아니라 고구려본기가 의존한 자료를 직접 근거로 삼았을지도 모른다. 당연한 말이지만, 이러한 이해는 개소문의 소속부가 '실제' 어디냐의 논의와는 별개의 영역에 있다.

	중국 사서		『삼국사기』	
	『신당서』 고려전	『자치통감』 당기	고구려본기	개소문전
1	개소문의 집권	정관16년(642), 개소문의 집권	영류왕 25년(642), 개소문의 집권	개소문의 집권
2			보장왕 2년(643) 3월, **개소문의 도교 수용 건의**	당 태종과 장손무기의 대화
3	당 태종과 장손무기의 대화	정관 17년 윤6월, 태종과 장손무기의 대화	보장왕 2년 윤6월, 태종과 장손무기의 대화	**개소문의 도교 수용 건의**
4	상리현장의 중재 실패	정관 18년 정월, 상리현장의 중재 실패	보장왕 3년 정월, 상리현장의 중재 실패	상리 현장의 중재 실패
5	개소문의 백금과 숙위 요청 거절	정관 18년 9월, 개소문의 백금과 숙위 요청 거절	보장왕 3년 9월, 개소문의 백금과 숙위 요청 거절	장엄의 외교 실패
6	당 태종의 고구려 공격 단행	정관 18년 11월, 당 태종의 고구려 공격 단행	보장왕 3년 11월, 당 태종의 고구려 공격 단행	당 태종의 고구려 공격 단행

이러한 문제 의식에서 개소문전의 사건 전개 순서를 유의해 본다. 찬자는 일체의 연대 표기없이 개소문의 집권, 그에 따른 당 태종과 長孫無忌의 대화, 개소문의 도교 수용 건의 및 당의 叔達 등 파견, 신

---
53) 『三國史記』, 高句麗本紀8 榮留王 25년.

라의 청원과 相里玄奬의 중재 실패, 이어지는 蔣儼의 외교 실패 순서로 서술하였다. 주지하듯이 이러한 문맥은 대체로『신당서』고려전과 장엄전 그리고『자치통감』의 문맥에 충실한 것이되, 약간의 표현상 출입과 일부『구당서』의 활용이 확인된다. 그러나 도교 관련 내용은 중국 자료의 범위를 벗어나 있으며, 특히 이것은 사건의 발생 순서에 있어서 고구려본기와 어긋나 있다. 이 점을 위해 개소문전의 서술 내용을 기준 삼아 주요 자료의 대강을 도시하면 앞의 표와 같다.

유의할 것은 개소문이 집권한 뒤 도교의 수용을 적극 건의하여 숙달 등 당의 도사들을 초치한 사건의 위치에 있다. 이 사건 자체는 물론 국내 전승에 입각한 것이며, 개소문전의 내용 폭은 고구려본기에 비해서도 축약된 형태에 불과하다. 그러나 이를 제외한 개소문전의 전반적 필치는 고구려본기가 아니라『자치통감』등 중국 자료를 빈 것이었으며, 그와 마찬가지로 중국 자료에 크게 의존한 고구려본기에 비해서도 지나치게 소략한 내용이었음을 다시 환기하고자 한다. 게다가 만약 도교 수용 건의 서술이 고구려본기 자체에 의거한 것이었다면, 고구려본기의 서술 순서에 비추어 당 태종과 장손무기의 고구려 원정 관련 대화와 도치되어 있는 점을 간과할 수 없다고 생각한다. 다시 말해 개소문전 찬자가 고구려본기가 아니라 중국 사서의 줄거리와 표현을 취하여 작문한 이상, 도교 관련 서술 역시 고구려본기가 아니라 그 본래 원전의 위상에 있는 고유 전승을 활용한 것이라고 판단해야 옳겠다.

짐작하듯이 이러한 추정 방식은 개소문의 소속부를 '서부'로 기록한 고구려본기의 기사를 단서로 개소문전에 기입된 '서부' 관련 분주의 전거를 국내 전승 자료로 헤아려 볼 수 있었던 것과 같은 것이다. 그렇다면 개소문전에 있는 또 다른 분주, 즉 인물 표제 '개소문'에 대해 "혹은 蓋金이라고 한다" 한 분주에 대해서도 검토의 필요를 발견한다. 관련 단서는 영류왕을 '武陽王'이라 한 『고려고기』에 있다. 즉 보장봉로보덕이암조에는 『국사』와 『고려고기』의 동일 내용을 병기하면서 비교했는데, 『고려고기』는 『국사』 즉 『삼국사기』 고구려본기의 '蓋蘇文'을 일러 '盖金'이라 하였다.54) 따라서 개소문전 찬자가 『고려고기』로 지칭된 자료를 확보하고 있었다고 할 때, '개금'의 분주 정보는 그로부터 유래했을 가능성이 높다고 본다. 요컨대 '蓋蘇文-盖金', '建武王·榮留王-武陽王', '東部-西部'의 대비쌍은 각각 다른 자료 계통의 필치를 반영하는 것이며, 그 가운데에는 『고려고기』 내용이 한 갈래를 차지하고 있었다고 본다. 『고려고기』는 '고구려에 관한 『고기』'인바, 고구려 관련 고유 전승을 이른다.55)

이처럼 중국 측의 자료원에 의존하여 열전을 서술할 경우, 종종 국내 고유 전승 내용이 고려되거나 직접 보완되는 경향을 확인할 수 있다. 물론 삼국의 본기를 서술하는 데 있어서도 중국 자료와 고유 자료의 활용 맥락은 이와 다르지 않았다. 그리고 이 점에서 열전과 본기의 내용 가운데 일정한 공유대를 발견할 수 있기도 한 것이다. 그러나 열전의 서술이 본기 자체를 자료 토대로 삼은 것은 아니었음을 시종 유념할 일이다. 예컨대 장보고·정년전은 전적으로 두목의 저작과 그를 인용한 『신당서』 신라전을 작성한 宋祁의 필치, 그리고 다시 열전 찬자의 첨기로 완결되었으나, 정작 신라본기에 보이는 장보고 관련 내용은 열전의 그것과 전혀 주조를 달리 하고 있는 것이다.

○新羅人張保皐鄭年者 自其國來徐州爲軍中小將… 王遂徵保皐爲相 以年代保皐

---

54) 『三國遺事』, 興法 寶藏奉老普德移庵: "高麗本記云… 蓋蘇文說王 以儒釋竝熾 而黃冠未盛 特使於唐求道教…〔已上國史〕… 高麗古記云…(盖)金奏曰 鼎有三足 國有三教 臣見國中 唯有儒釋 無道教 故國危矣 王然之 奏唐請之…".
55) 李弘稙, 1956, 「淵蓋蘇文에 대한 若干의 存疑」(『李丙燾博士華甲紀念論叢』): 동, 1971, 『韓國古代史의 硏究』(新丘文化社), 296쪽.

〈두목〉
ㅇ 有張保皐鄭年者 皆善戰鬪… 王遂召保皐爲相 以年代守淸海 (송기)
ㅇ 張保皐鄭年 皆新羅人 但不知鄕邑父祖 皆善戰鬪… 王召保皐爲相 以年代守淸海
(『삼국사기』 장보고·정년전)

3종의 전기물은 모두 장보고가 신라 재상이 되고 정년이 그를 대신하여 청해진을 책임지는 것으로 마무리되었다. 그러나 신라본기에 따르면, 장보고는 흥덕왕 3년(828)에 청해진에 자리한 뒤, 희강왕과 민애왕의 즉위에 즈음하여 왕위쟁탈전에서 밀린 祐徵과 金陽 등을 각각 받아들였으며(837·838), 마침내 839년에는 우징을 신무왕으로 즉위시키는 데 기여했다. 그러나 그는 신무왕을 이은 문성왕의 납비 문제로 중앙 귀족과 갈등하여 841년 이후 자객에게 피살되었다.[56] 5년 뒤에는 그의 본거지였던 청해진마저 훼파되는 동시에 휘하 집단 역시 내륙으로 사민되어 고유한 집단적 잠재력을 거세당하였다.

요컨대 신라본기의 문맥에서 뜻밖에 그는 반역자로 생을 마쳤다. 이러한 차이는 아마 두목과 송기가 장보고 관련 신라 내부 사정을 제대로 인지하지 못한 때문일 것이다. 즉 두목은 853년에 죽었고, 두목의 이 전기는 『신당서』 신라전의 마지막 내용을 이루는 한편, 신라전은 "會昌연간(841~846) 이후로는 더 이상 조공사가 오지 않았다"라는 지적으로 종결되고 있는 것을 주목한다. 다시 말해 만약 회창연간 이후 신라의 내정이 당에 알려졌고, 그에 따른 장보고의 행적이 파악되었다면, 장보고에 대한 평가가 그처럼 파격적으로 이루어지지는 못했을 것이라는 점을 유념하고자 하는 것이다.

여하튼 『삼국사기』 열전 찬자는 거의 전적으로 두목과 송기의 사평을 활용하여 장보고의 신의와 충용에 대한 포찬으로 일관하였다.

---

56) 장보고가 피살된 연대에 대한 논의는 尹炳喜, 1982, 「新羅 下代 均貞系의 王位繼承과 金陽」 (『歷史學報』 96), 71쪽 및 권덕영, 2002, 「張保皐 略傳」(『慶北史學』 25), 21~22쪽 참조.

두목은 장보고를 평해 말하기를 "옛말에 이르기를 '나라에 한 사람만 있어도 그 나라는 망하지 않는다'고 하였다. 대저 나라가 망하는 것은 사람이 없어서가 아니라 정녕 그 나라가 망할 즈음에 어진 이를 쓰지 않기 때문이니, 만일 그런 이를 쓸 수만 있다면 한 사람만으로도 넉넉한 것이다"라고 하였다. 송기 역시 "아! 원한을 가지고서 서로 해치지 아니하고 먼저 나라를 근심했던 이로는 晉에 祁奚가 있었고, 당에 곽분양과 장보고가 있었으니, 그 누가 東夷에 사람이 없다 하겠는가?"라고 하였다. 그리고 『삼국사기』 열전 찬자는 두 사람의 포양을 다 동원하였다.

환기하거니와 장보고·정년전 찬자가 두목의 전기를 인용하면서 '신라전기'와 사뭇 다르다고 지적한 것은 신라본기에서 적출할 수 있는 장보고의 말로를 포함한 국내 전승을 염두에 둔 것이 틀림없다. 그것은 또한 『삼국사기』 김양전 등 장보고 관련 인물의 전기를 작성하는 데 동원된 전승물이기도 할 것이다. 다시 말해 김양전에 보이는 開成 2년(837)에서 4년에 걸친 내전의 시말은 신라본기와 부합하되, 세부 서술에서 그것은 오히려 신라본기의 정보 범위를 넘어서 있다. 따라서 551년 신라의 한수 유역 공취 사건에 대한 신라본기 및 거칠부전의 경우와 마찬가지로, 신라본기와 김양전의 장보고 관련 서술은 고유 전승을 토대로 한 것에서는 동일하되, 개인의 생애에 주안한 열전의 특성상 김양전의 서술은 김양 개인의 언행에 무게가 실렸을 뿐이라고 보아야겠다. 특히 김양전 역시 신라본기와 같이 '장보고'를 '궁복'으로 표기한 사실도 그러한 추정을 지지한다.

다만 『삼국유사』의 神武大王閻長弓巴조는 궁파 즉 장보고보다는 오히려 그를 살해한 염장에 더 비중을 둔 문면이었듯이, 장보고와 관련된 고유 자료는 작성 주체와 전승의 맥락에 따라 구별되는바 단일하지 않았을 것이다. 실제 김양전에 부수된 그의 종형 金昕은 신무왕과 장보고 측 당여를 이끌었던 김양과는 정치적으로 대립하면서 大丘에서 교전한 장본인인데, 김흔전의 자료 토대는 아마 김양전 혹은 신라본기의 그것과는 서술의 맥락이 달랐을 것으로 생각한다. 특히 신라본기의 大昕과[57] 열전의 金昕은 행위 주체로서 일치한다는 점을 주목한다. 그러면서도 신라본기의 대흔은 10년 뒤에 반란으로 복주되었다 하였고,[58] 열전의 김흔은 역시 10년 뒤 소백산에서 병사했다고 하였다. 이러한 정황을 미루어 "열전과 본기의 기사는 서로 다른 별종의 사료에 근거"했다[59] 한 판단은 지극히 타당하다.

요컨대 『삼국사기』 찬자의 다음과 같은 지적은 열전 작성에 동원된 중국 자료의 성격을 잘 드러낸다고 할 것이다.

… 비록 을지문덕의 지략과 장보고의 義勇이 있다 할지라도, 중국의 기록이 아니었던들 모두 없어져서 알지 못했을 것이다. 그러나 유신과 같은 경우는 우리나라 사람들의 그에 대한 칭송이 지금까지도 끊이지 않아. 사대부들이 그를 알고 있는 것은 그럴 수 있거니와 꼴을 베고 소를 치는 아이까지도 역시 그를 알 수 있게 되었으니, 그의 사람됨에 반드시 남다른 데가 있었던 것이다. (김유신전 하 말미의 사론)

전적으로 중국 기록에 의존한 을지문덕전 및 장보고·정년전과 열전 편찬 당시 유통되고 있던 김유신의 행록 10권의 자료 환경 차이를 대비한 대목이다. 이처럼 열전에 인용된 중국 자료는 일단 고유 자료의 부재를 채울 대안이었다. 물론 고유 전승이 있는 경우라 하더라도 그와는 다른 맥락의 중국 자료가 확보되었을 때는 그 역시 활용 대상으로 선택되었다. 그 과정에서 고유 자료의 특정 정보는 분주

---

57) 『三國史記』, 新羅本紀10 閔哀王 2년 윤 정월.
58) 『三國史記』, 新羅本紀10 文聖王 11년 9월.
59) 文暻鉉, 1992, 「神武王의 登極과 金昕」(『西巖趙恒來教授華甲紀念 韓國史學論叢』, 아세아문화사), 73쪽.

형태로 비교 제시되거나 혹은 본문 형태로 보입되었다. 개소문전의 분주들과 도교 관련 전승의 기재가 그 전형적 사례일 것이다.

다만 장보고·정년전의 경우는 찬자가 '羅紀' 즉 신라본기의 다른 문맥을 명백하게 염두에 두고 있으면서도, 그러한 사실을 지적할 뿐 그에 따른 별도의 보입을 하지 않았다. 그 이유는 필시 찬자가 이른 '신라전기'가 앞에서 짐작한 바와 같이 '신라의 (장보고·정년 관련) 전기' 혹은 '신라의 전승 기록'이라 할 때, 신라본기의 궁복 관련 사건 기사들 외에 김양전이나 김흔전과 같은 관련 '전기'가 실제 열전 내에 수용되고 있기 때문일 것이다.

4. 열전 자료의 위상

장보고·정년전의 '신라전기'가 명목상으로는 중국 자료에 대응하는 '신라 자료'의 의미를 가지는 동시에 실제 김양전과 같은 관련 고유 전승 기록물을 염두에 둔 것이라는 이해는, 『삼국사기』 편찬 과정을 포괄하는 하나의 특징을 효과적으로 지시한다.

우선 『삼국사기』에는 삼국의 본기를 넘나들며 상호 고려 혹은 지시한 기사가 산재해 있으며, 이러한 고려의 폭은 본기에 그치지 않고 열전과 본기 사이에서도 이루어지고 있었다. 개소문전 찬자가 당과의 전황에 대해서는 고구려본기에 미루어 놓은 것이 현저한 실례가 된다. 특히 각 왕조별 본기 단위 내에서도 편년을 달리하는 기사들 사이에 서로 호응하는 필치가 확인되거니와, 이러한 현상은 곧 장보고·정년전 찬자가 김양전을 지시하고 있는 것과 여일한 것이다.

나아가 김양전 자체는 마땅히 '신라전기'에 다름 아니라는 용이한 각성은, 金歆運傳에 부기된 사론 작성자가 언급하고 있는 '傳記'의 맥락과 공명한다.

> 편찬자는 논평하여 말한다. 신라인들이 인재를 알아볼 방법이 없음을 염려하여… 이로 인해 그 간사하고 정직함을 알아 가려 조정에 천거하였다. 그러므로 김대문이 "어진 재상과 충성스러운 신하가 이로부터 나왔고, 훌륭한 장수와 용맹한 병사가 여기에서 생겨났다"라고 한 것이 바로 이것이다. 3대 동안의 화랑이 무려 2백여 명으로, 그 꽃다운 이름과 아름다운 사적들은 모두 傳記에 실려 있는 바와 같다〔具如傳記〕.… (열전7, 김흠운전)

화랑의 연원에 관한 서술은 신라본기 진흥왕 37년조의 전재에 지나지 않는다. 김대문의 평가 역시 신라본기에 의하면 그의 『화랑세기』에서 비롯된 것이었다. 그 때문에 3대 200여 화랑의 '芳名美事'와 관련된 '傳記'를 김대문의 『화랑세기』로 속단할 여지는 충분하다.[60] 더구나 열전 천자는 실제 김대문의 『화랑세기』를 '전기'로 지칭한 사례가 있다.[61] 그러나 문맥에 충실할 때 '三代'를 신라사 전체에 대한 대칭 외의 것으로 파악할 논거는 없으며, 그렇다면 3대 200여 화랑의 사적이 김대문의 저작에 수용될 리도 없다. 따라서 논찬자가 거론한 '전기'는 열전7에 분재된 奚論 이하 신라인들의 전기 자체거나, 혹은 구체적으로 이 사론에 바로 앞서 서술된 金슈胤·官昌·金歆運 등 화랑정신을 구현한 대표적 인물들의 전기를 가리키는 것으로 보고자 한다.[62]

이처럼 『삼국사기』 열전의 서술 과정에는 자료적 측면에서 유기적 고려가 이루어지고 있었다. 예컨대 앞에 인용한 바와 같이 김유신전

---

60) 『海東高僧傳』 法雲조에서 '具如傳記'가 '具如世記'로 변용된 실례를 발견한다.
61) 『三國史記』, 列傳6: "(金大問) 作傳記若干卷 其高僧傳·花郎世記·樂本·漢山記猶存".
62) 趙仁成, 1985, 「三國 및 統一新羅時代의 歷史敍述」(『韓國史學史의 硏究』, 乙酉文化社), 23쪽.

서술자는 을지문덕전과 장보고·정년전을 염두에 두고서 국내 전승 자료의 미비를 강조하는 한편, 김유신의 행록 내용과 신라본기의 미세한 차이점을 환기시키고 있었다. 장보고·정년전과 김흠운전의 사론도 같은 사례에 해당한다. 특히 본문 서술에 수용된 특정 정보에 대한 異傳 정보의 소개를 의도한 분주들은 그 자체로서 이미 열전 작성의 자료 토대가 단일하지 않았음을 반영하는 것이지만, 또한 많은 경우 그것들은 『삼국사기』의 자료적 유기성을 증명하고 있기도 하다. 즉 薛罽頭傳 찬자는 성 '薛'에 대해 "어떤 책에는 薩이라고 썼다[一本作薩63)]"라고 분주하였다. 분주의 '一本'은 설계두 전승 자료가 단일하지 않았음을 직접 드러낸다. 또 견훤전에 의하면 항복한 신검과 그의 두 아우가 赦罪되었다고 한 데 대해 "(一云) 세 형제가 모두 죽음을 당했다고도 한다"라는 분주가 있는바, 이 역시 견훤전 찬자가 확보하고 있던 전승물이 복수였던 데서 비롯한 것이다.

한편 관창전에서 '官昌'에 대해 "官狀이라고도 한다"라고 한 분주는 신라본기에서 '官狀'에 대해 "官昌이라고도 한다"라고 한 분주와64) 정확히 역방향의 동일 사항이었다. 이것은 '장보고'와 '궁복'이 열전과 본기에서 역방향의 동일 분주로 나타난 상황과 완연히 같은 사례이므로, 역시 관창 관련 복수의 전승물을 감지하는 데 어려움이 없는 동시에, 열전과 본기의 자료적 유기성에 대한 또 다른 증거이기도 한 것이다.

斯多含傳에 보이는 두 분주 역시 열전 찬자가 신라본기가 의존한 자료를 고려하여 비교한 대목이다.

---

63) 정덕본에는 본문 표기와 그에 대한 분주의 표기가 모두 '薛'로 되어 있다. 그러나 분주의 의도가 명백히 본문의 '薛'에 대한 이표기를 소개하는 데 있고, 또 誠庵本 『삼국사기』에는 분주의 표기자에 '『' 부분이 보이므로 『譯註 三國史記 1』(1996, 韓國精神文化研究院)의 校勘에 따라 '薩'로 판단한다.
64) 『三國史記』, 新羅本紀5 太宗武烈王 7년.

○眞興王… 加羅〔一作加耶〕國…
○旃檀梁〔旃檀梁城門名 加羅語謂門爲梁云〕… (이상 열전4. 사다함전)

사다함전과 신라본기 진흥왕 23년조는 이사부의 가야 공격을 주로 하면서 사다함의 전공을 소개한 내용으로서, 대강의 사건 전개가 일치하고 있다. 그러나 세부 서술에서 사다함전은 무관랑과의 우정을 비롯하여 신라본기에 비해 월등 상세하며, 양측의 내용 사이에는 종종 사실 및 표현상의 차이가 있다. 예컨대 진흥왕이 사다함을 포상하여 사여한 포로 규모를 신라본기에는 200명이라 한 데 비해 사다함전에는 300명이라고 하였다. 그러나 사다함이 선두에서 공격하면서 통솔했다 하는 '기병 5천 명'의 규모는 오직 신라본기에만 기록되었다. 그렇다면 신라본기 서술 자료를 사다함전이나 그 직접 원전에 국한할 수는 없을 것이다. 특히 사다함전에 보이는 분주의 이전 정보 '加耶'와 '栴檀門'은 곧 신라본기의 표현이었다. 따라서 신라본기와 열전을 통해 사다함의 행적과 관련된 복수의 전승물을 감지하게 된다.[65]

'가야'와 '가라'의 문제는 이사부전에서도 보이는데, 사다함전과는 반대 방향의 분주가 되고 있다.

智度路王 때 변방의 관리가 되어 居道의 술책을 본 따서 말놀이로 加耶〔혹은 加羅라고 한다〕국을 속여 빼앗았다.… (열전4. 이사부전)

---

65) 정운용은 사다함이 전공에 대한 포상으로 받은 토지가 열전에는 '不毛之地'라 한 반면, 신라본기에는 '良田'이라 한 데 주목하여 "불모지였던 저습지를 받아 水田 농사가 가능한 良田으로 개간한 것"이라 하였다. 이러한 설명 방식이 신라본기와 열전의 자료 계통을 어떻게 이해하고 있는 것인지 명료하지 않으나, 양측 자료의 이질성을 부정하는 것은 아닌 듯하다. 鄭雲龍, 2004, 「『三國史記』 斯多含傳을 통해 본 新羅 社會相」(『『삼국사기』 「열전」을 통해 본 신라의 인물」, 신라문화제학술논문집 25), 209~214쪽. 이와 유사한 설명 방식으로는, 신라본기의 진성왕 8년(894) 당시 궁예가 何瑟羅에 진주할 때 거느린 군사 규모 '600명'과 열전의 乾寧 원년(894)에 溟州에 들어가 거느린 무리 '3천5백 명'의 차이를 시간적 선후로 풀이한 예가 있다. 趙仁成, 2002, 「궁예-미륵불을 자처한 전제군주」(『한국사시민강좌』 31), 26~27쪽.

사다함전과 이사부전의 분주는 공히 '가야'와 '가라'가 자료에 따라 다르게 기록되었다고 하였다. 물론 이사부와 사다함의 교전 상대국은 각각 '지도로왕'과 '진흥왕' 때의 실체였으므로 동일하지 않다. 게다가 사다함의 '가라' 공략 사건과는 달리 지도로왕 당시 이사부의 '가야' 병탄 사건은 신라본기에서 대교할 부분이 없다. 또한 이사부전의 내용은 문제가 된 가야 병탄 사건에 이어 지증왕 13년의 우산국 복속 사건과 진흥왕 11년의 도살성 및 금현성 공취 사건으로 구성되었다. 이 두 사건의 내용은 신라본기에서 같은 해에 해당하는 기사를 찾을 수 있으며, 대강의 줄거리가 일치한다. 그러나 도살성과 금현성을 공취한 뒤 주둔시킨 군사 '1천 명'의 정보는 신라본기에만 기록되었다. 이 점은 사다함이 통솔한 군사 규모가 신라본기에만 있는 것과 비교될 만한 대목이다. 따라서 이사부전의 서술 토대 역시 신라본기의 그것과 본질적으로는 공유대를 지니나, 열전과 본기의 어느 일방이 다른 편 서술의 재료였던 것은 아니라고 해야 옳다.

특히 이사부전에는 같은 지증왕대의 사건을 서술하면서 가야에 대한 공략 시점을 '지도로왕 때'라고 하여 우산국 사건의 '지증왕 13년'과는 사뭇 필법에 단층이 발생하였다. 그렇다면 앞서 악지에 보이는 '奈密王'과 '智大路王'의 표기를 김대문의 『악본』과 관련하여 음미해 보았듯이, '지도로왕'을 들어 기록한 이사부의 가야 병탄 사건 출전은 신라본기 서술 자료의 범위 밖에 있는 것인지도 모른다. 이와 관련하여 유의할 점은 이 가야 병탄 사건이 '거도의 술책'을 모델로 수행되었다는 것이다. 문득 거도의 술책을 언급한 이유는 이사부전 바로 앞에 입전된 거도전의 내용을 염두에 둔 것이다. 이 또한 열전 서술 과정의 유기성을 증명하는 좋은 사례가 된다. 따라서 이사부의 가야 병탄 기사는 거도전에 보이는 于尸山國·居柒山國 병탄 기사와 출전을 같이했을 가능성을 배제할 수 없다.

열전에 있는 분주 가운데 특이한 또 다른 사례는 '欽純'과 '欽春'의 관계이다.

○ 欽純〔一作欽春〕 (열전2. 김유신전)
○ 欽春〔或云欽純〕 (열전7. 金令胤傳)

이는 마치 이사부전과 사다함전에 역방향으로 분주된 '加耶'·'加羅'의 분주 형태와 방불하다. 김유신전은 찬자에 의해 신라본기의 저본과 함께 『고기』로 지칭되었던 김장청의 '행록'에 토대하였다. 김영윤전은 그 자체가 아마 김흠운전 말미의 사론에서 언급된 '전기'에 해당하는 동시에, 서술의 자료 토대는 김영윤이나 그의 조 흠춘과 부 盤屈의 활동 시기상 김대문의 『화랑세기』에 포괄하여 이해할 수 있을 것이다. 김유신전의 본문은 오직 '흠순'으로만 표기했고, 마찬가지로 김영윤전 역시 '흠춘'으로만 표기하였다. 열전 내부에 동일 인물에 대한 역방향의 분주가 가해진 이 독특한 사례는 두 개별 전기의 자료원이 같지 않았던 지표로 간주할 수 있겠다. 특히 흠춘의 아들인 반굴의 죽음은 660년 백제의 계백이 이끄는 군사와 교전할 때 순국한 사화로서, 김유신전에는 보이지 않는 내용이었다. 따라서 7세기 전쟁에 대한 신라 측의 전승물 역시 단일한 형태가 아니었으며, 반굴·김영윤·관창·김흠운 등을 위시한 충군애국적 '방명미사'의 주역들에 대해서는 독립된 기록물의 형태로 열전 찬자에 의해 수용되었을 것이다.

한편 신라본기에는 태종 무열왕 7년 6월의 백제 공격군 지휘부 가운데 '흠춘'이 보이며, 이에 대해 찬자는 "'春'은 혹은 '純'으로도 쓴다"라고 분주했다. 그러면서도 신라본기는 이후 모든 서술에서 예외없이 '흠순'으로 일관하였다. 본문의 표기가 아니라 분주의 표기가 적용되었다는 점에서, 이것은 신라본기의 인명 관련 분주 가운데 매우 일탈된 사례가 된다.66) 짐작컨대 이러한 현상은 열전에서 추정 가능한 흠순 혹은 흠춘 관련 복수의 전승물이 신라본기 서술의 자료원으로 함께 아울러진 때문인 듯하다.67) 결국 열전의 내용은 삼국의 본기를 서술하는 맥락과는 달리 개개 입전 인물 중심 전승물 자체나 혹은 그러한 전승물을 입전 인물 중심으로 재구성한 것이라고 본다. 즉 자료의 계통에서, 그리고 동일 계통 자료라 해도 그 자료의 활용에서, 열전은 본기와는 다른 위상에 있는 것이다.

무엇보다도 김영윤전의 주안점은 흠춘이나 반굴보다는 바로 김영윤의 삶에 있는데, 그는 신문왕 때 고구려계 반란 세력 진압군의 지휘관으로 출정하여 장렬하게 전사하였다. 주의할 점은, 이 반란에 대해 김영윤전에서 "고구려의 잔적 悉伏이 報德城을 근거로" 했다 한 반면에 신라본기에는 "안승의 조카뻘 되는 장군 大文이 金馬渚에서" 모반했다 하였다. 신라본기에는 이 사건 기록을 幢主 逼實의 전사를 중심으로 기록한 다음, 말미에 "大文은 혹은 悉伏이라고 한다"라는 분주를 더했다.68) 열전7에 보이는 貴幢弟監 핍실의 죽음은 김영윤의 경우와 마찬가지로 신라본기에 비해 월등 상세하다. 이러한 차이에 대해, 보기에 따라서는 신문왕대 고구려 유민들로 구성된 보덕국의 해체 과정에 대한 신라본기와 열전의 기록이 동일한 자료를 토대로 삼아 적의하게 발췌한 결과로 파악될 여지가 없지 않다.

그러나 반란을 획책한 '장군 대문'은 보덕국왕 안승의 '族子'였던 데다가 사전에 발각되어 처형되었으며, 김영윤전에 보이는 보덕성의 반란 주체 '실복'은 고구려의 '殘賊'이었다. 즉 신라본기에는 대문이 처

---

66) 이에 대해서는 본서 3부 9장 「『삼국사기』와 필사본 『花郎世紀』」에서 상론하였다.
67) 高寬敏 역시 신라본기에 보이는 흠순과 흠춘의 분주 현상에 주목하여 복수의 사료 존재에 착안한 바 있다. 高寬敏, 1996, 「『三國史記』の一原典としての『金庾信行錄』」(『『三國史記』の原典的研究』, 雄山閣).
68) 『三國史記』, 新羅本紀8 神文王 4년(684).

형되자 그 나머지 사람들[餘人]이 (국)읍을 점거하여 반란하였다 했으므로, 김영윤전의 '잔적'이란 대문의 처형 이후 실제 반란을 일으킨 주체를 이르는 것에 틀림없다. 그런데 신라본기 찬자는 문득 '대문'과 '실복'을 동일인으로 오판한 분주를 작성한 것이다. 따라서 이 그릇된 판단을 주의한다면, 신라본기와 열전의 서술이 단일한 자료 내용을 분재 혹은 발췌한 것이라기보다는, 서로 다른 계통의 전승 자료가 활용되었다고 보는 것이 오히려 자연스럽다고 생각한다. 이렇듯 크게 보아 열전의 내용은 본기 정보의 여백을 채워주는 데 근본적인 의의가 있었으며,[69] 그러한 취지의 실현에는 찬자들이 확보하고 있던 다종의 자료들을 본기와 열전에 고르게 나누어 활용하는 방식으로도 추구되었던 것이다.

열전 자료의 위상을 이처럼 본기와의 비교 맥락에서 음미하는 것은, 일단 서술의 대상 자체가 시공간을 공유하고 있다는 데서 일차적 당위를 확보한다. 또한 이러한 시각은, 여러 사례를 통해 확인해 온 것처럼 『삼국사기』 편찬 당시의 자료 환경 및 자료 성격을 이해하는 데 긴요하게 기여한다. 예컨대 황산 전투에 임한 계백의 비장한 발언이나 출전에 앞서 처자식을 죽인 일 등 계백전의 구체성은 계백의 이 전투가 언급된 신라와 백제의 본기가 미칠 바 못되는 것이지만, 대강의 문면을 미루어 본기와 계백전 찬자는 동질의 자료를 공유했을 것으로 판단되는 것이다. 온달전과 도미전이 그 자체로서 고구려와 백제 관련 인물의 독자적 전승을 토대로 한 것이긴 하나, 열전에 입전된 양국의 인물군이 신라에 비해 현저히 빈약한 것 또한 오직 자료의 부족에서 기인한 현상일 뿐이었다.[70] 즉 기전체 편사의 균형을 겨

---

69) 본기와 열전의 '보완' 맥락을 주의한 것은 정천구, 1996, 「三國遺事 글쓰기 방식의 특성 연구-殊異傳·三國史記·海東高僧傳과의 비교를 통해」(서울대 석사학위논문).
70) 高柄翊, 1976, 「三國史記에 있어서의 歷史敍述」(『韓國의 歷史認識 上』, 創作과 批評社), 56~57

냥한 『삼국사기』 찬자의 의도는 열전의 구성에서도 여실히 읽혀지는 것이다.

결국 『삼국사기』 편찬 당시 확보된 삼국 관련 자료의 환경은 열전과 본기의 편찬이 서로 유기적 고려 하에 진행되게 한 조건이었던 것이다. 서로 다른 인식을 전하는 복수의 자료 계통을 잘 드러내 주는 견훤 관련 전승물을 예로 들어본다.

우선 열전의 견훤전에 의하면 견훤은 景福 원년(892)에 거병하고 光化 3년(900)에 칭왕했으며, 淸泰 2년(935) 신검에 의해 금산사에 유폐되었다가 곧 고려에 투신하였다. 그리고 이듬해에 신검군이 궤멸됨으로써 후백제는 종국을 고했다. 따라서 견훤전 찬자는 "견훤은 당 경복 원년(892)에 일어나 後晉 天福 원년(936)에 이르기까지 모두 45년 만에 멸망했다"라고 마무리했다. 이처럼 견훤전은 견훤과 후백제에 관한 하나의 정돈된 자료 계통을 반영한다.

한편 『삼국유사』 후백제견훤조(기이) 인용 『고기』에는 "견훤은 경복 원년(892)에 왕을 일컫고 완산군에 도읍을 세워 43년을 다스리다가 청태 원년(934)에 그의 세 아들이 반역하므로 고려의 태조에게 투항하였다. 견훤의 아들 金剛이 즉위했으나 천복 원년(936)에 一善郡에서 고려와 회전하여 백제군이 패하고 그 나라가 망했다"라고 하였다. 견훤의 칭왕년이나 견훤을 이은 아들을 금강이라 한 점 등이 『삼국사기』 견훤전과 다른 한편, 견훤 아들들의 반역과 그로 인한 견훤의 투신 연대를 934년이라 한 대목 또한 주의를 끈다. 『고기』는 그밖에도 견훤의 출생지를 상주 가은현이 아니라 광주 북촌이라 한 데에서도 『삼국사기』 견훤전의 주요 저본과는 다른 계통의 전승물로 파악된다.

게다가 후백제견훤조에는 '四十二年 庚寅(930)'의 연대를 들어 견훤

쪽 : 동, 1969, 『金載元博士回甲紀念論叢』.

의 古昌郡 일대 공격과 고려 태조의 대응, 그리고 태조를 격노케 한 順(州)城 城主 元逢의 도주 사건을 기록한 부분이 있다. '四十二年'은 '견훤 치세 42년'을 가리키는 것임에 틀림없다.71) 이처럼 경인년(930)이 견훤의 치세 42년이라면, 견훤의 치세 원년은 889년(己酉)이 된다. 이러한 인식은 『삼국사기』 견훤전이나 『고기』 등의 정보와 다르다. 즉 제3의 전승물의 존재에 대한 단서이다. 특히 후백제견훤조에는 견훤이 초기에 세력을 규합하고 무진주를 공격하여 왕이 된 사건을 기록하면서 "龍化 원년 己酉이다. (一云) 景福 원년 壬子라고도 한다"라고 기록한 사실을 환기한다. '龍化'는 '龍紀'의 오기일 것이며, 용기 원년 기유는 889년이다. 찬자는 이 사건의 발생년을 다르게 제시한 둘 이상의 자료를 보았던 것이다. 따라서 889년을 견훤 원년으로 삼은 이 자료야말로 견훤 치세 42년을 경인년으로 설정한 고창군 전투 기록의 출전과 같은 것이었다고 판단해도 좋을 것이다.

이 제3의 자료는 『고려사』의 기록에 의해 지지되기도 한다. 즉 견훤 42년의 고창군 일대 전투 및 順(州)城 성주 원봉의 패퇴는 고려적 관점에 충실하게 서술한 것이거니와, 실제 『고려사』에서도 이 사건들은 역시 경인년(930) 정월의 일들이었다.72)

이와 관련하여 신라본기의 서술은 또 다른 단층을 암시하고 있다. 즉 신라본기는 순주 장군 원봉의 패퇴를 경순왕 3년(929)에, 그리고 고창군 일대의 전투를 익년(930)에 분재한 것이다. 따라서 견훤전 자체가 이미 독립된 형태의 기록이 아니라 여러 문헌으로부터 사료를 발췌·종합한 것이라는 논증이 있거니와73) 적어도 견훤전의 토대가 된 주요 자료는 신라본기에 수용된 견훤 관련 자료와는 달랐다고 보

---

71) 申虎澈, 1985, 「後百濟 甄萱 硏究(Ⅰ)-甄萱 關係 文獻의 豫備的 檢討」, 『百濟論叢』 1), 188쪽.
72) 『高麗史』 1, 世家 太祖1 庚寅 13년 봄 정월 丁卯.
73) 申虎澈, 1985, 앞 논문 「後百濟 甄萱 硏究(Ⅰ)-甄萱 關係 文獻의 豫備的 檢討」, 176~177쪽.

아야겠다. 더욱이 신라본기와 기본적인 연대관의 공유가 인정되는 연표의 기록은 신라본기의 서술이 열전의 견훤전과는 다른 자료 계통에 의거했을 가능성을 지지하고 있다.

> (丙申, 후백제 견훤 45년: 936) 견훤의 아들 神劒이 아비를 가두고 왕위를 빼앗아 스스로 장군을 일컬으니, 견훤은 錦城으로 달아나 태조에게 투항하다. (『삼국사기』 연표)

인용한 연표의 기재는 892년 항에 "후백제의 견훤이 스스로 왕을 일컫다"라고 한 데 대응하는 것이다. 936년을 견훤 치세 45년이라 한 점과, 신검이 936년에 찬위했다 한 점을 주목할 때, 연표의 인식은 『삼국사기』 견훤전, 『삼국유사』 인용 『고기』, 그리고 미지의 제3 자료와도 다르다. 그러한 한편 후백제견훤조에는 '丙申正月'에 견훤이 고려에 귀순할 의사를 내보이고, 이에 아들들이 불응했다는 기록이 보인다. 이 기록 역시 견훤이 고려에 입조한 뒤 태조로부터 尙父의 대우를 받게 되는 사실과 연관지어 고려할 때, 고려 측의 교화적 입장을 대변하는 편향성을 강하게 가지거니와, 견훤과 아들들의 갈등을 병신년 즉 936년으로 설정했다는 점에서 연표와 부합한다.

그렇다면 견훤전과 신라본기 및 연표와의 비교를 통해서도, 열전 찬자는 본기에 활용되지 않은 자료의 수용에 유의했음을 감지할 수 있다고 생각한다. 견훤의 아들들이 어떤 최후를 맞이했는가에 대해 전혀 다른 정보를 전하는 분주의 존재가 웅변하듯이, 견훤 관련 전승물은 이처럼 매우 다양하였다.74) 견훤이 주도한 후백제의 추이는 『삼국사기』 신라본기와 견훤전, 그리고 『삼국유사』 후백제견훤조 인용 『고기』와 견훤 치세년을 편년 기준으로 삼은 미지의 자료 사이에서 대

---

74) 이에 대한 논의는 李康來, 2001, 『『三國遺事』 '後百濟 甄萱'條의 再檢討」(『후백제 견훤 정권과 전주』), 주류성 참조.

체로 일치하지만, 연대를 비롯한 세부 사항에서 명백한 차이가 확인되는 것이다. 물론 『삼국유사』에 보이는 견훤 관련 전승물들 가운데 일부는 『삼국사기』 편찬 이후에야 형성되었을 가능성을 배제할 수 없다.75) 그러나 적어도 『삼국사기』 내에서 점검된 열전과 신라본기와 연표의 차이점은 유의할 필요가 있겠다.

요컨대 『삼국사기』 열전 찬자는 국내외 관련 기록들을 서술 토대로 삼되, 가능한 한 삼국의 본기 작성에 직접 수용된 자료와의 중복을 피하고자 하였다. 그 세심한 배려의 흔적은 특히 신라 측 인물들의 전기에서 용이하게 헤아릴 수 있었다. 동시에 그는 삼국의 본기 작성에 수용된 자료와 열전 서술 재료의 차이점에 대해 유념하고 있었다. 이것은 『삼국사기』 편찬 과정의 유기적 측면을 반영한다. 다만 중국 자료에 의거한 서술의 경우와 복수의 고유 전승물들 가운데 본기에 채택되지 않은 자료에 의거한 서술의 경우, 그 내용상 유기적 호응 여부에 대한 배려의 정도는 동일하지 않았다. 대체로 이미 전기의 형태로 작성된 중국 측 자료는 고유 자료와의 상충 여하와 무관하게 중시되었던 것이다. 아울러 열전 찬자는 개별 인물의 서술에서 열전 내부의 입전 인물들과 의거 자료들을 주의하여 고려하고 있었다. 이것은 또한 열전 작성 과정 자체의 통일성을 의미한다. 결국 '자료의 측면'에 국한해 말할 때, 열전은 『삼국사기』의 주요 편목으로서 독립적 위상에 있으면서, 각 본기를 위시한 다른 편목들의 정보를 효과적으로 보완한다고 평가한다.

---

75) 金庠基, 1974, 「甄萱의 家鄕에 對하여」(『東方史論叢』, 서울大學校出版部), 198쪽.

2부 分註論

제4장

『삼국사기』 원전론과 관련한 '本記'와 '本紀'의 문제

1. 머리말

　『삼국사기』를 배제한 한국 고대사 연구는 있을 수 없다. 이것은 『삼국사기』만으로는 우리 고대사를 복원하는 데 분명한 한계가 있다는 정확한 지적과는 별개 문제다. 그러므로 『삼국사기』의 사서로서의 형성 과정과 위상을 살피는 작업은 모든 연구자들이 공유해야 할 부분일 것이다.
　『삼국사기』 편찬에는 당대까지의 국내외 자료들이 동원되었다. 그 가운데 중국 측의 經·子·史類는 충분한 정도까지는 이르지 못했지만 원전의 확인이 그리 어려운 것은 아니었다. 반면 우리의 고유한 전거 자료에 대한 접근은 늘 추론의 단계를 벗어나지 못했다. 그러나 동시에 이 문제는 신빙할 만한 원전 자료가 새로이 발굴되지 않는 한 완벽한 해결이란 끝내 무망한 것이기도 하다.
　『삼국사기』의 사료 문제, 혹은 그 편찬을 주관한 김부식에 대한 논의는 전통사학 이래 부단히 지속되어 왔으면서도 분명한 합의를 이루지 못했다. 또한 여기에는 근대사학 초기 일본인들의 편견도 장애가 되었겠지만, 같은 시기 주권수호·회복이라는 시대정신에 입각한 민족사학의 관점에서도 균형된 인식은 사실 용이하지 않았다. 이 점은 시공을 격하여 오늘날 북한의 고대사 인식에서도 유사한 맥락 속에 기능하고 있는 것 같다.

『삼국사기』의 국내 원전에 대한 본격적인 논의들에는 李奎報가 지적한 『舊三國史』의 문제가 주류를 이루고, 이어 김부식이 『삼국사기』를 찬진해 올리면서 작성한 표문에 언급된 『古記』가 여기에 더해졌다. 고대사의 일반적 주제에 대한 연구 성과가 축적되면서 『삼국사기』의 개별 사료에 대한 편견이 상당부분 극복되어 온 것과는 달리, 원전 관련 연구에서는 연구자들의 의욕을 지지해 줄 만한 실체가 없다는 괴리 때문에 여전히 자의적 해석의 여지를 일소하지 못하고 있는 것 같다.

필자는 『삼국사기』를 자료로 이용하는 연구자들의 상충된 인식, 혹은 같은 연구자의 성과 가운데서조차 발견되는 개별 사료에 대한 일관성 없는 인식 등을 염두에 두면서 일련의 검토를 행한 바 있다. 가장 광범한 자료 환경을 반영하고 있는 分註의 검토와, 각 본기별로 공유하는 사건들에 대한 기사의 편록 과정 검토는 『삼국사기』 편찬의 일단을 짐작케 해주었다. 나아가 그를 바탕으로 하여 『고기』와 『구삼국사』에 관련한 기존의 견해들을 비판적으로 재검토하면서 『삼국유사』를 주로 한 관련 자료들을 함께 논한 바 있다.[1] 그러나 이와 관련한 논의는 여전히 진행중에 있다고 해야 옳을 것이며, 그 가운데는 필자가 도달한 결론과 큰 차이를 보이는 견해마저 없지 않다. 물론 그러한 주장들에는 필자가 경유한 논증들에 대한 반론의 근거가 충분

---

1) 본 주제와 관련한 개별 논문들은 『三國史記 典據論』(1996, 民族社)으로 종합 정리하였다.

히 제시되지 않은 경우도 있고, 필자의 견해를 정확히 반영하지 못한 부분도 없지 않다. 따라서 이 글에서는 주로 『삼국사기』의 원전을 논의하는 가운데 제기되는 '本紀'와 '本記'의 문제를 살필 것이며, 그에 관련된 몇 가지 제안에 한정하여 보론을 더하고자 한다.[2]

2. 『구삼국사』와 『고기』

적지 않은 연구자들은 『삼국사기』의 주요 원전의 하나로 고려 초에 편찬된 것으로 추정되는 『구삼국사』를 꼽는 데 주저하지 않는다. 나아가 일부 연구자들은 그 편찬 시기를 더욱 구체적으로 光宗 연간으로 좁혀 파악하는 동시에, 우리가 『구삼국사』로 부르는 '『삼국사기』 편찬 이전에 있었던 삼국 관련 역사서'의 본래 명칭은 『삼국사』였을 것이라고 주장한다. 이것은 아마 이규보의 「東明王篇」 서문에 언급된 이 『구삼국사』라는 자료가 義天의 『大覺國師文集』에 인용된 『海東三國史』[3]나 『삼국유사』에 인용된 『前三國史』[4]와 동렬의 위상에 있다고 보는 데서 연유한 듯하다. 즉 그러한 서명들을 '옛 삼국사', '해동의 삼

---

2) 본 주제와 관련된 주요 성과들은 다음과 같다. 논지 전개의 편의상 후술하는 가운데 일일이 지시하여 구분하지 않기로 한다. 末松保和, 1966, 「舊三國史と三國史記」(『朝鮮學報』 39·40) ; 동, 『靑丘史草』 2(笠井出版社) ; 田中俊明, 1977, 「『三國史記』撰進と『舊三國史』」(『朝鮮學報』 83) ; 김석형, 1981, 「구『삼국사』와 『삼국사기』」(『력사과학』 4) ; 김영경, 1984, 「『삼국사기』와 『삼국유사』에 보이는 『고기』에 대하여」(『력사과학』 2) ; 강인숙, 1985, 「구『삼국사』의 본기와 지」(『력사과학』 4) ; 洪潤植, 1987, 「三國遺事에 있어 舊三國史의 諸問題」(『韓國思想史學』 1, 思社硏) ; 鄭求福, 1993, 「高麗 初期의 『三國史』 編纂에 대한 一考」(『國史館論叢』 45) ; 鄭求福 외, 1995, 『三國史記의 原典 檢討』(韓國精神文化硏究院) ; 高寬敏, 1996, 『『三國史記』の原典的研究』(雄山閣).
3) 『大覺國師文集』 17, 「孤大山景福寺飛來方丈禮普德聖師影」.
4) 『三國遺事』 5, 避隱 信忠掛冠조.

국사', '앞의 삼국사' 따위로 파악할 때 『삼국사』라는 공통 인자를 쉽게 발견하는 것이다.

또한 『구삼국사』, 즉 『삼국사』는 곧 『삼국사기』에 여러 차례 인용된 『고기』의 실체라고 보기도 한다. 실제 『고기』라는 명칭은 대부분 단순히 『고기』라는 형태로 언급되고 있지만, 『海東古記』·『三韓古記』·『本國古記』 등 관형어를 지닌 형태로 인용된 경우도 있다. 그러므로 『구삼국사』와 『고기』를 직접 대응시켜 이해하는 연구자들 속에서도 『해동고기』나 『삼한고기』, 그리고 『본국고기』 가운데 어느 하나만을 지목하여 그것이 『구삼국사』 자체라고 주장하기도 한다. 이 경우는 앞에서 『삼국사』라는 공통 인자를 중시하는 시각과 일면 반대되는 이해 방식이기도 하다.

한편 이와 관련한 논의는 『삼국유사』를 대상으로 전개되기도 하였다. 즉 일부 연구자들은 『구삼국사』의 실체를 『삼국유사』에 인용된 『국사』나 『삼국사』에서 찾는 한편, 이른바 『구삼국사』의 '본래' 서명은 『삼국사』라고 단정하는 견해를 고수하다보면 『삼국유사』에 인용된 『삼국사』가 곧 그것이라고 결론하기에 이르게 되는 것이다. 그러나 이처럼 다기한 논의들 가운데 어느 하나가 여타의 논지를 설득력 있게 극복하고 있는 것은 아마 없다고 생각한다. 오히려 『구삼국사』의 실체 확인이라는 목표에 지나치게 급급한 나머지 동의할 수 없는 비약과 혼선이 방치되고 있는 느낌마저 든다. 이제 여기서는 『구삼국사』와 『고기』에 대해 한두 가지 관점을 제안하고자 한다.

우선 이른바 『구삼국사』의 '정식 명칭'은 『삼국사』였다고 주장하는 연구자들은 '삼국사'를 고유한 서명으로 이해하고 있는 것이다. 그러나 이규보가 말한 『구삼국사』라는 표현은 『삼국사기』를 의식한 용어로 보아야 한다. 말하자면 그는 동명왕에 관한 신이한 전승을 비롯하여 삼국의 역사를 담고 있는 어떤 자료를 접하고, 『삼국사기』 곧 '新

三國史'에 대응하는 위상을 그에 부여하여 '舊三國史'라고 지칭했던 것이다. 이 관계는 아래와 같이 도시해 볼 수 있겠다.

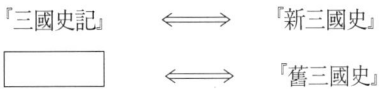

『三國史記』 ⟺ 『新三國史』
□ ⟺ 『舊三國史』

그러므로 이규보의 인식과 지시 용례에서 본다면 '신삼국사'가 고유한 서명이 아님은 물론, 그것은 또한『삼국사』가 아니라『삼국사기』를 가리키는 것이듯이, 『구삼국사』도 연구자들이 편의상 고유한 서명인 것처럼 사용하고 있을 뿐, 실제 그 자체가, 혹은『삼국사』가 고유한 서명이라고 단정할 근거는 없다. 『구삼국사』의 본래 서명으로『본국고기』·『삼한고기』·『해동고기』 따위를 지목하는 견해의 경우도 사정은 마찬가지이다.

물론 우리는 그와 같은 추정들이 반드시 모두 옳지 않다고 증명할 도리도 없다는 점마저 부인하려 하지는 않는다. 그러나 위와 같은 논지의 전개 과정에서 놓칠 수 없는 점은 이른바『구삼국사』로 불리는 자료의 존재 자체를 인정하는 단순한 합의에서 출발한 뒤, 급격하고 거친 추정을 거듭하여『구삼국사』가 질과 양에서『삼국사기』에 필적할 만한 기전체 관찬 정사였다고 단정하는 경우가 드물지 않다는 것이다. 더구나 한 발 더 나아가『구삼국사』는 그 역사 인식에서『삼국사기』의 신라 중심적 경향과 균등하게 대비될 만한 고구려 중심적 사서였을 것으로 기대 섞인 결론을 강요하는 경우 역시 없지 않다.

그러나 이른바『구삼국사』의 희소한 편린을 발판 삼아 도달한 그와 같은 비약은 결국 상당한 선입견과 편견이 개입한 결과에 불과하다. 다 아는 것처럼 김부식이 편찬을 주관한『삼국사기』도『고려사』에『삼국사』로 지칭되었고,5) 정덕본『삼국사기』의 말미에 있는 金居

斗의 跋文에도 이를 『삼국사』라고 했듯이, '삼국사'라는 말 자체는 '삼국에 한정한', 혹은 '삼국에 관련된' 사서라는 일반적 의미의 명칭으로 보아야 한다.

　　김부식이 仁宗에게 『삼국사기』를 진헌하면서 작성한 표문에는 삼국의 간략한 역사를 담고 있는 중국 사서에 대응하는 위상을 『고기』라는 이름의 자료에 부여하고 있다.6) 그러므로 『고기』는 고려 내에 유통되고 있었던 삼국의 역사 관련 자료를 의미한다. 그런데 이미 말한 바와 같이 표문의 『고기』나 『삼국사기』에 실제 인용되어 있는 여러 『고기』의 사례, 그리고 구체적 관형어를 지닌 『본국고기』 등 가운데 어느 하나를 『구삼국사』라고 보는 견해들이 있다. 그러나 『고기』는 일단 범상한 의미의 '옛 기록'으로 파악되어야 옳다. 뒤에 자세한 분석을 할 예정이지만 『삼국사기』 김유신전의 토대가 되었던 『金庾信行錄』, 혹은 『興武大王行錄』은 『삼국사기』 찬자에 의해 『고기』로 지칭되었다. 또 비록 『삼국유사』의 얘기는 하지만 臺山五萬眞身조에서는 「溟州五臺山寶叱徒太子傳記」를 『고기』라고 불렀다. 이처럼 『고기』는 구체적 자료에 대한 편의적 代稱으로도 쓰였던 것이다.

　　따라서 김부식이 『삼국사기』 편찬을 위해 참고하고 염두에 둔 우

---

5) 『高麗史』 17, 仁宗 23년 12월 壬戌.
6) 『삼국사기』를 올리는 김부식의 이 표문은 정덕본 『삼국사기』에는 실려 있지 않고, 『東文選』 권 44에 수록되어 있다. 한편 이 표문의 내용은 『신당서』를 올리는 曾公亮의 「進唐書表」를 모델로 작문되었다. 증공량은 『구당서』의 미흡함과 『신당서』 편찬의 당위성을 들어 "(『구당서』는) 서술의 순서에 원칙이 없고 자세하고 간략한 것에도 적합함을 잃었으며, 문장이 명료하지 않을 뿐만 아니라 사실 자체가 많이 결락되었습니다.… 말세의 선비들이 기력이 쇠약해지매 말은 조잡하고 생각은 비루하여 본연의 문장을 일으킬 수 없었으니, 밝은 군주와 어진 신하의 걸출한 공적과 성대한 위업, 그리고 뭇 혼미하고 포학한 통치자와 난신적자의 禍亂의 뿌리와 죄악의 발단 따위에서 모두 그 선악을 드러내어 사람들의 이목을 격동케 할 수 없었던 바, 진실로 후세에 권계를 드리워 장구하게 보일 만한 것이 못되는지라 매우 애석하다 하겠습니다"라고 하였다. 그러므로 김부식의 경우에 『삼국사기』에 대응하는 기존의 그것은 『고기』라는 이름으로 제시되었다고 하겠다.

리 측의 기존 '삼국사' 관련 자료를 『고기』로 칭했을 것은 분명하며, 이른바 『구삼국사』도 이렇듯 넓은 의미에서 보면 『고기』라고 할 수 있을 것이다. 그러나 정확히 말하자면 이규보가 인용한 『구삼국사』는 여러 『고기』 가운데 하나일 뿐이다. 즉 『고기』 자체가 곧 『구삼국사』와 일치하는 것으로 본다거나, 여러 『고기』류 가운데 유독 『본국고기』나 『삼한고기』 같은 사례만을 들어 『구삼국사』로 보는 것은 그다지 세심하지 못한 견해이다. 아마 이처럼 어느 하나의 『고기』 용례를 지나치게 강조하는 것은 『삼국사기』에 드러난 여러 『고기』 인용례를 종합적으로 검토하지 않은 결과일지 모른다. 이미 밝혀진 바처럼 『삼국사기』에서 추정할 수 있는 『고기』류의 용례는 다음과 같은 세 단계의 누층적 혼효를 보이고 있다.

① 열전의 『김유신행록』이나 지리지의 『古典記』 등을 포함하는 특정 자료들에 대한 총칭으로서의 『고기』 혹은 『諸古記』
② 『고구려고기』·『백제고기』·『신라고기』 등 내용에 따라 갈래지워 국명을 관칭한 '各國古記', 곧 『본국고기』
③ 중국 사서에 대한 국내 고유 전거 자료로서의 위상을 분명히 할 의도에서 사용된 『해동고기』 혹은 『삼한고기』

한편 우리는 김부식이 굳이 『구삼국사』의 존재를 은폐하고자 하여 『고기』라는 표현을 썼을 것이라는 논조마저 간혹 만나게 된다. 물론 그러한 주장을 하는 연구자들도 『구삼국사』가 『삼국사기』 편찬의 주요 전거였다는 것을 부정하지는 않는다. 따라서 그들은 김부식이 굳이 『구삼국사』의 존재를 의도적으로 은폐해야 할 까닭이 무엇이었는지를 설득력 있게 제시해야 한다.

또한 만약 『삼국사기』 찬자들이 정말 『구삼국사』로 불리는 자료의 존재를 은폐하고자 기도했다고 한다면, 『구삼국사』와 『삼국사기』 사이에 무엇인가 중대한 차이점이 있어야만 할 것이다. 아마 이 부분을 위해 준비된 대답이 『구삼국사』의 고구려 중심적 역사 인식과, 체질적으로 이를 용납할 수 없었을 듯한 김부식 등 편찬자들의 신라 중심적 역사 인식이라는 대립항 설정이었던 것 같다. 그러나 그렇게 설정할 경우 『구삼국사』의 내용이 대부분 『삼국사기』에 수용되었으리라는 그들 자신의 주장과 어딘지 모순을 야기하게 된다. 물론 이 점에 대해서도 대답이 준비되어 있지 않은 것은 아니다. 즉 김부식 등 편찬자들은 『구삼국사』의 주요 내용을 대부분 수용하면서도 섬세한 윤색과 절삭, 부회 등을 통해 은연중 신라 중심적 주조를 이끌어냈을 것이라는 판단이 그것이다.

그러나 우선 『삼국사기』 편찬자들에 대하여 그러한 매도 논리가 얼마나 구체적 논증을 동반하고 있는 것인가 하는 문제에 있어서는 지극히 회의적이라고 본다. 각도를 달리해 보면, 연구자들이 『삼국사기』에서 목도하게 되는 불만 요인은 무엇보다도 영세하고도 부실한 자료 환경과 사료에 대한 비판 정신의 결여일 것이다. 그리고 그것은 『삼국사기』 찬자를 향한 아쉬움이기도 하다. 그러나 사실 우리의 항의는 『삼국사기』 편찬자들이 감당하기에는 무리일지 모른다. 그에 앞서 12세기 당시 고려의 지적 토대와 사서 편찬과 관련하여 축적된 역량이 그다지 깊지 않았던 것을 고려할 필요가 있기 때문이다.

여하튼 『삼국사기』 찬자들은 스스로 '기록'의 권위에 매몰된 모습을 숨기지 않고 있다. 그들의 태도는 '의도적인 섬세한 윤색과 진실의 은폐'와는 거리가 멀다. 더구나 그들은 고려의 고유한 자료와 중국 측 자료 사이의 상이점에 대해 거의 맹목적이라 할 만큼 고려 측의 자료를 존중하고 있다. 그리고 이것은 신라 관계 기록만의 특징이 아니다. 결국 고려에서 전존해 온 기존의 삼국 관련 자료에 섬세한 조작과 세련된 은폐를 가한다는 것은 그 동기에서나 지적 성향에서나,

혹은 구체적 능력 등 어떤 측면에서나 용이하게 추정할 수 있는 사항이 못된다.

이제 구체적 사례 하나를 들어 이 점을 보강하고자 한다. 일부에서는 『삼국사기』 편찬 과정에서 고구려의 후기 국호 '高麗'의 존재가 의도적으로 배제되었다고 본다. 다시 말해 『구삼국사』 자료에는 아마 장수왕 20년(432) 전후에 '고려'로 국호를 개칭한 기사가 있었을 것인데, 『삼국사기』 찬자들이 이를 삭제했을 것이라고 한다. 그리고 그것은 당대 현실의 고려가 고구려를 계승한 왕조라는 것을 가능한 한 약화시키려는 의도에서였다고 생각한다.

그러나 고구려가 국호를 '고려'로 개칭했다는 서술은 어디에서도 찾아볼 수 없다. 물론 그 가능성을 완전히 부정할 논거 역시 없다. 그렇지만 일부 논자의 주장처럼, 김부식이 고려 초에 이루어진 기전체 관찬사서인 『(구)삼국사』에서 표방된 고구려계승의식과 고구려제일주의를 신라계승 그리고 신라제일주의로 바꾸려는 '정치적 목적'에서 개칭 기록을 삭제하고, 개칭된 국호로 서술된 부분 역시 '고구려'로 고쳤다고 하는 것은, 개칭의 가능성을 우호적으로 고려해 보는 것과는 완전히 별개의 문제이다. 특히 『삼국사기』에는 '고려'라는 이름으로 오직 '고구려'를 의미하는 서술이 본기와 지와 열전 모두에 다 있다. 그러므로 대부분의 연구자들은 '高麗'와 '句麗'를 '高句麗'의 약칭으로 생각한다. 또한 『삼국유사』에 쓰인 '句麗' 역시 '高句麗'의 약칭인 것은 의심할 여지가 없다.7) 그렇다면 유독 '高麗'만이 '高句麗'의 약칭이 아니어야 할 까닭도 없을 것이다. 더구나 고구려가 실제로 후기에 국호를 '고려'로 개칭했다고 할 때, 그것을 은폐한다고 하여 고구려와 고려왕조와의 국호상의 연계성이 일소되는 것은 아닐 것이다. 따라서 우리는 오히려 현실적인 의미에서 김부식이 당대 왕조인 고려를 의

---

7) 『三國遺事』, 紀異 太宗春秋公.

식하여, 기존의 중국 측의 책봉 기사를 인용할 때 '고려'로 약칭된 부분을 '고구려'로 정확히 복원·표기했다고 보고자 한다.

물론 중국 사서에 '고려'와 '고구려'가 혼용되는 가운데, 시대가 내려감에 따라 '고려'의 표기례가 많아지는 것은 부정할 수 없다. 그러나 위의 논자들에 의해 국호 개정을 반영한 구체적 사례로 간주되는 『魏書』(4, 上 世祖) 太延 元年(435)조 기사와는 달리, 같은 『위서』(100)의 열전(88)에는 모두 '고구려'라 하였고, 백제 개로왕의 상표문에도 '고구려'라고 한 점을 놓칠 수 없다. 또 唐 초의 사서들 가운데도 『周書』와 『隋書』는 '고려전'을 두었지만 『南史』와 『北史』 및 『通典』은 '고구려전'을 설정하고 있다는 점을 간과해서는 안될 것이다. 최근 소개된 文咨王代의 「後魏孝文帝與高句麗王雲詔一首」 및 그와 관련된 『魏書』·『資治通鑑』의 기사도 모두 '고구려왕'이라 하고 있다.8)

요컨대 국호의 개변 가능성 자체를 완전 부정할 수는 없지만, 그것을 근거로 하여 김부식의 삼국시대관을 재단하는 것은 성급한 감이 없지 않다고 생각한다. 사실 '고구려'와 '고려'를 혼용하고 있는 것은 一然도 마찬가지다. 또한 「동명왕편」에도 '고구려'로 일관했고, 『帝王韻紀』 역시 '高禮'와 '高句麗'를 함께 쓰고 있다. 중국 측 자료들이나 우리 측 자료 모두가 '고구려'와 '고려'를 혼용하고 있다는 점을 주의한다면, '고려'라는 표현을 지표로 삼아 관련 내용을 모두 『삼국사기』가 아닌 『(구)삼국사』에서 인용한 것이라거나, 나아가 김부식의 정치적 목적이 개입된 의도적 개변이나 은폐에 연결시키는 것은 지나친 무리이다.

한편 일부 연구자들은 김부식과 정치적으로 대립한 尹彦頤, 혹은 그의 父인 尹瓘을 이해함에 있어 종종 고구려 중심적 역사인식 등을 거론한다. 이와 관련하여 생각해 볼 대목으로 『고려사』 윤관전을 들고자 한다.

---

8) 朱甫暾, 1992, 「『文館詞林』에 보이는 韓國古代史 관련 外交文書」(『慶北史學』 15), 167~169쪽.

열전에는 윤관이 1108년 여진 정벌에 공을 세우고 스스로를 김유신에 비교하면서 그 공적을 자부하여 林彦에게 작문케 한 기념문이 있다.9) 그 가운데는 예종의 말과 윤관의 말이 인용되어 있는데 모두 '고구려'를 의미하는 말로 '句高麗'를 사용하였다. '구고려'가 '고구려' 아닌 다른 것을 이를 가능성은 없다. 그러나 고구려의 고토 회복을 언급한 윤관과 그가 중심이 된 당대의 정계에서 어느 누구도 '고구려' 혹은 '구고려'와 '고려'의 차별성을 암시하는 지적은 발견되지 않는다.

사실 고구려 고토 회복이라는 말도 지극히 관념적 표현이라 하지 않을 수 없다. 즉 윤관은 자신의 여진정벌을 과장하여 고구려 고토 회복을 연상케 하고자 했으나, 기실 그 자신의 무공을 신라의 김유신에 비기고 있음도 놓칠 수 없다. 한편 1117년 3월 고려는 遼의 來遠·抱州 2성을 장악하여 압록강을 경계로 關防을 설치하였다. 이에 백관은 '雞林故壤', 즉 '신라의 옛 땅'을 회복한 데 대한 賀表를 올렸다.10) 따라서 고려의 전시기를 막론하고 북쪽 강역의 확보에 문득 고구려 계승의 식만을 부회하는 것 자체를 재고해야 한다.

요컨대 몇 가지 표현의 통일이나 개서, 즉 '고려'라는 표현이 있는 중국 측 기록을 인용하면서 '고구려'로만 일관하여 표현한 것 같은 경우는 여러 사람의 공동 작업에 반드시 필요한 범례적 원칙으로 지켜졌을 것이다. 이를 확대하여『구삼국사』에 반하는 역사인식의 변화 기도라는 해석은 지나친 편견이라고 판단한다.

우리 학계에서 이른바『구삼국사』로 불리는 자료의 존재 자체는 이미 재론할 여지가 없이 공유하고 있는 인식이다. 따라서 그 '實在'에 대한 더 이상의 논의는 낭비다. 다만 문제는『구삼국사』로 불리는 자료의 존재를 확대 해석함으로써 현재『삼국사기』에 입각한 우리 고대

---

9)『高麗史』96, 列傳9 尹瓘.
10)『高麗史』, 世家14 睿宗 12년 3월 甲午.

사 연구 환경에 미치는 역기능적인 측면이 될 것이다. 즉『삼국사기』의 허다한 모순과 오류를 문득『구삼국사』에 대한 개악 정도로 치부하거나, 김부식 등의 공정치 못한 편찬 태도로 떠넘기는 것은 어떠한 일반 주제의 연구에도 도움이 되지 않는다.『삼국사기』는 철저한 비판과 고증의 대상이 될 수는 있을지언정,『구삼국사』라는 미지의 내용을 자의적으로 추정하는 데 그 근거 자료로 오용되는 것은 옳지 않다.

3. 김유신전의 '本記'

『삼국사기』권제41 김유신전(상)에는 선덕왕 11년(642)에 백제와 벌인 大梁州 전투의 전말 및 그로 인해 추동된 金春秋의 고구려에 대한 청병 외교 실패가 서술된 다음, 말미에 다음과 같은 분주가 있다.

이 내용은 '本記'의 진평왕 12년조에 실려 있는 것과 한 가지 일이로되 조금 다르다. 모두『고기』에 전하는 것들이므로 둘 다 그대로 적어 둔다.

우선 正德本의 해당 부분은 '本記' 부분이 '本言'이라고 각자되어 있으나, '言'자가 지나치게 왼편으로 치우쳐서 부자연스럽게 판각되어 있으므로, '記'자의 缺刻으로 판단한다. 그 경우 '本記'는 '本紀' 즉 신라본기를 가리키는 것으로 보는 것이 온당할 것이다. 그러나 너무나 당연한 말이지만, 신라본기에는 진평왕 12년이 아니라 김유신전 본문에 명기한 대로 선덕왕 11년에 같은 내용의 기사가 있다. 그러므로 이 분주에는 누군가의 오류가 저질러진 것이다. 그 오류의 주체와 과정을 어떻게 이해할 것인가에 따라 논의는 비상하게 확대될 수 있다.

일부 연구자들은 인용한 분주의 '本記'는 『구삼국사』의 신라본기라고 한다. 그들은 그 첫 번째 근거로 '本紀'가 아니라 '本記'로 쓴 점을 들고 있다. 말하자면 이것은 김부식 등 편찬자들이 기존 자료, 즉 아마도 『구삼국사』에 '本記'로 표현된 것을 '本紀'로 고치는 가운데 미처 고치지 못한 부분이리라는 것이다. 이 '本記'의 문제는 마치 김부식이 고구려 후기의 국호 '高麗'를 특정한 의도, 다시 말하여 고려의 고구려계승의식을 은폐하려는 정치적 목적에서 '高句麗'로 고치다가 몇 군데 빠뜨려버린 것과 같다는 것이다. 나아가 두 번째 근거로는 『삼국사기』 편자가 『삼국사기』 신라본기와 대조했다면 선덕왕 11년 기사를 진평왕 12년 기사로 오기했을 가능성은 희박하다는 것이다. 그러므로 오히려 『구삼국사』에서부터 이미 오기된 것을 비판하지 못하고 그대로 전재한 데서 결과된 실수로 이해하는 것이 합리적이라고 한다.

이러한 주장은 일면 그러므로, 『구삼국사』에는 '本紀'가 아니라 '本記'라는 표현으로 쓰였으리라는 것이다. 그러나 『삼국유사』에는 『삼국사기』의 '本紀'를 가리키는 용어로 허다한 '本記'와 함께 馬韓조의 예처럼 '本紀'가 혼용되고 있다. 또 文虎王法敏조에서는 『신·구당서』 고종본기를 인용하여 '唐書高(宗本)記'라고 하였다. 만약 '本紀'와 '本記'의 표기 차이가 자료를 구별해 주는 유효한 논거라고 한다면, 이 '唐書高(宗本)記'도 현존하는 두 『당서』가 아닌 또 다른 『당서』였다고 할 수조차 있을 것이다. 물론 일부 연구자의 경우 『삼국유사』에서 이른 '本記(紀)'는 모두 『구삼국사』를 인용한 것이며, 심지어 南扶餘 前百濟조에 인용된 『三國史記』조차도 오각으로 인해 불필요한 '記'자가 첨가된 것이라 하기도 한다. 이렇게 되면 『삼국유사』에는 『삼국사기』를 적어도 '직접 지목하여' 인용한 대목은 하나도 없다는 논리가 되고 만다. 그러나 『삼국유사』에서 인용한 '삼국사'·'국사'·'열전'·'사론'·'本紀(記)'·'연표' 등은 거의 예외 없이 『삼국사기』를 가리키고 있다. 다시 말하거니와 『삼국유사』에 인용된 많은 '本記'가 하나같이 『삼국사기』와 무관하다는 점이 입증되지 않는 한 '本紀'와 '本記'의 차이를 들어 김유신전 분주의 '本記'가 『구삼국사』를 지시하는 사례라고 단정하는 것은 지나친 비약이라고 할 수밖에 없다.

또한 설사 『삼국유사』를 논외로 치더라도 이규보는 「동명왕편」 서문에서 『구삼국사』의 '東明王本紀'를 보았다고 하였고, 본 시에 나타난 인용 대목에서는 '本記'의 표기를 사용하였다. 이승휴의 『제왕운기』에도 '本紀'나 '檀君本紀'와 함께 '東明本紀'를 인용하고 있는데, '東明本紀'의 경우 이규보의 「동명왕편」 분주에 인용된 '本記'의 내용과 일치하는 것이었다. 각훈의 『海東高僧傳』 釋安含조에도 분명한 『삼국사기』 신라본기 기사를 인용하면서 '新羅本記'라고 하였다. 『해동고승전』의 '국사'나 '신라본기'가 『삼국사기』를 지칭하는 것임은 이미 검증된 바 있다.11) 이처럼 '本紀'와 '本記'는 얼마든지 서로 혼용될 수 있는 것이지, 여기에 특별한 의미를 부여할 필요는 없다. 사실 위의 논자들도 일반적으로는 『삼국유사』 고구려조에 인용된 '壇君記'를 『제왕운기』 단군 관련 서술에 인용된 '本紀'나 '檀君本紀'와 같은 자료로 보고 있다. 즉 '檀'과 '壇', 그리고 '記'와 '本紀'에 구애받지 않고 있는 것이다. 물론 그 점은 타당한 이해라고 본다. 그러므로 김유신전의 '本記'-그 자체도 완전한 자획이 갖추어지지 않은 결획의 상태로 판각되어 있지만-를 『구삼국사』의 '본기'라고 보아야 할 아무런 증거도 없는 것이다.

다음에 둘째 논의점, 즉 김유신전의 분주자가 『삼국사기』의 신라본기와 대조했다면 '선덕왕 11년'을 '진평왕 12년'으로 오기했을 가능성은 과연 희박한 것인지에 대해 생각해 본다. 아마도 그러한 지적을

---

11) 金相鉉, 1984, 「『海東高僧傳』의 史學史的 性格」(『藍史鄭在覺博士古稀記念東洋學論叢』).

하는 이들에게는 『삼국사기』 편찬에 함께 관여한 사람들 가운데 어느 누군가가 김유신전에 분주를 더하기 위해 그 재료로 같은 책의 신라본기 기사를 동원했다는 설명이 자연스럽지 못한 모습으로 비쳐졌던 것 같다. 그러나 우선 열전에서 신라본기와 비교를 시도한 것은 분명한 사실이다. 張保皐傳에는 '張保皐'에 대해 "羅紀에는 '弓福'으로 썼다"라고 했다. 이 '羅紀'가 같은 책의 신라본기인 것을 의심할 근거는 없다. 蓋蘇文傳에는 645년에 격발된 唐과 고구려의 전쟁에 대해 "그 일은 '高句麗紀'에 갖추어 실려 있다"라고 했다. 이 '高句麗紀'가 같은 책의 고구려본기인 것 또한 자명하다. 나아가 삼국의 본기별 기사의 경우 어느 한쪽에서 다른 본기를 고려하거나 지시하면서 작성한 사례를 얼마든지 용이하게 발견할 수 있다. 따라서 열전 편자가 본기 기사를 염두에 두고 분주를 하는 것은 전혀 놀라운 일이 아니다.

다시 방향을 달리하여 '선덕왕 11년'을 '진평왕 12년'으로 '오기'된 과정에 대해 생각해 본다. 이 '오기'가 『삼국사기』 편찬 과정에서 야기된 것이 아니라고 주장하는 이들은 아마 이른바 『구삼국사』에서 비롯된 '오기'가 비판적 검증을 거치지 못한 채 『삼국사기』에 그대로 전재되었다고 보는 듯하다. 그러한 시각은 지금 문제된 김유신전의 분주 자체가 『구삼국사』 김유신전에도 동일한 모습으로 있었다는 의미에 동의하는 셈이다. 그렇다면 이것은 『구삼국사』의 열전 찬자가 『구삼국사』 신라본기와 대조한 예가 될 것이다. 그러므로 이제 『구삼국사』 편자들에게는 가능한 '대조'와 '오기'가 왜 『삼국사기』 편자들에게는 그 가능성이 희박한 것인지에 대해 납득할 만한 이유가 제시되어야 한다. 따라서 『구삼국사』 편자에게 가능했던 '오기'가 『삼국사기』 편자에게는 일어날리 없다는 확신이 없는 한, 이 분주의 '오기'가 반드시 『구삼국사』의 존재를 '폭로'하는 증거로 주목될 수는 없다.

여러 번 양보하여 문제의 분주를 가한 『삼국사기』 열전 편자가 『구삼국사』의 신라본기를 재료로 그러한 지적을 한 것이라고 생각할 수도 있다. 다시 말해『구삼국사』에는 김유신전의 해당 내용은 없었고, 그것은 오직 신라본기 진평왕 12년조에 있었다고 가정해 보는 것이다. 그렇다면 우리는 왜『삼국사기』신라본기에는 관련 기사에『구삼국사』와의 심각한 괴리를 지적한 분주가 없는가라는 새로운 질문에 대답해야 한다. 여하튼 어떤 경우라 해도 문제가 된 분주의 '本記'를『구삼국사』신라본기로 단정할 수 없다. 오히려 여러 정황에서 볼 때 그것은『삼국사기』신라본기일 가능성이 높은 것이다.

나아가 이 문제의 분주에서 또 한 가지 사항을 놓칠 수 없다. 주지하듯이 분주의 내용은 선덕왕 11년의 연대를 명기하여 백제의 신라 大耶城 공함 사건을 서술한 뒤, 이 사건이 신라본기의 진평왕 12년조에 실려 있는 내용과 한 가지 일이로되 조금 다르다고 하였다. '진평왕 12년'이 '선덕왕 11년'의 오기인 것은 이미 말한 바와 같다. 김유신전의 이 사건은 실제 신라본기 선덕왕 11년의 기사와 '한 가지 일'이로되 조금 다르다. 김유신은 진평왕 17년(595)에 태어났으므로 사실 처음부터 진평왕 12년 시기에 김유신의 군사 활동이란 있을 수가 없다. 분주는 이어서 '모두『고기』에 전하는 것들'이므로 둘 다 기록해 둔다고 하였다. 이 분주의 지적을 세심하게 고려하면 신라본기의 선덕왕 11년 기사가 근거한 자료나, 그와는 '조금 다른' 열전의 자료는 모두『고기』로 지칭되고 있는 것이다. 편찬자에 따르면 김유신전은 그의 후손인 金長淸에 의해 찬술된 김유신의 '行錄'에 토대하였다 한다. 그러므로『삼국사기』편찬자는『김유신행록』, 혹은『흥무대왕행록』을『고기』라고 지칭했던 것이다.『삼국사기』의 본기 기사들이 상당 부분 이른바『구삼국사』에 의존했을 것이라는 일반적 이해를 고려하고, 김부식이 인종에게『삼국사기』를 진헌할 때 쓴 표문에서 우리 고유의 삼국 관련 역사 자료로서『고기』의 미흡함과 그를 극복해야 할 당위성을 밝힌 점을 염두에 둔다면, 결국『구삼국사』역시『고기』라는 넓은 범위의 명칭 속에 포함시킬 수 있겠다.

이상과 같이 이 분주에서 우리는 신라본기의 저본 자료와 김유신전의 재료, 즉『김유신행록』사이에 미세한 차이가 있다는 점, 그러므로『구삼국사』와 같은 단일한 전거에 의해『삼국사기』전편이 편찬된 것이 아니라는 점 등을 확인할 뿐이다. 다시 말해 이 분주가『구삼국사』에 있었던 것이라거나,『삼국사기』찬자가『구삼국사』의 존재를 은폐하려다가 실수로 노출시킨 적소라거나,『구삼국사』에는 '本紀'가 아니라 '本記'로 표기되었을 것이라는 등의 논거로 기능할 수는 없다는 것이다.

이 분주에서 저질러진 '실수'는 '은폐 의도의 노출'이 아니라, 그야말로 단순한 '오기'에 불과하다. 누구나 용이하게 발견하는 것처럼『삼국사기』의 본기간 혹은 다른 편목간에 서로를 지시하여 인용하거나, 한쪽의 자료를 근거로 다른 본기에 같은 기사를 반복해 기계적인 보입을 하는 과정에서 저질러진 오류의 예는 드물지 않다. 이러한 편찬 과정은 이미『三國史略』을 찬한 權近에 의하여 명쾌하게 지적된 바 있다.[12] 아울러『삼국사기』에서 확인되는 '今' 관련 분주는 그 시점이 모두 고려시대, 특히 인종대의 상황에서 벗어나는 것이 하나도 없다. 지금 문제가 된 분주의 바로 앞에 보이는 분주가 "萬弩郡은 지금의 鎭州다"라고 한 것인바, 문제의 분주도『삼국사기』단계에 와서 붙여진 것이라고 보는 것이 자연스럽다. 즉 여기에 자리한 '오기'를『삼국사기』편찬자, 좁혀 말하면『김유신행록』을 재료로 구성된 김유신전에 분주를 가한 이의 '오기'로 보는 것이다.

---

12)『東文選』44, 表箋「進三國史略箋」: "… 逮至高麗 有臣富軾 凡例取法於馬史 大義或乖於麟經 且一事之始終 率再書於彼此 方言俚語之相雜 善政嘉謨之罕傳 國別爲書 人難參究…".

4. 진성왕 즉위년조의 '本紀'

진성왕 즉위년조에는 진성왕의 이름이 '曼'이라고 소개한 뒤에 최치원의 두 글을 재료로 작성된 다음과 같은 분주가 있다.

『崔致遠文集』 제2권의 「謝追贈表」에는 "신 坦은 아룁니다. 엎드려 칙지를 받자오니 저의 죽은 아비 凝을 추증해 太師로 삼고, 죽은 형 晸을 太傅로 삼았습니다"라고 하였고, 또 「納旌節表」에는 "저의 맏형 국왕 정이 지난 光啓 3년(887) 7월 5일에 갑자기 성대를 버리고, 저의 조카 嶢는 태어나 아직 돌도 되지 못했는지라, 저의 둘째 형 晃이 임시로 나라를 다스리던바, 또 1년을 넘기지 못하고 멀리 세상을 떠났습니다"라고 하였다. 이로써 말하자면 경문왕의 이름은 '凝'인데 本紀에는 '膺廉'이라 하였고, 진성왕의 이름은 '坦'인데 본기에는 '曼'이라 했으며, 또 정강왕 晃은 '광계 3년'에 죽었는데 본기에는 '2년'에 죽었다 하니, 모두 어떤 것이 옳은지 모르겠다.

인용문의 「사추증표」와 「납정절표」는 각각 진성왕이 당에 대해 선왕을 추증해 준 데 대한 감사와 당조에서 증여해 준 정절을 還納하는 내용의 글이다. 분주 찬자는 최치원의 두 표문 내용과 '本紀'의 편년 기사를 비교해 경문왕의 이름, 정강왕의 졸년, 진성왕의 이름 등의 차이를 환기시키고 있다. 일부 논자는 이 '본기'를 이른바 『구삼국사』의 신라본기로 파악한다. 그리고 이 대목은 앞 장에서 검토한 김유신전의 '本記'와 함께 『삼국사기』 편찬 과정에서 『구삼국사』의 실체를 노출시키지 않으려 한 방침에도 불구하고 이를 이용했음을 실수로 노출시킨 또 하나의 실례라고 한다.

우선 그렇다면 이 대목은 『구삼국사』의 '本記'를 인용할 때 실수하지 않고 '本紀'로 개서한 증거가 된다. 그러므로 김유신전에서의 '실수'가 '本記'를 성공적으로 개서하지 못한 것이라면, 이 곳에서의 '실수'는 다른 데 있는 셈이다. 그리고 그것이 무엇이든 간에 그로 말미암아 『구삼국사』의 실체가 노출되었다는 것이다. 다시 말해 '本紀'든 '本記'든 그 자체보다는 그로 인해 『구삼국사』에 의존한 편찬 과정을 은폐하려는 의도가 좌절된 것이 '실수'의 요체가 된다.

우리는 『삼국사기』의 기사 가운데서 분명한 오류와 모순, 그리고 잘못된 정보를 무비판적이며 기계적으로 인용한 사례들을 충분히 알고 있다. 그러나 사료 비판을 통해 이런 사례들을 발견하고 그것들을 바로잡는 것과, 그런 사례들을 통해 편찬자들의 '은폐된 의도'와 '폭로된 의도'를 읽어내는 것은 완전히 다른 성격의 문제가 될 것이다. 편찬자들의 '은폐된 의도'라는 설명을 저항 없이 받아들이기는 쉽지 않다고 생각하지만, 과연 이 분주가 어떤 맥락에서 『구삼국사』의 실체를 제시하고 있는지의 여부를 검토해 보기로 한다. 사실 필자는 이미 상당한 방증 자료를 동원해 이 분주의 '本紀' 역시 『삼국사기』 신라본기라고 판단했으므로, 여기서는 몇 가지 보론을 더하는 데 그치고자 한다.

위에 인용한 분주의 내용은 다음과 같이 간추려질 수 있다.

1. 최치원의 「사추증표」를 인용하여 경문왕의 이름은 '凝'이며, 진성왕의 이름은 '坦'이라는 것을 확인함.
2. 최치원의 「납정절표」를 인용하여 헌강왕 晸은 광계 3년 7월 5일에 죽었음을 확인함.
3. 역시 「납정절표」에 의하면 헌강왕을 계승한 정강왕 晃은 '未經朞月', 즉 1년을 넘기지 못하고 죽었음을 확인함.
4. 그런데 '本紀'에는 경문왕의 이름을 '膺廉'이라 했고, 진성왕의 이름을 '曼'이라고 했으며, 정강왕은 광계 3년에 죽었는데 '本紀'에는 2년에 죽었다고 함.

5. 어떤 것이 옳은지 판단을 유보함.

크게 보면 『최치원문집』의 정보와 '本紀'의 정보가 다르다는 논지이다. 구체적으로 그 '다른' 사항은 경문왕과 진성왕의 이름, 그리고 정강왕의 졸년 등이다. 이처럼 최치원의 글과 다른 정보를 가지고 있는 '本紀'의 실체는 무엇인가.

우선 경문왕의 이름을 '膺廉'이라 하고 진성왕의 이름을 '曼'이라고 한 '本紀'에 대해서 말하자면, 『삼국사기』 신라본기의 내용이 실제 그렇게 되어 있으므로, 이 '本紀'가 『삼국사기』 신라본기가 아닌 다른 것이라고 하기 위해서는 또 다른 근거가 제시되어야 할 것이다. 즉 '本紀'의 남은 한 가지 문제인 정강왕이 '2년에 죽었다'는 기록이 어떤 의미인가가 분명해져야 한다.

『삼국사기』 신라본기에 의하면 헌강왕은 광계 2년(886) 7월 5일에 죽었고, 정강왕은 광계 3년(887) 7월 5일에 죽었다. 그러므로 최치원의 「납정절표」에 헌강왕이 광계 3년에 죽었다고 한 것은 신라본기와는 다르며, 다른 자료들을 통해 볼 때 헌강왕이 기실 광계 2년에 죽은 것은 크게 의심할 여지가 없다. 그런데 분주의 의문 제기는 정강왕에 대해서만 이루어졌다. 그러므로 우선 여기에서 헌강왕의 졸년에 대해 아무 언급이 없다는 점을 의아한 사항으로 환기해둔다.

다음에 정강왕의 졸년을 둘러싼 혼선의 이유는 생각건대 '未經朞月'에 있다. 분주자는 최치원의 「납정절표」를 이해함에 있어, 헌강왕이 광계 3년에 죽고 그를 계승한 정강왕은 '未經朞月', 즉 '1년을 못 넘기고' 죽었다 했으므로, 역시 정강왕도 광계 3년, 다시 말해 같은 해, 그리고 즉위한 해에 죽은 것으로 파악하였다. 이러한 이해를 근거로 그는, 그런데 왜 '本紀'에는 '재위 2년'에 죽었다고 하는지에 대해 의문을 가지고 있는 것이다. 즉 분주자는 '未經朞月'을 문면 그대로 '1년을 못 넘기고'라고만 해석한 것이다.

그러나 정강왕의 죽음을 이르는 그 대목의 뜻은 '만 1년을 채우지도 못하고', 그러므로 최소한 8월에야 즉위한 정강왕이 다음해 7월 5일에 죽은 사실을 염두한 것이다. 이것은 재위기간으로는 11개월이며 햇수로는 2년이 된다. 이렇게 정리하고 보면 정강왕이 광계 3년에 죽었는데 본기에는 2년에 죽었다고 했다 한 대목의 '2년'은 '광계 2년'이 아니라 '재위 2년'을 의미하는 것을 납득할 수 있다.

물론 『삼국사기』 신라본기에 따를 때 두 왕의 죽은 월·일이 모두 7월 5일이고, 장지 역시 같은 '菩提寺東南'이라고 한 점은 매우 공교롭다. 그러나 이것을 가지고 문득 기록의 오류라거나 혼선으로 단정하는 것은 옳지 않다. 오류일 가능성을 완전히 배제하지는 않는다 하더라도, 그 기사 자체는 일단 정확한 반증이 확보되기 전까지는 존중해야 할 사료인 것이다. 더구나 이 분주를 작성한 찬자의 의문 제기에는 두 왕의 죽음에 관련된 월·일과 장지는 전혀 고려 사항이 아니었다. 그러므로 본 논의에서도 그 '오류의 가능성'을 직접 개입시킬 필요가 없다.

다음, 일부에서는 「납정절표」에 헌강왕의 죽음을 광계 3년 7월 5일이라 한 대목의 '3년'이 '2년'의 오각일 것이라고 주장한다. 그리고 정강왕의 죽음에 대한 '本紀'의 '2년'도 '광계 2년'이라고 주장한다. 나아가 그들은 이 '本紀'가 『구삼국사』 신라본기라고 하므로, 그에 따르면 『구삼국사』 신라본기에는 헌강왕의 죽음이 광계 2년으로, 그리고 정강왕의 죽음도 광계 2년으로 되어 있었다는 말이 된다. 그러나 그렇게 보면 『구삼국사』의 정강왕 관련 내용은 그 자체 성립할 수 없는 궁색한 모습이 되고 만다. 더구나 정강왕의 죽음이 광계 2년의 일이라면, 당시의 유월칭원법 즉 즉위년칭원법에 따라 진성왕도 『구삼국사』에는 광계 2년에 즉위한 것으로 되어 있어야 옳다. 그러나 믿을 만한 모든 자료에 의하면 정강왕이 죽은 해, 곧 진성왕이 즉위한 해는 광계 3년으로서 의심의 여지가 없다. 우리는 오히려 『최치원문집』의 「납정절표」 자체에서 헌강왕이 죽은 해와 관련한 오류가 빚어졌다고 판단하는 편이 옳다고 본다. 즉 『삼국사기』의 '오각'이 아니라 「납정절표」의 '오류'라고 보는 것이다.

실제 현존하는 최치원의 글들에서 확인되는 간지나 연호 적용상의 오류는 얼른 보아서도 10여 개에 달한다. 더구나 그것을 모두 판각의 오류로 볼 수는 없다. 왜냐하면 중국의 연호 개정 사실이 정확하게 반영되지 않았던 까닭에 저질러진 오류들이 분명히 확인되기 때문이다. 그러한 사정은 『삼국사기』의 연표에도 지적해 둔 바 있는 것이다.

예컨대 연표에는 지금 문제가 된 헌강왕과 정강왕의 교체년(886: 丙午, 光啓 2)에 "6월에 중국에서 연호를 고친 것을 알고 곧 光啓 2년이라고 하다"라고 하였다. 그러므로 886년 5월까지 신라에서는 이전의 연호에 따라 中和 6년으로 연대를 표기했을 것이다. 최치원의 글 가운데 이에 해당하는 경우로는 '中和 乙巳年 秋'로 표기한 「有唐新羅國初月山大崇福寺碑銘」, '中和 丙午'로 표기한 「華嚴佛國寺釋迦如來繡像幡贊幷書」, '中和 6年 丙午 5月 10日'로 표기한 「王妃金氏爲考繡釋迦如來像幡讚」, '中和 丁未年 暢月'로 표기한 「王妃金氏爲先考及亡兄追福施穀願文」 등이 있다. 이처럼 오용된 '中和'의 연호도 신라에서는 헌강왕 8년(882: 壬寅, 中和 2)에야 알아 연표에는 그 해 "5월 25일에 중국에서 연호를 고친 것을 알고 곧 中和 2년이라고 하다"라고 했으며, 그에 앞서 경문왕과 헌강왕의 교체년(875: 乙未, 乾符 2)에도 "2월 22일에야 중국에서 연호를 고친 것을 알고 乾符 2년이라고 하다"라고 하였다. 요컨대 진성왕 즉위년조의 분주자는 헌강왕의 죽음을 광계 3년으로 한 「납정절표」를 근거로 하고, 다시 정강왕이 '未經朞月', 즉 1년을 못 넘기고 헌강왕과 같이 광계 3년에 죽은 것으로 파악했기 때문에, 재위 2년이 되는 『삼국사기』 신라본기의 서술과 비교하여 그 차이점을 지적한 것이다.

한편 이렇게 이해할 때 우리는 이 대목을 작성한 찬자가 같은 신라본기의 인접한 기사를 언급하여 '本紀'라고 인용해 쓰는 것은 퍽 자연스럽지 못하다는 의혹을 예상하게 된다. 그러나『삼국사기』의 각 본기에는 서로 다른 본기 기사를 지시·고려하여 서술하거나 분주를 가한 예들이 허다하며, 같은 본기 내에서 어느 기사가 다른 기사를 지시·인용한 예도 있다. 예컨대 신라본기 제7 文武王 14년 9월조에는 고구려에서 망명해 온 安勝을 報德王으로 봉했다 한 다음, "10년에 안승을 고구려왕으로 봉했다가 지금 다시 그를 봉하고 있으니, '報德'이라는 말이 '歸命'과 같은 것인지 혹은 지명인지 알 수가 없다"라고 분주하였다.13) 그런데 이 분주에서 지적한 대로 신라본기 제6 문무왕 10년 8월 1일조에는 사찬 須彌山을 보내 안승을 고구려왕으로 책봉한 사실과 책문이 기록되어 있다. 같은 신라본기에서 다른 편년 기사를 분주의 재료로 삼은 예이다. 또 백제본기 제3 毗有王 4년 4월조에는 남조의 宋에서 책문을 보내 선왕 暎의 작위와 칭호를 주었다고 한 다음, "腆支王 12년에 동진에서 왕을 책명해 使持節都督百濟諸軍事鎭東將軍百濟王으로 삼았다"라고 분주하였다. 그리고 이것은 같은 백제본기의 腆支王 12년조에서 확인할 수 있다. 심지어 같은 해의 바로 앞 기사를 고려하여 분주를 가한 예도 있다. 신라본기 제10 憲德王 즉위년조에는 당 憲宗이 헌덕왕의 부인 貞氏를 왕비로 책명해 주었다고 한 다음, "생각컨대 왕비는 禮英 角干의 딸인데 지금 정씨라 했으니 자세히 알 수 없다"라고 분주하였다. 분주의 판단은 바로 같은 즉위년조의 앞부분에 있는 "왕비 貴勝夫人은 禮英 角干의 딸이다"라는 정보에 근거하

---

13) '歸命'은 '歸順'·'歸依' 등과 같은 뜻이다. 한편『三國志』48, 吳書3 孫晧傳에는 그가 晉에 항복하자 진에서는 그에게 '歸命侯'의 호칭을 내려주었다고 한다. 따라서 여기 분주를 가한 찬자는 안승을 '보덕왕'으로 삼은 사실을, 손호를 '귀명후'로 삼은 전례와 견주어 이해한 것이다.

고 있다.14) 그러므로 가까운 앞의 서술이라 하여 분주의 근거가 될 수 없다는 논리는 성립하지 않는다.

특히 지금 문제가 된 분주는 신라본기의 분주들 가운데 특이한 위상을 가지고 있다. 신라본기에는 모두 99개의 분주가 있고, 각각은 분주 대상이 되는 본문 서술에 대한 한 가지의 관련 사실을 지적한 것들이다. 여기에서 유일한 예외가 문제의 본 분주다. 이것은 두 왕의 諱와 한 왕의 卒年에 관한 복합적 문제 제기로 이루어졌다. 신라본기의 다른 예를 미루어 적용한다면 두 왕의 휘에 관한 분주는 각각 그 왕의 휘가 처음 등장하는 곳-대개는 즉위년조 기사가 된다-에 위치해야 하고, 정강왕의 죽은 해에 관한 분주도 다른 모든 왕의 졸년 관계 분주가 왕의 사망 기사에 이어 등장하는 것처럼 진성왕 즉위년조가 아니라 정강왕의 죽음에 이어 자리했어야 할 것이다. 이와 같이 신라본기의 모든 분주에 대한 미시적 검토를 토대로 하고 보면, 본 분주는 분주의 위치와 분주의 관련 내용에 있어 매우 특이한 위상에 있는 것이다.

또한 신라본기의 다른 분주들에서 왕의 이름이나 졸년에 관한 의문 사항을 다룬 분주는 하나같이 중국 측 기록과 우리 고유한 전거와의 차이점을 비교한 것들이다. 그리고 우리 측의 전거로 제시된 것들은 대개『古記』·『諸古記』·'本史' 등으로 나타났다. 더욱 중요한 것은『고기』를 들어 중국 측 사서의 잘못을 지적하면서도 실제 신라본기 본문은 인용된『고기』의 정보와는 다른 부분이 있다는 것이다. 이 점은

---

14) 이것은『舊唐書』199, 東夷 新羅國 및『新唐書』220, 東夷列傳 新羅조에 의거해 헌덕왕의 비에 대한 당 측의 책봉 내용 가운데 왕비의 성씨에 문제를 제기한 분주다. 본 분주의 대상이 되는 헌덕왕 즉위년조 계보에서는 헌덕왕의 비 귀승부인이 예영 각간의 딸이라 했고, 그 예영 각간은 원성왕의 아들이며 신무왕 우징의 조부였다. 따라서 찬자는 귀승부인의 성씨를 김씨로 간주했던 것이고, 혹은 최소한 정씨라고 한 당의 책봉서는 의심스럽다는 판단을 했던 것이다. 한편 귀승부인이 정씨로 간주된 연유는, 추측하건대 귀승부인의 이름에 '貞'자가 포함되어 있었던 때문인 듯하다.

곧 『고기』라는 자료를 문득 『구삼국사』로 단정하거나, 그리고 신라본기의 주요 전거로서 오직 『구삼국사』만을 드는 것이 잘못이라는 것을 알려준다. 즉 『구삼국사』 신라본기에 의거해 『삼국사기』 신라본기가 작성되었다면, 그와 다른 정보를 전하는 『고기』가 『구삼국사』 자체일 수는 없으며, 또 같은 사건에 대해 서로 다른 내용의 전거들이 있었다는 것은 신라본기 작성이 『구삼국사』와 같은 단일한 자료에 입각한 것만은 아니라는 것을 입증하는 것이다.

나아가 본 분주는 유독 『최치원문집』, 즉 넓게 보아 우리 측의 고유한 자료, 그러므로 범칭으로서의 『고기』에 포함될 수 있는 자료와 '本紀'-그것이 무엇이든 우리 측의 고유자료이다-를 비교하는 점에서도 독특한 성격을 가진다. 이와 같은 몇 가지 일탈적 특징을 고려할 때, 본 분주가 해당 부분을 직접 집필한 자의 '自註'가 아니라 신라본기 자체의 서술이 완료된 후, 또 다른 이에 의해서 첨입된 일종의 제한된 의미의 '後註'일 가능성도 열어두고자 한다.

여기서 '後註'라 하여 반드시 『삼국사기』 전편의 완료 뒤에 그 편찬자들이 아닌 사람의 분주를 의미하는 것은 아니다. 이 경우 '후주'의 기준은 관련 사항을 다룬 본문 작성자가 아닌 사람이, 관련된 본문 서술이 이루어진 뒤 가까운 시점에서, 본문 작성자가 의존한 자료 외의 전거를 동원하여 그 차이점을 논의하고 있다는 데 있다. 실제로 '후주'의 존재는 『대각국사문집』· 『삼국유사』· 『해동고승전』, 그리고 최치원의 글들에서도 확인된다.

이상의 검토에서 진성왕 즉위년조의 분주에 제시된 '本紀' 역시 김유신전의 '本記'와 마찬가지로 『구삼국사』 신라본기로 간주되어야 할 논거가 없다는 것을 확인하였다. 그것은 모두 『삼국사기』 신라본기로 보아 큰 무리가 없다.

5. 맺음말

이 글은 우선 근자에 높아지고 있는『삼국사기』의 원전에 관한 논의 가운데 그 중심 화제라 할 수 있는『구삼국사』와『고기』에 대한 대강의 지침과 제안을 시도하였다. 따라서 편찬에 주도적 역할을 한 김부식 등의 '의도'와 관련된 변호가 함께 언급되었다. 다음에『삼국사기』김유신전과 진성왕 즉위년조 분주에 각각 보이는 '本記'와 '本紀'가『삼국사기』신라본기에 지나지 않는다는 생각을 피력했다. 결국 일견 단순할 수도 있는 이 논의가『삼국사기』에 대한 정당한 이해를 위해서는 간과할 수 없다는 생각에서 이 글은 비롯되었다. 그러나 크게 보아 필자의 기존 관점에 대한 보론의 위치를 넘어선 것은 아니다.

일부 논자들 가운데는『삼국사기』가『구삼국사』를 거의 전재했으리라고 하면서도, 특정 대목에서는 김부식 등 편찬자들이『구삼국사』의 원형을 은폐하려 한 증거가 있다고 하는 등 다소 혼선을 빚는 것을 발견한다. '전재'를 강조하는 경우는 김부식의 자료 취합에 대한 불성실과 창의적 수사가 아니라는 것을 부각시키려는 것이며, '은폐'를 강조하는 경우는 학자적 양심이 없다거나 학문 외적인 목적, 그리고 자기 이익을 위한 자의적 사실 왜곡을 암시하고자 하는 태도로 비쳐진다. 그러나 '전재'는 기록 존중의 결과이며, 그에 따라 몇 가지 분명한 '오류와 모순'은 무책임할 정도로 주관적 고증을 시도하지 않은 증거로 해석되어야 옳을지도 모른다.

사실『삼국사기』의 정보가 완벽하리라고 기대하는 연구자는 별로 없는 줄로 안다. 동시에 바로 그 점이야말로 연구자들이 개별 사료에 대해 가능한 한 합리적인 재해석의 대상으로 삼아 활용하도록 노력해야 할 이유일 것이다. 현 단계 우리의 연구 수준에서 단정해버린 결론들은 향후 얼마든지 달라질 수 있겠지만, 『삼국사기』 자체의 정보는 변하지 않을 것이다. 그러므로 각각의 사료에 대한 정밀한 재해석을 방해하는 장치로 『구삼국사』가 이용되는 것은 옳지 않다. 『구삼국사』의 존재 자체는 이미 공지의 사실이지만, 그것이 『삼국사기』에 입각한 연구 의욕을 무산시키는 피난처가 되어서는 안된다.

제5장

『삼국사기』 고구려본기의 분주 재론

1. 논의의 맥락

　『삼국사기』의 사료적 형성론은 크게 보아 分註論·古記論·舊三國史論 등으로 전개되어 왔다. 그 가운데서 분주에 관한 논의는, 『고기』나 『구삼국사』의 경우가 특정 자료에 한정한 논의인 것에 반하여, 매우 다양한 국내외 자료를 포괄하는 동시에 특히 그러한 자료들을 다루는 편찬 과정을 짐작하는 데 기여할 바가 적지 않다. 기왕에 필자는 신라본기의 분주 99개(100항목)을 분석하면서 이에 대한 대강의 지침을 획득한 바 있다.[1] 이 글은 같은 전제 혹은 관점을 견지하되, 고구려본기의 분주를 직접 재료로 삼는다. 따라서 기대하는 논점은 신라본기에서의 귀결이 여하히 검증될 수 있는가를 중심으로 한다.

　『삼국사기』의 분주들은 분주를 가한 사람의 적극적인 판단이 개입되었는가의 여부를 기준으로 크게 둘로 나눌 수 있다. 즉 분주의 내용이 본문 내용에 대한 범상한 이칭이나 이설을 소개하는 경우는

---

1) 李康來, 1989, 「『三國史記』 分註의 性格-新羅本紀를 중심으로」, (『全南史學』 3).

'단순분주'라 하고, 분주의 내용에 분주자의 판단이 개입된 경우를 '고증분주'라고 부른다. '단순분주'는 다시 분주 대상이 된 본문 서술 내용과 분주의 내용이 서로 모순이 되지 않는 경우와, 서로 매우 상이한 내용을 가진 경우의 두 형태로 나뉜다. 전자의 경우는 본문 서술의 보강을 위한 것으로 '병렬형 단순분주'라 하고, 후자의 경우는 상이한 정보의 대립이므로 '대립형 단순분주'라고 한다. 마찬가지로 '고증분주' 역시, 분주 대상 내용과 분주 자료와의 관련성에 대한 분주자의 단순한 판단을 포함하고 있거나 그 판단에 근거한 의문 제기를 하면서도 적극적인 판정은 보류하고 있는 경우들과, 반면에 분주자의 고증을 통해 상이한 자료들 중에서 어느 하나를 선택하는 적극적 판단 개입의 유형에 속하는 경우들로 나눌 수 있다. 전자를 '보족형 고증분주'로, 후자를 '선택형 고증분주'로 부른다. 이러한 분류에 따라『삼국사기』의 분주 형태는 다음과 같이 도해할 수 있다.

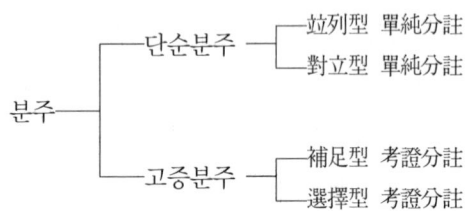

고구려본기의 분주론을 위해 신라본기의 분주를 검토하면서 정리한 사항을 환기해 두고자 한다. 첫째, 삼국의 본기에서 확인되는 분주의 수량적 이해에서 적어도 7세기 전쟁 당대까지는 고구려와 신라의 전거 자료가 비슷했던 반면 백제의 경우는 그에 미치지 못했다. 동시에 삼국은 공히 왕실 관계 분주가 반 이상을 차지하고 있었다. 이 점은 왕실 계보를 중심으로 한 기존 고유 자료가 상대적으로 다양했음을 가리키는 지표로 해석되었다.

둘째, 병렬형 단순분주 가운데서 분주 내용상 왕실 관계 인명을 『삼국유사』왕력과 대비해 본 결과 높은 대응도를 확인하였다. 또 본기와 잡지·열전간에, 혹은 열전 자체 내의 항목간에 편찬 근거 자료가 상위함을 알 수 있었다. 이 점은 『삼국사기』편찬의 전거를 기존의 일관된 체제의 단일서-예컨대『구삼국사』와 같은-로만 제한할 수 없다는 것을 의미한다. 아울러 대립형 분주의 대부분을 차지하고 있는 出自에 관계된 사항들은 형식상 단순분주에 포함되면서도 해당 사항의 진위나 계통을 가르기 어려운 것들이었고, 그 이유는 역시 왕실 계보 관련 자료의 다양함에 있다고 생각되었다.

셋째, 병렬형 단순분주 가운데서 분주 내용상 일반 인명에 속하는 사항을 열전을 중심으로 비교한 결과, 본기와 열전은 서로 편찬자 혹은 분주자가 달랐으며, 전거 자료 또한 단일하지 않았다는 것을 재확인하였다. 또 열전 가운데서도 항목에 따라서는 분주자와 전거 자료가 서로 달랐고, 열전의 분주 중에는 신라본기를 고려한 경우가 있으므로 분주 형식으로는 단순분주로 분류되면서 실제 내용에서는 분주자의 고증이 적용된 예가 있었다. 아울러 신라본기에서 보면 왕실계보 같은 두드러진 경우를 제외하고는 대체로 해당 인물이 처음 출현하는 대목에서 분주가 가해졌다.

넷째, 보족형 분주의 검토 결과 역시 단순분주들의 검토 결과를 돕는 것으로 나타났다. 또『고기』에 대한 분주자의 편향적 신뢰가 두드러졌다. 특히 보족형 고증분주 가운데는 신라본기 자체 내의 기사를 그 전거로 가지고 있는 경우가 포함되어 있었다. 이 점은 분주의 이른바 후주적 성격 가능성 제기와 관련하여 유념할 만한 사항이었다.

다섯째, 다양한 전거 사이의 이설에 대한 적극적 판정이 가해진 선택형 분주의 검토 결과 분주자는 거의 모든 경우에 중국 측 기록을 비판하고 있었다. 비판의 근거는『고기』및 그와 동일한 위상의 '本

史' 등 국내 고유 자료들이었다. 이 점은 『삼국사기』 편찬자들의 기존 고유 자료에 대한 인식을 가늠하는 단서로 간주되었다.

요컨대 이 글은 위와 같은 논지의 검증 여하를 겨냥한다. 그러므로 논의는 크게 보아 『삼국사기』 고구려본기 편찬의 자료 문제와 그 자료를 대하는 편찬자의 태도 혹은 방식의 문제로 압축될 수 있겠다.

2. 분주의 분류

고구려본기에 소재한 분주를 적출 분류하면 <표1>과 같다. 분주란 외형적으로는 본문 서술의 특정 내용에 대해 행을 나누어 첨기한 것이다. 아울러 분주는 분주의 대상이 되는 본문의 정보와 긴밀한 의미 관계를 지닌다. 내용적 측면이라 할 수 있는 이 특성은 분주가 본문 구성 전거에 대해 이종의 자료 존재를 지시한다는 점을 전제로 한다. 그러므로 이른바 '분주로 다루어질 성격의 것'이라는 고려의 맥락은 분주의 내용적 일면에 주안한 것이라 하겠다. 예컨대 신동하는 첫째 琉璃明王 즉위년조에서 왕휘 類利에 대해 "或云孺留"라 한 대목, 둘째 산상왕 즉위년조에서 『魏書』에 이르기를 '주몽의 후손 宮은 나면서부터 눈을 뜨고 볼 수 있었는데 이가 太祖가 되었다. 지금 왕은 태조의 증손인데 역시 태어나자마자 사람을 알아보는 것이 증조 궁과 같았다. 고구려에서는 서로 비슷하다는 것을 '位'라고 했으므로 그의 이름을 位宮이라고 한다'라고 하였다"라고 한 대목, 셋째 동천왕 21년조에 "평양이란 곳은 본래 仙人 王儉이 살던 곳이다. 혹은 '왕의 도읍 王險'이라고 한다"라고 한 대목, 그리고 넷째 고국원왕 13년조에

<표1> 고구려본기 소재 분주의 분류

번호	권차	왕대력	서력	분주 대상	분주 내용	분류	전거	유형
1	13	始祖 즉위년	前37	諱朱蒙	一云鄒□一云衆解	王諱		
2	〃	〃		蛙形	蛙一作蝸	字義		
3	〃	〃		淹㴲水	一名蓋斯水 在今鴨綠東北	地名		○
4	〃	〃		至毛屯谷	魏書云 至普述水	地名	魏書	△
5	〃	〃		至卒本川	魏書云 至紇升骨城	地名	魏書	△
6	〃	〃		…因以高爲氏	一云… 朱蒙嗣位	事件		△
7	〃	琉璃明王 1년	後12	…傳首京師	兩漢書及南北史皆云誘句麗侯騊斬之	事件	兩漢書 南北史	△
8	〃	琉璃明王 33년	14	高句麗縣	縣屬玄菟郡	地名		○
9	14	大武神王 즉위년	18	大武神王	或云大解朱留王	王名		
10	〃	大武神王 15년	32	王子好童… 出降	或云… 壞其兵物	事件		△
11	〃	閔中王 4년	47	蠶友落部… 投漢	後漢書云 大加戴升等萬餘口	事件	後漢書	△
12	〃	慕本王 즉위년	48	諱解憂	一云解愛婁	王諱		
13	15	太祖大王 즉위년	53	太祖大王	或云國祖王	王名		
14	〃	太祖大王 59년	111	…求屬玄菟	通鑑言… 抑一誤耶	事件	通鑑	○
15	〃	太祖大王 70년	122	王與馬韓… 破之	馬韓… 蓋滅而復興者歟	事件	百濟本紀	
16	〃	太祖大王 94년	146	…稱爲太祖大王	後漢書云… 豈漢書所記誤耶	卒年	後漢書 海東古記	◎
17	16	新大王 즉위년	165	諱伯固	固一作句	王諱		
18	〃	故國川王 즉위년	179	故國川王	或云國襄	王名		
19	〃	〃		諱男武	或云伊夷謨	王諱		
20	〃	山上王 즉위년	197	諱延優	一名位宮	王諱		
21	17	東川王 즉위년	227	東川王	或云東襄	王名		
22	〃	東川王 20년	246	…皆放遣之	括地志云… 誤也	地名 年代	括地志 梁書 通鑑	◎
23	〃	中川王 즉위년	248	中川王	或云中壤	王名		
24	〃	中川王 12년	259	尉遲□	名犯長陵諱	人名		○

25	〃	西川王 즉위년	270	西川王	或云西壤	王名		
26	〃	〃		諱藥盧	一云若友	王諱		
27	17	西川王 7년	276	新城	或云新城國之東北大鎭也	地名		△
28	〃	烽上王 즉위년	292	烽上王	一云雉葛	王名		
29	〃	〃		諱相夫	或云歃矢婁	王諱		
30	〃	美川王 즉위년	300	美川王	一云好壤王	王名		
31	〃	〃		諱乙弗	或云憂弗	王諱		
32	18	故國原王 즉위년	331	故國原王	一云國岡上王	王名		
33	〃	〃		諱斯由	或云劉	王諱		
34	〃	故國原王 41년	371	…葬于故國之原	百濟蓋鹵王表…過辭也	事件	(百濟本紀)	○
35	〃	小獸林王 즉위년	371	小獸林王	一云小解朱留王	王名		
36	〃	故國壤王 즉위년	384	諱伊連	或云於只支	王諱		
37	〃	長壽王 즉위년	413	諱巨連	一作璉	王諱		
38	19	文咨明王 즉위년	491	文咨明王	一云明治好王	王名		
39	〃	文咨明王 17년	508	… 撫軍	一作東	字義		
40	〃	安臧王 13년	531	號爲安臧王	是梁中大通三年…誤也	卒年	梁書	◎
41	〃	安原王 15년	545	號爲安原王	是梁大同十一年…誤也	卒年	梁書	◎
42	〃	陽原王 즉위년	545	陽原王	或云陽崗上好王	王名		
43	〃	平原王 즉위년	559	平原王	或云平崗上好王	王名		
44	〃	〃		諱陽成	隋唐書作湯	王諱	隋書 唐書	
45	〃	平原王 32년	590	號曰平原王	是開皇十年… 誤也	卒年	隋書 通鑑	◎
46	20	嬰陽王 즉위년	590	嬰陽王	一云平陽	王名		
47	〃	〃		諱元	一云大元	王諱		
48	〃	榮留王 즉위년	618	諱建武	一云成	王諱		
49	21	寶臧王 즉위년	642	王諱臧	或云寶臧	王諱		
50	22	寶臧王 25년	666	太子福男	新唐書云男福	人名	新唐書	△
51	〃	寶臧王 27년	668	王外孫安舜	羅紀作勝	人名	新羅本紀	○

* 유형란에 있는 ◎표는 선택형 고증분주, ○표는 보족형 고증분주, △표는 대립형 단순분주, 그밖에는 병렬형 단순분주를 가리킴.

역시 평양 東黃城에 대해 "(동황)성은 지금의 西京 동쪽 木覓山 가운데 있다"고 한 대목을 들어 '원래 분주였을 것'이라고 한다.[2] 일견 타당한 시각이다. 그러나 여기서는 몇 가지 사항을 고려하여 위 항목들을 분주로 분류하지 않는다.

우선 이들은 분주의 형식적 측면을 충족시키지 않았다. 단순히 서술 논지로만 판단하여 분주로 분류하는 것은 옳지 않은 듯하다. 만약 그런 탄력적 기준을 수용한다면 『삼국사기』의 도처에 유사한 적소가 적지 않아 분주와 본문의 분별 자체가 의미를 상실할 수 있다. 예컨대 평양 동황성을 서경의 목멱산 일대로 비정한 넷째 항의 판단 시점은 '今'으로 표현되어 있음을 주목한다. 특히 지리지의 지명 설명에 헤아릴 수 없이 많이 등장하는 용례로 판단한다면, 『삼국사기』에서 이르는 '今'이란 대체로 고려 시대의 지리 정보와 비교하여 仁宗 14년에서 21년까지의 시점으로 제시된 바 있다.[3] 따라서 이것은 일견 『삼국사기』 편찬자들의 인식을 반영하는 것이다.

또한 삼국의 본기와 열전에서 확인되는 25군데 '今' 관련 서술 가운데 본문 형태와 분주 형태는 각각 본기의 경우 5：4, 열전의 경우 14：2로 드러난다는 점을 유념하고자 한다. 이런 정황으로 미루어 평양 동황성에 대한 편찬 당대의 지명 비정을 포함하여 위 항목들이 내용상 분주적 성격을 지닌다 할지라도 그 자체를 분주로 간주하여 이해하는 것은 보류해야 옳을 듯하다.

또한 범연한 부연 설명들이 반드시 분주의 형태로만 제시되는 것은 아니다. 이를 위해 셋째 항목의 평양에 대한 설명을 본다. 여기서 평양을 '仙人 王儉'과 연결시킨 이해가 보이는데, 단군을 '선인'이라 한 이해 역시 편찬 당대 지식계가 일반적으로 공유하고 있었을 가능성

---

[2] 申東河, 1995, 「『三國史記』 高句麗本紀 分註의 연구」(『同大史學』 1), 33쪽.
[3] 田中俊明, 1988, 「『三國史記』の成立(上)」(『東アジアの古代文化』 57), 186쪽.

이 크다. 말하자면 묘청이 서경에 설치한 八聖堂의 '8성' 가운데는 護國 白頭嶽太白仙人·駒麗平壤仙人·駒麗木覓仙人 등의 사례가 보이는 것이다.4) 따라서 넷째 항에서 평양의 위치와 관련하여 목멱산을 언급한 것을 함께 고려할 일이다. 더구나 이러한 이해는 『삼국유사』 고조선 조에도 역시 단군 왕검의 도읍지를 당시의 서경이라고 했던 것처럼, 고려시대 당대의 일반적 인식이었다.5) 이처럼 편찬 주체가 숙지하고 있던 이해를 본문 가운데 부수하는 사례는 『삼국사기』의 여타 적소에서도 용이하게 적출된다. 물론 "혹은 '왕의 도읍 王險[王之都王險]'이라고 한다"는 기술은 『사기』(115) 조선전에 衛滿이 準王을 축출하고 주변을 공략하여, "왕 노릇을 하고 王險에 도읍했다[王之 都王險]"는 부분을 문맥에 어긋나게 오인한 것으로 보는 것이 일반적이므로, 仙人 관련 인식과는 달리 중국 측 이종 전거의 견해를 소개한 셈이다. 따라서 분주적 위상에 더욱 근접한 부분으로 읽혀질 수는 있다.

그러나 셋째 분주가 함유하고 있는바 또 하나의 영역인 편찬 과정의 문제를 간과해서는 안된다. 다시 말해 분주의 첨기 시점을 주안할 때 『삼국사기』 편찬에 동원된 원전 자료에 이미 분주 형태로 기재된 내용을 그대로 수용한 경우가 있을 것인 한편, 『삼국사기』 편찬 즈음에 비로소 추기된 분주, 나아가 이론적으로는 일단 특정 권 혹은 편목 서술이 완료된 뒤 다시 첨기된 분주가 있을 수 있다. 그 가운데 마지막의 경우는 본문 형태 서술 가운데도 개입되어 있을 수 있겠다. 이 문제를 위해 위 둘째 항목을 생각해 본다. 『위서』를 인용한 설명은 산상왕 연우의 이름에 대해 "一名位宮"(<표1>의 20번)이라 한 데 대한 관련 근거 제시 역할을 하고 있다.

---

4) 『高麗史』 127, 妙淸傳.
5) 『高麗史』 58, 地理3 西京留守官.

山上王 諱延優[一名位宮] 故國川王之弟也 魏書云 朱蒙裔孫宮 生而開目能視 是
爲太祖 今王是太祖曾孫 亦生而視人 似曾祖宮 高句麗呼相似爲位 故名位宮云 …

　　먼저 인용문의 구조에서 주의할 것은 '魏書云' 이하의 내용은 전적
으로 '位宮'에 대한 것이나, 그 위치가 직접 관련 대상 정보로부터 얼
마간 격리되어 있다. 즉『삼국사기』분주는 거의 모두 분주 대상 본문
정보에 바로 이어 자리하는 게 일반적이거니와, 본문으로 서술된 이
경우는 그와 다르다는 점을 유념해 둔다. 더구나 '위서운' 이하 내용
이 직접 겨냥한 대상 정보인 '위궁'은 그 자체가 분주일 뿐이다. 말하
자면 분주에 대한 설명이면서 그 분주에 이어지지 않는 서술 구조를
주목한다. 일찍이 坂本太郎은『일본서기』의 분주를 논하여 특정 분주
가 본문 작성시 원주임을 보여주는 기준으로서 '分註의 前提的 媒介的
性格'과 '本文과 分註와의 一體性'을 든 바 있거니와6) '위서운' 이하 내
용은 형태적 측면에서 뿐만 아니라 대상 정보와의 '일체성'에서도 분
주로서의 적절한 요건을 갖추지 못한 것이다.

　　한편 '위서운'의 내용은 인용서『위서』의 실체와 관련하여 다른 문
제를 지니고 있기도 하다. 고구려본기에서『위서』를 노출하여 인용한
다른 용례를 보면 <표1>의 4번과 5번의 경우가 있다. 이들은 모두 魏
收가 찬수한『위서』(100) 고구려전에서 확인이 된다. 사실 고구려의 시
조 주몽설화가 중국 정사에 기재된 것은 이『위서』가 최초라는 데서
도『위서』의 실체는 의문의 여지가 없다. 그러나 인용문에서『위서』로
이끌어진 내용은 위수의『위서』만으로 포괄되지 않는다. 우선 "是爲
太祖" 대목은 문제가 된『위서』는 물론 여느 중국 사서의 표현도 아
니다. 이는 오직 서술자의 논증이다. 또한 "今王是太祖曾孫" 부분에서
'太祖'의 명칭에 더해 '今王'이라 한 것은『위서』찬술 시점의 표현일 수

---

6) 坂本太郎, 1978,『日本古代史の基礎的研究』上(東京大學出版會 復刊), 152쪽.

없다. 오히려 그것은 『삼국지』 위서 고구려전에서 宮의 증손 位宮을 '今王'이라 표현한 것에 조응하는 게 틀림없다. 그러나 문제가 된 '태조' 관련 적소들을 제외한다면 전체 문의의 흐름은 위수의 『위서』에 근사하다고 해야 한다. 따라서 인용된 '위서운' 이하 내용은 『위서』와 『삼국지』의 고구려전 정보가 아울러지는 동시에 서술자의 고유한 판단마저 개입된 것으로 판단한다. 이와 같이 자료적 측면에서 빚어진 현저한 착종은 여타 분주들의 명료함에 비추어 크게 일탈한 것이며, 바로 앞선 "一名位宮"의 분주를 가한 서술 주체의 필치가 아닐 가능성마저 헤아리게 한다.

사실 첫째 항목의 경우, 즉 琉璃明王의 왕휘에 대한 견해도 그것이 형식상 본문의 형태로 기록된 것은 편찬 과정의 문제에서 점검될 여지가 크다. 다시 말해 "혹은 孺留라고도 한다"는 정보가 기왕의 저본이 된 왕대력 관련 자료에 이미 기재된 것이라면, 새로운 이종의 전거에 기반한 편찬 단계의 분주와는 동질적이지 않은 것이다. 예컨대 신라본기 지증왕 13년조에는 于山國을 일러 溟州의 正東 방향에 있는 바다 가운데 섬이라고 한 데 이어 "或名鬱陵島"라고 하였다. 해당 대목은 분주로 기재하여 무리가 없는 내용이나 본문 형태로 서술되었다는 점에서 '孺留'의 경우와 다르지 않다. 특히 유리명왕의 경우는 동명성왕의 영웅적 서사 구조 속에 포함된다고 보아야 할 것이다. 실제 「東明王篇」의 서술 대상 가운데는 유리의 계위까지가 아울러져서 동명왕의 일대기는 완결되고 있다. 말하자면 『삼국사기』의 유리명왕 즉위기에 보이는 정보란 동명왕의 영웅담을 구성하는 데 불가결의 요소로 간주되는 것이다. 이 경우 왕휘 '孺留'는 기존 저본 자료에서 유래한 것이며, 따라서 굳이 이종의 전거를 전제하는 분주 형태로 기재될 필요가 없다. 비근한 예로 백제본기의 시조 온조왕 즉위기에서 "아버지는 鄒牟인데 혹은 朱蒙이라고도 한다"라고 하여 본문 가운데 이종의 왕휘를 열거한 것을 환기할 수 있다. 신라본기의 시조 즉위기에서도 "居西干이란 진한 말[辰言]로 왕을 이른다"고 하여 이른바 '분주적 내용'이라 할 바를 본문 가운데 병기하였다. 유독 삼국의 시조 전승과 관련된 이들 현상을 미루어 아마 이러한 적소들은 기왕의 주요 원전 자체에 포함된 정보들이었기 때문이라고 생각한다. 즉 『삼국사기』 편찬 과정에서 확보된 복수의 자료를 근거로 한 분주의 첨기와는 구별되는 조건이었던 것이다. 나아가 그렇다면 『삼국사기』 편찬 자료로 확보된 원전에 있던 본문과 분주 형태의 정보들은 『삼국사기』 편찬 과정에서 일괄 본문 형태로 수용되었을 가능성도 음미해 볼 일이다.

3. 분주의 검토

1) 병렬형 단순분주

이미 말한 바와 같이 단순분주란 분주자의 판단이 개입되지 않은 경우를 이른다. 그러면서도 범상한 이칭이나 이표기 등 복수의 정보를 단순 병기하는 경우는 병렬형이라고 하며, 본문과 그에 대한 분주가 서로 상충하는 정보일 경우는 대립형이라고 부른다.

<표1>에 정리한 고구려본기 분주 현황을 일별하면 병렬형 단순분주가 절대 다수를 차지하는 것을 알 수 있다. 병렬형 단순분주는 전체 분주 가운데 60%를 상회한다. 유의할 점은 총 31개의 병렬형 단순분주들은 2번과 39번의 이른바 '字義'로 분류한 두 경우를 제외하면 모두 왕휘와 왕명, 즉 개개 왕의 이칭들에 한정한다는 사실이다. 이

것은 본문 서술에 채택된 왕대력과 구별되는 이종의 왕대력풍 자료의 존재를 암시한다. 동시에 그 미지의 왕대력은 왕대수를 비롯한 기본적 내용이 본문 서술 주 자료의 그것과 일치했다고 추정할 수 있다.

이 문제를 전론하기 전에 우선 여기에서 제외되는 두 분주를 본다. 2번은 해부루가 鯤淵에서 거두게 된 아이, 즉 뒷날 金蛙의 형용을 비유한 '蛙(개구리)'자가 '蝸(달팽이)'자로 쓰인 전승이 있다는 사실을 알려주고 있다. 그러나 이것은 복수의 전승이 실제 서로 다른 형용으로 묘사한 데서 말미암은 차이라기보다는 일방의 誤刻이나 誤寫에 불과할 것이라고 본다. 「동명왕편」이나 『제왕운기』의 관련 대목은 물론 『삼국유사』의 동부여조와 고구려조에 모두 '金蛙'의 표기로 일관하는 것을 보아 '蝸'자로 기재된 미지의 자료에는 단순한 기재의 오류가 개입되었다고 보고자 한다.

39번은 梁 高祖가 조서를 내려 문자명왕을 '撫軍大將軍開府儀同三司'로 삼았다 한 작위명에서 '軍'자가 '東'자로 쓰인 예가 있다는 것을 말한다. 구체적 전거를 제시한 것은 아니지만 이 또한 본문 서술 저본과는 다른 표기의 전승을 지시하는 점에서 金蛙의 사례와 다르지 않다. 관련 자료의 확인은 먼저 양조의 책봉임에 주안하여 생각함이 옳다. 『양서』(54) 고구려전이나 이를 계승한 『남사』(79) 고구려전과 본기 등에는 모두 '무동(東)대장군'이라고 하였다. 『책부원귀』(963) 外臣部 封冊 1에도 동일한 표기를 확인할 수 있다. 한편 『양서』(2) 무제 天監 7년(508) 2월조에는 '東'을 '平'이라 하였다. 그렇다면 오히려 분주의 정보가 일반적이었던 셈이다. 본문과 같이 해당 작호가 '軍'으로 되어 있는 자료로는 뜻밖에도 『남사』(7) 梁本紀 武帝 太淸 2년(548) 3월 甲辰조에 "撫軍將軍高麗王高延卒 以其子成 爲寧東將軍高麗樂浪公"이라고 한 것을 찾을 수 있다. 여기에서 고려왕 高延을 사왕 成의 아버지라 한 것을 보면 安原王 寶延과 그의 장자인 陽原王 平成을 환기하게 된다. 따라서 본문의 작위명은 太淸 2년의 이 기록에 잘못 근거한 오기일지도 모른다. 그렇다면 문자명왕의 책봉년(戊子)이 태청 2년(戊辰)과 천간이 일치하는 데 일단 혐의를 둘 수 있겠다. 더구나『양서』(3) 武帝 太淸 2년조에는 같은 내용을 쓰면서 '軍'이 아니라 '東'이라 했음을 간과하지 않아야 한다. 즉 본문에 채택된 양조의 이 책봉 기사는『남사』梁本紀 계통 자료를 재료로 하여 부정확한 판단 하에 작성된 것이며, 이에 대한 분주는 해당 사건을『양서』등 정보에 따라 연도를 포함하여 바르게 인용 작성한 것이라고 본다.

그렇다면 본문 작성자와 분주 작성자간의 단층에 착목하지 않을 수 없다. 만약 양자가 동일 주체라면 이와 같은 왜곡 현상을 빚기 어렵다. 물론 서로 다른 서술 주체를 상정한다 할 때에도 두 가지 형태의 추정이 고려되어야 한다. 하나는『삼국사기』편찬 단계에서『남사』와『양서』등이 동원되었으되, 본문 서술과 분주 작성 주체가 시점을 달리하여 이종의 전거에 입각하여 기재했을 경우이다. 다른 하나는『삼국사기』에 선행한 삼국 관련 역사 기록물에 이미『남사』정보의 오독 혹은 오인이 저질러진 것을『삼국사기』편찬 주체가 이를 답습하여 본문 구성으로 활용한 다음,『양서』등의 전거를 통해 분주를 더했을 경우이다. 일단 후자의 가능성에 좌단하거니와, 이 문제는 주지하듯이『삼국사기』분주의 후주 포함 여하와 관련하여 상론할 사항이다. 여하튼 이상 두 분주는 '오기'의 사례로 짐작되는 동시에 이 둘을 제외한 모든 병렬형 단순분주가 오직 왕명과 왕휘에 관계된다는 점을 다시 주목한다.

그런데 전체 분주 51항 가운데서 왕과 직접 관련되는 분주는 이들 병렬형 단순분주 29개에 왕의 졸년과 관련한 분주 4개를 더해 33개로 파악된다. 16번·40번·41번·45번이 그것이다. 이 현저한 왕실 관련 정보의 두드러짐은『삼국사기』편찬 저본 자료의 성격을 추지하는 데 주목해야 마땅하다. 즉 왕(대)력풍의 완성된 別傳을 염두에 두어도 좋다고 생각한다. 이를 위해 고구려본기 28왕의 왕별 분주 분포를 환기하고자 한다.

　28명의 왕들 가운데 전혀 분주가 작성되지 않은 경우는 차대왕과 광개토왕 둘이다. 나머지 26왕들의 편년 기사에는 모두 분주가 포함되어 있는데, 그 가운데서 유리명왕·민중왕·안장왕·안원왕 등 네 왕을 제외한 22왕들은 즉위기에 분주를 가지고 있다. 그런데『삼국사기』는 즉위년칭원법에 입각하여 서술되었으므로 왕의 즉위년은 전왕의 졸년이 된다. 따라서『삼국사기』연표에는 전왕의 죽음과 사왕의 즉위가 함께 기재되었으며, 유년칭원법으로 작성된『삼국유사』왕력 역시 왕의 즉위와 훙거는 필수 기재 대상이었다. 요컨대 왕(대)력 형태의 별전을 헤아리고자 할 때 졸년 관련 분주만을 가지고 있는 안장왕과 안원왕의 사례는 즉위기에 분주를 가지고 있는 왕들의 경우에 포함시켜 이해해도 무방하다. 여기에 앞 장에서 논의했듯이 본문 형태로 된 유리명왕 즉위기의 이른바 '분주적 성격'의 왕휘를 고려한다면, 적어도 분주가 있는 왕인 이상 그 분주가 즉위기와 관련된 사항이 아닌 경우는 오직 민중왕밖에 없게 된다. 또한 즉위년조에 자리한 분주는 34개이며, 즉위기의 일부라 할 수 있는 졸년에 자리한 분주가 5개(16·34·40·41·45)이다. 따라서 고구려본기 소재 분주의 태반을 차지하는 이들 정보의 출전으로 왕(대)력 형태의 별전을 추정하는 데 어려움이 없다고 판단하는 것이다.

　예외가 된 민중왕·차대왕·광개토왕의 경우는『삼국유사』왕력에도 여하한 복수의 정보가 될 만한 기록이 없다. 즉 이들의 경우는 논의 대상이 되고 있는 미지의 왕(대)력 형태 고유 자료와 고구려본기의 해당 본문 정보 출전 사이에 아무런 출입이 없었다고 짐작할 수 있다. 결국 분주의 존재란, 그리고 분주의 빈도란, 관련 자료의 풍부함을 반영하거나 그에 비례한다고 볼 때, 그 '풍부함'의 본질은 크게 보아 왕(대)력 관련 정보에 집약되는 것이라고 생각하는 것이다.

그렇다면 병렬형 단순분주의 대상 내용은 우선적으로 『삼국유사』의 왕력과 대비 점검될 필요가 있다. 사실 『삼국유사』의 왕력은 그 자체의 편찬 시점을 비롯하여 자료로서의 성격을 둘러싼 의혹이 정돈되지 않은 상태거니와,[7] 이러한 검토는 저간의 논의에 일조할 수 있는 단서를 기대할 만하다고 생각한다.

<표2>에 정리한 바와 같이 총 33개의 비교 대상 가운데 15개 항목은 고구려본기의 분주와 왕력의 정보가 완전 일치를 보이고 있으며, 11개 항목은 단순한 오각을 포함하여 상당한 일치로 간주해도 무방한 사례들이다. 졸년 자체가 분주 대상이 되는 태조왕·안장왕·안원왕·평원왕 등 네 왕은 왕력의 경우 유년칭원법에 따라 치세년을 산정했으므로 고구려본기의 졸년 당시 재위년수보다 1년씩 줄어들 뿐이다. 다시 말해 두 자료는 해당 왕들의 즉위년과 졸년의 연대에 있어서는 일치한다. 한편 불일치로 분류한 네 항목도 관련 정보가 없을 뿐, 고구려본기의 본문이나 분주의 정보를 저해하는 이종 정보를 가지는 것은 아니며 산상왕, 동천왕, 중천왕의 경우는 아예 해당 왕력 자체가 결락되었다. 따라서 고구려본기의 분주 가운데 왕 관련 내용은 적어도 왕력에 관련 정보가 제시된 경우에는 전혀 상충하는 바가 없다고 하겠다.

물론 오각의 문제는 반드시 어느 일방의 책임으로 단정하기 힘든 경우도 적지 않다. 예컨대 1번은 朱蒙의 이표기들에 대한 것이다. 대체로 분주의 '鄒□' 부분은 「광개토왕비」나 「牟頭婁墓誌」와 같은 고구려 당대 자료를 근거로 하여 '鄒牟'라고 추독한다. 분주의 또 다른 표

---

7) 예컨대 金相鉉, 1985, 「三國遺事 王曆篇 檢討-王曆 撰者에 대한 疑問」(『東洋學』 15) ; 李根直, 1998, 「『삼국유사』 왕력의 편찬 성격과 시기」(『韓國史硏究』 101).

360 三國史記 形成論

<표2> 왕 관련 분주와 왕력 정보의 비교

번호	왕대력	분주 대상	분주 내용	분류	왕력 내용	일치도
1	始祖 즉위년	諱朱蒙	一云鄒□一云衆解	王諱	一作鄒蒙	○
9	大武神王 즉위년	大武神王	或云大解朱留王	王名	一作味留 姓解氏	○
12	慕本王 즉위년	諱解憂	一云解愛婁	王諱	名愛留 一作憂	○
13	太祖大王 즉위년	太祖大王	或云國祖王	王名	國祖王 亦云太祖王	◎
16	太祖大王 94년	…稱爲太祖大王	…豈漢書所記誤耶	卒年	治九十三年	◎
17	新大王 즉위년	諱伯固	固一作句	王諱	一作伯句	◎
18	故國川王 즉위년	故國川王	或云國襄	王名	亦曰國壤	◎
19	〃	諱男武	或云伊夷謨	王諱	或云夷謨	○
20	山上王 즉위년	諱延優	一名位宮	王諱		결락
21	東川王 즉위년	東川王	或云東襄	王名		결락
23	中川王 즉위년	中川王	或云中壤	王名		결락
25	西川王 즉위년	西川王	或云西壤	王名		×
26	〃	諱藥盧	一云若友	王諱	又若友	◎
28	烽上王 즉위년	烽上王	一云雉葛	王名	一云雉葛王	◎
29	〃	諱相夫	或云歃矢婁	王諱		×
30	美川王 즉위년	美川王	一云好壤王	王名	(一)云好攘	◎
31	〃	諱乙弗	或云憂弗	王諱	又憂弗	◎
32	故國原王 즉위년	故國原王	一云國岡上王	王名	或云岡上□	○
33	〃	諱斯由	或云釗	王諱	名釗 又斯由	○
35	小獸林王 즉위년	小獸林王	一云小解朱留王	王名		×
36	故國壤王 즉위년	諱伊連	或云於只支	王諱	又於只支	◎
37	長壽王 즉위년	諱巨連	一作璉	王諱		×
38	文咨明王 즉위년	文咨明王	一云明治好王	王名	名明治好	◎
40	安臧王 13년	號爲安臧王	是梁中大通三年…誤也	卒年	治十二年	◎

41	安原王 15년	號爲安原王	是梁大同十一年…誤也	卒年	治十四年	◎
42	陽原王 즉위년	陽原王	或云陽崗上好王	王名	一云陽崗王	○
43	平原王 즉위년	平原王	或云平崗上好王	王名	一作平岡	○
44	〃	諱陽成	隋唐書作湯	王諱	南史云高陽	○
45	平原王 32년	號曰平原王	是開皇十年…誤也	卒年	治三十一年	◎
46	嬰陽王 즉위년	嬰陽王	一云平陽	王名	一云平湯	○
47	〃	諱元	一云大元	王諱	一云大元	◎
48	榮留王 즉위년	諱建武	一云成	王諱	又建歲	○
49	寶臧王 즉위년	王諱臧	或云寶臧	王諱	寶藏王	◎

* 일치도란의 ◎는 완전일치, ○는 상당한 일치, ×는 불일치, 결락은 해당 왕력 부재.

기 '衆解' 역시 결획이 심하나 『삼국사절요』에 의거하여 대체로 '衆'자로 판독하며, '衆牟'의 訛誤로 추정한다.[8] 이러한 추정은 신라본기 문무왕 10년조에 安勝을 책봉하는 글에서 '中牟'라고 표현한 바 있고, 일본측 자료에도 '仲牟'의 사례가 있으므로,[9] 상당한 설득력을 갖춘 것이다. 그러나 『삼국유사』 왕력에는 '鄒蒙'이라고 하였다. 따라서 어느 경우이든 모두 동음의 차자표기로 보는 데 어려움은 없으나, 고구려본기의 결자를 반드시 '牟'로 단정할 일은 아닐지도 모른다.[10]

9번 대무신왕의 이표기인 '大解朱留王'에 대응하는 왕력의 정보는 '解味留'인데, 역시 「광개토왕비」의 '大朱留王'에 근거하자면 왕력의 '味留'는 '朱留'의 오기일 것이다.[11] 12번 慕本王의 경우는 '婁'와 '留'의 차

---

8) 李丙燾. 1977. 『國譯 三國史記』(乙酉文化社), 213쪽.
9) 『日本書紀』 27, 天智 7년 10월.
10) 예컨대 같은 7세기 신라 자료라 해도 신문왕 초년의 「文武王陵碑」에는 '朱蒙'의 용례가 있는 것이다. 韓國古代社會研究所 편, 1992, 『譯註 韓國古代金石文』 2, 125쪽.
11) 단 『三國史記』에는 小獸林王을 小解朱留王이라 하여 大武神王 즉 大解朱留王과 대응시키고 있었던 것을 염두에 둔다면, 『海東高僧傳』 順道조에서도 小獸林王을 解味留王이라 했으

이를 제외하면 오직 본문과 분주의 위상이 두 자료 사이에 바뀌어 적용되었을 뿐이다. 이것은 13번 '太祖王'과 '國祖王'의 관계와 방불하다.

19번은 고국천왕의 휘를 언급한 분주의 '伊夷謨'가 왕력에서는 '夷謨'로 표기된 것이다. 고구려본기에는 여기에 이어 拔奇와 伊夷謨의 갈등을 약술했는데, 그들을 신대왕의 두 아들로 간주하였다. 이 대목은 아마『삼국지』고구려전이나『통전』에 근거한 것으로 보이는데,[12] 실상은 고국천왕 사후 그의 아우들에 관한 내용이다.『삼국지』이래로 중국 사서에 고국천왕의 존재가 간과된 데서 말미암은 오류일 것이다. 문제는『삼국유사』왕력에도 고국천왕에 대해 "或云夷謨"라 했다는 데 있다. 伊夷模(『삼국지』)＝伊夷謨(고구려본기)＝夷謨(왕력)라면, 여기에는 몇 가지 가능성을 점검해 볼 필요가 있다. 우선 고구려본기 편찬에 이용된 주요 원전에 이미 그와 같은 오인이 개입되었는데『삼국사기』편찬자나 왕력 찬자가 공히 이를 제대로 비판 극복하지 못한 결과일 가능성이다. 다른 한편『삼국사기』편찬 단계에서『삼국지』등의 중국 자료를 오인한 이후 다시 왕력 찬자가『삼국사기』의 혼란된 기술을 답습했을 가능성이다. 이와 관련하여『삼국사기』에는 다음 왕인 산상왕 즉위 사정을 전하면서 다시 고국천왕의 두 아들인 發岐와 延優의 쟁투를 소개했다는 것을 주목한다. 이 대목은 고국천왕 즉위기의 경우와는 달리 고구려 혹은 고려 고유의 전승 자료에 충실한 것임에 틀림없다. 만약 두 왕의 편년 기사가『삼국사기』편찬 당시 한 사람의 서술로 이루어졌다면, 그가 산상왕조의 '發岐'와 고국천왕조의 '拔奇'가 중첩된다는 것을 발견하지 못했을 가능성은 거의 없다고 해야 한다. 그럼에도 불구하고 이 착종에 대해 여하한 문제 제기도 없다는 것은 산상왕조의 갈등 서술과 고국천왕조의 갈등 서술 사이에는 서술

므로 王曆의 표기 '味留'를 '朱留'의 단순 오독·오각으로 보는 데 이견이 있을 수 있다.
12)『通典』186, 邊防2 高句麗.

의 시점 즉 자료 작성 시점이나 서술 주체가 서로 달랐던 때문이라고 보지 않으면 안된다. 그 가운데서 가장 유력한 정황은 산상왕조에 보이는 고유 전승에 입각한 기왕의 자료를 토대로 삼고, 여기에 고국천왕의 존재가 망실된 중국 측 자료를 보입하면서 고국천왕조에 유사한 사화가 중복 삽입되었던 것이라고 생각한다. 즉 기존 자료와 신자료의 대조 비판에 불철저했던 『삼국사기』 찬자의 판단 착오일 가능성이 매우 높다고 본다. 아울러 『삼국유사』 왕력은 적어도 『삼국사기』가 기출된 뒤에 작성되었을 것이다.

32번 故國原王의 이표기는 왕력에서 '王'이 결각된 것이며, 이어지는 33번 그의 휘에 대한 분주와 왕력의 관계는 모본왕의 휘, 태조왕의 왕명에서 확인한 사례와 같다. 다만 고구려본기 분주에 소개한 '劉'를 단순 오기로 서둘러 단정할 일은 아니다. 물론 『위서』·『진서』·『자치통감』 등 중국 사서에 '釗'라고 표기되어 있는데다가,[13] 『삼국사기』 백제본기에도 역시 고국원왕을 일러 '釗'라고 하였고, 더구나 고구려본기 고국원왕 말년조의 분주 즉 34번에는 "백제 개로왕이 위에 보낸 표문에 '釗의 머리를 베어 매달았다'라고 한 것은 지나친 말이다"라고 하여 '釗'의 실례를 확인할 수 있음을 주목한다.[14] 이 분주는 백제본기 개로왕 18년조에 인용된 魏에의 표문, 혹은 그 원전이 되었을 『위서』(100) 백제전을 염두에 둔 것이다. 그러므로 고구려본기의 분주 '劉'는 '釗'의 오기로 간주될 만한 것이다. 그러나 한편 『양서』와 『한원』에는 고국원왕을 '劉'라고 하였다.[15] 그렇다면 분주의 '劉'는 단순 오각이 아니며, 『양서』 계통의 전승에 의거한 것이 된다.

42번과 43번은 양원왕과 평원왕의 다른 왕명을 부기한 분주인데,

---

13) 『晋書』 109, 載記 慕容皝 ; 『魏書』 100, 高句麗 ; 『資治通鑑』 96, 晋紀 顯宗成帝 咸康 5년조 등.
14) 『三國史節要』 4, 晋 咸和 6年조에는 斯由가 즉위하여 釗로 '改名'했다 하였다.
15) 『梁書』 54, 高句驪傳 및 『翰苑』, 蕃夷部 高麗.

왕력의 그것과 비교할 때 '上好'라는 아칭의 출입이 보일 뿐이다.16) 44 번 평원왕의 이름자 '陽成'에 대해 분주는 『수·당서』를 이용하여 '湯'의 용례를 소개한 반면에 왕력은 『남사』를 이용하여 '高陽'의 용례를 소개하였다. 그러나 분주의 '湯'은 『북사』·『수서』·『주서』 등의 고구려전과 『책부원귀』·『자치통감』 등에서 확인이 되지만 정작 『신·구당서』의 서술 대상 시기 이전의 인물이다. 반대로 왕력이 지시한 『남사』에는 관련 사항이 보이지 않는다. '高陽'의 용례는 오히려 『북사』와 『수서』에 그 편린이 확인되는 것이다.17) 아마 서술자의 착오인 듯하다. 46번 '嬰陽王'에 대해 분주는 '平陽王'의 용례를, 왕력은 '嬰湯王'에 대해 '平湯王'의 용례를 소개하였다. 44번과 함께 '陽'-'湯'의 조응을 확인한다. 48번 영류왕의 이름 '建武'에 대해 분주는 '建成'의 용례를, 왕력은 '建歲'의 용례를 예시하였다. 왕력의 '建歲'는 역시 '建成'의 오각이거나 동음이표기일 것이다.

요컨대 고구려본기의 병렬형 단순분주는 그 절대 분량이 왕명과 왕휘 및 왕의 졸년에 관련된 것들로서 거의 대부분의 고구려 왕에 대한 관련 정보를 담고 있는 이종의 왕(대)력 형태 자료가 분주의 근거였음을 짐작할 수 있다. 이렇듯 본문 구성 자료와 분주 서술 재료 사이에 보이는 일관된 경향성은 고구려본기 작성 원전의 현황을 추지하는 데 중요한 지침으로 간주될 수 있다.18) 즉 분주의 존재 자체에서 전제할 수 있는 복수 원전의 확보뿐 아니라, 본문 구성 자료를 주요 원전이라 할 때 분주 계통의 보조 원전은 현저한 왕(대)력풍 자

---

16) 다만 정덕본 『삼국유사』 왕력에는 해당 대목이 "一作平國"이라고 했으나 1394년 고간본에 따라 '國'은 '岡'의 오기일 것이라고 본다. 하정룡, 2003, 『교감 역주 삼국유사』(시공사), 54쪽.
17) 『北史』 11, 隋本紀 開皇 元年 및 10년 : 『隋書』 1, 高祖 上 開皇 元年 : 같은 책 2, 高祖 下 開皇 10년.
18) 高寬敏이 분주 계열과 본문 계열의 두 가지 원전을 '古書'와 '新書'로 대비하여 파악한 시각을 예로 들 수 있다. 高寬敏, 1996, 「高句麗本紀の國內原典」(『『三國史記』の原典的研究』, 雄山閣) : 동, 1993, 「『三國史記』高句麗本紀の國內原典」(『朝鮮學報』 146)).

료였다고 판단하게 된다. 이러한 이해는 『삼국유사』 왕력의 자료 환경을 논의하는 데에도 기여할 것으로 기대한다.

2) 대립형 단순분주

<표1>의 유형 분류에서 대립형 단순분주로 파악된 8개 분주들의 소재는 시조부터 4대 민중왕까지에 총 6개가 집중되었다. 이들이 단순분주라는 것은 분주자의 고증이나 판단이 개입되지 않았다는 점을 이르며, 대립형이라 함은 본문의 정보와 분주의 이설이 상충한다는 데 근거한다. 분주의 내용 분류에서 이들은 지명이 3개에 달하며, 구체적 사건의 상충이 4개로 이루어졌다. 50번의 분주는 보기에 따라서 병렬형 단순분주로 간주될 소지가 없지 않으나, 그 내부적 논리가 대립형 분주의 속성과 공유하는 바 크다고 판단하여 함께 분류하였다. 따라서 일단 분주 대상 시기의 집중과 분주 내용 성격의 편향에 주의해 둔다.

4번과 5번은 시조의 건국담에 등장하는 지명들로서 『위서』가 분주의 근거 자료로 적시되었다. 본문의 毛屯谷은 주몽이 再思 등 3인의 조력자를 만나게 된 지점이다. 분주는 "『위서』에는 '普述水에 이르렀다'라고 하였다" 한다. 그러나 기실은 普述水다.19) 분주자는 『위서』의 내용을 오인한 것이다. 이어 본문의 卒本川에 대해 분주자는 "『위서』에는 '紇升骨城에 이르렀다'라고 하였다"고 지적한다. 고구려본기 서술자는 두 지명에 대해 판단을 보류하였다. 본문 서술의 주요 원전은 고구려 고유 전승에 토대한 것이었으며, 분주를 통한 비교 자료는 『위서』였으되, 서술자는 고증을 시도하지 않았던 것이다. 같은 문제는 지리지

---

19) 『魏書』 100, 高句麗傳.

4(37)에서 재론되었다.

『통전』을 살펴보면 이르기를 "주몽이 前漢 建昭 2년(기원전 37) 북부여로부터 동남쪽으로 가서 普述水를 건너 紇升骨城에 이르러 자리를 잡고 국호를 '句麗'라 하고 '高'를 성씨로 삼았다"라고 하였다. 『고기』에는 이르기를 "주몽이 부여로부터 어려움을 피해 卒本에 이르렀다"라고 하였다. 그러므로 흘승골성과 졸본은 같은 곳인 듯하다.

본기에서와는 달리 지리지 찬술자는 두 지명이 同處異名이라고 판단한다. 또한 '졸본' 계통의 전승이 『고기』로 불린 자료였음을 그의 언급에서 비로소 짐작할 수 있게 된다. 더구나 그는 고유 전승에 대한 비교 자료로 『위서』가 아니라 『통전』을 이용하였다.[20] 이러한 차이점은 고구려본기 찬자와 지리지 찬자를 구별해야 할 근거이다.

한편 이들 지명의 문제는 고구려 건국담의 일부라는 점에서 이어지는 6번과 연계되는 항목이다. 본문으로 채택된 고구려의 건국담은 주몽 집단이 자체 역량으로 건국을 한 다음 선주 토착 정치 세력이라 할 수 있는 비류국을 병합하는 순서로 기술되었다. 그러나 분주의 견해는 그들이 선주 세력인 졸본부여를 토대로 정착하여 그 권위를 계승한 것이라 하였다. 그런데 분주의 이 견해는 백제본기 시조 즉위기에는 오히려 본문의 형태로 채택되었다.

- ○한편 주몽이 卒本扶餘에 이르렀을 때 그 곳의 왕에게 아들이 없었는데, 왕이 주몽을 보고 보통 사람이 아닌 것을 알아 자기 딸을 아내로 삼게 했던바, 그 왕이 죽자 주몽이 왕위를 이었다고도 한다. (고구려본기 시조 즉위기 분주)
- ○주몽이 北扶餘로부터 어려움을 피해 卒本扶餘에 이르렀을 때 졸본부여 왕에게는 아들이 없고 세 딸만 있었는데, 주몽을 보고 보통 사람이 아닌

---

20) 『通典』 186. 邊防2 東夷 下 高句麗.

줄을 알고 둘째딸을 그의 아내로 삼아주었다. 얼마 되지 않아 부여왕이 죽자 주몽이 왕위를 이었다. (백제본기 시조 즉위기 본문)

동일한 계통의 전승이 고구려와 백제의 본기에서 각각 본문과 분주 형태의 상이한 역할을 한 셈이다. 즉 고구려본기의 '一云'이 전하는 분주 내용은 백제본기의 始祖 溫祚說 계통 자료와 같은 궤에 있다. 이 시조온조설은 분주 형식의 始祖 沸流說이나 始祖 仇台說과는 달리 백제 건국 상황을 서술하는 부분의 본문으로 채택되었다. 백제본기 서술자는 시조온조설에 편향적 비중을 두었던 것이다. 이렇게 보면 고구려본기의 분주 6번 역시 그것이 본문의 채택 자료가 아닌 점에서는 서술자의 판단이 은연중 반영된 것이라고 할 수 있다. 그러나 외양으로 보아 여기에는 적극적 고증이 수반되지 않았다는 점에서 단순분주로 분류해도 좋다고 보는 것이다. 그런데 시조온조설은 祭祀志에 의하면 『海東古記』의 계통이었다.

> 『海東古記』에는 혹은 '시조 東明'이라 하고, 혹은 '시조 優台'라고 했으며, 『북사』와 『수서』에는 모두 "동명의 뒤에 仇台라는 이가 있어 帶方에 나라를 세웠다"라고 했는데, 여기서는 '시조 구태'라고 하였다. 그러나 동명이 시조인 것은 사적이 명백하므로 그밖에 것들은 믿을 수 없다. (『삼국사기』 32 雜志1 祭祀)

찬자는 중국 사서의 백제 건국 시조 관련 정보를 참조·소개하되[21] 결국 『해동고기』의 견해를 따르고 있다. 주의할 것은 『해동고기』로 불리운 자료에는 백제의 시조에 대해 두 가지 견해가 있었다는 것이다. 『해동고기』의 '시조 동명'은 백제본기의 본문을 구성한 시조 온조설에서 주몽 즉 동명과 온조가 부자 관계로 설정된 것을 환기시키고, '시

---

21) 『冊府元龜』 959, 外臣部 土風1 百濟國 ; 『隋書』 81, 百濟傳 ; 『北史』 94, 百濟傳.

조 우태'는 백제본기의 분주에 소개된 시조비류설에서 우태와 비류가 부자 관계로 설정된 것과 대응한다. 곧 백제의 시조온조설과 시조비류설은 모두『해동고기』로 지칭된 자료에서 출현한 것이다. 그 가운데서 하나는 본문으로, 다른 하나는 분주로 활용되었다. 또한 백제본기에서 본문으로 채택 서술된 정보는 고구려본기에서는 분주로 역할했으며, 고구려본기의 본문 구성 자료는 지리지에서『고기』로 지칭되었다. 졸본과 흘승골성의 관계에서 볼 때 '졸본'계 지명을 지닌 전승들은 고구려의 고유 전승에 기초한 것들이다. 그렇다면 고구려본기의 시조 건국담을 담은 본문과 그에 대한 분주와 백제본기의 본문에 보이는 시조온조설과 그에 대한 분주의 시조비류설은 모두 '졸본'계 지명을 매개로 국내 고유 전승이라고 할 수 있다. 요컨대『해동고기』란 '해동'의『고기』류를 이를 뿐, 그 자체 단일서일 수 없다. 즉 고구려와 백제의 시조 건국담과 관련된『삼국사기』내의 전승만 하더라도 적어도 세 가지 계통의『고기』류가 확인되는 것이다. 이것은『삼국사기』의 주요 원전을 추적하는 데 있어,『구삼국사』를 필두로 한 다양한 추정론들이 오직 하나의 실체만을 겨냥하는 논점을 경계해야 할 당위를 제공한다고 판단한다.

    7번은 王莽과의 갈등에서 야기된 嚴尤의 공격에 희생된 주체 문제이다. 본문에서는 그가 고구려의 장수 '延조'라 한 데 반해, 분주에서는 "『兩漢書』및『南北史』에는 모두 '句麗侯 騊를 유인해 목을 베었다'라고 했다"는 것이다. 우선『한서』(99) 王莽傳에는 "高句驪侯騊",『후한서』(85) 句驪조에는 '句驪侯騊'라 했고,『남사』高句麗조에는 그러한 사실이 없으며,『북사』高句麗조에는 '句麗侯騊'라 하였다. 한편『삼국지』高句麗조에 '句麗侯騎'가 있고,『양서』高句驪조에 '句驪侯騊'가 보이므로, 분주자는 『삼국지』혹은 그를 계승한『양서』를『남사』에 넣어『남북사』로 통칭했을지 모르겠다. 여하튼 분주의 본의가 중국 측 사서에는 고구려의 장수가 아니라 '句麗侯'가 희생된 것으로 되어 있다는 점을 지적하는 데 있으므로, 『삼국사기』의 '騶'는 '騊'의 오기 혹은 오각으로 보는 게 좋겠다. 문제는 고구려본기의 본문 내용이 거의 전적으로 중국 측 전승에 의존하면서도[22] 오직 희생된 인물 '延조'만이 그와 다르게 된 연유이다. 물론 일견하여 고구려 고유의 별전이 있었을 가능성이 없지 않다. 더구나 애초에 왕망의 대 고구려 강경책에 반대했던 엄우로서는 전과를 허위 보고했을 수도 있다고 본다. 그러나 그렇다면 이 중요한 사안에 대해 찬자의 여하한 숙고가 없는 점은 또 다른 의문의 적소가 된다. 이러한 정황은 앞서 점검한 '이이모' 관련 국내외 전승의 착종과 유사한 편찬 환경을 고려하게 만든다. 즉 애초의 본문 구성 주체와 분주자를 구별하여 이해하는 게 자연스럽다는 것이다.

11번의 분주도 이를 지지한다. 본문은 "겨울 10월에 蠶友落部의 大家 戴升 등 1만여 家가 낙랑으로 가 한에 투항했다"는 것이고, 분주는 "『후한서』에는 '大加 대승 등 1만여 口'라고 하였다"는 것이다. 분주와 본문 사이에는 '大家'와 '大加', '萬餘家'와 '萬餘口'의 주요한 차이점들이 있다. 역시 가능성은 두 가지이다. 하나는 본문이 고구려 고유 전승으로서, 그 때문에 중국 측 정보와 달랐을 가능성이다. 그러나 '연비'의 경우처럼 거의 전적으로 중국 측 정보와 문맥을 같이하면서 미세한 표기의 출입이 저질러진 것에 불과하다고 판단한다면 이는 서술 주체의 단층을 고려하지 않으면 안될 것이다. 다시 말해 본문의 서술이 『후한서』를 잘못 인용한 것이라면, 역시 동일한 『후한서』를 근거로 본문과의 상이를 지적한 분주 찬자는 본문의 찬자와 동일인이 아닐 가능성이 있다. 그 경우 이 분주는 본문 서술이 완료된 이후 누군가에 의해 작성된 것이므로 이른바 '後註'라고 할 수 있는 것이다.

---

[22] 문장만으로는 『漢書』 99. 王莽傳 始建國 4년(12)조에 가장 가깝다.

○冬十月 蠶友落部大家戴升等一萬餘家 詣樂浪投漢〔後漢書云 大加戴升等萬餘口〕
 (『삼국사기』고구려본기2, 閔中王 4년)
○冬 句驪蠶支落大加戴升等萬餘口 詣樂浪內屬 (『후한서』동이전 句驪, 建武 23년)
○高句驪率種人 詣樂浪內屬 (『후한서』光武帝紀 제1하, 建武 23년 冬十月)

　　田中俊明은『후한서』를 인용한『구삼국사』내용을『삼국사기』편찬 단계에서 본문에 옮기고, 다시『후한서』를 근거로 분주한 것이라고 보았다. 즉『구삼국사』는 이미『후한서』를 참조했다는 것이다. 그렇다면『구삼국사』등 기존의 자료에 이미『후한서』의 해당 기사가 인용되어 있던 것을『삼국사기』찬자는 이를 충실히 인용한 탓에 원래『후한서』기재와는 다른 표현이 답습된 것이며, 분주자는 다시『후한서』해당 대목을 확인하여 본문과의 상위를 염두에 두고 분주를 작성한 것이다. 즉 본문은 오류이되, 그 오류의 발생은 기존의 국내 원전에 있었다는 것이다.[23] 이러한 추론은 크게 보아 위에 정리한 두 가지 가능성 가운데 전자에 속한다. 국내 자료가 과연『후한서』등 중국 사서를 이미 수용한 형태였는가의 여부와는 상관없이,『삼국사기』편찬 단계에서 그것은 중국 사서를 필두로 새롭게 동원된 자료 이전에 있었던 '고유 자료'의 위상에 있기 때문이다.
　　그러나 坂元義種은『후한서』문장을 약간 변형하여 본문을 작성하고 또 그 본문과『후한서』와의 상위를 주기한 부자연스러움에 착목하여, 분주는 본문과『후한서』와의 상위를 깨달은 사람이 주기한 것으로 본문과 분주의 집필자는 별개의 사람이었다고 파악한다.[24] 이것은 위에 예시한 가능성 가운데 후자에 해당한다. 사실『삼국사기』에서 후주의 실재와 그 경우 '後'의 구체적 시점을 지시하는 것은 지난한 일이

---

23) 田中俊明, 1977,「『三國史記』撰進と『舊三國史』」(『朝鮮學報』83), 11~12쪽.
24) 坂元義種, 1978,「『三國史記』分注の檢討-『三國遺事』と中國史書を中心として」(『古代東アジア史論集』上, 吉川弘文館), 279~280쪽.

다. 단 『삼국사기』의 서술이 여러 사람들의 손에 의해 분담되었던 정황을 염두에 두고, 특정 편목의 해당 본문을 서술하는 시점에서의 분주, 그리고 서술하는 당자의 분주가 아닌 것이라는 제한된 의미에서 본다면, 다시 말해 본문의 서술 시점에서 동시에 분주된 것이냐의 여부와 분주 대상이 되는 본문의 서술자가 곧 분주자였느냐의 여하를 原註의 필요 조건으로 삼는다면, 일부 후주로 분류될 적소가 없지 않다고 본다.[25] 이와 관련하여 본문과 분주의 상충에 대한 분주자의 판정 시도가 없다는 점도 유념할 만하다.[26]

이와는 달리 분주 10번은 6번에서 논의했듯이 저명한 사건에 대한 복수의 고유 전승 현황을 반영한다. 사건 내용은 낙랑의 멸망과 관련되어 있는 대무신왕의 아들 好童과 낙랑왕 崔理의 딸 사이의 관계와 역할에 그 중점이 있다. 본문의 경우는 대무신왕대 고구려의 영역적 지향을 고려한 낙랑왕 최리의 의도에서 호동과 공주의 결연이 비롯했고, 그 때문에 두 사람의 정식 혼인은 낙랑 공주의 부왕 배신을 조건으로 충족시켜야 하는 미완의 것이었다. 반면에 분주의 맥락은 고구려왕의 낙랑 병합 구상에서 주도적인 청혼이 이루어졌으며, 그 연장에서 공주는 부왕을 배신하였다. 즉 분주의 근거 자료는 "낙랑을 멸망시키기 위해 청혼해서 그 딸을 데려다 아들의 아내로 삼은 다음에 그녀를 본국에 돌려보내 그 병기를 부수게 했다"는 것이다. 사건의 발단 주체가 서로 다르고, 혼인 과정에서 공주의 위상이 다르다. 따라서 이 사건과 관련한 호동의 위상 역시 다를 수밖에 없다. 분주의 견해에서

---

25) 李康來, 1996, 「三國史記 分註의 類型的 檢討」(『三國史記 典據論』, 民族社), 27~28쪽.
26) 분주가 원전 추구의 유력한 수단 가운데 하나라는 점에 동의하고 있는 高寬敏은 '찬진 때 있었던 분주를 원주라고 한다는 의미'에서 필자가 주의한 '후주'적 존재들을 포함하여 『삼국사기』의 분주는 '기본적으로 원주'라고 판단하였다. 高寬敏, 1996, 「百濟本紀の國內原典」(『三國史記』の原典的研究』, 雄山閣), 40쪽 ; 동, 1993, 「『三國史記』百濟本紀の國內原典」(『大阪經濟法科大學アジア研究所年報』 5).

는 낙랑 공멸의 주체로서, 그러므로 그를 기반으로 한 정치적 성장 혹은 여기에 연유되는 음모의 희생 주체로서의 호동이 사상되고 만다. 따라서 본문과 분주의 근거 자료는 별개의 전승에 입각한 것임을 추지할 수 있겠다. 역시 분주자는 선택적 취사는 물론 고증을 위한 판단을 보류하였다.

아마 분주 50번 보장왕의 태자 이름 '福男'이 『신당서』에 '男福'으로 기재되었다 한 것은 쉽게 그 정황을 추지할 수 없는 경우라고 해야 할 것이다. 우선 실제 『삼국사기』 신라본기 668년조와 『구당서』 665년조에는 보장왕의 아들 '福男'이 보이므로,27) '男福'이라 한 표기는 『신당서』가 유일하다. 따라서 분주자의 자료 대교와 지적은 정당하다. 나아가 『구당서』와 신라본기가 공유하는 '복남'은 『신당서』의 '남복'과 별전의 자료 계통에 있다고 할 수 있을지 모른다. 다시 말해 본문은 신라본기 서술 근거 자료 계통을 공유하는 고유 저본에 토대한 것이고, 분주자는 『신당서』와의 차이점을 지적한 셈이 된다. 그러나 그들은 고구려본기의 연대 즉 666년과 다르며, 무엇보다도 고구려본기의 666년 본문 구조는 『신당서』의 해당 대목과 완연 방불한 점을 간과하지 않고자 한다.

o 王遣太子福男入唐 侍祠泰山 蓋蘇文死 長子男生代爲莫離支… (『삼국사기』 고구려본기 寶藏王 25년)
o 藏遣子男福 從天子封泰山還 而蓋蘇文死 子男生代爲莫離支… (『신당서』 220 高麗傳. 乾封 元年)

결국 본문이 『신당서』에 근거한 기존 국내 저본에 충실한 것이라고 한다면 『신당서』의 '남복'을 '복남'으로 기록한 오류는 『삼국사기』

---

27) 『三國史記』, 新羅本紀 文武王 8년 9월 21일 ; 『舊唐書』 4, 高宗 麟德 2년 10월: "癸亥 高麗王 高藏遣其子福男來朝".

단계의 일이 아닐 것이다. 반대로 본문이 『신당서』에 근거했으되, 그것이 현행 『삼국사기』 편찬 단계의 일이라면, 『신당서』를 들어 다시 그 오류를 지적한 주체는 본문 서술자와 구별되어야 한다. 이와 함께 고려할 사항은 1060년에 편찬된 『신당서』가 수용된 기존의 삼국 관련 저본 사료의 존재가 과연 가능했을 것인가 하는 문제일 것이다. 요컨대 『삼국사기』는 기실 『신당서』의 『구당서』에 대한 극복의 명분을 모델로 편찬의 논리를 정립했다고 판단되므로,[28] 아마 『신당서』의 참조는 『삼국사기』 편찬 단계에서 비롯한 것이라고 보아야겠다. 이에 동의한다면 이 분주 또한 이른바 '후주'적 위상을 지닌 것일 가능성이 현저하다.

대립분주의 남은 하나인 27번은 '新城'에 대한 것이다. 본문에 보이는 신성은 서천왕의 순수지로 나온다. 이에 대해 분주는 혹은 '신성은 나라 동북쪽의 큰 鎭이다'라고 한다" 하였다. 왕은 이 해(276) 4월에 신성에 갔다가 흰 사슴을 잡고 8월에 왕도로 돌아왔다. 왕은 다시 288년 4월에 신성에 가서 海谷 태수로부터 고래의 눈 등을 진상 받고 또한 흰 사슴을 사냥하여 11월에 돌아왔다. 이들 신성이 같은 곳이라면 그 곳은 분주의 지적처럼 왕도 동북의 전략 거점일 것이다. 따라서 김영하는 이를 柵城에 비정하면서, 고국원왕 5년(335)조에 쌓은 '國北新城', 즉 뒷날 唐將 李勣이 고구려 서변의 요해라고 표현한 신성과 구분해야 함을 논증했다.[29] 실제 고구려사에 등장하는 신성은 대부분 중국 세력과의 쟁투에서 군사적 비중이 현저한 서변 요충지였다. 그렇다면 분주는 고구려에 있었던 동북과 서북방의 전략거점으로 기록된 두 곳의 신성을 인지하고, 본문에 나오는 신성이 서변의 것이 아니었음을 헤아렸을 가능성이 크다. 다만 그는 판정을 보류한 채 이를 지지

---

28) 본서 1부 1장 「『삼국사기』 원전론의 전개와 전망」 참조.
29) 金瑛河, 2002, 『韓國古代社會의 軍事와 政治』(高麗大學校 民族文化研究院), 148~152쪽.

할 수 있는 모종의 정보를 분주로 제시한 데 그친 것이다.
　이처럼 대립형 단순분주는 지명과 사건을 내용으로 하면서 주로 고구려 고유의 복수 전승들이나 혹은 동일 사건에 대한 고유 전승과 중국 측 기록의 상위를 환기시키는 역할이 기대된 것들이었다. 아울러 부수적으로 본기 서술자와 지리지 저술자 사이의 단층, 혹은 본문 서술자와 분주자와의 단층, 그리고 고유 자료에 대한 총칭으로서의『고기』가 함유하고 있는 다양한 실체 따위를 논증하는 재료가 되었다. 요컨대 단순분주들은『삼국사기』편찬 단계의 자료 정황과 편찬 과정의 구조적 일단을 짐작하는 데 의미 있는 기여를 하고 있다.

4. 분주의 인식

1) 보족형 고증분주

　보족형 고증분주의 필요 조건은 일단 분주 가운데 분주자의 인식이 노출되어야 하고, 그것이 본문의 정보를 보족하는 형태이어야 한다. <표1>의 분류에 의하면 보족형 고증분주는 지명 2개, 사건 3개, 인명 2개항으로 나타났다. 특히 지명과 사건 관련 분주는 분주자의 판단이 표면에 잘 드러나 있다.
　3번은 주몽이 부여의 기병이 박두해올 때 닥뜨린 강 '淹㴲水'에 대해 "蓋斯水라고도 하는데 지금의 압록강 동북쪽에 있다"는 분주이다. 판원의종 등은 이가 지리지 삼국유명미상지분에 있으므로 지리지 서술 확정 이후의 주기라 하여 역시 후주라고 보았다.[30] 물론 지리지에는 본문의 '淹淲水'에 대해 "蓋斯水라고도 한다"라고 했을 뿐, '今'의 고증은 자리하지 않았다. 삼국유명미상지분 목록에 들어 있으면서도 '今'의 고증이 있는 다른 지명으로는 嬰留山이 있다. 이 역시 신라본기에 "嬰留山在今西京北二十里"31)라 하여 구체적인 고증을 분주하였다. 지리지의 미상지분 목록이 『삼국사기』 편찬에 동원된 자료에서 확보된 것이므로, 이들 지명에 대한 '今'의 고증은 관련 본문의 서술이 종결된 이후에 첨기된 분주라고 볼 수 있겠다. 특히 주몽 혹은 동명의 南行과 관련된 본 대목을 서술한 중국 측 사서에 보이는 강의 이름은 '掩淲水'(『論衡』), '施掩水'(『魏略』-아마 掩施水의 잘못일 것), '淹滯水'(『양서』·『북사』), '淹㴲水'(『후한서』·『통전』) 등으로 나타날 뿐이다. 고구려의 주몽신화를 서술함에 광범한 대교의 자료로 채택된 『위서』에도 이 강은 '一大水'로만 표기되었고, 『통전』에서는 같은 대목을 개악하여 '普述水'라 하였다.32) 고구려 당대 인식을 담은 「광개토왕비」에는 같은 대상이 '奄利大水'로 표현되었다. 따라서 분주의 '개사수' 자체는 당 章懷太子의 주에도 등장하지만,33) 그것을 '압록강 동북'으로 비정한 견해는 오직 고유 전승 자료에 근거했을 것이다. 아울러 「동명왕편」에는 주몽의 南行을 읊으면서 "南行至淹滯"라 한 뒤 여기에 "一名蓋斯水 在今鴨綠東北"이라고 분주했는데, 이는 『삼국사기』 동명왕본기의 분주와 완연한 일치를 보이고 있다. 그렇다면 「동명왕편」의 분주는 『삼국사기』 고구려본기를 고려한 것이며, 고구려본기의 이 분주가 비록 후주적 성격을 지닌다

---

30) 坂元義種, 1978, 앞 책 『古代東アジア史論集』 上, 276~278쪽 ; 井上秀雄, 1968, 「三國史記の原典をもとめて」(『朝鮮學報』 48).
31) 『三國史記』, 新羅本紀6 文武王 8년.
32) 『魏書』 100, 高句麗: "(朱蒙)棄夫餘 東南走 中道遇一大水 欲濟無梁… 朱蒙遂至普述水 遇見三人" ; 『通典』 186, 邊防2 高句麗: "朱蒙棄夫餘 東南走 渡普述水". 『魏書』의 경우 普述水는 주몽이 一大水를 건넌 뒤 측근 麻衣·納衣·水藻衣를 만나는 장소로 나타나 있다.
33) 『後漢書』 85, 夫餘國 ; 津田左右吉, 1964, 「三國史記高句麗紀の批判」(『津田左右吉全集』 12, 岩波書店), 397쪽 ; 동, 1922, 「滿鮮地理歷史硏究報告」 9.

하더라도 이처럼 이미 본에 들어 있는 분주인 한, 그것은 앞장에서 설명한 제한적 의미의 후주인 것이다.

　이전에 이와 같은 시점상의 층차가 있으리라는 추정은 24번 분주에서 보다 적실히 헤아려진다. 위의 장수 '尉遲'에 붙여 "그의 이름은 長陵의 이름에 저촉된다"라고 분주하였다. 장릉은 고려 仁宗의 능호이다. 그러므로 '장릉의 이름'이란 인종의 휘 '楷'를 말한다. 결국 분주자는 위나라 장수 尉遲楷의 이름자 '楷'가 인종의 휘와 같은 까닭에 그의 이름을 생략하고, 그 연유를 첨기한 것이다. 이 분주는『삼국사기』초각의 시점과 관련한 주요 논거로 일찍부터 주목되었다.[34] 즉 일견 '장릉'이라는 능호의 사용은『삼국사기』開板 시기를 인종 승하 이후로 추정할 단서가 된다는 것이다.[35] 그러나 魏將의 이름 '楷'는『삼국사기』 찬술시에도 역시 직서할 수는 없었을 것이므로, "名犯今上諱" 혹은 현행본과 같은 "名犯長陵諱"라는 분주를 붙였을 것이며, 능호는 반드시 왕의 훙거 후에 정해지는 것만은 아니므로 두 가지 분주의 가능성 가운데 실제 어떠했는가는 알 수 없지만 어떤 경우라 해도 이 분주가 시기를 결정하는 증거로는 될 수 없다는 반론이 뒤따랐다.[36] 전자에 의하면 이 분주는 명백한 후주이며, 후자에 따른다 해도 원주를 개변했다는 점에서 개판시의 후주일 가능성을 배제하지 않은 셈이다.[37]

　8번은 고구려가 漢의 高句麗縣을 습취한 사건에 대해 "고구려현은 현도군에 속한다"는 고증의 분주이다. 이 판단은 지리지에서도 "현도군은 낙양에서 동북으로 4천 리 떨어져 있으며 여기에 소속된 현은

---

34) 前間恭作 編, 1956,『古鮮冊譜』第二冊(東洋文庫叢刊) 11.
35) 千惠鳳·黃天午, 1981,『三國史記調査報告書』, 4~7쪽 ; 千惠鳳, 1982,「새로 발견된 古版本 三國史記에 대하여-書誌學的 側面에서 그 考證을 중심으로」,(『大東文化硏究』15), 126~128쪽.
36) 田中俊明, 1982,「『三國史記』板刻考·再論-あらためて千惠鳳氏に問う」(『韓國文化』38), 22~23쪽.
37) 申東河, 1995, 앞 논문「『三國史記』高句麗本紀 分註의 연구」, 45쪽.

세 개인데 高句麗縣이 그 가운데 하나다"라고 한 『한서』의 인용 형태로 반복되었다.38) 분주를 통해 본문 기록을 보완하는 전형적인 보족형 고증분주이거니와, 고구려의 공격 대상이 '고구려현'이었던 데서 설명의 필요를 느낀 때문이었을 것이다.

14번 분주는 "漢에 사신을 보내 방물을 바치고 현도군에 붙여줄 것을 요구했다"는 본문에 대해 "『통감』에는 '이 해 3월에 고구려왕 궁이 穢貊과 함께 현도를 침구했다'라고 했으니, 혹은 붙여줄 것을 요구하고, 혹은 침구했던 것인지도 모르겠다. 그렇지 않다면 한 쪽이 잘못인 듯하다"라고 분주하였다. 분주자는 동일한 해에 일어난 상이한 성격의 사건에 의문을 제기하였다. 그가 추정한 두 가지 가능성은 첫째 본문과 분주가 전하는 상반된 관계가 실제 전개되었을 가능성, 둘째 두 전승 가운데 하나가 잘못일 가능성이었다. 신라본기의 유사한 사례를 염두에 둔다면, 그리고 만약 본문 구성 자료가 『고기』나 '本史'와 같은 국내 고유 전승이었다면, 분주자는 거의 틀림없이 『통감』의 잘못으로 단정했을 것이다. 그러나 이 분주에서 두 가지 가능성을 열어 놓은 채 적극적 판정을 보류하여 미완의 고증에 머문 것은 본문 구성 자료가 고유 전승이 아니었던 때문이었을 것이다. 이를 위해 관련 정보를 예거한다.

① 59년(111): 遣使如漢 貢獻方物 求屬玄菟 (『삼국사기』 고구려본기 태조대왕)
② 66년(118) 夏6월: 王與穢貊襲漢玄菟 (상동)
③ 永初 5년(111) 3월: 夫餘夷犯塞 殺傷吏人 (『후한서』 5 孝安帝紀)
④ 元初 5년(118) 夏6월: 高句驪與穢貊寇玄菟 (상동)
⑤ 永初 5년(111): 夫餘王… 寇鈔樂浪 殺傷吏民 (『후한서』 85 夫餘國)
⑥ 永初 5년(111): 宮遣使貢獻 求屬玄菟 (『후한서』 85 句麗)
⑦ 元初 5년(118): 復與濊貊寇玄菟 (상동)

---

38) 『漢書』 28, 地理志8 下 및 『後漢書』 23, 郡國志5 幽州.

⑧ 永初 5년(111) 3월: 夫餘王寇樂浪 高句驪王宮與濊貊寇玄菟 (『자치통감』 49 漢紀 孝安 上)
⑨ 元初 5년(118) 夏6월: 高句驪與濊貊寇玄菟 (『자치통감』 50 漢紀 孝安 中)

『삼국사기』의 본문 정보 ①은 오직 ⑥을 옮긴 것이다. 이에 대한 분주 정보는 ⑧에 근거한다. 그러나 『후한서』에는 동이전의 ⑥에 대응하는 본기 기사가 없다. 반면에 ②는 月次를 주목한다면 『후한서』 본기의 ④를 옮긴 것으로 보이나 동이전의 ⑦과 동일하다. 『자치통감』의 ⑨도 이와 일치한다. 따라서 『자치통감』의 ⑧이 ⑥을 취록하지 않은 이유를 그 신빙성을 회의한 때문이라고 보기도 하지만,[39] ⑧의 고구려 관련 기사는 ④ 혹은 ⑦의 오인·중복 기사일 수도 있다. 그러나 어느 경우라 하더라도 『후한서』에 의거한 고구려본기 본문 서술과 이에 대한 분주의 서술 주체는 동일 시점에 있지 않은 것이다. 아마 『후한서』에 근거한 본문 서술 정보는 『삼국사기』 편찬을 위해 동원된 기왕의 고유 자료 형태로 존재했을 것이며, 분주자는 그 본래 전거가 『후한서』에 있었던 것을 인지했을 것이다.

그런데 이처럼 상이한 두 전승에 대해 신라본기의 경우와는 달리 판정을 주저하는 것은 신라본기와 고구려본기 분주자의 개성 차이에서 유래한 것만은 아니라고 생각한다. 즉 중국 사서들의 모순에 판별 기준이 될 만한 고유 자료 부재가 주요인이었을 것이다. 신라본기에서 확인되는 단호한 판정의 사례들은 대부분 왕실 관련 문제였다. 이러한 경향은 뒤에 선택형 고증분주들을 검토하면서 확인될 것으로 기대한다. 여하튼 대체로 3세기 초까지의 고구려본기 소재 대 중국 관계 기사가 『후한서』를 가장 주요한 원전으로 활용한 것[40]은 고구려 자

---

39) 李丙燾, 1977, 앞 책 『國譯 三國史記』, 241쪽.
40) 鄭求福, 1996, 「三國史記 解題」(『譯註 三國史記』 1, 韓國精神文化研究院), 523쪽.

체 전승이 부재한 때문이었다. 충분한 고유 자료의 부재는 마한의 경우도 다르지 않다.

즉 15번은 태조대왕이 "마한·예맥과 함께 요동을 침공하자, 부여왕이 군사를 보내 구원하고 우리를 격파하였다" 한 본문 기사에 대해 "마한은 백제 온조왕 27년에 멸망했는데, 지금 고구려왕과 함께 군사 행동을 하고 있으니, 혹시 멸망했다가 다시 일어난 것인가?" 의아해 하는 분주이다. 그런데 이 분주는 백제본기의 기사를 염두에 둔 것이다. 즉 분주자는 백제본기의 기록, 곧 백제 온조왕 27년(9)에 마한이 멸망했다는 점을 근거로 본문의 정보에 대해 의아해 하였다. 당혹해하는 분주자의 이 의견은 『삼국사절요』에서도 반복해서 인용되었다.[41]

한편 고구려본기에는 분주가 소재한 태조대왕 70년 외에 69년조에도 마한이 등장한다. 두 군데 보이는 이들 마한 관련 기사 역시 『후한서』에 근거한 것이다.[42] 따라서 본문과 분주자의 서술이 동일 시점에서 이루어진 것이라고 한다면, 고려 가능한 맥락은 두 가지다. 첫째, 고구려본기 서술자가 『후한서』의 관련 기사를 인용하면서 백제본기의 정보를 기준으로 삼아 군사 행동의 단위체로 등장한 마한의 실체에 당혹해했을 수 있다. 둘째, 고구려본기 서술자는 『후한서』를 기계적으로 인용한 것일 뿐이었고, 뒤에 다른 이에 의해 이 곤혹스러운 문제가 착목되어 분주 형태로 의견을 피력한 것일 수 있다. 이것은 곧 이 분주가 후주임을 뜻한다. 그러나 위에 여러 차례 논의한 것처럼, 만약 이 문제를 『삼국사기』가 근거한 주요 선행 자료로서의 『구삼국사』

---

41) 『三國史節要』 2, 漢 延光 元年.
42) 『後漢書』 5, 孝安帝紀, 建光 원년(121): "冬十二月 高句驪·馬韓·穢貊圍玄菟城 夫餘王遣子與州郡幷力討破之" 및 延光 원년(122): "春二月 夫餘王遣子將兵救玄菟〔夫餘王子 尉仇台也〕擊高句驪·馬韓·穢貊 破之 遂遣使貢獻". 『後漢書』 85, 東夷列傳 句麗조와 『資治通鑑』 50, 漢紀(42)에는 같은 사실이 보다 상세하게 기재되어 있다.

등과 관련시켜 논의한다면 다른 형태의 추론도 가능하다. 즉『구삼국사』의 편찬 단계에서 이미『후한서』의 관련 내용이 인용되었던 것을 『삼국사기』찬자들은 가감 없이 이를 인용한 다음 여기에 의견을 덧붙인 것으로 볼 수 있는 것이다.

여하튼 문제는, 태조대왕대의 이 사건이『후한서』를 근거로 한 것인 반면, 백제본기의 마한 관련 정보의 원전은 중국 측 자료에 대비되는 이른바 '고유 자료'라고 할 수 있다는 것이다. 일견 당연하게 보이는 이 점은, 그러나『삼국사기』의 마한 인식을 헤아리는 데 하나의 단서를 제공한다. 다시 말해『삼국사기』의 각 편장을 분담 서술하는 과정에서 서로 다른 부분이 고려되었다는 것은 공지의 사실이거니와, 백제본기의 마한 '멸망' 관련 기사에서는 고구려본기의 위 사실이 고려되지 않았다는 것이다. 마찬가지로 백제본기의 마한 멸망 이후에 등장하는 신라본기의 마한 관련 기사에서도 백제본기는 고려되지 않았다. 다시 말해 백제본기와 신라본기의 편찬 재료에는 마한에 대한 독자적인 전승이 포함되어 있었고, 각 본기의 편찬 과정에서 그들 정보는 변형 없이 채택되었을 것이다. 반면에 고구려본기의 마한 관련 기록은 오직『후한서』에 근거한 것이었다. 그리고 분주자는『후한서』의 마한을 판단할 고유 자료를 확보하지 못한 때문에 고증을 완결하지 못하고 말았다.[43]

34번과 51번도 고구려본기 분주자가 백제본기나 신라본기를 염두에 두고 보족형 고증을 가한 실례이다. 34번은 고국원왕의 죽음에 대한 것이다. 본문에는 왕이 백제와의 전투 중 '流矢'에 맞아 죽었다고 하였다. 그러나 개로왕이 魏에 보낸 표문에는 백제가 '梟斬釗首'했다고 자부했다. 이에 대해 분주자는 "백제 개로왕이 위에 보낸 표문에 '釗의 머리를 베어 매달았다'라고 한 것은 지나친 말이다"라고 판단하였

---

43) 마한 관련 논의는 이강래, 2002,「『삼국사기』의 마한 인식」(『全南史學』 19), 4~13쪽.

다. 문제의 표문은 백제본기와 『위서』에 양존하므로,44) 반드시 백제본기에 의거한 분주라고 단정할 수는 없다. 또한 근초고왕 26년조에도 고국원왕은 '流矢'에 맞아 전사했다고 기록한 바 있다. 그러나 이즈음에 시작한 고구려와 백제의 교전 기사는 6세기 말에 이르기까지 거의 전적으로 백제 측 전승에 의거하여 고구려본기에의 기사 보입이 이루어진 것으로 판단되므로,45) 고구려본기 찬자가 백제본기의 정보를 염두에 두었을 가능성은 매우 높다고 생각한다.

51번은 咸亨 원년(670) 4월 고구려 유장 劍牟岑이 광복의 상징으로 옹립한 인물에 대한 전승의 차이를 보여주는데, 본문에서는 이를 '보장왕의 외손 安舜'이라 하였다. 분주자는 "羅紀에는 '勝'으로 썼다"라고 하였다. 본문의 직접 근거는 『자치통감』이었다.46) 분주의 지시는 신라본기 문무왕 10년(670)조일 것이다. 그러나 신라본기의 경우 안승은 '淵淨土의 아들'이라고 하였다. 신라본기에 의하면 연정토는 이미 문무왕 6년(666)에 투항해 왔다. 한편 고구려본기에는 총장 2년(669) 2월에 보장왕의 '서자 安勝'이 4천여 호를 거느리고 신라에 투항했다고 하였다. 분주자처럼 '안순'과 '안승'을 동일 인물로 볼 때, 『자치통감』과 신라본기의 두 가지 출자 즉 보장왕의 외손이면서 연정토의 아들이라는 위상은 상충하지 않을 수 있으나, 어느 경우든 그가 보장왕의 서자일 수는 없다. 혹은 당시 정황으로 보아서도 669년에 보장왕의 서자가 신라에 투항했다는 기록을 수용하는 것은 용이하지 않다.47) 안승을 연정토의 아들로 기록한 신라본기에서도 그가 투항해 온 얼마 뒤 8월 1일에 작성한 책문에서는 그와 '태조 中牟王'의 혈연 관계를 강조

---

44) 『三國史記』, 百濟本紀3 蓋鹵王 18년 및 『魏書』 100, 百濟.
45) 李康來, 1996, 「三國史記 本紀間 共有記事의 檢討」 앞 책 『三國史記 典據論』.
46) 『資治通鑑』 201, 唐紀 高宗 咸亨 元年: "四月高麗酋長劍牟岑坂 入高藏外孫安舜爲主 以左 監門大將軍高侃爲東州道行軍總管 … 發兵討之 安舜殺劍牟岑 奔新羅".
47) 임기환, 2003, 「報德國考」(『강좌 한국 고대사』 10, 가락국사적개발연구원), 296~297쪽.

했고, 그의 행적과 그에게 거는 기대 등을 晉 文公과 衛 宣公의 고사에 비기고 있다.48) 즉 신라에서는 안승을 고구려 왕실의 '嗣子'로 인정하였던 것이다. 그런데 분주자는 중국 측 사서와 신라 측의 고유 자료 사이의 상충을 지적하면서도 이에 대한 선택을 포기하였다. 그것은 두 자료의 '안순'과 '안승'을 동일인물로 짐작하면서도 곧 669년에 투항하였다 한 고구려본기 측의 다른 전승 즉 '서자 안승'이 적극적인 판단에 장애로 작용하였기 때문일 것이다. 『자치통감』은 『책부원귀』와 함께 『삼국사기』 찬진 당시의 최신 자료였다.49) 그렇다면 '서자 안승' 계통 본문은 역시 기왕의 국내 자료로서 『삼국사기』 찬자의 무비판적 수용의 결과였을 것이다. 비록 『자치통감』이 여타 중국 사서보다 존중되었으면서도, 그것은 국내 고유 자료에 우선하는 것은 아니었던 것이다.50)

이상 살펴본 것처럼 고증의 사안이되, 적극적 판정은 보류한 것이 보족형 고안분주의 특징이었다. 그 가운데에는 분주의 시점 자체가 본문 작성의 그것보다 뒤로서 후주적 성격을 가진 경우가 헤아려졌다. 또한 판정의 보류에는 해당 내용에 관한 고구려 자체 전승이 극히 부실했던 배경과 함께, 이미 중국 사서의 정보를 수용한 형태의 국내 자료에 대한 존중,51) 혹은 비판 결여의 맥락도 고려될 수 있었다.

---

48) 진 문공은 獻公의 아들인데 계모 驪姬가 자기 소생인 奚齊를 태자로 삼고자하여 헌공의 태자 申生을 죽음으로 몰아넣고 그의 형제들마저 해치려 하자, 국외로 망명해 19년 동안이나 외국에서 유랑생활을 하다가 가까스로 秦 穆公의 도움으로 본국에 돌아와 즉위했다. 『左傳』僖公 4년. 위 선공은 莊公의 아들이며 桓公의 아우인데, 장공의 또 다른 아들 州吁가 환공 完을 죽이고 스스로 군주의 지위에 올랐다가 陳에서 죽임을 당한 뒤, 邢으로부터 돌아와 백성들의 추대로 즉위하였다. 『左傳』, 隱公 4년.
49) 權重達, 1979, 「資治通鑑의 東傳에 대하여」(『〈中央大〉文理大學報』 38), 47쪽.
50) 田中俊明, 1982, 「『三國史記』中國史書引用記事の再檢討」(『朝鮮學報』 104), 76~78쪽.
51) 특히 신라본기에서 드러나는 현저한 특징이다. 深津行德, 1991, 「『三國史記』「新羅本紀」에 보이는 中國史書의 引用에 관한 小論」(『淸溪史學』 8), 72쪽.

2) 선택형 고증분주

보족형 분주와는 달리 선택형 고증분주는 비교 대상이 되는 이질적 복수 자료 가운데 어느 한 편에 명료한 신뢰를 표명한 것들이다. 신라본기의 경우 찬자의 단정은 대체로 국내 고유 자료에 대한 편향된 신뢰로 드러난 바 있다. 그러나 그러한 태도의 경향이 고유 자료에 대한 맹신에서 비롯한 것은 아니라고 본다. 대립형 분주나 보족형 분주에서도 중국 측 자료와 상충하는 삼국 고유 전승이 없지 않은 데도 판단을 배제하거나 미완의 문제 제기에 그친 이유는, 고유 자료의 성격과 관련이 있다고 생각되기 때문이다.

<표1>에 선택형 고증분주로 분류된 항목들을 보면 모두 중국 측 자료의 '잘못'으로 결론되었다. 이것은 일단 신라본기 소재 분주의 검토 결과와 일치한다. 또한 다섯 사례 가운데 네 항목이 왕의 졸년에 관한 내용이다. 먼저 16번 분주는 태조대왕의 졸년에 대한 것이다.

『후한서』에는 "安帝 建光 원년(121)에 고구려왕 宮이 죽고 그의 아들 遂成이 왕위에 올랐다. 현도태수 姚光이 건의하여 고구려의 국상을 틈 타 군사를 발동해 치고 싶다 하자 의논하는 이들이 모두 수긍했으나, 尚書 陳忠이 말하기를 '궁이 전날 교활하여 요광이 치지 못했거니와 이제 그가 죽자 치자고 하는 것은 의롭지 않으니, 마땅히 사람을 보내 조문하고 그 계제에 지난 죄과를 나무라되 용서해 처벌하지는 마시어 그들이 허물을 고치고 착해지도록 하소서' 하매, 안제가 이 말을 따랐다. 이듬해에 수성이 한나라의 포로들을 돌려보냈다"라고 하였다. 그러나 『海東古記』를 살펴보면 "고구려 國祖王 高宮은 후한 建武 29년(53) 계사에 왕위에 오르니 이 때 나이가 7세라 國母가 섭정을 하였고, 孝桓帝 本初 원년 병술(146)에 왕위를 친동생 수성에게 양위하니 이 때 궁의 나이는 1백 세로 왕위에 있은 지 94년째였다"라고 한다. 그렇다면 건광 원년은 궁이 왕위에 있은 지 69년째

가 되므로, 『한서』에 기록된 바와 『고기』가 어긋나 서로 부합하지 않으니, 아마 『한서』의 기록이 잘못인 듯하다.

본문에 따르면 태조대왕은 재위 94년(146)에 아우에게 양위하였다. 그러나 분주는 『후한서』를 들어 이 문제에 대한 고증을 시도했다. 후한 건무 29년은 계축년이므로, 분주의 '계사'는 '계축'의 오기이다. 『후한서』 인용 대목은 『후한서』(85) 동이열전 句驪조를 충실히 전재한 것이다. 분주자는 『후한서』와 『해동고기』를 비교해 태조왕의 재위 기간 및 수명에 대해 논의하였다. 『해동고기』는 앞에 지적했듯이 제사지에도 인용된 예가 있으며, 『三韓古記』와 함께 '중국에 대한 우리나라'를 의미하는 '해동'이나 '삼한'을 관칭한 『고기』류의 하나이다. 이 때문에 『해동고기』와 『삼한고기』를 동일한 실체로 간주한 견해가 제출된 바 있다.52) 여하튼 분주자는 『후한서』와 『해동고기』의 상반된 정보를 제시한 뒤 『한서』 즉 『후한서』가 잘못일 것으로 판단하였다. 제사지에서 『책부원귀』 등의 始祖 仇台說에53) 대한 반론의 근거로 『해동고기』가 거론된 것과 다르지 않다. 아울러 고구려본기에서 『고기』류를 인용한 것은 비록 이 분주가 유일한 것이지만, 『고기』류에 대한 신라본기 찬자의 절대적 신뢰 경향과 부합함을 주목해 둔다.

물론 분주자의 선택이 과연 역사적 실상을 옳게 반영한 것인가 하는 질문은 여기에서 전론하지 않아도 좋다고 생각한다. 본문의 연대관은 결국 『해동고기』와 다르지 않았고, 고구려본기 서술자는 본문 구성의 원전과 『후한서』의 괴리에 대하여 『해동고기』를 근거로 고유 전승을 손상하지 않았음에 유념할 뿐이다. 인용된 대목만으로는 『해동고기』의 기록 범위와 방식을 온전히 추정할 수 없겠지만, 그것이 왕

---

52) 『增補文獻備考』 244, 藝文考3: "三韓古記 撰人姓名 未攷 三國史 亦多引用 疑與海東古記 同爲一書".
53) 『冊府元龜』 959, 外臣部 土風1 百濟國.

의 즉위와 계위 혹은 졸년 따위를 포함하여 관련 논의의 주요 기준
으로 간주되었다는 것은, 병렬형 단순분주군을 검토하면서 일종의 왕
(대)력 형태의 체계적 고유 전승 자료를 추정했던 바를 환기시켜 준
다. 실제『해동고기』인용문 가운데 보이는 '국조왕'의 표기는 13번 분
주와 일치하는 것이다. 이 정보가 반드시『해동고기』를 전거로 한 것인
지 여부를 단정할 수는 없을지라도 고구려 고유의 왕대력에 근거한
것을 의심할 여지는 없다. 앞 절에서 보장왕의 '서자 안승' 관련 정보
가『자치통감』등 중국계 사서나 신라본기 원전 계통과 구분되는 것으
로 추정한 바 있었거니와, 그 또한 아마 각종『고기』류 형태 자료 속
에 전존된 것으로 보아도 무방하다고 생각한다. 실제『삼국유사』보
장봉로 보덕이암조에는『高麗古記』를 인용하여 '국사' 곧『삼국사기』
의 고구려 멸망 과정 서술과 다소 다른 관점을 소개했는데, 즉 그 말
미를 "보장왕의 서자가 4천여 가를 거느리고 신라에 투항했다"는 말로
종결하고 있는 것이다.『삼국사기』를 삼국의 '本史'로 전제하고 '遺事'
를 자처하면서『삼국사기』가 채택하지 않은 다종의『고기』류를 소개하
고 있는『삼국유사』의 편찬 경향을 염두에 둘 때,54) 이 일치는 시사
하는 바가 적지 않다고 본다.

    한편 14번 분주에서『후한서』와『자치통감』의 상충 정보를 확인하
고서도 판정을 주저한 것과 달리, 그리고『삼국사기』이전의 국내 자
료에 이미『후한서』가 반영되어 있었을 것이며 그 때문에 분주자의
적극적 사료 비판이 포기되었던 것과는 달리,『해동고기』에 입각한
『후한서』정보 비판은 적이 단정적이다. 같은『후한서』기록이지만, 그
리고 다같이 대 중국 관계의 범주에 드는 내용이지만, 14번 등과 16번
의 차이는 후자가 지극히 왕실 내부의 정보라는 데 있다. 또한 태조
대왕의 졸년과 관련한『후한서』의 정보는『삼국사기』이전 단계의 국

---

54) 본서 3부 8장「本史와 遺事」참조.

내 자료에서도 외면된 셈이다. 그것은 물론 『集解』의 沈宇가 지적한 것처럼 인용된 『후한서』 구려전의 문맥상 宮의 죽음은 秋冬間이었어야 하는데, 이를 계기로 발단된 건의 주체인 姚光은 정작 같은 해 4월에 이미 피살되었던 것을[55] 염두한 것인지도 모른다. 어떤 맥락에서였든 고구려의 대 중국 관계 기사라 해도 『삼국사기』 이전 국내 자료에 『후한서』의 정보가 고르게 반영된 것은 아니었다. 따라서 분주 11번과 같은 『후한서』 관련 본문의 채택과 그에 대한 『후한서』 관련 분주의 시점을 추정하는 데는 깊은 숙고가 필요한 것이다.

22번은 동천왕 20년(246) 저명한 毌丘儉의 침입 사건 전말을 기록한 것인데, 그 가운데서도 관구검이 환도산에 와서 不耐城에 공적을 새기고 돌아갔다는 대목과 중국 침구를 그치도록 간하다 죽은 고구려인 得來 관련 전승이 분주의 논의 대상이었다. 따라서 본 분주는 내용상 지명 고증과 득래가 죽은 연대 고증의 두 영역으로 구성된다. 사실 본문은 東部의 密友나 下部의 劉屋句, 그리고 역시 동부의 紐由와 多優 부자 등 구체적 인물들의 행적을 포함하여 매우 풍부한 고구려 자체 전승을 채록한 사례로 꼽힐 만한 기사이다.[56] 『삼국지』 등 중국 정보 역시 관구검 관련 내용의 대강이 고구려본기와 조응한다.[57] 분주자는 이렇게 말한다.

> 『括地志』에는 이르기를 "不耐城은 곧 國內城이다. 성은 돌을 쌓아 만들었다"라고 했으니, 이는 곧 丸都山과 국내성이 서로 인접한 것이다. 『양서』에

---

55) 『後漢書』 5. 孝安帝紀 建光 元年 夏四月 甲戌.
56) 李弘稙, 1971, 「三國史記 高句麗人傳의 檢討」(『韓國古代史의 硏究』, 新丘文化社), 255~256쪽 : 동, 1959, 『史叢』 4.
57) 『三國志』 4. 魏書 齊王芳紀에는 正始 7년(246)조에 보여 고구려본기와 일치하지만, 같은 책 고구려전에는 정시 5년으로, 毌丘儉傳에는 정시연간에 1차 정벌하고 정시 6년에 2차 정벌한 것으로 되어 있다. 또 『毌丘儉紀功碑』 잔편에는 정시 5년에 시작해 이듬해 6월에 철군한 것으로 기록되어 있다.

"司馬懿가 公孫淵을 토벌할 때 왕이 장수를 보내 西安平을 습격했으므로 관구검이 와서 침공했다"라 하고, 『통감』에서 득래가 와서 왕에게 간한 것이 왕 位宮 때의 일이라고 한 것은 잘못이다.

먼저 환도산과 불내성의 위치가 근접했음을 논증하기 위해 『괄지지』를 예거하였다. 『괄지지』는 당 태종의 넷째 아들 濮恭王 泰가 주동하여 편찬한 지리서로서,[58] 특히 『한원』에서 백제와 신라조를 서술하는 데 매우 중요하게 채택되었다. 그러나 같은 책에서 고구려를 서술하는 데에는 오직 『고려기』가 『괄지지』의 역할을 대신했다. 『고려기』와 『괄지지』는 불내성과 국내성에 대해 온전히 일치된 인식을 하고 있다.[59] 이 『고려기』와 관련하여 『구당서』 經籍志와 『신당서』 藝文志에 소개된 『奉使高麗記』를 환기한 견해가 있다.[60] 또한 『봉사고려기』는 당 태종에 의해 고구려 내정 정찰을 목적으로 641년에 파견된 陳大德의 조사보고서로 추정된 바 있다.[61] 그렇다면 시기적으로 보아 『괄지지』에는 이 『고려기』가 반영될 수 없는 한편, 이처럼 수와 당조 초기 고구려의 비중을 미루어 고구려의 풍속 기록은 여타의 이른바 '東蕃'들과 동렬에서 언급되기보다는 별도의 자료로 존재했을 가능성이 높았다고 생각한다.[62] 그러나 불내성과 국내성을 동일시한 『괄지지』나 『고려기』의 인식, 나아가 그를 근거로 환도산과 국내성을 인접한 것이라

---

58) 『新唐書』 80, 列傳5 太宗諸子 및 같은 책 58, 藝文2. 638년에 권유를 받아 貞觀 15년(641)에 秘府에 올렸다.
59) "高麗記曰 不耐城 今名國內城 在國東北六百七十里 奔(本의 誤: 인용자)漢不而縣也"(『한원』), "括地志云 不耐城 則國內城也"(『三國史記』, 高句麗本紀 東川王 20년조 분주).
60) 竹內理三, 1977, 『翰苑』(太宰府天滿宮文化研究所), 148쪽.
61) 吉田光男, 1977, 「『翰苑』註所引『高麗記』について-特に筆者と作成年次」(『朝鮮學報』 85). 물론 『高麗記』와 『奉使高麗記』를 동일서로 단정하는 데 대한 이견도 있다. 武田幸男, 1994, 「『高麗記』と高句麗情勢」(『于江權兌遠教授定年紀念論叢 民族文化의 諸問題』, 世宗文化社).
62) 李康來, 1998, 「7세기 이후 중국 사서에 나타난 韓國古代史像-통일기 신라를 중심으로」(『韓國古代史硏究』 14), 218~219쪽.

한 분주자의 판단, 그리고 본문의 서술 등은 모두 그 원전이라 할 수 있는 관구검전의 "刊丸都之山 銘不耐之城"63)이라는 두 곳의 刻石紀功을 오독한 것이다.64) 『삼국사기』 지리지에서도 국내성에 대해 "혹은 尉那巖城이라고 하며, 혹은 不而城이라고도"라고 분주하는 동시에, 『한서』를 들어65) 낙랑군의 속현 不而縣과 연계 이해하는 오류를 범했다.66)

『양서』와 『통감』의 오류로 판단한 부분도 역시 분주자의 오류이다. 물론 이 오류는 앞에 분주 20번에서 언급한 바와 같이 『삼국지』 등을 염두에 두고 산상왕의 휘를 "一名位宮"이라 한 오류의 연장이다. 분주자는 '位宮'을 오직 산상왕으로 파악했던 것이므로, 『양서』에 景初 혹은 正始연간의 일을 기록함에 있어서 고구려왕을 위궁이라 한 것을 납득하지 못했다. 다만 『양서』에는 관구검의 침략을 정시 5년과 6년의 일로 기록하였고, 이것은 『양서』의 삼국관계 기록의 대강이 그러하듯이 『삼국지』 고구려전과 일치하는 것이지만, 『자치통감』은 득래의 일을 정시 7년으로 서술하였다.67) 『삼국사기』 열전의 밀우·유유전에도 이 사건은 동천왕 20년 즉 정시 7년의 일로 기록되었다. 따라서 결국 고구려본기 본문은 사건 연대를 포함하여 고유 자료의 전승이 상당한 비중을 점했으되, '불내성'과 '위궁'의 실체에 대한 오인에서 그릇된 고증을 범한 것이다.

40·41·45번은 국내 자료에 의거하여 중국 사서의 오류를 논증한 전형적 분주들이다. 안장왕은 고구려본기에 의하면 재위 13년째(531)

---

63) 『三國志』 28, 毋丘儉傳.
64) 李丙燾, 1977, 앞 책 『國譯 三國史記』, 265쪽.
65) 『漢書』 28, 地理志8 下.
66) 『三國史記』 37, 地理4 高句麗 총론부 : 金泰植, 1997, 「『三國史記』 地理志 高句麗條의 史料的 檢討」(『歷史學報』 154), 31~32쪽.
67) 『梁書』 54, 高句驪: "魏景初二年(238) 遣太傅司馬宣王率衆討公孫淵 位宮遣主簿大加將兵千人助軍 正始三年(242) 位宮寇西安平 五年(244) 幽州刺史毌丘儉將萬人出玄菟討位宮… 六年儉復討之…"; 『資治通鑑』 75, 魏紀 邵陵厲公 中: "句驪之臣得來 數諫位宮 位宮不從 得來歎曰…".

5월에 죽었다. 안원왕은 재위 15년째(545) 3월에 죽었다. 그리고 평원왕은 재위 32년째(590) 10월에 죽었다. 세 왕의 졸년 관련 분주 내용은 모두 중국 사서의 오류를 적발한 것들이다.

- 이 해는 양 中大通 3년이요, 위 普泰 원년(531)이다. 『양서』에 "안장왕이 왕위에 있은 지 8년째 되는 普通 7년(526)에 죽었다"라고 한 것은 잘못이다. (분주 40)
- 이 해는 양 大同 11년이요, 동위 武定 3년(545)이다. 『양서』에 "안원왕이 太淸 2년(548)에 죽으니, 그의 아들을 寧東將軍高句麗王樂浪公으로 삼았다"라고 한 것은 잘못이다. (분주 41)
- 이 해는 開皇 10년(590)이다. 『수서』와 『통감』에 "고조가 조서를 개황 17년에 내려주었다"라고 한 것은 잘못이다. (분주 45)

우선 분주자의 판단은 모두 옳다. 고구려본기에 의하면 안장왕 8년(526)과 9년에 양에 사신을 보낸 기록이 있고, 이것은 『양서』(3) 무제본기 普通 7년(526)과 大通 원년(527)의 상응하는 기사와 무관하지 않을 것이다. 따라서 분주의 지적처럼 『양서』(54) 高句麗전에 "(普通)七年 安卒子延立"이라 한 것은 확실히 오류이다.[68] 안원왕의 경우는 『양서』 고구려전과 무제본기 양처에서 분주에 지적된 오류가 반복되었다.[69] 수의 高祖가 평원왕을 힐난한 조서를 보낸 시기를 『수서』(81) 고려전과 『자치통감』(178) 隋紀(2)에서 개황 17년으로 기록한 것은 분주자의 지적과 같다. 이들 사서에는 바로 이 해에 평원왕이 죽었다고 하였다. 그런데 『수서』(2) 高祖本紀와 『북사』(11) 隋本紀에서는 개황 10년 7월에 왕의 죽음을 기록하여 『삼국사기』와 일치하고 있다. 주의할 것은 전자의 기록들에는 병렬형 단순분주 44번에 제시한 바와 같이 고구려왕의 이름이 '湯'으로 표기된 반면, 후자의 기록들은 평원왕의 이름으로

---

68) 『冊府元龜』 963, 外臣部 封冊1에도 普通 7년조에 같은 오류를 반복하였다.
69) 『南史』 및 『冊府元龜』 963, 外臣部 封冊1의 정보도 이와 같다.

『삼국유사』왕력에서 소개한 '高陽'을 적용했다는 것이다. 사실『북사』도 고려전에서는 개황 17년에 해당 사항을 기록하면서 '湯'의 죽음을 말했으니,『수서』의 경우와 마찬가지로 본기와 열전이 모순을 일으키고 있는 셈이다. 아마 이 문제는『책부원귀』가 하나의 지침이 될 수 있겠다고 생각한다. 그에 따르면 평원왕을 '高湯'이라고 하되, "一作高陽"이라는 분주를 가하는 한편, 그의 죽음 역시 개황 10년 7월로 하여『북사』·『수서』의 본기 연대관을 취했던 것이다.[70]

이처럼 평원왕의 이름과 졸년에 대해 각각 '高湯'과 '高陽', 그리고 '개황 17년'과 '개황 10년'으로 설정한 두 계통의 이해가 있었던 것을 확인한다. 그런데 고구려본기의 본문은『자치통감』의 문장과 지극히 방불하다. 그러므로『자치통감』의 오류를 지적한 분주자가 수 고조가 조서를 보낸 사건이 개황 17년의 일이 아니라고 단정한 판단 근거란 평원왕의 졸년 정보를 담고 있었을 고유 전승일 수밖에 없다. 이것은 고구려왕의 즉위년 및 졸년을 포함한 고유의 왕대력이 정돈된 형태로 존재했을 것이라는 기왕의 정황에 의지한 것만은 아니며, 평원왕의 죽음을 지시한 본문의 서술 형태에서도 짐작할 수 있다고 본다. 즉 삼국의 본기에 보이는 왕들의 사거 기사는 왕의 해당 재위년조에 일반적인 정보로 처리되어 있다. 다시 말해 특정 왕의 죽음은 해당 왕의 말년조에 '왕이 죽었다'는 형태로 기록된다. 그런데 유독 평원왕의 경우만이 재위 32년째에『자치통감』기사에 기반하여 수 고조의 조서 및 그에 대한 평원왕의 수용 방식을 서술한 뒤에, 다시 "王在位三十二年 冬十月 薨"이라고 하였다. 삼국의 여타 왕들에서는 '王在位三十二年' 부분이 반복 제시된 사례가 없다. 따라서 분주자의 연대 고증 기준은 평원왕의 졸년이었던 것이고, 그 전거 자료는 고구려 고유 정보였다. 즉 분주자가 중국 사서의 오류를 단정한 판단 근거는 다른 사례와 마

---

70)『冊府元龜』963, 外臣部 封冊 1 後周武帝 建德 6년 및 隋高祖 開皇 10년 7월.

찬가지로 국내 고유 자료였던 것이다. 결국 신라의 경우와 마찬가지로 졸년에 대해서는 철저히 본국 자료를 지지한 경향의 일례로 보아도 좋을 듯하다.

5. 논의의 전망

이 글은 고구려본기에 소재한 51개(52항목) 분주를 검토한 것이다. 이를 위해 주요 토대로 삼은 것은 신라본기 소재 분주에 대한 검토에서 획득한 기왕의 분주 관련 논의의 성과이다. 따라서 신라본기의 분주 유형 분류 기준을 동일하게 적용하였다. 그 결과 신라본기에서의 논의점들이 고구려본기에서도 거듭 확인·검증될 수 있었다는 점을 우선 주목해 두고자 한다.

다만 고구려본기 소재 분주를 자료로 삼은 새로운 논의는 두 갈래 영역에 주안점을 두게 되었다. 하나는 분주의 가장 광범한 전거 자료로서 왕(대)력 형태로 정돈된 別傳의 존재를 음미하는 것이다. 이것은 삼국의 각 본기에서 확인되는 보편적 분주 형태를 염두에 둔 것이지만, 크게 보면 『삼국사기』 편찬 단계의 삼국 관련 고유 자료의 환경을 짐작하는 데 의미 있는 기여를 기대할 만한 사안이었기 때문이다.

다른 하나는 『삼국사기』 편찬 과정에 투영된 서술자들의 자료 취급 태도를 헤아리되, 다양한 형태로 드러나는 서술 주체들을 준별하는 몇 가지 가능성을 점검하는 것이다. 이 문제는 본문과 분주의 정보 차이에서 그 전거 자료 계통의 차별성을 추지하는 시각과 함께, 본문과 분주의 서술 시점에 반영된 단층 또한 유효한 기준으로 활용할 수 있다는 판단에 기초하였다.

사실 전형적인 고증분주일수록 분주자는 국내 고유 자료에 대한 신뢰를 숨기지 않았고, 그를 논거로 중국 사서의 오류를 적발하는 논법을 취하고 있거니와, 이는 편찬 당대에 확보되어 있던 기왕의 삼국 관련 역사 자료의 폭과 질을 가늠할 수 있는 단서로 간주해도 좋다고 생각한다. 나아가 이는 고려 중기 지식인의 자기 역사 혹은 역사 인식에 투영된 일정한 각성을 짐작케 하는 것이기도 하다.

여하튼 백제본기 소재 분주에 대한 동일한 천착을 전제한 과제일 것이나, 향후『삼국사기』의 분주론이 지향해야 할 바는 우선 그 편찬 재료가 된 주요 고유 자료, 그 가운데서도 왕(대)력 형태 전승 자료의 성격과 관련된 것이어야겠다. 그리고 그 논의는 결국 서술 주체와 서술 시기, 혹은 서술 재료와 편록 과정 등에 걸쳐 심대한 이견을 좁히지 못하고 있는『삼국유사』왕력을 겨냥하여 전개될 것으로 예감한다. 그렇다면『삼국사기』각 본기의 즉위기 기사에 대한 종합적 검토가 여기에 수반되어야 할지 모른다. 각 왕의 즉위기 기사는 서술의 범위가 왕력의 그것과 중복되는 동시에, 무엇보다도 일반 편년 기사와는 근본 자료 계통에서 구분되는 듯한 징표가 적지 않기 때문이다.

한편 궁극적으로 분주론은 고기론 및 구삼국사론과 연계될 수밖에 없다. 세 가지 논의 범주는『삼국사기』원전론 혹은 편찬론의 주요한 축으로서 상당 부분을 공유하고 있다 할 것이다. 다시 말해 분주 혹은 분주의 대상 본문이 포괄하고 있는 고유 자료는 다양한『고기』류를 비롯한 것들이며, 또한 여기에는 이른바『구삼국사』가 마땅히 고려되어야 한다. 그러므로 분주론의 주요 성과들은 고기론과 구삼국사론의 심화에 유효한 지침으로 기여할 것을 의심하지 않는다. 이런 맥락에서 이 글의 성과들, 예컨대『삼국사기』편찬 이전 삼국 관련 자료에 반영되어 있었을 분주들 가운데에는『삼국사기』편찬 과정에서 본문 형태로 수용된 경우가 포함되었을 것이라거나, 중국 사서 인용이나 비판과 관련하여 분주 작성 시점의 층차가 감지된다는 등의 추정은 계속 유념해야 할 사항이라고 생각한다.

제6장

『삼국사기』 백제본기의 분주 검토

I. 문제의 소재

 이 글은 『삼국사기』 백제본기에 있는 분주에 대한 검토를 목적으로 한다. 분주는 본문의 특정 정보에 직접 관련된 부기이되, 『삼국사기』 소재 분주들은 분주자의 적극적 판단의 개입 여부와 문제된 본문과 분주의 상호 부합 및 충돌의 정도에 따라 네 가지 유형으로 분류할 수 있다.
 즉 분주의 내용이 본문 내용에 대한 범상한 이칭이나 이설을 소개하는 경우는 '단순분주'라 하고, 분주의 내용에 분주자의 판단이 개입된 경우를 '고증분주'라고 부른다. '단순분주'는 다시 분주 대상이 된 본문 서술 내용과 분주의 내용이 서로 모순이 되지 않는 경우와, 서로 매우 상이한 내용을 가진 경우의 두 형태로 나뉜다. 전자의 경우는 본문 서술의 보강을 위한 것으로 '병렬형 단순분주'라 하고, 후자의 경우는 상이한 정보의 대립이므로 '대립형 단순분주'라고 한다. 마찬가지로 '고증분주' 역시, 분주 대상 내용과 분주 자료와의 관련성에 대한 분주자의 단순한 판단을 포함하고 있거나 그 판단에 근거한 의문 제기를 하면서도 적극적인 판정은 보류하고 있는 경우들과, 반면에 분주자의 고증을 통해 상이한 자료들 중에서 어느 하나를 선택하는 적극적 판단 개입의 유형에 속하는 경우들로 나눌 수 있다. 전자를 '보족형 고증분주'로, 후자를 '선택형 고증분주'로 부른다.

　기왕에 필자는 이와 같은 분류에 입각하여 신라본기와 고구려본기의 분주들에 대한 논의를 시도한 바 있다.[1] 이 글은 그 연장인 동시에 그러한 논의에서 획득한 생각들의 점검을 의도하고 있다. 예컨대 그들 본기에는 공히 왕실 관련 분주의 비중이 현저했고, 그러므로『삼국유사』왕력과의 비교가 유효했던바, 동일 영역의 분주에 대해서는 유사한 시각과 방법론에 입각하여 백제본기 분주의 현황을 분석할 것이다.

　다음으로는, 기왕의 분주 논의 결과 각 본기와 잡지 혹은 열전 등『삼국사기』의 개별 편목 사이에, 심지어 같은 본기 내에서나 열전의 각 권별로, 집필자나 전거 자료가 단일하지 않았던 것을 짐작할 수 있었거니와, 백제본기의 분주에서도 과연 유사한 판단을 내릴 수 있을지에 유의할 것이다. 역시 이른바 '후주'의 개념으로 파악될 수 있는 사례 적출 가능성에 깊이 주의할 작정인데, 이 문제는『삼국사기』편찬 환경을 이해하는 데 매우 긴요한 요소라고 믿기 때문이다. 또한 분주 유형의 대부분을 차지하면서 서술 과정에 여러 차례 출현하는 고유명사들의 경우 대체로 그것이 처음 등장하는 적소에 분주가 가해지는 것으로 드러난 일반적 경향을 검토의 토대로 유념하겠다. 특히 분주자의 판단이 개입된 경우들은 해당 사건을 구성하는 여러 요소들에 대한 분주자 고유의 인식을 적출할 수 있는 재료로 간주하여 깊이 주의하고자 한다. 이에 덧붙여 삼국의 본기에 소재한 분주에 대한 검

---

[1] 李康來, 1989,「『三國史記』分註의 性格-新羅本紀를 중심으로」(『全南史學』3) 및 본서 2부 5장「『삼국사기』고구려본기의 분주 재론」.

토 결과가 『삼국사기』 및 삼국사 관련 고유 자료의 당대 현황을 이해하는 데 기여할 주요 맥락들을 추려서 향후 지속 연구의 지침과 방향을 제안할 생각이다.

우선 논의 대상으로 삼을 분주들을 다음과 같이 분류·정리한다.

<표1> 백제본기 소재 분주의 분류

번호	권차	왕대력	서력	분주대상	분주내용	분류	전거서	유형
1	23	溫祚 즉위년	前18	其父鄒牟 … 此日溫祚	或云朱蒙到卒本 娶越郡女生二子	出自		△
2	〃	〃	〃	百濟始祖溫祚王… 以扶餘爲氏	一云始祖沸流王… 未知孰是	出自	北史 隋書	△
3	〃	肖古王 즉위년	166	肖古王	一云素古	王名		
4	24	仇首王 즉위년	214	仇首王	或云貴須	王名		
5	〃	責稽王 즉위년	286	責稽王	或云靑稽	王名		
6	〃	近仇首王 즉위년	375	近仇首王	一云諱須	王諱		
7	25	阿莘王 즉위년	392	阿莘王	或云阿芳	王名		
8	〃	腆支王 즉위년	405	腆支王	或云直支	王名		
9	〃	毗有王 즉위년	427	久尒辛王之長子	或云腆支王庶子 未知孰是	出自		△
10	〃	毗有王 4년	430	宋文皇帝… 爵號	腆支王十二年… 百濟王	事件		○
11	〃	蓋鹵王 즉위년	455	蓋鹵王	或云近蓋婁	王名		
12	〃	蓋鹵王 21년	475	…木劦滿致祖彌桀取	木劦·祖彌皆複姓 隋書以木劦爲二姓 未知孰是	人名	隋書	△
13	〃	〃	〃	…再曾桀婁古尒萬年	再曾·古尒皆複姓	人名		○
14	26	文周王 즉위년	〃	文周王	或作汶洲	王名		
15	〃	三斤王 즉위년	477	三斤王	或云壬乞	王名		
16	〃	東城王 즉위년	479	諱牟大	或作摩牟	王諱		
17	〃	東城王 20년	498	王以耽羅… 乃止	耽羅卽耽牟羅	地名		○

18	〃	東城王 23년	501	諡曰東城王	冊府元龜云…齊書所載 不可不疑	王名	冊府元龜 三韓古記 齊書	◎
19	〃	武寧王 즉위년	〃	諱斯摩	或云隆	王諱		
20	〃	聖王 16년	538	移都於泗沘	一名所夫里	地名		
21	27	法王 즉위년	599	諱宣	或云孝順	王諱		
22	〃	〃	〃	惠王薨 子宣繼位	隋書以宣爲昌王之子	出自	隋書	△
23	〃	武王 3년	602	新羅阿莫山城	一名母山城	地名		
24	28	義慈王 16년	656	佐平成忠	或云淨忠	人名		
25	〃	義慈王 20년	660	白江	或云伎伐浦	地名		
26	〃	〃	〃	炭峴	或云沈峴	地名		
27	〃	백제멸망사론		新羅人自以小昊金天氏後 故姓金氏	見新羅國子博士…三郎寺碑文	出自	金庾信碑文 三郎寺碑文	○
28	〃	〃		高句麗亦以高辛氏之後 姓高氏	見晋書載記	出自	晋書	○

* 유형란에 있는 ◎표는 선택형 고증분주, ○표는 보족형 고증분주, △표는 대립형 단순분주, 그밖에는 병렬형 단순분주를 가리킴.

<표1>에 정리한 바와 같이 백제본기의 분주는 총 28개로 나타난다. 이러한 수치는 신라본기에서 백제의 멸망 과정을 담은 태종 무열왕 7년조까지의 분주가 47개였고, 고구려본기의 분주가 51개로 나타난 정황을 염두에 둘 때 현저히 낮은 빈도였음이 드러난다. 더구나 분주 27번과 28번은 백제의 멸망에 부친 찬자의 사론 가운데 위치하고 있을 뿐 아니라, 그 내용 역시 신라와 고구려의 왕실 출자 관련 전거의 제시였으므로 백제사의 범주를 벗어난 것들이다. 이렇게 보면 백제본기의 분주 빈도는 신라와 고구려의 그것과 비교하여 절반의 수준으로 가늠해야 옳다. 아마 관련 사료의 부족에 그 일차적 원인이 있을 것이다. 7세기 전쟁에서 승리한 통일기 신라인들은 전대의 왕조사를 보존하고 또한 이를 자기중심적 관점에서 정리할 차분한 기회가 있었기 때

문에 다종의 전승들이 분주 형태로 반영되었을 것이며, 고구려 역시 이른 시기부터 중국 사서에 그 족적이 남아 있어 국내 고유 전승과의 비교 맥락에서 다수의 분주가 작성될 수 있었던 반면, 백제의 경우는 백제인의 필치로 작성된 자료가 크게 열악했음을 짐작할 수 있겠다.

백제본기의 분주들을 분주의 유형 분류에 따라 도시하면 다음과 같다.

단순분주	병렬형 단순분주	17개
	대립형 단순분주	5개
고증분주	보족형 고증분주	5개
	선택형 고증분주	1개

이처럼 고증분주가 현저히 적은 것도 백제본기 분주에서 간취할 수 있는 또 하나의 특징이라고 생각한다. 신라본기의 경우는 총 99개의 분주 가운데 고증분주는 32개로서 대략 1/3의 비중을 지닌다. 고구려본기에서 고증분주는 51개 가운데 12개였다. 그러나 고구려와 신라 왕실의 출자를 언급한 사론의 두 분주를 제외하면 백제본기의 고증분주는 4개에 불과하다. 특히 관련 자료들 사이에 상충하는 정보들이 동원되어 분주를 가한 이의 적극적인 고증과 판정이 가해지는 선택형 고증분주야말로 각 본기의 자료 환경이 얼마나 충실했는가를 가늠할 수 있는 직접 재료로 주목되거니와, 신라본기의 9개와 고구려본기의 5개에 비해 백제본기에는 오직 1개로 판단되었다. 이것은 자료 환경의 열악함에 더하여 백제본기 집필자 혹은 분주자가 신라와 고구려본기의 그들에 비해 매우 소극적인 사료 비판으로 일관했음을 의미한다.

그러나 백제본기 분주들의 내용 분류는 신라와 고구려의 본기에서 확인된 일반적 경향을 배반하지 않고 있다. 즉 왕명 및 왕휘 관련 분주(13개), 일반인명 관련 분주(3개), 지명 분주(5개) 등 고유명사에 해당하는 분주는 모두 21개로서 절대의 비중을 차지하고 있으며, 왕휘 및 왕명 관련 분주에 백제왕의 출자 관련 분주(4개)를 아우르면 왕실 관련 분주가 17개를 차지하게 된다. 이처럼 고유명사의 비중과 왕실 관련 복수 원전의 존재를 지시하는 분주의 높은 비중은 기왕의 신라본기와 고구려본기 분주 검토에서도 확인된 주요 특징이었다. 반면에 구체적인 사건 관련 분주는 10번 하나인 데다가, 그마저 백제본기 자체 내 다른 편년 기사를 지시한 것일 뿐, 이종의 자료 계통을 활용한 분주가 아니었다. 요컨대 백제본기의 표면적 현황에서 연구자들은 『삼국사기』 편찬 당시 백제사 관련 자료 환경의 열악함과 함께 백제본기 집필자 혹은 분주자의 느슨한 사료 취급 태도를 읽을 수 있다고 생각한다.

2. 단순분주의 검토

1) 병렬형 단순분주

백제본기의 분주들 가운데 병렬형 단순분주로 분류되는 분주들은 모두 17개로 판단한다. 이들은 왕명(8)·왕휘(4)·지명(4)·인명(1)으로 구성된다. 즉 모두 고유명사에 해당하되, 대체로 범상한 이칭을 소개한 것들이다. 이 때 이칭의 존재란 일단 복수의 자료를 지시한다고 보아도 좋겠다. 물론 분주의 이칭 가운데는 별도의 자료에 의거한 것이라기보다는 단순히 표기상의 혼선인 경우도 없지 않다. 또한 단순분주의

대종을 차지하는 사항이 왕명과 왕휘라는 점은 신라본기와 고구려본기에서도 확인되었던 경향으로서 주목해 둘 일이다. 우선 이를 위해 백제본기의 왕 관련 분주와 『삼국유사』의 왕력 정보를 비교하여 본다.

<표2> 왕 관련 분주와 왕력 정보의 비교

번호	왕대력	분주 대상	분주 내용	분류	유형	왕력 내용	일치도
1	溫祚 즉위년	其父鄒牟 … 此曰溫祚	或云朱蒙到卒本 娶越郡女生二子	出自	△	東明第三子 一云第二	×
2	〃	百濟始祖溫祚王 … 以扶餘爲氏	一云始祖沸流王 … 未知孰是	出自	△		×
3	肖古王 즉위년	肖古王	一云素古	王名		一作素古	◎
4	仇首王 즉위년	仇首王	或云貴須	王名		一作貴須	◎
5	責稽王 즉위년	責稽王	或云青稽	王名		一作青稽 誤	◎
6	近仇首王 즉위년	近仇首王	一云諱須	王諱			×
7	阿莘王 즉위년	阿莘王	或云阿芳	王名		一作阿芳	◎
8	腆支王 즉위년	腆支王	或云直支	王名		一作眞支王	○
9	毗有王 즉위년	久尒辛王之長子	或云腆支王庶子 未知孰是	出自	△	久尒辛子	×
11	蓋鹵王 즉위년	蓋鹵王	或云近蓋婁	王名		一云近蓋鹵王	○
14	文周王 즉위년	文周王	或作汶洲	王名		一作文州	○
15	三斤王 즉위년	三斤王	或云壬乞	王名		一作三乞王	○
16	東城王 즉위년	諱牟大	或作摩牟	王諱		一云麻帝	○
18	東城王 23년	諡曰東城王	冊府元龜云… 齊書所載 不可不疑	王名	◎		×
19	武寧王 즉위년	諱斯摩	或云隆	王諱		南史云名扶餘隆 誤矣	◎
21	法王 즉위년	諱宣	或云孝順	王諱		名孝順 又宣	◎
22	〃	惠王薨 子宣繼位	隋書以宣爲昌王之子	出自	△	惠王子	×

* 일치도 난의 ◎는 완전 일치, ○는 상당한 일치, ×는 불일치를 의미함.

<표2>에 의하면 백제본기의 왕 관련 단순분주의 대부분은 그 내용이 왕력에 반영되어 있음을 알 수 있다. 먼저 눈에 띄는 것으로는 백제본기의 단순분주 기재 형식이 대개 '或云'으로 이끌어지는 데 반해 왕력에서는 '一作'으로 바뀐 경향이 높다는 것이다. 이러한 경향이 왕력의 자료적 위상, 즉 왕력의 전거가 되었을 자료의 문제나 왕력 자체의 집필 주체 및 시점의 문제와 어떤 관련이 있는지는 지금 얼른 정돈하기 어렵다. 여기서는 다만 『삼국사기』의 왕대력과 『삼국유사』의 왕력 사이의 자료 형성 관련 논의의 필요성을 환기해 둘 뿐이다. 그러나 단순분주의 대부분이 왕력에서 '一作'의 형태로 반영되고 있다는 것은 『삼국사기』의 왕대력 관련 전거가 왕력이나 그 원전 자료의 형성에도 상당 부분 공유되어 있을 것이라는 심증을 갖게 하기에 충분한 토대가 된다. 이에 동의한다면 단순분주가 왕력에 전혀 반영되지 않았거나 다른 맥락으로 언급된 사례들이 오히려 주목의 대상이 될지 모른다. 즉 6번 근구수왕의 휘가 그것이다.

근구수왕에 대해 분주는 "一云諱須"라고 한다. 여기에는 몇 가지 문제가 있다. 우선 분주의 대상 본문 정보가 왕명에 대한 것이었으므로, 드러난 분주의 내용이 왕휘가 된 점을 납득하기 어렵다. 더구나 주지하듯이 백제본기에서 왕명과 왕휘가 구분되어 기재되는 것은 東城王(왕명) 牟大(왕휘)부터이다. 따라서 분주의 '諱須' 가운데 '諱'는 오자 혹은 오각일 가능성을 배제할 수 없다. 다시 말해 『일본서기』의 용례2)에 따라 같이 '一云貴須'가 본래의 형태였을 수도 있다. 그렇다면 왕력의 경우 근구수왕에 대해서 왕명이든 왕휘든 여하한 이설 정보가 없는 것 역시 '一云諱須'라는 백제본기 분주의 탈맥락적 문제점을 왕력 찬자가 유념했던 때문일 수 있겠다. 이러한 추정은 왕력 작성자가 현행 『삼국사기』를 참조하거나 의식했음을 전제하는 방식이다. 그러나 이

---

2) 『日本書紀』 9. 神功紀 46년・56년조 및 같은 책 19. 欽明紀 2년조 등.

취약한 전제를 견지할 당위는 제시할 수 없다.

　반면에 이 분주가 실제 근구수왕의 휘를 '須'로 파악한 결과일 가능성도 부정할 수 없다. 예컨대『양서』에 보이듯이 太元연간(376~396)에 조공해 온 백제왕 '須'나『위서』에 실린 개로왕의 상표문에 보이는 '臣祖須' 등에 의하면 근구수왕의 휘를 '須'로 약칭했음을 알 수 있는 것이다.3) 근구수왕의 분주에서 고려해 볼 수 있는『양서』와『위서』의 자료 위상은 고구려본기 고국원왕 즉위년조에 "諱斯由"에 대해 "或云劉"라고 분주한 사례와 비교된다. 이 경우『위서』를 비롯한『진서』·『자치통감』등 중국 사서에는 '釗'라고 표기되어 있는데다가,4)『삼국사기』백제본기에도 역시 고국원왕을 일러 '釗'라고 하였고, 더구나 고구려본기 고국원왕 말년조의 분주에서는 "백제 개로왕이 위에 보낸 표문에 '釗의 머리를 베어 매달았다'라고 한 것은 지나친 말이다"라고 하여 '釗'의 실례를 확인할 수 있음을 주목한다.5) 따라서 분주의 '劉'를 '釗'의 오각으로 파악할 소지가 적지 않다. 그러나 한편『양서』와『한원』에는 고국원왕의 휘를 '劉'라고 하였다.6) 그렇다면 분주의 '劉'는 단순 오각이 아니며,『양서』계통의 전승에 의거한 것일 수 있다. 만약 이처럼 고국원왕의 휘와 관련하여『위서』와『양서』가 깊이 고려되었다면, 고국원왕과 독특한 관계에 있는 근구수왕의 휘에 관한 분주 정보도『위서』와『양서』를 토대로 했을 가능성이 높으며, 결국 분주 6번의 정보는 중국 사서에 토대한 것이라고 보아야 할 것이다. 이런 추정은 왕력 작성자가 본 분주의 형성 배경에 주의하지 못한 채 백제본기 분주 정보를 배제했음을 의미하는 방식이라고 하겠다. 왕력에『위서』와『양서』를 참조한 흔적이 전무한 것도 이러한 이해를 돕는다.

---

3)『梁書』54, 列傳48 百濟 및『魏書』100, 列傳88 百濟國.
4)『晉書』109, 載記 慕容皝 ;『魏書』100, 高句麗 ;『資治通鑑』96, 晉紀 顯宗成帝 咸康 5년조 등.
5)『三國史節要』4, 晉 咸和 6年조에는 斯由가 즉위하여 釗로 '改名'했다 하였다.
6)『梁書』54, 高句驪傳 및『翰苑』, 蕃夷部 高麗.

분주와 왕력의 기재가 완전한 일치를 보이거나 분주 정보를 왕력이 온전하게 공유하고 있는 사례들(3·4·5·7·19·21) 가운데는 뜻밖에도 왕력 찬자에 의해 분주 정보가 부정된 경우도 있다. 우선 5번 책계왕에 대한 분주 "或云靑稽"를 들 수 있다. 왕력은 이를 반영하면서도 '誤'라고 단정하였다. 그 판단 근거를 짐작할 방법은 없으나, 19번의 경우 유사한 사례로 이와 비교가 가능하다. 즉 무령왕의 휘에 대해 "或云隆"이라 한 분주를 의식하여 왕력 찬자는 "『南史』에서 (무령왕의) 이름을 扶餘隆이라 했는데 잘못이다. 융은 곧 寶藏王의 태자이니 자세한 것은 唐史에 보인다"라고 하였다. 우선 정덕본의 '寶藏王'은 '義慈王'의 오기로 보는 것이 옳겠다.[7] 왕력의 지적처럼 『남사』 등의 중국 사서에는 普通 2년(521)의 백제왕을 '餘隆'이라고 했다.[8] 왕력 찬자가 『남사』의 정보를 부정하는 근거는 '唐史'였거니와, 이는 역으로 백제본기의 본 분주 근거가 『남사』 등 중국 사서였음을 추지케 한다. 따라서 이 분주는 백제본기 가운데 대부분 '或云'으로 이끌어진 단순분주의 자료 근거가 반드시 국내 고유 자료만은 아니었을 수도 있다는 증거로 삼아도 좋다고 생각한다. 환기하자면, 고구려본기의 왕 관련 분주의 현황에서는 절대 다수의 병렬형 단순분주들이 왕명과 왕휘 및 왕의 졸년에 관련된 것들로서, 이는 거의 대부분의 고구려왕에 대한 관련 정보를 담고 있는 이종의 왕(대)력 형태 고유 자료가 분주의 근거였음을 짐작할 수 있게 하였다.[9] 이렇듯 본문 구성 자료와 분주 서술 재료 사이에 보이는 일관된 경향성은 고구려본기 작성에 분주 계열과 본문 계열의 두 가지 원전을 암시하는 것이다. 이를 '古書'와 '新書'로 대비하여 파악한 시각이 있거니와,[10] 본문 구성 자료를 주요 원전이라 할 때 분

---

7) 姜仁求 외, 2002, 『譯註 三國遺事』 I (以會文化社), 77쪽.
8) 『梁職貢圖』에는 "普通二年 其王餘隆 遣使奉表云 累破高麗"라 했으며, 그에 기반했을 『梁書』 54, 百濟조와 『南史』 79, 百濟조에도 '餘隆'이라 하였다.
9) 申東河, 1995, 「『三國史記』 高句麗本紀 分註의 연구」(『同大史學』 1).

주 계통의 보조 원전은 현저한 왕(대)력풍 자료였다고 판단하게 된다. 그러나 백제본기에 보이는 왕 관련 단순분주의 일부 전거를 중국 사서로 간주할 여지가 인정된다면, 분주 계통의 보조 원전을 단일한 고유 자료로 제한할 수 없게 되는 것이다.

분주 21번과 관련한 왕력의 내용은 왕 관련 사항들에 대한 왕력의 일반적 기재 방식에 비추어 미세한 차이를 보인다. 즉 21번은 법왕의 휘 문제인데, 본문의 '宣'에 대해 분주는 "或云孝順"이라고 하였다. 그런데 왕력은 오히려 "名孝順 又宣"이라고 하여 분주 정보를 앞세우고 본문 정보가 부수되고 있는 것이다. 일견 본문과 분주의 비중이 뒤바뀐 셈이다. 그러나 『삼국유사』 法王禁殺조에서는 "法王諱宣 或云孝順"이라 하여 백제본기의 서술 형식에 충실하였다. 왕력과 기이편 집필 주체 및 형성 과정과 관련하여 숙고할 사안이다.

백제본기의 왕 관련 분주와 왕력 정보 사이에 '상당한 일치'(o)로 분류된 경우들(8·11·14·15·16)에는 일방의 미세한 오각이 개입되어 있다고 본다. 즉 '直支'와 '眞支', '近蓋累'와 '近蓋鹵', '汶洲'와 '文州', '壬乞'과 '三乞', '摩牟'와 '麻帝' 등은 대부분 자형과 독음이 근사한 비교 쌍으로 구성되어 있다. 다만 '直支'와 '汶洲'의 분주 표기는 『일본서기』에서도 확인되므로,[11] 이들 사이에 개재되었을 오기 혹은 오각의 가능성은 일단 왕력 쪽에 혐의를 두어야 할 것이다.

왕실 관련 내용이 아닌 단순분주로는 인명(24번)과 지명(20·23·25·26)이 남는다. 분주 24번, '成忠'과 '淨忠'의 관계에 대해서는 따로 고증할 자료가 없다. 분주 20번은 백제의 새 도읍 '泗沘'에 대해 "일명 所夫里라고 한다"는 내용이다. '사비'든 '소부리'든 처음 나오는 적소에 분주가

---

10) 高寬敏, 1996, 「高句麗本紀の國內原典」(『三國史記』の原典的研究』, 雄山閣) : 동, 1993, 「『三國史記』高句麗本紀の國內原典」(『朝鮮學報』146).
11) 『日本書紀』10, 應神紀 16년조의 '直支' 및 같은 책 14, 雄略紀 21년조의 '汶洲'.

자리한 셈이므로, 일단 이 분주는 『삼국사기』 소재 분주의 일반적 경향에 부응한다. 신라본기에는 所夫里 → 所夫里州 → 所夫里郡의 순서로 지명 표기의 변천이 제대로 반영되어 있다.12)

그러나 분주 23번은 이와 다르다. 602년, 무왕이 공격한 신라의 '阿莫山城'에 대해 분주자는 "일명 母山城이라고 한다" 하였다. 우선 본문과 분주에 보이는 두 지명의 관계에 대해서는 지리지(34) 康州조에서 天嶺郡의 속현 雲峯縣에 대해 '본래 母山縣'이라 한 데 이어 "혹은 阿英城이라 하고, 혹은 阿莫城이라고도 한다"는 분주를 통해 용이하게 수긍할 수 있다. 또한 아막산성 공격 관련 백제본기 정보의 대응 기사는 신라본기 진평왕 24년조에서 확인할 수 있다. 단 신라본기에는 '阿莫城'이라고 하였다. 아울러 백제본기에는 단순히 신라측 대응을 일러 '정예 기병 수천 명'만을 지시했으나, 신라본기에서는 그 구체적인 군세는 언급하지 않고 대신 '貴山과 箒項의 전사'를 특기하였다. 따라서 두 본기의 해당 사건에 대한 전거는 각각 별개 환경에서 음미될 수 있다고 판단되었다.13) 더구나 백제본기 내에서는 분주의 정보 '모산성'이 이미 188년, 즉 초고왕 23년(신라본기 벌휴이사금 5년)조 신라와의 쟁처로 등장한 바 있다. 신라본기에서도 진평왕대에 앞서 소지마립간 6년에 이미 '모산성'은 삼국의 전장이 되고 있었다. 그러나 이들 기사에는 여하한 분주도 배려되지 않았다. 이처럼 백제본기에만 해당 지명 관련 분주가 자리한 정황은 두 본기의 집필 주체를 구분케 만드는 요인이 된다. 또한 백제본기 무왕대의 본 분주 이전 시기에 등장하는 '모산성'에 '아막(산)성'의 역방향 분주가 배려되지 않은 점은 분주의 일반적 경향을 벗어난 사례가 된다.

그러한 문제 의식에서 보면 분주 25·26번은 더욱 현저한 경우라

---

12) 『三國史記』, 新羅本紀 太宗 7년 7월조: 동, 文武王 11·16년: 동, 孝成王 2년 3월조 등.
13) 李康來, 1996, 「三國史記 本紀間 共有記事의 檢討」(『三國史記 典據論』, 民族社) 참조.

고 하겠다. 이들 지명은 660년, 興首가 의자왕에게 나당연합군에 대한 대처 전략을 건의하는 가운데 거론되었다. 분주자는 백제의 군사적 요충지인 白江과 炭峴에 대해 각각 "혹은 伎伐浦라고 한다", "혹은 沈峴이라고 한다"라고 했다. 그러나 백제본기에는 이보다 앞서 의자왕 16년에 보이는 成忠의 발언 가운데 분주의 '침현'과 '기벌포'가 이미 본문 정보로 등장하였다. 더구나 '백강'과 '탄현' 역시 본 분주의 적소가 처음 등장하는 곳이 아니었다. 따라서 대체로 지명이나 인명과 같은 고유명사의 경우 처음 등장하는 곳에 단순분주가 자리하는 일반적 경향을 벗어나 있다. 반면 신라본기와 김유신전 등 신라계 기록들에는 오직 '기벌포'만이 쓰였다.14) 한편 『鄕記』・『唐史』・『古記』・『百濟古記』・『新羅古傳』 등 다종의 자료를 한데 취합해 작성한 『삼국유사』 太宗春秋公조(기이2)의 경우, 고유 자료에 입각한 서술 과정에 '탄현'에 대해서는 "一云沈峴 百濟要害之地"라 분주하면서도, 『당사』 계통 자료에 근거한 서술에서는 '백강'을 본문으로 드러내고 이에 대해 "卽伎伐浦"라고 분주하는 등 본문 자료의 계통에 따라 분주 방향이 다르게 나타나 있다. 따라서 '백강'과 '탄현'은 백제 계통 자료의 지명인 반면, '기벌포'와 '침현'은 당 혹은 신라 계통 자료의 지명이었던 것으로 판단되며, 본 분주가 자리한 의자왕 20년조 기사는 왕조 멸망기라는 특수 사정상 아마 여러 계통 자료가 한데 취합되어 형성된 것으로 이해하고자 한다.

2) 대립형 단순분주

대립형 단순분주(△)로 파악된 분주들은 모두 5개인데, 내용 분류

---

14) 『三國史記』, 新羅本紀 武烈王 7년 7월 9일, 文武王 16년 11월, 列傳 金庾信(中) 太宗大王 7년 등.

에 따를 때 왕실 관련 출자 문제 3개와 건국 시조 혹은 그의 출자 문제, 그리고 일반 인명 하나로 이루어져 있다. 그 가운데 건국 시조를 포함한 4개항의 출자 문제는 왕력의 정보와 비교 가능한 영역에 속한다.

우선 1번 분주는 주몽이 졸본부여 왕의 둘째 딸과 혼인하여 비류와 온조를 낳았다는 본문 정보에 대해, "혹은 주몽이 卒本에 도착해 越郡女에게 장가들어 두 아들을 낳았다고도 한다"는 이설의 소개였다. 이 때 온조는 주몽의 둘째 아들이 되는바, 왕력에서는 셋째 아들 혹은 둘째 아들이라고 한다 했으므로 일면 백제본기 분주와 조응하는 한편, 셋째 아들이라 한 정보는 주몽의 전처 예씨부인의 소생 琉璃를 넣어 서차를 산정한 것으로 볼 수 있다. 즉 본문과 분주는 온조의 출자에 대해 서로 대립하는 한편, 분주와 왕력의 경우는 적어도 온조의 서차에 관한 한 적극 상치하지는 않는다고 하겠다. 그러나 정작 분주의 본질은 '월군녀'의 실체에 있다. 따라서 그에 전혀 착목하지 못한 왕력 정보는 분주와 공유할 바가 없다고 해야 옳겠다. 분주 2번의 시조 출자에 대해서도 왕력은 여하한 이설 정보나 분주와 접맥하는 인식의 편린을 남기지 않았다.

오히려 주의할 것은 백제본기의 본문 내용이 고구려본기에서는 분주의 형태로 제시되었다는 데 있다. 고구려본기에는 주몽의 건국 내용 말미에 분주하여 "(一云) 주몽이 졸본부여에 이르렀을 때 (졸본부여의) 왕에게는 아들이 없었는데 주몽을 보고 비상한 사람임을 알아 자기 딸로 아내 삼아주었으니, (졸본부여) 왕이 돌아가자 주몽이 왕위를 이었다 한다"라고 하였다. 주몽이 졸본부여 왕의 사위로 나타나는 분주의 이설은 백제본기 온조의 건국 내용에서 좀더 구체적으로 서술되고 있다. 즉 고구려본기의 '一云'이 전하는 분주 내용은 백제본기 본문의 시조온조설 계통 자료와 같은 맥락에 있다. 말하자면 백제본기의 본문 구성 자료는 고구려본기 서술에서 분주를 위한 참고 자료가 되었다. 다만 '월군녀'를 지시한 백제본기의 분주 정보는 그 출처를 얼른 추지할 수 없다.

여하튼 이처럼 동명묘를 시조묘로 공유하고 있는 고구려와 백제의 시조 전승 관련 원전의 수용 방식을 음미하기 위해서 분주 2번의 내용을 아울러 숙고할 일이다. 2번 분주 관련 본문은 1번 분주 관련 본문의 연장으로서, 비류와 온조의 남하 및 백제 건국에 성공한 온조 시조 전승이 대강을 이루고 있다. 이에 대해 분주는 이렇게 말한다.

일설에는 이러하다. "시조는 비류왕이다. 그의 아버지 優台는 북부여 왕 解扶婁의 서손이다. 어머니 召西奴는 졸본 사람 延陁勃의 딸로 처음에 우태에게로 시집와서 아들 둘을 낳았는데, 맏이가 비류고 그 다음이 온조다. 그녀는 우태가 죽자 졸본에서 홀로 살았다. 뒤에 주몽이 부여에서 용납되지 못해 前漢 建昭 2년(기원전 37) 봄 2월에 남쪽으로 탈출해 졸본에 이르러 도읍을 세우고 국호를 '고구려'라고 했으며, 소서노를 맞이해 왕비로 삼았다. 나라의 기틀을 열어 왕조를 창건하는 데에 자못 내조가 있었으므로 주몽이 그녀를 총애함이 특히 두터웠고, 비류 등을 대하는 것도 자기 아들인양 하였다. 주몽이 부여에 있을 때 낳은 禮氏의 아들 孺留가 찾아오게 되자 그를 태자로 세우더니, 유류가 왕위를 잇기에 이르렀다. 이에 비류는 아우 온조에게 이르기를 '처음에 대왕께서 부여에서의 환란을 피해 도망하여 이 곳까지 왔을 때 우리 어머니가 집안의 재물을 쏟아 부어 나라의 창업을 도와 이루었으니, 어머니의 수고로움과 공로가 많았던 것이다. 그런데 대왕께서 세상을 뜨시자 국가가 유류에게 돌아가니, 우리들이 공연히 여기 있으면서 군더더기 혹처럼 암울하고 답답하게 지내느니보다는 차라리 어머니를 모시고 남쪽으로 가서 땅을 점쳐 따로 나라의 도읍을 세우는 것이 나으리라'라고 하였다. 마침내 아우와 함께 동류의 무리들을 거느리고 浿水와 帶水를 건너 미추홀에 와서 살았다" 그런데 『北史』와 『隋書』에는 모두 이르기를 "東明의 후손에 仇台라는 이가 있었는데 매우 어질고 신실했으며, 처음으로 帶方의 옛 땅에 나라를 세웠다. 한의 遼東太守 公孫度가 자기 딸을 그의 처로 삼아주었다. 그 뒤 마침내 동이 가운데 강국이 되었다"라고 하였다. 어느 것이 옳은지 알 수가 없다.

요컨대 백제본기 집필자는 백제 건국 주체에 대해 이른바 '시조온조설'에 입각해 본문을 구성한 뒤, '시조비류설'과 '시조구태설'을 분주에 열거하면서, 끝내 어느 것이 옳은지 알 수 없다고 하였다. 물론 이후 백제본기 자체는 '시조온조설'에 충실한 계보로 정리하였다. 한편 '시조구태설'은 중국 사서의 견해인 반면,[15] '시조비류설'은 또 다른 계통의 국내 전승이었다. 즉 제사지에는 백제의 제사 관련 정보를 취합 정리하면서 백제의 시조에 대해 중국 측 견해와 국내 고유 전승을 비교하고 있거니와, '시조비류설'은 '시조온조설'과 함께 『해동고기』의 정보임을 밝혀 두었다.

> 『책부원귀』에는 이르기를 "백제는 매년 네 계절의 가운데 달에 왕이 하늘과 五帝의 신에 제사를 지내며, 그 나라 시조 仇台의 묘당을 수도에 세우고 일 년에 네 차례 제사를 지낸다"라고 하였다.〔『海東古記』에는 혹은 '시조 東明'이라 하고, 혹은 '시조 優台'라고 했으며, 『북사』와 『수서』에는 모두 "동명의 뒤에 仇台라는 이가 있어 帶方에 나라를 세웠다"라고 했는데, 여기서는 '시조 구태'라고 하였다. 그러나 동명이 시조인 것은 사적이 명백하므로 그밖의 것들은 믿을 수 없다.〕 (『삼국사기』 32 祭祀志)

이처럼 『책부원귀』의 정보는[16] 『북사』 및 『수서』와 동궤에 있거니와, 제사지 찬자는 결국 『해동고기』의 견해를 따르고 있다. 『해동고기』에는 백제의 시조를 동명이라 하였고, 혹은 우태라고도 했다 한다. 이것은 백제본기의 시조 관련 본문 정보와 그에 대한 분주 정보를 포괄하는 것이다. 다만 『해동고기』로 지목된 원래 자료에도 『삼국사기』와 같이 본문의 시조온조설에 대해 시조비류설이 분주 형식으로 함께 저

---

15) 『北史』 94, 列傳82 百濟: "東明之後有仇台 篤於仁信 始立國於帶方故地 漢遼東太守公孫度 以女妻之 遂爲東夷强國 初以百家濟 因號百濟"; 『隋書』 81, 列傳46 百濟: "東明之後有仇台者 篤於仁信 始立國于帶方故地 漢遼東太守公孫度 以女妻之 漸以昌盛 爲東夷强國 初以百家濟 海 因號百濟".
16) 『冊府元龜』 959, 外臣部 土風1 百濟國.

록되었는지, 혹은 두 설은 별개의 자료에서 유래되었던 것인지는 얼른 단정하기 어렵다. 그러나 『고기』로 지칭되는 자료가 단일한 것이 아니었다는 점과, '해동'이라는 표현은 전적으로 중국에 대응하는 관형어이었음을 고려하여, 별도의 자료에 각각 시조온조설(주몽 즉 동명)과 시조비류설(우태)이 채택되었던 것으로 이해하는 것이 온당할 것이다.

여하튼 제사지 찬자의 판단 근거는 "동명이 시조인 것은 사적이 명백하므로 그밖에 것들은 믿을 수 없다"는 것이었다. 그가 이른 바의 '명백한 사적'이란 백제본기의 흐름과 다르지 않았을 것이다. 아울러 그가 『해동고기』를 기준삼아 『책부원귀』와 『북사』 및 『수서』 정보를 부정한 것은 고구려본기 찬자가 태조왕의 졸년과 관련하여 『후한서』와 『자치통감』의 정보를 부정한 근거로 『해동고기』를 선택한 사례를 환기시킨다. 즉 고구려본기와 제사지 집필자의 『해동고기』에 대한 신뢰는 절대적이었다. 한편 제사지 찬자가 『해동고기』라는 표제로 인용하고 있는 동일 내용이 백제본기에서는 여하한 전거 제시도 없이 본문과 분주 형태로 서술되고 있다. 이는 전거가 드러나지 않은 『삼국사기』 본문 내용 가운데 상당 부분이 『고기』류에 근거한 인용문이었을 가능성을 높여주는 동시에, 각 편목별 집필자의 고유 자료를 다루는 태도의 차이를 지시하는 것이다. 더불어 제사지의 경우 『해동고기』의 시조동명(온조)설 외의 것은 모두 부정하고 있음에 반하여, 백제본기 찬자는 시조구태설까지를 포함하여 어느 것이 옳은지 판단을 보류하였다. 물론 시조온조설이 본문의 기본적 구성 기초이므로 은연중 백제본기 편자의 편향적 이해는 드러난 셈이지만, 제사지 편자의 단정적 이해와는 사뭇 다른 분위기라 하겠다. 이 점도 편목별 집필자의 층차를 감지하게 하는 대목이다.

사실 대립형 단순분주야말로 동일 대상에 대한 이종의 전거를 지시하는 가장 적극적 사례라는 점을 다시 유념하고자 한다. 본문 정보와 분주 정보가 직접 대립한다는 것은 전혀 다른 계통의 복수 원전 현황을 반영하는 것이기 때문이다. 분주 9번 역시 비유왕의 출자 관련 대립형 분주이다. 본문은 비유왕이 구이신왕의 맏아들이라고 한 데 대해 분주는 "혹은 전지왕의 서자라고도 하니, 어느 것이 옳은지 알 수 없다"라고 했다. 만약, 구이신왕은 전지왕의 아들로서 즉위시 나이가 어렸기 때문에 木滿致가 국정을 장악했다고 한 『일본서기』의 견해를 수긍하고,17) 또 구이신왕의 재위 기간이 8년에 불과한 점을 감안한다면, 비유왕이 구이신왕의 아들이라기보다는 전지왕의 서자라는 분주의 견해가 설득력이 높아 보인다. 물론 백제본기의 문면만으로는 분주자의 주저함처럼 어느 것이 옳은지 판단할 토대가 없다. 왕력 역시 본문의 정보만을 소개하고 분주의 이견에 대해서는 아예 언급조차 하지 않았다. 요컨대 주저하는 분주자 앞에는 서로 대립하되 그 진위를 판별할 바가 없는 두 가지 출자 정보 자료가 있었던 것이다.

왕력이 출자 관련 분주에 대해 전혀 고려하지 않은 것은 법왕 관련 22번 분주에서도 다르지 않다. 본문은 법왕 宣을 혜왕의 아들이라 한 반면, 분주에서는 "『수서』에는 宣을 昌王의 아들이라고 하였다" 한다. 창왕은 위덕왕을 이른다. 이에 대해 왕력은 오직 '혜왕의 아들'이라 했을 뿐 분주의 정보를 언급하지 않았다. 그런데 백제본기의 분주자 또한 『수서』의 정보18)에 대한 판단을 포기하였다. 일단 『수서』는 필시 혜왕이 채 1년도 왕위에 있지 못하고 단명했기 때문에 그의 존재를 인지하지 못했던 것으로 판단한다.19) 『북사』에서 "餘昌死 子餘璋立"이라고 하여 혜왕과 법왕을 모두 결락시킨 것 역시 그들의 단명 때문이라고 보아야 할 것이다. 그러나 분주자는 역시 판정을 주저하기

---

17) 『日本書紀』 10, 應神紀 25년: "百濟直支王薨 卽子久爾辛立爲王 王幼年 大倭木滿致執國政".
18) 『隋書』 81, 列傳46 百濟: "昌死 子餘宣立".
19) 李丙燾, 1977, 『國譯 三國史記』(乙酉文化社), 413쪽.

나 방기하였다. 분주의 구조에서 보면 본문은 국내 고유 왕계인 반면 분주의 이설은 『수서』를 근거로 하고 있다. 따라서 분주자의 미온적 태도는 신라본기 등에서 왕의 졸년을 비롯한 사안들을 둘러싸고 국내 고유 자료와 중국 사서의 정보가 충돌할 때 예외 없이 중국 측 정보의 오류를 지적했던 정황과 사뭇 다른 것이다.

대립형 단순분주의 남은 하나는 12번 분주인데, 백제인 木劦滿致와 祖彌桀取에 대해 "木劦과 祖彌는 모두 두 자 성인데 『수서』에는 木과 劦을 두 가지 성으로 했으니, 어느 것이 옳은지 알 수 없다"는 것이었다. 분주자는 『수서』의 이른바 '大姓八族'을 염두에 두고 있다.[20] 분주자가 제기한 문제는 아마 뒤에 複姓이 單姓化될 때 가문의 분지화에 의해 木氏와 劦氏로 나뉜 것으로 생각한다.[21] 그러나 여하튼 분주자는 판단을 보류했다. 더구나 '木劦과 祖彌는 모두 두 자 성'이라고 한 것은 분주 13에서 백제인으로서 고구려 군에 가담해 있던 再曾桀婁와 古尒萬年에 대해 "再曾과 古尒는 모두 두 자 성이다"라고 한 바와 동일한 형태의 보족형 고증분주에 해당한다. 따라서 그와 같은 고증을 가하면서도 『수서』의 정보를 들어 판정을 회피하여 결국 대립형 분주로 환원시키고 만 것은, 이종의 자료를 다루는 전문 수사가로서의 균형을 상실한 태도로 비쳐지는 것이다.

이 점을 숙고할 때 백제본기 분주자는 혹시 『수서』의 자료 비중을 지나치게 의식한 것은 아닌가 하는 혐의를 갖게 된다. 우선 대립형 단순분주 가운데 2·12·22번 등 세 항목이 『수서』를 들어 판단을 보류한 경우들이다. 한편 비유왕의 출자를 언급한 분주 9번은 분주의 전거가 밝혀져 있지 않지만, 아마 그를 위해 동원된 전거에는 구이신왕의 존

---

20) 『隋書』 81, 列傳46 百濟: "國中大姓有八族 沙氏·燕氏·劦氏·解氏·貞氏·國氏·木氏·苗氏". 한편 『通典』 185, 東夷 百濟조에는 苗氏가 '首氏'로, 貞氏가 '眞氏'로 되어 있다.
21) 鄭求福 외, 1997, 『譯註 三國史記』 3 주석편(상)(韓國精神文化硏究院), 683쪽 ; 李弘稙, 1971, 「百濟人名考」(『韓國古代史의 硏究』, 新丘文化社) 참조.

재가 간과되어 있었을 것임에 틀림없다. 즉 백제본기의 인식에 따르면 전지왕의 맏아들이 구이신왕이고, 구이신왕의 맏아들이 비유왕이지만, 분주는 비유왕을 곧 전지왕의 아들로 설정하고 있었다. 그런데 중국의 『송서』와 『남사』에도 구이신왕의 존재는 간과되었다. 다시 말해 少帝 景平 2년(424)은 백제본기 왕대력으로는 구이신왕 5년이거니와, 그들 자료에는 이 때 사신을 파견한 백제왕을 '映', 그러니까 전지왕으로 기록하고 있는 것이다.[22] 게다가 분주 1번의 대상 내용 역시 크게 보아 백제 건국 시조의 출자 관련 사항이므로 건국의 추이 서술이 마무리되는 지점에 자리한 분주 2에 포괄될 성격의 것이라고 할 수 있는바, 그렇다면 백제본기의 모든 대립형 단순분주에는 중국 사서가 자료 사이에 대립의 한 축을 감당하고 있는 셈이다. 이러한 일련의 정황을 미루어 백제본기 찬자 혹은 그 분주자는 『수서』 등 중국 사서의 백제왕 관련 정보에 필요 이상의 배려를 한 듯한 의혹을 불러일으키기에 충분한 것이다. 신라본기나 고구려본기 분주에서 드러난 분주자의 자료 취급 태도와 판이한 이 특징을 깊이 유념하여 두고자 한다.

3. 고증분주의 인식

1) 보족형 고증분주

보족형 고증분주(O)는 모두 5개로 분류되었으나, 그 가운데 두 개(27·28)는 백제 멸망 이후 백제사에 대한 총론적 위상의 사론에 있는 것

---

[22] 『宋書』 97, 列傳57 百濟國 및 『南史』 79, 列傳69 百濟.

일 뿐만 아니라 분주 대상 내용 역시 백제사의 영역이 아니다. 남은 세 항목은 중국의 책봉 관련 사건과 백제의 複姓에 대한 설명, 그리고 지명 관련 분주이다.

우선 13번 '再曾'과 '古尒'를 복성으로 설명한 것은 전형적인 고증분주이다. 분주 12번 역시『수서』를 들어 문제 제기를 덧붙이지 않았다면 그 또한 보족형 고증분주가 될 것이라는 점은 이미 말한 바와 같다. 나아가 만약 12번 분주자가 자신의 보족 설명과『수서』의 정보를 제시한 다음 "『수서』가 잘못이다"라고 논증했다면, 그것은 선택형 고증분주로 분류되었을 것이다. 이처럼 보족형 고증분주란 분주 대상이 되고 있는 본문 정보를 긍정적으로 보족하는 역할을 하는 것이다. 예컨대 13번 분주에서 독자는 '再曾'과 '古尒'가 백제의 두 자 형태 성씨임을 이해하게 된다. 실제 백제 당대 자료 가운데는 부여에서 발견된「砂宅智積碑」의 '砂宅氏'라거나 백제 유민이 조성한 것으로 보이는「癸酉銘三尊千佛碑像」의 '眞牟氏'가 확인되기도 한다. 다만 고구려본기에서는 예컨대 '明臨氏'와 같은 경우 복성의 보족 설명이 배려되지 않았으며, 백제본기에서도 의자왕 말년조의 黑齒常之와 沙吒相如에 대해 보충분주가 없다는 것은 고구려본기와 백제본기 분주자가 달랐을 가능성과 함께 백제 멸망 과정을 서술한 전거 역시 백제본기의 주요 전거와 구분되는 별개 자료 형태로 확보되어 있었을 가능성을 암시하는 대목이라고 생각해 본다.

10번은 "宋의 文皇帝가 (비유)왕이 다시 조공을 바르게 닦는다 하여 사신을 보내 冊文으로 선왕 暎의 작위와 칭호를 주었다" 한 본문에 대해 "전지왕 12년에 동진에서 왕을 책명하여 使持節都督百濟諸軍事鎭東將軍百濟王으로 삼았다"라고 한 분주이다. 비유왕에 대한 송조의 조치는『송서』에서 확인되며, 본문에서 지시한 '선왕 暎'의 작호를 구체적으로 제시하여 보족하는 역할을 하고 있는 분주의 내용도 마찬가지이다.23) 유의할 사항은『송서』정보에는 전지왕에 대한 책봉 주체로서의 '東晋 安帝'가 드러나 있지 않았으므로, 분주의 근거는 필시 백제본기 전지왕 12년조의 내용이었으리라는 점이다.24) 따라서 같은 백제본기 내의 다른 편년 기사가 분주 근거가 된 셈이다. 이것은 마치 신라본기⑦ 文武王 14년(674) "(9월) 安勝을 報德王으로 봉했다"라는 본문 기사에 대해, "10년에 安勝을 高句麗王으로 봉했는데 지금 다시 봉한 것이다. '報德'이라는 말이 '歸命'과 같은 것인지, 아니면 지명인지 알 수 없다"라고 한 분주와 유사한 정황이라고 하겠다. 즉 신라본기 분주의 지적은 신라본기⑥ 문무왕 10년 7월 "沙湌 須彌山을 보내 安勝을 高句麗王으로 봉했다. 그 冊文에 이르기를…"라고 한 기사를 고려한 것이다. 요컨대 백제본기의 전지왕과 비유왕의 책봉 기사 자체는 중국 측 사서 정보에 의거한 것인데, 분주자는 굳이 같은 백제본기의 다른 편년 기사를 들어 이를 보충 설명하고 있었으므로, 본문 작성자와 분주자를 문득 동일시하기는 어렵다고 생각한다.

유사한 다른 예로는 신라본기 진성왕 즉위년조의 분주가 있다. 분주자는 우선 최치원의 「謝追贈表」를 인용하여 경문왕의 이름은 '凝'이며, 진성왕의 이름은 '坦'이라는 것을 확인하고, 이어「納旌節表」를 인용하여 헌강왕 晸은 광계 3년 7월 5일에 죽었고 그를 계승한 정강왕 晃은 '未經朞月' 즉 1년을 넘기지 못하고 죽었음을 확인하였다. 그런데 '本紀'에는 경문왕의 이름을 '膺廉'이라 하고 진성왕의 이름을 '曼'이라고 했으며, 정강왕은 광계 3년에 죽었는데 '本紀'에는 2년에 죽었다고 하니 어떤 것이 옳은지 모르겠다는 것이다. 크게 보면『최치원문집』의

---

23)『宋書』97, 列傳57 百濟國: "義熙十二年(416) 以百濟王餘映爲使持節都督百濟諸軍事鎭東將軍百濟王 高祖踐祚 進號鎭東大將軍 少帝景平二年(424) 映遣長史張威 詣闕朝貢 元嘉 … 七年(430) 百濟王餘毗 復修貢職 以映爵號授之".
24)『三國史記』, 百濟本紀 腆支王: "十二年 東晉安帝遣使 冊命王 爲使持節都督百濟諸軍事鎭東將軍百濟王".

정보와 '本紀'의 정보가 다르다는 논지이다. 문제는 최치원의 글과 다른 정보를 가지고 있는 '本紀'의 실체이다. 우선 경문왕의 이름을 '膺廉'이라 하고 진성왕의 이름을 '曼'이라고 한 '本紀'에 대해서 말하자면, 『삼국사기』 신라본기의 내용이 실제 그렇게 되어 있으므로, 이 '本紀'가 『삼국사기』 신라본기가 아닌 다른 것이라고 하기 위해서는 또 다른 근거가 제시되어야 할 것이다. '本紀'의 남은 한 가지 문제인 정강왕이 '2년에 죽었다'는 대목 역시 정강왕이 재위 2년째 7월 5일에 죽었다고 한 신라본기 기사를 가리킨 것일 뿐이다.25)

이처럼 『삼국사기』에는 같은 본기 내의 다른 편년 기사가 분주의 근거가 된 사례들을 종종 발견한다. 그러한 경우에서, 해당 분주가 관련 본문을 직접 집필한 자의 '自註'가 아니라 본문 서술이 완료된 후에 첨입된 일종의 제한된 의미의 '後註'일 가능성을 엿보게 된다. 그러한 맥락의 '후주'란 "관련 사항을 다룬 본문 작성자가 아닌 사람이, 관련된 본문 서술이 완료된 이후 시점에서, 본문 작성자가 의존한 자료 외의 전거를 동원하여 그 차이점을 논의한 것"들을 이른다. 실제 고려시대에 편찬된 『대각국사문집』·『삼국유사』·『해동고승전』 등에서도 후주의 존재는 검증되고 있다. 따라서 『수서』에 근거한 전지왕과 비유왕의 책봉 기사에 분주하면서 백제본기 자체의 편년 기사를 이용한 사례 역시 후주의 범주에서 음미할 여지가 적지 않다고 판단한다.

17번 분주에서도 유사한 혐의를 발견할 수 있다. 동성왕 20년(498)의 탐라 원정 시도 전말을 전하는 본문에 대해 분주자는 "耽羅는 곧 耽牟羅이다"라고 보족하였다. 그러나 '耽羅(國)'은 그에 앞서 이미 문주왕 2년(476)조에 언급되었다. 즉 "4월에 탐라국이 방물을 바쳤다. 왕이 기뻐하여 그 사신을 은솔로 임명했다"라고 했다. 한편 신라본기에서는 오직 '탐라(국)'의 표기만 적용되었다.26) 반면 정작 '耽牟羅(國)'의

---

25) 본서 2부 4장 참조.

표기를 적용한 용례는 위덕왕 36년(589)에 비로소 보인다. 따라서 분주 17번은 그 위치와 내용에서 모두 『삼국사기』에 있는 고유명사 관련 분주의 일반적 경향을 일탈해 있는 것이다. 즉 만약 탐라라는 지명에 대한 설명 분주라면 그 위치는 탐라의 용례가 가장 먼저 나오는 문주왕 2년조에 자리해야 마땅하다. 또한 신라본기에 탐라 관련 분주가 없는 동시에 탐모라의 용례가 없다는 것은 이 분주가 백제본기만의 문제임을 암시하는 한편, 탐라와 탐모라의 관계에 대한 설명은 오히려 탐모라가 적용된 위덕왕대의 본문에 대해 "耽牟羅는 곧 耽羅이다"의 형태로 역방향 분주가 자리해야 자연스럽다.

이와 같은 탈맥락적 현황을 설명할 수 있는 방식은 두 가지이다. 하나는 탐라가 처음 나오는 백제본기3의 집필자와 탐라에 대한 분주가 등장하는 백제본기4의 집필자가 달랐을 가능성이다. 다른 하나는 탐라에 대해 분주를 부기한 주체가 백제본기 본문 집필자가 아닌, 따라서 이 분주가 제한된 의미의 후주일 가능성이다. 두 가지 가능성 가운데 어느 하나의 설명 방식에 동의할 수 있는 분명한 기준은 마땅치 않다. 다만 유일하게 탐모라를 적용한 위덕왕대의 기사는 전적으로 『수서』의 관련 정보를 전재한 것이라는 사실을 주목하고자 한다.[27] 다시 말해 『수서』의 원문을 존중한 백제본기5의 본문 집필자는 탐모라에 대한 국내 자료 표기 용례를 분주하지 않았던 반면, 동성왕 20년조의 탐라에 분주한 이는 『수서』의 기록을 염두에 두었다고 할 수 있겠다. 그러나 문주왕 2년의 탐라 교섭 기사를 작성한 이는 분주를 시도하지 않았다. 이러한 착종은 백제본기 분권별 집필자의 차이에서 유래되었거나 분주 자체의 후주적 성격에서 말미암았을 것으로 추측

---

26) 『三國史記』, 新羅本紀 文武王 2년(662)·5년·19년.
27) 『隋書』 81, 列傳46 百濟: "平陳之歲 有一戰船 漂至海東耽牟羅國 其船得還 經于百濟 昌資送之甚厚 幷遣使奉表 賀平陳…"; 『三國史記』, 百濟本紀5 威德王 36년: "隋平陳 有一戰船 漂至耽牟羅國 其船得還 經于國界 王資送之甚厚 幷遣使奉表 賀平陳…".

한다. 위에서 언급한 신라본기 진성왕 즉위년의 분주 역시 거론한 내용 가운데 경문왕의 휘와 정강왕의 졸년에 관한 사항은 진성왕 즉위년 조가 아니라 마땅히 각각 해당 왕의 즉위기 및 졸년 기사에 부수되었어야 한다는 점에서 후주적 위상에 핍진하다고 판단되었던 것이다.

분주 27번과 28번은 백제본기 서술이 종결된 이후에 자리한 사론 가운데 있는 것인데, 각각 신라 왕실과 고구려 왕실의 출자에 대한 내용이다. 따라서 이들은 엄밀히 말해 백제 사료와 관련이 없다. 해당 사론은 다음과 같다.

> 편찬자는 논평하여 말한다. 신라의 옛 사적에는 하늘이 금궤를 내렸으므로 성을 김씨라고 했다 하는데, 그 말은 괴이하여 믿을 수가 없다. 그러나 내가 역사를 수찬함에 있어 그 전한 바가 오래인지라 그 말을 깎아 없애지 못했다. 그런데 또 한편 들으니 신라 사람들은 자기들이 小昊 金天氏의 후예인지라 성을 김씨라고 했다 한다.〔이것은 신라의 國子博士 薛因宣이 지은 「金庾信碑」 및 朴居勿이 짓고 姚克一이 글씨를 쓴 「三郎寺碑文」에 보인다.〕 고구려 역시 高辛氏의 후예라 성을 고씨라고 했다 한다.〔이것은 『晉書』 載記에 보인다.〕 古史에도 이르기를 "백제와 고구려는 다같이 부여에서 나왔다" 하고 또 "진·한 시대의 난리 때 중국인이 많이 해동으로 왔다"고도 한다. 그러하니 삼국의 선조는 옛 성인의 후예일 것인바, 그들이 나라를 향유한 것은 그 얼마나 장구했던가! 백제는 말기에 이르러 행동하는 바가 많이 도리에 어긋나고, 또 대대로 신라와 원수가 되어 고구려와 함께 화통해서 침공했으며, 유리한 기회만 있으면 신라의 중요한 성과 큰 진들을 베어가고 빼앗아 가기를 마지않았으니, 이른바 '어진 이와 친하고 이웃 나라와 잘 지내는 것이 나라의 보배'라는 말과는 달랐다. 이에 당의 천자가 거듭 조서를 내려 그 원한을 풀도록 했으나, 겉으로는 따르는 체 하면서도 속으로는 어기어 대국에 죄를 지었던 것이니, 그들의 패망 역시 당연한 일이다.

분주의 역할은 신라와 고구려 왕실의 중국계 출자설에 대한 근거 자료의 제시에 있다. 우선 사론에서 소개한 '신라 사람들'의 인식은 김유신전(상)에도 "신라 사람들은 자기들이 少昊 金天氏의 후예인지라 성을 김씨라고 했다 하는데, 「庾信碑」에도 역시 '軒轅의 후예요 少昊의 자손'이라 했으니, 南加耶의 시조 수로와 신라의 왕실은 성씨가 같은 셈이다"라고 하여 완연한 동문의 구조를 확인하게 된다. 이러한 당대 인식은 「金仁問碑」에서도 발견된다.[28] 헌원은 고대 중국의 神農氏를 이어 제위에 오른 黃帝의 이름이며, 소호 금천씨는 황제의 맏아들이다.[29] 이러한 이해는 신라의 왕실과 가야계 김씨의 동원 의식이 고조되던 중대의 분위기를 반영하는 것이지만, 하대에 와서도 현실의 물리력에서 발해에 대해 상대적인 쇠락을 면치 못하던 신라 지식인들의 관념적 우월감을 충족시켜 주는 근거로 널리 회자되었을 것이라고 생각한다. 「삼랑사비문」 역시 세 명의 화랑 관련 내용으로 추정되는바, 이를 제작한 박거물과 요극일은 「皇龍寺九層木塔刹柱本記」를 짓고 쓴 장본인이기도 하여 하대 경문왕가의 상대 전통 지향에[30] 부응하고 있는 측면을 주의하고자 한다.

한편 분주 28번은 고구려 왕실의 성씨 유래를 高辛氏와의 혈연에서 찾고 있는 견해를 소개하면서 그 근거로 『진서』 재기를 지시한 것이다. 그러나 지시된 『진서』 재기 기록은 "慕容雲은 자가 子雨인데, 慕容寶의 양자이다. 그의 조부 高和는 고구려 왕실에서 갈려 나온 혈족인데, 스스로 이르기를 高陽氏의 후예이므로 고씨라고 했다 한다"[31]라고 하여, 고구려 왕실의 출자를 '고신씨'가 아니라 '고양씨'의 후예라고 하였다. 모용운은 후연의 제2대 왕 모용보의 양자가 된 고구려인

---

28) 韓國古代社會研究所 編. 1992. 「金仁問碑」(『譯註韓國古代金石文』 제2권. 駕洛國史蹟開發研究院). 136쪽.
29) 『史記』, 五帝本紀 및 『資治通鑑外紀』, 夏商紀.
30) 全基雄. 1996. 「新羅 政治社會의 動搖와 六頭品知識人」(『羅末麗初의 政治社會와 文人知識層』, 혜안).
31) 『晋書』 124. 載記24 慕容雲.

으로서, 4대 왕 慕容熙가 살해된 뒤 馮跋에 추대되어 天王의 지위에 오르자, 성을 고씨로 회복하고 국호를 大燕이라고 하여 407년부터 409년까지 재위한 인물이다. 더구나 이와 같은 견해는 고구려본기에도 인용되어 있는 것을 주목한다. 즉 광개토왕은 그에게 사신을 보내 '종족의 예'를 차렸거니와, 찬자는 그러한 연원을 설명하기 위해 『진서』의 기록을 이끌었던 것이다.[32] 그러므로 본 분주를 작성한 사람은 고구려본기의 '고양씨', 그리고 그 근거가 되었을 『진서』의 '고양씨'를 염두에 둔 것이라고 보아야겠으나, 정작 사론 작성자는 '고신씨'를 고구려 왕실의 족원으로 언급하였다. 주지하듯이 고양씨는 중국 상고시대 제왕으로 알려진 黃帝의 둘째 아들 昌意의 아들로서, 황제를 이어 즉위한 顓頊을 말한다. 반면에 고신씨는 황제의 큰 아들 玄囂의 손자로, 顓頊을 이어 즉위한 帝嚳을 이른다.[33] 만약 사론 분주자가 곧 사론 작성자라면 이러한 차이는 납득하기 힘들다. 따라서 이러한 정황은 일단 사론 작성자와 분주 작성자를 동일시하기 어렵게 만드는 조건이 된다.

이와 관련하여 『삼국사기』의 사론 31개 가운데 분주가 달린 경우는 문제가 되고 있는 이 사론이 유일하다는 점도 환기할 만하다. 따라서 고구려 왕실의 출자를 고신씨에 연결한 사론의 일탈된 기재를 '撰者의 改筆'로[34] 치부하기보다는, 오히려 분주 작성자를 사론 찬자와 분별하여 이미 설명한 방식처럼 '후주'의 맥락에서 이해하는 편이 타당할 듯하다. 또한 백제 왕실의 출자를 언급한 근거 자료 '古史'의 실체는 불명한 채로나마 백제본기 시조 온조왕 즉위전 기사에 "백제 왕실의 世系는 고구려와 더불어 부여에서 나왔기 때문에 성씨를 부여라고 하였다"라고 한 것이나 魏에 보낸 개로왕의 표문을 염두에 둔

---

32) 『三國史記』, 高句麗本紀6 廣開土王 17년 3월.
33) 『史記』, 五帝本紀.
34) 鄭求福 외, 1997, 앞 책 『譯註 三國史記』 3, 793쪽.

다면,35) 사론 작성자는 삼국의 왕실 출자를 모두 중국에서 구하고 있으며 그 근거로 중국의 자료를 중시하고 있는 셈이다. 그는 삼국 왕실의 출자를 순서대로 언급한 다음 "'진·한 시대의 난리 때 중국인이 많이 해동으로 왔다'고도 한다"는 말로 동일한 맥락에서 삼국을 포괄하는 마무리에 가름하였다.36)

사실 이 사론을 작성한 사람은 일견 여타 사론들과 마찬가지로 김부식으로 보아 이견이 없을 줄로 안다. 몇 가지 방증을 제시하면 다음과 같다. 우선 김씨 시조의 천강설화에 대해 사론 작성자는 "그 말은 괴이하여 믿을 수가 없다. 그러나 내가 역사를 수찬함에 있어 그 전한 바가 오래인지라 그 말을 깎아 없애지 못하였다"라고 했는데, 이것은 신라본기 경순왕 말년조의 사론에서 "신라의 박씨와 석씨는 모두 알에서 태어났으며, 김씨는 하늘로부터 금궤에 든 채로 내려왔다거나 혹은 금수레를 타고 왔다고 하거니와, 이는 더욱 괴이하여 믿을 수 없지만 세속에서 서로 전해와 사실처럼 되고 말았다"라고 한 대목과 같은 논변이다. 다시 말해 그와 같은 태도는 악지에서 『고기』를 인용하여 萬波息笛의 유래담을 소개한 끝에 "비록 이와 같은 말이 있기는 하나 괴이쩍어 믿을 수 없다"는 고백과 다르지 않은 것으로서, 지극히 현세주의적 사고에 충실한 김부식의 사유를 대변한다고 보아 좋겠다.

또한 멸망기 백제의 행태를 지적한 다음 "이른바 '어진 이와 친하고 이웃 나라와 잘 지내는 것이 나라의 보배'라는 말과는 달랐다"라고 한 평가 역시, 신라본기 경명왕조의 사론에서 "『맹자』에 이르기를 '제후의 보배가 셋이니 토지와 인민과 정사'라 하였고, 『楚書』에도 이르

---

35) 『魏書』 100. 列傳88 百濟.
36) 아마 그는 『三國志』 東夷傳에 "辰韓在馬韓之東 其耆老傳世 自言古之亡人避秦役來適韓國 馬韓割其東界地與之 有城柵 其言語不與馬韓同 名國爲邦 弓爲弧 賊爲寇 行酒爲行觴 相呼皆爲徒 有似秦人 非但燕·齊之名物也 名樂浪人爲阿殘 東方人名我爲阿 謂樂浪人本其殘餘人 今有名之爲秦韓者"와 같은 기록을 염두에 둔 것이라고 생각한다.

되 '초나라에는 보물로 삼을 것이 없으나 오직 착함을 보물로 여긴 다'라고 하였다"37)라는 문의와 여일한 것이다. 특히 사론 작성자가 이른 바의 '어진 이와 친하고 이웃 나라와 잘 지내는 것이 나라의 보배'라는 말은 그 연원을 거슬러 올라가면 『左傳』에 닿는 것이지만,38) 사론 작성 주체를 유념하는 맥락에서는 前秦의 王猛(325~375)을 먼저 주목해야 옳을 것이다. 고구려 고국원왕의 을파소 등용과 그에 대한 결연한 신임에 대해 극찬한 사론 찬자는 그와 유사한 예증을 망라하면서 殷의 高宗과 傅說, 蜀의 先主와 孔明, 그리고 秦 苻堅과 王猛의 관계를 들었거니와, 특히 왕맹은 임종시에 부견에게 '어진 이와 친하고 이웃 나라와 우호하는 것이 나라의 보배'라고 하면서 자기가 죽은 뒤 晋을 도모하지 말 것을 부탁했으나, 부견은 그의 유언을 등지고 진을 토벌하다가 대패했던 것이다.39) 즉 고구려본기와 백제본기, 그리고 신라본기의 사론 작성자는 동일인이었다.

 이처럼 백제본기 말미의 사론이 김부식의 그것임이 틀림없다고 할 때, 그에 부기된 분주 작성자는 사론 찬자 즉 김부식이 아닐 가능성이 매우 높다고 생각한다. 또한 고구려 왕실을 고양씨의 후예로 설정한 고구려본기 광개토왕조에서는 전거를 밝히지 않았으나 그 또한 『진서』에 근거했을 것인바, 고구려본기와 사론의 인식 차이를 유념한다면 적어도 동일 작성자가 이처럼 서로 다른 전거 표기 방식을 취한다거나 같은 전거에 입각하면서 서로 다른 인명으로 기재하지는 않았을 것이다.

 덧붙여 27번 분주의 근거 자료로 제시된 「김유신비」와 「삼랑사비」

---

37) 『孟子』, 盡心 下 및 『禮記』, 大學 10장 釋治國平天下조에서 인용한 말들이다.
38) 『左傳』隱公 6년 5월 경신조에서 陳의 五父가 한 말을 인용한 것이다. 陳의 군주는 鄭의 화친 요구를 거절하고, 五父의 이와 같은 충고마저 물리치더니, 이 때 와서 정의 침공을 받아 크게 패했다는 것이다.
39) 『晉書』 114, 載記14 王猛傳.

등은 『삼국사기』 편찬 당대에 용이하게 확인 가능했을 것인바, 유독 특별히 이의 존재를 언급한 분주자의 관심 또한 사론 본문을 작성한 주체에 부합하지 않는다고 생각한다. 따라서 분주 27·28번 작성자는 고구려본기 및 사론 작성자와는 다른 사람으로 파악되며, 나아가 사론에 위치한 이 분주들은 후주일 가능성이 매우 높다고 판단한다. 이러한 추론은 『삼국사기』에서 추정된 종종의 후주적 존재가 사론에서도 검증된 사례로서, 주목해 두고자 한다.

2) 선택형 고증분주

백제본기의 선택형 고증분주(◎)는 오직 하나로 드러났다. 분주 18번이 그것으로, 동성왕의 죽음에 붙인 분주의 내용은 백제의 왕 가운데 과연 '牟都'라는 실체를 인정할 수 있느냐의 문제였다.

『책부원귀』에 이르기를 "南齊 建元 2년(480)에 백제왕 牟都가 사신을 보내 공물을 바쳤다. 이에 조서를 내려 말하기를 '하늘의 명령을 새로이 받게 되매 그 혜택이 머나먼 곳까지 미치는도다. 모도는 대대로 동쪽 바깥의 藩臣으로서 멀리 외지에서 자기 직분을 지키고 있으니, 이제 使持節都督百濟諸軍事鎭東大將軍을 수여한다'라고 하였다. 또 永明 8년(490)에 백제왕 牟大가 사신을 보내 표문을 올렸다. 이에 謁者僕射 孫副를 보내 모대를 책명해 그의 죽은 조부 모도의 관작을 계승하게 하고 백제왕으로 삼으면서 말하기를 '아! 그대는 대대로 충성과 근면을 이어받아 그 정성이 머나먼 밖에서도 두드러지며 바닷길은 가지런히 맑아지고 긴요한 공물을 빠뜨리지 않으므로, 떳떳한 법전에 따라 영예스러운 책명을 잇게 하는 것이니 삼갈지어다. 아름다운 위업을 엄숙하게 이어받거늘 어찌 삼가지 않을 수 있으랴! 行都督百濟諸軍事鎭東大將軍百濟王을 삼노라'라고 했다"라는 기록이 있다. 그러나 『三韓古記』에는 모도가 왕이 되었던 일이 없고, 또 살펴

보면 모대는 개로왕의 손자 즉 개로의 둘째 아들 昆支의 아들이거니와 그의 할아버지가 모도라고 말하지는 않았으니, 『齊書』에 실린 바를 의심하지 않을 수 없다.

인용한 분주는 동성왕 '牟大'의 조부라고 하는 '牟都'의 실재 여부에 대한 논의이다. 『책부원귀』 내용은 外臣部 封冊조에서 가감없이 확인된다.[40] 『책부원귀』의 인식은 '480년의 백제왕 牟都'에 관한 것이므로, 『삼국사기』에 따를 경우 동성왕 2년의 사실이 된다. 그러나 백제본기에 동성왕은 '牟大'로서 문주왕의 아우 昆支의 아들이라 하였다. 또 그 가운데 '모도'와 '모대'를 조손 관계로 파악한 永明 8년조 내용은 본래 『남제서』에서 연유한 것이었다.[41] 『남제서』의 인식은 '490년의 백제왕 牟大'에 관한 것이므로, 백제본기를 따를 경우 동성왕 12년의 일이 된다. 그런데 『남제서』는 그의 조부가 '모도'라는 것이다. 한편 『양서』와 『남사』에는 두 사람이 父子로 나타난다.[42] 공교롭게도 백제와 남제 사이의 조공·책봉 관계 자료는 『삼국사기』와 『남제서』에 공통 기사로 확인되는 예가 없다.[43] 따라서 인용문의 말미에 "『제서』에 실린 바를 의심하지 않을 수 없다" 한 『제서』는 얼른 판단할 때 『책부원귀』의 오기일 것이며, 찬자가 『남제서』를 보았다고 단정할 수는 없다고 지적되기도 하였다.[44] 여하튼 분주를 단 사람의 주안점은 '모도'라는 인물이 중국 사서에 기록되어 전하고 있으나, 『삼한고기』에는 그런 왕이 없다는 것이다.

---

40) 『冊府元龜』 963, 外臣部 封冊1.
41) 『南齊書』 58, 列傳39.
42) 『梁書』 54, 列傳48 百濟 및 『南史』 79, 列傳69 百濟.
43) 坂元義種, 1978, 「『三國史記』百濟本紀の史料批判-中國王朝との交涉記事を中心に」(『百濟史の研究』, 塙書房), 22쪽.
44) 田中俊明, 1981, 「『南齊書』東夷傳の缺葉について」(『村上四男博士和歌山大學退官記念朝鮮史論文集』, 開明書店), 235~241쪽.

한편 동성왕 '모대'가 개로왕의 손자이며, 개로왕의 둘째 아들 곤지의 아들이라고 한 분주자의 판단은 백제본기 동성왕 즉위년조 기록, 즉 분주 16번의 대상 본문 인식과 일치한다. 실제 신라본기에 등장하는 '백제왕 모대'나 제사지에 보이는 '모대왕'은 모두 동성왕을 이르고 있다.45) 따라서 백제본기의 왕대력은 결과적으로『삼한고기』의 내용에 충실한 반면, 중국 사서가 전하는 바를 부정하고 있는 셈이다. 비록 '모도'가 백제 문주왕으로 추정된다 해도,46)『삼한고기』에 '모도'라는 왕명이 없다는 분주자의 의혹은 미처 설명될 수 없다. 즉 "『삼한고기』에는 모도가 왕이 되었던 일이 없다"라고 한 찬자의 표현에 따른다면, 역으로『삼한고기』에는 적어도 백제왕들에 관한 충분한 정보가 있었다고 보아야 하는 것이다. 다시 말해『삼국사기』편자가 중국의 제 사서에 있는 남제와 백제 사이의 외교 관계 기사를 전혀 취하지 않도록 단정적인 논리를 제공한 것은 바로『삼한고기』였다. 말하자면『삼국사기』에 있는 남제 관계 기사는 국내 전승 사료에서 취한 것이라고 생각되므로,『남제서』기록을 불신하는 기준이 되었던『삼한고기』의 내용 폭을 미루어 짐작할 수 있는 것이다.

『삼국사기』백제본기의 왕계가『삼한고기』에 충실한 것이었다고 한다면, 모대의 출자에 대한『삼한고기』의 인식은 아래와 같이 도해될 수 있다.

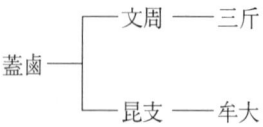

혈연 관계로 보면 모대의 조부는 개로왕이 된다. 반면 중국 사서

---

45)『三國史記』, 新羅本紀3 炤知麻立干 15년 3월·16년 4월 및 같은 책 32, 祭祀志 百濟조.
46) 李基東, 1974,「中國史書에 보이는 百濟王 牟都에 대하여」(『歷史學報』62), 30쪽.

에서 항용 발견되는 방식처럼 왕계의 승습 순서를 세대별 서차로 파악한다면 문주왕이 '모도'에 해당할 여지가 인정되는 것이다. 즉『삼한고기』의 인식에서는 '모도'는 확인할 수 없고 '모대'는 개로왕의 손일 뿐이다. 그러므로 분주자는『남제서』가 잘못일 것이라고 한다. 분주 가운데 직접『남제서』가 언급되지는 않았으나, 현존『남제서』백제전의 결락된 전반부를 고려할 일이다. 여하튼 중국 사서에는 480년 당시의 백제왕을 '모도'로 파악했음은 분명하다.[47] 백제본기 본문 찬자는 물론 18번 분주의 작성자는『삼한고기』를 논거로 그와 같은 중국 사서의 정보를 일체 부정했던 것이다.

이와 관련해 유의할 사항은『삼한고기』속에『남제서』등 중국 사서의 관련 정보를 효과적으로 부정할 수 있을 정도의 풍부한 백제 왕대력이 있었으리라는 각성에 그치지 않는다. 이를 토대로『삼한고기』가 아우르고 있었을 내용 폭은 삼한의 일부였을 백제뿐만 아니라 삼한의 나머지를 감당하는 고구려와 신라의 왕대력에 걸쳐 있었을 것이라는 추정이 가능하다고 생각한다. 주지하듯이 삼한은 삼국의 대명사로 쓰였고,[48] 그 때문에『삼한고기』는 고구려본기와 제사지에 보이는『해동고기』와 함께『삼국사기』의 주요 원전을 헤아리는 가운데 일찍부터 그 실체에 대한 논의가 있어 왔다. 가장 현저한 예로『삼한고기』를 곧『구삼국사』와 등치시켜 이해한 경우를 들 수 있겠다.[49] 사실『삼한고기』를『해동고기』와 동일한 실체로 생각하는 시각[50]에서는 '삼한'이 '해동'과 마찬가지로 중국에 대한 '우리'를 의미하는 관형

---

47) 한 예로 『南史』, 高帝本紀 建元 2년(480) 3월: "百濟國遣使朝貢 以其王牟都爲鎭東大將軍".
48) 盧泰敦, 1982,「三韓에 대한 認識의 變遷」(『韓國史研究』38).
49) 高寬敏, 1996, 앞 논문「高句麗本紀의 國內原典」; 鄭求福, 1995,「三國史記의 原典 資料」(『三國史記의 原典 檢討』, 韓國精神文化研究院), 16~17쪽.
50) 『增補文獻備考』244, 藝文考3: "三韓古記 撰人姓名 未攷 三國史 亦多引用 疑與海東古記 同爲一書".

적 표현으로서, 특히 중국 사서와의 비교를 시도할 경우 사용한 명칭이었다는 인식이 고려되고 있는 것이다.

요컨대 『삼한고기』가 삼한의 실체로서의 삼국의 왕력이 정합적으로 구성되어 있는 자료라면, 그 형성 시기는 적어도 고구려와 백제가 소멸된 이후라야 옳다. 아울러 이에 근접하는 자료명으로 최치원의 『제왕연대력』을 주목할 필요가 있다. 김부식은 최치원의 인식을 이렇게 짐작한다.

> 신라의 왕칭에는 居西干이 하나, 次次雄이 하나, 尼師今이 열여섯, 麻立干이 넷의 용례가 있다. 신라 말의 유명한 유학자 최치원이 지은 『帝王年代曆』에는 모두 '某王'이라 하고 거서간 등은 말하지 않았으니, 이는 아마 그 말이 비야하여 족히 일컬을 만하지 못하다고 여겼던 때문이 아닐까? 그러나 『左傳』과 『漢書』로 말하자면 중국의 사서인데도 오히려 楚나라 말 '穀於菟'와 흉노 말 '撑犁孤塗' 등을 그대로 보존해 남겨두었다. 그러므로 지금 신라의 일을 기록함에 있어, 그 방언을 그대로 두는 것이 역시 마땅할 것이다. (『삼국사기』, 신라본기4 智證麻立干 즉위년)

논의의 대상은 신라왕의 고유한 칭호들이다. 우선 논자는 거서간·차차웅·이사금·마립간이 모두 신라의 왕칭이라는 점을 분명히 한다. 그가 의지한 논거는 金大問의 설명에 있을 것이다. 각개 왕칭이 처음 등장하는 적소에 김대문의 설명은 자리한다. 김부식은 예거한 신라 고유의 왕칭 적용이 끝나게 되는 지증마립간 즉위년에 이들 왕칭을 준용하는 데 대한 당위성을 종합 제시하였다. 나아가 그는 아울러 이를 修史上의 원칙으로 삼고자 하였다. 여기에 중국 사서의 전례가 직접 논거로 제시되었다.51) 특히 확인해 둘 것은 최치원이 『제왕연대력』을

---

51) 『左傳』, 宣公 上 4년: "初若敖娶於鄖 生鬪伯比 若敖卒 從其母畜於鄖 淫於鄖子之女 生子文焉 鄖夫人使棄諸夢(澤名)中 虎乳之 鄖子田見之 懼而歸以告 遂使收之 楚人謂乳穀 謂虎於菟 故命之曰 鬪穀於菟": 『漢書』 94, 上 凶奴傳64 上: "單于姓攣鞮氏 其國稱之曰撑犁孤塗單于

찬술하면서 신라왕들을 모두 '某王'으로 일관하여 고유의 왕칭을 거론하지 않았다는 사실이며, 게다가 바로 그 사실을 들어 김부식은 최치원의 편사 태도의 일단을 비판적으로 적시했다는 것이다. 그러나 『제왕연대력』이 포괄하고 있는 대상 왕조가 신라 외에 얼마만한 범위를 아울렀을 것인지 확언할 분명한 단서는 없다.52) 다만 신라 하대의 국제적 지식인이 신라사를 포함한 왕대력을 구상할 경우, 일단 신라와 교섭한 대상들 혹은 신라에 융해된 대상들에 대한 배려를 방기하지는 않았을 것이라고 생각한다.

또한 유일한 선택형 고증분주의 판단 근거가 『삼한고기』 즉 국내 고유 자료의 위상을 지닌 『고기』류에 있었다는 것은 신라 및 고구려본기 등에 나타난 왕실 관련 고증의 방식과 완연 동일하다는 점을 주목해야겠다. 다시 말해 고구려본기의 『해동고기』와 백제본기의 『삼한고기』는 신라의 왕력을 고증하는 데 자주 언급된 『고기』와 함께 『제왕연대력』의 위상을 대신하고 있다는 점을 숙고할 필요가 있다. 게다가 『삼한고기』는 안홍의 저술이라는 견해가 있다.

三國遺事引三韓古記云 上古九夷之初 有桓因帝釋者… 三韓古記者 新羅所作 或云安弘所作 (『海東異蹟』下, 檀君)(頤齋 黃胤錫(1729~1791)이 洪萬宗의 저술에 증보를 가한 것이다.)

물론 『삼한고기』는 필시 삼한-삼국의 연계 인식이 정돈된 이후의 찬술이었을 것이므로, 실제 선덕왕대에 활동한 안홍이 이를 저술한 것은 아닐 것이다. 혹시 인용된 『삼한고기』의 '九夷'에서 연유하여

凶奴謂天爲撑犁 謂子爲孤塗 單于者廣大之貌也 言其象天單于然也".
52) 관련 논의는 주로 趙仁成, 1982, 「崔致遠의 歷史敍述」(『歷史學報』 94·95); 李賢惠, 1983, 「崔致遠의 歷史認識」(『明知論』 창간호); 崔敬淑, 1997, 「崔致遠의 渤海 認識」(『古文研究』 10, 한국학 연구 논문 발표 대회, 한국고문연구회); 崔英成, 1998, 「孤雲 崔致遠의 歷史意識 硏究」(『韓國思想史學』 11); 李在云, 1998, 「'帝王年代曆'을 통해 본 崔致遠의 歷史認識」(『全州史學』 6); 張日圭, 2002, 「崔致遠의 新羅傳統 認識과 '帝王年代曆'의 찬술」(『韓國史學史學報』 6).

'九韓'을 지시한『동도성립기』혹은『해동안홍기』의 안홍에 부회한 것일지도 모른다.53) 그러나『삼한고기』와『제왕연대력』의 중첩된 위상을 적극적으로 음미하고, 안홍을 일러 '동방의 성인'이라 한 최치원의 사상적 지향을 고려한다면,54) 김부식은『삼국사기』에서『제왕연대력』의 정보를 각종『고기』의 서명으로 인용한 것은 아닌지 자문해 본다. 그렇다면 김부식이『제왕연대력』을 포함한 최치원의 풍부한 저술들을 직접 드러내 인용하지 않은 데는 안홍 자체나 안홍으로 상징되는 신비적 사유, 나아가 그를 추숭하고 있던 최치원 등 신라 하대 지식계의 동향에 대한 그 자신의 비우호적 평가가 개입되어 있었던 때문일지 모른다.

김부식이『제왕연대력』을 언급하면서 최치원의 편사 태도에 대해 우호적이지 못한 편린을 드러낸 것도 같은 맥락에서 수긍할 수 있겠다.『삼국사기』의 최치원전 내용이 최치원에 대한 균형 있는 객관적 서술이라기보다는 김부식 자신의 역사의식이 투영됨으로써 편향된 선택과 문맥이 되었을 것이라는 지적도 다르지 않다.55) 앞에서 살펴본 바와 같이 진성왕 즉위기에 유일하게 인용된『최치원문집』의「謝追贈表」와「納旌節表」도 최치원의 견해가『삼국사기』의 정보와 다르다는 것을 지적한 분주의 재료였다.『삼국사기』편찬 당시 최치원의『문집』30권과 삼국의 왕대력이 갖추어진『제왕연대력』이 전존하고 있었음에도 불구하고, 신라왕들의 졸년 관련 고증에 이들 자료가 이처럼 배제된 것은 적이 자연스럽지 못한 것이다. 요컨대 백제본기의『삼한고

---

53) 『三國遺事』, 紀異1 馬韓: "論語正義云 九夷者… 八倭人… 海東安弘記云 九韓者 一日本…"; 『三國遺事』, 塔像 皇龍寺九層塔: "(慈)藏日 我國北連靺鞨 南接倭人 麗濟二國 迭犯封陲 隣寇縱橫 是爲民梗… 海東名賢安弘撰東都成立記云… 九韓… 第一層日本…".
54) 『海東高僧傳』, 安含: "崔致遠所撰義相傳云 相眞平建福四十二年(625)受生 是年東方聖人安弘法師與西國三三藏·漢僧二人至自唐".
55) 李鍾文, 1996, 「『三國史記』崔致遠 列傳에 投影된 金富軾의 意識의 몇 局面」(『어문논집』 35), 468~469쪽.

기』는 최치원의 『제왕연대력』과 관련하여 이해할 당위가 다대하다는 점을 제안해 두고자 한다.

4. 향후의 과제

　　백제본기의 분주에 대한 검토 결과는 큰 틀에서 신라본기와 고구려본기의 분주에 대한 검토에서 획득된 결과와 공명하고 있다. 그 가운데서도 왕실 관련 분주의 비중과 왕력 정보와의 일치 정도는 가장 두드러진 공통 특징으로 판단하게 되었다. 무엇보다도 『삼한고기』의 백제 왕계 인식은 『해동고기』의 고구려 왕계 인식 및 『고기』의 신라 왕계 인식과 동질에서 음미될 사항이었으며, 이들을 종관하는 삼국의 왕계 인식을 담은 자료로서 『제왕연대력』을 주목하게 하였다. 따라서 삼국의 본기에 보이는 분주들의 검토 결과를 토대 삼아 지향할 논의는 우선 『삼국사기』에 채택된 삼국의 왕계 인식과 『삼국유사』 왕력과의 관련 여하로 설정할 만하다고 판단한다. 나아가 그러한 문제 의식은 필시 삼국 당대의 왕계 혹은 왕대력 관련 실상의 복원 논의를 예비한다고 보아야겠다.

　　예컨대 근구수왕에 대해 "一云諱須"라 한 분주가 왕력에 전혀 무시된 것이 구체적 논의의 단서가 될 수 있다. 왕력 작성자에 대한 문제는 왕력의 일부 내용과 기이편과의 심중한 괴리를 논거로 하여 용이한 합의를 도출하기 힘든 형편이지만,[56] 왕력의 삼국 왕계 인식이

---

56) 金相鉉, 1985, 「三國遺事 王曆篇 檢討-王曆 撰者에 대한 疑問」(『東洋學』 15) : 姜仁求, 1987, 「新羅王陵의 再檢討(3)-三國遺事의 記事를 中心으로」의 「附篇 : 新羅王陵에 關한 文獻資料

『삼국사기』의 본문 및 분주 정보를 대체로 충실히 수용하고 있다는 점은 주목해야 마땅할 것이다. 따라서 근구수왕에 관한 분주가 왕력에서 배제된 배경에 대해서는 세 가지 형태의 숙고가 필요하다. 하나는 근구수왕 관련 분주의 탈맥락적 측면을 왕력 작성자 혹은 왕력의 원전 작성자가 유념하여 의도적으로 반영하지 않았을 가능성이다. 다른 하나는 이 분주의 정보가 오직 『삼국사기』 편찬 단계에서 비롯되어 백제본기의 원전 자료나 왕력의 원전 자료에는 없었던 정보인 반면, 백제본기와 왕력에서 일치를 보이는 여타 왕실 관련 정보는 기왕의 원전에 공유되어 있었기 때문이라고 파악하는 방식이다. 마지막으로 문제가 된 이 분주가 『삼국사기』에서 간혹 혐의가 발견되는 '후주'의 위상에 있는 한편, 왕력 및 그 원전 작성 시점에서는 본 분주가 개입되지 않은 단계의 『삼국사기』를 참작했을 가능성이다. 왕력 찬자가 수용하지 않았던 정보들인 분주 9번·18번·22번도 유사한 고찰이 필요한 사례들이다.

 삼국의 본기별 분주의 검토에서 공통적으로 주목되는 또 다른 특징은 본기별 집필자와 분주자의 단층은 물론, 왕조별 본기 내에서도 복수 집필자의 존재를 감지할 수 있다는 점이다. 그렇다면 열전과 잡지에서도 유사한 문제 제기가 수반되어야 할 것이며, 이에 대한 심층 분석을 위해 편목별 인용 및 기재 방식의 차이나 용자법의 특징들이 정밀하게 살펴져야 옳다. 특히 백제본기 분주자의 사료 취급 태도, 혹은 고유 전승에 대한 신뢰의 정도는 신라 및 고구려본기 분주자의 그것과 크게 대비되기 때문에 깊이 유의해 둘 대목으로 지적해 둔다. 아울러 그 단층은 집필 주체에 그치는 것이 아니라 의거 자료의 영역에서도 점검되어야 한다. 그 가운데서도 특정 사건의 연대관 차이는 광

解析」, 『三國遺事의 綜合的 檢討』(한국정신문화연구원) ; 李根直, 1998, 「『삼국유사』 왕력의 편찬 성격과 시기」, 『韓國史研究』 101).

범한 인접 자료를 동원하여 특히 세심하게 음미할 재료로 삼아야겠다.
 이와 관련하여 陵山里寺址의 舍利龕 명문에 "百濟昌王十三季太歲在 丁亥"라고 한 연대관은 백제본기가 정해년을 위덕왕 14년으로 삼은 것과 1년의 차이가 발생하는 것을 환기하게 된다.57) 특히 『삼국사기』의 편목간 연대 차이들이 대부분 1년으로 나타난다는 것은 깊이 유념할 부분이다. 예컨대 직관지(상) 東市典조와 신라본기, 지리지(1) 尙州조와 신라본기 및 연표, 지리지(3) 熊州 扶餘郡조와 신라본기, 제사지 고구려의 祀禮 기사와 고구려본기 관련 내용 등은 모두 1년의 차이를 보이고 있는 것이다. 모든 문헌 기록에 514년에 즉위한 것으로 기재된 법흥왕의 경우에서도 유사한 논의점을 발견한다. 즉 9세기 초 헌덕왕대에 조성된 것으로 추정되는 「栢栗寺石幢記」에는 "法興王卽位大同十五乙未"라고 하였다.58) 물론 양조의 연호 '大同'은 535년부터 12년간 쓰였고, 법흥왕은 대동 6년(540)에 죽었으므로, 연호의 적용은 부정확한 것이다. 반면, 법흥왕과 관련된 '을미년'이라면 515년, 즉 문헌 기록들의 법흥왕 즉위 2년째가 되는 해이다. 따라서 「백률사석당기」 찬자는 법흥왕의 즉위년을 '을미년', 곧 『삼국사기』 등 후대 문헌 기록들보다 1년 늦게 설정한 것으로 이해해도 좋겠다. 또한 『삼국유사』에 인용된 『고기』 가운데도 법흥왕의 즉위년을 '을미년'으로 제시한 경우가 있었음을 함께 고려해야겠다.59)
 이렇게 되면 필연적으로 삼국의 칭원법 문제에 눈을 돌리지 않을 수 없게 된다. 사실 삼국 당대의 기록물이 『삼국사기』의 방식과 같이 시종일관 유월칭원법에 입각했는지 여부를 단정하기는 용이하지 않다. 다만 김부식은 사론을 통해 『삼국사기』 전편에 걸쳐 즉위년칭원

---

57) 국립광주박물관, 1996, 『백제금동향로와 사리감』.
58) 趙東元 編, 1982, 『韓國金石文大系』 3(圓光大學校出版局), 13쪽. 釋文은 李基白 編, 1987, 『韓國上代古文書資料集成』(一志社), 35~36쪽의 「元和帖」 및 37~38쪽의 「異次頓殉教碑」.
59) 『三國遺事』, 塔像, 南白月二聖努肹夫得怛怛朴朴.

법을 적용할 것을 밝히는 동시에, 당시에 제기될 수도 있는 '非禮' 시비에 대비해 두었다. 다시 말해 그가 즉위년칭원법의 원칙을 천명하게 된 배경에는 기왕의 기록물 가운데 유년칭원법에 입각한 정보가 희소하지 않은 때문이었을지도 모른다. 만약 유년칭원법에 따른 당대 자료를 경직된 유월칭원법으로 일괄 강제했다면, 간혹 미세한 왜곡의 편린이 적발될 여지가 있겠다. 짐작하듯이 그러한 가능성은 해가 바뀌는 시점에서 왕위가 교체될 때, 즉 유월칭원 자체가 유년칭원과 같은 결과로 나타나게 되는 경우에 높아진다.

그 좋은 예가 백제본기 무령왕의 즉위 기사이다. 전왕인 동성왕은 재위 23년(501) '12월'에 피살되었는데, 사왕인 무령왕 원년(501)조에 '11월' 기사가 나오는 것이다. 이 때문에 무령왕 원년에서 3년에 걸친 대고구려 관계 기사가 고구려본기와 어긋나는 착종을 보이고 말았다. 기실 무령왕은 『일본서기』의 관련 정보를 포함하여 실제 502년에 즉위했다.60) 실로 "사실이 원칙 적용의 희생이 된 것"이다.61) 따라서 이를 단서로 삼아 기년법이 서로 다른 원전의 존재를 추지해 내려는 시도가 있었고,62) 나아가 백제본기의 원전들 가운데는 유년칭원법에 따른 백제 왕력을 담고 있는 자료가 있었다는 주장이 제출되기도 하였다.63) 12월에 죽은 구이신왕과 그 해에 즉위한 것으로 기록된 비유왕의 교체년 역시 유사한 검토 대상이 될 것이다. 이러한 실례를 지침으로 삼아 향후 삼국 당대 전승의 기년 복원 작업을 기약해 본다.

---

60) 『日本書紀』 16, 武列天皇 4년 하4월 ; 鏡山猛, 1937, 「日本書紀に現れたる百濟王曆に就いて」(『史淵』 15), 94~99쪽.
61) 小田省吾, 1920, 「三國史記の稱元法竝に高麗以前稱元法の硏究(上)」(『東洋學報』 10-1), 73쪽.
62) 深津行德, 1992, 「『三國史記』編纂作業の一齣-武寧王紀・文咨明王紀を手がかりとして」(『古代國家の歷史と傳承』 黛弘道 編, 吉川弘文館).
63) 高寬敏, 1996, 「百濟本紀の國內原典」(『『三國史記』の原典的硏究』, 雄山閣) ; 동, 1993, 「三國史記」百濟本紀の國內原典」(『大阪經濟法科大學アジア硏究所年報』 5).

3부 性格論

제7장

『삼국사기』의 성격

1. 정치가와 역사가

　김부식과『삼국사기』는 다양한 논의에서 마치 서로의 대명사와도 같은 위상을 지닌다. 이러한 현상에는 일면의 설득력이 없지 않다. 이것은 마치 작가와 그의 작품 사이의 의미 관계와도 유사한 것이다. 그러나 김부식은 약관에 출사한 뒤 거의 전생애를 국내외 정치 현장에서 보낸 현장 정치가였다. 반면에『삼국사기』는 편찬 당대까지의 삼국 관련 기록물을 토대로 한 단계 질적인 고양을 겨냥한 기전체 정사였다. 여기에 정치가와 역사가의 두 측면을 유기적으로 고려해야 할 까닭이 있다. 즉 고려 왕조의 현실 정치가 김부식과『삼국사기』를 編修한 역사가 김부식은 때로는 준별될 필요가 있다.

　이에 동의할 때, 김부식과『삼국사기』의 관계는 제한될 수밖에 없다. 너무나 당연한 지적이지만, 김부식의 삶이『삼국사기』편찬에 한정될 수 없듯이,『삼국사기』 또한 김부식 개인의 역량이나 관점만으로 설명할 수는 없기 때문이다. 그러나 물론 김부식의 정치 경험과 현실 인식이 어떠한가 하는 문제는 『삼국사기』에 대한 균형 있는 이해를 위해 여전히 긴요하다. 즉 『삼국사기』가 종합하고자 한 영역은 과거 삼국 시대이지만, 『삼국사기』는 또한 편찬 당대 사회의 산물임을 부정할 수 없는 것이다. 그러므로 『삼국사기』는 12세기 전반 고려의 현실을 딛고 선 김부식의 시점에서 조망한 삼국의 역사라고 하겠다.

한국사의 12세기는 귀족 중심의 유교주의 통치 이념으로 출발한 고려 전기 사회의 난숙함이 바야흐로 정점을 지나, 이미 쇠락의 조짐이 나타나기 시작한 시기이다. 외척이 주도한 몇 차례의 구체적인 왕권 도전과 이를 빌미로 한 변칙적 왕위 계승은 미세한 전조에 불과했다. 왕위 계승을 둘러싼 잡음은 왕위 계승권의 범주를 확대시켰으며, 그것은 다시 왕권의 추락을 재촉했다. 숙종·예종·인종의 3대 50년 동안의 고려 사회에서는 이전 시기 번영의 퇴조와 예측하기 어려운 위기의 도래가 함께 감지되고 있었던 것이다. 문제는 번져가는 퇴영의 그림자를 어떻게 떨쳐버릴 것인가와 좁혀 들어오는 파국의 예감에 어떻게 대처할 것인가에 있다.

국제 정세의 격변도 국내의 불안감을 증폭시켰다. 노쇠한 거란의 遼를 대신해 여진의 金이 무서운 속도로 제국을 형성하고, 고려에 새로운 외교 관계를 강요해 왔다. 전통적 관계의 완벽한 전도를 의미하는 굴욕적 외압은 국내외의 왕조사 전개에 큰 파장을 예비한 것이었다. 전통시대 민족 국가사의 외압에 대한 대응에는 으레 자주와 사대의 양분 논리가 개입하기 쉽다. 이 경우 현실의 물리적 조건과 긴 호흡의 전망은 세심하게 배려되지 못한다. 대개 외압과 타협하는 편에 대해서는 조소와 비난이 뒤따를 뿐이다. 고려의 사례에서도 사람들은 같은 시기 北宋의 멸망 따위는 그다지 깊이 고려하지 않는다.

물론 고려 지식 관료들은 왕조의 모순을 포착하는 데 둔감하지 않았다. 다만 대안의 차이가 있을 뿐이었다. 주요 대안의 하나를 제도 개혁론이라고 한다면, 다른 한편에서는 정치 제도의 개혁보다는 훼절된 제도 본연의 정신을 회복해 운영하는 것이 중요하다고 보았다. 尹彦頤가 전자를 대변했다면, 김부식은 후자의 중심축을 형성하였다. 어떤 대안이 현실에 대한 과학적 분석과 이를 극복하기 위한 실천력을 담지했는가 하는 질문은 어려운 숙제로 남겨졌다. 이 모색의 시기를 주도했던 당사자들이 다 무대에서 사라진 얼마 뒤, 1170년(의종 24) 무신정권의 수립과 함께 고려 후기는 시작되었기 때문이다. 다시 말해 어떤 대안에서도 무신정권을 염두에 두지 않았거니와, 이 무신정권 100년의 무게는 우리 역사에서 달리 비할 바가 없다.

아마 妙淸 등이 추진한 서경으로의 천도 주장은 제도개혁론의 극단적 표출이라고 할 수 있겠다. 서경 세력은 1135년(인종 13) 자신들의 의지를 물리력으로 관철시키려 하였다. 도참사상에 근거한 그들의 주장은 국가 위신의 추락과 왕권의 무력화, 그리고 탄력성을 상실한 지배 계급의 분열을 토대로 한때 설득력을 얻기도 했다. 당시 풍미하던 신비주의적 사고의 저변은 의외로 넓었고, 그 위력은 국가의 주요 의사 결정에까지 미치고 있었던 것이다. 그것은 당대의 강력한 사조의 하나로서, 종국적으로는 현실의 정치 이데올로기인 유교적 세계관에 대한 부정을 의미한다. 김부식은 이를 진압할 총책으로 지목되었다.[1]

일찍이 신채호는 묘청의 이 거사를 일러 '조선역사상 1천년래 제일 대사건'이라고 천명했다.[2] 그렇다면 역설적으로 김부식의 비중 역시 묘청의 그것에 모자라지 않는다고 하겠다. 물론 이러한 역설은 신채호에게 링컨(Abraham Lincoln)을 저격한 부스(John Wilkes Booth)의 무게일 뿐일지도 모른다. 그러나 이 괴리에서마저 우리는 식민지 시대 지식인이

---

1) 『高麗史』 58, 志12 地理3: "西京留守官平壤府… 仁宗十三年 西京僧妙淸及柳旵·分司侍郎趙匡等叛 遣兵斷岊嶺道 於是命元首金富軾等將三軍 討平之…".
2) 申采浩, 1982, 「朝鮮歷史上 一千年來 第一大事件」(『朝鮮史研究草』): 丹齋申采浩先生紀念事業會, 『丹齋申采浩全集』 中(螢雪出版社 改訂版), 118~119쪽.

체현하고 있는 시대의 명암을 고려할 만한 여유를 지니고자 한다.

　1년을 넘긴 지구전에서 김부식은 승리했다. 그는 조정의 최고 권력 수반에 올랐으며, 윤언이를 서경 세력으로 지목해 탄핵하는 데 성공했다. 그러나 1140년 인종은 김부식의 반대에도 불구하고 윤언이에게 사면령을 내렸다. 윤언이는 지체 없이 효과적으로 스스로를 변호하였다.3) 물론 그는 한때 묘청 등의 건원론을 포함한 일부 주장에 동조했음을 시인하였다. 그러나 왕 이하 관료들은 이미 묘청에게 입은 충격을 상당히 극복하고 있었다. 더구나 서경 세력의 정책이란, 그 실현 가능성 여하에 세심하게 주의하지 않는다면, 처음부터 비난할 명분은 없었던 것이다. 윤언이의 복권은 김부식의 퇴조를 예고한다. 실로 4년이란 하나의 대안이 검증되기에는 너무 짧은 기간이었다. 김부식은 1142년 모든 관직에서 물러났다.4) 그리고 3년 뒤『삼국사기』편찬을 마쳤다.5)

　이미 말한 바와 같이 김부식은 12세기 고려 사회가 당면한 현실 타개의 대안 모색에서 윤언이 등으로 대표되는 제도개혁론에 맞서 있다. 윤언이는 1133년 인종에게「萬言書」를 올린 바 있다.6)「만언서」는 북송의 王安石이 그의 개혁 이념을 담아 1058년 송의 인종에게 올린 글이다. 그렇다면 윤언이는 고려의 왕안석을 자임했던 것이다. 송에서는 왕안석이 '新法' 개혁을 추진하면서 이른바 '舊法'의 영수 司馬光과 운명적 대결을 거듭했다. 두 사람의 명암은 그 지지자들에게 대를 이어 재연되었다. 왕안석의 신법이 강행되자 퇴관을 자청한 사마

---

3)『高麗史』96, 尹瓘傳 附 尹彦頤傳 및『東文選』35, 表箋「廣州謝上表」.
4)『高麗史』98, 列傳11 金富軾: "二十年 三上表乞致仕許之 加賜同德贊化功臣號 詔曰 卿年雖高 有大議論 當與聞"및『東文選』42, 表箋「引年乞退表」・「乞致仕表」・「上疏不報辭職表」.
5) 鄭求福, 1991,「金富軾」(『韓國史市民講座』9, 一潮閣).
6)「尹彦頤墓誌」, 許興植 編, 1984,『韓國金石全文』中世 上(亞細亞文化社): "嘗詣闕 上萬言書 悉陳古今之理亂 與夫時政之得失".

광은 15년여 동안 낙양에 은거해『자치통감』의 편찬에 몰두하였다.7)

그러므로 신법론자 윤언이의 복권을 만나 스스로 퇴출을 결정한 김부식과 뒤이은『삼국사기』편찬은 사마광과 그의『자치통감』을 환기시킨다.8) 실제 김부식은 인종에게 사마광의「遺表」를 강의하면서 그를 변호하였다.9) 사마광의「유표」는 1082년에, 그 자신의 사후 신종에게 올릴 의도에서 작성되었다. 스스로의 죽음을 예감하고 쓴「유표」에는 왕안석의 신법 개혁에 대한 격렬한 비판과 함께 자신의 충정이 받아들여지지 않는 데 대한 좌절감과 울분이 절절이 스며있다.

> … (왕안석은) 자기와 같이 하는 자에게는 기뻐하고 자기와 다른 자에게는 성내며 (그가) 기뻐하는 자의 경우는 몇 년 사이에 이끌어 靑雲(의 職)에 올리지만 (그가) 성내는 자의 경우는 축출하고 배척해 종신토록 초야에 빠뜨려두니, 무릇 사람의 성정이 누구나 부귀함을 좋아하고 刑禍를 두려워하는지라, 이에 충직한 자는 멀리 물려지고 姦諛의 무리만 다투어 나아와 腹心 羽翼이 되어 작록을 구하고 이익을 훔치게 되었으며, 마침내 中外의 權要職마다 그의 黨與가 아니고는 처신할 수가 없습니다. (또한) 간하는 자를 깊이 미워하여 원수(에게 하는 것)보다도 더하고 비방의 말을 엄하게 금해 도적(에게 하는 것)보다도 심하게 합니다. 그러한 후에 자기의 흉중을 드러내어 舊章을 변란하고 해로움을 일으키고 이로움을 없애며 옳은 것을 버리고 잘못된 것을 취합니다.…10)

그러나 신종은 사마광에 1년 앞서 죽었으므로(1085)「유표」는 그의 처음 의도대로 올려지지 못했다. 고려 숙종과 윤관에 의해 주도된 別武班과 화폐 정책 등이 왕안석의 '신법' 개혁을 염두에 둔 것이라 할 때11), 왕안석에 대한 집요한 반론의 영수 사마광의「유표」가 김부식에

---

7) 田中謙二, 1985,「資治通鑑의 理解」(『中國의 歷史認識』上, 創作과 批評社), 314쪽.
8) 權重達, 1979,「資治通鑑의 東傳에 대하여」(『(중앙대)文理大學報』38).
9)『高麗史』17, 仁宗 17년 3월 乙巳조 및『高麗史節要』10, 仁宗 17년 3월.
10)『傳家集』17,「遺表」.

의해 주목되는 현상은 적지 않은 의미를 갖는다. 김부식 등은 개혁론자들의 이른바 '신법'을 비판해 '지켜 잃지 않아야 할 것'으로 '祖宗之法'의 고수를 주장하였다.

김부식 당시의 고려 지식인들 사이에는 왕안석과 사마광의 신법 파동의 추이가 익히 알려져 있었다. 그러므로 김부식은 또한 『자치통감』 자체뿐 아니라 그에 반영된 사마광의 의도를 바로보고 있었을 것이다. 무엇보다도 사마광은 왕안석 등의 신법론에 대해 "정치 제도의 변화보다는 기존의 제도를 더욱 잘 운영되도록 하는 것이 중요하다"고 보았다.12) 『자치통감』의 편찬 시기는 신법의 강행 시기와 거의 일치한다. 따라서 사마광의 신법에 대한 불신이 『자치통감』에 어떤 형태로든 반영되었을 것은 자명하다.13) 아마 김부식은 『삼국사기』 편찬과 특히 그 사론을 통해 말하고자 했던 바, 그리고 그 방법에서도 사마광의 『자치통감』을 하나의 典範으로 삼았다고 판단한다. 사실상의 퇴출을 강요당한 김부식이 『삼국사기』에서 자신의 충의와 정당함을 토로할 공간을 발견한 것은 매우 자연스러운 귀결이었을 것이기 때문이다.

요컨대 김부식은 고려의 사마광을 자처했다고 생각한다. 『자치통감』은 1084년 신종의 죽음에 4개월 앞서 봉정되었다. 공교롭게도 고려의 인종 역시 『삼국사기』가 진상된 뒤 두 달 만에 승하했다. 물론 김부식이 사마광을 스스로의 모범으로 삼았다 하여 『삼국사기』가 『자치통감』을 겨냥했다는 의미는 아니다. 무엇보다도 고려 사회에 축적된 지적 토대가 『자치통감』의 세계를 충분히 내재화할 만큼 성숙하지는 못했던 것이다. 김부식은 다만 정치가 사마광의 현실 인식 및 대안에 동의했던 것이며, 역사가 사마광이 『자치통감』 편찬을 통해 토

---

11) 鄭修芽, 1992, 「高麗中期 改革思想과 그 思想의 背景-北宋 '新法'의 수용에 관한 一試論」(『水邨朴永錫教授華甲紀念韓國史學論叢』上).
12) 劉子健(李範鶴 譯), 1991, 『왕안석과 개혁정책』(지식산업사), 51쪽.
13) 三浦國雄, 1985, 「資治通鑑의 性格」(『中國의 歷史認識』上, 創作과 批評社), 340쪽.

로하고자 했던 바에 공감했던 것이다. 그러므로『삼국사기』역시 우리 고대 문화를 균형있게 아우르지 못했다. 그러나 정치가 김부식에 대한 정당한 평가가 당시의 정치·사상·외교 관계 등의 현실로 들어가 이루어져야 하듯이,14) 역사가 김부식을 만나기 위해서는 당시의 자료 환경과 역사 편찬 경험 및 역량 따위를 세심하게 고려해야 한다.

고려 사회의 가장 격렬한 내외 정치적 위기를 목도하고 직접 현장의 중심에서 왕조 질서를 위해 진력한 정치가는 1151년(의종 5) 2월, 77세의 나이로 죽었다. 그는 말년에 자신의 정치적 의지를 좌절당했다. 그가 출사하던 숙종조부터 예비되어 온 귀족 사회의 모순 폭발은 그의 죽음에 곧이어 발발했다. 그의 생애는 자못 의종조에서 폭발하게 되는 공전의 격동을 완고하게 제어해 온 느낌을 준다.

2.『삼국사기』의 사서적 위상

앞에서 김부식의 양면성, 즉 정치가와 역사가의 두 영역을 논의하면서 양자가 서로 긴밀한 유기적 관계에 있다는 데 동의했다. 이것은『삼국사기』에서 사실과 사론을 구분해 읽어야 할 당위를 제공하는 것이기도 하다. 물론 정치가와 역사가의 두 측면이 사실과 사론의 범주에 각각 대응하는 것일 리는 없다. 재료로서의 사실은 이미 객관화된 과거이며, 동시에 가장 직접적으로 사론을 규정한다. 그러나 한편,『삼국사기』의 사론들에는 한 현실 정치가의 자기 변호와 항의 따위가 주저없이 내세워지거나 은밀하게 용해되어 있다. 그러므로『삼

---

14) Edward J. Shultz, 1991,「金富軾과『三國史記』」(『韓國史研究』73).

국사기』의 편년 기사가 가지는 사료로서의 가치와 김부식 개인의 삶, 그리고 여기에서 비롯된 사론의 지향 등은 마땅히 구분되어야 한다. 당연한 말이지만 『삼국사기』 개별 기사의 신빙성 여하는 찬자의 정치적 속성과는 상관없이, 그에 관련된 본연의 연구 성과가 축적되는 과정에서 가름되어야 옳다고 믿기 때문이다.

『삼국사기』는 편찬 당대까지의 삼국에 대한 국내외 기록물을 종합한 것이라고 할 수 있다.[15] 기존의 기록물이란 중국 왕조의 정사류들과 국내 고유 자료들을 이른다. 당시에 몇 가지 중국의 사서들은 대체로 20여 년의 시차를 넘기지 않고 입수되었다. 국내 자료가 영세한 상고 시기일수록 중국 사서에 대한 의존은 불가피했다. 그러나 중국 측 사서의 삼국 관련 정보란 질과 양 모두에서 보조 자료에 불과하였다. 『삼국사기』의 대강은 국내 자료, 즉 삼국 및 고려 왕조에서 작성하거나 정리한 고유 자료에 근거하였다.[16]

김부식은 인종에게 올린 「진삼국사기표」에서 이렇게 말한다.

엎드려 헤아려 보건대, 성상 폐하께서는 요임금의 文思를 타고나시고 우임금의 근검을 본받으사, 새벽에 일어나 밤늦게까지 정사를 돌보시는 사이에도 널리 옛 일을 섭렵하시어 신에게 이르셨나이다. "오늘날 학사들과 대부들이 五經이나 諸子의 서책과 진·한 시대 이래의 역대 중국 사서에는 간혹 넓게 통달해 자세히 말하는 이가 있지만, 우리나라의 일에 이르러서는 갑자기 망연해져서 그 시말을 알지 못하니 매우 한탄할 일이다. 하물며 저 신라와 고구려와 백제는 나라의 기업을 열고 솥의 세 발처럼 서서 예로써 중국과 교통할 수 있었기 때문에, 范曄의 『한서』와 宋祁의 『당서』에는 모두 삼국의 열전이 실려 있는 것이다. 그러나 그 경우 중국의

---

15) 末松保和, 1931, 「高麗文獻小錄(一)三國史記」(『靑丘學叢』 6) ; 동, 1966, 「三國史記の經籍關係記事」(『靑丘史草』 2, 笠井出版社).
16) 이에 대한 종합적 논의는 鄭求福 외, 1995, 『三國史記의 原典 檢討』(韓國精神文化硏究院) ; 李康來, 1996, 『三國史記 典據論』(民族社) ; 高寬敏, 1996, 『『三國史記』の原典的硏究』(雄山閣) ; 姜룡求, 1997, 『三國史記 原典硏究』(學硏文化社).

일은 자세히 하고 외국의 일은 간략히 하여, 삼국의 사실이 다 갖추어 실리지 못했다. 또한 『고기』는 문자가 거칠고 졸렬하며 사적이 빠지고 없어져서, 君后의 선악과 신하의 忠邪와 나라의 安危와 인민의 治亂을 다 드러내어 勸戒로 드리우지 못한다. 이제 마땅히 박식하고 뛰어난 재사를 얻어 一家의 역사를 이루어, 만세에 전해 해와 별처럼 밝게 할 일이다."17)

이 말은 그러므로 인종의 견해이다. 그러나 동시에 인종의 견해를 빈 김부식의 소회이기도 하며, 김부식이 표방한 『삼국사기』 편찬의 당위론이기도 하다. 『고기』는 중국 사서에 대응하는 우리의 고유 자료에 대한 명칭으로 쓰였다. 그가 지적한 『고기』의 미흡함은 문체와 내용과 효용성의 세 가지에 걸쳐 있다. 그러나 『고기』는 그 한계에도 불구하고 삼국 시대사의 기본 원전으로 간주되고 이용되었다. 많은 경우 중국 사서들의 정보는 그 진위와 시비가 『고기』에 의해 가려졌다. 그러므로 『삼국사기』 전체에 걸쳐 『고기』의 내용은 광범한 기초가 되었음에 틀림없다. 다만 『삼국사기』가 인용한 중국 측 자료 가운데 지금은 전하지 않는 것들이 있는 것처럼, 『고기』의 구체적 실체를 지목하기 어려운 데 난점이 있을 뿐이다.

이처럼 『고기』는 『삼국사기』의 편찬 과정 속에 용해되었다. 다시 말해 『삼국사기』는 『고기』의 한계를 극복한 사서인 셈이다. 그 방법과 내용이 얼마나 정당하며 철저했는가는 간결하게 제시하기 어렵다. 여하튼 김부식은 『삼국사기』 편찬의 당위성을 역사서로서의 『고기』가 가지는 한계를 극복하는 데서 찾았다. 그러므로 김부식이 이른 바의 『고기』는 이규보가 지적한 『구삼국사』에 대응한다. 이규보는 『구삼국사』를 『삼국사기』 이전에 있었던 삼국에 관한 역사서로 소개했다. 그리고 동명왕에 관한 내용에 한정해 이 『구삼국사』를 충실하게 인용했다. 두 책의 내용을 비교해 보면 『삼국사기』 측이 『구삼국사

---

17) 『東人之文四六』 10 및 『東文選』 44. 表箋 「進三國史記表」.

의 것을 토대로 가감하면서 윤문한 것임을 알 수 있다.18)

물론 이 저명한 영웅의 이야기만으로는 이른바 『구삼국사』와 『삼국사기』의 관계를 충분히 설명하지 못한다. 그러나 두 자료의 차이를 곧 원자료에 대한 자의적 손상과 훼절, 혹은 변개와 날조로 단정하는 것은 옳지 않다. 『삼국사기』 편찬자들이 『구삼국사』 내용을 다루는 방식은 『고기』에 대한 그것과 다를 바 없었을 것이다. 다시 말해 문체와 내용과 효용성에서 기대에 미치지 못했던 『고기』의 미흡함이란 곧 『구삼국사』의 문제이기도 했을 것이다. 그렇다면 『구삼국사』 또한 김부식이 총칭한 『고기』의 하나임에 틀림없다. 이 문제를 위해서는 『신당서』를 편찬한 찬자들이 『구당서』를 비판한 맥락과 비교하는 것이 유용한 방법이겠다.

曾公亮은 『신당서』를 올리는 「진당서표」에서 이렇게 말했다.

> 『구당서』는 서술의 순서에 원칙이 없고 자세하고 간략한 것에도 적합함을 잃었으며, 문장이 명료하지 않을 뿐만 아니라 사실 자체가 많이 결락되었습니다.… 말세의 선비들이 기력이 쇠약해지매 말은 조잡하고 생각은 비루하여 본연의 문장을 일으킬 수 없었으니, 밝은 군주와 어진 신하의 걸출한 공적과 성대한 위업, 그리고 뭇 혼미하고 포학한 통치자와 亂臣賊子의 禍亂의 뿌리와 죄악의 발단 따위에서 모두 그 선악을 드러내어 사람들의 이목을 격동케 할 수 없었던 바, 진실로 후세에 권계를 드리워 장구하게 보일 만한 것이 못되는지라 매우 애석하다 하겠습니다.19)

김부식이 『고기』에 대해 언급한 것과 마찬가지로, 증공량은 『구당서』의 문체와 내용과 효용성에 문제를 제기하고 있다. 사실 「진삼국사기표」는 이 「진당서표」를 모델로 작성된 것이다. 특히 『신당서』의 『구당서』에 대한 불만은 고문주의의 맥락에서 본다면 김부식도 공감했

---

18) 卓奉心, 1984, 「「東明王篇」에 나타난 李奎報의 歷史意識」(『韓國史硏究』 44).
19) 『新唐書』, 「進唐書表」.

을 법한 것이다. 송나라에서도 고문부흥운동은 『신당서』를 수찬한 宋祁와 歐陽修가 주도하여 보편화되었다. 『구당서』는 주로 관문서나 실록 등을 취해 사륙변려문 전성기의 사료를 그대로 채용했으나, 『신당서』에는 이들을 모두 고문으로 고쳐 썼던 것이다.[20] 김부식이 『삼국사기』를 쓰면서 특히 사론의 경우 『신당서』를 가장 많이 채용한 반면 『구당서』 인용은 전무하였던 것은 여기에도 이유가 있을 것이다. 결국 『삼국사기』는 『구당서』에 대한 『신당서』의 위상을 겨냥했다고 생각한다.

이미 말한 바와 같이 김부식이 간명하게 제시한 『삼국사기』의 지향은 세 가지로 정리할 수 있다. 첫째는 문장에서 고문의 회복이요, 둘째 관련 기록의 충실한 보입, 그리고 현실에 대한 권계에 합당할 것 등이 그것이다. 이는 『구당서』를 비판하면서 『신당서』 편찬의 당위성을 토로한 증공량의 논리와 비슷하다. 물론 중국의 『구당서』와는 달리, 우리의 경우 『구삼국사』의 모습이 전하지 않기 때문에 속단은 경계해야 한다. 오히려 『삼국사기』의 허다한 오류와 모순에도 불구하고 우리 고대사를 복원하는 데 『삼국사기』를 대신할 어떤 대안도 없다는 현실을 먼저 수긍해야 한다. 또한 무엇보다도 이른바 『구삼국사』가 『구당서』를 모델로 했다고 볼 근거는 제시할 수 없다. 그러나 당왕조에 대한 기존의 정사 『구당서』가 있음에도 불구하고 구양수 등 송의 지식인들이 다시 『신당서』를 편찬하면서 동원한 논리는, 마찬가지로 삼국에 관한 기존 사서였던 『구삼국사』가 있음에도 불구하고 『삼국사기』 편찬을 주도했던 김부식이 틀림없이 주목하고 활용했으리라고 믿는다.

따라서 김부식이 인종의 견해를 빌어 분석한 「고기」, 즉 『구삼국사』

---

20) 卓用國, 1986, 『中國史學史大要』(探求堂) ; 金玟珍, 1990, 「舊唐書와 新唐書 比較 硏究」(성신여자대학교 석사학위논문).

를 포함한 국내 고유 자료들의 한계를 사실로 받아들이고자 한다.[21] 물론 그 '한계'는 일단 12세기 고려 지식 관료의 판단일 뿐이다. 과연 기존 자료들의 어느 일면이나 특징이 극복되어야 할 '한계'인지는 시대와 관점에 따라 무한히 유동적일 수밖에 없다. 예컨대 동명왕의 사적이 '황당기궤한 일'인지 '신성한 자취'인지는 수용자의 자각에 달렸을 뿐이다.[22] 실제로 송에서도 『신당서』 편찬 직후부터 이에 대한 비판이 있었고, 『구당서』와 『신당서』 사이에 우열론이 발생했다. 논의의 가장 첨예한 부분은 사료 선택에 있었다. 증공량은 "사실은 이전 책보다 늘어났고 문장은 옛 책보다 간략하게 되었다"고 자부했으나, 다른 한편에서는 "첨가해야 할 것을 첨가하지 못하고 생략해야 할 것을 생략하지 못했다"는 비판이 뒤따랐던 것이다. 『삼국사기』와 『구삼국사』 등의 관계에 대해서도 유사한 이해가 있을 수 있다.

한편 김부식이 『삼국사기』를 통해 겨냥한 세 가지 지향점 가운데 효용성의 문제, 즉 현실에 대한 권계에 합당한 역사이어야겠다는 제안은 사실의 영역에서 검증될 사안이 아니다. 아마 김부식에게 '사실' 자체는 그다지 중요하지 않았을지도 모른다. 『삼국사기』에 허다한 오류와 모순, 시대를 일탈한 정보와 자료 취사 기준의 혼란 등은 그러한 의혹을 증폭시킨다.[23] 그 오류와 모순은 대부분 편찬자들의 무신경을 의미한다. 물론 김부식은 기존의 기록을 존중했다. 그러나 이른바 '기록 존중' 혹은 '문헌주의'의 태도는 긍정과 부정의 양면성을 함께 지닌다. 편찬자들은 때때로 스스로 믿을 수 없는 내용이라 할지라도 그

---

21) 李康來, 1998, 「삼국사기의 정당한 이해를 위하여」(『삼국사기』 I, 한길사).
22) 배병삼, 1999, 「통일 이후를 위한 '만파식적'의 정치학적 독해」(『창작과 비평』 104), 393쪽 : 李佑成, 1962, 「高麗中期의 民族敍事詩-東明王篇과 帝王韻紀의 硏究」(『成均館大學校論文集』 7) : 동, 1976, 『韓國의 歷史認識』 上(創作과 批評社).
23) 『삼국사기』 초기 기록에 빈번하게 등장하는 '靺鞨'은 그 대표적 사례이겠다. 李康來, 1999, 「『三國史記』의 靺鞨 認識-통일기 신라인의 인식을 매개로」(『白山學報』 52).

것이 오랫동안 보존되어 온 전승이기 때문에 기록한다고 고백했다.[24] 역사를 서술하면서 스스로 비록 믿을 수 없지만 채택해 서술한다는 것은 적지 않은 절제를 요구하는 사항이다. 바로 그 절제를 가능하게 만든 것이야말로 기록 존중의 정신이었다. 반면에 이 기록 존중이 최소한의 고증마저 포기한 맹목적 경향으로 치우칠 때 초래되는 폐해 또한 만만치 않다. 기존 자료에 대한 무비판적 맹신은 많은 혼선과 오해를 야기할 수 있기 때문이다.

여하튼 『삼국사기』 편찬은 기존 역사 자료들의 한계를 극복하고 삼국 시대사에 대한 새로운 종합을 의도한 것이었다. 이를 위해 『구삼국사』로 지칭된 자료를 위시로 한 『고기』류나 금석문, 그리고 새로 입수한 중국의 사서 및 경서·문집이 활용되었다. 여기에 12세기 유교적 지식인의 관점에 충실한 의미 부여를 적절히 안배하는 작업이 어우러졌다. 이렇게 하여 『삼국사기』는 당대 사회의 역량으로 도달한 합리적인 '本史'의 지위를 획득하였다. 예컨대 '正德本'에 있는 이계복의 발문에는 『삼국사기』와 『삼국유사』를 일러 "우리 동방 삼국의 本史와 遺事"라고 하였다. 이는 전통 시대 지식인이 일반적으로 지니고 있던, 두 책에 대한 인식이겠다. 또한 이것은 이미 고려 당시에 삼국의 '유사'를 자처한 일연의 인식이기도 하다. 일연은 『삼국사기』를 '삼국본사'로 불러 존중했으며, 그의 저술 『삼국유사』는 그 표제에서부터 '본사'를 전제하고 있는 것이다.[25]

그러나 이후 『삼국사기』가 포괄하고 있는 역사에 대해 다양하고도 폭넓은 비판이 끊이지 않았다. 놀랍게도 이미 의종대 金寬毅의 『王代宗錄』은 고려 왕실의 世系에 대한 인식에서 『삼국사기』를 부인하고 있다.[26] 물론 엄밀하게 말해, 어떠한 논거도 『삼국사기』의 '본사'로서

---

24) 『삼국사기』 백제본기 의자왕 20년조에 붙인 백제 멸망에 관한 종합 사평.
25) 본서 3부 8장 「本史와 遺事」.

의 위상 자체를 부정하는 것은 아니다. 즉 조선 건국의 주체였던 성리학자들도 여러 가지 편사 형식이나 역사 인식의 측면에서는 『삼국사기』를 비판하면서도, 그 '본사'로서의 위상을 수긍하였다. 조선 초의 대표적 사서들인 『동국사략』·『삼국사절요』·『동국통감』 등 역시 삼국 시대의 서술에서 『삼국사기』를 벗어나지 않았다. 이 점에서 『삼국사기』는 기존의 것에 대한 극복과 종합인 동시에, 모든 새로운 삼국사 인식의 근원이자 출발점이었던 것이다.

3. 김부식의 역사 인식

『삼국사기』에는 모두 31개의 사론이 작성되어 있다. 사론은 특정 사실에 대해 찬자 자신의 적극적인 가치 평가를 부여한 글이다. 그러므로 사론은 김부식 자신의 의미 부여를 필요한 조건으로 한다. 그러나 사실과 마찬가지로 사론에도 선행한 중국의 사서에 있는 사론을 토대로 한 것들이 적지 않다. 그러한 사례들은 우선 사론의 대상 사건이 가지는 유사함에 기인한다. 그와 함께 이것은 중국 중심적 유교주의 교양으로 무장한 고려 지식인들의 한계이기도 하다. 여하튼 사론은 절제된 서술 과정에서 찬자들의 주관적 평가가 개입된 부분이다. 그러므로 사론은 그에 반영된 찬자의 역사 인식을 추출하는 일차적 재료가 된다.

김부식은 사론 작성을 위해 수많은 자료를 참고했다. 특히 절대적 주류를 이루는 24종의 중국 측 經·子·史類는 모두 63회 인용되거나

---

26) 李基東, 1992, 「金寬毅」(『韓國史市民講座』 10).

고려되었다. 그 가운데서도 『좌전』과 『신당서』에 의거한 빈도가 높았다. 일차적으로 이것은 김부식의 시대 배경 및 정치 환경과 관련된 사항이겠지만, 『신당서』의 경우는 문체와 체제에서 『구당서』와 구분되며, 대의명분을 제일로 삼는 『춘추』의 경문과는 달리 『좌전』은 사실주의에 입각했다는 측면을 주목해야겠다. 또한 『좌전』의 비중은 『자치통감』의 영향을 의미하는 것일 수도 있다. 『자치통감』은 『춘추』의 경문보다는 오히려 『좌전』의 체제를 모방했던 것이다. 아울러 『자치통감』이 이루어지면서 사론이 성하게 된 추이도 염두에 둘 일이다.[27]

그러나 『신당서』의 비중은 어떤 다른 것보다도 현저했다. 특히 향덕·성각전이나 장보고·정년전의 사론에는 『신당서』에 있는 송기의 논평 자체가 대부분 전재되었다.[28] 『좌전』 등을 언급한 몇 대목도 이미 『신당서』에서 활용한 사례에 힘입은 경우가 많았다. 또한 『신오대사』에 있는 구양수의 사평이 활용되기도 하였다.[29] 백제 삼근왕에 관한 사론 역시 『신당서』에 있는 찬문의 구조와 내용을 빌어 편의대로 재구성한 것이었다. 이렇듯 김부식은 『신당서』에서 『삼국사기』 편찬의 당위성뿐 아니라, 역사적 사실에 대한 평가 기준까지도 일정하게 수용했다고 하겠다.[30]

한편 구체적 사실에 대한 비판적 고증 작업에는 적절한 관심이 배려되지 않았던 것과는 달리, 오히려 사론을 작성하는 데 동원된 자료들은 섬세하게 음미되었다. 경전의 내용이 고려 왕실의 민감한 현재적 상황으로 인해 인용 과정에서 교묘하게 변개되기도 했다. 『공양전』의 "君親無將 將而必誅焉"[31]의 '君親'을 '人臣'으로 개필한 것은 그 한

---

[27] 李啓明, 1998, 「『資治通鑑』 研究」(『全南史學』 12), 137쪽.
[28] 『新唐書』 195, 列傳120 孝友列傳 및 같은 책 220, 列傳145 新羅傳.
[29] 『三國史記』 新羅本紀 神武王 즉위년조의 사론과 『新五代史』 2 梁本紀2 말미의 사론을 비교할 일이다.
[30] 본서 1부 1장의 「『삼국사기』 원전론의 전개와 전망」.

예이다. 고려 숙종의 변칙적 왕위 계승은 예종대에 왕의 숙부들이 처단되는 배경이 된다.32) 예종 사후 인종의 즉위를 전후해 예종의 아우들이 다시 희생되었다.33) 인종의 아들인 의종 역시 이 악순환의 고리를 깨지 못하고 왕제들을 희생시켰다. 김부식이 이러한 당대의 왕위계승, 특히 『삼국사기』 편찬 당시에 성숙되어 가던 '군친'의 발호 가능성을 염두에 두지 않았을 리 없다. 또한 그와 같은 현재적 상황이 『춘추』의 신랄한 지적에 적확한 것일수록, 더욱 '군친'에 대한 경계를 바로 드러내기 어려웠을 것이다.

물론 사론에서도 국내 고유 기록의 중시는 유교적 명분에 앞서 하나의 일관된 원칙으로 천명되었다. 『삼국사기』 전편에 적용된 '즉위년칭원법'이 그 대표적인 한 예이다. 신라의 연호나 왕을 이르는 고유한 명칭에 대한 김부식의 견해 또한 다르지 않다. 이들 사항은 『삼국사기』를 종관해 적용되는 편찬의 원칙과도 같은 것이다. 다시 말해 특별히 제시된 범례 사항이 없는 『삼국사기』에서, 신라본기에 집중해 있는 몇 가지 제도 관련 사론은 범례의 기능을 대신하고 있다. 아울러 김부식은 신라 혹은 넓게 보아 삼국의 고유한 제도들은 그것들이 비록 유교적 가치에 비추어 '鄙野'하거나 '迷惑'되거나 '非禮'라 해도, 역사를 기록하는 데 마땅히 존중되고 지켜져야 한다고 보았다.34)

제도 관련 사론에 비해 구체적인 인물들에 대한 사론들은 유교적 윤리에 의거한 포폄이 두드러지고 있다. 물론 『삼국사기』의 모든 사론에는 기본적으로 유교적 세계관이 기저를 이루고 있다. 다만 특정 인물의 행위에 대한 포폄의 기준은 때로는 해당 사건이 가지고 있는 본

---

31) 『公羊傳』, 昭公 元年.
32) 南仁國, 1983, 「高麗 肅宗의 卽位過程과 王權强化」(『歷史教育論集』 5).
33) 『高麗史』 90, 列傳3 宗室1 및 『高麗圖經』 8, 人物 李資謙. 이에 대해서는 南仁國, 1990, 「高麗 仁宗代 政治支配勢力의 性分과 動向」(『歷史教育論集』 15) 참조.
34) 鄭求福, 1999, 「金富軾과 『三國史記』」(『韓國中世史學史(Ⅰ)』, 集文堂).

래의 역사적 의의를 오도할 수도 있을 정도로 경직된 것이었다. 고구려의 解明과 好童의 죽음에 대한 사론들은 고구려의 시대성을 일탈해 있다. 구체적 역사 속에서 생멸한 고구려 왕자들의 영욕과 개성은 건조한 가족 윤리 속에 함몰되고 만다.

군신 관계 또한 다르지 않다. 임금의 행위는 여하한 것이든 신하가 복수할 수 있는 성질의 것은 아니라고 보았다. 임금에 대한 충성과 복종은 절대적인 것이었다. 김부식에게 군신 관계란 부자 윤리와 본질적으로 다르지 않은 것이었다. 이와 같은 군신 관계의 이해란 현실 정치에서는 현 왕조 질서의 굳건한 온존을 의미한다. 그러므로 신라의 신하인 궁예와 견훤의 반 신라 행위는 용납될 수 없었다. 그러나 궁예와 견훤이 신라 왕실에 대한 반역자라 할 때 기실 왕건만이 예외로 취급되는 것은 정당하지 않을 수 있다. 물론 이러한 문제는 고려 왕조의 권신으로서 김부식이 가지게 되는 현재적 제약에서 말미암은 것이다. 김부식의 현재적 제약 요인은 두 가지 측면에서 고려될 수 있다. 하나는 고려조의 신하라는 일반적 제약 요인이요, 또 하나는 그 자신의 정치적 처지와 관련한 개인적 제약 요인일 것이다. 고려 태조 왕건에 대한 태도는 전자에 해당하는 예가 된다.

다른 한편 김부식은, 고구려의 명재상 을파소를 을파소이게 만든 것은 유능한 인재에 대해 결연한 신임을 견지한 고국천왕의 명철함이라고 보았다. 김유신에 관한 사론이 그의 구체적 공업보다는 대부분 신라 왕실에서 보여준 의심하지 않는 신뢰로 채워져 있는 것도 같은 맥락에 있다.[35] 이러한 경우들은 김부식 개인의 정치적 처지와 관련해 설명될 부분이다. 이미 말한 바와 같이 김부식은 서경 세력을 진

---

35) 여진 정벌(1108)에 성과를 거둔 윤관의 경우 오히려 김유신의 武威를 강조한 것은 김부식과 좋은 대조를 이룬다. 『高麗史』 96, 列傳9 尹瓘. 이것은 양인이 처한 고려 왕조 내의 현실적 위상을 반영하는 것이다.

압할 총책으로 지목되었다. 그러나 묘청 등의 정책 대안은 전기 귀족 사회의 제반 모순이 점증되어 가는 토대 위에서 발로된 것으로서, 왕과 신료들에게 한때 광범한 설득력을 가지기도 하였다. 그만큼 김부식의 서경 토평에는 현실적인 장애가 적지 않았다. 막료 회의에서는 속전과 지구전의 전략이 맞서고, 개경의 반 김부식 정치 세력은 사태의 조기 무마를 방해하였다. 이 집요한 움직임에 당하여 인종의 신임은 김부식에게 중대한 요건이 되었다. 이제 김부식의 의도는 명백하다. 고국천왕이나 신라 왕실에서 을파소와 김유신을 대하는 태도의 정당함은 인종과 김부식 자신의 관계에도 적용되는 것이어야 한다고 생각했던 것이다.

   왕조 질서의 근간과 통치의 요체에 대한 그의 견해 역시 정계에서의 경험에 기초하였다. 인종 즉위 초 이자겸의 전횡은 실로 왕권을 위협하는 것이었다. 김부식은 인종의 이자겸에 대한 특례 허여 움직임에 단호하게 반대했다.36) 그에 따르면 통치의 요체는 '人和'와 '愛民'에 있다. 고구려는 '暴吏의 驅迫'과 '强宗의 聚斂'을 방임해 종국을 맞은 것이다. 그에게 이자겸은 왕조 질서를 위협하는 '强宗'이었다. 또한 外舅를 갈문왕으로 추봉하는 신라의 제도를 지적해 "진실로 본받을 것이 되지 못한다"고 한 강경함에도 연유가 있었다. 이자겸은 인종에게 외조이며, 바로 그 外舅였던 것이다.

   김부식은 백제사의 멸망을 목도하고 '親仁善隣'이 나라의 보배라고 했다. 그는 金의 압박에 당한 遼의 군사 협조 요구를 일축했지만, 遼의 멸망 과정을 전후해 신생 金과의 군사 갈등 또한 적극 반대하였다.37) 당 태종을 패퇴시킨 안시성주를 기리면서도 주변 왕조와의 전쟁 자체에 대해서는 적극적인 긍정을 표하지 않았다. 백제와 신라의 관

---

36) 『高麗史』 98, 列傳11 金富軾 : 『東文選』 106, 議 '對外祖議'.
37) 『高麗史節要』 8, 睿宗 10년 8월조 및 『高麗史』 97, 列傳10 金富佾.

계에서도 무익한 전쟁과 백성의 곤궁화라는 측면을 놓치지 않았다. 우로의 경솔함이 불러일으킨 전쟁의 무모함이야 더 말할 나위가 없다. 이러한 논조는 현실 외교에서 金과의 무익한 충돌을 피해 명분을 굽혔던 그 자신의 대외관이 반영된 탓이겠다.[38]

그러나 안시성주의 이름이 전하지 않는 것을 안타까워했던 것처럼, 수 양제의 침입을 막아낸 을지문덕 또한 한 나라를 나라이게 하는 인재로 평가하였다. 같은 맥락에서, 유교적 명분에 충실한 신료의 길을 포기하지 않은 그에게, 왕을 시해한 연개소문의 존재는 『춘추』를 빌어 고구려에 사람다운 사람이 없었다고 폄절할 수밖에 없는 것이었지만, 다시 연개소문을 才士라고 한 왕안석의 평가를 앞세우고 있다. 왕안석과 그의 개혁 시책은 윤언이의 모델이었으며, 김부식이 자임하고자 한 사마광의 반대편에 있다. 그렇지만 연개소문에 대한 왕안석의 평가는 당 태종의 대 고구려 전쟁이 좌절되었다는 전제 위에 있다. 한편 김부식은 고구려와 당의 전쟁에 관한 한 『신당서』는 물론 『자치통감』조차도 당 태종의 패색과 위구함을 기록하지 않은 사실을 강하게 비판했다. 매우 인상적인 이 대조 혹은 혼선은 대 이민족 전쟁에서 승리를 이끌어낸 애국적 장수들에 대한 배려인 동시에, 자국사에 대한 그의 깊은 애정에서 비롯된 것이라고 하지 않을 수 없다.

보기에 따라서는 묘청 등 서경 세력의 대안이야말로 자주적이고 애국적인 것으로 비쳐질 수 있다. 그러나 서경 측의 주장은 당대 고려를 풍미했던 開京衰運論의 연장이거나 변형에 불과했다. 숙종 초에 대두한 南京遷都論도 다를 바 없다. 도참적·신비적 사고의 풍미는 예종대에도 여전했으며, 인종대에는 서경에 궁궐이 세워지고 稱帝建元論과 攻金論이 대두하였다. 김부식은 이미 이 시기부터 그들에 대한 반론을 주도했다.[39] 의종 역시 현실 정치에 반 유교적인 대안을 모색

---

38) 『東文選』 39, 表箋 「誓表」 참조.

하였다. 이와 같이 신비주의적 사고의 만연은 12세기 고려 사회의 거대한 조류였다. 이 시기에 金寬毅는 왕건 조상의 사적을 風水圖讖의 논리로 신비화한 『編年通錄』을 진상했다.[40] 이러한 사상적 분위기에서 마침내 의종은 서경 전역 연루자들에 대한 전면 복권의 조처를 내렸다.[41] 이것은 김부식을 중심으로 한 서경 토평의 정당성에 대한 심각한 훼절이며, 도참적·신비적 사고의 끈질긴 저변을 증명한다.

물론 서경 세력의 신비적 의미 부여와 주장은 모두 나라를 이롭게 하고 왕업을 늘린다는 명분을 내세우고 있었다.[42] 또한 윤언이의 예에서 보듯이 서경 세력은 태조의 권위에 기대어 논거를 확보하고자 했다. 그들의 주장을 논박하는 측에서도 '태조의 遺訓'과 '조종의 舊典'을 고수하고자 했다.[43] 그러나 김부식은 태조마저도 신비주의적 사고에 관한 한 비판의 과녁이 될 수 있다고 보았다. 즉 태조의 연호 사용을 언급하지 않으려 한 것과는 달리, 신라 삼보에 대한 태조의 흥미를 비판하였다. 이 과감한 공세는 신비주의에로 일탈된 당시 정치 세력에 대한 강경한 경고를 의도한 것이었다.

그러나 서경 전역의 연루자들은 속속 복권되었고, 그에 따라 김부식의 정치력은 훼손되었다. 김부식은 인종에 대한 史贊에서 인종의 유일한 오점으로 서경천도설에 경도되어 전란을 자초한 일을 지적했다.[44] 무엇보다도 군신간의 질서를 강조하고 이자겸에 대한 왕의 특

---

39) 『高麗史節要』, 仁宗 6년 8월.
40) 河炫綱, 1981, 「高麗 毅宗代의 性格」(『東方學志』 26) ; 李基東, 1992, 앞 논문 「金寬毅」.
41) 『高麗史節要』 11, 毅宗 22년 3월 敎.
42) 그러나 그들의 미신적인 주장이 갖는 비현실성은 이미 자명하다. 金南奎, 1985, 「高麗 仁宗代의 西京遷都運動과 西京叛亂에 대한 一考察」(『慶大史論』 창간호), 9~10쪽.
43) 「崔思諏墓誌」, 許興植 編, 1984, 앞 책 『韓國金石全文』 中世 上: "不肯輕變祖宗之法 又不肯作爲新法以擾風俗" 및 『高麗史節要』 8, 睿宗 11년 2월: "參知政事致仕高令臣卒… 其在政府公卿爭進新法 令臣以爲祖宗之法具在 何必改作 且守而勿失可也".
44) 『高麗史』 17, 世家 仁宗 24년: "史臣金富軾贊曰… 惜乎 惑妙淸遷都之說 馴致西人之叛 興師連年 僅乃克之 此其爲盛德之累也".

례 조처를 강경하게 반대했던 그는 오히려 이자겸이나 척준경에 대한 인종의 유화적 처리 방식을 긍정하면서도 유독 서경 관련 사항에 대해서만은 냉정한 비판을 포기하지 않았다. 그만큼 김부식에게는 인종의 전폭적 신뢰가 절실했다. 윤언이의 복권을 맞아 김부식은 鄭襲明 등과 함께 시폐 10조를 올리고 3일 동안 합문 밖에 엎드려 있었으나, 인종은 이를 받아들이지 않았다. 이어 인종은 崔惟淸 등의 時事를 논한 상소에도 답하지 않았다. 김부식과 최유청 등의 時論이 어떠한 내용인지는 알 수 없으나, 대세상 김부식의 실권을 전후한 시기 인종의 태도는 문하시중 김부식의 정치적 난관을 의미한다.[45]

마침내 김부식은 백제 동성왕을 빌어 인종에게 항의하였다. 동성왕은 諫臣들의 항소에 대답하지 않았으며, 결국 신하에게 피살되고 말았다. 동성왕은 강퍅하고 교만했던 것이다. 김부식은 사마광이 왕안석을 비판한 맥락을 동성왕에 적용했다. 이 절제된 항의는 신하의 군주에 대한 일방적인 충성을 강조한 여타의 예들에 비추어 매우 특이한 위상을 가지거니와, 이야말로 김부식의 좌절의 깊이를 반영하고 있다. 다음은 앞에 인용한 사마광의 「유표」와 비교하여 음미될 부분이다.

> 좋은 약은 입에 쓰나 병에는 이로우며 충신의 말은 귀에 거슬리나 행동에는 이로운 것이다. 이 때문에 옛날의 밝은 임금들은 자기를 비우고 정사를 물었으며 얼굴을 부드럽게 하여 간언을 받아들이면서 오히려 사람들이 말하지 않을 것을 두려워해 敢諫의 북을 걸어두고 誹謗의 나무를 세워 마지않았던 것이다. 지금 牟大王은 간하는 글을 올려도 살피지 않고 게다가 문을 닫고 거부했으니 莊子의 "허물을 알고도 고치지 않으며 간하는 말을 듣고도 더욱 심한 것을 강퍅하다〔狠〕고 한다"라는 말은 모대왕을 이르는 것인가.[46]

---

45) 鄭求福, 1996,「三國史記 解題」,(『譯註 三國史記』1, 韓國精神文化研究院), 500~501쪽.
46) 『三國史記』, 百濟本紀 東城王 22년: "春 起臨流閣於宮東 高五丈 又穿池養奇禽 諫臣抗疏不報 恐有復諫者 閉宮門"에 대한 사론.

정치가 김부식의 현실 인식과 대안은 이처럼 『삼국사기』라는 역사 속에서 다시 변명의 마당을 확보하게 되었다. 다시 말하거니와 김부식이 주목한 것은 김유신의 위대함이 아니라, 그에 대한 신라 왕실의 흔들리지 않는 신뢰였다. 김유신을 김유신이게 한 것은 인군다운 인군의 태도에 있었던 것이다. 이 점에서 『삼국사기』는 삼국시대를 설명하는 '본사'인 동시에, 12세기 중엽 고려 왕조의 위기에 대해 김부식이 제안한 하나의 '대안'이었다.

제8장

本史와 遺事

1. 머리말

　　오늘날 『삼국유사』는 『삼국사기』와 함께 우리 고대사를 연구하는 데 없어서는 안될 자료로 평가되고 있다. 그러면서도 『삼국사기』는 그것이 편찬되던 고려 당대부터 전통 시대 역사를 지나 근대 사학에 이르기까지 여러 맥락에서의 비판이 끊이지 않았던 데 비해, 『삼국유사』는 비록 상대적이나마 온건하고도 우호적인 평가를 받아 온 느낌이 있다.

　　물론 『삼국유사』는 『삼국사기』보다도 유통 범위가 좁았던 것 같고, 더군다나 조선의 성리학적 지배 이념 아래에서는 그 가치가 정당하게 평가되기도 어려웠을 것이다. 예컨대 조선 시대 문헌 가운데는 『삼국유사』를 인용하면서도 "그 저자는 잘 모르겠다"라고 한다거나, "허황됨이 많아서 믿을 만한 것은 못된다"[1]라고 한 사례에서 이를 짐작할 수

---

1) 『新增東國輿地勝覽』 6 京畿조에는 『삼국유사』의 마한과 변한에 관한 견해를 언급하면서 "是書未知誰作 亦出於高麗中葉以後 其所紀載 皆荒誕不經 不足取信"이라고 논평하였다. 安鼎福의 『東史綱目』 凡例에서도 '三國遺事'에 대해 "高麗中葉 僧無亟一然撰 凡五卷 其書本

있다.

　그러나 외세에 의해 주권이 강탈당한 금세기에 와서 『삼국사기』의 경직된 중국 중심적 분위기에 비판적이었던 지식인들은 우리 고대 문화에 대한 『삼국유사』의 진솔한 내용들에서 신선한 충격을 받게 되었다. 당시 『삼국유사』의 가치를 재발견한 崔南善의 경우 "만일 本史와 遺事의 양자 가운데 어느 하나밖에 지니지 못할 경우가 있다고 한다면" 마땅히 『삼국유사』를 선택하겠다고 말할 정도[2]로 『삼국유사』는 우리 고대 문화의 경이로운 보고였던 것이다. 물론 이러한 경탄에는 『삼국사기』의 역사 인식에 대한 그 나름의 반발이 우선 작용했던 것이므로, 지금에 와서 볼 때 반드시 적실한 판단이었다고는 할 수 없겠다.

　특히 우리는, 서슴없이 『삼국유사』를 선택하고자 했던 그에게도 『삼국사기』는 '本史'로 지칭되었다는 것을 놓칠 수 없다. 다시 말하여 연구자에 따라서는 일견 『삼국사기』가 『삼국유사』에 의해 극복 대상이 되는 것처럼 이해하는 경향이 발견되고 있지만, 『삼국유사』는 『삼국사기』를 전제할 때 비로소 그 위상이 용이하게 드러난다는 점을 유념해야 한다.

　따라서 여기서는 우선 우리 고대사를 복원하는 주요 사료로서의 두 책에 대한 균형된 이해를 시도한다. 물론 전체적으로 보아 두 책이 전일적인 사서의 형태로 동등 비교될 수는 없다. 다만 『삼국유사』 편찬자의 본래적 의도와는 상관없이 그것이 지니는 사서로서의 유용성을 주목할 수 있을 것이고, 그 경우 『삼국사기』와의 관계나 『삼국

爲佛氏立教之源流而作 故間有年代之可考 而專是異端虛誕之說 後來本朝 撰通鑑時 多取錄焉 輿地勝覽地名 亦多從之 噫是書也 只是異流怪說 而能傳於後 當時豈無秉筆記事之人 而皆湮沒無傳 盖此書爲僧釋所傳 故藏在巖穴之中 而得保於兵燹之餘"라고 했으니, '異端' '虛誕' '異流' '怪說' 등의 표현을 주목한다.
2) 崔南善, 1971, 「三國遺事 解題」(『新訂 三國遺事』, 民衆書館 4판), 10쪽.

유사』찬자의『삼국사기』에 대한 인식의 일면을 지적할 수도 있을 것이다.

다음에 이를 토대로『삼국유사』에 보이는 '三國本史'의 실체를 논의하겠다. 그런데 이 문제는『삼국사기』및 이른바『구삼국사』를 포함한 사학사적 쟁점과 연계하여 숙고될 사항이기도 하다. 그러므로 논의의 방향은『삼국유사』찬자에 있어 삼국의 근본 사서는『삼국사기』였다는 것을 논증하는 것으로 설정한다. 또한 여기에는『삼국사기』자체에서 언급된 '本史'와 두 책을 공유한 시기의 두 책에 대한 비교적 관점이 함께 살펴질 것이다.

끝으로『삼국유사』에 인용된『국사』가 '三國本史'로 간주된『삼국사기』가 아니라 고려 후기에 편찬된 별개 사서라고 하는 최근 주장[3]에 대해 비판적 검토를 더하려 한다. 주지하듯이 그동안『삼국유사』에 보이는『국사』나『삼국사』등 몇 가지 주요 인용서들의 실체 문제는 역시『삼국사기』나『구삼국사』와 관련하여 전개되어 왔다. 그러므로 여기서는『국사』가 과연『삼국사기』가 아님은 물론 그 이후 편찬된 별개 사서로 볼 수 있을 것인가 하는 문제에 논의를 한정하겠다.

2.『삼국유사』와『삼국사기』

『삼국유사』는 지금으로부터 700여 년 전 고려 충렬왕 10년(1284)을 전후한 시기에 탈고되었다. 그러므로 기전체의 관찬 정사로서 인종 23년(1145)에 찬진된『삼국사기』보다는 약 140여 년 뒤늦은 저술이 되는 셈

---

[3] 鄭求福, 1993,「高麗 初期의『三國史』編纂에 대한 一考」(『國史館論叢』45).

이다. 이것은 『삼국유사』 찬자가 『삼국사기』를 충분히 숙지하고 있었고, 그에 따라 『삼국사기』의 존재 자체나 그 구체적 내용들이 『삼국유사』의 저술에 어떤 형태로든 반영되어 있었을 것이라는 점을 환기시켜 준다. 문제는 기왕의 『삼국사기』에 대한 『삼국유사』의 위상을 어떻게 정리할 것인가에 있겠다.

물론 『삼국유사』를 『삼국사기』와 동질적 시각에서 파악하려는 시도는 여러 난관에 부딪치게 될 것이다. 그것은 우선 두 책의 서술 체제에서부터 연유한다. 주지하듯이 『삼국사기』의 서술 체제는 司馬遷의 『사기』에서 비롯된 동양의 전통적 역사 편찬 방식인 기전체 서술 양식에 충실한 것이다. 기전체는 왕조사를 편년에 따라 서술한 본기와 그 시대의 의미 있는 인물들의 전기가 주요한 내용을 이루고 있는 형태이다. 『삼국사기』는 여기에다가 각 분야의 분류사라고 할 수 있는 잡지 및 중국과 우리 삼국의 왕대력을 대비한 연표를 아우르고 있다. 반면에 『삼국유사』는 서술자의 분방한 관심에 따라 어느 정형화된 형식에 구애받지 않고 자유롭게 서술하는 특징을 가진다.

서술 체제와 방식의 문제는 다시 그에 따른 내용의 문제와 긴밀히 조응하게 된다. 즉 『삼국사기』가 주로 통치자와 지배계급 중심의 내용이 되고 있는 반면에 『삼국유사』는 우리 고대를 구성하는 다양한 계층과 이름없는 민중들의 진솔한 경험 및 역동의 모습을 토로한 부분이 적지 않은 것이다. 요컨대 『삼국유사』는 서술 방식에서 이미 주제와 자료 선정의 폭이 자연스럽게 열려 있었던 것이다.

한편 『삼국유사』는 고승이나 일반 백성 그리고 하층민들의 다양한 불교적 이적의 소개와 그를 통한 신앙의 홍포에 상당한 무게를 두고 있으면서도, 기왕의 『고승전』과는 또한 그 체제와 서술 방식이 사뭇 다르다. 이 점은 역시 고종 2년(1215)에 편찬된 覺訓의 『해동고승전』이 중국의 『고승전』 체제를 염두에 두고 있었던 것과도 비교되는 차이점이다. 이렇게 보면 『삼국유사』는 서술 체제에서부터 『삼국사기』의 전통적인 기전체나 『해동고승전』의 체제 어디에도 얽매이지 않으면서도, 선행한 두 책의 관심 분야와 특장을 탄력 있게 수용했다는 인상을 준다.

그러나 『삼국유사』는 '삼국의 遺事'임을 주목할 필요가 있다. 즉 "遺事라 함은 正史에 遺漏된 瑣雜한 事實을 意味하는 者"[4]라고 한다면, 그것은 곧 '正史'로서의 『삼국사기』를 전제하고 있는 것이다.[5] 그러므로 이른바 『삼국유사』의 사학사적 의의를 논의할 때 『삼국사기』와의 비교적 관점이 전혀 무의미한 것은 아니라 하겠다. 예컨대 "『삼국유사』는 『삼국사기』가 합리적인 사실들을 주로 다루고 있는 데 대해서 비합리적인 사실들을 주로 다루고 있다"[6]는 점을 환기할 수 있는 것이다. 이 경우 외양으로만 본다면 『삼국유사』는 『삼국사기』에 대한 '반발'이라고 할 수 있을지도 모르겠다. 나아가 그 '반발'은 곧 찬자의 찬술 동기 혹은 찬술 의도로 파악될 소지 또한 없지 않다.

그러면서도 『삼국유사』가 겨냥한 '의도'를 기존 정사에 대한 '반발'로만 설명하는 것은 지나치게 소극적이며 피상적일 수 있다고 생각한다. 우선 『삼국유사』의 9개 편목 가운데 왕력과 기이편을 제외한 나머지는 모두 불교사 및 불교 신앙의 이적과 감동을 다루고 있다. 그러므로 생각하기에 따라서는 서두의 왕력과 기이편은 그러한 불교적 신이가 전개된 시간과 공간의 배경을 제시한 것으로 볼 수 있다. 또한 그러한 의미에서도 『삼국유사』가 전일적인 정사로서의 『삼국사기』와 단순 비교될 수 없는 동시에, 이를 『삼국사기』와 대립적 위상으로 자리매김하기가 용이하지 않은 것이다.

물론 『삼국유사』의 세계를 일러 이른바 '神異史觀'에 충실하다는 지

---

4) 崔南善, 1971, 앞 책 『新訂 三國遺事』, 1쪽.
5) 丁若鏞은 "遺事란 逸事이니, 史家의 기록이 아니라 그 가운데 遺逸하여 글로 드러나지 않은 것을 이른다"라고 했다. 『與猶堂全書』 24, 「雅言覺非」.
6) 李基白, 1973, 「三國遺事의 史學史的 意義」(『震檀學報』 36).

적은 상당한 설득력을 지닌다. 一然은 신앙의 홍포를 겨냥한 홍법편 이하의 시공적 배경이라고 할 수 있는 기이편의 서두에서 이렇게 말했다.

> 대저 옛 성인들이 禮樂으로 나라를 일으키고 仁義로 가르침을 베풀었으니 '怪力亂神'과 같은 것은 말하지 아니하였다.7) 그러나 帝王이 장차 일어날 때에는 符命에 응하여 圖錄을 받게 되니, 반드시 보통 사람과는 다름이 있는지라. 그러한 다음에 크나큰 변화를 타고 大器를 잡아 大業을 이루는 것이다. 그러므로 河水에서 그림이 나오고 洛水에서 글이 나와 聖人이 일어났다. 무지개가 神母의 몸을 두르더니 伏羲가 탄생하였고, 용이 女登에게 감응하여 炎帝를 낳았으며, 皇娥가 窮桑의 들에서 놀 때 웬 神童이 스스로 白帝의 아들을 일컫더니 그녀와 교통하여 小昊를 낳았다. 簡狄은 알을 삼키고 契을 낳았고, 姜嫄은 발자국을 밟고 弃를 낳았다. 잉태한지 14개월 만에 堯를 낳았고, 용이 大澤에서 교접하여 沛公을 낳았다. 이후의 일을 어찌 다 기록하랴. 그러므로 삼국의 始祖가 모두 神異한 데서 나왔다는 것이 무슨 괴이할 게 있으리오. 이 기이편을 이 책 첫머리에 싣는 뜻이 여기에 있다.

그는 '怪力亂神'을 언급하지 않아야 한다는 식자들의 논리를 숙지하고 있었다. 그러면서도 거리낌없이 '怪力亂神'의 기록에서 출발하고 있다. 사실 '神異'란 '怪力亂神'에 대한 긍정적 자각을 통해 도달한 동의어일 뿐이다. 다시 말하여 『삼국유사』의 비현실적 설화들은 찬자 스스로가 지시한 바와 같이 유교적 세계관에 충실한 이들이 극구 절제해 온 '怪力亂神'의 사례가 아니라, 오히려 그 논리에 대한 적극적이고도 공세적인 대응에서 가능해진 '神異'의 증거였다고 하겠다.

물론 이와 같은 '神異'의 천명은 왕명에 따라 『삼국사기』를 찬진해 올리면서 밝힌 김부식의 언급과 좋은 대조를 이룬다. 김부식은 왕의

---

7) 『論語』, 述而.

명령을 빌어 말하기를 『삼국사기』 편찬을 통해 "인군의 善惡과 신하의 忠邪와 나라의 安危와 인민의 治亂을 다 드러내어 후세에 권계로 드리울 것"을 기대하였다. 이것은 평생을 정치 현장의 일선에서 왕조의 안정을 위해 대내외적 문제에 깊게 개입해 왔던 김부식과, 70여 년의 승려 생활 동안 각계각층의 불교 신앙의 감동과 이적을 접하고 이를 대중과 공유하고자 했던 일연의 차이에서 유래된 귀결점일 것이다.

그러므로 『삼국유사』 찬자의 '의도'가 『삼국사기』에 대한 '보완'의 맥락이었는가, '비판'의 맥락이었는가는 그다지 중요하지 않다.[8] '보완'조차도 이미 '비판'의 한 형태인 점에서 일견 상이한 관점은 서로 용해될 수 있다고 본다. 결국 '怪力亂神'과 '神異'는 수용자의 자각 여하에 따라 귀결될 사항이겠다. 「동명왕편」은 바로 이러한 자각과 개안에서 성취된 한 사례일 것이다.

> 세상에서는 東明王의 神異한 일이 많이들 이야기되고 있어서, 비록 어리석은 남녀조차도 자못 그 일을 말할 수 있을 정도이다. 나는 언젠가 그 이야기를 듣고 웃으며 "先師 仲尼께서는 怪力亂神을 말씀하지 않으셨거니와, 이야말로 황당하고 기궤한 일인지라 우리들이 말할 바가 못된다"라고 말한 적이 있다.… 계축년 4월에 『舊三國史』를 얻어 東明王本紀를 보니 그 神異한 자취는 세상에서 얘기되는 정도보다 더했다. 그러나 역시 처음에는 믿을 수 없어 鬼幻스럽게 여겼는데, 다시 여러 번 耽味하여 차츰 그 근원을 밟아가 보니 이는 '幻'이 아니라 '聖'이요 '鬼'가 아니라 '神'이었다. 하물며 國史는 直筆하는 책이니 어찌 함부로 전한 것이겠는가!

이처럼 동명왕의 사적이 '怪力亂神'에서 '神異'로 변하기 위해서는 단지 李奎報 자신의 자각이 요구될 뿐이었다. '鬼幻'과 '神聖'의 차이는 객관적으로 검증될 사항이 아닌 것이다. 또한 이규보의 '자각'이 마침

---

8) 이러한 논의는 진단학회의 제1회 고전 심포지움(1973) 토론석상에서 잘 대비되어 토로되었다. 震檀學會 編, 1980, 『韓國古典심포지움』 제1집(一潮閣), 24~34쪽.

내 황당하고 기궤한 이야기들을 사실로 받아들이게 된 것을 의미하지는 않는 것처럼, 『삼국유사』 찬자 역시 스스로 천명한 '神異'를 역사적 사실로 수용한 것은 아니었다.9) 그에게 중요한 것은 무엇보다도 불교의 홍포요 종교적 감동이었다. 아울러 그가 겨냥한 '불교적 감동'이 현실적으로 어떤 의미 맥락으로 기능할 것인가 하는 문제는 『삼국사기』에 대한 『삼국유사』의 위상과는 별개의 논의 사항이라고 하겠다.

'본사'에 대한 '유사'로서의 위상 및 그와 같은 이해는 독자의 사관이 어떠한 것인가 하는 문제와도 구별되어야 옳다. 예컨대 크게 보아 조선시대 지식인들의 『삼국사기』관은 원전으로서의 비중을 인정하는 것과는 별개 문제로 그다지 우호적이지 않았다. 그렇다고 하여 이미 말한 것처럼 그들이 『삼국유사』를 그 대안으로 생각할 리도 만무하였다. 더구나 그들은 『삼국사기』와 그 편찬을 주도한 김부식을 향해 유교적 예의범주를 일탈했다거나 모화의식이 크게 부족하다거나, 혹은 비현실적 내용을 절제 없이 수록했다거나 하는 비난을 서슴지 않았던 점을 환기할 필요가 있다. 나아가 자국사에 대한 자각에 눈뜨고 중화주의적 세계관을 극복하게 된 실학자들 또한 당연히 『삼국사기』에 만족할 수 없었다. 그 곳에는 민족사에 대한 자존 의식도 없었고, 단군의 역사도 발해의 역사도 없었던 것이다. 그렇다고 실학자들이 『삼국유사』에서 새로운 대안을 발견한 것도 아니었다.

이처럼 『삼국사기』를 삼국에 관한 '本史'로, 그리고 『삼국유사』를 『삼국사기』를 전제한 '遺事'로 파악하는 시각은 두 책을 공유하던 전통시대 지식인들에게 이견이 없었던 것이다. 1512년에 두 책을 광범하게 보각한 뒤 발문을 작성한 李繼福의 인식이 그 한 예증이 되겠다. 이

---

9) 金相鉉. 1978. 「『三國遺事』에 나타난 一然의 佛敎史觀」(『韓國史硏究』 20).

계복 등은 두 책을 '本史'와 '遺事'로 지칭하고, 각각 '천하의 治亂과 興亡' 및 '온갖 神異한 사적'에 관한 근본 문헌으로 이해하였다.

> 우리 동방 삼국의 '本史'와 '遺事' 두 책은 다른 곳에서 간행된 적이 없고 단지 本府(慶州-필자)에만 있었는데, 세월이 오래 되매 낡고 닳아 없어져 한 줄 가운데 알아볼 수 있는 것이 겨우 너덧 자밖에 되지 않았다. 내가 생각하건대 선비가 이 세상에 태어나 여러 역사책을 두루 보아 천하의 治亂과 興亡, 그리고 온갖 神異한 사적에 대해서조차 오히려 식견을 넓히고자 하거늘, 하물며 이 나라에 살면서 이 나라 사적을 몰라서야 되겠는가!…

3. 『삼국유사』의 '本史'

이미 말한 바와 같이 『삼국유사』는 『삼국사기』의 정사로서의 위상을 직시한 위에서 편찬되었다. 『삼국유사』 찬자는 『삼국사기』를 가리켜 단순히 『삼국사기』라고 한 경우도 있지만, 많은 경우에는 『국사』, 혹은 『삼국사』로 부르기도 하였다.[10] 특히 몇 군데에서 『삼국사기』는 '삼국본사'로 지칭되었다. 『삼국유사』 찬자는 『삼국사기』를 삼국의 역사에 대한 근본 사서로 간주했던 것이다.

> ① 新羅本記 제4에 이르기를 "제19대 訥祗王 때 沙門 墨胡子가 고구려로부터 一善郡에 오자… 또 21대 毗處王 때 와서 我道和尙이 侍者 세 사람과 함께 역시 毛禮의 집에 왔는데 …〔有注云 與本碑及諸傳記殊異 又高僧傳云 西竺人 或云 從吳來〕

---

10) 이에 대해서는 李康來, 1996, 「三國遺事의 舊三國史論」(『三國史記 典據論』, 民族社)에서 논의하였다.

② 我道本碑를 보면 "我道는 高麗人으로 어머니는 高道寧인데…"
③ 이로써 보건대 本記와 本碑의 두 가지 설이 서로 어긋나 같지 않은 것이 이와 같다. 한번 시험삼아 이에 대해 논하자면, 梁과 唐의 두 僧傳 및 三國本史에는 모두 고구려·백제 두 나라 불교의 시작이 晉 말엽 太元연간이라고 했으니 二道法師가 小獸林王 갑술년에 고구려에 온 것은 분명하다.… 눌지왕과 소수림왕의 시대가 서로 연접해 있으므로 아도가 고구려를 떠나 신라에 이른 때는 마땅히 눌지왕의 치세였을 것이다. (이상 흥법 阿道基羅. 〔 〕는 찬자의 註)

인용문은 신라에서 불법이 처음 전래되는 과정을 서술한 것이다. 글의 구조는 크게 보아 '新羅本記'와 '阿道本碑'의 정보를 소개하고, 이어 두 자료의 차이점에 대한 서술자의 고증으로 나누어 파악할 수 있다. '新羅本記'를 인용한 내용은 눌지왕 때 묵호자가 고구려에서 신라로 왔으며, 그는 양나라에서 신라에 보낸 香의 효험을 알려 주어 왕녀의 병을 고쳤다는 것, 그리고 다시 비처왕 때 아도가 신라에 왔다는 사실 등을 담고 있다. 이 '新羅本記'가 『삼국사기』 新羅本紀라는 것은 다음 사항을 통해 볼 때 의심할 여지가 없다.

우선 '本紀'와 '本記'의 표기 차이는 어떤 의미 있는 차이를 반영한 것이 아니라 서로 통용될 수 있으며, 실제 『삼국유사』에서 얼마든지 그 실례를 제시할 수 있다.[11] 또 『삼국사기』 신라본기에 눌지왕과 비처왕, 즉 소지왕대의 편년 기사는 권 3에 해당되지만 위에 언급한 불교 전래 관련 사실은 권 4 법흥왕 15년조에 일괄 제시되어 있다. 따라서 인용자가 '新羅本記 제4'라고 한 지적과 일치한다. 더구나 법흥왕 15년조를 염두에 두지 않는다면 '訥祗王'은 '訥祇麻立干'으로, '毗處王'은 '炤知麻立干'으로 표기해야 『삼국사기』의 일반적 표기례와 들어맞는다. 그러므로 '新羅本記'를 『삼국사기』 신라본기 이외의 다른 것으로 볼 까

---

11) 본서 2부 4장 참조.

닭이 없다.

나아가 우리는 무엇보다도 찬자의 주에서 "有注云 與本碑及諸傳記 殊異"라고 한 대목에 보이는 '注'의 존재를 주목하고자 한다. '注'의 내용은 '本碑' 및 '諸傳記'와 다르다는 것이다. 그런데 신라본기 법흥왕 15년조에는 위에 인용된 내력에 더해 법흥왕 당시 異次頓의 희생과 관련된 사건을 소개한 다음, 분주를 통해 "이것은 金大問의 『鷄林雜傳』 기록에 의거해 썼다. 韓奈麻 金用行이 지은 「我道和尙碑」의 기록과는 다르다"라고 밝혀 두었다. 「阿道和尙碑」는 인용문 ②의 「我道本碑」를 가리킨다고 판단한다. 따라서 『삼국유사』에서 인용한 '注'는 『삼국사기』 법흥왕 15년조 말미에 있는 分註인 것이다. 약간의 추론을 허용한다면 阿道基羅조 서술자는 『삼국사기』의 이 분주에 추동되어 다시 「아도화상비」를 인용했으며, 여기에 양자 사이의 차이에 대한 논증의 계기가 마련된 것이라고 할 수도 있겠다.

인용문의 ③은 '本記'와 '本碑', 즉 '新羅本記'와 '阿道本碑'의 차이를 환기시킨 다음, 논증을 위해 양·당의 고승전과 함께 문제의 '三國本史'를 참조하였다. 거론된 자료에는 고구려와 백제의 불교 수용이 晉 말엽 太元연간(376~396)으로 제시되었다고 하였다. 나아가 아도[12]가 소수림왕 때 고구려에 온 사실을 기준삼아, 그가 다시 눌지왕 때 신라에 왔을 것으로 판단하였다. 그러므로 이는 '本記'와 '本碑'의 상충하는 정보 가운데 '三國本史'를 근거로 '本記'의 신빙성을 확인한 작업이 되었다. 그런데 『삼국사기』 고구려본기 소수림왕 2년(372)조에는 秦에서 승려 順道가 왔다 하였고, 이어 4년(갑술)조에는 "僧阿道來"라 했으며, 이듬해에 절을 지어 두 승려를 주석시킨 사실을 들어 '海東佛法의 시초'로 평가하였다. 또 백제본기 침류왕 즉위년(384)조에서는 晉에서 摩羅

---

[12] '二道'를 順道와 阿道로 보는 견해와 阿道의 誤字로 보는 견해가 있다. 여기서는 후자를 따른다. 辛鍾遠, 1992, 「新羅 佛敎傳來의 諸樣相」, 『新羅初期佛敎史硏究』, 民族社, 145쪽 참조.

難陀가 백제에 들어온 것을 백제에서 불교가 비롯된 사건으로 간주하였다. 이렇게 볼 때 '三國本史'는 『삼국사기』에 다름 아닌 것이다. 또한 신라 불교의 시초를 논증하는 이 과정에서 『삼국사기』는 가장 의미있는 전거로 활용되었다는 점도 유념할 사항이겠다.

'三國本史'를 언급한 다른 사례를 보기로 한다.

> ① 山中古傳을 살펴보면 이 산을 眞聖이 머물러 계시는 곳이라고 이름하게 된 것은 慈藏法師로부터 비롯된 것이라고 하였다. 처음 법사는 중국 五臺山의 文殊眞身을 뵙고자 하여 善德王 때인 貞觀 10년 丙申〔唐僧傳에는 '12년'이라고 했는데, 여기서는 '三國本史'를 따른다〕에 당나라에 들어갔다.…
> ② 자장법사가 신라에 돌아왔을 때 淨神大王의 太子 寶川과 孝明 두 형제〔國史를 보면 신라에는 淨神과 寶川과 孝明의 세 父子에 관한 明文이 없다.…〕가 河西府에 이르러… (이상 탑상 臺山五萬眞身, 〔 〕는 찬자의 註)

본조의 주요 전거는 서두에 밝힌 '山中古傳'이다. 여기에다 ①항에서는 '唐僧傳'과 '三國本史'가 비교 자료로 참조되었고, ②항에서는 『국사』가 같은 역할을 하였다. '산중고전'은 자장법사의 입당 연대를 정관 10년(636)으로 기록하였다. 그런데 '唐僧傳' 곧 『續高僧傳』에는 같은 사실이 정관 12년으로 기록되어 있다.[13] 그리고 『삼국사기』에는 신라본기 선덕왕 5년(636)조에 "慈藏法師 入唐求法"이라고 하였다. 따라서 '삼국본사'는 『삼국사기』를 가리킨다. ②항의 『국사』는 물론 『삼국사기』를 의미한다.

『속고승전』은 자장에 관한 현존 자료 가운데 가장 풍부한 정보를 담고 있다. 더구나 자장이 신라로 돌아온 연대는 『속고승전』이나 『삼국사기』가 모두 정관 17년, 즉 선덕왕 12년(643)으로 일치하고 있다. 그러나 본조의 논증에서는 '삼국본사', 곧 『삼국사기』의 단편적 정보를

---

13) 『續高僧傳』 24. 釋慈藏: "以貞觀十二年 將領門人僧實等十有餘人 東辭至京".

기준으로 삼아 『속고승전』의 연대를 부정하였다. 특히 이 문제와 관련하여 생각할 때 경문왕 12년(872)에 조성한 「皇龍寺九層木塔刹柱本記」에도 "선덕대왕 즉위 7년, 즉 대당 정관 12년이요 우리나라 仁平 5년 무술년에 우리 사신 神通을 따라서 당에 들어갔다"라고 한 내용을 환기하게 된다. 『삼국유사』 찬자 역시 이 자료를 언급하였다. 즉 皇龍寺九層塔조에서 탑을 설명하는 가운데 "刹柱記에는 '鐵盤 이상의 높이는 42尺, 이하는 183척이다'라고 하였다"는 지적이 그것이다.[14] 그는 이처럼 『속고승전』과 일치하는 연대관을 가지고 있는 신라의 자료를 숙지하고 있었던 것이다. 그런데도 '삼국본사'의 연대를 따랐다.[15] 그렇다면 『삼국유사』 찬자는 결국 '삼국본사'라는 지칭을 통해 『삼국사기』가 가지는 '삼국 관련 근본 사서'로서의 위상을 염두에 두고 있었다고 생각한다.

물론 '本史'라는 표현이 어떤 경우나 모두 『삼국사기』만을 가리킨다고 하기에는 몇 가지 난점이 있겠다. 우선 생각할 수 있는 경우는 『삼국사기』 자체의 서술 가운데 언급된 '본사'의 용례일 것이다. 『삼국사기』 신라본기에는 신라왕의 졸년과 관련한 고증에서 두 차례 '본사'를 언급하였다.

　○善德王 16년(647) 봄 정월… 8일에 왕이 죽었다.… 〔『唐書』에는 "貞觀 21년(647)에 죽었다" 하고 『通鑑』에는 "25년에 죽었다"고 했으나, 本史로써 고증한다면 『통감』이 잘못이다.〕[16]

---

14) 「皇龍寺九層木塔刹柱本記」에는 "鐵盤已上 高七步 已下高三十步三尺"이라고 하였다. '七步'는 1步=6尺에 따른 추독. 韓國古代社會硏究所 編, 1992, 『譯註 韓國古代金石文』 3, 368쪽.
15) 『삼국유사』 慈藏定律조와 皇龍寺九層塔조 역시 모두 『삼국사기』와 같은 연대관을 전하고 있다.
16) 여기에 이른 『唐書』는 『구당서』와 『신당서』 신라전을 이르는 것으로 본다. 『구당서』 태종본기에는 '정관 22년'으로 기록했기 때문이다. 『冊府元龜』 역시 '정관 22년'으로 기록했다. 특히 『資治通鑑』 198 唐紀14 태종 下之上 정관 22년 정월조에 "신라 왕 김선덕이 죽었으므로

○ 元聖王 14년(798) 겨울 12월 29일에 왕이 죽었다.…〔『唐書』에는 "貞元 14년 (798)에 敬信이 죽었다" 하였고, 『通鑑』에는 "정원 16년에 敬信이 죽었다"라고 했는데, 本史로 고증하건대 『통감』이 잘못이다.〕17)

　　두 왕의 죽음에 관한 신라본기 및 연표의 서술은 분주에 밝힌 것처럼 『당서』의 연대관과 일치한다. '본사'는 『자치통감』의 신라 왕 卒年 기록이 잘못이라는 것을 증거하는 기준으로 기대되고, 또 기능하고 있다. 한편 신라본기에는 왕의 卒年에 관계된 분주가 여섯 곳이 있거니와, 그 가운데서 진평왕·효소왕·경덕왕·헌덕왕의 경우는 『古記』에 근거한 고증이었고, 선덕왕과 원성왕의 경우는 '본사'에 근거한 것이었다. 분주를 가한 자의 의도는 주로 『자치통감』이나 『당서』 등의 오류를 지적하기 위한 것이었다. 따라서 자연 중국 사서와 대비되는 『고기』나 '본사'를 들어 판정을 가했던 것이고, 그렇다면 국내 자료에 대한 분주자의 신뢰가 현저한 예라 할 것이다.

　　주목할 문제는 과연 신라본기에 언급된 '본사'의 실체가 어떤 것인가에 있다. 외양으로 보아 '본사'는 『고기』와 동일한 위상에 서 있다. 양자는 서로 중복하여 논급되지 않는 원칙에서 궁극적으로 동일한 역할을 하고 있다. 그러므로 『고기』가 『삼국사기』 편찬시 확보된 전거 자료의 하나였듯이, '본사' 역시 『삼국사기』 이전의 특정 사료로 간주될 여지가 적지 않은 것이다. 게다가 위에 인용한 두 왕의 경우는 훙거한 일자까지 제시되고 있는 희소한 사례이기도 하다. 나아가 이와 같은 이해에 서고 보면 '본사'를 곧 이른바 『구삼국사』로 단정하는

───────

　　선덕의 누이 진덕을 桂國으로 삼아 낙랑군왕을 봉하고 사신을 보내 책명했다"라고 했으므로, 『삼국사기』 서술자는 『자치통감』의 '22년'을 '25년'으로 誤引했을 수 있다. 그러나 그보다는 현행 정덕본 『삼국사기』의 '五'는 '二'의 誤刻일 것이다.

17) 『資治通鑑』 235, 唐紀51 德宗 10 貞元 16년 4월조에 "신라 왕 敬則이 죽었으므로, 그 적손 俊邕에게 책명을 내려 신라 왕으로 했다"라고 하여, 『삼국사기』보다 2년 늦게 기록되어 있다. 한편 최치원이 찬한 「崇福寺碑」에는 '貞元 戊寅年(798) 겨울'로 기록되어 있다.

견해를 가질 수도 있겠다.18) 혹은 일부에서처럼『고기』와 '본사'의 기능적 유사성에 경도된다면『고기』가 곧『구삼국사』라는 이해에 도달하게 될지도 모른다.

그러나 우선『고기』자체가『구삼국사』만을 지칭하는 것은 아니다. 따라서『고기』를 매개로 한 '본사'=『구삼국사』와 같은 이해도 설득력이 충분치 못하다. 아울러 신라왕의 졸년에 관한『자치통감』등의 오류를 지적한 여섯 왕의 예 가운데『고기』가 논거로 된 경우에는 구체적인『고기』의 내용이 제시되어 있고, 동시에『고기』의 내용과 신라본기 본문에 서술된 내용이 월·일에서는 반드시 일치하지 않기도 하여 본문 서술의 근거 자료와『고기』로 지칭된 그것이 서로 다른 계통이었던 것을 알 수 있다. 반면에 선덕왕과 원성왕의 경우는 중국 측 사서의 오류를 판단하는 기준으로 '본사'를 들면서도 그 '본사'가 담고 있는 구체적인 내용이 제시되고 있지는 않다. 따라서 '본사'는『삼국사기』자체일 수도 있다. 그렇다면 위에 인용한 두 왕의 졸년 관계 분주는 후주적 성격을 가지는 것이다.19)

여기서는 두 가지 다른 가능성에 대해 어느 하나를 취하는 단정은 보류한다. 물론 정제된 관찬 정사로서의『삼국사기』가 전제되는 이후의 '(삼국)본사'는『삼국사기』임에 틀림없다고 생각한다. 지금까지 논의한『삼국유사』에서의 용례가 이를 말해 주고 있는 것이다. 그러면서도『삼국사기』의 '본사'를 용이하게 규정하기 어려운 것은『삼국사기』에 언급된 '본사'가 과연『삼국사기』자체일 수 있을 것인가 하는 부자연스러움이 한 이유가 될 것이고, 한편으로 그러면서도 그 경우 '본사'란 본문의 정보와 중국 자료와의 상이점에서 시비진위를 가리는

---

18) 井上秀雄, 1974,「新羅朴氏王系の成立-骨品制の再檢討」,『新羅史基礎研究』, 東出版株式會社), 345쪽.
19) 李康來, 1996,「三國史記와 古記」앞 책『三國史記 典據論』.

국내 고유 전거라는 위상을 지니고 있다는 데 연유하고 있다. 여기에 덧붙여 '본사'의 용례가 신라본기의 두 왕과 관련해서만 제시되었다는 점도 고려할 사항이라고 본다. 이를 위해 安鼎福의 견해를 참조할 수 있다.

> ① …신라 초기에는 왕호가 미처 정해지지 않아 居西干·次次雄·尼師今·麻立干이라 칭했는데, 崔致遠의 『年代曆』에는 그것이 오랑캐의 말임을 꺼려 글을 고쳐 쓰자 『동국통감』 역시 그대로 따랐다. 그러나 역사란 사실대로 기록하는 글인지라 마땅히 있는 그대로 써야 옳다. 그러므로 이제 '本史'를 따른다. (『東史綱目』 凡例 名號)
> ② 고려 김부식의 찬이다.… 김씨가 『삼국사기』를 찬할 때 신라의 경우는 남아 있는 '本史'에 따랐으나, 고구려와 백제에 대해서는 더욱 상고할 데가 없었으므로 단지 이른바 『古記』에 단편적으로 전하는 것에 의거했는데… (『東史綱目』, 凡例 採據書目 東國書籍 三國史記)

①항에 보이는 '본사'는 『동국통감』에 의해 변개된 기존의 '근본 사서'를 가리킨다. 물론 문맥을 경직되게 적용한다면 '본사'는 『(제왕)연대력』에 의해 변개된 기존 자료라고 할 수도 있다. 그러나 안정복이 최치원의 『제왕연대력』을 실제 참조할 수 있었던 것은 아니므로, 그의 자료 환경에서 판단한다면 따르고자 한 실례로서의 '본사'는 『삼국사기』 외에는 생각할 대상이 없다. 다시 말하여 『삼국사기』 자체를 직접 일러 '본사'라고 한 것은 아니라고 반론을 제기할 수 없지 않지만, 그에게 있어 『삼국사기』는 적어도 '본사'의 위상을 대변하고 있다는 것이다. 사실 최치원의 변개 사실을 지적한 부분도 『삼국사기』에 제시된 비판을 다시 용해한 데서 비롯한 언급에 불과하다. 그러므로 이 경우 '본사'는 『삼국사기』를 지시한다고 판단해도 무방하다.

한편 ②항에 쓰인 '본사'는 신라사에 한정된 자료의 인상을 준다. 아울러 안정복은 위에 말한 바와 같이 『고기』에 대응하는 위상을 '본사'에 부여하고 있다. 다만 그 대응의 구조가 신라와 고구려·백제라는 왕조 단위로 설정되어 있다는 점이 특징이라 하겠다. 이는 '본사'가 신라본기에만 두 차례 등장한 현상에서 유래한 것이다. 여하튼 이 경우 '본사'는 『고기』와 함께 『삼국사기』 주요 편찬 전거의 하나일 뿐, 그 자체가 『삼국사기』를 지칭할 수는 없다. 이처럼 앞에서 단정을 보류한 두 가지 가능성은 안정복의 논의에서도 그 까닭을 발견할 수 있는 것이다.

아울러 안정복의 지적을 다시 음미할 경우 실제 신라사 관련 자료가 별도로 존재했을 가능성도 전혀 외면할 수만은 없겠다. 이 문제는 7세기 전쟁에서 승리한 신라인들이 자국 중심의 삼국시대사 체계화를 시도했을 정황과 함께 상당한 설득력을 가질 수 있다. 또한 이규보가 지적한 『新羅記』의 존재를 이와 연관하여 고려할 여지도 있다고 본다.

○新羅記云 膺一千年之業 新羅檎記 九白九十九年
○新羅記 築碧骨池 又於宮 開大池
○新羅記 有仙郎事蹟
○新羅記 有犬首祠 東都賦云 勒岱祈嵩
○三國史 東京有蛟川 東京賦云 左伊右瀍 (이상 『東國李相國集』 5, 古律詩 次韻吳東閣世文呈詰院諸學士三百韻詩의 분주)

시제에 언급된 吳世文은 의종 6년 升補試에 합격한 인물인바,[20] 이규보는 그의 시에서 차운하여 화답하는 시를 지었다. 그 가운데 몇 가지 분주들은 신라 관련 자료명을 보이고 있다. 우선 '蛟川'을 언급한 『삼국사』는 『삼국사기』일 것이다.[21] 그러나 『新羅記』나 『新羅檎記』는 얼

---
20) 『高麗史』 74, 選擧志2.
21) 신라본기 景德王 19년 2월조에 "궁궐 안에 큰 못을 파고, 또 궁궐 남쪽 蛟川 위에 月淨橋와 春陽橋를 놓았다"라고 하였다. 정덕본의 '蛟川'이 명료하고 『東京雜記』 1 山川조와 橋梁조에도 '蛟川'이라고 했으므로, 『東國李相國全集』의 '蛟川'은 오기이거나 오각일 것이다.

른 실체를 확인할 길이 없다. 『신라기』의 내용을 확대 해석하여 '1천년의 왕업'이라거나 '碧骨池와 大池', 그리고 '仙郎' 등을 『삼국사기』 신라본기의 기사와 대응시켜 볼 수는 있다. 또한 '犬首祠' 역시 『삼국사기』 제사지에 "입춘 뒤의 丑日에는 犬首谷門에서 風伯에 제사를 지낸다"라고 했으므로, 어느 정도 맥락을 연결시킬 수 있겠다. 그러나 이들이 『삼국사』와 인접해 병렬 인용되어 있다는 점과 『新羅殊記』라는 자료의 존재를 고려할 때 속단을 경계하지 않을 수 없다.

여하튼 일반적으로 『동사강목』에 지시된 '본사'는 『삼국사기』를 가리키는 것이다. 특히 찬자는 '考異'의 여러 항에서 『삼국유사』의 정보를 제시한 다음 "이는 본사와 다르므로 취하지 않는다"거나 혹은 "본사와 같지 않으므로 취하지 않는다"라거나 "본사에 나오지 않으므로 취하지 않는다"고 했다.[22] '본사'에 대한 존중의 일면이라고 생각한다.[23]

4. 『삼국유사』의 '國史'

이와 같이 많은 논의의 여지를 인정하면서도 『삼국유사』의 '삼국본사'가 『삼국사기』를 지시한다고 보는 것은, 다시 말하거니와 무엇보다도 찬자의 『삼국사기』에 대한 존중의 태도에서 확보된다고 생각한다. 또한 대산오만진신조의 ②항에서 지적한 것처럼 『삼국사기』는

---

22) 朴堤上與卜好還, 百濟王侵新羅被殺, 新羅置花郎, 百濟武王善花夫人 등.
23) 그러나 물론 『동사강목』이 일률적으로 『삼국유사』에 대한 '본사', 즉 『삼국사기』의 우월성을 맹신한 것은 아니다. 예를 들어 考異의 孝成王妃에 대해서는 오히려 『삼국유사』를 따랐다. "三國史云 聖德王十九年 納伊湌順元之女爲妃 子孝成王立三年 納伊湌順元女惠明爲妃 遺事云 孝成妃惠明王后 角干眞宗之女 若如本紀則 是父子共娶一人之女 今從遺事".

『국사』로도 불렸다. 물론 우리는 『삼국유사』에 인용된 『국사』를 이른바 『구삼국사』로 보거나, 심지어 『삼국사기』도 『구삼국사』도 아닌 별개의 자료, 구체적으로는 고려 후기에 작성된 사서로 이해하는 견해마저 있다는 것을 기억한다. 전자의 견해에 대해서는 이미 충분한 비판적 논의가 개진되었으므로, 여기서는 후자의 주장에 대한 검증을 중심으로 논의를 전개하고자 한다.

한동안 일본과 북한의 연구자들은 이 『국사』 혹은 『삼국사』 인용 대목을 『구삼국사』에서 유래한 것이라고 한 바 있다. 이에 대해 필자는 이미 『삼국유사』에 인용된 『국사』 및 『삼국사』의 용례들에 대한 검토를 통해, 몇 가지 간지의 유무나 중국 왕조의 연호 적용을 근거로 이들을 『삼국사기』와 무관한 사서라고 보는 것에 반대하였다. 특히 『삼국유사』의 간지 및 연호 적용의 오류는 일일이 예거할 필요가 없을 정도일 뿐 아니라 인용 내용에서도 수많은 오인들이 지적되어 왔다. 그런데 다시 일부에서는 문제의 『국사』가 『삼국사기』가 아님은 물론 『구삼국사』일 수도 없다고 한다. 이 신설의 요지는 다음과 같다.

첫째, 『삼국유사』 武王조에는 각각 『국사』와 『삼국사』에 근거한 분주가 병렬하고 있으므로 인용자가 두 자료를 구분한 것이다. 둘째, 이른바 『구삼국사』에도 사론이 있었고 그 일부는 『삼국사기』에 재인용되었을 것이며, 仙桃聖母隨喜佛事조에 인용된 '國史史臣曰' 이하의 내용은 『삼국사기』 신라본기 경순왕 9년조의 사론과는 일부 첨입 부분이 다르므로 『국사』 편찬자가 이를 인용하면서 자신의 견해를 약간 덧붙여 사론을 다시 쓴 것으로 생각된다. 셋째, '國史高麗本記'를 인용한 高句麗조에 '始祖 東明聖帝'라는 표현이 있는데 『삼국사기』에는 '東明聖王'이라고 했으므로 『국사』는 『삼국사기』 이후에 편찬된 책이라고 판단한다. 넷째, 『국사』는 무신집권기 이후, 그리고 일연이 『삼국유사』를 편찬하기 전 어느 시기에 이른바 『구삼국사』와 『삼국사기』를 종합하여 편찬된 책일 가능성이 있다. 그러므로 충렬왕 12년(1286)에 吳良遇 등이 원 나라에 바치기 위해 편찬한 『국사』를 주목한다.[24] 또한 그렇다면 이 『국사』에는 단군부터 고려까지의 역사가 서술되었을 것이고, 그 편찬 연대가 일연의 죽음(1289)에 앞서기 때문에 『삼국유사』에서 이를 인용할 수 있었을 것이다.[25]

결국 가장 중심적 논거는 김부식의 이름이 직접 거론된 『삼국유사』의 사론이 『삼국사기』의 사론이 아니라 그에 의거한 『국사』의 새로운 사론이라는 점과, 『국사』와 『삼국사』가 병렬 인용되었다는 점, 그리고 '동명성제'라는 표현이 '국사고려본기' 내용에 나타난다는 점 등일 것이다. 이를 위해 먼저 사론과 관련된 대목을 검토해 본다. 『삼국사기』와 『삼국유사』의 해당 대목을 제시하면 아래와 같다.

- ① 論曰 新羅朴氏昔氏皆自卵生 金氏從天入金櫃而降 或云乘金車 此尤詭怪不可信 然世俗相傳 爲之實事 ② 政和中 我朝遣尙書李資諒 入宋朝貢 臣富軾以文翰之任 輔行 詣佑神館 見一堂設女仙像 館伴學士王黼曰 此貴國之神 公等知之乎 遂言曰 古有帝室之女 不夫而孕 爲人所疑 乃泛海抵辰韓生子 爲海東始主 帝女爲地仙 長在仙桃山 此其像也 臣又見大宋國信使王襄 祭東神聖母 文有娠賢肇邦之句 ③ 乃知東神則仙桃山神聖者也 然而不知其子 王於何時 ④ 今但原厥初 在上者 其爲己也 儉 …(『삼국사기』, 신라본기 경순왕 9년)
- …國史 史臣曰 ② 軾政和中 嘗奉使入宋 詣佑神館 有一堂設女仙像 館伴學士王黼曰 此是貴國之神 公知之乎 遂言曰 古有中國帝室之女 泛海抵辰韓 生子爲海東始祖 女爲地仙 長在仙桃山 此其像也 又大宋國使王襄到我朝 祭東神聖母 女有娠賢肇邦之句 ③ 今能施金奉佛 爲含生開香火 作津梁 豈徒學長生 而囿於溟濛者哉 讚曰…(『삼국유사』, 감통 선도성모수희불사)

우리는 『삼국유사』 찬자가 『삼국사기』 사론의 ②부분을 적의하게

---

[24] 『高麗史節要』 21, 충렬왕 12년(1286) 11월조에 "命直史館吳良遇等 撰國史 將以進于元也"라고 했으며, 『高麗史』, 世家30 충렬왕 12년 11월 丁丑조에도 동일한 내용이 있다.
[25] 鄭求福, 1993, 앞 논문 「高麗 初期의 『三國史』 編纂에 대한 一考」, 175~180쪽.

인용한 것이라고 본다. 그러나 밑줄 친 부분의 문의에서는 서로 가벼운 차이점을 보이고 있다. 이를 주목하여 『삼국유사』의 글은 "王襄이 고려에 와서 東神聖母에게 제사를 지냈음을 명확하게 서술"했으므로 『삼국사기』 사론만을 보고 베꼈다고 볼 수 없다는 판단에 이를 수도 있겠다. 지적된 부분을 다시 본다.

○ **臣**又**見**大宋國信使王襄祭東神聖母**文** 有娠賢肇邦之句 (『삼국사기』)
○ 又大宋國使王襄到我朝 祭東神聖母 **女**有娠賢肇邦之句 (『삼국유사』)

두 인용문 사이의 차이는 『삼국유사』 측에 '臣'과 '見'자가 없고, '國信使'가 '國使'로 약칭되었으며, '到我朝'가 첨가되었고, 『삼국사기』의 '文'자가 '女'자로 된 점이다.26) 우선 사론 작성자를 지시하는 '臣'자가 빠진 것은 『삼국사기』의 본 사론에 '臣富軾'이라 한 것을 『삼국유사』에서 그냥 '軾'이라고 한 것과 같은 맥락에서이므로 논의를 위한 의미 있는 지표가 되지 못한다. 오히려 우리는 『삼국유사』 찬자가 『삼국사기』를 인용하면서 일관되게 '臣'자를 뺀 점을 확인할 뿐이다. 다음에 '見'자의 유무를 음미할 때, 『삼국사기』의 경우는 사론 작성자인 김부식이 祭文을 본 주체임이 분명한 반면, 『삼국유사』의 문장은 그 주체가 불명료하다. 물론 이를 인용문으로 보지 않고 『국사』라는 또 다른 책의 사론 작성자가 직접 서술한 부분으로 판단하는 논리에 선다면 다른 문맥이 될 수도 있겠다. 혹은 여기에 덧붙여 『삼국유사』의 문장에 새로 첨가된 부분, 즉 '到我朝'를 주목했을 수도 있다.

그러나 김부식은 중국에서의 東神聖母와 관련된 견문뿐 아니라 왕양 일행의 「祭東神聖母文」을 직접 보았던 것이다. 주지하듯이 김부식은 政和 6년(예종 11년, 1116)에 李資諒을 정사로 한 사행에 동행했다. 그

---

26) 『晚松文庫本 三國遺事』(旿晟社, 1983)를 이용하였다. 이하 같음.

는 이 때 王黼와 같은 송나라의 문인들과 교유하면서 仙桃山聖母에 대한 견문을 가졌을 것이다. 고려의 사행과 관반학사 왕보와의 교유는 『고려사』에서도 확인된다. 즉 이자량의 사행에는 鄭沆도 있었는데, 왕보가 정항이 지은 표장을 보고 칭찬하고 감탄했다는 것이다.[27] 또 송의 사신 왕양 일행이 고려에 온 것은 1110년의 일이었다.[28] 김부식은 이 경험을 토대로 왕양의 「祭東神聖母文」을 지적하였다. 실제 徐兢의『高麗圖經』에 의하면 개경에 있는 東神祠에는 東神聖母之堂이 있었고, 사신들이 그에 제사하는 관례가 있었다 한다.[29]

이렇게 볼 때 위에 인용한 김부식의 말은 왕양의 「제동신성모문」에 있는 '娠賢肇邦'이라는 구절을 직접 보았다는 것이고, 『삼국유사』의 인용문은 왕양이 와서 동신성모에게 제사했는데 그 글 가운데 '娠賢肇邦'이라는 구절이 있었다는 것이다. 이 경우 물론 '文'과 '女'자의 변화는 『삼국유사』 측의 오기, 혹은 오각으로 보아야 하는 것은 두말할 나위가 없다. 따라서 이상의 차이점을 들어 굳이 『국사』라는 또다른 책이 있었고, 그 책의 사론 작성자가 독자적으로 작문했기 때문에 생긴 변화라고 고집할 필요는 없을 것이다.

본 사론에 대한 또 다른 논의 사항은 밑줄 친 부분에 이어지는 부분, 즉 ③을 사론의 범위에 넣을 수 있는가에 있다.

o …之句, ③ 乃知東神則仙桃山神聖者也 然而不知其子王於何時 ④ 今但原厥初…(『삼국사기』)
o …之句, ③ 今能施金奉佛 爲含生開香火 作津梁 豈徒學長生 而囿於溟濛者哉 讚曰… (『삼국유사』)

김부식은 앞에 검토한 왕양의 제문을 지적한 뒤 '東神聖母'의 '東

---
27) 『高麗史』 97, 列傳10 鄭沆.
28) 『高麗史』 13, 世家13 睿宗 5년 6월 辛巳.
29) 『高麗圖經』 17, 祠宇.

神'이 선도산신성인 것은 알겠지만, 그의 아들이 어느 때 어느 왕이 었는지는 모르겠다고 하였다.『삼국사기』의 사론은 이어서 신라사에 대한 종합적 총평④으로 전개된다. 따라서 필자의 주장처럼 만약 일연이 본 조목에서『삼국사기』의 사론을 인용했다면 그 인용 부분은 ②의 마지막까지로 충분하며, 더 이상의 인용은 적절한 내용이 될 수 없다. 그러므로 '今' 이하의 내용은 인용자 자신의 소회인 것이다.『삼국유사』에서 일연의 숱한 직접 소회와 경험담·견문 등은 발견하기 어렵지 않다. 그런데 '今' 이하의 내용 역시『국사』라는 별개의 책에 있었던 사론이라고 한다면, 이 사론은 김부식의 사론일 수 없다. 그리고 '今'을 전후로 한 내용은 일견 순조로운 문맥을 유지하고 있기도 하다.

그러나 우선 서술자가『삼국사기』의 사론을 적의하게 부분 인용하고 자신의 관련 느낌을 더했다면 문체와 문맥이 같을 수밖에 없을 것이다. 무엇보다도『삼국유사』의 본조는 신라 진평왕대에 智惠라는 比丘尼에게 선도산성모가 현몽하여 불사를 도왔다는 설화를 소개한 것이라는 점을 유념해야 한다. 그러므로『삼국사기』를 '삼국본사'로 존중하며, '本史'에 대한 '遺事'를 의도한 일연이『삼국사기』의 관련 내용을 적출해 보강하는 과정에서 경순왕조의 사론 일부가 보입된 것은 하등의 논란 사항이 될 수 없다. 김부식의 본 사론은『삼국유사』에 두 군데 나뉘어 실렸는데 선도산성모에 대한 언급은 본 선도성모수희불사조에 용해되었고, 그 부분을 제외한 전후의 모든 내용, 즉 ①과 ③부분은 金傅大王조에 "史論曰"의 형태로 완벽하게 인용되었다.[30]

이상에서 선도성모수희불사조의 "國史 史臣曰"의 '史臣'은 김부식을 이르고,『국사』는『삼국사기』를 가리킨다는 점을 논증하였다.『삼

---

30) 紀異 金傅大王: "史論曰 新羅朴氏昔氏 皆自卵生 金氏從天入金櫃而降 或云乘金車 此尤詭怪不可信 然世俗相傳爲實事 今但原厥初 在上者 其爲己也儉…". 그러므로『삼국사기』경순왕 말년의 사론은 선도성모수희불사조에 인용한 ② 부분을 제외한 나머지가 김부대왕조에 활용된 것이다.

국유사』가 존중한 '본사'는 『삼국사기』일 뿐이듯이 『삼국유사』가 지적한 '史臣'은 『삼국사기』 찬자 곧 김부식을 이르는 것이다. '사신'의 다른 용례를 통해 이 점을 보강하고자 한다.

먼저 앞에 지적한 김부대왕조의 '사신'을 검토하기로 한다. 김부대왕조에서 찬자는 경순왕의 귀부와 그의 백부 億廉의 딸이 태조와 혼인하여 神聖王后가 되었다는 사실을 서술한 뒤, 분주를 통해 이렇게 말했다.

> 本朝의 登仕郎 金寬毅가 지은 『王代宗錄』에는 "神成王后 李氏는 본래 慶州 大尉 李正言이 俠州守로 있을 때 태조께서 그 고을에 갔다가 妃로 맞이하였다.… 아들 하나를 낳으니 安宗이다"라고 하였다. 그밖에도 25妃主 가운데 金氏의 일은 실려 있지 않으니 자세히 알 수 없다. 그러나 史臣의 논평〔史臣之論〕에도 역시 安宗을 신라의 외손이라고 했으니, 마땅히 史傳이 옳다고 해야 할 것이다.

김관의의 '신성왕후 이씨설'은 단순히 사료의 계통 차이나, 사실의 진위 문제에 그치지 않는다. 즉 신성왕후가 신라 김씨 왕실 출신이라는 『삼국사기』의 정보는 보기에 따라서는 『삼국사기』 찬자의 신라 편향적 일면을 지시하는 것으로 간주될 수 있고, 그렇다면 『왕대종록』은 그러한 편향을 폭로한 역할을 하게 되는 것이다. 이러한 맥락에서 김관의의 견해에 서게 되면 신성왕후에 대한 김부식의 설명은 특정한 의도, 즉 李資謙을 배척하는 당대의 분위기에서 이씨와 혈연을 가지는 왕통을 받은 현종의 계보를 개찬할 필요와 동시에, 김부식 자신의 가계를 분식하고 고려 왕실과 특수한 관계임을 설명하려는 의도에서 비롯된 날조라는 것이다.[31] 물론 이에 대해서는 이미 『왕대종록』 일문의 사료로서의 부정확함을 들어 설득력 있는 반론이 있었다.[32] 李齊

---

31) 荻山秀雄, 1920, 「三國史記新羅紀結末의 疑義」(『東洋學報』 10-3).
32) 河炫綱, 1976, 「高麗時代의 歷史繼承意識」(『韓國의 歷史認識(上)』, 創作과 批評社), 194~196쪽 ; 동, 1975, 『梨花史學硏究』 8.

賢 역시 이 '李氏說'이 어디에 근거한 것인지 모르겠다고 지적하면서 회의적이었다.[33]

　무엇보다도 김관의의 설은 위에 인용한 것처럼 『삼국유사』 찬자에게서도 부정되었다. 그런데 그의 판단에 기여한 근거는 安宗을 신라의 외손이라고 한 史臣의 論評, 즉 '史臣之論'이었다. '史臣之論'은 곧 '史論'이다. 언급된 '사론'은 이미 말한 바와 같이 『삼국사기』 경순왕 말년조에 있는 사론을 이른다. 그 가운데 선도성모수희불사조에 활용한 ②항을 제외한 나머지는 김부대왕조에 "史論曰"의 형태로 전문 인용되었다. 특히 『삼국유사』 찬자는 그 가운데 "우리 태조에게는 妃嬪이 매우 많았고 그 자손도 역시 번창했지만, 顯宗께서 신라의 외손으로서 왕위에 올랐으며, 이 이후 왕통을 이은 이들이 모두 그의 자손이니, 어찌 음덕의 응보가 아니겠는가!"라고 한 대목을 염두에 두고 '史臣之論'을 지적한 것이다. 『삼국사기』에는 이 사론에 바로 앞서 신성왕후 김씨의 소생이 "顯宗의 아버지로서 安宗으로 추봉된 이"였다고 하였다. 결국 '사신'은 『삼국사기』 편찬자, 혹은 사론을 작성한 이를 지시한다. 『삼국사기』의 정보, 구체적으로 그 사론 작성자의 판단은 『삼국유사』 편찬자의 고증에 유효한 기준으로 기능하였다. 선도성모수희불사조의 '國史史臣'뿐 아니라, 김부대왕조에 보이는 훨씬 일반적 용례의 '사신' 역시 『삼국사기』 찬자를 가리킬 뿐이다. 『삼국사기』의 '본사'로서의 위상을 염두한 서술 태도라고 본다.

　일반적 '사신'의 용례 하나를 더 제시하고자 한다. 原宗興法 猒髑滅身조에는 '新羅本記'를 인용하여 異次頓의 순교를 서술하고, 다시 「髑香墳禮佛結社文」에 보이는 猒髑의 순교 사건을 인용하였다. '異次頓'과 '猒髑'은 동일인의 다른 표기로서, 그의 출신 계보는 자료에 따라 차이가 있다. 즉 본조에 인용된 「髑香墳禮佛結社文」의 경우 猒髑은 지증왕의

---

33) 『高麗史節要』 1, 太祖 18년 및 『東國通鑑』 20, 敬順王 9년.

아버지인 習寶葛文王의 증손이요 阿珍宗의 손자라고 했는데, 이는 「아도화상비」의 정보와는 다르다. 그런데 『삼국유사』 찬자는 習寶葛文王을 언급하면서 분주를 통해 "신라 사람들은 追封한 왕을 모두 葛文王이라고 했는데, 그 까닭은 史臣도 역시 자세히 모른다고 하였다"라고 말했다. 그런데 『삼국사기』 신라본기 일성이사금 15년조에는 朴阿道를 갈문왕으로 추봉한 기사에 갈문왕에 관한 분주가 자리하고 있다.

  ○新羅 追封王皆稱葛文王 其義未詳 (『삼국사기』)
  ○羅人 凡追封王者皆稱葛文王 其實史臣亦云未詳 (『삼국유사』)

그러므로 『삼국유사』의 이른바 '사신'은 곧 『삼국사기』에 분주를 가한 찬자를 가리키는 것이 분명하다.

이제 무왕조의 『국사』와 『삼국사』를 인용한 두 분주를 들어 양 자료가 서로 다른 것이라고 하는 주장에 대해 생각해 보기로 한다. 무왕조에는 무왕이 彌勒寺를 창건했다는 본문 서술에 대해 "『국사』에서는 王興寺라 하였다"는 분주가 있다. 그리고 무왕조 서술을 끝내면서 맨 마지막에 분주하여 "『삼국사』에서는 무왕을 법왕의 아들이라 하였는데 여기[此傳]에서는 과부의 아들이라 하니 상세하지 않다"라고 분주하였다. 그러므로 『국사』는 미륵사에 한정한 분주 근거 자료이며, 『삼국사』의 경우는 무왕조 전체의 주요 전거가 된 자료와의 차이를 논한 분주이다. 『국사』와 『삼국사』로 지칭된 자료의 정보는 『삼국사기』에서 확인된다.34)

그런데 法王禁殺조에는 『삼국사기』와 일치하는 내용, 즉 무왕의 왕흥사 창건을 서술한 뒤, 『고기』의 내용과는 다르다는 점을 분주 형태로

---

34) 『삼국사기』, 백제본기5 法王 2년 정월: "創王興寺 度僧三十人"과 같은 책, 武王卽位年: "武王諱璋 法王之子 風儀英偉 志氣豪傑 法王卽位翌年薨 子嗣位" 및 武王 35년 2월: "王興寺成".

지적하였다. 찬자에 의해 요약 제시된『고기』의 내용은 결국 무왕조의 내용을 가리키고 있다. 요컨대 무왕조는『고기』를 주 자료로 채택하여 본문을 서술하고, 법왕금살조에서는『삼국사기』를 주 자료로 채택하여 본문을 서술하는 한편, 양조에서 본문 서술에 채택하지 않은 일방의 자료는 각각 분주를 통해 의문 제기의 근거가 되고 있는 것이다.[35] 따라서 무왕조의『국사』와『삼국사』는 모두『삼국사기』를 가리키는 약칭에 다름 아니다.

물론 굳이『국사』와『삼국사』로 표현을 달리 한 까닭을 추궁한다면, 명료하게 답하기는 힘들다. 그러나『삼국유사』에는『삼국사』가 9번,『국사』가 20번 언급되었는데, 모두『삼국사기』를 벗어나 있지 않다. 이것은 마치『삼국유사』 찬자가 각훈의『해동고승전』을 지칭하면서『僧傳』·『高僧傳』·『海東僧傳』 등으로 표현한 것과 다르지 않다.『삼국유사』에 인용된『삼국사기』는 물론이고『삼국사』 역시『고려사』의 표현처럼『삼국사기』이며, 이규보 또한『삼국사기』를『국사』라 불렀다. 즉『삼국유사』에서도『삼국사기』는『삼국사』로 약칭될 수 있으며, 더구나 그것은 '삼국의 본사'이므로『국사』였던 것이다.

특히『삼국사』와『국사』가 같은 조목에서 병렬적으로 언급된 현상을 두고 찬자가 두 자료를 엄밀하게 준별 인용한 것이라고 보는 점도 주의를 요하는 판단이라고 본다.『삼국유사』에 인용된 20개소의『국사』내용은 하나의 예외를 제외하고는 모두 정확히『삼국사기』를 가리킨다. 하나의 예외는 寶藏奉老 普德移庵조에 인용된 것으로서,『大覺國師文集』의 분주 가운데『海東三國史』라 한 부분을 인용하면서 그냥『국

---

35) 李康來, 1996,「三國遺事 引用 古記의 性格」앞 책『三國史記 典據論』, 158~161쪽. 법왕금살조의 본문 구성이『삼국사기』에 의거했다는 것은 의문의 여지가 없다. 즉 앞 주 법왕 2년조 기사는 물론이려니와, 법왕금살조의 "法王諱宣 或云孝順… (卽位年) 冬 下詔禁殺生 放民家養鷹鸇之類 焚漁獵之具 一切禁止"라고 한 부분은『삼국사기』법왕 즉위년조에 "法王諱宣 (或云孝順)… 冬十二月 下令禁殺生 收民家所養鷹鷂放之 漁獵之具焚之"라고 하여 일치한다.

사』라고 약칭한 대목이다. 일부의 주장처럼 『해동삼국사』는 『구삼국사』이고 그것은 또한 『삼국사』였다고 한다면, 그리고 일연이 『삼국사기』보다는 『삼국사』를 주로 인용했다고 한다면, 『대각국사문집』을 인용하면서 『해동삼국사』를 그대로 인용하거나 아니면 『구삼국사』나 『삼국사』라고 할 것이지 굳이 충렬왕 때 만든 별개의 『국사』를 같은 조목에서 네 번이나 함께 인용하면서 똑같이 『국사』라고 약칭하지는 않았을 것이다.

『삼국사기』가 아닌 『국사』의 실체를 증명하려는 또 다른 근거는 「동명왕편」의 '東明王'이나 『삼국사기』 고구려본기의 '東明聖王'을 『삼국유사』 고구려조 인용 '국사고려본기'에서 '東明聖帝'로 표기했다는 점이었다. 나아가 『제왕운기』 인용 '檀君本紀'와 『삼국유사』 고구려조 인용 '壇君記'를 같은 자료로 보는 동시에, 문제의 『국사』에는 단군 관련 본기도 있었을 것이라고 한다.

그러나 우선 '동명성왕'과 '동명성제'의 미세한 차이를 들어, 그것이 반드시 전거 자료가 달랐기 때문이라고 보는 데는 동의할 수 없다. 더구나 그의 말대로 한다면 첫째, 왜 일연은 민족사의 시원으로 삼은 단군의 조선을 기이편 첫머리에 위치지우면서 『국사』 단군본기를 인용하지 않고 정체불명의 『위서』와 『고기』를 인용했는가가 해명되어야 한다. 혹시 만약 『삼국유사』의 『고기』가 충렬왕대의 『국사』라고 생각한다면, 『국사』와 『삼국사』가 병렬 인용된 무왕조에서의 문제 제기처럼 이제 다시 『국사』와 『고기』가 병렬 인용된 대목에 대해 해명해야 할 것이다. 둘째, 『제왕운기』는 역시 단군을 첫머리로 하여 東國君王世系를 논하면서 왜 『삼국사기』와 「동명왕편」에 제시된 내용을 충실히 반복할 뿐 '동명성제'라는 표현을 기피했는가를 설명해야 한다.

요컨대 '聖王'과 '聖帝'의 차이가 각각 별개 사서의 존재를 입증해 줄 수 있는 기준이 되지는 못하는 것이다. 『삼국사기』가 '동명성왕'을 사용하였고, 「동명왕편」이 '동명왕'을 적용했지만 동명에 대한 존숭의 정도에 있어 결코 「동명왕편」이 뒤지지 않는 것처럼-그렇다고 하여 『삼국사기』가 동명에 대한 존숭을 의도적으로 손상시키려 한 증거도 없고, 그래야 할 까닭도 물론 없다-'동명성왕'과 '동명성제'라는 표현의 차이가 역사 인식의 차이를 수반한다고는 보지 않는다. 일연은 『삼국사기』를 인용하면서 적의한 변용과 표현의 간략화, 혹은 간지나 중국 연호에 입각한 연대의 첨입을 하였다. 따라서 150년을 상거한 『삼국유사』에서 『삼국사기』를 인용할 때 보다 고양된 표현으로 '동명성왕'을 '동명성제'로 표현할 수는 있지만, 그 자체가 다른 역사서의 존재를 입증하는 것은 아니다.

이상의 검토를 통해 『삼국유사』에서 인용한 『국사』를 『삼국사기』가 아니라 충렬왕 12년에 원나라에 바치기 위해 편찬한 별개 사서로 보는 견해의 논거가 매우 취약하다는 것을 알 수 있게 되었다. 물론 충렬왕 16년에도 『국사』가 보이므로,36) 이를 4년 전에 편찬한 『국사』로 간주할 여지가 없지 않다. 그러나 『국사』는 폭넓게 쓰일 수 있는 일반적 명칭으로서, 반드시 특정 사서만에 한정하기 어렵다는 점을 고려해야 한다.

예컨대 『고려사절요』에는 『삼국사기』가 찬진되기 전인 인종 4년에도 『국사』가 언급되었다. 즉 이 해 4월에 金粲·安甫麟·智祿延 등이 李資謙과 拓俊京 등을 죽이려고 거사했다가 실패한 사건이 있었다. 이때 도성 궁궐이 큰 피해를 입었는데, "直史館의 金守雌가 혼자서 『국사』를 지고 山呼亭 북쪽에 가서 땅을 파고 묻었기 때문에 타 없어지지 않았다"라고 하였다.37) 金守雌는 이 공로로 의종 2년에 吏部侍郎翰林侍讀學士에 추증되었다.38) 그러므로 金守雌가 보존한 이 『국사』는 『삼국사

---

36) 『高麗史節要』 21, 忠烈王 16년 11월: "國史와 寶文閣 및 秘書寺의 文籍을 江華로 옮겼다".
37) 『高麗史節要』 9, 仁宗 恭孝大王 4년 2월 辛酉.

기』를 지시하는 것은 아니다. 그러나 한편 주지하듯이 이규보는 「동명왕편」 서문에서 이른바 『구삼국사』와 『삼국사기』를 모두 『국사』로 약칭하고 있다.[39] 더구나 공민왕 6년(1357)에 이제현은 그의 집에서 白文寶·李達忠 등 사관들을 모아 『국사』의 편찬에 착수한 바 있다. 불과 5년 뒤인 1362년에 쓴 李穡의 「益齋先生亂藁序」에는 이제현의 이 『국사』가 이미 병화로 인멸된 점이 지적되었으나, 일부 그의 원고는 『고려사』 편찬에 자료가 되기도 했다.[40]

이처럼 『삼국사기』 편찬 이전과 이후, 그리고 吳良遇 등의 『국사』 편찬 이전과 이후에 모두 『국사』로 불린 사서가 확인된다면, 『삼국유사』의 『국사』를 특별히 오양우 등이 편찬한 『국사』로 단정할 수 없겠다고 생각한다. 무엇보다도 『삼국유사』에 언급된 『국사』의 용례들과 그와 관련된 '사신', 그리고 '사론'이 모두 『삼국사기』 및 그 찬자 김부식과 그의 사론이라는 점을 유념할 필요가 있다. 따라서 『삼국유사』의 『국사』는 '유사'를 자처한 『삼국유사』 찬자가 '본사'로 존중한 『삼국사기』를 가리킨다고 판단한다.

5. 맺음말

우리는 『삼국유사』를 『삼국사기』에 대한 '반발'로 단순 이해하지 말

---

38) 『高麗史節要』 11, 毅宗 莊孝大王 2년 11월.
39) "越癸丑四月 得舊三國史 見東明王本紀 其神異之迹 踰世之所說者 然亦初不能信之 意以爲鬼幻 及三復耽味 漸涉其源 非幻也乃聖也 非鬼也乃神也 況國史直筆之書 豈妄傳之哉 金公富軾重撰國史 頗略其事意者 公以爲國史矯世之書 不可以大異之事 爲示於後世 而略之耶".
40) 邊太燮, 1982, 『高麗史의 硏究』(三英社) 및 金相鉉, 1985, 「高麗後期의 歷史認識」(『韓國史學史의 硏究』, 乙酉文化社) 참조.

것을 제안하면서도, 또한 '보완' 역시 비판의 한 변용일 수 있음을 잊지 않고자 했다. 누구나 동의하는 것처럼 『삼국사기』의 한계는 내용의 부실함은 물론 관점의 경직성에도 연유하고 있다. 특히 이규보의 『동명왕편』과 일연의 『삼국유사』는 이에 대해 보다 근원적인 문제를 제기한 셈이다. 그 하나는 이른바 『구삼국사』의 실체와 관련하여 『삼국사기』의 내용 및 체제에 대한 비판적 논의가 될 것이다. 나아가 이를 토대로 김부식의 수사가로서의 객관성과 자주성에 대한 논의가 다른 한 부분을 이루고 있다.

사실 『삼국사기』에 익숙했고 이를 '국사'로 간주했던 이규보가 『구삼국사』를 접하고 동명왕에 대한 서사시를 짓고자 고무되었다면, 그것은 적어도 동명왕과 같은 민족 영웅담에 있어서 『삼국사기』가 설득력과 감동을 전하는 데 얼마간 결함이 있다는 것을 인정해야 할 부분이다. 마찬가지로 『삼국사기』를 삼국의 '본사'로 존중했던 일연이 이민족의 폭압 아래 크게 왜곡된 민족사의 현실에서 체득한 각성이 『삼국유사』에 스며있다면, 그것은 '유사'라는 표제처럼 단순한 겸양만은 아닐 수도 있는 것이다.

『삼국유사』는 불교 신앙의 홍포와 종교적 신이의 감동을 말하고자 했다. 이를 위한 시·공간으로 설정된 삼국시대는 『삼국사기』가 감당할 부분인 셈이다. 『삼국사기』 편찬자들이 국내 고유의 자료들은 물론 중국의 다양한 자료들을 취사했듯이, 『삼국유사』 찬자 역시 그와 유사한 자료 환경에 있었던 한편, 여기에 『삼국사기』라는 유효한 지침서 하나를 더 확보하고 있었다고 할 수 있다. 그 유효함이란 두 책의 역사 인식을 차별적으로만 보는 데 익숙한 채로는 획득할 수 없는 것이다. 이 때문에 '怪力亂神'이 '神異'로 전변하기 위해 요구되었던 자각은 오늘날의 연구자들에게도 필요하다고 보는 것이다.

덧붙여 『삼국유사』가 지시한 '삼국본사'란 『삼국사기』이며, 또 그것은 『삼국사』나 『국사』로 약칭되기도 하였다는 기존의 온건한 이해를 다시 지지하고자 한다. 그러므로 『삼국유사』에 이른바 '사신'은 『삼국사기』 편찬을 주도한 김부식이며, '사론' 역시 『삼국사기』에 있는 김부식의 논평을 가리킨다. 특히 『국사』는 이규보 등의 언급에서처럼 『삼국사기』의 '本史的' 위상을 고려한 명칭일 뿐, 그 자체가 별개의 다른 사서일 가능성은 극히 적다고 판단한다. 아울러 거듭되는 관련 논의들은 끝내 『삼국사기』와 『삼국유사』에 대한 정당한 이해에 기여하는 데로 귀일하게 되기를 희망할 따름이다.

제9장

『삼국사기』와 筆寫本 『花郞世紀』

I. 머리말

　　『花郞世紀』는 『삼국사기』에 인용된 金大問의 저술이다. 따라서 필사본 『花郞世紀』가 1989년 紙上에 공개되었을 때 학계의 관심과 충격은 비상한 것이었다. 만약 이것이 신라시대 김대문의 『화랑세기』를 충실히 轉寫한 것이라면, 신라사 연구를 위한 最古의 문헌인 『삼국사기』보다 400년 이상 앞선 자료를 확보한 셈이기 때문이다. 그러므로 연구자들이 이 돌출 자료의 사료적 신빙성 문제를 둘러싸고 각양의 신중한 모색을 시도하게 된 것은 지극히 당연한 일이었다.[1] 더구나 최근 이 필사본 『화랑세기』의 '母本'이 상당히 설득력 있는 검증을 거치면서 제시되었다.[2] 이미 기왕의 필사본 『화랑세기』에 입각한 논의가 진행되어 오던 터에,[3] 그 서지적 진위 문제는 새로운 단계에 접어

---
[1] 필사본 『화랑세기』에 대한 논의는 그것이 공개된 1989년 2월 16일 이후 수차례 신문지상을 통해 이루어졌으며, 여기에 李基東·李基白·李載浩·李泰吉·任昌淳·趙誠佑·崔柄憲·鄭仲煥 등이 견해를 제출한 바 있다.
[2] 盧泰敦, 1995, 「筆寫本 花郞世紀의 史料的 價値」, 1995년 6월 3일 한국 고대사연구회 월례발표회 발표문(『歷史學報』 147에 수록). 이 글에서는 '母本'의 내용을 일단 논외로 한다.

들 수밖에 없게 되었다.

연구자들은 제 나름의 논거를 가지고 신자료에 대한 사료적 가치의 정도를 가늠할 것이겠지만, 적어도 가까운 시기에 공감할 만한 합의점에 이를 전망은 밝지 않다. 이 점을 수긍하는 데는 기왕의 논의와 관련하여 다음 몇 가지 문제를 지적하는 것으로 충분하다. 우선『삼국사기』등 어느 정도 그 연구 자료로서의 신빙성이 확보된 정보와 단순 비교하여 필사본『화랑세기』의 사료적 가치를 규정하는 방법은 끝내 완전할 수 없다. 즉 기존 자료의 내용과 정확히 일치하는 대목이 있다는 것 자체만으로는 본 필사본이 김대문의 저작을 충실히 전사한 것이라고 할 수 없다. 그러나 일치하는 정보의 존재를 역설적인 의미에서 필사본『화랑세기』의 위작, 혹은 무가치함을 가리키는 지표로 간주하는 태도에도 찬동할 수 없다. 더구나 이미 검증된 기존의 자료에도 수많은 단계에서의 다양한 미해결점들은 여전히 남아 있다. 따라서 특정 정보의 단순한 일치 여부를 주목하는 것은 유효한 방법이 아니다.

마찬가지로 기존 자료와 일치하지 않는, 정확하게 말하자면 기존 자료의 정보 자체나, 그에 입각한 연구 성과를 부정하는 내용을 필사본『화랑세기』가 가지고 있다는 점을 중요한 논점으로 채택하는 시각에도 동의할 수 없다. 기왕의 연구 성과들이 일말의 오류도 허락하지 않는 것이 아닌 한, 필사본의 생경한 정보들을 외면해서는 안된다. 그

---

3) 李載浩, 1989,「『花郎世紀』의 史料的 價値-최근 발견된 筆寫本에 대한 檢討」,『정신문화연구』36) ; 李泰吉, 1989,『花郎世紀』(民族文化) ; 權悳永, 1989,「筆寫本「花郎世紀」의 史料的 檢討」(『歷史學報』 123) ; 鄭在鑌, 1990,「새로 발견된 花郎世紀에서 본 花郎史」(『昌山金正基博士華甲記念論叢』) ; 弘中芳男, 1990,「金大問撰『花郎世紀』」上(『東アジアの古代文化』 62) ; 동, 1990,「金大問撰『花郎世紀』」下(『東アジアの古代文化』 63) ; 李鍾學, 1991,「筆寫本『花郎世紀』의 史料的 評價」(『慶熙史學』 16·17) ; 福士慈稔, 1993,「新羅에 있어서 佛教의 受用과 展開-6世紀 王族의 出家를 중심으로」,『震山韓基斗博士華甲紀念 韓國宗教思想의 再照明』) ; 동, 1993,「新羅花郎研究序說」(『大崎學報』 149) ; 동, 1993,「新羅圓光法師傳考」(『羅唐佛教의 再照明』大韓傳統佛教研究院) ; 李基東, 1994,「新羅 花郎徒 연구의 現段階」(『李基白先生古稀紀念 韓國史學論叢』上(一潮閣) ; 李鍾旭, 1995,「『花郎世紀』研究 序說-사서로서의 신빙성 확인을 중심으로」(『歷史學報』 146).

렇다고 하여 이 현저한 불일치야말로 곧 필사본의 사료적 가치를 제고시키는 역설적 증거라는 논리가 존중될 까닭도 발견할 수 없다.

결국 필사본 『화랑세기』의 사료적 위상을 살필 때 기존 사서의 내용과 일치한다는 점을 들어 신·불신을 논한다거나, 반대로 일치하지 않는 점을 논거로 신·불신을 단정하는 것, 또 필사본의 내용이 기왕의 연구 성과, 혹은 신라사 및 화랑에 대한 이해와 일치한다거나 일치하지 않는다는 점을 주목하는 것 등은 모두 충분한 설득력을 확보할 수 없는 것들이다. 따라서 이 글에서는 필사본 『화랑세기』의 정보를 통하여 비로소 기존 사서에 대한 정당한 이해가 가능해지는 경우들을 생각해 보고자 한다.

즉 이 글에서는 본 필사본이나 『삼국사기』·『삼국유사』 등 제종의 자료들에 공유되어 있을 병리적 측면을 모두 인정하고자 한다. 그러한 위에서 필사본의 정보가 『삼국사기』 등의 올바른 이해를 돕는다면, 비록 제한된 범위에서나마 필사본 『화랑세기』의 연구사적 의의는 적지 않은 것이다. 다시 말해 필사본 『화랑세기』 자체의 사료 가치에 대한 전면적인 논정에 앞서, 이 자료가 한국 고대사 연구에 제공할 수 있는 긍정적 단서들을 놓치지 않고자 하는 것이다.[4]

2. 『삼국사기』의 화랑 인식

1) 진흥왕 37년조의 구조

『삼국사기』 신라본기(4) 진흥왕 37년(576)조의 기사는 다음과 같은 구

---

4) 이하 이 글의 『화랑세기』는 1989년 공개된 필사본 『화랑세기』를 가리킨다.

조로 서술되고 있다.

A-① 春 始奉源花
② 初 君臣病無以知人 欲使類聚群遊 以觀其行義 然後擧而用之 遂簡美女二人 一曰南毛 一曰俊貞 聚徒三百餘人 二女爭娟相妬 俊貞引南毛於私第 强勸酒至醉 曳而投河水以殺之 俊貞伏誅 徒人失和罷散
③ 其後 更取美貌男子 粧飾之 名花郎以奉之 徒衆雲集 或相磨以道義 或相悅以歌樂 遊娛山水 無遠不至 因此 知其人邪正 擇其善者 薦之於朝
④ 故金大問花郎世記曰 賢佐忠臣 從此而秀 良將勇卒 由是而生
⑤ 崔致遠鸞郎碑序曰 國有玄妙之道 曰風流 設敎之源 備詳仙史 實乃包含三敎 接化群生 且如入則孝於家 出則忠於國 魯司寇之旨也 處無爲之事 行不言之敎 周柱史之宗也 諸惡莫作 諸善奉行 竺乾太子之化也
⑥ 唐令狐澄新羅國記曰 擇貴人子弟之美者 傅粉粧飾之 名曰花郞 國人皆尊事之也
⑦ 安弘法師 入隋求法 與胡僧毗摩羅等二僧廻 上稜伽·勝鬘經及佛舍利
⑧ 秋八月 王薨 謚曰眞興 葬于哀公寺北峯 王幼年卽位 一心奉佛 至末年祝髮 被僧衣 自號法雲 以終其身 王妃亦效之爲尼 住永興寺 及其薨也 國人以禮葬之

신라본기의 화랑 관련 서술 구조를 존중한다면 신라에서는 진흥왕 37년 봄에 원화를 받들기 시작했다가(①), 그 원화의 구체적 폐단으로 인하여 곧 폐지한 뒤(②), 다시 화랑을 두어 의도하는 바의 효과를 거두었고(③), 그러한 성과는 김대문의 『화랑세기』에서 확인되며(④), 그 같은 맥락에서 서술자는 최치원의 「鸞郎碑文」에 있는 風流道의 사상 토대를 인용하는 동시에(⑤), 당나라 令狐澄의 『新羅國記』에 있는 화랑에 대한 설명을 덧붙였다고(⑥) 할 수 있다. 결국 원화제의 설치 및 폐지와 화랑제의 설치를 설명한 뒤(①·②·③), 화랑 관련 전거를 적의하게 인용(④·⑤·⑥)한 구조다.

그러나 ①·②·③항을 모두 진흥왕 37년, 즉 그 해 봄부터 왕이 죽는 8월까지의 사이에 일어난 사건으로는 볼 수 없다. 특히 ②항에서 원화의 폐단을 경험한 뒤, ③항에서 화랑의 효과가 검증되기까지는 얼마간의 시간 경과를 고려해야 한다. 더구나 ①항에서 '始奉源花'라 한 뒤 ②·③항을 서술한다는 것은 문맥의 전개상 불합리한 것이다.

이와 같은 문제를 지닌 신라본기의 서술 구조를 옳게 이해하기 위하여 몇 가지 유사한 예를 살필 수 있다. 다음은『삼국사기』신라본기 ⑷ 법흥왕 15년(528)조 불교의 공인 과정에 대한 기술의 구조다.

① 肇行佛法
② 初訥祇王時 沙門墨胡子…
③ 至毗處王時 有阿道和尙…
④ 至是 (法興)王亦欲興佛教…

즉 ①항의 '肇行佛法'은 시기적으로 그보다 앞선 ②·③항의 경험을 거쳐 ④항의 갈등과 반전, 그리고 그 성과를 포괄하는 서술인 것이다. 따라서 서두의 ①항은 오히려 ②·③·④항이 전제되고 그것을 토대로 귀결된 마지막 맺음이 된다.5)

유사한 또 다른 예로 신라본기⑽ 원성왕 4년(788) 讀書三品科의 설치와 관련한 기사를 들 수 있다.

① 春 始定讀書三品 以出身… 超擢用之
② 前祇以弓箭選人
③ 至是改之

---

5) 물론 ①항 '肇行佛法'이 어떤 의미를 담고 있는가에 대한 異論이 있을 수 있다. 즉 이것은 '불교의 공인'이 아니라 단순히 '왕실의 불교 수용'일 뿐이라거나〔崔光植, 1991,「新羅의 佛教 傳來, 受用 및 公認」『新羅思想의 再照明』新羅文化祭學術發表會論文集 12), 112~113쪽〕, 혹은 法興王 자신의 '捨身' 행위를 가리킨다는 지적이 있다. 辛鍾遠, 1992,「6세기 新羅 佛教의 南朝的 性格」『新羅 初期 佛教史 硏究』, 民族社). 186쪽. 필자는 신종원의 고증에 동의하지만 그 역시 '법흥왕의 捨身은 그것이 곧 불교 공인을 의미하는 문제'라고 지적했듯이〔辛鍾遠, 1992,「新羅 佛教 公認의 實相」앞 책『新羅 初期 佛教史 硏究』, 174쪽〕, 적어도『삼국사기』 편자의 인식만으로 한정하여 말한다면, '肇行佛法'은 불교의 공인이라는 측면을 배제한 표현은 아니라고 본다.

마찬가지로 ②항에서 이전 시기의 사실을 서술하고, ③항에서는 그 개정 사실을, 그리고 오히려 ①항은 이상의 과정을 거쳐 도달한 독서삼품과라는 새로운 제도의 설치를 기사의 맨 앞에 두어 강조한 형태이다.

이렇듯 『삼국사기』 신라본기에서 확인할 수 있는 새로운 제도의 설치나 새로운 종교의 공인 등 주요 사건을 서술하는 용법을 참고로 하면, 진흥왕 37년조의 화랑 관련 서술을 모두 당해년의 일로 볼 수는 없다는 점이 분명해진다.

한편 진흥왕 37년조의 또 다른 문제는 맨 첫머리의 강조 기사[始奉源花]가 뒤이어 전개되는 서술을 자연스럽게 포괄하지 못하고 있다는 점이다. 이것은 위에 예시한 불교 공인과 독서삼품과 시행을 서술한 기사의 기재 방식에 비추어서도 쉽게 간파할 수 있는 사항이다. 오히려 이것은 '始奉花郎'이라고 하는 편이 독서삼품과 설치나 불교공인의 예와 상통하게 될 것이고, 그래야만 전체 내용에도 적합한 서술이 된다. 따라서 신라본기 진흥왕 37년조의 화랑 관련 기사에서 원화제의 설치와 폐지, 화랑제의 성립 등에 관한 여하한 정확한 연대도 확인할 수 없다고 생각한다.

신라본기의 화랑 관련 기사가 이렇듯 연대에 있어서 불명확한 것이라는 지적은 제⑦항과 관련해서도 제기될 수 있다. 즉 安弘이 구법을 위하여 갔다는 수나라는 581년에 건국되었다. 그런데 진흥왕 37년 조의 서술에서는 일견 안홍이 576년에 수나라로부터 귀국한 것처럼 되어 있다. 일찍이 『海東高僧傳』의 찬자 覺訓도 최치원이 찬한 『義相傳』을 들어 이 점에 의문을 표한 바 있다.

① 崔致遠이 찬한 義相傳에는 "(義)相은 眞平王 建福 42년에 태어났으니 이 해에 東方의 聖人 安弘法師께서 西國의 세 三藏 및 漢僧 두 사람과 함께 唐나

라로부터 돌아오셨다.…"라고 하였다.
② 또 新羅本記를 살펴보면 "眞興王 37년 安弘이 진나라에 들어가 불법을 구하[入陳求法], 胡僧 毗摩羅 등 두 사람과 함께 돌아와서 楞伽·勝鬘經 및 佛舍利를 바쳤다"라고 하였다.
③ 眞興 말년으로부터 眞平 建福(42)까지는 거의 50년이 相去하니 三藏이 도래한 전후가 어찌 이와 같은가. (이상 『海東高僧傳』 安含)

인용문에 따르면 최치원이 쓴 『의상전』에는 의상이 태어나던 해, 곧 진평왕 건복 42년(625)에 안홍이 귀국하였다 한다(①). 그런데 '新羅本記'를 살펴보면 진흥왕 37년(576)에 안홍이 귀국했다는 것이다(②). '新羅本記'와 '新羅本紀'를 다르다고 하지 않는다면, '新羅本記'는 『삼국사기』 신라본기(사료 A의 ⑦항)를 이른다고 보아도 좋다. 아울러 각훈은 『삼국사기』의 '入隋求法'을 '入陳求法'으로 정정했다. 여하튼 『의상전』과 『삼국사기』의 안홍 귀국 연대는 각훈의 지적처럼 서로 정확히 50년의 시차를 가진다. 『의상전』을 찬한 최치원이 의상과 활동 시대를 공유한 안홍에 대하여 오류를 저질렀다고 보기는 어렵다. 더구나 최치원은 안홍을 '東方의 聖人'으로 추앙하고 있다. 따라서 『삼국사기』의 진흥왕 37년조 안홍 귀국 기사는 연대에 심각한 오류가 있다고 본다.[6]

왕의 죽음을 알리는 A-⑧항의 기사도 여타의 단순한 사건 기사 서술과는 분위기가 사뭇 다르다.

A-⑧ 가을 8월 왕이 돌아가시다. 시호를 진흥이라 하였고 哀公寺 北峯에 장사지냈다. 왕은 어려서 즉위하여 한마음으로 부처를 받들었고, 말년에 이르러서는 祝髮하고 僧衣를 입었으며, 法雲이라 自號하면서 終身하셨다. 王妃 역시 그를 본받아 비구니가 되어 永興寺에 머물렀다. (왕이) 돌아가시자 國人이 禮葬하였다.

---

6) 이에 대한 자세한 논증은 辛鍾遠, 1992, 「安弘과 新羅佛國土說」 앞 책 『新羅 初期 佛敎史 硏究』 참조.

신라의 전시기 동안 어떠한 왕에게도 그의 죽음과 매장에 이어 왕의 생애를 간결하게나마 제시하여 보충한 예는 없다. 진흥왕 37년조에 이러한 여러 문제가 중첩되어 있는 까닭은 어디에서 연유한 것인지 문득 단정하기는 어렵다. 아마 "秋八月 王薨 諡曰眞興 葬于哀公寺北峯"의 기사는 왕의 즉위 및 훙거에 관한 기존의 연대력 등을 근거로 한 편년 서술인 것이 틀림없다. 반면에 ④(金大問)·⑤(崔致遠)·⑥(令狐澄)항 같은 후대의 인용문은 물론이지만,7) 분명한 연대의 오류를 범한 ⑦항을 포함하여 ①·②·③의 원화 및 화랑 관련 서술과 ⑧항의 왕과 왕비가 승려가 되어 생을 마쳤다는 내용들은 정확한 편년을 위한 근거 자료가 없었을 것이다. 그 때문에 진흥왕 37년, 즉 왕의 卒年에 일괄하여 서술한 것이라고 판단한다.8)

우리의 추론을 방증하기 위하여 본고의 『화랑세기』에 대한 논의와 관련된 한 가지 예를 더하고자 한다.

> 炤知麻立干 22년(500) 9월, 王께서 捺已郡에 납시었다. 群人 波路에게 한 딸이 있었는데 이름은 碧花라 하였고 나이 16세로서 참으로 國色이었다.… (왕은) 그녀를 은밀히 맞아다가 別室에 두고 한 아들을 낳기에 이르렀다. 11월에 왕께서 돌아가셨다. (『삼국사기』, 신라본기3)

捺已郡에 행차한 조지왕은 그 곳에서 벽화라는 여인을 만나 결국 입궁케 하여 아들을 낳았다 한다. 벽화는 『화랑세기』에 등장하는 제1대 風月主 魏花公의 누이 벽화부인을 이른다고 생각한다. 그런데 인용

---

7) 唐 令狐澄의 『新羅國記』를 인용한 ⑥항도 오류를 포함하고 있다. 즉 『新羅國記』 자체는 大曆연간에 신라에 온 사행의 일원이었던 顧愔의 견문록으로서 그것이 大中연간의 令狐澄에 의해 『貞陵遺事』(『大中遺事』)에 인용되었던 것을 『삼국사기』 편자가 오인한 것이었다. 岡田英弘, 1951, 「新羅國記と大中遺事とについて」(『朝鮮學報』 2).
8) 三品彰英도 본조의 성격을 유사하게 지적한 바 있다. 1974, 『新羅花郎の研究』(平凡社), 195~205쪽.

문에 충실할 경우 왕과 벽화가 만난 때를 9월이라고 밝힌 반면, 벽화 (부인)이 아들을 낳은 사실에 이어 같은 해 11월 왕이 죽었다 하였다. 정구복은 일찍이 이 점을 들어 의문을 표하면서 조지왕의 嗣王인 지증왕이 재위 3년에 殉葬을 금지하고 5년에 喪服法을 제정하여 頒行했던 조처를 근거9)로 조지왕의 죽음은『삼국사기』의 연대보다 2년 뒤인 502년의 일이었을 것으로 추정한 바 있다.10) 그러한 추론은 조지왕의 捺已郡 행차와 그로 말미암은 벽화(부인)과의 만남을 500년의 사실로 인정하고, 그러므로 조지왕의 죽은 해를『삼국사기』신라본기의 기록보다 2년 뒤로 조정하는 방식이다. 이것은 상당한 설득력을 가지고 있다. 즉 우리는『삼국사기』의 편년 기사 가운데 확인되는 적지 않은 오류를 이미 알고 있는 것이다.

그러나 우리는 진흥왕 37년조의 경우처럼 벽화부인과의 만남 및 아들의 출생 등-아마 한 해 동안에 시종될 수 있는 과정이 아닌-일련의 사건은 그 정확한 편년을 설정하기 어려웠기 때문에 왕의 말년조에 일괄 부연한 것으로 볼 수도 있다는 것을 간과하지 않으려 한다. 이와 같은 서술 방식은 어떤 사건을 기록할 때, 그 연대는 확인이 되지만 그 발생 월이 분명하지 않을 경우 해당 년의 맨 마지막에 서술해 두는 것과도 유사한 것이다.

이를 위하여 역시 본고의 논의와 관련하여『화랑세기』의 제2세 풍월주 未珍夫가 등장하는 사건 기사를 예로 들어보겠다.

가. 眞興王 12년(551): ① 三月 王巡守次娘城 聞于勒及其弟子尼文知音樂 特喚之… ② 先是 加耶國嘉悉王製十二弦琴… 其樂名加耶琴 ③ 王命居柒夫等 侵高句麗 乘勝取十郡(『삼국사기』, 신라본기4)

나. 陽原王 7년(551): ① 夏五月 遣使入北齊朝貢 ② 秋九月 突厥來圍新城… 拒克之

---

9)『三國史記』, 新羅本紀4 智證麻立干 3년 3월: "下令禁殉葬" 및 同王 5년 4월: "制喪服法頒行".
10) 鄭求福, 1990,「迎日冷水里新羅碑의 金石學的 考察」(『韓國古代史研究』3), 42~43쪽.

殺獲一千餘級 ③ 新羅來攻取十城 (고구려본기7)
다. 居柒夫傳: …(眞興王)十二年辛未 王命居柒夫及仇珍大角湌・比台角湌・耽知迊
湌・非西迊湌・奴夫波珍湌・西力夫波珍湌・比次夫大阿湌・未珍夫阿湌等八將
軍與百濟 侵高句麗 百濟人先攻破平壤 居柒夫等乘勝 取竹嶺以外高峴以內十郡
(열전4)

위의 인용문들은 백제 성왕과 신라 진흥왕이 나제동맹의 일환으로 고구려 한수 유역을 공취한 사건에 대한 기사이다. 우선 신라본기(가)와 고구려본기(나)를 비교하여 보면 각 ③항이 대응되거니와 고구려본기의 경우는 신라본기에 기초했을 것을 쉽게 알 수 있다. 그러나 신라본기의 구조는 ①항에서 3월 진흥왕의 娘城 순행과 于勒 등의 조우를 언급하고 ②항에서 우륵과 가야금의 유래에 대한 설명을 가한 후, 구체적 시점이 제시되지 않은 채 居柒夫 등의 10군 공취 기사가 이어지고 있다. 고구려본기의 경우도 마찬가지로서 ①항 5월 北齊와의 외교, ②항 9월 突厥과의 교전에 이어 문득 月次없이 신라의 10성 공취 사건이 자리하여 있다. 따라서 두 본기는 공히 사건의 구체적인 월차를 언급하지 않고 있는 것이다. 한편 거칠부전(다)을 보면 가장 상세한 관련 사료가 있는데, 여기에도 역시 진흥왕 12년의 연대 외에는 다른 시점이 제시되어 있지 않다. 이상을 염두에 놓고 편록 과정을 추정하면, 우선 신라본기는 열전 등의 고유 자료에 기초하여 본 사건을 기입했으나 그 월차가 분명치 않은 까닭으로 해당년조 말미에 편의 배치하였고, 신라본기의 동일년 기사에 의거하여 보입한 고구려본기 기사 역시 불투명한 월차 때문에 가장 말미에 적기했다고 생각한다.

지금까지의 논의에서 우리는 적어도 원화제의 치폐, 그리고 화랑의 설치가 반드시 진흥왕 37년에 모두 해당하는 사건이라고 고집할 수 없다는 것을 알았다. 즉 후대 자료의 부정확한 인용은 물론이려니와, 원화 및 화랑 관련 서술이 근거한 원자료에 정확한 연대기적 편년이 없었기 때문에 진흥왕 37년, 즉 왕의 졸년에 일괄하여 기재한 것이었다. 또한 진흥왕 37년조의 ①항 '始奉源花'라는 서술은 『삼국사기』의 일반적 서술 구조상 그 자체 불합리한 것이었고, 나아가 그것이 '始奉花郞'이라 하는 편이 오히려 이어지는 문맥에 부합된다고 판단한다. 실제로 37년조의 기사는 그 내용만으로 말한다면 전체적으로 보아 화랑이 처음 제정된 사건을 이르고 있는 것으로 파악된다.

물론 여러 연구자가 이미 지적한 바와 같이 화랑이 진흥왕 37년에 처음 받들어진 것은 아니다. 예컨대 『삼국사기』(44) 斯多含傳에는 사다함이 15·6세에 異斯夫의 加羅國 습격에 종군했으며 이듬해 17세 나이로 죽었다 하였는데, 당시 그는 화랑이었다 한다. 그런데 이사부의 이 군사행동은 신라본기에 의할 경우 진흥왕 23년(562) 9월의 일로 되어 있다. 따라서 적어도 진흥왕 37년에야 화랑이 처음 받들어진 것은 아니라는 점은 분명하다. 이 점 『화랑세기』의 사료적 위상을 추구할 때 유의할 대목이다.

2) 김부식의 사론

B. 신라인들이 인재를 알아볼 방법이 없음을 염려하여 무리지어 함께 노닐도록 하여 그 行義를 본 연후에 등용하고자 하였다. 드디어 미모의 남자를 뽑아 粧飾하여 화랑이라 이름하고 그를 받드니 徒衆이 雲集하였다. 혹은 서로 道義로 연마하고 혹은 서로 歌樂으로써 즐기며 산수를 遊娛하여 아무리 멀어도 이르지 못한 곳이 없었다. 이로 인하여 그 邪正을 알아 가려 조정에 천거하였다. 그러므로 金大問이 "어진 재상과 충신이 이로부터 나오고 훌륭한 장수와 용감한 군사가 여기에서 길러진다"라고 한 것이 이것이다. 三代의 화랑이 무려 이백여 인으로 그 芳名과 美事는 모두 傳記(에 실려 있는 바)와 같다. 흠운 같은 자는 역시 郞徒인데 王事에 목숨을 바칠 수 있었으니 가히 그 이름을 욕되지 않게 했다고 이를만하다. (『삼

국사기』 47, 列傳7 金歆運傳)

　　김흠운전의 말미에 위치한 위 사론은 『삼국사기』의 다른 사론들과 마찬가지로 일단 김부식의 작문이라고 생각할 수 있다. 그런데 인용문 가운데 화랑의 연원에 대한 서술은 신라본기 진흥왕 37년조의 전재에 불과하다. 따라서 정작 김부식의 본의는 후반부에서 언급한 것처럼 왕사에 목숨을 바칠 수 있었던 충절의 강조에 있다. 실제로 『삼국사기』 권47은 김흠운을 포함하여 奚論·素那·驟徒·訥催·薛罽頭·官昌·金令胤·裂起·丕寧子·竹竹·匹夫·階伯 등 모두 '王事에 목숨을 바친 이들'의 전기이다. 김흠운전에 붙인 사평은 이들 모두에 대한 종합으로 본다. 물론 이들은 대부분 신라인들이다. 그러나 계백 역시 백제왕을 위하여 목숨을 바친 충신이었던 것이다. 심지어 설계두는 당 태종의 안시성 공격에 종군하여 전사한 사람이다. 따라서 본 사론은 크게 보아 화랑의 군사적 활동을 재료로 하여 신하의 온당한 직분을 논한 것이었다.

　　한편 또 다른 측면에서, 본 사론은 『삼국사기』 열전에 위치한 총 8개의 사론 가운데서도 독특한 위상을 가진다. 즉 여타의 사론들이 모두 김유신·을지문덕·장보고·석우로·향덕·성각·개소문·궁예와 견훤 등 구체적인 인물을 대상으로 한 포폄적 성격을 가진 데 반해, 본 사론은 화랑 일반에 대한 평가라는 것이다. 만일 본 사론이 김흠운 개인에 대한 사평에 제한된 것이라고 한다면, 사실 김부식의 평가는 자연스럽지 못한 일면이 있다. 즉 김흠운은 655년 백제와의 助川城 전투에서, 大舍 詮知 등의 만류에도 불구하고 무모하게 적진에 돌진하여 전사했다. 그와 같은 김흠운 개인의 경솔함에 주안한다면, 이 대목에 자리할 논찬은 사뭇 분위기가 달라질 것이다.

　　(權近曰)… (軍勢의) 많고 적음, 허와 실, 그 형세 등을 살피지 않고 가벼이

적의 손에 죽은들 무슨 이익이 있겠는가. 내 몸을 버려 적을 이길 수 있다면 죽을 수도 있겠고, 내 몸을 보전하는 것이 나라에 욕이 된다면 죽을 수도 있겠지만. 그러한 의미가 없을진대 어찌 스스로 경솔히 행동하여 적을 장쾌하게 할 것인가… (『三國史節要』9, 唐 永徽 6년)

일반적으로 『삼국사기』의 사론은 범례적 성격의 것과 충효적 포폄의 것으로 대별할 수 있다. 혹은 전자를 제도 관련 사론으로, 그리고 후자를 인물 관련 사론으로 표현해도 무방하다. 예컨대 왕의 稱元法 문제, 葛文王 제도의 문제, 年號의 사용 문제, 國學과 관련한 文人任事의 원칙 문제, 王號의 方言 취택 문제, 여성의 왕위 계승 문제 등은 주로 신라사를 위주로 한 제도, 혹은 『삼국사기』 전체의 서술 원칙을 위한 일반적·범례적 사론이라고 할 수 있다.

그리고 이들 사론은 모두 신라본기에 자리하고 있다. 그런데 구체적 인물에 대한 포폄이 아닌 경우로서는 오직 화랑에 관한 사론만이 열전에 삽입되어 있는 것이다. 따라서 신라의 고유한 제도라고 할 수 있는 화랑에 관한 사론은 기실 신라본기 가운데 자리하는 것이 일견 타당해 보인다. 이 점을 고려할 때 화랑 관련 사론의 내용이 신라본기 진흥왕 37년조의 축약에 불과하다는 점은 시사하는 바 있다고 생각한다. 즉 우리는 진흥왕 37년조의 내용에서 그 자체가 사론과 같은 느낌을 받는다.

김대문을 인용하여 화랑을 언급한 자료로는 위에 인용한 『삼국사기』의 두 군데 외에 『해동고승전』이 있다. 『해동고승전』 法雲조에는 진흥왕 37년을 들어 화랑에 관한 관련 내용을 전적으로 『삼국사기』에 의거하여 기술하고 있다. 실제 『해동고승전』에는 『삼국사기』를 인용한 서술이 도처에서 산견된다.[11] 특히 『해동고승전』에서 『삼국사기』를 '국

---

11) 章輝玉, 1991, 『海東高僧傳 硏究』(民族社), 23~30쪽의 표 참조.

사'로 표현하고 있는 점은 『삼국유사』의 경우와 같은 용례라고 하겠다.12) 더구나 安含조에서는 '新羅本記(紀)' 진흥왕 37년조를 직접 들어 『삼국사기』의 안홍 귀국 사실을 인용한 경우가 있었던 것을 앞에서 확인한 바 있다. 그러므로 『해동고승전』의 화랑 관련 기술을 『삼국사기』에 의거한 것으로 판단하는 데 이론이 없겠다. 다만 신라본기 진흥왕 37년조와 더불어 김흠운전의 말미에 있는 내용이 이어지고 있는데, 이 부분에서 각훈의 서술은 다소의 변개가 이루어졌다.

C. ○故金大問花郎世記曰 賢佐忠臣 從此而秀 良將勇卒 由是而生 (A-④)
　○故金大問曰 賢佐忠臣 從此而秀 良將勇卒 由是而生者 此也 三代花郎 無慮二百餘人 而芳名美事 具如傳記 (B. 金歆運傳 史論)
　○故金大問世記云 賢佐忠臣 從此而秀 良將猛卒 由是而生… 自原郞至羅末 凡二百餘人 其中四仙最賢 且(具: 필자)如世記中 (『海東高僧傳』, 法雲)

우리는 앞에서 신라본기 진흥왕 37년조의 내용이 지극히 사론적 분위기의 서술이었고, 동시에 김흠운전에 가한 사론은 신라본기의 내용을 축약 전재한 것이라는 점에 동의하였다. 따라서 사론의 작성자는 김대문의 『화랑세기』를 직접 인용하지 않고도 가능한 범주의 논평을 가하고 있었던 것이다. 마찬가지로 『해동고승전』의 내용 역시 『삼국사기』 신라본기와 김흠운전의 사론에 입각하여 작성되었다. 사실

---

12) 예컨대 法空조의 분주 "按國史及古諸傳 商量而述"이라 한 '國史'나 "按阿道碑 法興王出家 法名法雲 字法空 今按國史及殊異傳 分立二傳 諸好古者 請詳檢焉"이라 한 '國史'가 그것이다. 즉 「阿道碑」에 의할 때 '法雲'과 '法空'이 모두 법흥왕의 法名·字로 되어 있는 것에 대하여 「國史」와 「殊異傳」을 근거로 수긍하지 않고, 二傳으로 分立한다 하였다. 다시 말하여 '법운'과 '법공'을 구분한 것이다. 그 결과 각훈은 법공을 법흥왕으로, 그리고 그에 이어지는 법운을 진흥왕으로 설정하였다. 그런데 『삼국사기』 신라본기에 의하면 진흥왕이 말년에 축발하고 '自號法雲'이라 하였다 한다. (본문에 인용한 진흥왕 37년조 A-⑧항 참조) 일연 역시 「아도비」의 견해에 회의하였다. 『三國遺事』, 興法 原宗興法 猒髑滅身: "僧傳與諸說 亦以王妃出家名法雲 又眞興王爲法雲 又以爲眞興之妃名法雲 頗多疑混".

거기에는 새로이 김대문의 『화랑세기』에 직접 의거하지 않으면 안될 내용은 없다. 다만 『삼국사기』 사론에 '三代'라 한 표현은 신라사 전체 기간을 의미하고 있는 반면,13) 『해동고승전』에서는 原郎으로부터 신라 말까지라 하여 보다 구체적인 기간을 제시하고 있다. 신라사의 전 기간을 三代라고 한 것은 적어도 下代 신라인들의 인식에서 비롯되었을 것이다.14) 즉 삼대라는 표현은 김대문의 『화랑세기』에서 출현할 수 없다. 마찬가지로 원랑부터 신라 말에 이르는 화랑의 전기가 김대문의 『화랑세기』에 포함될 수도 없다. 그러므로 원랑을 최초의 화랑으로 제시한 각훈의 서술 또한 그 자신의 작문으로 보아야 한다.

 ○ (진흥왕 37년) 春 始奉源花… (A-①)
 ○ (진흥왕 37년) 始奉原花爲仙郎… (『海東高僧傳』 法雲)

이렇게 보면 최초의 화랑 '原郎'은 '原(花仙)郎'을 가리키는 것을 알 수 있다. 각훈은 진흥왕 37년조를 인용하면서 源花를 仙郎으로 파악하였다. 물론 그것은 신라시대나 고려 당대, 혹은 각훈 자신의 화랑에 대한 인식을 시사하고 있다. 요컨대 각훈이 원랑을 포함한 김대문의 『화랑세기』를 직접 참조했다고 속단할 근거는 없다는 것이다.15)

그러므로 사론의 '傳記'와 『해동고승전』의 '世記'도 새로운 이해가 필요하다. 우선 각훈은 김대문의 『화랑세기』를 염두에 두고 "世記(에 실

---

13) 池內宏, 1960, 「新羅の花郎について」(『滿鮮史硏究』 上世 第二冊, 吉川弘文館), 511쪽 ; 동, 1936, 『東洋學報』 24-1.
14) 『三國史記』, 新羅本紀12 敬順王 9년: "國人 自始祖至此分爲三代 自初至眞德二十八王 謂之上代 自武烈至惠恭八王 謂之中代 自宣德至敬順二十王 謂之下代云" ; 같은 책, 新羅本紀11 眞聖王 2년: "王素與角干魏弘通… 仍命與大矩和尙 修集鄕歌 謂之三代目云".
15) 생각하기에 따라서는 『三國史記』 32 樂志에 언급된 "思內奇物樂 原郎徒作也"의 '原郎'이나 『三國遺事』 塔像 彌勒仙花 未尸郎 眞慈師조의 '薛原郎'을 주목할 수 있다. 그러나 『海東高僧傳』 法雲조의 전체 구조로 보아 적어도 각훈이 직접 원랑 관련 자료, 혹은 김대문의 『花郎世記』를 근거로 기술한 것이라고는 볼 수 없다.

려 있는 바)와 같다"라고 하였다. 그 문장 구조는 사론의 그것을 따른 것임이 틀림없다. 그런데 정작 사론에서는 『화랑세기』는 언급이 없는 채 "傳記(에 실려 있는 바)와 같다"라고 하였다. 물론 사론에 인용된 김대문의 말은 신라본기에 있는 내용을 다시 인용한 것이므로, 애초 그것은 마땅히 김대문의 『화랑세기』에서 인용된 것으로 보는 것이 옳다.

실제로 『해동고승전』의 변개도 그와 같은 이해에 기초하고 있다. 즉 각훈은 진흥왕 37년조의 "金大問花郎世記曰" 부분을 전반부에 인용하고, 다시 사론의 "其如傳記" 부분을 이어 소개하면서, 그 '전기'는 곧 『화랑세기』 자체일 것이라는 판단을 했다고 생각한다. 그러므로 만약 김부식의 작문 가운데 쓰인 '전기'가 김대문의 『화랑세기』를 가리키는 것이 아니라면 각훈의 '세기'는 단순한 주관적 변개에 불과하다.

김부식이 언급한 '전기'가 『화랑세기』 자체일 수 없다는 점은 三代라는 시대 개념이 출현하게 되는 시기를 미루어 용이하게 수긍할 수 있을 것이다. 물론 『화랑세기』가 '전기'로 지칭될 수는 있다.16) 그러나 삼대에 걸친 동안 200여 화랑의 '芳名美事'가 김대문의 『화랑세기』에 담겨질 수는 없다.17) 이 문제를 위하여 『삼국사기』(44) 張保皐・鄭年傳에 쓰인 '전기'를 살피고자 한다.

장보고・정년전 말미에는 "이것은 신라전기(의 내용)과는 자못 다르나 두목이 쓴 전기이므로 둘 다 기록하여 둔다[此與新羅傳記頗異 以杜牧立傳 故兩存之]"라고 한 분주가 있다. 실제 양인의 전기는 그 말미에 편

---

16) 『三國史記』 46, 列傳6 薛聰傳: "金大問 … 作傳記若干卷 其高僧傳・花郎世記・樂本・漢山記猶存".
17) 종래 이 '傳記'를 『花郎世記』로 보는 견해와 『三國史記』의 열전 자체로 보는 시각이 있어 왔다. 이에 대한 논의의 소개는 李基白, 1978, 「金大問과 그의 史學」(『歷史學報』 77), 5쪽 및 趙仁成, 1985, 「三國 및 統一新羅時代의 歷史敍述」(『韓國史學史의 硏究』, 乙酉文化社), 23쪽 참조.

자가 분주한 것처럼 전적으로 당나라 杜牧이 쓴 「張保皐鄭年傳」의 일부를 전재한 것에 불과하다. 더구나 본 전기에 이은 '論曰' 이하도 김부식 자신의 작문이 아니라 杜牧과 宋祁의 사평을 일부 전재한 것에 불과하다. 즉 두목의 「장보고정년전」의 전반부는 『삼국사기』의 장보고·정년전의 전기 자체가 되었고, 그 후반부는 『삼국사기』의 사론이 되었다. 애초에 두목의 글에서도 전반부는 두 신라인의 전기였으며, 후반부는 두 사람의 극적인 우정과 갈등에 대한 평가로 구성되어 있다.[18] 이러한 구성은 『삼국사기』에 앞서 이미 『신당서』의 송기에 의하여 수용된 바 있다.[19] 나아가 김부식은 두목과 송기의 서술을 모두 참작하면서 필요한 첨삭을 가했다. 따라서 분주의 '신라전기'는 일단 두목이 쓴 「장보고·정년전」을 의식한 표현이 된다. 여기서 우리는 신라인들에 관한, 그리고 신라인들에 의한 다양한 범주의 전기가 있었다고 보고자 한다.

한편 『삼국사기』 장보고·정년전의 서두에 장보고에 대해 가한 분주를 주목한다. 분주에는 장보고에 대하여 "羅紀에는 弓福이라 했다[羅紀作弓福]"라고 하였다. 여기에서 '羅紀'가 '(新)羅(本)紀'임에는 재론의 여지가 없다. 실제로 신라본기(10) 興德王 3년조에는 "淸海大使弓福姓張氏"라 하였고, 역시 "一名保皐"라 분주한 예가 있다. 그러므로 신라본기의 관련 기사가 '張弓福' 계통의 저본 자료에 의거한 것이라면, 열전의 그것은 '張保皐' 계통의 저본 자료를 취한 것이 된다.[20] 그렇다면 본 전기의 편자가 두목의 전기와 '신라전기'를 '兩存'한다 했으므로, '신라전

---

18) 杜牧의 「張保皐鄭年傳」은 『文苑英華』에 실렸고 본고에서는 臺灣大通書局印行 『欽定全唐文』 권 756을 참고하였다.
19) 『新唐書』 220, 列傳145 新羅傳에는 杜牧의 전반부가 신라전의 말미에, 그리고 그 후반부가 "贊曰"의 형태로 인용되었다.
20) 『三國史記』, 新羅本紀10 興德王 3년, 僖康王 2년, 閔哀王 즉위년, 神武王 즉위년, 新羅本紀 11 文聖王 즉위년, 동왕 7년·8년 등 장보고 관련 기사에는 모두 '張弓福'으로 표기되었고, 그 내용은 실제 杜牧의 傳記와는 완연 다르다.

기'는 일견 신라본기 속에 용해·보존된 셈이 된다.21)

그러나 한편『삼국사기』(44)의 金陽傳에도 張弓福과 祐徵의 결합 및 神武王 즉위 관련 사건이 신라본기와 방불하게 실려 있다. 이로써 일단 신라본기와 김양전이 근거했을 '신라전기'는 장보고·장궁복의 인명 표기뿐 아니라, 그 주요 내용이 두목의 전기와는 서로 다르다는 것을 알게 된다. 그런데 궁복의 자세한 활동이 나타나는 김양전은 백제인 黑齒常之傳을 사이에 두고 장보고·정년전과 바로 선후하여 있다. 그러므로 두목의 전기와 '신라전기'의 다름을 지적하고 "그 둘을 다 보존해둔다"라고 한 분주는 뒤에 이어지는 김양전을 염두에 둔 것이 틀림없다. 다시 말하여 두목의 전기와 함께 보존된 '신라전기'-이른바 張弓福傳이라고도 할 수 있는-는 김양전 자체가 되는 것이다. 요컨대 '신라전기'로 불린 특정 자료의 존재 여부와는 관계없이, 장보고·정년전의 분주가 지시하는 주안점은 두목의 전기와 김양전을 '兩存之'한 데 있는 것이다.

이상의 논의에서 김흠운전에 위치한 사론에 보이는 '전기'는『삼국사기』권47에 분재된 奚論 이하 신라인들의 전기 그 자체, 구체적으로는 김영운·관창·김흠운으로 이어지는 화랑정신을 구현한 대표적 인물들의 전기를 가리킨다고 판단한다. 이들의 전기에 이어 화랑에 대한 총평을 가하면서 여타 화랑들의 방명미사는 모두 앞에 예시한 전기들과 같다는 의미였던 것이다. 그러므로『해동고승전』의 화랑 관련 내용에서 확인되는『삼국사기』와 다른 몇 가지 점은 화랑 연구를 위한 의미 있는 재료가 되지 못한다. 다만 원화를 선랑으로 인식한 점과 四仙을 특기한 것은 고려 당대의, 특히 화랑에 대한 불교적 이해의 한 단면을 드러낸 것으로 생각한다. 이 점은 일연의『삼국유사』

---

21) 弓巴로 표기한『삼국유사』의 張保皐 관련 기사 역시 이른바 '新羅傳記'에 의거했을 것이다. 紀異2 神武大王·閻長·弓巴.

와 관련하여 다시 논하고자 한다.

3. 『삼국유사』의 화랑 인식

1) 미륵선화·미시랑·진자사조의 분석

『삼국사기』 진흥왕 37년조는 화랑 관련 내용을 포함하여 편년상의 심각한 오류가 개입되어 있다는 점을 앞에서 지적하였다. 그러나 기실 더욱 주목하고자 하는 것은 위에 논해 온 진흥왕 37년조의 기사를 화랑의 시치 관련 내용으로 이해하고, 아울러 그에 대한 의문을 제기한 사례가 실제로 있다는 점이다. 이를 위하여 『삼국유사』(塔像) 彌勒仙花·未尸郎·眞慈師조를 본다.

> D. 第二十四眞興王 姓金氏 名彡麥宗 一作深麥宗 以梁大同六年庚申(540)卽位 慕伯父法興之志 一心奉佛… 又天性風味 多尙神仙 擇人家娘子美艶者 捧爲原花… 乃殺姣貞娘 於是大王下令 廢原花 累年 王又念欲興邦國 須先風月道 更下令 選良家男子有德行者 改爲花娘 始奉薛原郎爲國仙 此花郎國仙之始… 〔國史眞智王大建八年庚申 始奉花郎 恐史傳乃誤〕

본조는 진흥왕의 즉위(梁 大同 6년 庚申: 540) 사실을 적기한 뒤, 그의 독실한 奉佛을 지적하였다. 이어 원화의 설치 및 폐지, 그리고 몇 년 뒤[累年] 다시 화랑을 두었다는 점, 아울러 최초의 국선화랑인 설원랑의 존재 등을 알려주고 있다. 그런데 분주에 의하면 "國史에는 眞智王 大建 8년 庚申에 '始奉花郎' 하였다 하는데 아마 史傳의 오류인 듯하다"

라고 하였다. 분주를 가한 자의 의도는 『國史』의 기록, 즉 眞智王 大建 8년이라는 연대를 받아들일 수 없다는 것이다. 우선 大建은 남조 陳 宣帝의 연호로서 그 8년은 丙申年(576)이었다. 그러므로 분주에 거론한 '庚申'은 '丙申'의 잘못이다.

한편 대건 8년, 즉 병신년은 진지왕 즉위년인 동시에 진흥왕 37년이었다. 요컨대 일연이 지적한 『국사』에는 대건 8년에 '始奉花郎'했다는 것이다. 주지하듯이 『삼국유사』에 인용된 『국사』는 『삼국사기』를 가리킨다.[22] 그런데 이미 살펴본 것처럼 『삼국사기』에는 진흥왕 37년 곧 대건 8년에 '始奉源花'라 하였다. 다시 말해 분주를 가한 자는 본문을 서술하는 데 선택한 별도의 중심 전거에 입각하여 기록한 뒤, 『삼국사기』 진흥왕 37년조의 내용을 비교 제시하여 그 상위점을 밝힌 것이었다. 그가 '아마 史傳의 잘못일 것'이라고 판단한 논리 과정은 우리가 앞에서 검토한 사정과 크게 다르지 않았을 것이다. 결국 분주를 가한 자는 진흥왕 37년조의 포괄적 의미를 진흥왕 37년, 곧 대건 8년에 '始奉花郎'했다는 것으로 파악한 것이며, 동시에 그것은 '史傳의 잘못'이라고 판단했던 것이다.

따라서 『삼국유사』의 분주자는 『국사』, 즉 『삼국사기』보다는 彌勒仙花・未尸郎・眞慈師조의 본문을 구성하는 데 주로 참고한 미지의 전거 자료를 더 신뢰했다고 할 수 있다. 그러므로 『삼국사기』 진흥왕 37년조의 화랑 관련 내용과 『삼국유사』 彌勒仙花・未尸郎・眞慈師조의 본문 내용과는 서로 부합할 수 없는 차이점이 있는 것이다. 그 차이점은

---

22) 李康來, 1990, 「『三國遺事』에 있어서의 舊三國史論에 대한 비판적 검토」(『東方學志』 66). 물론 여기에 異論이 없는 것은 아니다. 일찍이 田中俊明은 우리가 논의하고 있는 바로 이 彌勒仙花・未尸郎・眞慈師조의 『국사』를 『구삼국사』로 본 바 있으며, 가장 최근에는 『삼국유사』에서 인용한 『국사』란 고려 충렬왕대, 말하자면 『삼국유사』 찬진 이전의 어느 시기에 원나라에 제출할 목적에서 만들어진 책으로 추정하는 견해까지 제시되고 있다. 田中俊明, 1977, 「『三國史記』撰進과 『舊三國史』」(『朝鮮學報』 83) 및 鄭求福, 1993, 「高麗 初期의 『三國史』 編纂에 대한 一考」(『國史館論叢』 45).

『삼국유사』 분주의 지적대로라면 화랑이 처음 받들어진 연대에 있을 것이다. 그러나 『삼국유사』의 본조에는 '始奉花郞'에 관한 구체적 연대가 명시되지 않았다. 즉 본조에는 진흥왕이 大同 6년 庚申에 즉위하였고, 애초에 원화를 세웠다가 그 폐단을 경험하여 폐지한 뒤, 몇년 뒤[累年]에 다시 화랑을 세웠다고 하였다. 그렇다면 분주를 가한 자는 화랑의 시치 연대를 대건 8년(진흥왕 37년)이 아닌 다른 어느 때로 이해했던 것이 틀림없다. 이와 관련한 가능한 추론의 단서가 바로 대건 8년을 庚申年으로 오인한 점이 되겠다.

이미 말한 것처럼 대건 8년은 丙申年이다. 우리는 이것이 단순하고도 우연한 실수라기보다는 본문의 화랑 관련 서술에 유일하게 적시한 연대, 즉 梁 大同 6년 庚申에서 유래한 착오라고 보고자 한다. 즉 분주자는 大同 6년 庚申이라는 연대를 깊이 고려한 고증의 결과 大建 8년을 庚申年으로 속단했던 것이다. 더구나 그가 비교 자료로 살핀 『삼국사기』 진흥왕 37년조는 처음 원화가 두어졌다가 남모·준정의 질시로 말미암아 그 폐단이 입증되고 난 뒤, 다시 화랑을 세워 애초의 의도에 부합하는 성과를 거두게 되었다는 일련의 과정을 포함하고 있었다. 『삼국유사』 彌勒仙花·未尸郞·眞慈師조에서도 大同 6년 庚申의 진흥왕 즉위 사실에 이어 『삼국사기』 신라본기와 완연 동일한 변천 과정을 담고 있는 점을 간과할 수 없다. 따라서 '始奉花郞'한 정확한 연대가 불투명한 본문 내용을 고려해 볼 때, 분주자의 의도는 大同 6년 庚申과 大建 8년 庚(丙)申의 차이를 지적하고자 하는 것이었다. 이러한 추론을 허락한다면, 『삼국유사』의 분주자는 원화 및 화랑에 관한 치폐의 논의가 大同 6년 庚申年(540)에 해당한다고 보았던 것을 미루어 알 수 있다.

이와 같이 『삼국사기』 진흥왕 37년조의 내용에 편년의 혼란이 개입되어 있고, 또한 기사의 서두 '始奉源花'가 문맥상 '始奉花郞'이어야 자연스러우며, 실제『삼국유사』찬자가 그렇게 이해했다는 점을 유념하면서『三國史節要』와『東國通鑑』의 사례를 더하고자 한다.

	『삼국사기』 진흥왕 37년	『삼국사절요』 陳 大建 8년
①	春 始奉源花	春 新羅置花郎
②	初君臣… 徒人失和罷散	初君臣 … 遂廢之源花
③	其後 更取美貌男子… 薦之於朝	其後 更取美貌男子… 擇而用之
④	故金大問花郎世記曰…	
⑤	崔致遠鸞郎碑序曰…	
⑥	唐令狐澄新羅國記曰…	
⑦	安弘法師 入隋求法…	新羅安弘初入隋 求其法…
⑧	秋八月 王薨…	秋八月 新羅王彡麥宗薨…

* 표의 번호는 사료 A의 번호와 동일함.

　『삼국사절요』는『삼국사기』의 ④·⑤·⑥항을 제외했을 뿐 그 전체 서술이 거의『삼국사기』와 동일하다.23) 심지어 ⑦항 안홍이 수나라에 구법하여 갔다가 돌아왔다거나, ⑧항 진흥왕의 죽음에 대해서만 유독 그의 생애가 간략히 제시되고 있는 점까지가 그대로 전재되었다. 그러나 정작 간과할 수 없는 차이점이 ①항에 있다.『삼국사기』가 '始奉源花'라 한 데 반해『삼국사절요』는 '(始)置花郎'으로 개서하였다. 이렇게 보면『삼국사기』의 ①항이 이어지는 문면으로 보아 '始奉花郎'이어야만 한다는 것이 더욱 분명해진다.
　『동국통감』에서는 다시 ⑦항 안홍 관련 기사가 빠지고 나머지는『삼국사절요』와 일치한다. 특히 ①항의 경우를 "春 新羅置花郎"이라 한 점도『삼국사절요』와 같다. 그러나『삼국사절요』를 검토하는 문제의 핵

---

23)『三國史節要』7. 陳 大建 8년(眞興王 37년, 眞智王 원년).

심은 다른 데 있다. 즉『삼국사절요』(6) 梁 大同 6년(540: 신라 법흥왕 27년, 진흥왕 원년)조에는『삼국사기』의 법흥왕 27년(卒年) 및 진흥왕 즉위년조의 기사가 그 월차까지 들어 충실히 전재된 후, 맨 마지막에 월차의 명기 없이 다음과 같은 기사가 있다.

新羅王選容儀端正童男 號風月主 求善士爲徒衆 以礪孝悌忠信[24]

위 인용문은 12월 고구려와 魏간의 외교기사까지 마무리 한 뒤 마지막에 위치하고 있다. 이러한 외양은, 이미 앞 장에서 논증한 바와 마찬가지로, 신라 풍월주의 등장이 편년상 진흥왕 즉위년조에 해당한다는 막연한 정보만을 제공할 뿐, 그 분명한 월차나 행위의 주체가 분명하지 않다. 용의 단정한 동남을 가려 도중을 거느리고 효제충신을 연마케 하였다는 풍월주는 화랑을 지시하는 초유의 용어로 쓰이고 있다. 특히 梁 大同 6년(庚申: 540)은 이미 말한 바와 같이 화랑의 시치와 관련하여 일연이 주목했던 연대다. 이 돌발적 편년 기사의 출처를 속단하기 어려우나『화랑세기』를 검토함에 있어 주목할 정보인 것만은 분명하다.[25]

『삼국사절요』와『동국통감』에서 간과할 수 없는 또 한 가지는 진흥왕 27년(566)조 國仙 白雲의 사화다.[26] 이 또한 풍월주 기사와 마찬가지로 해당 년 기사의 맨 마지막에 월차 없이 기재되어 있다. 양서의 두 가지 돌출 기사는『삼국사기』나『삼국유사』에서 전례를 찾을 수 없는

---

[24]『東國通鑑』5, 梁 大同 6년조에도 동일함.
[25]『新增東國輿地勝覽』21, 慶州府 風俗 風月主 花郎조는『삼국사절요』의 풍월주 기사를 법흥왕 8 원년으로 서술하고, 이어『삼국사기』진흥왕 37년조 내용을 덧붙이고 있는바, 이것은『삼국사절요』혹은『동국통감』의 "新羅法興王二十七年眞興王元年"을 '法興王元年'으로 경솔히 읽은 것이라는 지적에 동의한다. 三品彰英, 1934,「新羅花郎の源流とその發展」,『史學雜誌』47), 64쪽.『東京雜記』1 風俗 風月主 花郎조는『東國輿地勝覽』의 오류를 그대로 답습한 예다.
[26]『三國史節要』6, 陳 天嘉 7년조 및『東國通鑑』5의 同年.

내용이므로 그 근거 자료의 실체와 풍월주·원화·화랑 혹은 국선의 서차가 문제이겠다. 일찍이 安鼎福은 이와 유사한 문제의식에서 다음과 같은 재구성을 시도한 바 있다.

① (考異, 新羅置花郞) 삼국사기에는 진흥왕 37년에 처음으로 源花를 받들었다고 하였다. 그러나 삼국유사에는 진흥왕이 즉위한 뒤 神仙을 숭상하여 인가의 아름다운 낭자를 뽑아 源花로 받들어 무리를 이루고 선비를 가려서 孝悌忠信을 가르쳤는데… 이에 왕은 源花를 폐지했다가 몇 년 뒤… 다시 양가의 덕행 있는 남자를 뽑아 고쳐서 花郞이라 하고 처음으로 薛原郞을 國仙으로 삼았으니 이것이 花郞國仙의 시초라 하였다. 동국통감은 유사를 인용하여 진흥왕 원년에 용의단정한 童男을 뽑아서 風月主라 하고 善士를 구하여 무리를 이루어서 효제충신(의 정신)을 연마케 했다고 하였다. (『東史綱目』, 附卷 上上)

② (법흥왕 27년 진흥왕 원년) 新羅選童男女 號風月主
  ㄱ. 新羅君臣病無以知人… 選童男容儀端正者 號風月主…
  ㄴ. 後又擇人家美艷女子 奉爲源花… 失和罷散
  ㄷ. 王下令廢源花 (같은 책 卷三上)

③ (진흥왕 37년 진지왕 원년) 春新羅置花郞
  ○ 時 新羅風月主·源花之法 廢已累年
  ○ 王以爲欲興邦國 須先風月道 更下令選貴人及良家子弟之貌美有德行者 傅粉飾之 名花郞 亦曰國仙 於是得薛原郞以奉之…
  ○ 自此徒衆雲集… 或相磨以道義 或相悅以歌樂… (상동)

안정복은 『삼국사기』의 진흥왕 37년조와 『삼국유사』 미륵선화·미시랑·진자사조의 원화 관련 기사의 상충을 지적하고, 『동국통감』의 진흥왕 원년 풍월주 기사를 『삼국유사』의 원화 기사와 일치시켜 이해하고 있다(①). 그러므로 첫째 진흥왕 원년에 동남의 풍월주를 두었고(②-ㄱ), 둘째 뒤에 동녀의 원화를 두었다가(②-ㄴ), 셋째 그 폐단을 경험하고 폐지한 뒤(②-ㄷ), 진흥왕 37년에 화랑 설원랑을 받들게 되었다는(③) 재구성에 이르게 된 것이다. 즉 『동사강목』의 진흥왕 원년조와 37년조는 『삼국사기』·『삼국유사』·『동국통감』을 모두 혼효시킨 내용이 되고 있다.27)

사실 이것은 『삼국사기』·『삼국유사』·『동국통감』 혹은 『삼국사절요』의 이설을 손상시키지 않고 하나의 일관된 체계로 설명하고자 할 때 불가피하게 도달하는 견해라고 생각한다. 그러나 이미 논한 것처럼 『삼국사기』 진흥왕 37년조의 연대 및 내용상의 혼란을 인정한다면, 그것을 『삼국유사』에 최초의 화랑으로 제시한 설원랑과 일치시키는 대안에는 동의할 수 없다고 생각한다. 다만 여성의 원화와 남성의 풍월주를 한때 공존했던 존재로 설정한 것은 『화랑세기』를 검토할 때 역시 시사하는 바 적지 않다.

요컨대 『삼국사기』에서 언급한 김대문의 『화랑세기』는 각훈에 의해 단순 재인용되었을 뿐, 『삼국유사』 이래 직접 참조된 뚜렷한 흔적을 전혀 발견할 수 없다. 그러나 동시에 『삼국유사』는 『삼국사기』와는 다른 관점과 전거에 입각하여 화랑 관계 기사를 작성하였고, 『삼국사절요』와 『동국통감』 역시 앞서의 두 자료를 배척하지 않으면서도 전혀 새로운 정보를 채록할 수 있었던 전거의 실재를 암시하고 있는 것이다. 따라서 신라시대에 실재한 화랑들의 방명미사의 전거를 생각할 때 반드시 어느 하나의 자료, 다시 말하여 김대문의 『화랑세기』라거나 최치원이 언급한 『仙史』와 같은 특정 자료만으로 제한할 일은 아니라고 본다. 다양한 '(신라)전기'류에 다양한 관점의 전승이 있었고, 그것을 이용한 현전 자료들 역시 각유의 관점과 해석에 따라 상이한 이해를 전하고 있다고 생각하고자 한다. 그렇다면 현전 자료와의 일치 여부만을 일방적 기준으로 하여 『화랑세기』의 사료적 진위를 논하는 것은 정곡을 얻지 못한 것이라는 판단에 이르게 되는 것이다.

---

27) 安鼎福의 대안은 李源益(1792~1854)의 『東史約』 卷之二. 新羅·高句麗·百濟紀에 반복되고 있다.

2) 신선·화랑국선·미륵선화

　이미 말한 바처럼『삼국사기』의 화랑관은 신라본기 내용과 열전에 입전된 화랑들의 활동을 미루어 '왕사를 위하여 목숨을 바친 이들'로 나타났다. 예컨대 신라의 대표적 화랑인 김유신의 전기는 총 10권으로 구성된 열전의 권두에 실리면서 3권의 분량이 그에 할애되었다. 그에 붙인 김부식의 논찬은 김유신의 정치·군사적 위업을 포찬하는 것이기보다는 김유신의 공업을 가능하게 한 왕의 의심 없는 전폭적 신뢰에 비중이 두어졌다. 말하자면 김유신의 생애에서 김부식이 발견한 이른바 '현재적 의의'는 '六五童蒙의 길함'에 있었다.[28] 다시 말하여 고려의 권신으로서 妙淸 등 서경 세력 정토의 책임자였으며, 또한 尹彦頤 등 王安石류의 新法 개혁론자들과 갈등했던 그로서는 신라왕들의 김유신에 대한 전폭적 신뢰의 태도가 절실히 소망되었다고 생각한다.[29]

　보다 구체적으로 화랑 관련 사론이 위치하고 있는 열전7은 당 태종을 위해 죽은 설계두나, 백제국가에 충절을 다한 계백까지를 포함하여 모두 왕사를 위해 목숨을 바친 이들의 전기다. 편자는 특히 김흠운·김영윤·관창을 통해 신라 화랑의 전형을 제시하고자 했을 것이다. 열전의 다른 권에 입전된 화랑들은 바로 이 점에서 열전7의 화랑들과 구분될 수 있다. 즉 斯多含은 武官郞의 죽음에 임하여 통곡을 심

---

28)『周易』蒙卦에는 '六五童蒙吉'에 대하여 "以夫陰質居於尊位 不自任察而委於二 付物以能不勞聰明 功斯克矣 故曰童蒙吉. 正義曰 言六五以陰居於尊位 其應在二 二剛而得中五 則以事委任於二 不勞己之聰明 猶若童稚蒙昧之人 故所以得吉也"라고 하였다. 김부식은 이를 통하여 "왕은 능력 있는 자에게 일을 맡기어 스스로는 몽매한 어린아이와 같이 하여도 좋은 것이다"는 것을 말하고자 하였다.
29) 李康來, 1994,「『三國史記』史論의 再認識」(『歷史學硏究』13), 150~154쪽.

하게 하다 7일 만에 졸했고(열전4), 孝宗郎은 貧女 知恩을 도운 선행으로 입전되었다(열전8). 특히 진평왕대 화랑 近郎의 낭도였던 劍君은 "風月의 뜰에서 수행하여 진실로 義가 아니면 비록 천금의 이익에도 마음이 동요하지 않았"는지라 여러 宮中舍人들의 부정에 가담하지 않고 홀로 죽음을 택한 의인이었지만(열전8), 김부식은 여타 화랑 및 낭도들이 왕사에 목숨을 바친 예들과는 냉정한 구분을 했던 것이다.

君子曰 劍君死非其所 可謂輕泰山於鴻毛者也

검군은 의로운 낭도였지만 태산을 홍모보다 가벼이 여겨, 결국 그의 죽음은 바람직하지 못한 것이 되고 말았다.[30] 이상을 통하여 『삼국사기』의 화랑관, 혹은 김부식이 화랑도에서 주목한 바가 어떠한 것인지가 대강 드러났다. 그것은 현실 정치가로서 그의 유교적 군신관이 짙게 투영된 것이거니와, 그 결과 『삼국사기』에는 김유신과 시대를 공유하여 그야말로 왕사를 위해 목숨을 바칠 기회-그것은 주로 전장에서 주어졌다-를 가졌던 소수의 화랑과 낭도들만이 주목되었던 것이다. 즉 김유신과 열전7에 입전된 인물들을 제외하면 『삼국사기』의 화랑관에 적합한 예는 그리 많지 않았을 것이다.

한편 이러한 사정은 신라시대 風流徒 자체의 기능과도 무관하지 않다고 본다. 실제 花郎徒는 항시적으로 전쟁에 대비한 조직은 아니었다. 예컨대 진흥왕대 사다함은 이사부의 가라 전투에 스스로 종군을 청하여 貴幢裨將의 직으로 전쟁에 참여하였다. 憲德王代 김헌창의 반란을 진압하기 위한 대규모의 삼군 편제 시에도 당시 明基와 安樂 두 화

---

30) 한편 검군의 행위에 대하여 회의적 평가를 하고 있는 '君子'는 김부식이 아니라 검군 당대의 사람들일 것이라는 추정이 있다. 金基興, 1992, 「『三國史記』「儉君傳」에 보이는 7세기 초의 시대상」(『水邨朴永錫教授華甲紀念韓國史學論叢』上), 327쪽. 그러나 '군자'의 평가가 곧 김부식, 혹은 열전 편자의 그것과 일치하리라는 이해도 틀림이 없는 것이다.

랑은 각기 도중을 거느리고 스스로 전투에 참여했다.31) 실제 김유신·김흠순을 비롯한 화랑 출신의 뛰어난 장군들은 화랑으로서가 아니라 각 개인의 신분 및 정치력과 군사 지휘 능력으로 出將入相했던 것이다. 삼대 200여 화랑들 가운데 극히 일부가 때로 '請從軍'하여 '立功'하는 것이 큰 미덕으로 칭송되었다는 것은, 화랑도가 본질에 있어 일상적으로 군사적 기능이 기대되는 조직은 아니었음을 의미한다. 본래 군사적 조직으로 출발한 조직이었다면 그들의 전투 참여가 '請從軍'의 형식이 될 수도 없으려니와, 그 행위가 특기되고, 나아가 전투에서 전사할 경우 다른 전사자들에 비하여 각별히 추념될 까닭도 없는 것이다.

그러나 『삼국유사』의 화랑 인식은 『삼국사기』의 분위기와 사뭇 다르다. 『삼국유사』에는 진흥왕이 原花를 가려 뽑게 된 연유로 그가 神仙을 크게 숭상했다는 점을 지적하고 있다. 또한 나라를 흥하게 하기 위해서는 풍월도가 우선되어야 한다고 여겨 國仙을 세우게 되었다고 하였다. 이어 설원랑이야말로 花郞國仙의 시초라 하고, 溟州에 비가 세워져 있음도 언급하였다. 또 興輪寺의 眞慈는 彌勒大聖이 화랑으로 현세에 화신할 것을 기원하였다. 실제 그의 염원은 실현되어 未尸라는 소년을 만나 진지왕에 의해 國仙으로 받들리기에 이른다.

결국 신선 숭상에서 출발한 원화, 그리고 화랑국선은 미륵대성에 대한 불승 진자의 염원을 매개로 하여 彌勒仙花로 전이되었다. 이 점을 의식한 듯 일연은 "오늘날까지도 나라 사람들이 신선을 부를 때 미륵선화라고 한다"라고 해명하였다. 즉 신선은 곧 미륵의 현신으로서의 선화, 그리고 화랑(국선)과 동질적인 존재라는 것이다. 이와 같이 『삼국사기』가 전형적 화랑관을 유교적 충군상으로 설정했던 것과는 달리 일연에게 있어 화랑은 미륵의 화신으로 이해되고 말았다.32)

---

31) 『三國史記』, 新羅本紀10 憲德王 14년.
32) 金庠基, 1974, 「花郞과 彌勒信仰에 대하여」(『東方史論叢』, 서울대학교출판부) : 동, 1970, 『南雲

각훈이 "원화를 선랑으로 삼았다"라고 한 '仙郎' 역시 일연의 인식을 이해하는 데 일조한다. 즉 『해동고승전』의 선랑은 『삼국유사』의 선화·신선·국선과 일맥을 같이 한다고 보거니와, 또한 각훈은 法雲조의 贊에서 보다 직접적으로 불교적 화랑관을 토로하고 있는 것이다.

처음에 진흥(왕)이 이미 불교를 숭상하여 화랑의 놀이를 베푸시니 나라 사람들이 즐거이 좇아 본받기를 마치 보물의 집으로 달려가고 봄의 누각에 오르듯 하였다.

각훈은 또한 『삼국사기』의 사론을 인용하면서 四仙을 특기한 바 있다(사료 C). 우리는 사선의 실체에 대한 다양한 견해와 함께 실제 李穀의 「東遊記」에 永郎 등 사선의 古碑가 소개된 것을 환기하게 된다.[33] 이처럼 각훈이 특기한 선랑·사선의 맥락은 『삼국유사』의 선화·국선·신선, 그리고 명주의 碑에로 그 자취가 이어진다고 생각한다.

사실 고려 중기 이후의 지적 분위기를 감안해 볼 때 이와 같은 신선류의 화랑 인식은 짐작할 만한 소지가 충분하다. 開京衰運論이 풍미하면서 이미 서경천도론이 대두하여 있던 시기, 睿宗은 1116년 4월 서경에 행차하여 사선과 국선에 대하여 언급하였다.

옛 성현들의 가르침과 여러 圖識에 이르기를 陰陽을 奉順하고 佛釋을 尊崇하며… 三寶의 재물을 허비하지 말고 四仙의 유적에 영예를 더하여야 할 바… 이른바 國仙의 일은 근자에 仕路가 다양하여 (국선이 되기를) 원하는 사람들이 거의 없게 되었으나 마땅히 대관의 자손들로 하여금 시행케 할 일이다.…(『高麗史』, 世家14 睿宗 11년 4월 庚辰)

李弘稙博士回甲紀念韓國史論叢』.
33) 四仙 관련 자료와 논의에 대해서는 三品彰英, 1974, 앞 책 『新羅花郎の硏究』, 131~160쪽 및 金相鉉, 1989, 「高麗時代의 花郎認識」(『花郎文化의 再照明』, 新羅文化祭學術發表會論文集 10) 참조.

불교의 삼보와 국선에 대한 강조는 풍수도참적 논리와 방술이 횡행하는 가운데, 과거 묘청에서 비롯된 서경의 당여로 지목된 이들에게 복권 조처가 취해지는 毅宗代에 다시 등장하고 있다. 즉 이미 仁宗代 서경 전역의 충격이 상당히 체감된 1168년 의종은 서경에 행차하여 '奉順陰陽'·'歸敬沙門'·'保護三寶' 등과 함께 '遵尙仙風'을 강조하였다.

> 仙風을 遵尙해야 한다. 옛날 신라 때에는 선풍이 성행하여 하늘이 기뻐하고 백성이 편안하였다. 그러므로 (우리) 조종 이래 선풍을 숭상한 지 오래였는데 근래 兩京의 八關會는 날로 옛 격식을 잃고 유풍이 쇠미해간다. 이제부터 팔관회(를 거행할 때)는 미리 가산이 유족한 양반을 뽑아 仙家로 정하고 古風대로 집행하여 天人이 함께 기뻐하게 할 일이다. (『高麗史』. 世家 18 毅宗 22년 3월 戊子)

주지하듯이 의종의 교서에서 제시된 팔관회와 선풍, 그리고 예종이 강조한 국선의 유풍 등은 일찍이 성종대 거란의 침구에 대한 대응방안 논의에서도 등장한 바 있다. 즉 성종 12년(992) 거란은 東京留守 蕭遜寧을 파견하여 고려 서북지방을 유린하여 내려왔다. 이 때 조정 일부의 割地論에 대하여 徐熙의 반론이 제기되었고, 李知白 역시 할지론을 강력히 비판하면서 팔관회와 선랑 등의 행사를 준행할 것을 주청하였다.

> 聖祖께서 나라를 창업하신 뒤 왕통을 이어 오늘에 이르렀거늘 충신이 한 사람도 없어 갑자기 국토를 베어 경솔히 적국에 주고자 하니 어찌 통분하지 않겠나이까… 경솔히 국토를 베어 적국에 주느니 先王의 燃燈·八關·仙郎 등 행사를 다시 거행하고 타국의 이법을 물리쳐서 국가를 보위하고 태평을 이루는 편이 옳지 않겠습니까… 성종도 (서희와 이지백의 주장에) 수긍하였다. 당시 성종이 華風을 즐겨 본받아 國人이 달가워하지 않았기 때문에 이지백이 이 점을 언급한 것이었다. (『高麗史』 94. 列傳7 徐熙 및 『高麗史節要』 2. 成宗 12년 癸巳 冬10월)

이지백은 '華風'에 대한 '國風'으로서의 仙郎 등 신라 이래의 유풍을 대비시키고 있다.34) 이로써 국선·사선·선랑·선가·선풍 등의 이해가 고려 사회 저변에 광범했음을 헤아릴 수 있다.35) 또 그것은 삼보, 연등·팔관회, 음양·도참설 등과 함께 신라 이래의 보존해야 할 국풍으로 간주되었다는 것을 확인하였다.36) 그것은 『삼국사기』의 화랑관보다는 『삼국유사』의 그것에 근접하여 있다. 정작 『삼국사기』가 찬진되던 인종대의 문신 郭東珣에게서도 原郎·鸞郎 등 신라의 화랑들은 신선으로 인식되고 있었다.37) 사실 이미 신라 당대의 최치원 역시 風流道의 연원은 『仙史』에 갖추어져 있다고 하였다(사료 A-⑤).

이와 같은 고려시대의 분위기에서 본다면 『삼국유사』의 신선·화랑국선·미륵선화로 전개되는 화랑관의 추이는 상당한 설득력을 가진다. 『삼국사기』의 경우 오히려 유교적 목적성이 개입된 편향을 강요하고 있는 것처럼 보인다. 그러므로 김유신의 낭도들이 '龍華香徒'라 불렸다는 김유신전(上)의 기록은 김장청의 『金庾信行錄』이 비교적 손상 없이 전재되는 가운데 원형을 보존한 예라고 하겠다.38) 『삼국사기』에서 화랑으로 거론된 인물들이 『삼국유사』에서 예외없이 국선으로 불리는 사정은 여기에서 유래한다고 생각한다.

『삼국사기』가 신선류의 화랑 인식을 배제한 데는 위에 지적한 유교적 가치관 외에 그 찬진을 책임진 김부식의 개인적 정치 경험도 염

---

34) 이러한 이해는 李齊賢의 『益齋亂藁』 9 下 史贊 成王條에도 수용되고 있다.
35) 이상 고려시대의 仙郎 관련 논의는 三品彰英, 1974, 「花郎習俗の推移とその末流」 앞 책 『新羅花郎の研究』, 259~275쪽 참조.
36) 李基東, 1988, 「花郎像의 變遷에 관한 覺書」(『新羅文化』 5), 113~116쪽.
37) 『東文選』 31, 表箋 郭東珣 八關會仙郎賀表: "自伏羲氏之王天下 莫高太祖之三韓 彼藐姑射之有神人 宛是月城之四子… 臣聞惟新羅… 有原郎·鸞郎之謫仙 擇奇選勝而得逍遙遊 踵門入室者以千萬數… 比及功成於九還 孰見神遊於八極…".
38) 『三國史記』 43, 金庾信傳 下: "庾信玄孫 新羅執事郎長清作行錄十卷 行於世 頗多釀辭 故刪落之 取其可書者爲之傳".

두에 두어야 할 것이다. 다시 말하여 그는 '護國白頭岳仙人'을 필두로 한 八聖堂 설치를 주도한 서경의 妙淸 일파를 진압한 총책이었다.[39] 예종과 의종의 선풍 강조의 교서는 모두 서경에 행차하여 내려진 것이다. 이지백의 경우도 크게 보아 서경 중시의 맥락에서 벗어난 것은 아니다. 결국 서경의 당여로 지목된 윤언이 등의 복권에 당하여 일선에서 사퇴한 뒤 『삼국사기』를 찬진한 김부식으로서는 서경과 비상한 관련을 가지고 풍미했던 신비적 사유에 우호적일 수 없었을 것이다.[40]

그러나 역으로 『삼국사기』에 평양을 일러 "平壤者本仙人王儉之宅也"라 한 것도 함께 고려해야 할 일이다.[41] 이것은 관구검의 침입으로 환도성이 유린된 상황에서 평양성을 축조하고 천도했다는 기사에 이어 평양의 유래를 설명한 대목이다. 그러므로 『삼국사기』 찬자는 (단군)왕검을 '仙人'으로 이해한 당대의 인식을 소개한 것이라고 생각한다.[42] 이러한 편린은 김부식이 작성한 사론에도 반영되어 있다.

> …政和[徽宗의 연호]연간에 우리 조정에서 尙書 李資諒을 宋에 보내 조공했을 때 臣 富軾은 文翰의 임무로 보행하였다. 佑神館에 이르러 한 堂에 女仙像이 있는 것을 보았는데 館伴學士 王黼가 "이것은 귀국의 신인데 공들께서 아시는지?" 하고, 마침내 "옛날 어느 帝室의 여자가 남편없이 임신하여 사람들의 의심을 받게 되자 바다를 건너 辰韓에 도착하여 아들을 낳아 海東의 始主가 되게 하였고, 그녀는 地仙이 되어 오랫동안 仙桃山에서 살았는데 이것이 그녀의 상이다"라고 하였다. 신은 또 大宋國信使 王襄의 「祭東神聖母文」에 '娠賢肇邦'의 구절이 있는 것을 보았는데 여기 東神이 곧 仙桃山神聖인 것은 알겠으나 그의 아들이 어느 때에 왕 노릇 했는지는 모르겠다.… (신라본기12, 경순왕 9년)

---

39) 『高麗史』 98, 列傳11 金富軾 및 같은 책 127, 列傳40 妙淸.
40) 鄭求福, 1991, 「金富軾」 『韓國史市民講座』 9(一潮閣), 125~127쪽.
41) 『三國史記』, 高句麗本紀5 東川王 21년.
42) 역시 李奎報의 「東明王篇」에는 沸流國王 松讓이 '仙人之後'를 자처한 예가 있다. 『東國李相國集』 3, 古律詩.

김부식은 政和 6년(예종 11년, 1116) 李資諒을 정사로 한 사행에 동행하였다. 그는 이 때 王黼와 같은 송나라의 문인들과 교유하면서 仙桃山聖母에 대한 견문을 가졌을 것이다. 고려의 사행과 관반학사 왕보와의 이러한 교유는 『고려사』에서도 확인된다.43) 또한 송의 사신 王襄 일행이 고려에 온 것은 1110년의 일이었다.44) 김부식은 王襄의 「祭東神聖母文」을 지적했다. 실제로 서긍의 『高麗圖經』에 의하면 개경에 있는 東神祠에는 東神聖母之堂이 있었고 사신들이 그에 제사하는 관례가 있었다 한다.45)

　한편 『삼국유사』는 선도성모에 대한 자세한 내용을 전하고 있다.46) 그에 의하면 선도산 신모는 진평왕대 安興寺의 비구니에 현몽하여 황금 있는 곳을 알려주어 불사를 도왔다 한다. 역시 신라 신선 사상의 편린을 보여주는 동시에 일연에 있어 그것은 불교와 충돌하지 않는 형태로 수용되고 있다. 요컨대 우리는 『삼국사기』와는 달리 『삼국유사』에서 보다 진솔한 신선 사상 및 신선류의 화랑 인식, 그리고 종국적으로 불교적 화랑관을 확인할 수 있는 것이다.

4. 필사본 『화랑세기』의 위상

　지금까지 『삼국사기』와 『삼국유사』의 화랑 인식을 대비하는 검토를

---

43) 『高麗史』 97, 列傳10 鄭沆.
44) 『高麗史』 13, 世家13 睿宗 5년 6월 辛巳.
45) 『高麗圖經』 17, 祠宇.
46) 『三國遺事』, 感通 仙桃聖母隨喜佛事. 물론 『삼국유사』의 서술에는 김부식의 관련 사론이 전재되어 있는 데서 알 수 있듯이, 위에 인용한 『삼국사기』의 지적에 연유하여 부회된 부분이 적지 않다. 金庠基, 1974, 「國史上에 나타난 建國說話의 檢討」(『東方史論叢』, 서울대학교 출판부), 15~18쪽 ; 동, 1964, 『建大學術誌』 5.

하였다. 만약『화랑세기』가 김대문의 그것을 충실히 반영한 것이라면 그보다 훨씬 후대의 자료인『삼국사기』와『삼국유사』의 내용을 기준으로 그 진위를 논하는 것은 문제가 있다는 지적에 일면 동의한다.[47] 부언하자면 기존 자료와의 일치 여부 자체가『화랑세기』의 사료적 가치를 판단하는 데 충분한 기준이 될 수는 없다. 예컨대『삼국사기』에 언급된 김대문의 평가가『화랑세기』에 그대로 나온다는 사실 자체는 『화랑세기』의 진위를 가름하는 데 아무런 절대적 근거도 될 수 없다. 반대로『화랑세기』가 담고 있는 어떤 내용이『삼국사기』나『삼국유사』에 보이지 않는다는 점 또한 의미 있는 판단 기준이 되지는 못한다. 더구나 우리는『삼국사기』의 화랑 관계 기사는 김대문의『화랑세기』만이 유일한 전거로 이루어진 것은 아니었고,『삼국유사』에서도 『삼국사기』와는 다른 인식의 전거가 활용되고 있었다는 것을 확인하였다.

우리는『화랑세기』의 사료적 위상을 검토함에 있어서 기존 자료와 공유하는 부분이면서도 서로 합치하지 않는 내용을 우선 주목하고자 한다. 사실 미세한 표기상의 의문점이나 현 단계 연구 수준에서 일탈한 정보들의 존재는 본질적인 논의 재료가 되기 어렵다.『삼국사기』 찬자들이 누렸던 전거 자료의 절삭과 윤색의 여지, 그리고 구체적 사실들에 대한 종종의 몰이해, 그로 말미암은 허다한 모순과 오류들은 『화랑세기』의 경우에도 허용되어야 마땅하다. 다만『화랑세기』의 내용이 제기하는 문제점이 기존의 자료에 대한 옳은 이해를 돕는 경우를 의미있는 지표로 받아들이고자 한다.[48] 그리고 이를 위하여『화랑

---

47) 李鍾旭, 1995,「『花郞世紀』研究 序說」(역사학회 제325회 월례발표회 발표문).
48) 이러한 시각에 충실할 때 8세기 이후의 자료를 통하여 진골 왕족들을 두 계통으로 검증해 낸 성과는 대단히 모범적인 실례라고 생각한다. 즉『화랑세기』의 '眞骨正統'과 '大元神統'의 二分 계열 왕족들은 전혀 시대를 달리하는 문헌과 금석문 자료의 정당한 해석에 의해 일면 그 실체가 설득력을 얻게 되었다. 徐毅植, 1995,「9세기 말 新羅의 '得難'과 그 成立過程」(『韓

세기』의 특정 문제점들은 전적으로 기존의 자료들만으로 논증될 수 있어야 한다. 이처럼 『삼국사기』·『삼국유사』와 같은 기존 자료와의 연관 속에서 『화랑세기』의 검토를 진행하는 것은 불가피하며, 또 크게 어긋난 태도라고는 할 수 없다. 물론 한두 가지 뜻밖의 긍정적 논증에 접한다 하여 곧 『화랑세기』의 모든 내용이 일차 사료로 존중되어야 한다고는 보지 않는다. 그러나 그와는 별도로 『화랑세기』가 우리 고대사를 복원하는 데 중심 자료가 되는 『삼국사기』나 『삼국유사』 등에 대한 정당한 해석을 돕는다면, 그것은 학문적으로 충분한 주목을 받아야 옳다고 생각한다.

1) 검증의 실례

앞에 말한 것처럼 『화랑세기』의 내용이 기존 자료에서 확인된다는 것 자체는 중요한 논점이 되지 못한다. 반대로 기존 자료의 내용을 『화랑세기』에서 찾을 수 없다는 것도 의미 있는 논제가 되기 어렵다. 따라서 『화랑세기』를 통하여서만 비로소 제기될 수 있는 문제가 살펴져야 한다. 그리고 그 정당함은 『화랑세기』 자체에서는 물론이지만, 무엇보다도 『삼국사기』 등 기존의 사료만으로도 검증될 수 있어야 바람직하다.

기왕에 지적된 문제 가운데서 위와 같은 논의에 가장 현저한 효과를 기대할 수 있는 사항으로 우선 金龍樹와 金龍春의 실체를 선택하고자 한다. 『화랑세기』는 두 사람을 진지왕의 아들 형제로 서술했으며, 김용수는 태종 무열왕 김춘추의 生父이고, 김용춘은 김용수 사후 그 부인 天明夫人과 김춘추를 처와 아들로 삼았다 하였다. 말하자면 김용

國古代史硏究』 8), 216~264쪽.

춘은 천명부인의 繼夫이며 김춘추의 義父인 것이다. 그 동안 연구자들은 『삼국사기』와 『삼국유사』를 통하여 김용수와 김용춘은 동일인의 異名으로 이해하였다. 어느 누구도 양인을 별개의 인물, 혹은 형제 관계일 것으로 생각한 선례가 없다. 『화랑세기』의 신빙성 문제를 생각할 때 바로 이러한 점이 중요하다고 생각한다. 즉 기존의 제한된 정보를 토대로 새로운 자료를 조작했을 경우 이 뜻밖의 인물 계보는 너무도 치명적인 허점이 되고 만다. 『화랑세기』와 『삼국사기』·『삼국유사』의 관계 기록을 아래에 차례로 제시한다.

E. 龍春公은 金輪王(진지왕)의 아들이요 어머니는 智道太后이시며, 龍樹葛文王의 아우이다. 금륜왕이 황란하여 폐위된 뒤 궁에 유폐되었다가 3년 만에 죽었는데 용춘공은 아직 어렸기 때문에 그 얼굴도 몰랐다. 지도태후가 태상태후의 명령으로 다시 새로운 왕(진평왕)을 섬겼는데 용춘공은 새 왕을 아버지라고 부르니 이 때문에 왕께서 불쌍히 여겨 총애함이 더했다.… 용수전군이 죽을 때 (天明)夫人과 아들을 용춘공에게 부탁했으니 그 아들이 곧 태종으로서 우리 왕이시다.… 용춘공은 천명부인을 아내로 삼고 태종을 아들로 삼았다. 태종이 즉위하자 (용춘)공을 갈문왕으로 추존하셨다. (『화랑세기』, 용춘공)

F-① 眞平王 44년(622) 2월, 伊湌 龍樹를 內省私臣으로 삼았다. 애초 왕 7년에 大宮·梁宮·沙梁宮 세 곳에 각각 私臣을 두었다가 이 때 와서 내성사신 한 사람을 두어 세 궁을 모두 관장하도록 한 것이다. (신라본기4)

② 眞平王 51년(629) 8월, 왕께서 대장군 龍春·舒玄, 부장군 庾信을 파견하여 고구려의 娘臂城을 침공케 하였다.… (상동)

③ 善德王 4년(635) 10월, 伊湌 水品·龍樹[一云 龍春]를 보내 州縣을 巡撫케 하였다. (신라본기5)

④ 太宗武烈王 즉위년(654), 왕의 諱는 春秋이며 眞智王의 아들 伊湌 龍春[一云 龍樹]의 아들이시다.… 4월, 돌아가신 왕의 아버지를 文興大王으로 追封하고 어머니를 文貞太后라 하셨다. (상동)

G-① 제29대 태종무열왕의 이름은 金春秋로서 龍春, 즉 卓文興葛文王의 아들이시다. 龍春은 龍樹라고도 한다[龍春 一作龍樹]. (왕력)

② 제29대 태종대왕의 이름은 金春秋로서 龍樹〔一作 龍春〕角干, 즉 추봉된 文興大王의 아들이시다. (기이1 태종춘추공)
③ 貞觀 17년(643)… 백제의 匠人 阿非知가 명을 받고 와서 돌과 나무를 재단하고 伊干 龍春〔一作 龍樹〕이 그 역사를 주관하였다. (탑상 황룡사구층탑)

『삼국사기』의 F-①과 ②는 각각 職官志와 열전에서 다시 확인되고 있다.[49] F-③과 ④는 용수와 용춘에 대하여 각각 '一云龍春', '一云龍樹'라는 분주를 가지고 있다. 『삼국유사』의 G-②와 ③에서도 역시 각각 용수와 용춘에 대해 '一作龍春', '一作龍樹'라 한 분주를 볼 수 있다. 양서의 두 방향에서 이루어진 분주를 접할 때, '김용춘은 곧 김용수와 동일인'이라고 판단하는 것은 일견 전혀 무리가 아니다. 그러나 여기에는 다음과 같은 문제가 있다.

우선 『삼국사기』 신라본기에서 확인할 수 있는 100항의 분주 가운데 인명 관계 분주는 무려 52개에 달한다. 村名이나 部名·官名·陵名·地名과 같은 고유명사들과 마찬가지로 인명들에 관한 분주는 그 인명이 등장하는 최초의 편년 기사에 자리하는 것이 일반적이다. 그런데 김용춘과 김용수에 대한 분주는 이 큰 원칙에서 벗어나 있다. 물론 희소한 예외가 없지 않다. 즉 왕의 즉위기를 구성하는 왕실계보 관련 정보는 일반 편년 기사와는 별도의 전거가 있었을 것으로 보이는바, 그 가운데 극히 일부 인명의 경우에는 즉위기 이후 최초의 편년 기사에 분주가 자리하고 있는 것이다. 그러므로 용춘에 대한 F-②와 ④의 관계 역시 그러한 사정으로 설명할 수도 있다. 그러나 F-①과 ③의 용수에 대한 분주의 현상은 이러한 예외로도 설명할 수 없는 현저한 일

---

49) 『三國史記』 39, 職官志 中 內省: "眞平王七年三宮各置私臣 大宮和文大阿湌 梁宮首肹夫阿湌 沙梁宮弩知伊湌 至四十四年 以一員兼掌三宮 位自衿荷至太大角干 惟其人則授之 亦無年限" 및 같은 책 41, 金庾信傳 上: "建福四十六年己丑秋八月 王遣伊湌任永里·波珍湌龍春·白龍·蘇判大因·舒玄等 率兵攻高句麗娘臂城…".

탈의 예가 된다.

둘째, 또한 대체로 인명 관계 분주들의 경우 분주에 제시된 인명이 분주가 출현한 이후의 기사에서 본문에 채택되어 서술된 예가 없다. 즉 앞에서 본 것처럼 '張弓福'이 출현하는 최초의 편년 기사인 興德王 3년조에는 "淸海大使弓福姓張氏"에 대해 '一名保皐'라는 분주가 있거니와, 그 이후 신라본기의 서술은 시종 '(張)弓福'으로만 표기했던 것을 참조할 수 있다. 여기에도 하나의 예외가 있다. 즉 태종 무열왕 7년 (660) 6월 대 백제전을 위한 출정 장군 가운데 등장하는 '흠춘'에 대하여 "(欽)春은 혹 (欽)純으로도 쓴다"라고 분주했는데, 이후 신라본기에는 모두 '흠순'으로만 표기하고 있다.50) 한편 김유신전에는 "欽純[一作欽春]"이라 하여 신라본기와 반대 방향의 분주가 있은 뒤 역시 일반적 원칙대로 '흠순'의 표기가 이어졌고, 김영윤전에는 "欽春[或云欽純]"이라 하여 신라본기와 동일 방향의 분주가 있은 뒤 '흠춘'의 표기가 이어지고 있다. 이처럼 '흠순-흠춘'의 경우 김유신·김영윤 두 전기에서도 분주의 인명이 향후 본문 서술에 채택되지 않는 일반적 경향에 충실한 반면, 유독 신라본기에서만 다르게 나타나고 있는 것이다. 그러나 역시 '용춘-용수'의 경우는 동일인에 대한 다른 표기임에 의심의 여지가 없는 '흠춘-흠순'의 경우와는 다른 것이다.

마지막으로 신라본기의 인명 관계 분주들은 분주의 대상이 되는 본문의 인명(A)과, 그에 대한 이칭으로 분주에 표기된 인명(B)이 서로 환치되어 반복 분주된 예가 없다. 그런데 김용춘과 김용수의 경우에만 A에 대해 B의 분주가, 그리고 B에 대해 A의 분주가 이어지고 있는 것이다. 한편 본기와 열전 사이의 역방향 분주, 예컨대 官昌과 官狀, 弓福과 保皐, 欽純과 欽春, 大文과 悉伏 등은 이미 앞에서 장보고·

---

50) 『三國史記』, 新羅本紀5 太宗武烈王 7년 6월 21일·7월 9일 ; 동, 新羅本紀6 文武王 2년 8월·3년 2월·8년 6월 21일·9년 5월·10년 정월.

정년전의 '신라전기'를 통하여 살핀 것처럼 각각 입각한 전거의 계통이 서로 다른 데서 발생한 경우다. 같은 본기내에서 역방향의 상호 분주는 김용춘과 김용수의 경우 외에 어떠한 실례도 없다.51)

이와 같이 신라본기에 있는 100개의 분주, 특히 인명 관계 52개의 분주에서 확인할 수 있는 보편적 경향에 비추어 볼 때, 김용춘과 김용수의 경우는 위에 제시한 세 가지 원칙에서 모두 벗어난 유일한 예가 된다. 따라서 『화랑세기』의 내용처럼 양인을 별개의 인물이라 할 때, 그와 같은 현저한 문제들이 일거에 해소되는 점을 간과할 수 없는 것이다.

더구나 『화랑세기』에는 이들이 형제로서 天明夫人과 아들 金春秋를 공유한, 그러므로 결과적인 兄死娶嫂婚의 실례로 나타나 있다. 사료 E에 의하면 이보다 앞서 김용춘의 생모 智道太后 역시 진지왕 사후 진평왕을 '섬겼고', 그 때문에 용춘은 진평왕을 '아버지'라고 불렀다 한다. 신라 왕실의 현저한 근친혼에 대해 그 非禮를 비판하면서도 굳이 "흉노보다는 낫다"라고 한 김부식의 평가는 오히려 우리에게 역설적인 의미에서 흉노와의 비교를 암시하는 한 단서가 된 셈이다.

> 처를 취하는 데 同姓으로 하지 않는 것은 (부부의) 有別을 두터이 하고자 함이다. 그러므로 魯公이 (동성의) 吳에 장가든 것이나 晉侯가 (동성의) 四姬를 둔 것을 陳의 司敗와 鄭의 子産이 깊이 나무랐다. (그런데) 신라와 같은 경우는 동성을 취할 뿐만 아니라 형제의 子나 姑·姨從姉妹를 다 맞아 처로 삼기도 했다. 비록 외국이 각기 풍속이 다르다 하나 중국의 예로 이를 나무란다면 크게 잘못이다. (그러나) 흉노와 같이 母를 烝하고 子를 報하는 것은 이보다 더욱 심한 것이다. (『삼국사기』, 신라본기3 내물이사금 즉위년)

부여와 고구려에서 형사취수혼이 행해졌다는 것은 이미 문헌의 기

---

51) 이상 분주에 대한 논의는 李康來, 1989, 「三國史記 分註의 性格-新羅本紀를 중심으로」(『全南史學』 3) 참조.

록과 그 운용원리에 대한 실례의 검증을 통해 주지되어 있는 사실이다.[52] 형사취수혼은 기존의 부부관계를 종결시키고 새로운 혼인관계를 형성하는 것이 아니라, 사망한 배우자, 즉 형의 지위가 아우에 의해 대체되는 2차적 혼인관계를 말한다. 그러므로 형수와 시동생의 혼인 관계에서 생산한 자녀의 사회적인 아버지는 여전히 죽은 형으로 간주되기도 하는 것이다.

김춘추의 경우에는 생물학적인 아버지는 김용수이고, 김용수 사후 사회적인 아버지는 김용춘이라고 하겠다. 김용춘 역시 진지왕과 진평왕을 다 '아버지'라고 부른 경험을 가지고 있다. 김춘추에게는 김용수와 김용춘이 모두 아버지인 셈이며, 그의 정치적 배경으로 기여했을 것이다. 형사취수혼의 원리에서 보면 사회적인 아버지의 비중은 결코 생부의 그것보다 덜하지 않다. 김춘추가 즉위하여 계부 김용춘을 갈문왕으로 추존하는 것은 하등 이상할 까닭이 없다. 따라서 후대 기록물에서 일견 양인을 동일인으로 간주할 소지 역시 농후했겠다. 같은 맥락에서『삼국유사』또한『삼국사기』의 혼란을 완연히 같은 형태로 반복하였다. 사실 어느 독자라 하여도『삼국사기』의 기록에서 저 유명한 태종 무열왕의 아버지로 나오는 양인을 형제관계로 유추, 혹은 상상할 여지를 발견하지는 못했을 것이다.『화랑세기』가 일방적으로 외면되지 않아야 할 이유가 여기에도 있다.

『화랑세기』에 의하면 천명부인을 매개로 한 김용수와 김용춘의 형사취수혼적 관계는 천명부인의 아우 선덕여왕과도 중첩되고 있다. 즉 형제는 번갈아 선덕여왕의 배필로 선택된 바 있다.[53] 이것이 진평왕, 혹은 선덕왕을 포함한 신라왕실 내의 어떠한 정치적 고려와 관련

---

52) 盧泰敦, 1983,「高句麗 초기의 娶嫂婚에 관한 一考察」『金哲埈博士華甲紀念史學論叢』, 知識産業社).
53)『花郞世紀』, 龍春公.

이 있는지는 단정하기 어려우나, 천명·선덕 자매와 용수·용춘 형제의 중복 혼인 관계는 이 시기 신라사회를 이해하는 데 주목되어야 할 사항이 아닐 수 없다.

김춘추는 즉위한 뒤 김용춘, 혹은 김용수를 文興大王으로 추봉하였다(F-④).『삼국유사』역시 김용춘 혹은 김용수는 문흥대왕으로 추봉되었다 했다(G-②). 그런데 왕력에는 태종 무열왕의 아버지 김용수 혹은 김용춘은 卓文興葛文王이라 하였다(G-①).『화랑세기』에는 김용수를 갈문왕이라 했고, 태종의 즉위 후 김용춘을 갈문왕으로 추존하였다 한다(E). 다시 왕력을 보면 선덕왕의 배필은 飮葛文王이라 하였다[王之 匹飮葛文王]. 따라서 왕력의 卓文興葛文王은 文興大王과 卓葛文王의 어색한 합성이라고 보고자 한다. 결국 김용수와 김용춘은 왕력의 飮葛文王과 卓葛文王에 대응할지 모른다. 우리는 선덕왕과 양인의 혼인 관계를 염두에 둘 때 기왕에 갈문왕을 왕실혼의 문제로 설명한 지적을 환기하게 된다.[54]

이와 관련하여『삼국유사』의 왕력에는 왕모의 두 남편, 그러므로 추측컨대 왕의 생부와 계부 모두를 대왕으로 추존한 또 다른 실례가 있다.

> 제53대 神德王은 朴氏이며 이름은 景徽이고 본명은 秀宗이다. 어머니는 貞花夫人이며 (그녀의) 아버지는 順弘角干인데 成虎大王을 追諡하였다. (그녀의) 조부 元鄰角干은 阿達(羅)王의 遠孫이다. (왕의) 아버지는 文元伊干인데 興廉大王으로 追封하였고, 조부는 文官 海干이며, 義父 銳謙角干은 宣成大王으로 追封하였다. 왕비는 資成王后인데 懿成, 혹은 孝資王后라고도 한다. (왕력)

왕력의 모든 신라왕에 대한 기록은 부-모-비의 순서를 기본으로

---

54) 河廷龍, 1994,「新羅上代 葛文王 硏究」,(『民族文化硏究』27).

한다. 위에 인용한 신덕왕의 경우에만은 모 貞花夫人을 먼저 소개했을 뿐 아니라 그 모의 부 順弘을 成虎(武)대왕으로 추존하였고, 더구나 모의 조부까지를 언급한 다음에야 왕의 부와 조부에 대한 기재가 이어지고 있다. 이러한 특징은 일찍이 박씨왕계의 실재를 부정하는 논지에서 살펴지기도 했고,55) 혹은 박씨 신덕왕의 왕위 계승에 모계 측 세력의 역할이 컸음을 반영하는 지표로 해석되기도 하였다.56) 아울러 신덕왕의 義父 銳謙이 정화부인의 繼夫로서 신덕왕의 生父였을 文元과 함께 대왕으로 추봉되는 점을 주목한다. 더구나 『삼국사기』에서는 신덕왕의 계보를 소개하는 가운데 정작 의부인 '父兼[一云 銳謙]'만이 등장하고 있으며, 즉위 후 그를 宣成大王으로 추존했다는 기록만이 전한다는 사실도 놓치지 않는다.57) 이와 같은 사정은 천명부인과 김용수·김용춘의 관계 및 태종의 의부인 김용춘의 비중을 고려하는 데 좋은 참고가 된다.

특히 신덕왕은 화랑으로서 왕이 된 景文王 가계를 이어 憲康王의 사위로 孝恭王 사후 國人의 추대를 받아 왕위를 계승하였다.58) 신덕왕의 왕위 계승을 이해하는 데는 화랑 출신 경문왕 가계의 등장과 신라 하대 화랑집단의 현저한 정치세력화를 고려해야 할 것 같다.59) 즉 國仙 출신 경문왕의 직계들에 의한 왕위 계승이나 다시 화랑 효종의 아들로서 왕위에 오르는 경순왕의 존재를 고려할 때, 그 가운데 박씨 왕계의 경우도 화랑과 비상한 관계가 있을 듯싶다. 뒤에서 이러한 점을 깊이 천착해 보고자 한다.

---

55) 井上秀雄, 1974,「新羅朴氏王系の成立」(『新羅史基礎研究』, 東出版株式會社), 335~337쪽.
56) 曺凡煥, 1991,「新羅末 朴氏王의 登場과 그 政治的 性格」(『歷史學報』129), 7~9쪽 및 末松保和, 1954,「新羅三代考」(『新羅史の諸問題』, 東洋文庫), 37쪽.
57) 『三國史記』, 新羅本紀12 神德王 즉위기 및 원년.
58) 『三國遺事』, 紀異2 第四十八代 景文大王 및 앞 주 57) 참조.
59) 全基雄, 1994,「新羅下代의 花郎勢力」『新羅文化』10·11).

2) 『화랑세기』의 화랑 인식

앞에서 『삼국사기』 진흥왕 37년조의 연대적 오류와 『삼국유사』 미륵선화·미시랑·진자사조의 구조 분석, 그리고 『삼국사절요』와 『동국통감』의 연대관을 거쳐 안정복의 고심어린 재구성까지를 살펴보았다. 화랑의 시치에 관련한 이 문제는 『화랑세기』의 정보로 인하여 아연 설득력 있는 재구성이 가능해진다. 즉 남모와 준정 등 원화를 둘러싼 갈등은 적어도 진흥왕 즉위 이전 법흥왕대의 일이었고, 화랑 즉 풍월주 제도는 진흥왕 즉위 초년 모후인 지소태후의 주도로 성립한 것이었다. 특히 『삼국유사』의 인식과 『삼국사절요』 등의 기사를 함께 만족시키고 있는 점을 주시하지 않을 수 없다.[60]

① 我國以女子爲源花 只召太后廢之 置花郎 使國人奉之 (『화랑세기』, 서)
② 只召太后當國而置花郎 以(魏花)公爲其首 號曰風月主 (같은 책, 魏花郎)
③ 及(只召)太后聽政 以(未珍夫)公爲嬖臣 時(未珍夫)公年十六 能稱旨 先是 三山公女俊貞爲源花 多置郎徒 至是… 太后乃廢源花 以仙花爲花郎 號其衆曰風月 號其頭曰風月主 魏花公主之 (같은 책, 未珍夫公)
④ (眞興)大王… 奉(美室)爲源花… 源花之制廢二十九年而復興 乃改元大昌 (같은 책, 世宗)

원화를 폐지하고 화랑을 둔 것은 지소태후 주도의 일이며(①), 위화랑에서 비롯되는 그것은 그녀가 섭정하던 초기의 일이었다(②). 이 때 폐지된 원화는 29년 만에 부활된다 하였다(④). 『삼국사기』에 따르면 신

---

60) 물론 이러한 이해는 필사본 『화랑세기』를 깊이 고려한 경우로서, 그 설득력은 제한적일 수밖에 없다. 즉 우리가 논의하고 있는 『화랑세기』를 배제하고 보면 『삼국사절요』와 『동국통감』의 風月主 관련 기사는 "신빙성이 희박하다"는 평가를 받을 수도 있다. 金相鉉, 1991, 「花郎에 관한 諸名稱의 檢討」, 『新羅思想의 再照明』, 新羅文化祭學術發表會論文集 12), 140쪽.

라는 진흥왕 29년에 大昌 원년(568)으로 개원하였다. 그러므로 그로부터 29년 전에 원화제도는 폐지되었던 것이다. 그렇다면 처음 원화가 폐지된 해는 진흥왕 원년, 혹은 법흥왕 말년(540)이 된다. 이 경우 지소태후가 그것을 주도했다면, 그녀가 진흥왕의 모후로서 섭정을 했던 사정을 감안하여 진흥왕 즉위 원년의 일로 보는 것이 마땅하다. 이와 같은 추론은 미진부공조에서도 보강된다(③). 이로써 보면 지소태후가 진흥왕의 모후로서 청정하던 초에 기존의 원화를 폐지하고 화랑을 두게 된 사정이 일목요연하게 정리될 수 있다.

한편 원화에서 화랑으로의 변화는 『화랑세기』가 제시하고 있는 화랑관을 이해하는 데 의미 있는 단서를 제공한다.

> 花郎者仙徒也 我國奉神宮 行大祭于天 如燕之桐山・魯之泰山也 昔燕夫人好仙徒 多畜美人 名曰國花 其風東漸 我國以女子爲源花 只召太后廢之 置花郎… 古者仙徒 只以奉神爲主 國公(法興-필자)列行之後 仙徒以道義相勉 (『화랑세기』, 서)

신라에서 神宮을 세우고 하늘에 제사를 지내는 일을 '仙徒'가 주관했다 한다. 또한 源花는 신궁의 제천 기능을 담당했다 한다.[61] 이것은 신라의 제천의례와 여성의 司祭的 역할을 지시하는 대목이다.[62] 그것이 뒤에 화랑의 '道義相勉'에로 변화한 것이다.

여성의 원화로부터 최초의 남성 풍월주로의 변화는 위화랑에서 비롯되었다. 위화랑은 "화랑의 시조이요 사문의 아버지", 그리고 "지상에서는 仙이요 하늘에서는 佛"이라 하였다(魏花郎조). 역시 선도와 불교의 융합의 일면을 표현한 것이라고 생각한다. 위화랑의 아들 二花郎 또한 "화랑의 집안이요 법사의 어버이"라 하였다(二花郎조). 『삼국유사』

---

61) 신라의 신궁과 그 제천 기능에 대해서는 崔光植, 1994, 『고대 한국의 국가와 제사』(한길사), 278~280쪽 참조.
62) 李道學, 1990, 「新羅 花郎徒의 起源과 展開過程」(『정신문화연구』 13-1).

의 薛原郎, 즉 薛花郎은 "(彌勒)仙花의 시초"라 하였다(薛花郎조). 이화랑의 아들 圓光과 菩利公 형제는 각각 "佛徒와 仙徒가 되어 집안과 나라를 평안케 할 것"을 기약하고 있다. 고승 원광이 구법 서학하기 이전 재래의 주술적 신령의 음호를 받고 있었던 것처럼,[63] 풍월주 보리공은 만년의 행적을 『高僧傳』에 남기고 있다(菩利公조). 14세 풍월주 虎林公은 脫衣地藏으로 불리면서 "仙道와 佛道는 한 가지 道이다"는 자신의 주장을 체현하고 있다(虎林公조).

이렇듯 『삼국사기』와 『삼국유사』 그리고 고려시대 일반의 화랑에 대한 선·불 융합적 일면을 확인한 위에서 『화랑세기』의 문면을 음미할 때 발견하게 되는 시사점은 적지 않은 것이다. 나아가 이제 위화랑 이전 시기, 즉 불교와의 융합이 이루어지기 전 제천 및 여성의 주재와 관련하여 재래의 仙徒에 대한 단서를 확인할 차례이다.

○ 54대 景明王은 매사냥을 좋아했는데 한 번은 仙桃山에 올라 매를 날려보냈다가 잃어버리고 말았다. (왕은) 神母에게 기도하여 "만약 매를 찾게 되면 마땅히 爵을 봉해드리겠습니다"라고 하였다. 이윽고 매가 날아와 机 위에 앉았다. 이로 인하여 신모를 大王으로 封爵하였다. (『삼국유사』, 감통 선도성모수희불사)
○ 54대 경명왕은 (김유신)公을 興虎大王으로 追封하였다. (김유신의) 陵은 西山 毛只寺의 북쪽에 있다. (『삼국유사』, 기이2 김유신)

우리는 앞에서 선도산신모 설화를 통하여 불교와 女仙, 즉 神母와의 자연스러운 만남을 지적하였다. 신모는 애초 매가 선도산에 머무는 것을 연유로 그 곳에 살면서 地仙이 되었다 한다. 그런데 이 신모는 다시 경명왕대에 매와 관련하여 모습을 나타낸 것이다. 경명왕은 위에

---

63) 『三國遺事』, 義解 圓光西學조 인용 『古本殊異傳』 및 李基白, 1978, 「圓光과 그의 思想」(『新羅時代의 國家佛敎와 儒敎』, 韓國研究院), 105~107쪽 참조.

논한 신덕왕의 아들로서, 신라 하대 화랑집단의 정치세력화를 염두에 둘 때 그와 신모의 해후는 그 의의가 범상치 않을 듯하다. 경명왕은 신모를 대왕으로 봉작해 올렸다. 이 女仙이 있다 한 仙桃山은 西鳶山・西述山으로도 불린 西岳을 가리킨다.64) 경명왕은 또한 김유신을 興虎(武)大王으로 추봉하였다. 김유신의 능 역시 서악에 있다.65) 이처럼 경명왕대에 신모와 김유신에 대한 새로운 인식이 엿보이며, 아울러 서악을 공유한 신모와 김유신의 관계는 앞에서 말한 것처럼 신선적 화랑관과 무관하지 않을 듯하다.

물론 『삼국사기』에는 김유신을 흥무대왕으로 추봉한 것은 興德王이라 했으므로, 『삼국유사』의 정보와는 다르다.66) 여기에 어느 일방을 배제할 수 있는 판별 기준은 찾기 어렵다. 다만 『삼국사기』의 김유신전은 대체로 열전 찬자가 밝혀둔 것처럼 김유신의 후손 金長淸이 작성한 이른바 「行錄」에 근거한 서술이거니와, 김장청은 김유신의 후손으로서 惠恭王代 활동하는 金巖과 같은 세대의 인물로 추측되며, 실제 김유신전은 혜공왕대의 내용을 하한으로 하고 있다.67) 따라서 흥덕왕대 김유신의 추봉 기사는 그의 「행록」에서 연유한 것이 아닐 것이다. 반면 『삼국유사』의 김유신조는 『삼국사기』의 어디에서도 공유하는 내용을 찾을 수 없는 전혀 독자적인 전거 자료에 입각한 서술이므로, 경명왕대 추봉 기사 역시 단순한 誤認, 혹은 誤引으로 치부할 수는 없다고 생각한다. 요컨대 경명왕대 신모에 대한 재인식을 매개로 상대 대표적인 화랑 김유신을 새삼 추념할 만한 조건은 충분하다고 생각한다. 이 점을 위하여 다시 왕력의 기재를 주목한다.

---

64) 『新增東國輿地勝覽』 21, 慶州 山川.
65) 李丙燾, 1976, 「金庾信墓考」(『韓國古代史研究』, 博英社).
66) 『三國史記』, 列傳3 金庾信 下: "後興德大王封(金庾信)公爲興武大王".
67) 李基白, 1987, 「金大問과 金長淸」(『韓國史市民講座』 1, 一潮閣).

제54대 경명왕의… 아버지는 神德王이고 어머니는 資成(왕후)이며 妃는 長沙宅인데 聖僖大王으로 추봉된 大尊 角干의 딸이다. 대존 각간은 水宗 伊干의 아들이다.

부왕 신덕왕의 경우와 마찬가지로 왕비의 부를 대왕으로 추존한 것은 전례가 없는 일이다. 경명왕비에 대한 정보는 이외에는 없다. 왕비는 이름을 밝히지 않은 채 長沙宅이라 하였다. 장사택은 신라의 저명한 金入宅 가운데 하나다.[68] 그렇다면 경명왕의 비는 장사택의 宅主 大尊 각간의 딸인 것이다. 일찍이 경명왕비 장사택을 금입택과 관련하여 주목한 연구에 의하면, 그 택명이 武州 長沙縣에서 유래했을 것이라고 추측하면서도, 실제 경주 내 장사택의 위치를 추정하는 가운데 望德寺 남쪽의 지명 '長沙'를 기준으로 삼고 있다.[69] 여타 금입택의 택호나 그에 대한 일연의 비정을 살펴볼 때, 장사택과 관련하여 망덕사 남쪽의 '장사'를 놓치지 않은 점에 크게 공감한다. 그런데 이 '장사'라는 지명의 연원은 朴堤上의 부인의 비극에서 출발하였다.

> 처음 堤上이 출발할 때 부인이 그 소식을 듣고 쫓아갔으나 미치지 못하자 望德寺 門 남쪽 沙場에 이르러 주저앉아 길게 울부짖었다. 이로 인하여 그 사장을 長沙라고 부르게 되었다.… 오랜 뒤까지도 부인은 (남편에 대한) 그리움을 이기지 못하여 세 딸과 함께 鵄述嶺에 올라 왜국을 바라보며 통곡하다가 죽더니 鵄述神母가 되었다. 지금도 (그녀의) 사당이 남아있다. (『삼국유사』, 기이1 내물왕 김제상)

박제상이 奈勿王의 아들이자 訥祗王의 아우인 未斯欣(美海)을 왜로부터 송환해 오기 위하여 신라를 떠날 때 그의 부인이 뒤쫓아 가며 울

---

68) 『三國遺事』, 紀異1 辰韓.
69) 李基東, 1984, 「新羅 金入宅考」(『新羅 骨品制 社會와 花郎徒』, 一潮閣), 188~197쪽 ; 동, 1978, 『震檀學報』 45.

부짖은 사건을 연유하여 長沙라는 지명이 생겼다 한다. 결국 그녀의 비통한 죽음은 신라인들로 하여금 그녀를 神母로 받들게 하기에 이른 것이다. 여기에서 한 가지 비약을 허락한다면, 西述山 혹은 西鳶山 신모를 대왕으로 봉해 올리고, 상대 화랑의 전형이라 할 수 있는 김유신을 역시 대왕으로 추봉한 경명왕의 비가 鵄述神母의 슬픔에서 연유한 택호, 즉 장사택 출신이라는 점을 주목하고 싶다. 물론 西鳶山의 '鳶'이나 西述山의 '述'을 각각 '高·上', 혹은 '岳·峯'을 뜻하는 借訓·借音의 예로 본다면 鵄述神母의 '鵄'와 '述'은 차훈과 차음의 중복에 불과한 것이 된다.[70] 그러나 西岳의 신모는 경명왕의 매를 찾아주었고, 또 애초에 그녀가 이 산에 머문 연유도 매로 인한 것이었다. 일찍이 혜공왕이 김유신을 위하여 納田한 鷲仙寺의 '鷲仙' 또한 매[鷲]와 신모[仙]를 상기시킨다.[71] 그러므로 '述'·'鳶'·'鵄' 등 '수리'를 공유한 두 신모의 중첩된 모습을 간과할 수 없다.

그런데 『화랑세기』는 신라 재래의 선도를 계승하면서 새로운 위상을 가지는 최초의 화랑인 위화랑의 출자가 곧 이 치술신모에 닿아 있다는 것이다. 위화랑은 剡臣公과 碧我夫人을 부모로 하고 있다. 그는 碧我의 딸 碧花가 왕의 총애를 받게 되는 것을 인연으로 毗處王(照知王) 당대의 신라 왕실과 인연을 가지게 되었다. 이 벽화부인은 이미 『삼국사기』의 진흥왕 37년조의 연대 교란을 살피는 가운데 언급한 바 있다. 즉 그녀는 照知王의 捺已郡 행차시에 郡人 波路의 딸로 등장하고 있다. 여기에서 『화랑세기』의 상단에 보이는 世系表를 유념하고자 한다.

세계표에는 魏公系라는 제하에 내물왕으로부터 위화랑에 이르는 계

---

70) 李丙燾, 1976, 「高句麗國號考」 앞 책 『韓國古代史硏究』, 364~365쪽 및 金庠基, 1974, 「國史上에 나타난 建國說話의 檢討」 앞 책 『東方史論叢』, 15~16쪽.
71) 鷲仙寺는 김유신이 창건한 사찰이었다. 『三國遺事』, 紀異2 未鄒王 竹葉軍: "(惠恭)王聞之懼 乃遣大臣金敬信 就金公陵謝過焉 爲公立功德寶田三十結于鷲仙寺 以資冥福 寺乃金公討平壤後 植福所置故也".

보에 이어 위화랑과 그의 직계 자손들의 혼인 계보가 도시되어 있다. 이 세계표와 『화랑세기』 본문에 등장하는 인물들의 계보를 대조하면 양자가 서로 모순되지 않는 것을 확인할 수 있다. 그러나 세계표에 나타난 인물들과 그들의 관계가 모두 본문에서 확인되는 것은 아니다. 그 가운데는 지증왕의 증손으로 진평왕대 이찬을 지낸 金后稷이나,[72] 『삼국유사』 인용 「李碑(碑)家記」에 보이는 진흥왕의 제3자 仇輪公과 같이 저명한 인물들이 포함되어 있다.[73]

특히 김유신이 풍월주로 등장하는 이후의 자료 결락을 고려한다면, 세계표의 진평왕대 이후 인물들에 대한 내용이 본문에서 확인되지 않는 것을 수긍하기 어렵지 않다. 한편 반대로 본문에 등장하는 인물들과 그들의 관계 역시 세계표에 충실히 반영되지 않았다. 이것은 세계표 자체가 위공계에 한정한 때문일 것이다. 따라서 본문의 내용을 토대로 세계표가 추가 작성된 것이라기보다는 위화랑을 전후로 한 계보를 따로 예시한 것으로 판단한다.[74]

『화랑세기』는 위화랑을 기려 "靑我의 孫이요 碧我의 아들"이라 하였다. 청아는 세계표에 의하면 未斯欣의 부인이었다. 그러므로 위화랑의 계보는 미사흔에게 닿아 있는 것이다. 그를 기리는 찬문에 특별히 청아를 특기한 점은 仙徒의 祭天과 여성의 主祭 문제를 환기시킨다. 짐작하듯이 미사흔의 부인은 박제상의 딸이었다.[75] 즉 청아는 치술신모의

---

72) 『三國史記』 45, 列傳5 金后稷.
73) 『三國遺事』, 紀異2 後百濟 甄萱: "李碑(碑)家記云 眞興大王妃思刀 諡曰白䟽夫人 第三子 仇輪公之子…".
74) 그밖에 세계표와 본문 사이에는 '刀↔道', '花↔華' 등의 표기 차이가 있다. 또한 肅訖宗부터는 계보의 원칙이 흐트러졌다. 즉 숙흘종을 중심으로 하여 萬呼와 寶理의 혼인을 도시한 뒤에는 다시 免含公 이하의 인물을 중심으로 한 계보가 이어져야 한다. 그러므로 세계표의 기재 원칙에 입각하여 본다면 免含公~尙珍까지의 계보 도시가 빠진 셈이다. 위공계에 이어 숙흘종계, 혹은 立宗系로 다시 작성되는 것인지도 모르겠다.
75) 『三國史記』 45, 列傳5 朴堤上: "…使未斯欣娶其堤上之第二女爲妻 以報之" 및 『三國遺事』, 紀異1 奈勿王 金堤上: "…大赦國內 冊其妻爲國大夫人 以其女子爲美海公夫人".

딸이다. 세계표를 토대로 하고 그밖에 신라 왕계를 참고하여 위화랑의 관련 계보를 예시한다면 다음과 같다.

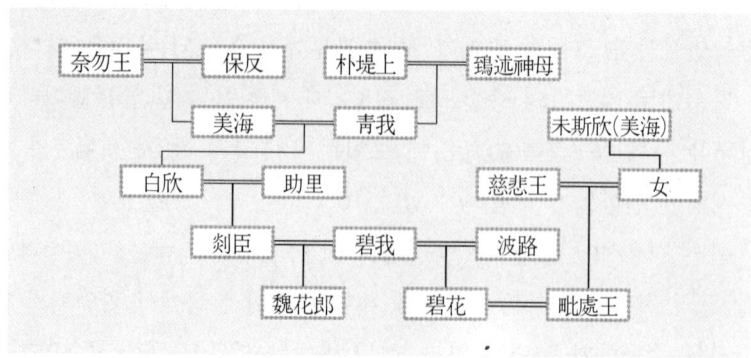

『화랑세기』에 위화랑은 碧花의 私弟라 하였다. 그러므로 『삼국사기』에 따라 벽화의 父를 波路로 간주하여 도표를 작성하였다. 한편 위화랑은 '靑我의 孫'이며 '碧我의 子'라 하였다. 그와 같은 강조점을 위하여 白欣과 助里의 혼인관계나 美海(未斯欣)와 剡臣公의 존재는 불필요할 뿐이다. 따라서 벽아부인이 청아의 다음 세대, 즉 청아의 딸일 가능성을 배제하기 어렵다. 『화랑세기』의 일반적 인명 표기 례에 비추어 볼 때 청아와 벽아를 모녀로 파악할 소지는 오히려 높다. 즉 세계표 자체는 남성 중심의 직선 계보이지만, 정작 위화랑의 풍월주로서의 특징적 출자는 '청아의 손'이며 '벽아의 자'인 데 있었던 것이다. 이 청아와 벽아를 주목할 때 그들의 남편이 모두 치술신모, 그리고 박제상과 특별한 관계에 있다는 점을 놓칠 수 없다. 우선 청아의 夫 미사흔은 박제상의 헌신으로 인하여 왜로부터 환국할 수 있었고, 이 비극에서 치술신모에 대한 숭앙이 유래하였다. 다음 벽아의 남편 波路 역시 卜好(寶海)와 미사흔 형제를 환국시키기 위한 논의에서 박제상을 추천한 인물들 가운데 하나였다.

訥祇王이 즉위하자 辯士를 얻어 (두 형제)를 맞이해 오고자 하였는데, 水酒村干 伐寶靺과 一利村干 仇里迺와 利伊村干 波老 등이 어질고 지혜가 있다 하여 부르니… 세 사람이 똑같이 대답하기를 "저희가 듣기로는 歃良州干 堤上이 剛勇하고 智謀가 있다 하니 전하의 근심을 풀어드릴 수 있을 것입니다"라고 하였다. (『삼국사기』 45, 열전5 朴堤上)

伐寶靺·仇里迺·波老는 모두 미사흔과 복호를 송환해 올 만한 賢智가 있는 이들로 간주되었다. 특히 利伊村干 波老는 지금의 榮州, 즉 비처왕이 순행하여 波路의 딸 벽화부인을 만난 捺已郡 지역의 세력자였다. 따라서 '波老'와 '波路'는 동일인이든지, 혹은 청아와 벽아의 관계처럼 동질·동계의 인물일 것이다.[76] 이처럼 눌지왕대 왕실의 여망을 실현시켜 줄 세력으로 간주된 堤上·波路 등과 미사흔 및 비처왕이 혼인을 통하여 결합하게 되는 사정을 짐작할 수 있게 된다.

특히 歃良州干 박제상이 梁山을 중심으로 한 지방 세력이었다면,[77] 歃良州 阿曲縣 靈鷲山의 辯才天女를 간과할 수 없다. 그녀는 법흥왕대 이래 영취산의 山主로서 까마귀를 시켜 문무왕대 출가승 智通을 朗智에게로 인도하였다. 낭지는 영취사 창건시 땅을 파서 燈缸 두 개를 얻은 바 있다고 하였다.[78] 이처럼 영취산의 여선은 비록 이미 辯才天女라는 불교적 전화를 거친 모습으로 소개되어 있으나 지역적으로는 치술신모와, 그리고 여선의 도움으로 땅속에서 불사를 위한 물적 토대를 얻는다는 점에서는 선도성모와 맥을 같이하고 있다. 결국 서연(술)산신모·치술신모·영취산주 등을 통하여 신라 재래의 여선을 접할 수 있는 것이다.[79]

---

76) 金哲埈, 1952, 「新羅上代社會의 Dual Organization(上)」(『歷史學報』 1), 43쪽.
77) 金龍善, 1979, 「朴堤上 小考」(『全海宗博士華甲紀念史學論叢』), 604쪽.
78) 『三國遺事』, 避隱 朗智乘雲·普賢樹.
79) 文暻鉉, 1991, 「新羅人의 山岳 崇拜와 山神」(『新羅思想의 再照明』, 新羅文化祭學術發表會論文集 12).

이처럼 기왕의 화랑 관련 자료에서 정리한 신선적 화랑 인식의 원류가 『화랑세기』의 문면과 세계표에서 중첩되어 확인되는 점을 간과할 수는 없다고 생각한다. 『삼국사기』가 왕사를 위하여 충절을 다한 지극히 유교윤리적 포폄에 입각한 화랑관을 제시한 반면, 『삼국유사』의 경우 불교적·미륵신앙적 화랑관을 강조하면서도 신모를 매개로 한 신라 재래 사유의 편린을 남겨주었다면, 『화랑세기』는 바로 그 원류의 단서를 한결 설득력 있게 제시하고 있는 셈이다.

5. 맺음말

신라의 화랑에 대한 『삼국사기』의 내용에는 편년상의 문제점과 찬자의 편향된 인식이 개입되어 있다. 그 경우 화랑이란 왕사를 위하여 목숨을 바친 이들이었다. 이것은 비록 신라 화랑들의 구체적 활동상의 일면이었기는 하나, 건조한 유교적 충군 논리를 벗어나지 못하는 것이다.

『삼국유사』는 『삼국사기』의 편년상 난맥을 일부 반복하면서도 『삼국사절요』 등과 같은 또 다른 화랑 관련 인식과 접맥할 수 있는 단서를 제공하고 있다. 동시에 찬자는 지극히 불교적인 관점에서 화랑을 이해하는 경향을 숨기지 않고 있다. 이 역시 사실 신라 화랑이 가지고 있는 일면이었던 것은 틀림없다.

아울러 불교적 전화를 경험하기 이전 화랑은 재래의 신선사상과 긴밀한 의미 관계에 있었음을 확인하였다. 결국 기존의 기록에서 발견하는 화랑, 즉 풍류도의 다양한 사유체계는 그만큼 다종의 화랑 관련 전승이 있어 왔음을 가리키는 지표로 해석하고자 한다.

따라서 이 글에서는 필사본 『화랑세기』를 살피는 데 있어 기성 자료와의 일치·불일치 여부를 기준으로 삼는 데 반대했다. 나아가 『화랑세기』의 정보를 통해서야 비로소 『삼국사기』 등 기존 사서의 착종된 정보를 정당하게 파악할 수 있는 사례를 주목하였다. 그러므로 설사 필사본 『화랑세기』의 사료 가치를 전면적으로 긍정할 수는 없다 하더라도, 그것이 기존 사서에 대한 정제된 재해석을 강요하게 된다면, 그것만으로도 적지 않은 존재 의의를 인정하지 않을 수 없다고 전제했다.

이에 따라 가장 적합한 검증의 실례로 김용춘과 김용수를 별개 인물로 설정한 『화랑세기』의 정보를 선택하였다. 검토 결과 『삼국사기』 신라본기 전체를 종관하는 분주의 기재 원칙에 비추어 양인은 동일인이기 어렵다고 보았다. 또한 고려와 조선 초에 이르는 제종 사서의 화랑 관련 편년들이 『화랑세기』의 내용 가운데 무리 없이 포섭되는 현상을 주목하였다. 이에 더하여 『화랑세기』 세계표에서 추정 가능한 재래의 신모신앙은 화랑들의 정치세력화가 현저한 하대의 신모신앙과 접합되는 것을 발견하였다. 크게 보아 『삼국사기』가 신라 화랑에서 충군적 전사상을 주목하였고, 『삼국유사』는 화랑을 미륵의 화신으로 강조했다면, 필사본 『화랑세기』는 그에 선행하는 신선적 사유에 기반한 화랑상을 제시해 주고 있는 것이다.

이 글이 시도한 검증 자체는 극히 제한된 부분에 불과하다. 그러므로 이것이 현재 학계가 당면한 본 자료의 사료적 가치에 대한 논의에 충분하면서도 유효한 재료가 되지는 못한다. 다만 이와 같은 작업의 축적을 통하여 기존 사서에 대한 보다 충실한 이해를 기도할 수 있으리라는 가능성의 확인에 의미를 두고자 한다.

補論

The Historiographical Status of *Samguksagi*

The 12th Century : The Age of Prosperity and Crisis

Historiographies are the product of an age. Historians meet and write *the past* from their own perspectives or in terms of *the present*. Given this, we may read *Samguksagi*, or *the History of the Three Kingdoms* while taking into much account the life of Kim Pu-sik(金富軾), one of its leading compilers, and his personalities, and the society of mid-12th-century Koryŏ, where and when the historiography was produced. We cannot dismiss too truistic but still undeniable remark that a literary work is the product of an individual author or authors inseparable the time and the space he/she lives. This leads us to the 12th century which begot *Historiography of the Three Kingdoms* and its authors.

The *Samguksagi* was compiled in the 23rd year of King Injong(仁宗)'s reign (1145). Two months after the compilation, King Injong died and was succeeded by King Uijong(毅宗). Koryŏ society, during the reign of King Injong, was in conflict over the issue of the transfer of the contemporary capital of Kaekyŏng (開京) to the Western Capital(Sŏkyŏng 西京) as proposed by Myochŏng(妙淸) and others. The role Kim Pu-sik played in this turmoil was no less important than that of Myochŏng. This event has a great deal of significance in Korean history overall, not to mention the history of the Koryŏ Dynasty itself, to the extent that later, Sin Chae-ho(申采浩) referred to the event as "The greatest event of the one thousand years of the Chosŏn(朝鮮, i.e. Korean) history"[1]

With time passing, the unrest following the transfer issue appeared to be eased. Following the death of King Injong did Han Yu-chung(韓惟忠) and Yun Ŏn-i(尹彦頤) political rivals of Kim Pu-sik over several issues including the capital transfer die. Five years after King Injong's death, Kim Pu-sik also died. This meant that the contemporary individual rivalry among political magnets lost the personal ground. On top of this did, King Uijong grant complete pardons to the people involved in Myochŏng's revolt. Now it appeared that Koryŏ society seemed to overcome the unrest resulting from the controversy concerning the capital transfer. Yet it was not the case. About ten years later, the Military seized control and remained in power of the Koryŏ Dynasty for the following 100 years, which was to constitute one of the most critical eras throughout the entire Korean history.

Therefore, the mid-12th century can be referred to as an epoch-making period, which reshuffled the whole society of Koryŏ. For all the difficulties imposed upon itself, Koryŏ had successfully maintained an aristocracy with Confucianism as its ruling ideology until the late 11th century when King Munjong(文宗) reigned. When King Sukjong(肅宗) usurped the throne from his nephew, King Hŏnjong (獻宗), however, Koryŏ faced a challenge to royal authority by the maternal relatives which brought forth ensuing events to unsettle the kingdom with its declining prosperity. The troubles the Koryŏ Dynasty faced had been foreseen in earlier times, and indeed a series of unexpected crises beset the Koryŏ society for the following 50 years under the three successive reigns of King Sukjong, King Yejong(睿宗), and King Injong. Thus, the central problems to the part of the dynasty revolved around the questions of how to clear off the ominous shadow, from the dynasty, that hung over society, and how to prevent the impending collapse of the kingdom.

The intellectuals of the early 12th century were sensitive to the contradictions of the dynasty, but, of course, they competed with each other in their con-

---

1) Sin, Chae-ho, Chosŏnsa yŏngu cho: The Complete Works of Tanjae Sin Chae-ho-The Second Volume of a set of Three(Seoul: Hyungseul Publishing, 1982), pp.118~119.

ceptualizations. The conflicts among them, however, were of little use in solving the contradictions of the era. Generally speaking, when one idea prevailed, the opposite one was merely dormant, although not really abandoned. The revamping of the system was conceived as the most important by one camp, while the revival of the original spirit was considered more important, by the other, than anything else. Kim Pu-sik belonged to the latter. It is a very difficult task indeed to answer the question of which alternative offered a better scientific analysis of the reality, and had the potentials to overcome the problems. The reason was that the late Koryŏ Dynasty was initiated by the military who purged from the political posts those who had explored the alternatives.

It was usual in traditional days that 'the political stability of a monarchy' was identified with 'the stability of royal authority.' The power was legitimized by the legality of the succession to the throne. When examining the crisis of the Koryŏ Dynasty, we cannot miss the legality. First of all, Yi Cha-ui(李資義)'s plot against the royal authority arose the royal family's doubts of the major noble families such as the Kyŏngwon(慶源) Yi clan. In this atmosphere, King Sukjong's abovementioned usurpation was acknowledged. His accession, however, broke with the normal practice of succession to the throne that the throne was, in principle, inherited directly from father to son, or between brothers. That is, despite its temporary acknowledgement, King Sukjong abnormal succession rather delegitimized his authority, restricting his kingly power. Faced with this situation, he employed persuasive countermeasures such as the encouragement of Chŏnt'ae Sect(天台宗), the policy of currency-using, and the establishment of Southern Capital.

The tragedy between uncle and nephew led to the punishment of the King's uncles during the reign of King Yejong. Around the time of King Yejong's death and King Injong's enthronement, the younger brothers of King Yejong were again punished. These must have been due to King Sukjong and Yejong's strong wishes to prevent the repeated abnormalities concerned with the enthronement. The situation under the reign of King Injong was much the same. Just after King Injong's accession, Yi Cha-gyŏm(李資謙), a maternal relative, eradicated the political power of Han An-in(韓安仁) and, in succession, challenged royal authority. The disturbance over the enthronement expanded the range of eligibility for royal succession, which in turn accelerated the decline of royal authority. King Ŭijong, the son of King Injong, also made sacrifices of the sons of the royal family, but was unable to break this vicious circle.

A change of the international relations in the 12th century also helped to weaken the royal authority of Koryŏ. King Yejong's reigning days were the time of the shift in the power of the northeastern Asian region from Liao(遼) of the Khitan(契丹) to Chin(金) of the Jurchen(女眞). Forcedly to this changing power were the Sung(宋) in China and Koryŏ Dynasty responding. Actually, Yun Kwan(尹瓘) expedited the Jurchen in the early years of the reigning King Yejong which not a little influenced the movement of the Jurchen, but its international influence did not last long. The regional power reorientation forced the intellectual bureaucrats of Koryŏ to deal with the external problems deliberately. One example was the Liao's request to the Koryŏ government to dispatch troops in order to gain supremacy over the Jurchen. The Koryŏ government responded positively to the Liao's request, however a small number of people, including Kim Pu-sik's brothers, opposed the dispatch of troops on the ground that there remained the uncertainty as to the ultimate winner of the evolving regional power struggle. In practice, it was so complicated that none could tell the contemporary progress. In the end, the discussion on the dispatching of troops was suspended. Even though Liao continuously urged the dispatch of the Korean troops, the Koryŏ government still left the decision unsettled. Soon after, Ko Yŏung-chang(高永昌) of Parhae(渤海) had Tonggyong (the Eastern Capital of Liao) under his command, and in no time did Koryŏ abolish Liao's calendar. These events promoted the reshaping of the new order which was initiated by the northen nomadic people.

Now the Sung became the focal point. A group of Koryŏ diplomats, including Kim Pu-sik, examined the various aspects of Sung with the keen eye on progress of the regional power struggles. At that time did it happen that Chin invaded Liao while Koryŏ successfully took some districts of Liao. Seizing the regional power in place of weakened Liao, A-ku-ta(阿骨打) of Chin demanded that Koryŏ form a diplomatic relationship on the familial model, where the latter was reduced to become a younger brother. This meant to make Koryŏ relinquish its traditional relations with Jurchen. After vehement debates within the Koryŏ government, the forming of friendly relationship with Chin was adopted as a new official policy under the initiation of Kim Pu-chŏl(金富轍), Kim Pu-sik's brother. This event left the impression that Kim Pu-chŏl, confronted with the opposing ministers' unsparing words and derisions, was speaking for his brother, Kim Pu-sik, currently in sojourn to Sung. Koryŏ forcedly entered a suzerain-subject relationship with Chin.

After King Injong's enthronement, the power of Yi Cha-gyŏm stood on the verge of suppressing the royal authority. Undoubtedly, Yi Cha-gyŏm's tyranny provoked antipathies from many ministers, as well as from King Injong himself. Even though they eventually succeeded in removing Yi Cha-gyŏm and Chŏk Chun-gyŏng(拓俊京), the royal authority got hit and thus downgraded by the progress per sé. With this political disturbance there developed the international politics that Sung urged Koryŏ to attack Chin together. Yet even before Koryŏ responded to Sung request, the Capital of North Sung fell. Sung was driven from the center of power in Northeast Asia to south, yielding its post to the new dynasty, Chin. It was around this time that one revolt broke out in the Western Capital of Koryŏ, an event that foreshadowed the political zenith of Kim Pu-sik.

Kim Pu-sik : a Politician and Historian

Kim Pu-sik was born in Kyŏngju(慶州) in the 29th year of King Munjong's reign(1075) and died in the fifth year of King Ŭijong(1151). His political career witnessed the peak which early Koryŏ reached, and at the same time the fully matured contradictions which it developed. This political development did not allow Kim, influential politician under King Injong's reign, to step aside political contradictions nurturing the collapse of the early Koryŏ society. Furthermore, although the Western Capital faction was put down by Kim Pu-sik, its political ideas still wielded great influences upon the 12th-century Koryŏ society. In this political situation was Kim's life and career deeply involved. With this in mind, let us read his personal experiences, which would promote our appreciation of *Samguksagi*.

Kim Wi-yŏng(金魏英), Kim Pu-sik's great-grand father, was appointed as the provincial governor of Kyŏngju, the capital of old Silla, when Koryŏ's founder, King Taejo(太祖), accepted the surrender of King Kyŏngsun(敬順王) and established Kyŏngju. His father, Kim Kŭn(金覲), passed 'Kwago(科擧)', civilian official examination, and visited Sung with Pak Il-lyang(朴寅亮) during the reign of King Munjong. These two scholars' poetry and prose were held in high esteem by the people of Sung and published as a collection titled as *Sohwa-jip*(小華集). He probably named his sons, Kim Pu-sik and Kim Pu-chŏl, after Su shik(蘇軾) and Su chul(蘇轍), the famous writers of contemporary Sung. Four of his sons, including Kim Pu-sik's elder brothers, Kim Pu-pil(金富弼) and Kim Pu-il(金富佾), passed the civilian official examination. Kim Pu-sik and Kim Pu-chŏl both won exceptional literary fame in Sung, meeting much more than their father's hopes.[2]

Kim Pu-sik passed the examination in the first year of King Sukjong. His three visits to Sung and frequent contact with Sung culture contributed to his developed international sense. What draws our attention here among his cultural contacts was that he picked up archaic writing style, which might base his compilation of *Samguksagi*.[3] Sung, which had well known confusions under

---

2) Chung, Ku-bok, "Kim Pu-sik", *A Lecture of Korean History for the Citizens* 9(Seoul: Il Cho Kak, August 1991), pp.122~124.

3) Chung, Ku-bok, "Life of Kim Pu-sik and His Achievements", *The Academy Review of Korean Studies*

the late Tang and Five eras, pushed reform drives in the fields of politics, economy, culture, and society. In contemporary China, reform was usually conceived to follow and go back to the ancient. This was true to Sung's campaign of archaic-style writing. The campaign pervaded into the literary practices under the initiation by Song Ki(宋祁) and Ku-yang Hsiu(歐陽修), who edited Xintangshu(新唐書), New History of Tang. This was the main reason that while writing the Samguksagi, Kim Pu-sik often quoted the Xintangshu, ignoring the Jiutangshu(舊唐書), Old History of Tang.

Kim Pu-sik and his brothers' political line gradually dominate the debates over the pending diplomatic issues concerned with Chin. The success of the Chin Empire ironically made a positive effect on the growth of Kim Pu-sik's political power. In the reign of King Injong, which coincided with the period of the Southern Sung in China, Kim Pu-sik led the diplomatic contacts with Chin and held major minister-ranking positions. At the same time, he formed his personal group who was composed of those who were selected by Kim to influential positions, such as Pak Tong-ju(朴東柱), who later took part in the compilation of Samguksagi. In the 10th year of King Injong's reign(1132), however, it happened that Kim Pu-il, Kim Pu-sik's eldest brother, died who would probably have greatly influenced the growth of his younger brother's political power. Kim Pu-il had shared the common political views with his brother regarding both domestic politics and foreign relations. Brother's death was a great loss to Kim Pu-sik who had to deal with the growing dissension among the ruling class and the continuing international instability.

Above all, the appearance of the Western Capital Faction and Myochŏng meant the upcoming political disturbances totally different from preceding ones. Myochŏng's proposal to transfer the capital to the Western Capital was more than an issue of mere political interest. Moreover, the ruling class, including the King, generally supported the various assertions of the Western

Capital Faction. Its position was the extended version of contemporarily powering Waning-Kaekyŏng Theory. Actually even in the early days of King Sukjong's rule, there had already appeared the suggestion that the capital should be moved to the Southern Capital. Toch'am(圖讖)-based theories wielded their ideational powers even in the times of King Yejong. After geomancers' investigations of mountains and streams, the Western Capital was designated as a potentially suitable new capital site. Nurtured by this atmosphere, geomancy books such as *Haedong-birok*(海東秘錄), were produced. In tandem with the King's wish, some proposed building a new palace in the Western Capital, which had only to face skeptical public atmosphere. Still, the King, disengaged from the general views shared by his officers, depended more and more on divinations, even at the issues such as the expedition of the Jurchen. Thus, it could be said that the rising power of mysticism and geomancy was partly due to King Yejong himself. Of course, we cannot miss the point that there lay King Yejong's politics to check the power group of familially Kaekyŏng origin in the king's favoring the capital transfer. Neither can we miss another point that the politics appeared in the guise of mysterious themes such as divination and geomancy.

As the time of King Injong went, it got more and more critical. The abrupt breakdown of power group and the following shifting of ruling elite caused uneasy climate also in the popular world. There spread rumors saying that officials were throwing children of lower classes into the river. Most serious disturbances happened to northwestern people. The political upheaval of the ruining Liao and Yi Cha-gyŏm's challenge to the contemporary king strengthened the power of Myochŏng, Paek Su-han(白壽翰), and Chŏng Ji-sang(鄭知常). All of a sudden, a majority of ministers agreed to transfer the capital to the Western Capital, despite the opposition Kim Pu-sik as leader of the other faction maintained. Eventually, a new palace was built in the Western Capital. In addition, it was suggested as official, but not yet determined agendas that the king should be institutionalized as an emperor with his own calendar(稱帝建元

論), and that Koryŏ should launch an attack against the Jurchen Chin(攻金論). The Western Capital Power maintained, on practical and mystical accounts that the capital transfer would benefit to the kingdom and the dynasty. Additionally, several ill omens, such as a plague of vermin, played a key role in forcing King Injong to seriously consider capital transfer.

The above-mentioned prevailing geomancy, of course, was not due wholly to King Injong's personal preference. Basically the situation under the reign of King Ŭijong remained almost the same even as preceding one in that supernaturalism continued to be rampant. In the hope of conquering the northern province, or on the basis of geomancy, King Ŭijong also considered building a new palace in Paekju(白州). At this time, Kim Kwan-ŭi(金寬毅) wrote a book titled as *Pyŏnnyŏn- tongrok*(編年通錄), which mystified the royal past feats in the languages of geomancy. As earlier mentioned, King Ŭijong developed anti-Confucian alternatives in contemporary real politics. This shows that mysticism formed the torrents in the 12th-century Koryŏ society. It was in this contemporary climate that King Ŭijong took action to grant reinstatement to the people involved in the Western Capital Transfer incident. This meant an insult to the group led by Kim Pu-sik who were opposed to the Western Capital Faction, and at the same time the illustration of how enduring the deep-rooted mythicism was.

In 1135(King Injong's 13th year), Kim Pu-sik was entrusted with the task of suppressing the Western Capital Faction, including Myochŏng.[4] Before going to war, he disposed of Chŏng Ji-sang and Paek Su-han, who had sympathized with Myochŏng's views. Some people attributed Chŏng Ji-sang's death to the competition between Chŏng and Kim Pu-sik over literary fame. At any rate, this measure taken by Kim in advance indicated that it seemed not so easy to suppress the Western Capital Faction. Even Yun Ŏn-i, one of the chief field commanders, restrained the operations of Kim Pu-sik. Moreover, envoys

---

4) *Koryŏ sa* 58, Geography 3.

from the Western Capital Faction and their convoys composed of Kim's officers were driven out by Han Yu-chung and Mun Kong-in(文公仁) in Kaekyŏng, a happening which prevented the quicker conclusion of the incident. All the army commanders, including Yun Ŏn-i, opposed Kim Pu-sik's protracted war plan, and some central officials unsympathetic to Kim demanded him to take more rapid action. Finally, the conflict that had lasted more than a year, came to a conclusion with Kim's triumph. Thus, inevitable was the decline of the political groups opposing Kim, including Yun and Han.[5]

In Kaekyŏng, remonstrative officials impeached Mun Kong-in and demoted him to a lower position. These actions indicate that Kim Pu-sik, who had defeated the Western Capital Faction, refused to tolerate the political oppositions any longer. The King appointed Kim as Merit Subject(功臣). It was at this point that Kim reached the zenith of his authority at the post of Munhasijung(門下侍中), the prime minister of the Chancellery for State Affairs. Immediately upon returning to Kaekyŏng, he succeeded in impeaching Yun Ŏn-i on the ground of his acquaintance with Chŏng Ji-sang. Han Yu-chung's position also became more untenable and both of them followed the path of Mun Kong-in. In the year of 1140, King Injong's 18th year, however, King Injong granted pardons to them in spite of Kim's objection. Yun, in his own defense, admitted that he had once consented to Myochŏng's assertion such as the institutionalization of the king's own calendar.[6] His admitted compliance did not seem to matter. Ministers and also king himself overcame, to some extent, the shocks the Myochŏng's Rebellion imposed upon them and the aftermath it left. Also, there was no reason for which to blame Myochŏng and his colleagues, leaving aside the practicability of their plan. Together with this atmosphere, Yun's restoration to power eventually accelerated Kim Pu-sik's political isolation.

---

5) Kim, Byung-in, "Kim Pu-sik and Yun Ŏn-i", *The Historical Studies of Chonnam Province* 9(Gwangju: Historical Society of Chonnam Province, December 1995).
6) *Koryŏ sa* 96, Biography of Yun Ŏn-i: Yun, Ŏn-i, "A Documentary Prose of Gratitude to King Injong from Gwangju", *Tongmun-sŏn* 35.

Kim Pu-sik resigned from all official posts in the year of 1142, King Injong's 20th year. The King consoled and treated him with a great respect as a minister who had remained loyal to the royal authority. Three years later, Kim finished his compilation of *Samguksagi*. After King Injong's death, Kim edited *Injong Shilrok*(仁宗實錄), or King Injong's Chronicle. Then, Kim also died at the age of 77 in February 1151, King Uijong's 5th year.[7] As a politician, he had maintained his commitment to the royal order at critical moments observing the conflict between Liao and Chin, and the most violent political crisis of Koryŏ dynasty involving Han An-in, Yi Cha-gyŏm, and Myochŏng. It was in his old age that he had his political plan frustrated. The contradictions of aristocratic society, accumulated since King Sukjong's reign, which coincided with his official service, came to explode in King Ŭijong's reigning days right after death. Given this, it seemed likely that Kim devoted his whole lives to check the unprecedented political cataclysm which showed itself in the political disturbances under King Ŭijong's reign.

References : Original Copies and Other Historical Materials

Samguksagi is a history book compiled in annalistic form and deals with the histories of three kingdoms—Koguryŏ, Paekche and Shilla. It was written and compiled on the basis of all the material sources Korean and Chinese available at that time. Because there existed few, if any, domestic materials available, instead *Samguksagi* compilers had to use, for their job, Chinese sources such as historiographies and anthologies which came to Korea no less than twenty years after their publications. This suggests that the compilers had not a few difficulties securing materials concerned. These difficulties the authors faced leads us to, firstly, examine things concerned with the material

---

7) *Koryŏ sa* 98, Biography of Kim Pu-sik: Kim, Pu-sik, "A Documentary Prose of Soliciting King to Permit Resignation from Politics", *Tongmun-sŏn* 42.

sources of *Samguksagi* compilation.

Kim Pu-sik, author of the *Samguksagi*, wrote to King Injong '*A Documentary Prose Upon Submitting the Samguksagi*' following:

> Today, there are many scholars who are well versed in Chinese classics such as the *Five Classics*(五經), the works of masters of old China, and the Chinese history books dealing with histories since the Jin and Han dynasties. It is a pity that there are only a few who can speak of the causes and effects of historical facts of their own country. Both *Han-shu*(漢書) written by Bum Yup(范曄), and *Tang-shu*(唐書) written by Song Ki, included the histories of the Three Kingdoms due to the fact that Koguryŏ, Paekche and Silla communicated with China after their establishments, with every courtesy, as if they were three legs supporting a pot. Though, The histories of the Three Kingdoms were oversimplified, in comparison with the detailed accounts of Chinese history. In addition, the style of the *Kogi*(古記) was coarse and many historical events were left out. Thus, the good and evil of kings, the loyalty and treachery of subjects, the safety and danger of the country, and the obedience and insubordination of the people were not exposed fully enough to produce teachings. It is time to employ prominent learned men of talent, to let them set about compiling our own historiographies, and to bequeath the historiographies from generation to generation to lighten the world like the sun and the stars.

Basically, this was the opinion of King Injong, and Kim Pu-sik used it to justify the compilation of the *Samguksagi*. *Kogi* seems to refer to indigenous history writings. It is highly probable that Kim Pu-sik thought that the *Kogi* was not satisfactory in terms of style, content and practical uses. In fact, the *Samguksagi* quoted 24 passages from *Kogi*, in various forms such as *Haedong-kogi*, *Samhankogi*, *Bonkukkogi*, and *Sillakogi*. They were employed to conform historical facts in dispute with Chinese historiographies. Given this, *Kogi* must have been frequently quoted in *Samguksagi* without any reference.

The *Kogi* was also quoted in the *Samgukyusa* which came out 150 years after the *Samguksagi*. Along with the statements about Old Chosŏn, there are 24 passages in the *Samgukyusa* borrowed from the *Kogi* in the name of, for examples *Koryŏkogi, Paekchekogi,* and *Sillakogi.* Also, some *Kogi* in the works of *Samguksagi* and *Samgukyusa* refers to works with their own titles. To sum up, *Kogi* appears to refer to a general name given to all the historical materials produced before the mid-Koryŏ Dynasty. Therefore, it should not matter whether *Kogi* refers to all the existing materials or not. It is difficult to prove the existence of some of these documents beyond the shadow of a doubt, just as it is so to confirm some Chinese materials quoted in the *Samguksagi* but not bequeathed to the present.

Yi Kyu-bo(李奎報), in his preface of *Tongmyŏngwangp'yŏn*(Saga of the Tongmyŏng) which dealt with a birth myth of King Tongmyŏng and the foundation of Koguryŏ, mentioned the existence of the *Old Samguksa,* the history of the Three Kingdoms compiled prior to the *Samguksagi.* In addition, he indicated that the *Samguksagi* written by Kim Pu-sik was a recompiled book of the Three Kingdoms' history.[8] Yi Kyu-bo cited the *Old Samguksa* in the part dealing with King Tongmyŏng. In fact, a comparison of the passages quoted from the *Old Samguksa* and the corresponding passages in the *Samguksagi* indicates that the *Samguksagi* simplified and embellished the accounts by the *Old Samguksa.*[9] Despite this we cannot assume that the original work was arbitrarily interpreted or altered. However, the limitations found in the *Kogi* are similar to those in the *Old Samguksa.* This implies that, the *Old Samguksa* may be one of the *Kogi*'s to which Kim Pu-sik referred. In this context, it will be suggestive to note how the editors of Sung who compiled the *Xintangshu* criticized the *Jiutangshu.*

Jung Kong-ryang(曾公亮) said in '*A Documentary Prose upon Submitting*

---

[8] Yi, Kyu-bo, *Tongguk Yi Sangguk Chip* 3. The indication can be appreciated from: "When Master Kim Pu-sik compiled our national history, he only briefly touched upon such things, thinking that when a gentleman writes the history of his state, a book designed to wield a reforming influence upon the time, he cannot provide examples to the men of following generations by citing marvels: so he simply gave a bare outline of such things."

[9] Tanaka Toshiaki, "The Compilation and Dedication of *Samguksagi* and *Old Samguksa*", *Chosen-Gakkai* 83(Tenri University: The Academy Association of Koreanology in Japan, April 1977).

the Tang-shu':

> *Jiutangshu* has no principle upon which to organize its historical accounts, and no propriety even either in detailed accounts or in their simplifications. The sentences of the book are not clear in their meanings and many histories are missing. ⋯ As the world goes to an end, the gentry came to lose their spiritual energy, and were misled to crude language and mean thoughts, so that they cannot produce proper language and writing. They cannot draw people's great attention by exposing to the public the outstanding feats and magnificent accomplishments of bright emperors and considerate subjects, and good and bad in the roots and beginnings of ruler's tyranny and subjects and people's treacherous deeds. Thus they do not leave grandiose teachings upon the people who follow.

Just as Kim Pu-sik criticized the *Kogi*, Jung Kong-ryang called into question the style, content and effectiveness of the *Jiutangshu*. *A Documentary Prose upon Submitting the Samguksagi* followed the example of *A Documentary Prose upon Submitting the Tang-shu*. In other words, the *Samguksagi* is to the *Old Samguksa*, what the *Xintangshu* is to the *Jiutangshu*.[10] Of course, it is certain that both of the *Xintangshu* and the *Jiutangshu* were first consulted when compiling the *Samguksagi*. While Kim Pu-sik agreed with Jung's criticism of *Jiutangshu* with regard to its archaic style, he did not follow in the footsteps of the *Xintangshu* blindly when composing or quoting references as materials for his compilation of the *Samguksagi*. Right after the *Xintangshu* was complied in the Song Dynasty, there was a great deal of criticism of it, and there was a debate over which version, the *Xintangshu* or *Jiutangshu*, should be accepted. Ssu-ma Kuang(司馬光), author of the *Zizhitongjian*(資治通鑑) went with the *Xintangshu* for general organization, but employed the *Jiutangshu* for more specific details. Considering the many similarities in the political views and political lives of Ssu-ma Kuang and Kim Pu-sik, it is likely that the atmosphere of the *Zizhi-*

---

10) Lee, Kang-lae, "The Historiographical Meaning of the *Samguksagi*", *The Academy Review of Korean Studies* 24-1(Seongnam: The Academy of Korean Studies, April 2001).

tongjian would wield an influence on the composition of the *Samguksagi*. Although Jung Kong-ryang contended, in *A Documentary Prose upon Submitting the Tang-shu*, that there was an increased information provided, there was also a decrease in the quantity of writing. Others argued that what should have been added was not added, and what should have been deleted, was not deleted.

Similarly, there has been a debate over the *Samguksagi* and the *Old Samguksa* among our contemporary scholars of history. Unlike the *Jiutangshu*, the discussion on the issue and the approach to it must be made more carefully, given that the *Old Samguksa* was lost long ago. There is no choice but to accept the scarcity of the domestic materials like the *Kogis*, including the *Old Samguksa*, which Kim Pu-sik expressed in the words of King Injong. It can therefore be argued that the *Samguksagi* was compiled and reconstructed through editing, revision and supplementing of the *Old Samguksa* with the *Kogi*, epigraphs, newly introduced Chinese history books, Chinese classics and anthologies. Along with the reconstructing work, Confucian ideas, which were considered invaluable by the 12th-century intellectuals, were embedded in the *Samguksagi* during the compilation.

Nevertheless, we cannot deny that the *Samguksagi* focused on Silla, in terms of quality and also quantity. Granting his focus, it cannot be regarded as an outcome of an unfair policy of the compilers of the *Samguksagi*.[11] This phenomenon is either because the materials on which the *Samguksagi* may have been based were either rearranged to the views of the Silla people, or because Koryŏ rearranged the materials depending on the materials of Silla. We know of several historical compilations of the Three Kingdoms, all of which are confirmed only by the *Samguksagi*. Koguryŏ compiled the *Yugi*(The Extant Records) and the *Sinjip*(New Compilation); Paekche, the *Sŏgi*(Documentary

---

11) Gardiner, Kenneth H. J., "The *Samguksagi* and its Sources", *Papers on Far Eastern History* 2(The Australian National University: September, 1979).

Records); and Silla, the *Kuksa*(National History) during the reign of King Chinhŭng (眞興王). These materials were revised by the people of Silla after their victory in the unification war of the 7th century. In addition, in the Unified Silla era, the tradition of recording the contemporary history was firmly established, and a much more detailed history could be recorded than that of China. Insofar as historical materials were the history of the Three Kingdoms rearranged by the people of Silla and their own Silla history, there was little difference in the nature of the historiography either in the *Old Samguksa* and the *Samkugsagi*.

Nowadays, some researchers hold much more confidence in the *Old Samguksa* than in *Samguksagi*.[12] This is merely 'a biased preference for things lost.' In terms of current research conditions, it is not desirable in that the bias works as what discourages historians to investigate a few historical materials left with great scrutiny. Following the current critiques, *Samgukyusa* should carry 'problems' similar to *Samguksagi*. In appearance, the *Samgukyusa* was much more biased toward Silla, than the *Samguksagi* in terms of the amount of description concerned. This shows that it was natural for two historiographies to focus on Silla insofar as they were written by using the materials produced by Silla people living in their own idea and tradition and thus biased toward Silla. Additionally, I have to say of some scholars' 'suspicion' that the writer of the *Samguksagi* was an intellectual from Kyŏngju. If it is the case, the author of the *Samgukyusa*, Iryŏn also could be suspected for the reason that he came from Changsan-gun(獐山郡) Kyŏngju-pu(慶州府). Given what has been told thus far, it is ahistorical to ascribe 'Silla bias' to compilers' preference or will. And also this ascription is a kind of unreasonable 'frivolous realism' without much account into the reality surrounding the two historiographies which expressed, and/or were expressed by, our ancient history and culture.

---

12) Gardiner, Kenneth H. J., "Tradition Betrayed? Kim Pu-sik and the Founding of Koguryŏ", *Papers on Far Eastern History* 37(The Australian National University: March, 1988).

Main History of the Three Kingdoms : Structure and Wood Engraving

The *Samguksagi* adopted the descriptive method of annalistic form originating in Ssu-ma Chien(司馬遷)'s *Shih chi*(史記). The book comprised a total of 50 volumes categorized as follows: 28 volumes of the Primary Annals of the Three Kingdoms, 3 volumes of chronological tables, 9 volumes of monographs, and 10 volumes of biographies. The annals-style historiography give great priority to the primary annals or the so-called dynastic chronologies and then biographies of historical figures. The *Samguksagi* seems to lose the balance in its items concerned with three Kingdoms because of insufficient contemporary materials available. In particular, the some items on Koguryŏ and Paekche were based on the historical materials produced by Silla, and thus they contained some parts which repeated the same chronological accounts. This shows that the allied forces of Silla and Tang did a great deal of damage upon the historical accounts of Koguryŏ and Paekche as well as their dynastic lives.

The Primary Annals of the *Samguksagi* are composed of 12 volumes of the Primary Annals of Silla, 10 volumes of the Primary Annals of Koguryŏ, and 6 volumes of the Primary Annals of Paekche. The Primary Annals of Silla are again divided into 5 volumes which contain history until the time of Paekche's destruction, 2 volumes of King Munmu(文武王) who waged the war with Koguryŏ and Tang, and 5 volumes relating the unification period after the reign of King Shinmun(神文王). The amounts allotted to each Kingdom show that the *Samguksagi* is not biased toward Silla in the part relating the Three Kingdom Period. Noteworthily, the section dealing with Koguryŏ up to the reign of King Kwanggaeto(廣開土王) is rather bigger that those of other two Kingdoms, which reflected upon contemporary materials available. The Primary Annals of each Kingdom described ,firstly, the chronologies of kings, including their family relations, the important political issues of the Kingdom, the wars with foreign countries, natural calamities, and so forth. The *Samguksagi* put Korean materials and Chinese ones together, and, in the case of mutual conflicts, the former were almost always given priority to. Also, it treated in the Primary Annals three Kingdoms on equal basis by putting all their dynasties in the word of "we(我)". This seems to have been a kind of response to the legitimacy theory developed in contemporary Sung China.

The chronological table, employing the calendar system of the sexagenary cycle, recorded China, Silla, Koguryŏ and Paekche respectively. The late period of Silla included the chronology of Kungyae(弓裔) and Kyŏnhwon(甄萱). The table records the informations of each dynasty concerning the reign of kings and their names, their year of enthronement and death, and the chronological era of contemporary Chinese dynasty. The king's year of enthronement followed the principle that set the year of the king's inauguration as the first year. The informations contained in the chronological table had some differences when compared to those in the Primary Annals or Biographies.

The Monographs are composed of Monographs of Religious Service and Music, Clothes, Transportation, Household Commodities, Architecture, Geography, and Government Institutions and Officials. Almost all the Monographs except for that of Geography record the institutions of Unified Silla and its social practices. For Koguryŏ and Paekche, they usually quoted the records concerned in Chinese historiographies. This seems to have taken paints to balance the writings of the Three Kingdoms. Though Monographs of Geography offer detailed accounts, nevertheless they, following the models of the nine provinces of Silla, record changed or modified names, the mutual relations between 'Gun(郡)' and 'Hyŏn(縣)', and the local names at the time of its compilation. Additionally, these names are highly valuable to the study of the languages of the ancient Three Kingdoms. Some parts in the Monographs indicate that there existed other reference materials than what are to be found also in the Primary Annals.

The Biographies contain a total of 52 biographies and 34 names of adjuncts. Among them, there are 69 people who show their personal files: 56 from Silla;

10 from Koguryŏ; and 3 from Paekche. Generally, Biographies is made up mainly of biographies for those who died for their loyalty to king and kingdom or those who were killed in wars. This seems to have resulted from the national awareness which Kim Pu-sik or Koryŏ society wanted to uplift.[13] Despite some biographies which copied the records of the Primary Annals, not a few biographies used as references totally new materials. For example, the biography of Kim Yu-sin(金庾信), which amounts to 3 volumes, resort to Kim Yu-sin's *Haengrok*(行錄), written by one of his descents. This seems to have reflected upon his personal prominence and also abundant available materials concerned.

Other ten scholars besides Kim Pu-sik did the work of compiling the *Samguksagi* as Kwan'gu(管句), Tongkwan'gu(同管句) and Ch'amgo(參考). Kwan'gu and Tongkwan'gu were official in charge of the compilation. These positions were served by Chŏng Sup-myong(鄭襲明) and Kim Chung-hyo(金忠孝). The Ch'amgo served by 8 officials was relatively low-ranking official. Among the officials was Pak Tong-ju, who won first place in the civil service examination supervised by Kim Pu-sik. Supposedly, they did the practical jobs of the editing, such as the selection, comparison and proofreading of materials. Concurrently, these officials are thought to be those who took the charge of editing individual section. This caused the Primary Annals, Monographs, and Biographies to assume some characteristics.

Perhaps *Samguksagi* was firstly published before the 5th year of King Ŭijong's reign, when Kim Pu-sik died. This first publication does not survive, but some parts of the wooden printing blocks were continuously used in later printings. Presumably the second engraving was completed in the middle of the 13th century, 100 years after the firs one. Like the case of the first publication, there remain some parts of the second Biography with no imprint and postscript. The third publication came out by the local officials of Kyŏngju in the 3rd year(1394) of King Taejo(太祖) of Chosŏn Dynasty. Kim Gŏ-du(金居

---

13) Shin, Hyung-sik, *A Study of the Samguksagi*(Seoul: Il Cho Kak, 1981), p.340.

斗)'s extant postscript on their engraving project is attached to the last part of the *Samguk- sagi*. The severely worn-out blocks were thought to be newly engraved even though they have not handed down to us.

The last engraving was also completed in Kyŏngju in the 7th year(1512) of King Chungjong(中宗)'s reign. Yi Kye-bok(李繼福)'s postscript is now available attached to the last part of the *Samgukyusa*. From the postscript do we know that the *Samguksagi* and *Samgukyusa* were engraved together. Seeing from that there was printed "Imsin(the 9th binary term of the sexagenary cycle) of Chungduk(the reign name of Emperor Mujong of Ming China)", the woodblock-printed book was then usually referred to as 'Chungduk-bon'(a version published in Chungduk era) or 'Imsin-bon'(a version published in the 9th binary term of the sexagenarian cycle). This Chungduk-bon is the oldest wood block *Samguksagi* that remains as a complete set to the extent that it is used as a kind of matrix of most photostatic reproductions and printed books. Like ones of the third engraving, some blocks of the fourth one kept in a relatively good condition were reused, and at the same time a number of supplementary copied and engraved ones were put into use. Nevertheless, there are some errors because of the working condition that the project was practised in many different places of 'ŭp'(town) in Kyŏngju and Kyŏngsang-do. Furthermore it bore some mistakes which arose from less careful work. We may witness such problem as short strokes, where some strokes were omitted in order to avoid the characters contained in Koryŏ Kings' names. In this process, some short-stroke characters were turned into characters completely different from original ones, or into illegible ones. In spite of the problems, the Chungduk-bon substantially preserves the contents of its original version to the degree that it is recognized as an original material for research purposes.[14]

Later, a version of metal printing type was published in the 37th year of

---

14) Tanaka Toshiaki, "The Engraving and Circulation of the *Samguksagi*", *Toyoshi-kenkyu* 39-1(Kyoto: The Journal of Oriental Researches, 1980).

King Sukchong's reign(1711). Since this version was printed with the movable types made for *Hyŏnjong Sillok*, or *Annals of King Hyŏnjong*, it is called 'Hyŏnjongsillokja-bon' meaning a version using the metal types of *Hyŏnjong Sillok*. While the former wood block versions, were in the block format of 9 lines per each half side and 18 characters per one line, the metal printing type version was in the block format of 18 characters of 10 lines.

In Yi Kye-bok's postscript of the Chungduk-bon, the *Samguksagi* and *Samgukyusa* were referred to as 'the main historiograpies and remaining memorabilia of the Three Kingdoms.' This can be regarded as a general understanding of the two books held by his contemporary intellectuals. This understanding is also that of Iryŏn, who intended to be the writer of the remaining memorabilia of the Three Kingdoms. Iryŏn showed his respect to the *Samguksagi* by calling it 'the Main History of the Three Kingdoms', and actually his *Samgukyusa* was a kind of the remaining memorabilia of the *Samguksagi*, as suggested in the title. His understanding was shared by the Neo-Confucianists, the main founders of the Chosŏn Dynasty. They also admitted its place as the 'Main History' despite their critiques toward the *Samguksagi* in terms of its format and historic recognition. For example, such prominent historiographies of the early Chosŏn Dynasty as *Tongguksaryak* or *Concise History of the Eastern Kingdom*, *Samguksajeoryo* or *Essentials of Three Kingdoms' History*, and *Tongguktonggam* or *Comprehensive Mirror of the Eastern Kingdom*, following *Samguksagi*, wrote the histories of Three Kingdoms. Likewise, for our contemporaries, *Samguksagi* should read as 'the Main History.'[15]

Recognition of History : Historical Facts and Commentaries

The *Samguksagi* covers the period of the Three Kingdoms. History before

---

15) Lee, Kang-lae, "*Samguksagi* as a Fundamental History and *Samgukyusa* as a Memorabilia", *The Collection of the Articles Dedicated to the Commemoration of the 60th Birthday of Buddhist Master Wol-un*(Seoul: The Publishing Committee, December 1998).

the Three Kingdoms was excluded. To give some instances, the history of Old Chosŏn was excluded, as was the history of Parhae, which stood as a sound pillar of our national history at the time of the Unified Silla period. In addition, the history of Kaya was not treated properly. Given these, we are not sure whether its understanding of national history before the Koryŏ period was well organized. Therein lies an indisputable unbalance in the selection of writing items. Granting this, *Samguksagi* could not deserve its own title if the *Samguksagi* wrote the histories of dynasties beyond or prior to the Three Kingdoms. Considering this, we cannot argue that *Samguksagi* loses its balance in writing the national history.

Yu Tŭk-kong(柳得恭) of the later Chosŏn Dynasty put a responsibility on the Koryŏ intellectuals who had not written 'the Histories of Northern and Southern Kingdoms', namely, the history of Parhae vis-a-vis that of the Unified Silla.[16] His viewpoint was the sound expression of his contemplation of the Parhae history. One should begin one's reflection on Koryŏ's writing of the past with the considerate account of contemporary experiences and practices concerned. In other word, what Yu put responsibility on did not lie in the *Samguksagi* and its compilers. That is, the reason of excluding Parhae is to be explained in the needs of the Silla people who were winner of the war. In the 7th century, they established their war cause as 'the war of the world' in its meaning of regional Northeast Asia as a unit, calling it the 'Unification of Samhan(三韓).' In this situation, Parhae claimed itself as the kingdom which had successfully succeeded or revived Koguryŏ itself. The existence of Parhae itself contradicted the war cause of Silla. It was in this historical surrounding that it was not so easy for Koryŏ intellectuals to go beyond Silla people's world view and

---

16) Yu, Tŭk-kong, Parhae-go(1784). Here the author propounded the view that since the so-called Silla Unification in fact did not put all of what had been Korea under one rule-for the Parhae kingdom existed simultaneously in the north-the period instead should be known as that of the 'Northern and Southern Kingdom.' Lee, Ki-baik, *A New History of Korea*, Translated by Edward W. Wagner with Edward J. Shultz(Seoul: Il Cho Kak, 1984), p.237.

history writing.

Samguksagi bore the same tendencies in the writing of the histories of the Three Kingdoms. The 'Malgal(靺鞨)' tribe, often written in Samguksagi, came to appear in Chinese historiographies only after the 6th century. This means that the Malgal could not interfere with the development of the Three Kingdoms prior to the Christian era. By the middle age of Koryŏ, the 'Malgal' had already disappeared. The Malgal were a tribe living under the reign of Silla only after the unification of the Three Kingdoms. This constituted a good example of Silla's limited viewpoints.[17] In this way, Samguksagi is full of errors and inconsistencies, which resulted from the carelessness of the editors. Historians and researchers will surely do the correction of these errors. It is not upon Samguksagi, but upon the editors' uncritical acceptance of the existing records that we should blame the errors and inconsistencies.

High esteem of written records and literatures carries double-sided, viz. positive and negative effects within itself. The editors confessed that they included unbelievable items for the sake of preserving the records. That enables us to see what the lives of people in ancient times were like. It seems that Samguksagi was one of a few valuable windows through which to look into the thoughts of the ancient people, which can be looked upon as a positive effect of written materials. On the other hand, there are the negative effects produced by the careless acceptance of past records without their investigation or verification. Simple editing of past records without scrutiny may bring about readers' misunderstand and their confused understanding of the history. There are a great deal of folklores unrecorded in Samguksagi concerning the Three Kingdoms, which left much to be desired. At the same time, it is necessary to point out that the editors of Samguksagi usually rendered critical comments on the Chinese chronicles, whenever the informations of Chinese sources conflicted

---

[17] Lee, Kang-lae, "The Valuation on the Malgal in the Samguksagi", The Paek-san Hakpo 52(Seoul: The Paek-san Society, March 1999).

with those of Koryŏ sources.

Samguksagi contains 31 historical commentaries representing the author's evaluations of specific events. Therefore the commentaries in Samguksagi should express the evaluation of its author, Kim Pu-sik. Yet the historical commentaries in Koryŏ at this time were usually based upon commentaries apparent in Chinese historical sources. This was because those cases to be examined were selected by their similarities with the cases examined by Chinese historiography. In addition, Koryŏ intellectuals were firmly rooted in the doctrine of Chinese-oriented Confucianism. It was for these reasons that Samguksagi commentaries were rather similar to those found in the Chinese historiographies. Nevertheless, we cannot deny that the historical commentaries are based on the authors' subjective points of view. Given this, historical commentaries reveal the authors' subjective views to serve as the sources available to our appreciation of their personal interpretation of history. Every historical record cannot be free from personal experience of its author and social realities surrounding the author. Therefore, it is not hard to suppose the close relationship between Kim Pu-sik's conception of contemporary political situations and his fundamental views in Samguksagi commentaries.[18]

Kim Pu-sik referred to a great deal of sources and written materials in his commentaries. Noteworthy are the 24 different Chinese literary sources which were quoted and referred to altogether 63 times in his commentaries. Among them, Tso-chuan or Tradition of Tso and Xintangshu were frequently mentioned. These references were closely related to contemporary situations under which Kim Pu-sik lived. Xintangshu can be differentiated from Jiutangshu by its archaic style. Tso-chuan was based on realism, unlike moralistic Chunchu or Spring and Autumn Annals. The relative importance of Tso-chuan in Samguksagi indicates the great influences wielded by Zizhitongjian, which was originally

---

18) Shultz, Edward J., "Kim Pu-sik and Samguksagi", The Journal of Korean History 73(Seoul: The Association for Korean Historical Studies, 1991).

written for emperors. *Zizhitongjian* is now considered to be a useful historical source, which represents the historical opinions of author Ssu-ma Kuang. It was written after the model of *Tso-chuan*, rather than the sacred *Chunchu*. It is also needed to mention that *Zizhitongjian* had led to the abundance of historical essays.[19]

Looking closely, we can see the similarity of Ssu-ma Kuang's political vicissitudes with Kim Pu-sik's life. As indicated earlier, Kim Pu-sik stood on the side opposing the Yun ŏn-i-led reformation faction. Kim Pu-sik, along with other scholars, criticized the new social regulations initiated by the reformers, and stubbornly defended ancestral, traditional laws and practices. In reality, Myochŏng proposal to transfer the capital to the Pyŏngyang, was one of reformist agendas. Yun ŏn-i, later admitting his participation in the advocate group of the capital transfer, wrote 'Manŏnsŏ', meaning the letter of ten thousand characters to King In-jong in 1133.[20] As it was well known, during the Northern Sung China, Wang An-shih had presently his reformist appeal of 'Manon-shu', original of version of Yun's 'Manŏnsŏ', to Chinese Emperor Injong. Since then, the reform had been put into place on the basis of Wang An-shih's idea. However, his reform plan was confronted with Ssu-ma Kuang's conservative group. These two camps continued to confront with each other over generations.[21] When the Wang An-shih's reform was enforced, Ssa-ma Kuang resigned from his office and secluded himself in Nakyang(洛陽), concentrating on the writing of *Zizhitongjian*.

Kim Pu-sik followed the fortune of Ssu-ma Kuang, resigning from his position after his conflict with Yun Ŏn-i, supporter of the new regulation

---

19) Lee, Kye-myoung, "A Study of the *Zizhitongjian*", *The Historical Studies of Chonnam Province* 12(Gwangju: Historical Society of Chonnam Province, December 1998), p.137.
20) Kim, Cha-ui, "An Inscription on a tomb of Yun Ŏn-I(1150)", In Heo, Heung-sik, ed. *The Full Text of Inscriptions on the Stone Monuments in Korea*-the First Half of Medieval Times(Seoul: The Asian Culture Press, 1984), p.689.
21) Liu, James T.C., *Reform in Sung China: Wang An-shih(1021-1086) and His New Policies*(Cambridge, MA: Harvard East Asian Studies, 1959).

faction. Kim Pu-sik had explained to King Injong Ssu-ma Kuang's *Yu-p'yo* (遺表), written in 1082, the 5th year of Wonpung(元豊), and praised Ssu-ma Kuang.22) *Yu-p'yo* intended that after his death it would be presented to Emperor Sinjong(神宗). *Yu-p'yo* contains severe critique toward Wang An-shih's reform and his own frustration with his denied loyalty. In 1084, *Zizhitongjian* was dedicated 4 months prior to the death of King Sinjong. It is obvious that Ssu-ma Kuang's wish was reflected in the *Zizhitongjian*. It is true of Kim Pu-sik's case. Ssu-ma Kuang's situation and *Zizhitongjian* had been stimuli to and at the same time the model of Kim Pu-sik's writing of *Samguksagi*, through whose commentaries he meant to express his political ideas.23) Coincidently, King Injong died two months after Kim Pu-sik's *Samguksagi* had been presented to the king.

It is important to note that we should distinguish historical records and commentaries. The handling of Kim Yu-sin is a good example. Kim Yu-sin was the military leader who brought about the victory of Silla in the war of the 7th century, as in three volumes of *Samguksagi*. *Samguksagi* readers cannot help remarking upon the fact that he won the highest praise from Kim Pu-sik for his nobility and greatness as a general. Nevertheless, the historical commentaries regarding the life of Kim Yu-sin did not focus on those points. It was not his greatness on which they dwelt, but the royal family's confidence in Kim Yu-sin. It was the king's attitude which made him what he really was. Just as Ssu-ma Kuang had expressed his own righteousness in *Yu-pyo*, with the expectation of his own death, Kim Pu-sik expressed, in the commentaries, his protest against the dynastic reality which forced him to seclude himself from politics.

To conclude, the evaluation in *Samguksagi* of historical figures and historical events reflected the life of its author, Kim Pu-sik. The interpretation of political

---

22) *Koryŏ sa* 17, Injong 17th year March: *Koryŏsa-jeoryo* 17 Injong 17th year March.
23) Lee, Kang-lae, "The Textual Theories of the *Samguksagi*: A Reappraisal", *Articles of Ancient Korean History* 10(Seoul: Research Center of Korean Ancient Society, June 2000).

phenomena cannot be separated from the contemporary trends of thoughts or ideologies. Kim Pu-sik wanted to establish a Confucian order between a king and his subjects in the middle days of Koryŏ full of frequent political disturbances and debates between reformist and conservatives. He tried to express his own loyalty and appeal his righteousness to the king. In his commentaries, one may sense both the protest and self-justification of a retired politician. With this in mind, I want to propose that we should read *Samguksagi*, especially its historical records separately from its author's personal life. Also historical records and commentaries should be examined separately. These are because records are often irrelevant to writer's politics. Ultimate judgements should be possible only after long and thorough investigations of the work itself.[24]

Status and Evaluation as Historical Literature

It is not certain that Kim Pu-sik literally compared himself with Ssu-ma Kuang of the Sung China. Yet it is clear that both Koryŏ and Northern Sung China produced historical literatures written by politicians in turbulent periods. Truly, of course, Kim Pu-sik could not fully internalize the world of *Zizhtongjian*. In other words, in spite of the similar circumstances surrounding two writers Kim Pu-sik's academism and the intellectual potentialities of Koryŏ history were quite poor. On this account, *Samguksagi* could not fully represent the ancient Korean culture.

Nevertheless, the *Samguksagi*, is the most primary source of all for the study of ancient Korean history in comparison with such secondary and supplementary materials as *Samgukyusa*, Chinese records, archaeological works, and inscriptions on stone monuments. They cannot replace the primary role played by *Samguksagi* in our understanding of ancient Korean history. Granting this, we cannot fully accept the information supplied by *Samguksagi*, which

---

24) Lee, Kang-lae, *A Study of the Samguksagi Sources*(Seoul: Minjok Press Co., January 1996), p.417.

commits evident errors and carries contradiction within itself. This requires researchers to critically read *Samguksagi* and other Samguksagi-based works.

Critiques had already been cast upon early in the period of the Koryŏ Dynasty. As noted, generally speaking the historical viewpoint of *Samguksagi* came from the Confucian rationalism of the 12th century and specifically it reflected Kim Pu-sik's life and political adversities. Therefore, *Samguksagi* has been reinterpreted according to new historicism brought forth with time passing. For example, *Wangdaejongrok*(王代宗錄) by Kim Kwan-ŭi(金寬毅) in the time of King Ŭijong refused to accept some sections of *Samguksagi* related to the genealogy of royal family.[25]

Yi Kyu-bo's *Tongmyŏngwang-pyon*, and Ilyŏn's *Samgukyusa* raised more fundamental questions. One of these was the critical arguments over the content and system of *Samguksagi* as compared with the substance of *Old Samguksa*. The other was the arguments over Kim Pu-sik's objectiveness and independence as a historian. If it is true that Yi Kyu-bo, although already accustomed to *Samguksagi*, felt an impetus to write an epic poem for King Tongmyŏng upon reading *Old Samguksa*, this would suggest that *Samguksagi* had some defects in recounting folk stories such as that of King Tongmyŏng. Similarly, if Iryŏn was one who, although looking upon *Samguksagi* as 'the main history' of the Three Kingdoms Age, wrote *Samgukyusa* with a certain self-identity under the oppression of alien forces, the title of 'Yusa' meaning 'memorabilia of the missing' carries more implication than what the title literally meant.

Mostly, the elite of the Chosŏn Dynasty did not favor of *Samguksagi*'s view of history, even though they acknowledged it as a fundamental source of history with respect to the Three Kingdoms. Overly itemized system of *Samguksagi* was the first target of the critics who usually compiled history in chronological fashion. These scholars also did not hesitate to criticise Kim Pu-sik's historical

---

25) Lee, Ki-dong, "Kim Kwan-ui", *A Lecture of Korean History for the Citizens* 10(Seoul: Il Cho Kak, February 1992).

interpretation as well as the facts informed by *Samguksagi*. Actually, the critics often missed the main points in that they did not know the differences in the historical circumstances of the Koryŏ and Chosŏn Dynasty. For example, *Samguksagi* was criticized for the reason that it did not follow Confucian ethics and morals and offer the proper respect for China. It was also blamed for having recounted unrealistic and supernatural events. In fact, the alternatives to the existing which was suggested by Kim Pu-sik's commentaries should lose their potentials as soon as they were to be departed from the Koryŏ Dynasty.

Very naturally, *Samguksagi* was not satisfactory to the Sirhak School or Practical Learning School which came to be aware of national history, trying to overcome the China-centered world-view. In *Samguksagi*, there seemed to be no pride in Korean history to the extent that there was no mention of Tangun(檀君) or Parhae Dynasty. For Chosŏn intellectuals who were sandwiched between 'China-centered' or 'Independent', *Samguksagi* remained the material that they could not disregard only because they had no alternative materials to the historiography. Thus, the study of the *Samguksagi* was passed on to the Colonial Period scholars who were armed with modern theories.

Modern historiographies in Colonial Korea was developed in a combative mode between scholars favored by the Japanese and Korean scholars who thought the study of Korean history was a means to the end of Korean liberation. Still, there was no noticeable difference in the devaluation of *Samguksagi* among the various factions. Their contexts, however, were quite different. Scholars who were charmed with the validity of *Nihongi* could not accept the record of *Samguksagi*. The plight of Korea at that time affected historiographies. On the other hand, it was the attitude of 'sadae' or 'serving the Great' of the *Samguksagi* that brought despair to those who wanted to re-organize Korea's national history on the basis of nationalism or communism, trying to solve national problem at the mercy of Japanese imperialism. Along with this, questions was cast upon some 'facts' in terms of their objectivity. Scholars wanted to find authentic ancient traits which might be marred or distorted in subtle ways by *Samguksagi* by medieval refinements. For example, Choe Nam-sŏn (崔南善), who rediscovered the values of *Samgukyusa*, declared "I would prefer *Samgukyusa* than to *Samguksagi* if somebody should tell me to take only one book in the above two."[26]

With liberation came the division of the Korean peninsula. The historians of South and North Korea endeavored to eradicate the poison of colonialist historiography. However, there was an agreement among two Koreas' historians upon the devaluation of the *Samguksagi*, manifesting their own ideologies. Nowadays, questions concerning the validities of *Samguksagi* are being answered by the achievements of archaeological studies. Although there are continuous arguments, the exactness and trustworthiness of *Samguksagi* seems to be increasing in several respects.

There are still concerns that we cannot simply pass over. Firstly, there should be no confusion as to the status of the *Samguksagi* as a historical work, or as to the role played by Kim Pu-sik as a politician. In this regard, we agreed on the point that a correct evaluation of Kim Pu-sik as a politician should be made in the light of contemporary real politics, idealism and diplomatic relationships existing at that time. An thorough study of Kim Pu-sik's historical view is needed to place him as a historian. In other words, *Samguksagi* and Kim Pu-sik are not one and the same. Secondly, we should be careful in measuring the value of *Samguksagi* with 'too rigid ruler'. Academic problematics are always acute and aggressive. *Samguksagi* contains inadequate information and often repeats tedious rules. We must accept the fact that *Samguksagi* and its editors were not free from their own times, just as we are not. It is reasonable to admit that we cannot expect the perfect representation of ancient history only through *Samguksagi*.

---

26) Choe, Nam-son, "A Bibliographical Explanation of *Samgukyusa*", *Newly Revised Samgukyusa*(Seoul: Minjoong Seokwan, 1971), p.10.

부록

참고문헌
찾아보기

참고문헌

가. 사료

『高麗史』『高麗史節要』『公羊傳』『舊唐書』『南史』『南齊書』『大覺國師文集』『東京雜記』『東國李相國集』『東國通鑑』『東文選』『東史綱目』『東史約』『東人之文四六』『論語』『孟子』『文苑英華』『渤海考』『北史』『史記』『三國史記』『三國史節要』『三國遺事』『詳說古文眞寶大全』『說郛三種』『續高僧傳』『宋高僧傳』『宋書』『隋書』『新唐書』『新增東國輿地勝覽』『梁書』『梁職貢圖』『與猶堂全書』『玉海』『魏書』『益齋亂藁』『日本書紀』『資治通鑑』『資治通鑑外紀』『傳家集』『左傳』『周易』『增補文獻備考』『晋書』『冊府元龜』『崔文昌侯全集』『通典』『漢書』『翰苑』『海東高僧傳』『花郎世紀』『後漢書』『欽定四庫全書』『欽定全唐文』

나. 단행본

姜炅求, 『三國史記 原典硏究-借字表記體系的 檢討』, 學硏文化社, 1997
姜仁求 외, 『譯註 三國遺事』, 以會文化社, 2002
강종훈, 『신라상고사연구』, 서울대학교출판부, 2000
고전연구실, 『삼국사기』 상·하, 과학원, 1958
국립광주박물관, 『백제금동향로와 사리감』, 1996
권혁률 옮김, 『한권으로 읽는 삼국사기』, 녹두, 1997
김기흥, 『삼국 및 통일신라 세제의 연구-사회변동과 관련하여』, 역사비평사, 1991
金芳漢, 『韓國語의 系統』, 民音社, 1983
金庠基, 『東方史論叢』, 서울대학교출판부, 1974
김석형, 『초기조일관계사연구』, 사회과학원출판사, 1966
金瑛河, 『韓國古代社會의 軍事와 政治』, 高麗大學校 民族文化硏究院, 2002
金元龍, 『韓國考古學槪說』, 一志社, 1977
金貞培, 『校勘三國史記』 韓國古典叢書2, 民族文化推進會, 1973
金鍾權 譯·申奭鎬 監修, 『完譯 三國史記』, 先進文化社, 1960

金鍾權 譯,『三國史記』上·下, 大洋書籍, 1972
_____ 譯,『新完譯 三國史記』上·下, 明文堂, 1988
金智勇·申瀅植 외,『金富軾과 三國史記』, 慶州金氏大宗親會, 2001
김창룡,『고구려 문학을 찾아서』, 박이정, 2002
金哲埈,『韓國古代社會研究』, 知識産業社, 1975
김태식,『풍납토성, 500년 백제를 깨우다』, 김영사, 2001
盧重國,『百濟政治史研究-國家形成과 支配體制의 變遷을 中心으로』, 一潮閣, 1988
노태돈,『고구려사 연구』, 사계절, 1999
丹齋申采浩先生紀念事業會,『丹齋申采浩全集』螢雪出版社(改訂版), 1982
都守熙,『百濟語研究』, 亞細亞文化社, 1977
_____,『百濟語 研究』 I·II·III, 百濟文化開發研究院, 1987·1989·1994
東方學研究所,『三國史記索引』, 延禧大學校, 1955
박광순 역해,『삼국사기』, 하서출판사, 1997
박시형,『광개토왕릉비』, 과학원출판사, 1966
박현숙,『잊혀진 우리의 역사 백제이야기』, 대한교과서, 1995
邊太燮,『高麗史의 研究』, 三英社, 1982
송하진,『古代 地名語 研究』, 전남대학교출판부, 2000
辛鍾遠,『新羅 初期 佛教史 研究』, 民族社, 1992
辛兌鉉,『三國史記地理志의 研究』, 宇鍾社, 1958
申瀅植,『三國史記 研究』, 一潮閣, 1981
_____,『統一新羅史研究』, 三知院, 1990
辛鎬烈 譯解,『三國史記』 I·II, 東西文化社, 1978
梁柱東,『古歌研究』(訂補版), 博文出版社, 1957
연민수,『고대한일관계사』, 혜안, 1998
禹樂基,『歷史地理』, 東國大學校出版部, 1961
劉子健, (이범학 역)『왕안석과 개혁정책』, 지식산업사, 1991
兪昌均,『韓國 古代漢字音의 研究』II, 啓明大學校出版部, 1980
李康來,『三國史記 典據論』, 民族社, 1996
이강래 교감,『原本 三國史記』, 한길사, 1998
이강래 옮김,『삼국사기』 I·II, 한길사, 1998
李基東,『新羅 骨品制 社會와 花郎徒』, 一潮閣, 1984
_____,『百濟史研究』, 一潮閣, 199
_____,『新羅社會史研究』, 一潮閣, 1997
李基白,『新羅政治社會史研究』, 1974
_____ 外,『(韓國史 大討論) 우리 역사를 어떻게 볼 것인가』, 三星文化文庫 88, 1976

_____,『新羅時代의 國家佛敎와 儒敎』, 韓國研究院, 1978
_____,『新羅思想史研究』, 一潮閣, 1986
_____ 編,『韓國上代古文書資料集成』, 一志社, 1987
李丙燾 譯註,『譯註 三國史記』Ⅱ, 博文書館, 1943
_____ 譯註,『對譯 詳註 三國史記』Ⅰ, 春潮社, 1956
_____,『韓國古代史研究』, 博英社, 1976
_____,『國譯 三國史記』乙酉文化社, 1977
李炳銑,『韓國古代國名地名研究』, 亞細亞文化社, 1982
이성시,『만들어진 고대-근대 국민 국가의 동아시아 이야기』, 삼인, 2001
이인철,『고구려의 대외정복 연구』, 백산자료원, 2000
李載浩 譯,『三國史記』, 養賢閣, 1983
_____ 옮김,『삼국사기』1·2·3, 솔출판사, 1997
李鍾旭,『한국 고대사의 새로운 체계』, 소나무, 1999
_____,『신라의 역사』1, 김영사, 2002
李泰吉,『花郎世紀』, 民族文化, 1989
李弘稙,『韓國古代史의 研究』, 新丘文化社, 1971
李熙德,『韓國古代 自然觀과 王道政治』, 혜안, 1999
章輝玉,『海東高僧傳 研究』, 民族社, 1991
全基雄,『羅末麗初의 政治社會와 文人知識層』, 혜안, 1996
鄭求福·文明大·申東河·盧重國·南豊鉉·金泰植·權悳永·金英云·金知見·金都鍊,『三國史記의 原典 檢討』, 韓國精神文化研究院, 1995
鄭求福·盧重國·申東河·金泰植·權悳永,『譯註 三國史記』1~5, 韓國精神文化研究院, 1996~1998
鄭求福,『韓國中世史學史』Ⅰ, 集文堂, 1999
_____ 편,『새로 읽는 삼국사기』, 동방미디어, 2000
趙東元 編,『韓國金石文大系』3, 圓光大學校出版局, 1982
趙炳舜 編,『增補修註 三國史記』, 誠庵古書博物館, 1986
震檀學會 編,『韓國史-古代篇』, 乙酉文化社, 1959
_____ 編,『韓國古典심포지움』제1집, 一潮閣, 1980
千惠鳳·黃天午,『三國史記調查報告書』, 1981
千惠鳳,『羅麗印刷術의 研究』, 景仁文化社, 1989
崔光植,『고대 한국의 국가와 제사』, 한길사, 1994
崔南善,『新訂 三國遺事』, 民衆書館, 1971
崔在錫,『韓國古代社會史方法論』, 一志社, 1987
_____,『韓國古代社會史研究』, 一志社, 1987

卓用國, 『中國史學史大要』, 探求堂, 1986
河廷龍·李根直, 『三國遺事 校勘研究』, 新書苑, 1997
하정룡, 『교감 역주 삼국유사』, 시공사, 2003
韓國古代社會硏究所 편, 『譯註 韓國古代金石文』 1·2·3, 1992
한국사 사료연구소 편역, 『標點校勘本 三國史記』, 한글과컴퓨터, 1996
許興植 編, 『韓國金石全文』 中世 上, 亞細亞文化社, 1984

高寬敏, 『『三國史記』の原典的硏究』, 雄山閣, 1996
今西龍, 『百濟史硏究』, 近澤書店, 1934
_____, 『高麗史硏究』, 國書刊行會, 1944
_____, 『新羅史硏究』, 國書刊行會, 1970
末松保和, 『任那興亡史』, 吉川弘文館, 1949
_____, 『新羅史の諸問題』, 東洋文庫, 1954
_____, 『靑丘史草』 1·2, 笠井出版社, 1965·1966
木下禮仁, 『日本書紀と古代朝鮮』, 塙書房, 1993
三品彰英, 『日本書紀朝鮮關係記事考證』 上卷, 吉川弘文館, 1962
_____, 『新羅花郞の硏究』, 平凡社, 1974
_____, 『三國遺事考證』 上·中·下, 塙書房, 1975~1995
前間恭作 編, 『古鮮冊譜』 第二冊, 東洋文庫叢刊 11, 1956
井上秀雄, 『古代朝鮮』, 日本放送出版協會, 1972
_____, 『新羅史基礎硏究』, 東出版株式會社, 1974
_____, 『任那日本府と倭』, 寧樂社, 1978
_____, 『高麗時代の歷史書編纂』, 日本文化硏究所 硏究報告 16, 1980
_____ 譯注, 『三國史記』 1~4, 平凡社, 1980~1988
池內宏, 『滿鮮史硏究』 上世 第1冊, 吉川弘文館, 1951
_____, 『滿鮮史硏究』 上世 第2冊, 吉川弘文館, 1960
津田左右吉, 『古事記及び日本書紀の硏究』, 岩波書店, 1924
_____, 『津田左右吉全集』 11·12, 岩波書店, 1964
坂本太郞, 『日本古代史の基礎的硏究』 上, 東京大學出版會, 1978
坂元義種, 『百濟史の硏究』, 塙書房, 1978
_____, 『古代東アジアの日本と朝鮮』, 吉川弘文館, 1978
平野邦雄, 『大化前代政治過程の硏究』, 吉川弘文館, 1985
丸龜金作, 『日本上古史の硏究-年代を探る』, 紀伊國屋書店新潟店, 1982

다. 논문

강경구, 「三國史記 高句麗本紀의 成立」 『古代의 三朝鮮과 樂浪』, 기린원, 1991
姜鳳龍, 「百濟의 馬韓 倂呑에 대한 新考察」 『韓國上古史學報』 26, 1997
姜仁求, 「新羅王陵에 關한 文獻資料 解析」 『三國遺事의 綜合的 檢討』, 한국정신문화연구원, 1987
강인숙, 「구『삼국사』의 본기와 지」 『력사과학』 4, 1985
姜鍾薰, 「新羅 上古紀年의 再檢討」 『韓國史論』 26, 1991
_____, 「『三國史記』 初期記錄에 보이는 '樂浪'의 實體 - 진한연맹체의 공간적 범위와 관련하여」 『韓國古代史研究』 10, 1995
_____, 「新羅 上古期 金氏 族團의 出自 - 尼師今時期 百濟關係記事와 관련하여」 『韓國史研究』 102, 1998
_____, 「『三國史記』 新羅本紀 初期記錄의 紀年問題 再論」 『歷史學報』 162, 1999
高柄翊, 「三國史記에 있어서의 歷史敍述」 『金載元博士回甲紀念論叢』, 1969
權悳永, 「筆寫本「花郎世紀」의 史料的 檢討」 『歷史學報』 123, 1989
권덕영, 「張保皐 略傳」 『慶北史學』 25, 2002
權重達, 「資治通鑑의 東傳에 대하여」 『中央大 文理大學報』 38, 1979
김 엽, 「『崔文昌侯全集』에 보이는 歷史認識과 史料의 價値」 『세명논총』 6, 1997
金光洙, 「新羅上古世系의 再構成 試圖」 『東洋學』 3, 1973
金基雄, 「三國史記의 車騎「新羅」條考 - 古墳壁畵와 出土遺物을 中心으로」 『三國史記 志의 新研究』, 新羅文化宣揚會, 1981
金基興, 「『三國史記』「儉君傳」에 보이는 7세기 초의 시대상」 『水邨朴永錫敎授華甲紀念韓國史學論叢』 上, 1992
金南奎, 「高麗 仁宗代의 西京遷都運動과 西京叛亂에 대한 一考察」 『慶大史論』 창간호, 1985
金塘澤, 「高麗 仁宗朝의 西京遷都·稱帝建元·金國征伐論과 金富軾의『三國史記』 편찬」 『歷史學報』 170, 2001
金都鍊, 「『三國史記』의 文藝的 성과와 史料的 가치」 『韓國學論叢』 16, 1993
金東旭, 「三國史記 色服條의 新研究」 『三國史記 志의 新研究』, 新羅文化宣揚會, 1981
金東椿, 「『三國史記』「新羅本紀」에 나타난 倭의 實體에 대하여」 『忠南史學』 4, 1989
金秉仁, 「金富軾과 尹彦頤」 『全南史學』 9, 1995
金福順, 「신라의 유학자 -『삼국사기』 유학자전을 중심으로」 『『삼국사기』「열전」을 통해 본 신라의 인물』, 신라문화제학술논문집 25, 2004
金庠基, 「國史上에 나타난 建國說話의 檢討」 『建大學術誌』 5, 1964

_____, 「花郎과 彌勒信仰에 대하여」 『南雲李弘稙博士回甲紀念韓國史論叢』, 1970
金相鉉, 「『三國遺事』에 나타난 一然의 佛敎史觀」 『韓國史研究』 20, 1978
_____, 「『海東高僧傳』의 史學史的 性格」 『藍史鄭在覺博士古稀記念東洋論叢』, 1984
_____, 「高麗後期의 歷史認識」 『韓國史學史의 研究』, 乙酉文化社, 1985
_____, 「三國遺事 王曆篇 檢討-王曆 撰者에 대한 疑問」 『東洋學』 15, 1985
_____, 「高麗時代의 花郎認識」 『花郎文化의 再照明』, 新羅文化祭學術發表會論文集 10, 1989
_____, 「花郎에 관한 諸名稱의 檢討」 『新羅思想의 再照明』, 新羅文化祭學術發表會論文集 12, 1991
김석형, 「구『삼국사』와『삼국사기』」 『력사과학』 4, 1981
金壽泰, 「『三國史記』의 編纂動機」 『忠南史學』 8, 1996
金連玉, 「高麗時代 慶州金氏家系」 『淑大史論』 11·12, 1982
김영경, 「『삼국사기』와『삼국유사』에 보이는「고기」에 대하여」 『력사과학』 2, 1984
金英心, 「榮山江流域 古代社會와 百濟」 『지방사와 지방문화』 3-1, 2000
金完鎭, 「古代語 研究資料로서의 地名-三國史記 地理志를 中心으로」 『三國史記 志의 新研究』, 新羅文化宣揚會, 1981
金鎔坤, 「高麗時代 儒教官人層의 思想動向-文宗~忠肅王期를 中心으로」 『國史館論叢』 6, 1989
金龍善, 「朴堤上 小考」 『全海宗博士華甲紀念史學論叢』, 一潮閣, 1979
金容雲·金容國, 「三國史記의 日蝕記事」 『韓國數學史』, 科學과 人間社, 1977
金元龍, 「三國時代의 開始에 關한 一考察-三國史記와 樂浪郡에 대한 再檢討」 『東亞文化』 7, 1967
김윤우, 「都彌史話에 관한 역사지리적 고찰」 『京畿鄉土史學』 8, 2004
金正基, 「文獻으로 본 韓國住宅史」 『東洋學』 7, 1977
_____, 「三國史記 '屋舍'條의 新研究」 『三國史記 志의 新研究』, 新羅文化宣揚會, 1981
金貞培, 「檀君記事를 둘러싼 「古記」의 性格」 『韓國上古史의 諸問題』, 韓國精神文化研究院, 1987
金鎭玖, 「三國史記의 服飾用語 研究」 Ⅰ~Ⅵ 『복식문화연구』 5-1·6-2·7-2·7-3, 1997~1999
金哲埈, 「新羅上代社會의 Dual Organization(上)」 『歷史學報』 1, 1952
_____, 「新羅上古世系와 그 紀年」 『歷史學報』 17·18, 1962
_____, 「高麗中期의 文化意識과 史學의 性格」 『韓國史研究』 9, 1973
_____, 「百濟社會와 그 文化」 『武寧王陵 發掘調查報告書』, 1973
_____, 「李奎報 '東明王篇'의 史學史的 考察-舊三國史記 資料의 分析을 중심으로」 『東方學志』 46·47·48, 1985
金泰植, 「『三國史記』 地理志 高句麗條의 史料的 檢討」 『歷史學報』 154, 1997

金澤均, 「『三國史記』新羅의 對倭 關係 記事 分析」『江原史學』6, 1990
_____, 「史料集으로서의 三國史記」『江原大學校 論文集-人文學研究』31, 1993
金鉉球, 「古代 韓(新羅)·日關係의 一考察-大化改新과 新羅·日本·唐 三國간의 협력체제 성립을 中心으로」『大東文化研究』23, 1989
김현석, 「『三國史記』와『日本書紀』의 天變地異 記事의 비교 고찰(1)-災異를 중심으로」『日本語文學』11, 2001
金玹珍, 「舊唐書와 新唐書 比較 研究」, 성신여자대학교 석사학위논문, 1990
金亨奎, 「『三國史記』의 地名考」『震檀學報』16, 1949
羅幸柱, 「古代 朝·日關係에 있어서의 '質'의 意味-특히 '質'의 파견목적을 중심으로」『建大史學』8, 1993
南仁國, 「高麗 肅宗의 卽位過程과 王權强化」『歷史敎育論集』5, 1983
_____, 「高麗 睿宗代 支配勢力의 構成과 動向」『歷史敎育論集』13·14, 1990
_____, 「高麗 仁宗代 政治支配勢力의 性分과 動向」『歷史敎育論集』15, 1990
南豊鉉, 「『三國史記』와『三國遺事』에 나타난 薛聰 관련 記事의 분석」『어문연구』112, 2001
盧明鎬, 「新羅初期 政治組織의 性格과 上古紀年」, 서울대학교 석사학위논문, 1978
盧重國, 「目支國에 대한 一考察」『百濟論叢』2, 1990
盧泰敦, 「三韓에 대한 認識의 變遷」『韓國史研究』38, 1982
_____, 「高句麗 초기의 娶嫂婚에 관한 一考察」『金哲埈博士華甲紀念史學論叢』, 知識産業社, 1983
_____, 「『三國史記』上代記事의 信憑性 문제」『아시아문화』2, 1987
_____, 「淵蓋蘇文과 金春秋」『韓國史市民講座』5, 一潮閣, 1989
_____, 「朱蒙의 出自傳承과 桂婁部의 起源」『韓國古代史論叢』5, 1993
_____, 「高句麗의 初期王系에 대한 一考察」『李基白先生古稀紀念 韓國史學論叢』上, 一潮閣, 1994
_____, 「筆寫本 花郎世紀의 史料的 價値」한국 고대사연구회 월례발표회 발표문, 1995
_____, 「5~7세기 고구려의 지방제도」『韓國古代史論叢』8, 1996
都守熙, 「百濟의 言語資料」『百濟研究』17, 1986
리상호, 「진국사연구에서 제기되는 몇 가지 문제」『력사과학』6, 1966
文暻鉉, 「新羅人의 山岳 崇拜와 山神」『新羅思想의 再照明』, 新羅文化祭學術發表會論文集 12, 1991
_____, 「神武王의 登極과 金昕」『西巖趙恒來敎授華甲紀念 韓國史學論叢』, 아세아문화사, 1992
_____, 「『三國史記』의 正統論」『于松趙東杰先生停年紀念論叢 Ⅰ-韓國史學史研究』, 나남출판, 1997

文安植,「百濟의 榮山江流域 進出과 土着勢力의 推移」『全南史學』16, 2001
閔賢九,「閔漬와 李齊賢-李齊賢 所撰「閔漬墓誌銘」의 紹介 檢討를 중심으로」『斗溪李丙燾博士九旬紀念韓國史學論叢』, 知識産業社, 1987
朴南守,「新羅上古金氏系의 起源과 登場」『慶州史學』6, 1987
박대재,「『三國史記』 初期記事에 보이는 新羅와 百濟의 戰爭」『韓國史學報』7, 1999
_____,「『三國遺事』古朝鮮條 인용 『魏書』論」『韓國史研究』112, 2001
朴斗抱,「三國史記 列傳의 說話性-傳記說話로서의 成立에 對하여」『青丘工專論文集』1, 1964
朴樂勳,「高麗 肅宗의 卽位過程에 관한 研究」『考古歷史學志』3, 1987
朴炳采,「古代三國의 地名語彙攷」『白山學報』5, 1968
朴星來,「百濟의 災異記錄」『百濟研究』17, 1986
박시형,「발해사 연구를 위하여」『력사과학』1, 1962
朴玉杰,「古代의 對倭關係史 研究」『(아주대)인문논총』5, 1994
박인호,「溫達을 통해 본 6世紀 高句麗 貴族社會」『韓國古代史研究』36, 2004
朴正心,「新羅 中古期의 倫理思想에 關한 研究-『三國史記』「列傳」을 中心으로」, 성균관대학교 석사학위논문, 1991
박창범·라대일,「三國時代 天文현상 기록의 독자 관측 사실 검증」『한국과학사학회지』16-2, 1994
朴賢淑,「百濟 泗沘時代의 地方統治와 領域」『百濟의 地方統治』, 學研文化社, 1998
方東仁,「『三國史記』地理志의 郡縣考察-九州所管郡縣의 漏記를 中心으로」『史學研究』23, 1973
배병삼,「통일 이후를 위한 '만파식적'의 정치학적 독해」『창작과 비평』104, 1999
邊東明,「甄萱의 出身地 再論」『震檀學報』90, 2000
史在東,「「甄萱傳」의 形成에 대하여」『語文論志』3, 1978
徐甫京,「『日本書紀』神功49年條에 대한 검토」『百濟研究』35, 2002
徐永大,「『三國史記』와 原始宗敎」『歷史學報』105, 1985
徐榮一,「5~6世紀의 高句麗 東南境 考察」『史學志』24, 1991
徐毅植,「新羅 '上古'初期의 辰韓諸國과 領土擴張」『李元淳停年紀念史學論叢』, 敎學社, 1991
_____,「9세기 말 新羅의 '得難'과 그 成立過程」『韓國古代史研究』8, 1995
宣石悅,「『三國史記』上代 百濟關係記事의 檢討와 그 紀年」『韓國古代史研究』7, 1994
_____,「斯盧國의 小國征服과 그 紀年」『新羅文化』12, 1995
成範重,「金富軾 古事의 詩的 變容과 傳承-「東國四詠」연구의 일환으로」『울산어문논집』11, 1996
成元慶,「國文學上으로 본 金富軾 研究」『文湖』3, 1964
孫晋泰,「三國遺事의 社會史的 考察」『學風』2-1, 1949

宋基豪,「발해에 대한 신라의 양면적 인식과 그 배경」『韓國史論』19, 1988
宋芳松,「三國史記 樂志의 音樂學的 硏究-史料的 性格을 中心으로」『韓國音樂硏究』11, 1981
송병우,「이동동사 '行'의 하위말의 의미 자질에 따른 변별-『삼국사기』를 중심으로」『東洋漢文學硏究』13, 1999
_____,「하강동사 '下'와 '降'의 하위말의 의미 자질에 따른 변별-『삼국사기』를 중심으로」『東洋漢文學硏究』14, 2001
申東河,「新羅 骨品制의 形成過程」『韓國史論』5, 1979
_____,「『三國史記』高句麗本紀 分註의 연구」『同大史學』1, 1995
申瀅勳,「三國史記에 보이는 '屋舍'條와 民家」『史學志』3, 1969
辛容泰,「三國史記地名의 解讀法硏究-韓國語·日本語·中國語(殷語)의 共通祖語를 探索하는 一試論」『일본학』4, 1984
辛鍾遠,「三國史記 祭祀志 硏究」『史學硏究』38, 1984
申瀅植,「三國時代 戰爭의 政治的 意味」『韓國史硏究』43, 1983
_____,「新羅人의 歷史認識과 그 編纂」『白山學報』34, 1987
申虎澈,「後百濟 甄萱 硏究(I)-甄萱 關係 文獻의 豫備的 檢討」『百濟論叢』1, 1985
梁起錫,「『三國史記』都彌列傳 小考」『李元淳敎授華甲記念史學論叢』, 敎學社, 1986
吳恒寧,「史官制度 成立史의 제문제」『泰東古典硏究』14, 1997
옥명심,「『삼국사기』와 구『삼국사』의 관계에 대하여」『력사과학』1, 1993
柳富鉉,「『三國史記』(卷44~50) 文字異同에 대한 一考」『新羅文化』12, 1995
兪元載,「百濟의 馬韓征服과 支配方法」『百濟論叢』6, 1997
유현용,「溫祚王代 馬韓征服記事의 재고찰」『史叢』46, 1997
尹炳喜,「新羅 下代 均貞系의 王位繼承과 金陽」『歷史學報』96, 1982
윤사순,「한국 유학의 흐름과 『삼국사기』」『정신문화연구』82, 2001
尹在云,「『三國史記』列傳에 보이는 張保皐像-『삼국사기』열전을 통해 본 신라의 인물」, 신라문화제학술논문집 25, 2004
李康來,「『三國史記』에 보이는 靺鞨의 軍事活動」『領土問題硏究』2, 1985
_____,「百濟 '比斯伐'考」『崔永禧先生華甲紀念韓國史學論叢』, 探求堂, 1987
_____,「「古記」와 「舊三國史」論」『북한의 우리 고대사 인식(I)』, 대륙연구소 출판부, 1991
_____,「新羅 '奈己郡'考」『新羅文化』13, 1996
_____,「『三國史記』原典論을 위하여」『韓國史學報』3·4, 1998
_____,「7세기 이후 중국 사서에 나타난 韓國古代史像-통일기 신라를 중심으로」『韓國古代史硏究』14, 1998
_____,「『三國史記』의 靺鞨 認識-통일기 신라인의 인식을 매개로」『白山學報』52, 1999

_____, 「신라 상고사의 함의와 지평」『역사와 현실』 42, 2001
_____, 「『三國遺事』後百濟 甄萱條의 再檢討」『후백제 견훤 정권과 전주』, 주류성, 2001
_____, 「『삼국사기』의 마한 인식」『全南史學』 19, 2002
_____, 「『삼국사기』와 『삼국유사』의 왕대력 비교 연구」『韓國史學報』 21, 2005
이강로, 「문제자의 변별과 그 처리-三國史記·地理志에서」『東方學志』 91, 1996
李啓明, 「『資治通鑑』研究」『全南史學』 12, 1998
李圭甲, 「『三國史記』의 異體字 硏究」『中國語文學論集』 8, 1998
李觀洙, 「古代 三國의 言語에 대한 考察-三國史記 地理志의 複數地名을 中心으로」『弘大論叢』 13, 1981
李根直, 「『삼국유사』 왕력의 편찬 성격과 시기」『韓國史硏究』 101, 1998
李基東, 「中國史書에 보이는 百濟王 牟都에 대하여」『歷史學報』 62, 1974
_____, 「古代國家의 歷史認識」『韓國史論』 6, 1979
_____, 「新羅 官職制度의 特性」『三國史記 志의 新硏究』, 新羅文化宣揚會, 1981
_____, 「廣開土王陵碑文에 보이는 百濟關係 記事의 檢討」『百濟硏究』 17, 1986
_____, 「花郎像의 變遷에 관한 覺書」『新羅文化』 5, 1988
_____, 「金寬毅」『韓國史市民講座』 10, 1992
_____, 「新羅 花郎徒 연구의 現段階」『李基白先生古稀紀念 韓國史學論叢』(上), 一潮閣, 1994
_____, 「鄭求福 外 編著, 『譯註 三國史記』 4冊」『歷史學報』 157, 1998
李基文, 「高句麗의 言語와 그 特徵」『白山學報』 4, 1968
_____, 「言語資料로서 본 三國史記」『震檀學報』 38, 1974
李基白, 「溫達傳의 檢討-高句麗 貴族社會의 身分秩序에 대한 瞥見」『白山學報』 3, 1967
_____, 「三國遺事의 史學史的 意義」『震檀學報』 36, 1973
_____, 「三國史記論」『文學과 知性』 26, 1976
_____, 「金大問과 그의 史學」『歷史學報』 77, 1978
_____, 「金大問과 金長淸」『韓國史市民講座』 1, 一潮閣, 1987
李乃沃, 「淵蓋蘇文의 執權과 道敎」『歷史學報』 99·100, 1983
李道學, 「百濟의 起源과 國家形成에 관한 재검토」『한국고대국가의 형성』, 민음사, 1990
_____, 「新羅 花郎徒의 起源과 展開過程」『정신문화연구』 13-1, 1990
_____, 「高句麗 初期 王系의 復元을 위한 檢討」『韓國學論集』 20, 1992
李東根, 「『三國史記』 論贊部의 文學的 檢討」『語文學』 50, 1989
李文基, 「『三國史記』 職官志 武官條의 史料的 檢討」『歷史敎育論集』 15, 1990
_____, 「百濟 黑齒常之 父子墓誌銘의 檢討」『韓國學報』 64, 1991
_____, 「金官加耶系의 始祖 出自傳承과 稱姓의 變化」『『삼국사기』「열전」을 통해 본 신라의 인물』, 신라문화제학술논문집 25, 2004

李崇寧, 「新羅時代 表記法體系에 관한 試論」『서울대논문집』 2, 1955
李龍範, 「三國史記에 보이는 對外關係 記事-特히 北方民族에 對하여」『震檀學報』 38, 1974
李佑成, 「『三國史記』의 構成과 高麗王朝의 正統意識」『震檀學報』 38, 1974
____, 「南北國時代와 崔致遠」『創作과 批評』 10-4, 1975
____, 「高麗中期의 民族敍事詩-東明王篇과 帝王韻紀의 硏究」『韓國의 歷史認識』 上, 創作과 批評社, 1976
李殷昌, 「新羅의 器用에 關한 硏究-祭祀容器와 奢侈容器를 中心으로」『三國史記 志의 新硏究』, 新羅文化宣揚會, 1981
李寅泳, 「『三國史記』 地理志記載のいわゆるの高句麗地名-日本語との比較の前提」『日本文化硏究』 2, 1986
____, 「『三國史記』 地理志의 高句麗地名에 관한 考察」『日本硏究』 10, 1995
李仁哲, 「新羅上古世系의 新解釋」『淸溪史學』 4, 1987
____, 「廣開土好太王碑를 통해본 고구려의 南方經營」『高句麗硏究』 2, 1996
李在云, 「「帝王年代曆」을 통해 본 崔致遠의 歷史認識」『全州史學』 6, 1998
李載浩, 「「花郞世紀」의 史料的 價値-최근 발견된 筆寫本에 대한 檢討」『정신문화연구』 36, 1989
李鍾文, 「三國史記』 崔致遠 列傳에 投影된 金富軾의 意識의 몇 局面」『어문논집』 35, 1996
____, 「『三國遺事』「信忠掛冠」條의 '前三國史'에 對하여」『韓國古代史硏究』 14, 1998
____, 「金富軾의 詩 世界」『정신문화연구』 82, 2001
李鍾旭, 「百濟의 國家形成」『大丘史學』 11, 1976
____, 「百濟 初期史 硏究史料의 性格」『百濟硏究』 17, 1986
____, 「廣開土王陵碑 및 『三國史記』에 보이는 '倭兵'의 正體」『韓國史市民講座』 11, 一潮閣, 1992
____, 「『花郞世紀』 硏究 序說-사서로서의 신빙성 확인을 중심으로」『歷史學報』 146, 1995
____, 「百濟 初期國家로서 十濟의 形成」『國史館論叢』 69, 1996
李鍾學, 「筆寫本『花郞世紀』의 史料的 評價」『慶熙史學』 16·17, 1991
李鍾恒, 「三國史記에 보이는 倭의 實體에 대하여」『國民大學論文集』 11, 1976
李賢惠, 「崔致遠의 歷史認識」『明知史論』 창간호, 1983
이혜순, 「김부식의 여성관과 유교주의-『삼국사기』 여성 열전의 분석적 고찰」『古典文學硏究』 11, 1996
李熙德, 「三國史記에 나타난 天災地變記事의 性格」『東方學志』 23·24, 1980
____, 「韓國古代의 自然觀과 儒敎政治思想」『東方學志』 50, 1986
李熙眞, 「『三國史記』의 신라편향적 성향과 기사서술-百濟 - 新羅 관계기사를 중심으

　　　　　　로」『韓國古代史研究』12, 1997
_____, 「『三國史記』초기기사에 대한 최근 紀年調整案의 문제점」『歷史學報』160, 1998
_____, 「『三國史記』초기기사에 대한 최근 기년조정 논쟁-姜鍾薰氏의 반론에 답하여」
　　　　『韓國史研究』106, 1999
임기환, 「온달·서동 설화와 6세기 사회」『역사비평』22, 1993
_____, 「報德國考」『강좌 한국 고대사』10, 가락국사적개발연구원, 2003
林熒澤, 「『三國史記·列傳』의 문학성-『金庾信傳』을 중심으로」『韓國漢文學研究』12, 1989
張師勛, 「三國史記 樂志의 新研究」『三國史記 志의 新研究』, 新羅文化宣揚會, 1981
張日圭, 「崔致遠의 新羅傳統 認識과 『帝王年代曆』의 찬술」『韓國史學史學報』6, 2002
全基雄, 「新羅下代의 花郎勢力」『新羅文化』10·11, 1994
전대준, 「『삼국사기』와 『광개토왕릉비문』에 보이는 숙신의 정체」『력사과학』2, 1990
田美姬, 「新羅 眞平王代 家臣集團의 官僚化와 그 限界-『三國史記』48, 實兮·劍君傳에 보
　　　　이는 舍人에 대한 檢討를 中心으로」『國史館論叢』48, 1993
全榮來, 「完山과 比斯伐論」『馬韓·百濟文化』창간호, 1975
_____, 「百濟南方境域의 變遷」『千寬宇先生還曆紀念 韓國史學論叢』, 正音文化社, 1985
_____, 「百濟의 興起와 帶方故地」『百濟研究』28, 1997
전영률, 「『삼국사기』자료 리용에서 제기되는 몇 가지 문제」『력사과학』2, 1985
鄭求福, 「高麗時代 史學史 研究-史論을 중심으로」, 서강대학교 박사학위논문, 1985
_____, 「解題」『增補修註 三國史記』(趙炳舜 編), 誠庵古書博物館, 保景文化社, 1986
_____, 「迎日冷水里新羅碑의 金石學的 考察」『韓國古代史研究』3, 1990
_____, 「金富軾」『韓國史市民講座』9, 一潮閣, 1991
_____, 「高句麗의 '高麗' 國號에 대한 一考-三國史記의 기록과 관련하여」『何山鄭起燉
　　　　教授 停年紀念論叢-湖西史學』19·20, 1992
_____, 「高麗 初期의 『三國史』編纂에 대한 一考」『國史館論叢』45, 1993
_____, 「中世史學의 性格」『于松趙東杰先生停年紀念論叢Ⅰ-韓國史學史研究』, 나남출판,
　　　　1997
_____, 「김부식의 생애와 업적」『정신문화연구』82, 2001
鄭武龍, 「黃鳥歌 연구」『(동아대)국어국문학』7, 1986
정상박, 「都彌夫婦 說話 傳承考」『(동아대)국어국문학』8, 1988
鄭修芽, 「尹瓘勢力의 形成-尹瓘의 女眞征伐과 관련된 몇 가지 問題의 檢討를 중심으로」
　　　　『震檀學報』66, 1988
_____, 「高麗中期 改革思想과 그 思想的 背景-北宋'新法'의 수용에 관한 一試論」『水邨
　　　　朴永錫教授華甲紀念韓國史學論叢』上, 1992
鄭雲龍, 「5世紀 高句麗 勢力圈의 南限」『史叢』35, 1989
_____, 「金石文에 보이는 高句麗의 年號」『韓國史學報』5, 1998

_____,「『三國史記』를 통해 본 三國時代의 天文觀」『史學硏究』58·59, 1999
_____,「『三國史記』斯多含傳을 통해 본 新羅 社會相」『삼국사기』「열전」을 통해 본 신라의 인물」, 신라문화제학술논문집 25, 2004
鄭在鑂,「새로 발견된 花郎世紀에서 본 花郎史」『昌山金正基博士華甲記念論叢』, 1990
鄭早苗,「解題」(井上秀雄 譯注)『三國史記』4, 平凡社, 1988
정천구,「三國遺事 글쓰기 방식의 특성 연구-殊異傳·三國史記·海東高僧傳과의 비교를 통해」, 서울대 석사학위논문, 1996
정호완,「삼국유사의 내용과 체재 연구」『人文科學藝術文化硏究』16, 1997
趙萬洙,「三國史記 史論 硏究」, 전북대학교 석사학위논문, 2002
曺凡煥,「新羅末 朴氏王의 登場과 그 政治的 性格」『歷史學報』129, 1991
趙炳舜 編,『增補修註 三國史記』, 誠庵古書博物館, 保景文化社, 1986
조이옥,「『三國史記』에 나타난 金富軾의 國家意識」『東洋古典研究』11, 1998
趙仁成,「崔致遠의 歷史敍述」『歷史學報』94·95, 1982
_____,「三國 및 統一新羅時代의 歷史敍述」『韓國史學史의 硏究』, 乙酉文化社, 1985
_____,「金大問의 歷史敍述-思想的 背景을 中心으로」『韓國古代史研究』13, 1998
_____,「궁예-미륵불을 자처한 전제군주」『한국사시민강좌』31, 2002
朱南哲,「三國史記 屋舍條의 新研究」『三佛金元龍敎授 停年退任 紀念論叢』Ⅱ, 一志社, 1987
朱甫暾,「『文館詞林』에 보이는 韓國古代史 관련 外交文書」『慶北史學』15, 1992
朱鍾演,「韓國敍事文學의 淵源에 對한 一考察-三國史記를 中心으로」『(국민대)語文學論叢』4, 1985
陳在敎,「『三國史記·列傳』分析의 한 視覺-「溫達傳」의 경우」『韓國漢文學硏究』19, 1996
蔡美夏,「『三國史記』祭祀志 新羅條의 分析-新羅 國家祭祀體系의 再檢討와 관련하여」『韓國古代史研究』13, 1998
채태형,「『삼국사기』의 말갈관계 기사에 대하여」『력사과학』3, 1992
千寬宇,「三韓攷 第3部-三韓의 國家形成」『韓國學報』2·3, 1976
千惠鳳,「새로 발견된 古版本 三國史記에 대하여-書誌學的 側面에서 그 考證을 中心으로」『大東文化研究』15, 1982
崔敬淑,「崔致遠의 渤海 認識」『古文研究』10, 1997
崔光植,「新羅의 佛敎傳來, 受用 및 公認」『新羅思想의 再照明』, 新羅文化祭學術發表會論文集 12, 1991
崔夢龍,「漢城時代 百濟의 都邑地와 領域」『震檀學報』60, 1985
崔凡述,「解題(二)」『大覺國師文集』, 建國大學校出版部, 1974
崔炳云,「西紀 2世紀頃 新羅의 領域擴大」『全北史學』6, 1982
崔柄憲,「解題」『國譯 大覺國師文集』, 韓國精神文化硏究院, 1989
_____,「문학·사학·철학 통합의 방법과 사학연구(上)-金富軾의 史學과 人文學 傳統

의 재인식」,『(서울대)인문논총』 43, 2000
최영성,「三國史記의 歷史觀과 儒學史的 意義」『韓國哲學論集』 1, 1991
_____,「孤雲 崔致遠의 歷史意識 硏究」『韓國思想史學』 11, 1998
崔在錫,「新羅王室의 王位繼承」『歷史學報』 98, 1983
_____,「『三國史記』 초기기록은 과연 造作되었는가」『韓國學報』 38, 1985
_____,「末松保和의 新羅上古史論批判」『韓國學報』 43, 1986
_____,「百濟의 王位繼承」『韓國學報』 45, 1986
_____,「三品彰英의 韓國古代社會・神話論批判」『民族文化硏究』 20, 1986
_____,「高句麗의 王位繼承」『정신문화연구』 32, 1987
_____,「今西龍의 韓國古代史論批判」『韓國學報』 46, 1987
_____,「『三國史記』 초기 기록에 나타난 倭에 대하여-倭의 근거지를 중심으로」『한국학연구』 12, 2000
卓奉心,「『東明王篇』에 나타난 李奎報의 歷史意識」『韓國史硏究』 44, 1984
河廷龍,「新羅上代 葛文王 硏究」『民族文化硏究』 27, 1994
河炫綱,「高麗時代의 歷史繼承意識」『韓國의 歷史認識』 上, 創作과 批評社, 1976
_____,「高麗 毅宗代의 性格」『東方學志』 26, 1981
_____,「『三國史記』 硏究」『韓國史硏究』 38, 1982
현명호,「발해를 배제한『신라에 의한 삼국통일론』이『삼국사기』에 정착된 경위」『력사과학』 2, 1992
玄正晙,「韓國의 古代日食記錄에 관하여」『東方學志』 22, 1979
洪思俊,「百濟本紀와 麗・羅本紀와의 對校」『百濟文化』 2, 1968
_____,「百濟本紀と 麗・羅本紀對校」(大川淸 編)『百濟の考古學』, 雄山閣, 1972
洪潤植,「三國遺事에 있어 舊三國史의 諸問題」『韓國思想史學』 1, 思社硏, 1987
黃亨柱,「『三國史記・列傳』撰述過程의 硏究-資料的 源泉의 探究」, 성균관대학교 박사학위논문, 2001

岡田英弘,「新羅國記と大中遺事とについて」『朝鮮學報』 2, 1951
鏡山猛,「日本書紀に現れたる百濟王曆に就いて」『史淵』 15, 1937
高寬敏,「『三國史記』新羅本紀の倭關係記事」(上田正昭 編)『古代の日本と東アジア』, 小學館, 1991
_____,「『三國史記』の國內原典について」『朝鮮學報』 139, 1991
_____,「『三國史記』高句麗本紀の國內原典」『朝鮮學報』 146, 1993
_____,「『三國史記』百濟本紀の國內原典」『大阪經濟法科大學アジア硏究所年報』 5, 1993
_____,「『三國史記』新羅本紀の國內原典」『古代文化』 46-9・10, 1994
鬼頭淸明,「『任那日本部』の檢討」『日本古代國家の形成と東アジア』, 校倉書房, 1976

今西龍, 「記」『三國史記』, 朝鮮史學會, 1928
旗田巍, 「『三國史記』新羅本紀にあらわれた「倭」」『日本のなかの朝鮮文化』19, 1973
吉田光男, 「『翰苑』註所引『高麗記』について-特に筆者と作成年次」『朝鮮學報』85, 1977
那珂通世, 「新羅古記の倭人」『歷史地理臨時增刊 朝鮮號』, 日本歷史地理學會, 1910
_____, 「朝鮮古史考」『史學雜誌』6-4, 1937
大和岩雄, 「朝鮮半島南端に倭人はいたか-葛城襲津彦傳承のもつ意味」『東アジアの古代文化』37, 1983
稻葉岩吉, 「三國史記の批判」『朝鮮』192, 朝鮮總督府, 1931
藤田亮策, 「讀史閑話(一)」『書物同好會會報』3, 1939
末松保和, 「高麗文獻小錄(一)-三國史記」『靑丘學叢』6, 1931
_____, 「新羅下古諸王薨年存疑」『靑丘學叢』14, 1933
_____, 「三版の後に記す」『三國史記』, 近澤書店, 1941
_____, 「舊三國史と三國史記」『朝鮮學報』39·40, 1966
_____, 「三國史記(鑄字本)あとがき」『三國史記(鑄字本)』, 學習院大學東洋文化研究所, 1986
木下禮仁, 「五世紀以前の倭關係記事-三國史記を中心として」(森浩一 編)『倭人傳を讀む』, 中公新書 665, 1982
_____, 「五世紀以前の倭關係記事-三國遺事を中心として」『私學研究論文集』, 兵庫縣私學連合會, 1984
_____, 「堤上傳承攷」『三國遺事의 綜合的 檢討』, 한국정신문화연구원, 1987
武田幸男, 「高句麗廣開土王紀の對外關係記事」『三上次男博士頌壽記念 東洋史·考古學論集』, 朋友書店, 1979
_____, 「『高麗記』と高句麗情勢」『于江權兌遠教授定年紀念論叢 民族文化의 諸問題』, 世宗文化社, 1994
飯島忠夫, 「三國史記の日蝕記事について」『東洋學報』15-3, 1926
福士慈稔, 「新羅에 있어서 佛敎의 受用과 展開-6세기 王族의 出家를 중심으로 」『震山韓基斗博士華甲記念 韓國宗敎思想의 再照明』, 1993
_____, 「新羅圓光法師傳攷」『羅唐佛敎의 再照明』大韓傳統佛敎研究院, 1993
_____, 「新羅花郎研究序說」『大崎學報』149, 1993
山尾幸久, 「任那日本部と倭について」『史林』56-6, 1973
三浦國雄, 「資治通鑑의 性格」『中國의 歷史認識』上, 創作과 批評社, 1985
三品彰英, 「新羅花郎の源流とその發展」『史學雜誌』47, 1934
_____, 「高句麗王都考-三國史記高句麗本紀の批判を中心として」『朝鮮學報』1, 1951
_____, 「三國史記高句麗本紀の原典批判」『大谷大學研究年報』6, 1953
小田省吾, 「三國史記の稱元法並に高麗以前稱元法の研究(上)」『東洋學報』10-1, 1920

深津行德, 「『三國史記』「新羅本紀」에 보이는 中國史書의 引用에 관한 小論」『清溪史學』 8, 1991

_____, 「『三國史記』編纂作業の一齣-武寧王紀・文咨明王紀を手がかりとして」(黛弘道 編)『古代國家の歷史と傳承』, 吉川弘文館, 1992

鈴木英夫, 「いわゆる任那日本府および倭問題-「任那日本府と倭」評を通して」『歷史學研究』 405, 1974

_____, 「『三國史記』新羅本紀「倭人・倭兵」記事の檢討」『國史學』 101, 1977

奧野彥六, 「『三國史記』『三國遺事』紀年考」上, 『東アジアの古代文化』 1, 1974

_____, 「『三國史記』『三國遺事』紀年考」下, 『東アジアの古代文化』 2, 1974

荻山秀雄, 「三國史記新羅紀結末の疑義」『東洋學報』 10-3, 1920

前間恭作, 「新羅王の世次と其の名につきて」『東洋學報』 15-2, 1925

田中謙二, 「資治通鑑의 理解」『中國의 歷史認識』 上, 創作과 批評社, 1985

田中俊明, 「『三國史記』撰進と『舊三國史』」『朝鮮學報』 83, 1977

_____, 「『三國史記』の板刻と流通」『東洋史研究』 39-1, 1980

_____, 「『南齊書』東夷傳の缺葉について」『村上四男博士和歌山大學退官記念朝鮮史論文 集』, 開明書店, 1981

_____, 「『三國史記』にみえる「倭」關係記事について」『歷史公論』 8-4, 1982

_____, 「『三國史記』中國史書引用記事の再檢討-特にその成立の研究の基礎作業として」 『朝鮮學報』 104, 1982

_____, 「『三國史記』板刻考・再再論-あらためて千惠鳳氏に問う」『韓國文化』 38, 1982

_____, 「誠庵古書博物館所藏『三國史記』について-「『三國史記』の板刻と流通」補正」『韓 國文化』 29, 1982

_____, 「『三國史記』の成立(上)」『東アジアの古代文化』 57, 1988

_____, 「熊津時代 百濟의 領域再編과 王・侯制-榮山江流域의 百濟領域化 問題와 關聯 하여」『百濟의 中央과 地方』, 忠南大學校 百濟研究所, 1997

_____, 「榮山江流域에서의 前方後圓形古墳의 性格-造墓集團의 性格을 中心으로」『지 방사와 지방문화』 3-1, 2000

鮎貝房之進, 「全北全州及慶南昌寧의 古名에 就きて」『靑丘學叢』 4, 1931

_____, 「借字攷」1・2・3『朝鮮學報』 7・8・9, 1955・1956

井上秀雄, 「『三國史記』地理志の史料批判」『朝鮮學報』 21・22 合倂特輯號, 1961

_____, 「新羅朴氏王系の成立-骨品制の再檢討」『朝鮮學報』 47, 1968

_____, 「三國史記の原典をもとめて」『朝鮮學報』 48, 1968

_____, 「日本書紀の新羅傳說記事」『日本書紀研究』 4, 塙書房, 1970

_____, 「『三國遺事』と『三國史記』-その時代的背景と構成」『アジア公論』 9-5, 1980

_____, 「三國遺事와 日本關係-倭・日本의 地理的 位置를 중심으로」『三國遺事의 綜合

的 檢討』, 한국정신문화연구원, 1987
佐藤將之, 「『三國史記』政治思想의 研究」, 서울대학교 석사학위논문, 1995
酒井改藏, 「三國史記の地名考」『朝鮮學報』54, 1970
中尾敏朗, 「『三國史記』三國相互交涉記事の檢討-原典探究のための基礎作業として」『史境』 10, 1985
池內宏, 「唐の高宗の高句麗討滅の役と卑列道・多谷道・海谷道の稱」『東洋學報』17-1, 1927
_____, 「曹魏の東方經略」『滿鮮地理歷史研究報告』12, 1928
_____, 「新羅の骨品制と王統」『東洋學報』28-3, 1941
津田左右吉, 「羅濟境界考」『朝鮮歷史地理』1, 1913
_____, 「百濟に關する日本書紀の記載」『滿鮮地理歷史研究報告』8, 東京帝國大學文學部, 1921
村上四男, 「三國史記地理志索引」『朝鮮學報』8·10·11·12, 1955~1958
_____, 「堤上傳をめぐって-新羅の建國初期における對外關係の一齣」『韓國文化』4-12, 1982
坂元義種, 「『三國史記』百濟本紀の史料批判-中國諸王朝との交涉記事を中心に」『韓』4-2, 1975
_____, 「三國史記と中國史書-いわゆる中國正史を中心に」『時野谷勝教授退官記念 日本史論集』, 清文堂, 1975
_____, 「『三國史記』分注の檢討-『三國遺事』と中國史書を中心として」『古代東アジア史論集』上, 吉川弘文館, 1978
弘中芳男, 「金大問撰『花郎世紀』」(上)『東アジアの古代文化』62, 1990
_____, 「金大問撰『花郎世紀』」(下)『東アジアの古代文化』63, 1990
丸龜金作, 「倭の女王卑彌乎の問題」『新潟史學』7, 1974
Edward J Shultz, 「金富軾과 『三國史記』」『韓國史研究』73, 1991
John C. 재미슨, 「羅唐同盟의 瓦解-韓中記事 取捨의 比較」『歷史學報』44, 1969
K.H.J. Gardiner, "The *Samguk-sagi* and Its Sources" *Papers on Far Eastern History* Vol 2, 1970
_____, "Tradition Betrayed? Kim Pu-sik and the Founding of Koguryo" *Papers on Far Eastern History* Vol 37, 1988

594 三國史記 形成論

찾아보기

ㄱ

『가락국고기駕洛國古記』 284
『가락국기駕洛國記』 284
가언충賈言忠 90
각국고기各國古記 323
갈문왕葛文王 484
갑자년甲子年 68, 75
갑자혁명설甲子革命說 75
개경쇠운론開京衰運論 455
개금蓋金 298
개로왕蓋鹵王 272
개루왕蓋婁王 272, 280
개사수蓋斯水 374
개소문蓋蘇文 299
개소문전蓋蘇文傳 296, 298, 303, 331
거도전居道傳 307
건무왕建武王 279, 280
건성建成 364
건세建歲 364
건원론建元論 210, 440
건흥建興 65
검군劍君 272, 517
견훤전甄萱傳 311-313
경복사景福寺 87
경림耿臨 268
『경주선생안慶州先生案』 19
계림고양雞林故壞 327
『계림잡전雞林雜傳』 289, 469

계백전階伯傳 310
「계유명삼존천불비상癸酉銘三尊千佛碑像」 415
고구려계승의식 183, 325, 329
『고구려고기高句麗古記』 323
고구려기高句麗紀 241, 331
「고구려비기高句麗秘記」 91
고구려제일주의 110, 206, 325
고구려현高句麗縣 376, 377
고달산高達山 166
고대산孤大山 166
『고려고기高麗古記』 91, 193, 279, 280, 299, 385
『고려기高麗記』 387
『고려도경高麗圖經』 177, 480, 523
고려본기高麗本紀 217, 219
고례高禮 326
고문운동古文運動 121
고문주의古文主義 143, 446
고본古本 70
『고서古書』 98, 404
『고승전高僧傳』 164, 462, 485, 469, 535
고신씨高辛氏 420, 421
고양高陽 364, 390
고양씨高陽氏 420, 421, 423
고연高延 356
고이만년古尒萬年 413
「고자묘지高慈墓誌」 91
고전古傳 178
『고전기古典記』 95, 97, 196, 197, 323

고증분주 238, 346, 395, 399
고탕高湯 390
고화高和 420
공금론攻金論 455
공손연公孫淵 387
관구검毌丘儉 386, 388
관장官狀 305, 528
관창官昌 305
『괄지지括地志』 387
「광개토왕비廣開土王碑」 359, 375
「광조사진철대사보월승공탑비廣照寺眞澈大師寶月乘空塔碑」 238
구고려句高麗 208, 327
구려본기句麗本紀 241, 267
구려후句麗侯 368, 369
구리내仇里迺 541
구법舊法 139, 225, 228, 440
구사舊史 257
구양수歐陽修 144, 447
구이九夷 429
구태仇台 213, 259, 367, 384, 409, 410
구한九韓 430
국내성國內城 386, 387
『국사國史』 82, 85, 87, 93, 97, 101, 102, 163, 170, 171, 175, 177, 193, 231, 237, 238, 276, 385, 461, 467, 478, 480, 481, 484-487, 509, 510
국선國仙 513, 518, 520, 532
국양왕國襄王 270
국조왕國祖王 362, 383, 385
국천왕國川王 270
국풍國風 521
군친君親 451
궁복弓福 242, 265, 266, 295, 305, 331, 507
귀승부인貴勝夫人 339

근개루왕近蓋婁王 281
근랑近郎 517
근초고왕近肖古王 6
금관의金寬毅 152, 482
금국정벌金國征伐 140
금국정벌론金國征伐論 131
금륜왕金輪王 526
금마저金馬渚 309
금와金蛙 356
기벌포伎伐浦 407
김관의金寬毅 18, 107, 152, 212, 449, 456, 482
김군수金君綏 108
김근金覲 121, 227
김대문金大問 285, 286, 289, 290, 304, 307, 308, 428, 469, 491, 498, 501
김봉모金鳳毛 109, 212
김부대왕金傅大王 107, 481, 483
김부의金富儀 233
김부철金富轍 228
김소연金逍衍 284
김양金陽 300
김양도金良圖 285, 286
김양전金陽傳 301-303, 508
김영윤전金令胤傳 308-310
김용수金龍樹 525-527, 529, 530
김용행金用行 469
김위영金魏英 108
「김유신비金庾信碑」 419, 423
김유신전金庾信傳 281, 328
『김유신행록金庾信行錄』 99, 186, 283, 322, 323, 332, 333, 521
「김인문비金仁問碑」 420
김장청金長淸 57, 185, 259, 283, 290, 308, 332, 536

김진주金眞珠　285
김택영金澤榮　269
김흔金昕　301, 302
김흠운전金歆運傳　289, 305, 304, 502

ㄴ

나기군奈己郡　23
나령군奈靈郡　24
나밀왕奈密王　289, 307
나음奈音　275
낙랑樂浪　77, 277, 371, 372
난랑鸞郞　521
「난랑비문鸞郞碑文」　494
날이군捺已郡　498, 499, 538, 541
남가야南加耶　420
남경천도론南京遷都論　455
남복男福　372
남부여전백제南扶餘前百濟　329
남북국사南北國史　128
『남사南史』　207, 356, 357, 404
남옥저南沃沮　292
『남제서南齊書』　59, 425-427
「남행월일기南行月日記」　165
납정절표納旌節表　186-190, 334-338, 416, 430
내음奈音　276
내음柰音　275

ㄷ

단군檀君　103, 522
『단군고기檀君古記』　193

『단군기壇君記』　330, 486
단군본기檀君本紀　90, 330, 486
단속사斷俗寺　167
단순분주　238, 345, 395, 399
당사唐史　404
당승전唐僧傳　470
『대각국사문집大覺國師文集』　81, 93, 162-166, 171, 250, 319, 341, 417, 485
「대각국사비문大覺國師碑文」　123
대문大文　309, 310, 528
대산오만진신臺山五萬眞身　322
대성팔족大姓八族　413
대양왕大陽王　279, 280
대주류왕大朱留王　361
대해주류왕大解朱留王　361
대흔大昕　302
도교道敎　298
도림道琳　281
도미전都彌傳　56, 280, 281, 293, 310
도참설圖讖說　120, 131, 135
독서삼품과讀書三品科　495
돌궐突厥　274
동국사영東國四詠　121
『동도성립기東都成立記』　430
『동명기東明記』　81
동명성제東明聖帝　486
동명왕본기東明王本紀　112, 184
「동명왕편東明王篇」　79, 89, 94, 131, 152, 154, 161, 169, 184, 192, 199, 200, 202, 217, 219, 250, 319, 326, 330, 354, 356, 375, 465, 486-488
「동부객관東部客館」　108
동부대인東部大人　296
동부東部　299
동성왕東城王　142, 457

「동유기東遊記」 519
동천왕東川王 292
동황성東黃城 351
두목杜牧 266, 293-295, 300, 507

ㄹ

『羅古記』 289
라기羅紀 242, 266, 267, 303, 331, 381, 507

ㅁ

마한馬韓 71, 76, 214, 255, 329, 379, 380
만蔓 334, 416, 417
「만언서萬言書」 225, 440
만파식적萬波息笛 259, 422
말갈靺鞨 71, 72, 78, 215, 253, 254
말갈발해靺鞨渤海 172
명림답부明臨答夫 268, 293
명림씨明臨氏 415
「명주오대산보질도태자전기溟州五臺山寶叱徒太子傳記」 322
모대牟大 424-427
모도牟都 260, 424-427
「모두루묘지牟頭婁墓誌」 359
모둔곡毛屯谷 365
모마리질지毛麻利叱智 43
모산성母山城 406
모용운慕容雲 420
목록目錄 52
목만치木滿致 412
목협만치木劦滿致 413
묘청妙淸 110, 226, 439, 454, 455

무관랑武官郎 516
무양왕武陽王 279, 280, 299
무왕武王 174, 477, 484, 486
문창후文昌侯 233
문헌주의文獻主義 145
문호왕법민文虎王法敏 329
문흥대왕文興大王 526, 531
물계자勿稽子 275
미류味留 361
미륵선화・미시랑・진자사彌勒仙花・未尸郎・眞慈師 509, 510
미륵선화彌勒仙花 518
미사흔未斯欣 43
미진부未珍夫 499
미질허지벌한微叱許智伐旱 43
민중왕閔中王 181
민지閔漬 109
밀우・유유전密友・紐由傳 292, 293

ㅂ

박인량朴寅亮 228
박제상朴堤上 43, 537
반굴盤屈 308, 309
반룡사盤龍寺 166
반룡산盤龍山 166
발기拔奇 362
발기發歧 362
발해渤海 78, 128, 253
백강白江 407
「백률사석당기栢栗寺石幢記」 433
백운白雲 513
『백제고기百濟古記』 323, 407
벌보말伐寶靺 541

찾아보기 599

법왕금살法王禁殺 405, 484
법운法雲 519
벽아碧我 538-540
벽화碧花 498, 538, 540
변재천녀辯才天女 541
『별기別記』 167
보덕普德 165
보덕報德 240
보덕국報德國 309
보덕성報德城 309
보덕왕報德王 339, 416
『보덕전普德傳』 165
보술수普述水 365, 366
보연寶延 356
보장봉로보덕이암寶藏奉老普德移庵 163, 485
복남福男 372
복홀군伏忽郡 53
『본국고기本國古記』 82, 86, 88, 91, 93, 99, 191-194, 246, 283, 320, 321, 323
본기本記 87, 101, 182-184, 186, 282, 319, 328-330, 333-335, 341, 342, 468
본사本史 83, 102, 127, 143, 145, 155, 178-180, 202, 205, 262, 340, 377, 385, 449, 450, 458, 460, 466, 467, 472, 474, 481, 488
『봉사고려기奉使高麗記』 387
부열傳說 423
부체제설部體制說 73
북부여北扶餘 366
『북사北史』 207
북진파北進派 114
분국론分國論 37
불내성不耐城 386, 387
불이성不而城 388
비미호卑彌呼 40, 42, 69

비미호卑彌乎 69
비사벌比斯伐 53
비처왕毗處王 289, 468

ㅅ

사다함전斯多含傳 305-308, 501
사도성沙道城 287
사량벌국沙梁伐國 287
사론史論 107, 119, 127
사마광司馬光 138, 139, 143, 225, 229, 261, 440-442, 457
사벌국沙伐國 287
사본기史本記 197
사신史臣 175
사실주의史實主義 138
「사은표謝恩表」 238
「사전祀典」 54
「사추증표謝追贈表」 186, 187, 334, 335, 416, 430
사타상여沙吒相如 415
「사택지적비砂宅智積碑」 415
「산중고기山中古記」 193
산중고전山中古傳 470
삼국본사三國本史 170, 461, 469, 470, 471
『삼국사략三國史略』 333
『삼국사三國史』 85, 87, 90, 94, 97, 100, 101, 163, 167, 170-173, 193, 205, 217, 319-322, 461, 467, 475-478, 484-486
삼국유명미상지분三國有名未詳地分 83, 190, 191, 235, 374
『삼국지三國志』 354
삼대三代 304, 506
「삼랑사비三郎寺碑」 423

「삼랑사비문三郎寺碑文」 419, 420
삼보三寶 218, 520
삼성친족집단三姓親族集團 70
『삼한고기三韓古記』 89, 91, 93, 192, 194, 246, 260, 283, 320, 321, 323, 424-431
삼한三韓 163
상리현장相里玄獎 298
색복지色服志 233
서경천도론西京遷都論 140
서긍徐兢 177
『서기書記』 30, 82, 231
서당화상誓幢和尙 95
서부西部 298, 299
서부대인西部大人 296
서악西岳 536
서안평西安平 387
석우로전昔于老傳 286
선도산仙桃山 535, 536
선도산성모仙桃山聖母 176
선도산신성仙桃山神聖 258, 522
선도仙徒 534, 535, 539
선도仙道 535
선도성모수희불사仙桃聖母隨喜佛事 174, 477
선랑仙郞 476, 505, 519-521
『선사仙史』 515, 521
선인仙人 522
선풍仙風 520
설계두전薛罽頭傳 305
설씨녀薛氏女 272
설원랑薛原郞 509, 514
설화랑薛花郞 535
성암본誠庵本 18, 21
세기世記 505
소부리所夫里 405, 406

소서노召西奴 409
『소설小說』 261
소순蘇洵 228
소식蘇軾 121, 228
소철蘇轍 228
『소화집小華集』 228
『속고승전續高僧傳』 470, 471
『속일본기續日本紀』 95
『송고승전宋高僧傳』 164
송기宋祁 294, 299, 300, 447, 451, 507
쇄鎖 363, 403
숙달叔達 297
숙신肅愼 77
「숭복사비명崇福寺碑銘」 238
『승전僧傳』 485
신공기神功紀 77
신공황후神功皇后 42
『신라고기新羅古記』 89, 91, 192, 194, 246, 284, 289, 290, 323
『신라고전新羅古傳』 407
『신라국기新羅國記』 494
신라기新羅紀 241
『신라기新羅記』 475
『신라추기新羅㮈記』 475, 476
신라본기新羅本記 184, 330, 468, 483, 497
신라전기新羅傳記 266, 295, 301, 303, 507, 508
신라제일주의 68, 110, 206, 325
신라지新羅志 194
신모神母 535, 538
신무대왕염장궁파神武大王閻長弓巴 301
신법新法 137, 225, 228, 229, 440, 442
신삼국사新三國史 79, 251, 321
『신서新書』 98, 404
신성新城 373

신성왕후神成王后 81, 107, 108, 152, 211, 482
『신집新集』 82, 84, 91, 93, 94, 97, 99, 102, 193, 231
『신찬성씨록新撰姓氏錄』 47
신채호申采浩 28, 158, 439
신충괘관信忠掛冠 81, 162, 167, 170
신충信忠 168
『실록實錄』 238
실복悉伏 309, 310, 528

ㅇ

아도기라阿道基羅 469
「아도본비我道本碑」 468, 469
「아도화상비我道和尙碑」 469
아막산성阿莫山城 406
『악본樂本』 289, 307
악지樂志 53, 288
안순安舜 241, 381, 382
안승安勝 240, 309, 339, 361, 381, 382, 385, 416
안시성주安市城主 454
안원왕安原王 389
안장왕安藏王 389
안홍安弘 429, 496, 497, 512
양강상호왕陽崗上好王 270
양강왕陽岡王 280
『양서梁書』 356, 357, 403
양성陽成 364
양웅揚雄 75
양원왕陽原王 270
엄우嚴尤 368
여선女仙 522, 535, 536

여융餘隆 404
연가延嘉 64
연개소문淵蓋蘇文 455
연복사延福寺 166
연비延丕 368, 369
연수延壽 65
연우延優 362
연정토淵淨土 381
연타발延陁勃 409
연표年表 313
영강永康 65
영랑永郞 519
영류산嬰留山 375
영탕왕嬰湯王 364
「영통사비명靈通寺碑銘」 163
영호징令狐澄 494, 498
예겸銳謙 532
예맥穢(濊)貊 72, 377
예영禮英 339
오양우吳良遇 102, 175, 478
옥사지屋舍志 54
『옥해玉海』 18
온달전溫達傳 56, 271, 277, 278, 280, 293, 310
완도莞島 294
왕검王儉 351
『왕대종록王代宗錄』 18, 107, 108, 152, 211, 449, 482
왕력王曆 401, 431
왕맹王猛 423
왕보王黼 176, 480, 523
왕안석王安石 137, 138, 225, 226, 228, 229, 440, 441, 455
왕험王險 348, 352
왜국倭國 37

왜병倭兵 37
왜인倭人 37
우로전于老傳 42, 287
우류조부리지간字流助富利智干 42
우륵于勒 273
우문술전宇文述傳 296
우중문전宇仲文傳 296
우태優台 367, 368, 409, 410
울진봉평비蔚珍鳳坪碑 47
원가력元嘉曆 68
원랑原郎 505, 521
「원응국사비문圓應國師碑文」 123
원종흥법 염촉멸신原宗興法 猒髑滅身 483
원화原花 511, 518
월군녀越郡女 408, 409
월년칭원법越年稱元法 64
위궁位宮 348, 352, 353, 354, 388
위덕왕威德王 412
『위서魏書』 60, 103, 207, 353, 365, 366, 375, 381, 403, 486
위지해尉遲楷 100, 376
위화랑魏花郎 534, 539, 540
유劉 363, 403
유공권柳公權 261
『유기留記』 82, 84, 97, 98, 100, 102, 231
유년칭원법踰年稱元法 63, 64, 359, 434
유득공柳得恭 128, 157
유류孺留 348, 354
유리類利 348
「유신비庾信碑」 284, 420
유월칭원법踰月稱元法 63, 189, 256, 337, 433, 434
「유표遺表」 138, 226, 441, 457
윤언이尹彦頤 131, 143, 208, 210, 225, 228, 326, 439-441, 456, 457, 516
을지문덕乙支文德 295, 296, 302, 305, 455
을파소乙巴素 141, 453
음갈문왕飮葛文王 531
읍루挹婁 77
응렴膺廉 334-336, 416, 417
응凝 334, 335, 416
의상義相 95
『의상전義相傳』 496, 497
이계복李繼福 17, 145, 203, 449, 466
이모夷謨 362
「이비(제)가기李碑(碑)家記」 539
이사부전異斯夫傳 287, 288, 306-308
이음利音 275, 276
이이모伊夷模 362, 369
이이모伊夷謨 362
이자겸李資謙 113, 142, 454
이자량李資諒 176, 479
이정언李正言 107, 152
이제현李齊賢 109, 212
이화랑二花郎 534
인의사상仁義思想 120, 135
『인종실록仁宗實錄』 21
일통삼한一統三韓 78, 157, 215, 218, 232, 253, 254
임경숙任景肅 109

ス

『자치통감資治通鑑』 130, 207, 225, 229, 247, 259, 441, 442
잠우락부蠶友落部 369
장궁복張弓福 295, 507, 528
장릉長陵 19, 20, 100, 376

장보고張保皐　266, 294, 295, 300, 301, 331
장보고·정년전張保皐·鄭年傳　293, 302, 303, 305
장사택長沙宅　537
장손무기長孫無忌　297
장엄蔣儼　298
재증걸루再曾桀婁　413
전기傳記　304, 505, 506
『전삼국사前三國史』　81, 82, 93, 104, 162, 163, 167, 168, 170, 171, 250, 319
정명왕政明王　289
정습명鄭襲明　457
정항鄭沆　176
『제고기諸古記』　193, 323, 340
제도개혁론　141
「제동신성모문祭東神聖母文」　176, 177, 479, 480, 522, 523
제사지祭祀志　54, 278, 279, 410
『제왕년대력帝王年代曆』　46, 283, 428-431, 474
『제왕운기帝王韻紀』　90, 184, 207, 326, 330, 356, 486
조미걸취祖彌桀取　413
조종지법祖宗之法　225, 442
졸본부여卒本扶餘　366, 408
졸본卒本　192, 408
졸본천卒本川　365
『좌전左傳』　138, 224, 260, 263, 423, 451
주류朱留　361
주몽朱蒙　354
주민이동론住民移動論　71
죽령竹嶺　292
중모왕中牟王　381
중모中牟　361
중모仲牟　361

중모衆牟　361
중해衆解　361
즉위년칭원법卽位年稱元法　63, 64, 189, 256, 337, 358, 434, 452
증공량曾公亮　143, 222, 223, 448, 251, 446
지대로왕智大路王　288, 289, 307
지도로왕智度路王　288, 307
지리지地理志　49
지선地仙　535
지철로智哲老　288
「진당서표進唐書表」　222, 223, 251, 252, 446
진대덕陳大德　387
진모씨眞牟氏　415
「진삼국사기표進三國史記表」　80, 87, 91, 161, 234, 245, 252, 261, 290, 444
「진삼국사략전進三國史略箋」　156
진언辰言　355
진자眞慈　518

ㅊ

참위혁명사상讖緯革命思想　75
창왕昌王　412, 433
『책부원귀冊府元龜』　279, 356, 425
책성柵城　373
청계青稽　404
청아青我　539, 540
청해진清海鎭　300
『초서楚書』　422
최남선崔南善　29, 103, 158, 460
최리崔理　371
최치원崔致遠　238, 428, 430, 498
『최치원문집崔致遠文集』　186, 187, 189, 334, 336, 338, 341, 416, 430

추모鄒牟　354, 359
추몽鄒蒙　361
『춘추春秋』　225, 256, 257
치술신모述神母　537-539, 541
침현沈峴　407
칭제건원론稱帝建元論　131, 140, 455

ㅌ

탁문흥갈문왕卓文興葛文王　526, 531
탄坦　334, 335, 416
탄현炭峴　407
탐모라耽牟羅　417, 418
태종춘추공太宗春秋公　407
『통전通典』　207, 366

ㅍ

파로波路　498, 538, 540, 541
파로波老　541
팔성당八聖堂　352, 522
팔포상국八浦上國　275
『편년통록編年通錄』　18, 109, 212, 456
『편년통재속편編年通載續編』　46
평강상호왕平岡上好王　270
평강왕平岡王　270
평성平成　356
평양왕平陽王　271, 280
평원왕平原王　270, 389, 390
평탕왕平湯王　364
포상팔국浦上八國　275
풍납리토성風納里土城　45
풍납토성風納土城　47

풍류도風流徒　517
풍류도風流道　521
풍월주風月主　513, 514, 533, 540
핍실逼實　309

ㅎ

한유韓愈　121
한인왜韓人倭　40
『해동고기海東古記』　82, 88, 89, 91, 93, 94, 98, 192, 194, 246, 260, 279, 280, 283, 320, 321, 323, 367, 368, 383-385, 410, 411, 427, 429, 431
『해동고승전海東高僧傳』　184, 330, 341, 417, 462, 485, 496, 503-505, 508, 519
『해동삼국사기海東三國史記』　18, 163
『해동삼국사海東三國史』　82, 81, 87, 90, 93, 162-166, 171, 250, 319, 485, 486
『해동승전海東僧傳』　164, 485
『해동안홍기海東安弘記』　430
『해동이적海東異蹟』　89
해동海東　163
해명解明　453
해미류解味留　361
『행록行錄』　259, 284, 290, 308, 332
『향기鄕記』　407
『향사鄕史』　238
혜관慧灌　164
호동好童　371, 372, 453
홍권洪權　46, 233
홍만종洪萬宗　89
화랑도花郞徒　517
『화랑세기花郞世紀』　289, 304, 308
환도산丸都山　386, 387

황룡사구층탑皇龍寺九層塔　218
「황룡사구층목탑찰주본기皇龍寺九層木
　　塔刹柱本記」　420, 471
황조가黃鳥歌　115
효종랑孝宗郞　517
후백제견훤後百濟甄萱　169, 311-313
「후위효문제여고구려왕운조일수後魏孝
　　文帝與高句麗王雲詔一首」　326
후주後註(注)　85, 100, 180, 181, 341, 369,
　　371, 373, 375, 376, 379, 382, 396, 417,
　　418, 421, 424, 432
『후한서後漢書』　86, 378-380, 383-386
흑치상지黑齒常之　290, 291, 415
흘승골성紇升骨城　365, 366
흠순欽純　308, 528
흠춘欽春　308, 309, 528
흥무(호)대왕興武(虎)大王　535, 536
『흥무대왕행록興武大王行錄』　186, 283, 322,
　　332